George F. Hill

Sources for Greek History

between the Persian and Peloponnesian wars

George F. Hill

Sources for Greek History
between the Persian and Peloponnesian wars

ISBN/EAN: 9783337287146

Printed in Europe, USA, Canada, Australia, Japan

Cover: Foto ©Andreas Hilbeck / pixelio.de

More available books at **www.hansebooks.com**

SOURCES

FOR

GREEK HISTORY

BETWEEN THE PERSIAN AND PELOPONNESIAN WARS

COLLECTED AND ARRANGED

BY

G. F. HILL, M.A.

OF THE BRITISH MUSEUM

Oxford

AT THE CLARENDON PRESS

1897

ALFREDI GOODWIN

MEMORIAE

PREFACE

THE object of this book is primarily educational. The student of history is too apt to study it not in the light of ancient authorities, but in the reflections of modern writers. He is hardly to blame. His time as a rule is short, and the vast majority of the ancient authorities are only accessible at a considerable expenditure of trouble, and sometimes of money. Yet it is only by a careful balancing of these authorities (even the most worthless) that the mind can be trained to form an accurate estimate of their value. Doubtless it is unfair to judge the best of them in the excerpted form in which they appear in this collection; yet it has seemed better to have them thus than not at all.

Secondarily, this book may perhaps be of some use to the more advanced scholar, who is able to explore his sources for himself, but who may be glad to have a certain number of them at hand for ready reference.

I have been careful to 'edit' the authorities as little as possible, leaving explanations to the teacher[1]. Of

[1] For an occasional suggestion I must not disclaim responsibility; e.g. Ἄγερρος (a Makedonian name) in III. 272; Χαλκιδῆς in II. 19 (i.) 44 (cf. Strabo, xiv. 464: εἶτα Χαλκιδεῖς [καὶ] ὁ τῆς χερρονήσου ἰσθμὸς τῆς Τηίων καὶ Ἐρυθραίων).

course, in so far as a particular grouping has to be adopted, it is impossible to avoid expressing a certain amount of conviction ; but, apart from this, the reader has been left free in each case to choose his own interpretation.

The title gives but an approximate idea of the scope of the work. The collection of sources has ceased where Thucydides takes up his direct narrative, so that the quarrel which precipitated the Peloponnesian War has been excluded. An absolutely complete collection of passages bearing on the history of the Pentekontaetia would require many volumes, in which all the authorities should be printed in full, and art, literature, and philosophy be represented along with politics and biography. In default of this, an attempt has been made to include such passages relating to the former matters as most directly concern history in the narrower sense of the word. Constitutional antiquities have been similarly dealt with, and from the side of historical development rather than with the object of describing the actual working of the constitution. The printing of the two great historians and of the Ἀθηναίων Πολιτεία has been dispensed with for want of space, and because they can best be supplied from the shelves of those who are likely to consult this work.

In printing the inscriptions I have followed the system adopted by Dittenberger in his *Sylloge*, as being, with all its shortcomings, the best substitute for a facsimile. Where possible, the texts of inscriptions have been compared with facsimiles, and this will account for occasional slight variations from the transliterations which are given, for instance, in the *Corpus*. The editions named in the *Index Auctorum* have not been rigidly adhered to in all their readings.

The following signs have been consistently used in the printing of the inscriptions :—

[ ] Enclosing letters supplied by conjecture, where there is room for them on the original.

.... Each point representing a missing letter.

--- Representing an uncertain number of missing letters.

⟨ ⟩ Enclosing letters which appear superfluously on the original.

( ) Enclosing conjectural emendations of a blunder on the original.

| Marking the end of a line.

In the case of literary texts :—

.... Represents any number of words omitted as not material to the purposes of the quotation.

* * * Represents a lacuna in the MS.

The signs used in the Didot edition of the Scholia to Aristophanes have been retained [1]. The meaning of the signs occurring in other passages will it is hoped be clear without farther explanation.

It would take pages to express my thanks to the authors of various books which I have consulted. Busolt's *Griechische Geschichte* will be recognized by all who know it as having been my chief guide. Next to that, the *Corpus Inscriptionum Atticarum* ought perhaps to be mentioned. My thanks are due to Mr. C. J. Naef, of the Admiralty, for undertaking a tedious task—the revision of the greater part of the

[1] Unsatisfactory as the text of this edition may be, I have thought better to employ it, as giving the whole scholia, than to adopt Dr. Rutherford's recension of the Ravenna scholia.

non-epigraphic texts. By his help a large number of the errors which inevitably creep into a work of this kind have been eliminated.

I need not say that I shall be grateful for criticisms which will help me to amend faults of selection and arrangement. For many of these the excuse lies in the fact that I have been able to devote to the work only such time as could be spared from official duties.

G. F. HILL.

British Museum,
May, 1897.

CONTENTS

CHAPTER I.

Origin and Organization of the Athenian Confederacy.

CHAPTER II.

CHAPTER III.

External History of Athens, her Allies and Colonies.

CHAPTER IV.

THE ATHENIAN CITY.

CHAPTER V.

THE ATHENIAN CONSTITUTION.

CHAPTER VI.

BIOGRAPHICAL.

CHAPTER VII.

SPARTA AND PELOPONNESOS.

CHAPTER VIII.

THE WESTERN GREEKS.

ERRATA

P. 20, no. **90**, l. 3. *For* Σαμοθρᾳκῶν *read* Σαμοθρᾴκων.
P. 22, no. **105**, l. 3. *For* Ἕδυλος *read* Ἑδύλος.
P. 35, l. 3 from the bottom. *For* Senate *read* Council.
P. 39, no. **179**. *For* *C. I. A.* 546 *read* *C. I. A.* ii. 546.
P. 127, no. **180**, l. 5. *For* Ξέρξην *read* Ἀρταξέρξην (?)
P. 152, no. **291**, l. 1. *For* i. 231 i. 16. See **II. 6** *read* i. 226 i. 9 b. See **II. 1.**
After this insert *C. I. A.* i. 228 ii. 7 b. See **II. 3.**
C. I. A. i. 230 v. 6 b. See **II. 5.**
l. 3 *omit* *C. I. A.* i. 233 i. 18. See **II. 8.**
After l. 6 *insert* *C. I. A.* I. 239 i. 22. See **II.** 14.
P. 165, no. **350**. *For* xv. 18 *read* 15.
P. 169, l. 6 from the bottom. *For* **346** *read* **345**.
P. 170, no. **378** l. 2. *For* Σίριν *read* Σῖριν.
P. 187, no. **69**, l. 6. *Omit* (3).
P. 195, no. **98**. *For* **395** *read* **396**.
P. 281, l. 3. *For* Καλλίᾳ καὶ Πλάτων *read* Ἀσπασίᾳ καὶ Καλλίας.
P. 305, no. **89**.
P. 306, no. **92**. } *For* viii. 2. 30 *read* viii. 3. 30.
P. 306, no. **97**.

CHAPTER I.

ORIGIN AND ORGANIZATION OF THE ATHENIAN CONFEDERACY.

The States opposed to the Persians at Plataiai.

The Tripod at Delphoi.

1. *I. G. A.* 70 = Dittenberger, *Syll.* 1 = Fabricius in *Jahrb. des Kais. Deutsch. Arch. Inst.* i. p. 180.

[Τ]ο[ίδε τὸν]
πόλεμον [ἐ]-
πολ[έ]μεον
Λ]ακ[εδ]α[ι]μόν[ιοι]
᾿Αθ[α]ν[α]ῖ[ο]ι
Κορίνθιοι
Τεγεᾶτ[αι]
Σεκυόνιοι
Αἰγινᾶται
Μεγαρε͂ς
᾿Επιδαύριοι
᾿Ερχομένιοι
Φλειάσιοι
Τροζάνιοι
᾿Ερμιονε͂ς
Τιρύνθιοι
Πλαταιε͂ς
Θεσπιε͂ς
Μυκανε͂ς
Κεῖοι
Μάλιοι
Τένιοι
Νάξιοι
᾿Ερετριε͂ς
Χαλκιδε͂ς
Στυρε͂ς
Ϝαλεῖοι
Ποτειδαιᾶται
Λευκάδιοι
Ϝανακτοριε͂ς
Κύθνιοι
Σίφνιοι
᾿Αμπρακιο͂ται
Λεπρεᾶται.

Letters ΔC(γ)D⊕ΝX(ξ)R≶VΦΨ(χ).

Vs. 1–3. So Fabricius. The formerly accepted reading was ᾿Απόλονι θ[ε]ο͂[ι στάσαντ' | ἀ]ν[άθε]μ' ἀπὸ Μ[ήδον].

2. Hdt. ix. 81.

3. Pausan. x. 13. 9: Ἐν κοινῷ δὲ ἀνέθεσαν ἀπὸ ἔργου τοῦ Πλαταιᾶσιν οἱ Ἕλληνες χρυσοῦν τρίποδα δράκοντι ἐπικείμενον χαλκῷ. ὅσον μὲν δὴ χαλκὸς ἦν τοῦ ἀναθήματος, σῶον καὶ ἐς ἐμὲ ἔτι ἦν· οὐ μέντοι κατὰ τὰ αὐτὰ καὶ τὸν χρυσὸν οἱ Φωκέων ὑπελίποντο ἡγεμόνες.

Cf. also Thuc. i. 132. 3; Hdt. viii. 82; and below, **VI. 6; 10.**

Other records.

4. Aristod. ix. (*F. H. G.* v. p. 12): Ζητήσεως δὲ οὔσης παρὰ τοῖς Ἕλλησι τίνας δεῖ προγραφῆναι αὐτῶν τῶν συμμεμαχηκότων ἐν τῷ Μηδικῷ πολέμῳ, ἐξεῦρον οἱ Λακεδαιμόνιοι τὸν δίσκον, ἐφ' οὗ κυκλοτερῶς ἐπέγραψαν τὰς ἠγωνισμένας πόλεις, ὡς μήτε πρώτους τινὰς γεγράφθαι μήθ' ὑστέρους.

5. Paus. v. 23. 1: Παρεξιόντι δὲ παρὰ τὴν ἐς τὸ βουλευτήριον ἔσοδον Ζεύς τε ἕστηκεν ἐπίγραμμα ἔχων οὐδέν, καὶ αὖθις ὡς πρὸς ἄρκτον ἐπιστρέψαντι ἄγαλμά ἐστι Διός. τοῦτο τέτραπται μὲν πρὸς ἀνίσχοντα ἥλιον, ἀνέθεσαν δὲ Ἑλλήνων ὅσοι Πλαταιᾶσιν ἐμαχέσαντο ἐναντία Μαρδονίου τε καὶ Μήδων. εἰσὶ δὲ καὶ ἐγγεγραμμέναι κατὰ τοῦ βάθρου τὰ δεξιὰ αἱ μετασχοῦσαι πόλεις τοῦ ἔργου, Λακεδαιμόνιοι μὲν πρῶτοι, μετὰ δὲ αὐτοὺς Ἀθηναῖοι, τρίτοι δὲ γεγραμμένοι καὶ τέταρτοι Κορίνθιοί τε καὶ Σικυώνιοι, (2) πέμπτοι δὲ Αἰγινῆται, μετὰ δὲ Αἰγινήτας Μεγαρεῖς καὶ Ἐπιδαύριοι, Ἀρκάδων δὲ Τεγεᾶταί τε καὶ Ὀρχομένιοι, ἐπὶ δὲ αὐτοῖς ὅσοι Φλιοῦντα καὶ Τροιζῆνα καὶ Ἑρμιόνα οἰκοῦσιν, ἐκ δὲ χώρας τῆς Ἀργείας Τιρύνθιοι, Πλαταιεῖς δὲ μόνοι Βοιωτῶν, καὶ Ἀργείων οἱ Μυκήνας ἔχοντες, νησιῶται δὲ Κεῖοι καὶ Μήλιοι, Ἀμβρακιῶται δὲ ἐξ ἠπείρου τῆς Θεσπρωτίδος, Τήνιοί τε καὶ Λεπρεᾶται, Λεπρεᾶται μὲν τῶν ἐκ τῆς Τριφυλίας μόνοι, ἐκ δὲ Αἰγαίου καὶ τῶν Κυκλάδων οὐ Τήνιοι μόνοι ἀλλὰ καὶ Νάξιοι καὶ Κύθνιοι, ἀπὸ δὲ Εὐβοίας Στυρεῖς, μετὰ δὲ τούτους Ἠλεῖοι καὶ Ποτιδαιᾶται καὶ Ἀνακτόριοι, τελευταῖοι δὲ Χαλκιδεῖς οἱ ἐπὶ τῷ Εὐρίπῳ.

Early History of the Anti-Persian League.

Proposal to transplant the Ionians. They are received into the League.

6. Hdt. ix. 106.

7. Diod. xi. 37: [Ἐπ' ἄρχοντος Ἀθήνησι Ξανθίππου.] Οἱ δὲ περὶ Λεωτυχίδην καὶ Ξάνθιππον ἀποπλεύσαντες εἰς Σάμον, τοὺς μὲν

Ἴωνας καὶ τοὺς Αἰολεῖς συμμάχους ἐποιήσαντο· μετὰ δὲ ταῦτα ἔπειθον αὐτοὺς ἐκλιπόντας τὴν Ἀσίαν εἰς τὴν Εὐρώπην μετοικισθῆναι· ἐπηγγέλλοντο δὲ τὰ μηδίσαντα τῶν ἐθνῶν ἀναστήσαντες δώσειν ἐκείνοις τὴν χώραν. (2) καθόλου γὰρ μένοντας αὐτοὺς ἐπὶ τῆς Ἀσίας τοὺς μὲν πολεμίους ὁμόρους ἕξειν, πολὺ ταῖς δυνάμεσιν ὑπερέχοντας, τοὺς δὲ συμμάχους ὄντας διαποντίους μὴ δυνήσεσθαι τὰς βοηθείας εὐκαίρους αὐτοῖς ποιήσασθαι. οἱ δὲ Αἰολεῖς καὶ οἱ Ἴωνες ἀκούσαντες τῶν ἐπαγγελιῶν, ἔγνωσαν πείθεσθαι τοῖς Ἕλλησι, καὶ παρεσκευάζοντο πλεῖν μετ' αὐτῶν εἰς τὴν Εὐρώπην. (3) οἱ δ' Ἀθηναῖοι μετανοήσαντες εἰς τοὐναντίον πάλιν μένειν συνεβούλευον, λέγοντες ὅτι κἂν μηδεὶς αὐτοῖς τῶν ἄλλων Ἑλλήνων βοηθῇ, μόνοι Ἀθηναῖοι συγγενεῖς ὄντες βοηθήσουσιν· ὑπελάμβανον δὲ ὅτι κοινῇ κατοικισθέντες ὑπὸ τῶν Ἑλλήνων οἱ Ἴωνες οὐκέτι μητρόπολιν ἡγήσονται τὰς Ἀθήνας. (4) διόπερ συνέβη μετανοῆσαι τοὺς Ἴωνας καὶ κρῖναι μένειν ἐπὶ τῆς Ἀσίας.

Ephesos remains Persian. Thuc. i. 137. 3.

The Lakedaimonians retire. First Campaign in the Hellespont.

8. Hdt. ix. 106 (*ad fin.*), 114–121; cf. vii. 33. Thuc. i. 89.

9. Diod. xi. 37. 4: Τούτων δὲ πραχθέντων, συνέβη τὴν δύναμιν τῶν Ἑλλήνων σχισθῆναι, καὶ τοὺς μὲν Λακεδαιμονίους εἰς τὴν Λακωνικὴν ἀποπλεῦσαι, τοὺς δὲ Ἀθηναίους μετὰ τῶν Ἰώνων καὶ τῶν νησιωτῶν ἐπὶ Σηστὸν ἀπᾶραι. (5) Ξάνθιππος δὲ ὁ στρατηγὸς εὐθὺς ἐκ κατάπλου προσβολὰς τῇ πόλει ποιησάμενος εἷλε Σηστόν, καὶ φρουρὰν ἐγκαταστήσας τοὺς μὲν συμμάχους ἀπέλυσεν, αὐτὸς δὲ μετὰ τῶν πολιτῶν ἀνέκαμψεν εἰς τὰς Ἀθήνας.

10. Aristod. iv. (*F. H. G.* v. p. 7): Ἐπειδὴ ἐξήλασαν τοὺς Πέρσας οἱ Ἕλληνες [τῆς Ἰωνίας, πλεύσαντες στόλῳ ξ' τριη]ρῶν εἰς Σηστὸν οἱ Ἀθηναῖοι προσέμενον προσπολεμοῦντες.

Second Campaign under Pausanias. Kypros and Byzantion.

11. Thuc. i. 94; cf. *ibid.* 128. 4, 5.

12. Diod. xi. 44: [Ἐπ' ἄρχοντος Ἀθήνησιν Ἀδειμάντου.] Λακεδαιμόνιοι δὲ Παυσανίαν τὸν ἐν Πλαταιαῖς στρατηγήσαντα καταστήσαντες ναύαρχον προσέταξαν ἐλευθεροῦν τὰς Ἑλληνίδας πόλεις, ὅσαι βαρβαρικαῖς φυλακαῖς διέμενον ἔτι φρουρούμεναι. (2) οὗτος δὲ πεντήκοντα μὲν τριήρεις ἐκ Πελοποννήσου λαβών, τριάκοντα δὲ παρ' Ἀθηναίων μεταπεμψάμενος, ὧν Ἀριστείδης ἡγεῖτο, πρῶτον μὲν εἰς τὴν Κύπρον ἔπλευσε καὶ τῶν πόλεων τὰς ἔτι φρουρὰς ἐχούσας Περσικὰς ἠλευθέρωσε, (3) μετὰ δὲ ταῦτα πλεύσας ἐπὶ τὸν Ἑλλήσποντον, Βυζάντιον μὲν ὑπὸ Περσῶν κρατούμενον ἐχειρώσατο, καὶ τῶν ἄλλων βαρβάρων οὓς μὲν ἀνεῖλεν, οὓς δ' ἐκβαλὼν ἠλευθέρωσε τὴν πόλιν. *Vide* **VI. 2.**

13. Justin. *Hist.* ii. 15: Post haec Spartani, ne vires otio corrumperent, et ut bis illatum a Persis Graeciae bellum ulciscerentur, ultro fines eorum populantur. ducem suo sociorumque exercitui deligunt Pausaniam.

14. *Ibid.* ix. 1, 3: Haec namque urbs (Byzantium) capta primo a Pausania, rege Spartanorum, et per septem annos possessa fuit; dein variante victoria nunc Lacedaemoniorum, nunc Atheniensium iuris habita est. Cf. below **VI. 6.**

The Spoils of Byzantion.

15. Plut. *Cim.* 9: Ἐπεὶ γὰρ ἐκ Σηστοῦ καὶ Βυζαντίου πολλοὺς τῶν βαρβάρων αἰχμαλώτους λαβόντες οἱ σύμμαχοι τῷ Κίμωνι διανεῖμαι προσέταξαν, ὁ δὲ χωρὶς μὲν αὐτούς, χωρὶς δὲ τὸν περὶ τοῖς σώμασι κόσμον αὐτῶν ἔθηκεν, ᾐτιῶντο τὴν διανομὴν ὡς ἄνισον. ὁ δὲ τῶν μερίδων ἐκέλευσεν αὐτοὺς ἑλέσθαι τὴν ἑτέραν, ἣν δ' ἂν ἐκεῖνοι καταλίπωσιν, ἀγαπήσειν Ἀθηναίους. Ἡροφύτου δὲ τοῦ Σαμίου συμβουλεύσαντος αἱρεῖσθαι τὰ Περσῶν μᾶλλον ἢ Πέρσας, τὸν μὲν κόσμον αὐτοὶ ἔλαβον, Ἀθηναίοις δὲ τοὺς αἰχμαλώτους ἀπέλιπον. καὶ τότε μὲν ὁ Κίμων ἀπῄει γελοῖος εἶναι δοκῶν διανομεύς, τῶν μὲν συμμάχων ψέλια χρυσᾶ καὶ μανιάκας καὶ στρεπτοὺς καὶ κάνδυας καὶ πορφύραν φερομένων, τῶν δ' Ἀθηναίων γυμνὰ σώματα κακῶς ἠσκημένα πρὸς ἐργασίαν παραλαβόντων. μικρὸν δὲ ὕστερον οἱ τῶν ἑαλωκότων φίλοι καὶ οἰκεῖοι καταβαίνοντες ἐκ Φρυγίας καὶ Λυδίας ἐλυτροῦντο μεγάλων χρημάτων ἕκαστον, ὥστε τῷ Κίμωνι τεσσάρων μηνῶν τροφὰς εἰς τὰς ναῦς ὑπάρξαι καὶ προσέτι τῇ πόλει χρυσίον οὐκ ὀλίγον ἐκ τῶν λύτρων περιγενέσθαι.

16. Polyaen. i. 34. 2: Κίμων ἀπὸ Σηστοῦ καὶ Βυζαντίου αἰχμάλωτα πολλὰ βαρβαρικὰ εἷλε καὶ τῶν συμμάχων δεηθέντων διανομεὺς ἐγένετο. μοῖραν μίαν ἔταξε γυμνὰ τὰ σώματα, μοῖραν ἑτέραν ἀναξυρίδας, κάνδυς, στρεπτὰ καὶ ὅσα τοιάδε. οἱ σύμμαχοι αἱροῦνται τὸν κόσμον· Ἀθηναῖοι γυμνὰ τὰ σώματα. γέλων ὀφλισκάνει Κίμων ὡς τὴν μείζω μοῖραν προέμενος τοῖς συμμάχοις. οὐκ ἐς μακρὰν τῶν αἰχμαλώτων οἱ συγγενεῖς ἀπὸ Λυδίας καὶ Φρυγίας καταβάντες μεγάλα λύτρα ὑπὲρ τῶν οἰκείων κατέβαλον. τότε ἡ σοφία Κίμωνος ἐθαυμάζετο· Ἀθηναῖοι δὲ πολλῷ πλείω χρήματα λαβόντες μάλα δὴ τῶν συμμάχων κατεκερτόμησαν.

---

17. Simonid. *Epigr.* 104 (Bgk. *P. L. G.* ed. 4).

Ἀμφί τε Βυζάντειαν ὅσοι θάνον ἰχθυόεσσαν
ῥυόμενοι χώραν ἄνδρες ἀρηΐθόοι.

(ap. Aristeid. ii. p. 511 Dind.)

Cf. Ar. *Vesp.* 235 (below **154**).

Loss of the Hegemony by the Lakedaimonians.

18. Thuc. i. 95. Cf. iii. 10. 2.

19. Diod. xi. 44. 5: [Ἀθήνησιν ἄρχοντος Ἀδειμάντου.] Ζηλώσαντος αὐτοῦ τὴν Περσικὴν τρυφὴν καὶ τυραννικῶς προσφερομένου τοῖς ὑποτεταγμένοις, χαλεπῶς ἔφερον ἅπαντες, μάλιστα δὲ οἱ τεταγμένοι τῶν Ἑλλήνων ἐπί τινος ἡγεμονίας. (6) διόπερ τῶν κατὰ τὴν στρατιὰν καὶ κατὰ ἔθνη καὶ κατὰ πόλεις ἀλλήλοις ὁμιλούντων, καὶ τοῦ Παυσανίου τῆς βαρύτητος καταλαλούντων, Πελοποννήσιοι μὲν καταλιπόντες αὐτὸν εἰς Πελοπόννησον ἀπέπλευσαν, καὶ πρέσβεις ἀποστείλαντες κατηγόρουν τοῦ Παυσανίου, Ἀριστείδης δὲ ὁ Ἀθηναῖος τῷ καιρῷ χρώμενος ἐμφρόνως ἐν ταῖς κοινολογίαις ἀνελάμβανε τὰς πόλεις καὶ διὰ τῆς ὁμιλίας προσαγόμενος ἰδίας ἐποίησε τοῖς Ἀθηναίοις. . . . 46. (2) τίς γὰρ οὐκ ἂν θαυμάσαι τούτου τὴν ἄνοιαν, ὃς . . . ἀγαπήσας τῶν Περσῶν τὸν πλοῦτον καὶ τὴν τρυφήν, ἅπασαν τὴν προϋπάρχουσαν εὐδοξίαν κατῄσχυνεν. (3) ἐπαρθεὶς γὰρ ταῖς εὐτυχίαις τὴν μὲν Λακωνικὴν ἀγωγὴν ἐστύγησε, τὴν δὲ τῶν Περσῶν ἀκολασίαν καὶ τρυφὴν ἐμιμήσατο, ὃν ἥκιστα ἐχρῆν ζηλῶσαι τὰ τῶν βαρβάρων ἐπιτηδεύματα· οὐ γὰρ ἑτέρων πεπυσμένος, ἀλλ' αὐτὸς ἔργῳ πεῖραν εἰληφὼς ἐγίνωσκε πόσῳ τῆς τῶν Περσῶν τρυφῆς ἡ πάτριος δίαιτα πρὸς ἀρετὴν διέφερεν. (4) ἀλλὰ γὰρ οὗτος μὲν διὰ τὴν ἰδίαν κακίαν οὐ μόνον τῆς ἀξίας ἔτυχε τιμωρίας, ἀλλὰ καὶ τοῖς πολίταις αἴτιος κατέστη τοῦ τὴν κατὰ θάλατταν ἡγεμονίαν ἀποβαλεῖν· ἐκ παραθέσεως γὰρ ἡ Ἀριστείδου στρατηγία παρὰ τοῖς συμμάχοις θεωρουμένη καὶ διὰ τὴν εἰς τοὺς ὑποτεταγμένους ὁμιλίαν καὶ τὰς ἄλλας ἀρετάς, ἐποίησε πάντας ὥσπερ ἀπὸ μιᾶς ὁρμῆς ἀποκλῖναι πρὸς τοὺς Ἀθηναίους. (5) διὸ καὶ τοῖς μὲν ἐκ τῆς Σπάρτης πεμπομένοις ἡγεμόσιν οὐκέτι προσεῖχον, Ἀριστείδην δὲ θαυμάζοντες καὶ πάντα προθύμως ὑπακούοντες ἐποίησαν χωρὶς κινδύνου παραλαβεῖν τὴν κατὰ θάλατταν ἀρχήν.

20. Hdt. viii. 3.

21. Plut. *Arist.* 23: Ἐπεὶ δὲ στρατηγὸς ἐκπεμφθεὶς μετὰ Κίμωνος ἐπὶ τὸν πόλεμον ἑώρα τόν τε Παυσανίαν καὶ τοὺς ἄλλους ἄρχοντας τῶν Σπαρτιατῶν ἐπαχθεῖς καὶ χαλεποὺς τοῖς συμμάχοις ὄντας, αὐτός τε πρᾴως καὶ φιλανθρώπως ὁμιλῶν καὶ τὸν Κίμωνα παρέχων εὐάρμοστον αὐτοῖς καὶ κοινὸν ἐν ταῖς στρατείαις ἔλαθε τῶν Λακεδαιμονίων οὐχ ὅπλοις οὐδὲ ναυσὶν οὐδ' ἵπποις, εὐγνωμοσύνῃ δὲ καὶ πολιτείᾳ τὴν ἡγεμονίαν παρελόμενος. προσφιλεῖς γὰρ ὄντας τοὺς Ἀθηναίους τοῖς Ἕλλησι διὰ τὴν Ἀριστείδου δικαιοσύνην καὶ τὴν Κίμωνος ἐπιείκειαν ἔτι μᾶλλον ἡ τοῦ Παυσανίου πλεονεξία καὶ βαρύτης ποθεινοὺς ἐποίει. τοῖς τε γὰρ ἄρχουσι τῶν συμμάχων ἀεὶ μετ' ὀργῆς ἐνετύγχανε καὶ τραχέως, τούς τε πολλοὺς ἐκόλαζε πληγαῖς ἢ σιδηρᾶν ἄγκυραν ἐπιτιθεὶς ἠνάγκαζεν ἑστάναι δι' ὅλης τῆς ἡμέρας. στιβάδα δ' οὐκ ἦν λαβεῖν οὐδὲ χόρτον οὐδὲ κρήνῃ προσελθεῖν ὑδρευόμενον οὐδένα πρὸ τῶν Σπαρτιατῶν, ἀλλὰ μάστιγας ἔχοντες ὑπηρέται τοὺς προσιόντα ἀπήλαυνον. ὑπὲρ ὧν τοῦ Ἀριστείδου ποτ' ἐγκαλέσαι καὶ διδάξαι βουλομένου συναγαγὼν τὸ πρόσωπον ὁ Παυσανίας οὐκ ἔφη σχολάζειν οὐδ' ἤκουσεν. ἐκ τούτου προσιόντες οἱ ναύαρχοι καὶ στρατηγοὶ τῶν Ἑλλήνων, μάλιστα δὲ Χῖοι καὶ Σάμιοι καὶ Λέσβιοι, τὸν Ἀριστείδην ἔπειθον ἀναδέξασθαι τὴν ἡγεμονίαν καὶ προσαγαγέσθαι τοὺς συμμάχους πάλαι δεομένους ἀπαλλαγῆναι τῶν Σπαρτιατῶν καὶ μετατάξασθαι πρὸς τοὺς Ἀθηναίους. ἀποκριναμένου δ' ἐκείνου τοῖς μὲν λόγοις αὐτῶν τό τε ἀναγκαῖον ἐνορᾶν καὶ τὸ δίκαιον, ἔργου δὲ δεῖσθαι τὴν πίστιν, ὃ πραχθὲν οὐκ ἐάσει πάλιν μεταβαλέσθαι τοὺς πολλούς, οὕτως οἱ περὶ τὸν Σάμιον Οὐλιάδην καὶ τὸν Χῖον Ἀνταγόραν συνομοσάμενοι περὶ Βυζάντιον ἐμβάλλουσιν εἰς τὴν τριήρη τοῦ Παυσανίου, προεκπλέουσαν ἐν μέσῳ λαβόντες. ὡς δὲ κατιδὼν ἐκεῖνος ἐξανέστη καὶ μετ' ὀργῆς ἠπείλησεν ὀλίγῳ χρόνῳ τοὺς ἄνδρας ἐπιδείξειν οὐκ εἰς τὴν αὐτοῦ ναῦν ἐμβεβληκότας, ἀλλ' εἰς τὰς ἰδίας πατρίδας, ἐκέλευον αὐτὸν ἀπιέναι καὶ ἀγαπᾶν τὴν συναγωνισαμένην τύχην ἐν Πλαταιαῖς· ἐκείνην γὰρ ἔτι τοὺς Ἕλληνας αἰσχυνομένους μὴ λαμβάνειν ἀξίαν δίκην παρ' αὐτοῦ· τέλος δ' ἀποστάντες ᾤχοντο πρὸς τοὺς Ἀθηναίους.

22. *Id. Cim.* 6: Ἐπεὶ δὲ Μήδων φυγόντων ἐκ τῆς Ἑλλάδος

ἐπέμφθη στρατηγός, κατὰ θάλατταν οὔπω τὴν ἀρχὴν Ἀθηναίων ἐχόντων, ἔτι δὲ Παυσανίᾳ τε καὶ Λακεδαιμονίοις ἑπομένων, πρῶτον μὲν ἐν ταῖς στρατείαις ἀεὶ παρεῖχε (Κίμων) τοὺς πολίτας κόσμῳ τε θαυμαστοὺς καὶ προθυμίᾳ πολὺ πάντων διαφέροντας. See below **VI. 9.**

23. Aristod. vii. (*F. H. G.* v. p. 10): Ἐν δὲ τούτῳ οἱ Ἕλληνες, ἀφιστάμενοι ἀπὸ τῶν Λακεδαιμονίων διὰ τὸ πικρῶς τυραννεῖσθαι ὑπὸ τοῦ Παυσανίου, προσετίθεντο τοῖς Ἀθηναίοις.

24. Isocr. 12 *Panath.* 52: Ἀφελόμενοι . . . Λακεδαιμονίους τὴν ἡγεμονίαν οἱ συγκινδυνεύσαντες τοῖς ἡμετέροις παρέδοσαν.

25. *Id.* 7 *Areop.* 17: Οἱ μὲν γὰρ ἐκείνῃ (τῇ δημοκρατίᾳ scil.) χρώμενοι, πολλὰ καὶ καλὰ διαπραξάμενοι καὶ παρὰ πᾶσιν ἀνθρώποις εὐδοκιμήσαντες, παρ' ἑκόντων τῶν Ἑλλήνων τὴν ἡγεμονίαν ἔλαβον.

26. *Id.* 8 *de Pac.* 30: Παρ' ἑκόντων τῶν Ἑλλήνων τὴν ἡγεμονίαν ἐλάβομεν. 42. οἱ μὲν γὰρ ὑπὲρ τῶν Ἑλλήνων τοῖς βαρβάροις πολεμοῦντες διετέλεσαν . . . κἀκεῖνοι μὲν ἐλευθεροῦντες τὰς πόλεις τὰς Ἑλληνίδας καὶ βοηθοῦντες αὐταῖς τῆς ἡγεμονίας ἠξιώθησαν. 75: τὸν . . . δῆμον εὑρήσετε . . . (76) . . . οὕτω . . . πιστευόμενον ὥστε τὰς πλείστας αὐτῷ τῶν πόλεων ἑκούσας ἐγχειρίσαι σφᾶς αὐτάς.

Justin. ii. 15. See below **VI. 7.**

Dates of Commencement and Duration of the Athenian Hegemony.

27. Demosth. 9 *Phil.* iii. 23: Καίτοι προστάται μὲν ὑμεῖς ἑβδομήκοντ' ἔτη καὶ τρία τῶν Ἑλλήνων ἐγένεσθε, προστάται δὲ τριάκονθ' ἑνὸς δέοντα Λακεδαιμόνιοι· ἴσχυσαν δέ τι καὶ Θηβαῖοι τουτουσὶ τοὺς τελευταίους χρόνους μετὰ τὴν ἐν Λεύκτροις μάχην . . . 25. καίτοι πάνθ' ὅσ' ἐξημάρτηται καὶ Λακεδαιμονίοις ἐν τοῖς τριάκοντ' ἐκείνοις ἔτεσιν καὶ τοῖς ἡμετέροις προγόνοις ἐν τοῖς ἑβδομήκοντα, ἐλάττον' ἐστὶν κ.τ.λ.

28. *Id.* 3 *Ol.* iii. 24: Ἐκεῖνοι τοίνυν (οἱ πρόγονοι ἡμῶν) . . . πέντε μὲν καὶ τετταράκοντ' ἔτη τῶν Ἑλλήνων ἦρξαν ἑκόντων, πλείω δ' ἢ μύρια τάλαντ' εἰς τὴν ἀκρόπολιν ἀνήγαγον.

29. Isocr. 12 *Panath.* 56: Σπαρτιᾶται μὲν γὰρ ἔτη δέκα μόλις ἐπεστάτησαν αὐτῶν (τῶν πόλεων), ἡμεῖς δὲ πέντε καὶ ἑξήκοντα συνεχῶς κατέσχομεν τὴν ἀρχήν . . . 57. ἐκ τούτων τοίνυν ἀμφότεραι μισηθεῖσαι κατέστησαν εἰς πόλεμον καὶ ταραχήν, ἐν ᾗ τὴν μὲν ἡμετέραν εὕροι τις ἄν, ἁπάντων αὐτῇ καὶ τῶν Ἑλλήνων καὶ τῶν βαρβάρων ἐπιθεμένων, ἔτη δέκα τούτοις ἀντισχεῖν δυνηθεῖσαν, Λακεδαιμονίους δὲ κρατοῦντας ἔτι κατὰ γῆν, πρὸς Θηβαίους μόνους πολεμήσαντας καὶ μίαν μάχην ἡττηθέντας, ἁπάντων ἀποστερηθέντας ὧν εἶχον κ.τ.λ.

Cf. Isocr. 4 *Paneg.* 154.

30. Andoc. *de Pace*, 37: Οἱ πατέρες ἡμῶν κατειργάσαντο τῇ πόλει δύναμιν τοσαύτην ὅσην οὔπω τις ἄλλη πόλις ἐκτήσατο . . . (38) . . . καὶ ταῦτα τὰ ἀγαθὰ ἐν ὀγδοήκοντα καὶ πέντε ἡμῖν ἔτεσιν ἐγένετο. (39) κρατηθέντες δὲ τῷ πολέμῳ τά τε ἄλλα ἀπωλέσαμεν, καὶ τὰ τείχη καὶ τὰς ναῦς ἔλαβον ἡμῶν ἐνέχυρα Λακεδαιμόνιοι κ.τ.λ.

31. Lycurg. *in Leocr.* 72: Τοιγαροῦν τοιαύταις χρώμενοι γνώμαις ἐνενήκοντα μὲν ἔτη τῶν Ἑλλήνων ἡγεμόνες κατέστησαν, Φοινίκην δὲ καὶ Κιλικίαν ἐπόρθησαν, ἐπ' Εὐρυμέδοντι δὲ καὶ πεζομαχοῦντες καὶ ναυμαχοῦντες ἐνίκησαν.

32. Lysias 2 *Epitaph.* 55: Ἐλευθέραν μὲν ἐποίησαν τὴν Ἑλλάδα, μεγίστην δ' ἀπέδειξαν τὴν ἑαυτῶν πατρίδα, ἑβδομήκοντα μὲν ἔτη τῆς θαλάττης ἄρξαντες, ἀστασιάστους δὲ παρασχόντες τοὺς συμμάχους κ.τ.λ.

33. Dion. Hal. *Ant. Rom.* i. 3: Ἀθηναῖοι μέν γ' αὐτῆς μόνον ἦρξαν τῆς παραλίου δυεῖν δέοντα ἑβδομήκοντ' ἔτη, καὶ οὐδὲ ταύτης ἁπάσης, ἀλλὰ τῆς ἐντὸς Εὐξείνου τε πόντου καὶ τοῦ Παμφυλίου πελάγους, ὅτε μάλιστ' ἐθαλασσοκράτουν. Λακεδαιμόνιοι δὲ Πελοποννήσου καὶ τῆς ἄλλης κρατοῦντες Ἑλλάδος, ἕως Μακεδονίας τὴν ἀρχὴν προὐβίβασαν, ἐπαύθησαν δ' ὑπὸ Θηβαίων, οὐδ' ὅλα τριάκοντα ἔτη τὴν ἀρχὴν κατασχόντες.

34. Polyb. i. 2: Λακεδαιμόνιοι πολλοὺς ἀμφισβητήσαντες χρόνους ὑπὲρ τῆς τῶν Ἑλλήνων ἡγεμονίας, ἐπειδή ποτ' ἐκράτησαν, μόλις ἔτη δώδεκα κατέσχον αὐτὴν ἀδήριτον.

35. Plat. *Ep.* vii. 332 B: Ἔτι δὲ Ἀθηναῖοι πρὸς τούτοις, οὐκ αὐτοὶ κατοικίσαντες πολλὰς τῶν Ἑλλήνων πόλεις ὑπὸ βαρβάρων ἐκβεβλημένας, ἀλλ' οἰκουμένας παραλαβόντες, ὅμως ἑβδομήκοντα ἔτη διεφύλαξαν τὴν ἀρχὴν ἄνδρας φίλους ἐν ταῖς πόλεσιν ἑκάσταις κεκτημένοι.

36. Aristid. 13 *Panath.* p. 170 J. = i. p. 280 D.: Καὶ μὴν οἱ μὲν πλέον ἢ ἑβδομήκοντα ἔτη κατέσχον, οἱ δ' οὐδ' εἰς τρεῖς ὀλυμπιάδας διεφύλαξαν τὴν ἀρχήν.

The Earliest Stage of the Athenian Confederacy.

37. Thuc. i. 96.

38. Diod. xi. 47: [Ἄρχοντος Ἀθήνησιν Ἀδειμάντου.] εὐθὺς οὖν ὁ μὲν Ἀριστείδης συνεβούλευε τοῖς συμμάχοις ἅπασι κοινὴν ἄγουσι σύνοδον ἀποδεῖξαι [τὴν] Δῆλον κοινὸν ταμιεῖον, καὶ τὰ χρήματα πάντα τὰ συναγόμενα εἰς ταύτην κατατίθεσθαι, πρὸς δὲ τὸν ἀπὸ τῶν Περσῶν ὑποπτευόμενον πόλεμον τάξαι φόρον ταῖς πόλεσι πάσαις κατὰ δύναμιν, ὥστε γίνεσθαι τὸ πᾶν ἄθροισμα ταλάντων πεντακοσίων καὶ ἑξήκοντα. (2) ταχθεὶς δὲ ἐπὶ τὴν διάταξιν τῶν φόρων, οὕτως ἀκριβῶς καὶ δικαίως τὸν διαμερισμὸν ἐποίησεν ὥστε πάσας τὰς πόλεις εὐδοκῆσαι. διὸ καὶ δοκῶν ἕν τι τῶν ἀδυνάτων ἔργων συντετελεκέναι, μεγίστην ἐπὶ δικαιοσύνῃ δόξαν ἐκτήσατο καὶ διὰ τὴν ὑπερβολὴν τῆς δικαιοσύνης δίκαιος ἐπωνομάσθη. (3) ὑφ' ἕνα δὲ καὶ τὸν αὐτὸν καιρὸν ἡ μὲν τοῦ Παυσανίου κακία τῆς κατὰ θάλατταν ἡγεμονίας ἐστέρησε τοὺς πολίτας, ἡ Ἀριστείδου δὲ κατὰ πᾶν ἀρετὴ τὰς Ἀθήνας τὴν οὐκ οὖσαν στρατηγίαν ἐποίησε κτήσασθαι. ταῦτα μὲν οὖν ἐπράχθη κατὰ τοῦτον τὸν ἐνιαυτόν.

39. [Arist.] *Resp. Ath.* 23, 24.

40. Plut. *Arist.* 24: Οἱ δ' Ἕλληνες ἐτέλουν μέν τινα καὶ Λακεδαιμονίων ἡγουμένων ἀποφορὰν εἰς τὸν πόλεμον, ταχθῆναι δὲ βουλόμενοι κατὰ πόλιν ἑκάστοις τὸ μέτριον ᾐτήσαντο παρὰ τῶν Ἀθηναίων Ἀριστείδην, καὶ προσέταξαν αὐτῷ χώραν τε καὶ προσόδους ἐπισκεψάμενον ὁρίσαι τὸ κατ' ἀξίαν ἑκάστῳ καὶ δύναμιν. ὁ δὲ τηλικαύτης ἐξουσίας κύριος γενόμενος καὶ τρόπον τινὰ τῆς Ἑλλάδος ἐπ' αὐτῷ μόνῳ τὰ πράγματα πάντα θεμένης, πένης μὲν ἐξῆλθεν, ἐπανῆλθε δὲ πενέστερος, οὐ μόνον καθαρῶς καὶ δικαίως, ἀλλὰ καὶ προσφιλῶς πᾶσι καὶ ἁρμοδίως τὴν ἐπιγραφὴν τῶν χρημάτων ποιησάμενος. ὡς γὰρ οἱ παλαιοὶ τὸν ἐπὶ Κρόνου βίον, οὕτως οἱ σύμμαχοι τῶν Ἀθηναίων τὸν ἐπ' Ἀριστείδου φόρον εὐποτμίαν τινὰ τῆς Ἑλλάδος ὀνομάζοντες ὕμνουν, καὶ μάλιστα μετ' οὐ πολὺν χρόνον διπλασιασθέντος, εἶτ' αὖθις τριπλασιασθέντος. ὃν μὲν γὰρ Ἀριστείδης ἔταξεν, ἦν εἰς ἑξήκοντα καὶ τετρακοσίων ταλάντων λόγον· τούτῳ δὲ Περικλῆς μὲν ἐπέθηκεν ὀλίγου δεῖν τὸ τρίτον μέρος· ἑξακόσια γὰρ τάλαντα Θουκυδίδης φησὶν ἀρχομένου τοῦ πολέμου προσιέναι τοῖς Ἀθηναίοις ἀπὸ τῶν συμμάχων· Περικλέους δ' ἀποθανόντος ἐπιτείνοντες οἱ δημαγωγοὶ κατὰ μικρὸν εἰς χιλίων καὶ τριακοσίων ταλάντων κεφάλαιον ἀνήγαγον, οὐχ οὕτω τοῦ πολέμου διὰ μῆκος καὶ τύχας δαπανηροῦ γενομένου καὶ πολυτελοῦς, ὡς τὸν δῆμον εἰς διανομὰς καὶ θεωρικὰ καὶ κατασκευὰς ἀγαλμάτων καὶ ἱερῶν προαγαγόντες. . . . (25) ὁ δ' Ἀριστείδης ὥρκισε μὲν τοὺς Ἕλληνας καὶ ὤμοσεν ὑπὲρ τῶν Ἀθηναίων, μύδρους ἐμβαλὼν ἐπὶ ταῖς ἀραῖς εἰς τὴν θάλατταν, ὕστερον δὲ τῶν πραγμάτων ἄρχειν ἐγκρατέστερον, ὡς ἔοικεν, ἐκβιαζομένων ἐκέλευε τοὺς Ἀθηναίους τὴν ἐπιορκίαν τρέψαντας εἰς αὐτὸν ᾗ συμφέρει χρῆσθαι τοῖς πράγμασι.

41. Aristod. vii. (*F. H. G.* v. 10): Καὶ οὕτως ἤρξαντο πάλιν οἱ Ἀθηναῖοι φόρους λαμβάνοντες αὔξεσθαι· ναῦς τε γὰρ κατεσκεύαζον [καὶ κοινὸν τῶν Ἑλληνικῶν χ]ρημάτων θησαυροφυλάκιον ἐποιήσαντο ἐν Δήλῳ, [εἰς ὃ κατ' ἔτος συνῆγον νξ' τάλ]αντα.

42. Corn. Nep. *Arist.* 2: Neque aliud est ullum huius in re militari illustre factum quam eius imperii memoria, iustitiae vero et aequitatis et innocentiae multa, in primis quod huius aequitate factum est, cum in communi classe esset Graeciae simul cum Pausania [quo duce Mardonius erat fugatus], ut summa imperii maritimi ab Lacedaemoniis transferretur ad Athenienses: namque ante id tempus et mari et terra duces erant Lacedaemonii. tum autem et intemperantia Pausaniae et iustitia factum est Aristidis, ut omnes fere civitates Graeciae ad Atheniensium societatem se applicarent et adversus barbaros hos duces deligerent sibi. (3) quos quo facilius repellerent, si forte bellum renovare conarentur, ad classes aedificandas exercitusque comparandos quantum pecuniae quaeque civitas daret, Aristides delectus est qui constitueret, eiusque arbitrio quadringena et sexagena talenta quotannis Delum sunt collata: id enim commune aerarium esse voluerunt. quae omnis pecunia postero tempore Athenas translata est. hic qua fuerit abstinentia, nullum est certius indicium quam *quod*, cum tantis rebus praefuisset, in tanta paupertate decessit, ut qui efferretur vix reliquerit.

43. Thuc. v. 18. 5.

44. Demosth. 23 *in Aristocr.* 209: Τότε μὲν γὰρ τῷ κυρίῳ τῶν φόρων γενομένῳ τάξαι Ἀριστείδῃ οὐδεμιᾷ δραχμῇ πλείω τὰ ὑπάρχοντα ἐγένετο, ἀλλὰ καὶ τελευτήσαντ' αὐτὸν ἔθαψεν ἡ πόλις.

45. Aesch. *in Ctes.* 258: Ἀριστείδην δὲ τὸν τοὺς φόρους τάξαντα τοῖς Ἕλλησιν, οὗ τελευτήσαντος τὰς θυγατέρας ἐξέδωκεν ὁ δῆμος.

46. [Andoc.] *in Alcib.* 11: Πείσας ὑμᾶς (ὁ Ἀλκιβιάδης) τὸν φόρον ταῖς πόλεσιν ἐξ ἀρχῆς τάξαι τὸν ὑπ' Ἀριστείδου πάντων δικαιότατα τεταγμένον, αἱρεθεὶς ἐπὶ τούτῳ δέκατος αὐτὸς μάλιστα διπλάσιον αὐτὸν ἑκάστοις τῶν συμμάχων ἐποίησεν κ.τ.λ.

The Tribute.

Triple Administrative Division.

C. I. A. i. 37 fr. a–c. See below **72**.

Further Evidence as to the Three Earliest Districts.

Nisyros in the Ionian District.

C. I. A. i. 238 (i) v. 9. See below **II. 13**.

Skiathos, Ikos, Peparethos in the Thrakian District.

C. I. A. i. 237 (ii.) v. 31, 32; (iii.) v. 10. See below **II. 12**.

Lemnos, Imbros in the Island District.

C. I. A. i. 239 vv. 82, 83. See below **II. 14**.

Nature of the Contributions of the Allies.

47. Thuc. i. 96, 99. 3; ii. 9. 5, 6.

48. Schol. Aristoph. *Av.* 880: Χίοισιν ἥσθην: Καὶ τοῦτο ἀφ' ἱστορίας ἔλαβεν. ηὔχοντο γὰρ Ἀθηναῖοι κοινῇ ἐπὶ τῶν θυσιῶν ἑαυτοῖς τε καὶ Χίοις, ἐπειδὴ ἔπεμπον οἱ Χῖοι συμμάχους εἰς Ἀθήνας, ὅτε χρεία πολέμου προσῆν. (. . . λέγει δὲ περὶ τῆς Χίου καὶ Εὔπολις ἐν Πόλεσιν (232 Kock)

αὕτη Χίος, καλὴ πόλις.
πέμπει γὰρ ὑμῖν ναῦς μακράς, ἄνδρας θ' ὅταν δεήσῃ,
καὶ τἄλλα πειθαρχεῖ καλῶς, ἄπληκτος ὥσπερ ἵππος.)

49. Andoc. *de Pace*, 38: Πείσαντες . . . τὸν σύλλογον τῶν νεῶν παρ' ἡμῖν γενέσθαι, ὅσαι δὲ τῶν πόλεων τριήρεις μὴ κέκτηνται, ταύταις ἡμᾶς παρέχειν κ.τ.λ.

C. I. A. iv. 27 a vs. 26. See below **130**.

C. I. A. iv. 61 a vs. 1. See below **139**.

The Transformation of the Delian Confederacy into the Athenian Empire.

Transference of the Treasury to Athens.

Plut. *Per.* 12. See below **IV. 70.**

50. Plut. *Arist.* 25: Καὶ γὰρ τὰ χρήματά φησιν (ὁ Θεόφραστος) ἐκ Δήλου βουλευομένων Ἀθήναζε κομίσαι παρὰ τὰς συνθήκας [καί], Σαμίων εἰσηγουμένων, εἰπεῖν ἐκεῖνον, ὡς οὐ δίκαιον μέν, συμφέρον δὲ τοῦτ' ἐστί.

51. Aristod. vii. (*F. H. G.* v. 10): [Εἶτα] ἐκ τῆς Δήλου τὰ συναχθέντα μετεκόμισαν εἰς τὰς Ἀθήνας καὶ κατέθεντο ἐντὸς ἐν [τῇ] ἀκροπόλει.

52. Justin. iii. 6: Hanc rem (sc. sese a bello Messeniaco dimissos esse) Athenienses graviter ferentes, pecuniam quae erat in stipendium Persici belli ab universa Graecia conlata, a Delo Athenas transferunt, ne deficientibus a fide societatis Lacedaemoniis praedae ac rapinae esset.

53. Diod. xii. 38. 2: Ἀθηναῖοι τῆς κατὰ θάλατταν ἡγεμονίας ἀντεχόμενοι τὰ ἐν Δήλῳ κοινῇ συνηγμένα χρήματα, τάλαντα σχεδὸν ὀκτακισχίλια, μετήνεγκαν εἰς τὰς Ἀθήνας καὶ παρέδωκαν φυλάττειν Περικλεῖ.

54. *Ibid.* 40: Ἐξηριθμήσατο ... τὸ πλῆθος τῶν μετακεκομισμένων ἐκ Δήλου χρημάτων εἰς τὰς Ἀθήνας, ἃ συνέβαινεν ἐκ τῶν φόρων ταῖς πόλεσι κοινῇ συνηθροῖσθαι· (2) κοινῶν δ' ὄντων τῶν μυρίων ταλάντων ἀπανήλωτο πρὸς τὴν κατασκευὴν τῶν προπυλαίων καὶ τὴν Ποτιδαίας πολιορκίαν τετρακισχίλια τάλαντα· καὶ καθ' ἕκαστον ἐνιαυτὸν ἐκ τοῦ φόρου τῶν συμμάχων ἀνεφέρετο τάλαντα τετρακόσια ἑξήκοντα.

55. *Ibid.* 54. 3: Οἱ Ἀθηναῖοι ... χρημάτων ... πλῆθος ἕτοιμον παρέλαβον, μετακομίσαντες ἐκ Δήλου τὰ κοινὰ χρήματα τῶν Ἑλλήνων, ὄντα πλείω τῶν μυρίων ταλάντων.

56. *Id.* xiii. 21. 3: Τίς γὰρ ἂν ἤλπισεν Ἀθηναίους, μύρια μὲν εἰληφότας ἐκ Δήλου τάλαντα κ.τ.λ.

57. Thuc. ii. 13. 3, 4. Corn. Nep. *Arist.* 3. See above **42.** Isocr. 8 *de Pac.* 126. See below **VI. 161.**

58. Isocr. 15 *de Perm.* 234: Περικλῆς . . . εἰς τὴν ἀκρόπολιν οὐκ ἐλάττω μυρίων ταλάντων ἀνήνεγκεν.

59. Dem. 3 *Ol.* iii. 24: Πλείω δ' ἢ μύρια τάλαντ' εἰς τὴν ἀκρόπολιν ἀνήγαγον. = [Dem.] 13 *de Rep. ord.* 26.

60. Paus. i. 29. 16: Λυκούργῳ δὲ ἐπορίσθη μὲν τάλαντα ἐς τὸ δημόσιον πεντακοσίοις πλείονα καὶ ἑξακισχιλίοις ἢ ὅσα Περικλῆς ὁ Ξανθίππου συνήγαγε.

Remains of the Synod.

61. Thuc. iii. 11. 3 (the autonomous Mytilenaians); i. 141. 6 (contrast with the Peloponnesians).

Gradual Subjection of the Allies.

[For the actual states revolting and reduced, see **III. 40 ff.**]

62. Thuc. i. 97, 98. 4–99.

63. Thuc. i. 18. 3–19. 1.

64. Thuc. i. 141. 6.

65. Thuc. vi. 76. 3, 4.

66. Thuc. iii. 10. 3–11.

67. [Xen.] *Resp. Ath.* ii. 2: Τοῖς μὲν κατὰ γῆν ἀρχομένοις οἷόν τ' ἐστὶν ἐκ μικρῶν πόλεων συνοικισθέντας ἀθρόους μάχεσθαι· τοῖς δὲ κατὰ θάλατταν ἀρχομένοις, ὅσοι νησιῶταί εἰσιν, οὐχ οἷόν τε συνάρασθαι εἰς τὸ αὐτὸ τὰς πόλεις. ἡ γὰρ θάλαττα ἐν τῷ μέσῳ· οἱ δὲ κρατοῦντες θαλαττοκράτορές εἰσιν· εἰ δ' οἷόν τε καὶ λαθεῖν συνελθοῦσιν εἰς ταὐτὸ τοῖς νησιώταις εἰς μίαν νῆσον, ἀπολοῦνται λιμῷ.

68. Diod. xi. 70. 3: Καθόλου γὰρ ἐπὶ πολὺ τῇ δυνάμει προκόπτοντες οὐκέτι τοῖς συμμάχοις ὥσπερ πρότερον ἐπιεικῶς ἐχρῶντο, ἀλλὰ βιαίως καὶ ὑπερηφάνως ἦρχον. (4) διόπερ οἱ πολλοὶ τῶν συμμάχων τὴν βαρύτητα φέρειν ἀδυνατοῦντες ἀλλήλοις διελέγοντο περὶ ἀποστάσεως, καί τινες τοῦ κοινοῦ συνεδρίου καταφρονήσαντες κατ' ἰδίαν ἐτάττοντο.

69. Plut. *Cim.* 11: Ἐπεὶ δ' οἱ σύμμαχοι τοὺς φόρους μὲν ἐτέλουν, ἄνδρας δὲ καὶ ναῦς ὡς ἐτάχθησαν οὐ παρεῖχον, ἀλλ' ἀπαγορεύοντες ἤδη πρὸς τὰς στρατείας, καὶ πολέμου μὲν οὐδὲν δεόμενοι, γεωργεῖν δὲ καὶ ζῆν καθ' ἡσυχίαν ἐπιθυμοῦντες, ἀπηλλαγμένων τῶν βαρβάρων καὶ μὴ διοχλούντων, οὔτε τὰς ναῦς ἐπλήρουν οὔτ' ἄνδρας ἀπέστελλον, οἱ μὲν ἄλλοι στρατηγοὶ τῶν Ἀθηναίων προσηνάγκαζον αὐτοὺς ταῦτα *ποιεῖν καὶ τοὺς ἐλλείποντας ὑπάγοντες δίκαις καὶ κολάζοντες ἐπαχθῆ τὴν ἀρχὴν καὶ λυπηρὰν ἐποίουν, Κίμων δὲ τὴν ἐναντίαν ὁδὸν ἐν τῇ στρατηγίᾳ πορευόμενος βίαν μὲν οὐδενὶ τῶν Ἑλλήνων προσῆγε, χρήματα δὲ λαμβάνων παρὰ τῶν οὐ βουλομένων στρατεύεσθαι καὶ ναῦς κενάς, ἐκείνους εἴα δελεαζομένους τῇ σχολῇ περὶ τὰ οἰκεῖα διατρίβειν, γεωργοὺς καὶ χρηματιστὰς ἀπολέμους ἐκ πολεμικῶν ὑπὸ τρυφῆς καὶ ἀνοίας γινομένους, τῶν δ' Ἀθηναίων ἀνὰ μέρος πολλοὺς ἐμβιβάζων καὶ διαπονῶν ταῖς στρατείαις ἐν ὀλίγῳ χρόνῳ τοῖς παρὰ τῶν συμμάχων μισθοῖς καὶ χρήμασι δεσπότας αὐτῶν τ ν διδόντων ἐποίησε. πλέοντας γὰρ αὐτοὺς συνεχῶς καὶ διὰ χειρὸς ἔχοντας ἀεὶ τὰ ὅπλα καὶ τρεφομένους καὶ ἀσκοῦντας ἐκ τῆς αὐτῶν ἀστρατείας ἐθισθέντες φοβεῖσθαι καὶ κολακεύειν, ἔλαθον ἀντὶ συμμάχων ὑποτελεῖς καὶ δοῦλοι γεγονότες.*

Tribute applied to Public Works in Athens. See **IV. 71 ff.**

THE ATHENIAN EMPIRE.

The Tribute Districts and Cities after the Battle of the Eurymedon.

70. Thuc. ii. 9. 4.

C. I. A. i. 37 (i.) fr. n. vs. 50; fr. z''. vs. 9, 10. See below **72.**

Cf. tribute lists from Year XII (B.C. 443) onwards: **II. 12 ff.**

Number of the cities.

71. Ar. *Vesp.* 707: *εἰσίν γε πόλεις χίλιαι, αἳ νῦν τὸν φόρον ἡμῖν ἀπάγουσιν.*

The Assessments of Tribute.

[Xen.] *Resp. Ath.* iii. 5. See below **79.**

72. *C. I. A.* i. 37. Assessment of tribute, Ol. 88. 4 = B.C. 425. Letters ΑΒΛ(γ)ĿΜΝΡ϶Φ.

Vs. 1, 2. Θ[εοί]. | Τά[χσι]ς [φ]ό[ρο].

a–c. Vs. 3–30. Decree concerning assessment of tribute.

Ἔδοχσεν τε͂[ι βολε͂ι καὶ το͂ι δέμοι. Αἰγεὶς] ἐπρ[υτάνευε, . . .]ον ἐγρα[μμάτευε, ... ἐπε]|στάτε. Θόδι[ππος εἶπε . . . .]λ (?) κτο [. . . . .]αν χερο[τον . . . . ἐπὶ τὰ]|ς πόλες, δύο [μὲν ἐπὶ τὰς ἐπὶ Θράικες,] δύο δὲ ἐ[πὶ Ἰονίαν, δύο δ]ὲ ἐπὶ ν[έσος, δύο δὲ ἐπὶ Ἑλλέσπ]|οντο[ν]. οὗτ[οι δὲ . . . .] κοινοί (vel *κοινο͂ι*) *[. . . . .]εος πα[. . . . . - - Μαι]|μακτεριο͂ν[- - -*

ἐ]σαγογέα[ς - - - τ]ὸς δέ - - - | τεα καὶ χσυ[ν - - -]ον. ʽε δὲ β[ολὲ - - -]σθο[- - -]|ρας. ʽοῦτοι [δὲ - - -]ον, ἀφ' ʽε̃ς ἃ[ν - - -]|ες ἐμέρας [- - -] ʽεκαστ[- - -]|οι ʽορκοτα[ὶ - - -] τυγχ[αν - - - τὲ]|ν αὐτὲν ζεμ[ίαν - - - φσε]|φίσεται ʽο [δε̃μος - - - τ]|ε̃ι ἐλιαίαι [- - -]|πόλεσ[ι] κατ [- - - -]|τον. ʽοι δέ [- - - -]|ε̃ ὄλεζον ε[- - -]|αίας ἀρχε̃ς [- - - -|ἀ]πὸ νομενί[ας - - -|.] χρεματί[- - - -|. .] δὲ φόρο[- - -| . .] ἐὰμμετ [- - - -| . .] νομεν[ί - - - -|. .] ʽο γρ[αμματεύς - - -| . .]οιτε[- - - κο]| λακρετ[- - -]|αλον ἐσ - - -|ναια - - -| περι - -

f–m, o, p. vs. 2. στρατε]γοὶ κα[ὶ ʽ]ο πολέμαρ[χος, vs. 3. - - λας το̃[ν ἐ]λιαστο̃ν, vs. 4. εὐθυ]νέσθο μ[υ]ρίασι δρα[χμε̃σι, vs. 5. - - νεον κα[θ]ιστάντον, vs. 6. - - χσ]ὺν τε̃ι [βο]λε̃ι vel [πό]λει χσυντα - -, vs. 7. - - νος μενὸς χ - -, vs. 8. ʽο φό[ρ]ος ἐν το̃ι πο[λέμοι, vs. 9. - - ες γ[έ]νονται, ἐὰμ -, vs. 10. - - ον μ[ε]δεμίαι ε̃ ʽο - -, vs. 11. - - ες τ[ε̃]ς χόρας ἀδυ[νατ - -, vs. 12. φ]όρο[ς], ʽὸς ἂν ταχθ[ε̃ι, vs. 13. - - - λίθιναι, vs. 14. ʽο . πόλει αἰτ[ι - -, vs. 15. τε̃σι π]όλ[ε]σι περὶ το̃ φ[όρο, vs. 16. τυ[γ]χάνει πρυτ[ανεύοσα.

vs. 17 seqq. (sanctionis formula). - - ἐχσενέγκο]σι ἐ[ς] τὸν δε̃μον κ - - - ον| . . . το [- - - ἐ]πι σ[φ]ο̃ν αὐτο̃ν, ὀφ[έλεν χιλίας δραχμὰς ʽιερὰ]ς τε̃|[ι 'Αθ]εναί[αι - - -]ρ[- - - κα]ὶ το̃[ι] δεμοσίοι ʽ[- - - εὐθυνέσθο μυρί]ασι | [δρα]χμε̃[σι ʽέκαστος το̃ν πρ]υτά[νεον. κα]ὶ ἐάν τις ἄλλος δι[- - - - μ]ὲ ε̃ναι τ | [ὰς] τάχσ[ες - - - α - - ιαια - - -] ἐπὶ τε̃ς πρυτανεί[ας ʽὲ ἂν - - - πρυτα]νεύει, ἄτ|[ι]μος ἔσ[το καὶ] τὰ χρ[έματα] αὐτο̃ δ[εμόσι]α ἔσ[τ]ο καὶ τε̃ς θεο̃ [τὸ ἐπιδέκατον].

vs. 22 seqq. ἐχσενε]γκέτο δὲ τ|αῦτα ἐς [τὸν] δε̃μον [ʽε Αἰγε]ὶς π[ρ]υτα[νεί]α ἐπάναγκες, ἐπει[δὰν τάχιστα ἐσέλθει,] ἐς τρίτεν ἐ[μέραν, [προ̃τ]ον μετ[ὰ τὰ ʽιε]ρά . ἐ[ὰν] δὲ [μὲ δ]ιαπ[ρ]αχθε̃ι ἐν ταύ[τει, χρεματίσαι περ]ὶ τούτο προ̃[τ]|ον τε̃ι [ʽυσ]τεραία[ι χσυνε]χο̃ς [ʽέ]ος [ἂν δ]ιαπ[ρ]αχθε̃ι ἐπὶ τε̃[ς ειρεμένες πρυτα]νείας.

vs. 25 seqq. ἐὰν δ[ὲ μ]|ὲ ἐχσε[νέγ]κοσι ἐς [τὸν δε̃μ]ον ε̃ [μὲ] δι[απράχσο]σι ἐπὶ σφο̃ν α[ὐτο̃ν, εὐθυνέσθο μυ]ρίασι δρ[αχμε̃]|σιν ʽέ[καστ]ος το̃μ [πρυτάν]εον, [. .]ρο[. . . . .]ακολο̃υν ἐπιδ[ειχσ - - - -]ας.

vs. 27 seqq. τὸς δ[ὲ κέρυ]|κας πρ[οσκε]κλεμέ[νος . . .]ενα[ι ʽ]υπ[ὸ το̃ν δε]μοσίον κλετέ[ρον - - -] σε[- - ἐ]|ὰμ μὲ ὀ[ρθο̃ς] δοκο̃σ[ι - - -] νε[- -]ς δ[- -]ας τοι̃ς κέρυχ[σι - - -]|ον ʽορ[κ - - -] τακ[- -] στ[-]ρε[-]ι, ʽίνα μὲ αὐ[τ - - -]| τὰς τά[χσ]ες τε̃σι π[όλεσι - -] κα[- - ʽό]πο ἂν δοκε̃[ι - - - - -| πε]ρὶ το̃ν [τ]άχσεον κα[- -] το [- - -] χρὲ λέγ[εν - - - - φσε]φ|ίζεσθ[α]ι. καὶ ἐὰν τ[- - - -]ρὶ το̃ (vel τὸ) δ[- - - -] ἀπά| [γ]οσιν ʽαι πόλες [- - - - -]ς ʽότ[- - - - τ]ὲν τάχσι[ν το̃] φ[όρ]ο, ʽίνα ει[- - - -] πολ[- - - -] χρε̃σθαι π|[ερὶ το̃ φ]όρο κατὰ [- - - - - -] θάλατταν πρ|[- -]

αδειεε[- - - - - τε̂]ς βολε̂ς τε̂ι πρό| [τει . . . .] τ[ο]υτο[- - - - - - τ]ο̂ν ἄλλον δικαστερίον, ἐὰμ μ| [ὲ - - -] προ[- - - - -] δεμ[ο.] τοῖς δὲ κέρυχσι τοῖς ἴσ̂οσι τ| [ὸν μισθὸ]ν (?) ἀποδ[ο̂ναι τὸς (vel ἀποδ[όντον ʽοι) - - - -].

vs. 40 seqq. (rider): [ʽο δεῖνα εἶπ]ε. τὰ μὲν ἄλλα καθάπερ τε̂ι βολε̂ι· τὰς | [δὲ τάχσες], ʽόσαι [- - - - τὸς πρ]υτάνε[ς], ʽοὶ ἂν τότε τυγχάνοσι πρυτ| [ανεύοντ]ες, καὶ τὸ [- - - - - - τ]ὸ δικαστέριον, ʽόταν περὶ το̂ν τάχ| [σεον ε̂ι, ʽ]όπος ἂν ἀ - - - -

Second decree. vs. 43 seqq. Ἔδοχσ[εν] τε̂ι βολε̂ι καὶ το̂ι δέμοι. Α| [ἰγεὶς ἐ]πρυτάνευ[ε, - - ον ἐγραμμάτευε, - - δ]ορος ἐπεσ[τάτε]. Θόδιππος εἶπε· ʽοπόσ| [εσι πό]λεσι φόρος [ἐτάχθε ἐπὶ τ]ε̂ς [βολε̂ς, ʽε̂ι Πλειστί]ας προ̂τος [ἐγρα]μμάτευε, ἐπὶ Στρατοκ| [λέος] ἄρχοντος, βο[ν̂ν καὶ . . . . .]λ[. . . ἀπάγεν ἐς Παναθ]έναια τὰ με[γάλα] ʽαπάσας· πεμπόντον | δ[ὲ ἐν] τε̂ι πομπε̂ι - - - - κ - - -

Prescript of the actual assessment (vs. 47 seqq.): [κατὰ τάδε ἔτα]χσεν τὸμ φό[ρον τε̂]σι πόλεσιν ʽε [β]ολ[έ], | ʽε̂ι [Πλ]ειστίας π[ρο̂τος ἐγραμμ]ά[τευε . . . .[1], ἐ]πὶ Στρατοκλ[έος ἄ]ρχοντος, ἐπὶ [το̂]ν [ἐσ] |αγογ[έο]ν, ʽοῖς Κα[- - - - ἐγραμμάτευε]. Reliqua versus pars vacat.

The actual assessment follows.

73. *C. I. A.* i. 38. Decree arranging for collection, &c. of the tribute. Fr. a and b. Ἔδοχσε[ν τε̂ι βολε̂ι καὶ το̂ι δέμοι.] Κεκροπὶς ἐπ|ρυτάνε[υε, ʽο δεῖνα ἐγραμμά]τευε, Ὄνασος ἐ|πεστάτ[ε. ʽΟ δεῖνα εἶπε· - - -]αι πόλες φόρο|ν φέροσ[ι - - -] ἐν ἑκάστει τε̂| [ι] πόλει - - - - ʽεκασταχόθε|ν - - - - ʽο . . . . . ε ʽυπ|- -

Fr. c and d. d vs. 2. Διονύσ| [ια vel ίοις.—] c vs. 2 with d vs. 4 seqq. - - - πό]λες, ʽαίτ| [ινες ἂν ἀπο]δο̂σι τ[ὸν φόρον καὶ αἵτιν]ες μὲ ἀπο| [δο̂σιν καὶ ʽ]αίτιν[ες ἂν κατὰ μέρε. ἐπ]ὶ δὲ τὰς ὀφ| [ελόσας πέ]μπεν πε . . . . ἐσπράχσον| [τας τὸν φ]όρον. ἀναγ[ραφόντον δὲ ʽοι Ἑλλ]ενοτ[α|μ]ίαι ἐς σανίδι τὰς . . . . σας το̂ φ[ό|ρ]ο καὶ το̂ν ἀπαγόντ[ον τὰ ὀνόματα. κα]ὶ τιθέναι | [ʽ]εκάστοτε πρόσθε [. . . . . . . ἐχσέσ]το δὲ καὶ Σα|μίοις καὶ Θεραίο[ις - - - . vs. 10. [τ] |ο̂ν χρεμάτον ʽο̂ν τεχ - - - - | . ον ἀνδρο̂ν καὶ εἰ τ - -, - - χρ|έμ]ατα ἀπάγεν Ἀθέν[αζε - -, | . . λε̂ι, ʽε Κεκροπὶ[ς - -, | . . . κριτος εἶπε· τ[ὰ μὲν ἄλλα καθάπερ ὁ δεῖνα | . . ʽ]όπος δὲ ἄρι[στα? - - | . . . τ]ὸν πόλεμ[ον - -, | . . . . . σία[ι - -

[Fr. e[2]. Vs. 1. [τὲν] βολὲν τὲν ἐ[χς Ἀρείο πάγο? Vs. 2 seqq.

[1] ἐγραμμ]ά[τευε, καὶ ʽε ʽελιαία, ἐ]πὶ κ.τ.λ. Schöll. [2] See *C. I. A.* iv. 38 a.

[ʽ]όσοι δὲ τôν ἀπα[γόντον αὐτὰς τὰς ἀπαρχὰς (?) ἀν] |αγεγράφαται ὀφέ[λοντες - - - ἐπ] |ιδεῖχσαι τôι δέμ[οι - - - ἐὰν δ] |έ τις τôμ πόλεον ἀ[μφισβετêι περὶ φόρον ἀποδ] |όσεος, φάσκοσα ἀπ[οδεδοκέναι, - - - εσ] |θαι τὸ κοινὸν τêς - - - | δὲ τὰς πόλες καὶ τ[- - - εσ] |θαι δὲ μὲ ἐχσêναι - - - |τος, ὀφελέτο ʽο γρ[αφσάμενος χιλίας δραχμάς (?)]. | τὲν δὲ γραφὲν ἐ̂να[ι - - - Γαμε] |λιôνι. ἐὰν δέ τις ἀ[μφισβετêι, ʽος οὐ γεγόνασι (?)] | κλέσες, ἑ βολὲ βο[λευέτο - - -] | ἐσαγόντον δὲ ʽοι - - - ʼΑθε] |ναίοις τὸμ φόρον - - - |κα τêς μενύσεος ἐλ - - - | φόρο καὶ τô περυσ[ι - - τὲν βολὲν π|ρ]οβολεύσασαν ἐχ[σενεγκêν ἐς τὸν δêμον - - | . . .] πέρι τêι ὑστερα[ίαι - - - | . . .] τêς ʽαιρέσεος χρε-[ματίσαι ? - -]

Frg. f et g. f vs. 5 seqq. [ἐπιμελ] |ετὰς αἱρêσθαι τὸ[ς ἐπιμελεσομένος τôν . . . ʼΑ] |θεναίον χρεμάτον κα[τὰ τὸ - - φσέφισ] |μα. καὶ τὸν στρατεγὸν (vel τôν στρατεγôν) - - - |ι, ʽόταν περί τινος τôν - - - |ι. ἐὰν δέ τις κακοτεχνê[ι, ʽόπος μὲ κύριον ἔστα] |ι τὸ φσέφισμα τὸ τô φόρο [ἒ ʽόπος μὲ ἀπαχθέσετ] |αι ʽο φόρος ʼΑθέναζε, γρά[φεσθαι ἐξêναι ἔκασ] |τον τôν ἐκ ταύτες τêς πό[λεος - - π] |ρὸς τὸς ἐπιμελετάς· ʽο[ι δὲ ἐπιμελεταὶ ἐσαγό] |ντον ἔμμενα ἐς τὸ δι[καστέριον, ἐπειδὰν ʽοι κ] |λετêρες ἔκοσι. δι . . . . δὲ - - - |ε κατὰ ʽôν γράφ[ε]σθαί τις ἐ[- - ἐὰν δὲ κα] |ταγνôι τὸ [δι]καστέριον, τι[μάτο τί χρὲ αὐτὸν π] |αθêν ἒ [ἀπο]τεῖσαι. τὸς δὲ κέ[ρυκας - - -] |εσ. ς [ʽ]ὸς ἂν ʽοι πρυτάνες με - - - |. κα]ὶ πέμφσαι ἐς τὰς πόλες. ἐ[- - - - |. πρ]υτανείας, ʽόπος ἂν αἱρε[θôσι ʽοι ἄνδρες | ʽοι] τὸν φόρον ἐγλέχσοντες κ - - - | . . . βολευτερίοι. τὲν δὲ στέλ[εν ʽοι πολεταὶ ἀ|πο]μισθοσάντον.

This is followed by something to the following effect: [φ]όρο ἐγ[λογêς | ʽει]ρ[έθεσαν ʽοίδε], under which came the list of names.

Date of the Assessment.

C. I. A. i. 40 vs. 7. See below **86**.

74. *Ibid.* v. 30: ʽ[όσο]ν τêι θεôι ἀπὸ τô φόρο ἐγίγν[ετο, ʽὸν τοῖ] |ς π[ρ]οτέρο[ις] Παναθεναίοις ἐτετάχατο φ[έρεν].

Preliminary Investigations by the τάκται.

C. I. A. i. 37 vs. 4 ff. See above **72**.
Cf. Plut. *Arist.* 24 (above **40**).

Exceptional Assessment by the τάκται directly.

75. *C. I. A.* i. 266 v. 4: [Πόλες ʽὰς ἔτ]αχσαν ʽοι τάκται.

Assessment by the Council.

76. *C. I. A.* i. 266 v. 9: [Πόλες 'ὰς 'ε] βολὲ καὶ 'οι πεντακόσιο[ι . . | . . . ἔτ]αχσαν.

C. I. A. i. 37 v. 47. See above **72.**

Power of Suggestion on the part of the City.

C. I. A. i. 27 a vs. 26. See below **130.**

Suggestion or Payment by Private Persons.

C. I. A. i. 243 vi. 18. See **II. 18.**
C. I. A. i. 244 ii. 85. See **II. 19.**
C. I. A. i. 253. 6. See **II. 27.**
77. *C. I. A.* i. 257. 42: [Πό]λε[ς 'ὰς '[οι | [ἰδι]ō[ται ἔ]τ[α]χ[σαν].

Exceptional Right of Self-assessment.

C. I. A. i. 243 vi. 5. See **II. 18.**
C. I. A. i. 244 ii. 71. See **II. 19.**
78. *C. I. A.* i. 256. 37: Πόλ[ες αὐταὶ] φόρ[ον] ταχ[σάμεναι].

Appeal to the Heliaia.

79. [Xen.] *Resp. Ath.* iii. 5: διὰ χρόνου διαδικάσαι δεῖ στρατείας καὶ ἐάν τι ἄλλο ἐξαπιναῖον ἀδίκημα γένηται . . . . πολλὰ ἔτι πάνυ παραλείπω· τὸ δὲ μέγιστον εἴρηται πλὴν αἱ τάξεις τοῦ φόρου· τοῦτο δὲ γίγνεται ὡς τὰ πολλὰ δι' ἔτους πέμπτου.

C. I. A. i. 37. 42. See above **72.**

Was the Heliaia always concerned?

C. I. A. i. 37. 47. See above **72.**

Appeal against Council sometimes rejected.

C. I. A. i. 266. 9. See above **76.**

Introduction of the Appeals.

80. Pollux, *Onom.* viii. 93: εἰσαγωγεῖς ἀρχῆς κληρωτῆς ὄνομα· οὗτοι δὲ τὰς δίκας εἰσήγαγον πρὸς τοὺς διαιτητάς.

81. *Ibid.* 101: εἰσαγωγεῖς οἱ τὰς ἐμμήνους δίκας εἰσάγοντες· ἦσαν δὲ προικός, ἐρανικαί, ἐμπορικαί.

82. Hesych. Εἰσαγωγή· ἀρχὴ Ἀθήνησι τῶν τὰ ἐγκλήματα εἰσαγόντων.

83. Bekk. *An. Gr.* i. p. 246. 14: Εἰσαγωγεῖς ἦσαν ἑκάστου δικαστηρίου οἱ ἄρχοντες, οἳ εἰσῆγον αὐτοῖς τὰς δίκας.

C. I. A. i. 37 vs. 48 f. See above **72**.

Representation of Cities before the Heliaia.

84. Suidas: Σαμοθρᾴκη· . . . . ἔστι παρὰ Ἀντιφῶντι (xv. fr. 49) ἐν τῷ Σαμοθρᾳκικῷ λόγῳ οὕτως εἰρημένον·—Καὶ γὰρ οἱ τὴν ἀρχὴν οἰκίσαντες τὴν νῆσον ἦσαν Σάμιοι, ἐξ ὧν ἡμεῖς ἐγενόμεθα. Cf. fr. *50 ἡ ⟨μὲν⟩ γὰρ νῆσος, ἣν ἔχομεν.

Συνήγοροι.

85. Harpocration Συνήγοροι· Ἀντιφῶν (iii. fr. 13) ἐν τῇ πρὸς τὴν Δημοσθένους γραφὴν ἀπολογίᾳ καὶ ἐν τῷ περὶ τοῦ Λινδίων φόρου.

Abatement of Tribute.

86. *C. I. A.* i. 40 v. 5: δι[α]χειροτονε̂σαι τὸν δε̂μον αὐτίκ[α πρὸ]ς Μ]εθοναίος εἴτε φόρον δοκεῖ τάττεν τὸν δε̂μο[ν αὐτ]ίκ]α μάλα ε̂ ἐχ[σ]αρκε̂ν αὐτοῖς τελε̂ν ὅσον τεῖ θεο̂ι ἀπ[ὸ τ]ο̂ φόρο ἐγίγνετο, ὃν τοῖς προτέροις Παν[αθεναίο]ις] ἐτετάχατο φέρεν, τὸ δὲ ἄλλο ἀτελε̂ς ἐ̂να[ι].

The Collection and Reception of the Tribute.

Date of Payment.

87. Ar. *Ach.* 502:

> Οὐ γάρ με νῦν γε διαβαλεῖ Κλέων ὅτι
> ξένων παρόντων τὴν πόλιν κακῶς λέγω·
> αὐτοὶ γάρ ἐσμεν οὑπὶ Ληναίῳ τ' ἀγών,
> κοὔπω ξένοι πάρεισιν· οὔτε γὰρ φόροι
> ἥκουσιν οὔτ' ἐκ τῶν πόλεων οἱ ξύμμαχοι.

88. Schol. in v. 504: (εἰς δὲ τὰ Διονύσια ἐτέτακτο Ἀθήναζε κομίζειν τὰς πόλεις τοὺς φόρους, ὡς Εὔπολίς φησιν ἐν Πόλεσιν (Fr. 240 Kock).)

89. Schol. in v. 378: (εἶπε γὰρ (Ἀριστοφάνης) δρᾶμα τοὺς Βαβυλωνίους τῇ τῶν Διονυσίων ἑορτῇ, ἥτις ἐν τῷ ἔαρι ἐπιτελεῖται, ἐν ᾧ ἔφερον τοὺς φόρους οἱ σύμμαχοι.)

C. I. A. i. 38 fr. d 3. See above **73**.

Ἐκλογεῖς *chosen by the Allies.*

90. Harpocration: Ἐκλογεῖς: οἱ ἐκλέγοντες καὶ εἰσπράττοντες τὰ ὀφειλόμενα τῷ δημοσίῳ. Ἀντιφῶν (xv. fr. 52 (53)) ἐν τῷ περὶ τοῦ Σαμοθρᾳκῶν φόρου "ᾑρέθησαν γὰρ ἐκλογεῖς παρ' ἡμῖν οἷς πλεῖστα ἐδόκει χρήματα εἶναι."

The Tribute Received and Registered by the Hellenotamiai in combination with the Council.

91. Thuc. i. 96. 2.

92. [Xen.] *Resp. Ath.* iii. 2: Πῶς γὰρ ἂν οἷοί τε εἶεν (πάντας ἀποπέμπειν χρηματίσαντες), οὕστινας πρῶτον μὲν δεῖ ἑορτάσαι .... τὴν δὲ βουλὴν βουλεύεσθαι πολλὰ μὲν περὶ τοῦ πολέμου, πολλὰ δὲ περὶ πόρου χρημάτων, πολλὰ δὲ περὶ νόμων θέσεως, πολλὰ δὲ περὶ τῶν κατὰ πόλιν ἀεὶ γιγνομένων, πολλὰ δὲ καὶ τοῖς συμμάχοις, καὶ φόρον δέξασθαι καὶ νεωριῶν ἐπιμεληθῆναι καὶ ἱερῶν.

C. I. A. i. 38 fr. c, d. See above **73.**

Combined Payments, Συντέλεια.

93. Harpocr. Συντελεῖς: οἱ συνδαπανῶντες καὶ συνεισφέροντες· τὸ δὲ πρᾶγμα συντέλεια καλεῖται, ὡς ἔστιν εὑρεῖν ἐν τῷ Ἀντιφῶντος (xv. fr. 56) περὶ τοῦ Σαμοθρᾴκων φόρου.

i. *Neighbouring States.*

C. I. A. i. 226 iv. 6–8. See **II. 1.**
C. I. A. i. 227 iii. 11 b, 12 b. See **II. 2.**
C. I. A. i. 229 i. 2, 3. See **II. 4.**
C. I. A. i. 234 iii. 22, 23. See **II. 9.**

ii. *States on same Island or Peninsula.*

C. I. A. i. 230 iv. 15 b. See **II. 5.**
C. I. A. i. 228 i. 3. See **II. 3.**
C. I. A. i. 226 i. 9 b. See **II. 1.**

iii. *Colonies with their Metropolis.*

C. I. A. i. 251. 4–6. See **II. 25.**

iv. *Dependent States.*

C. I. A. i. 234 iii. 30. See **II. 9.**
C. I. A. i. 235 ii. 12 c. See **II. 10.**
Cf. *C. I. A.* i. 237 iii. 28. See **II. 12.**
C. I. A. i. 244 i. 43. See **II. 19.**

Ἀπόταξις.

94. Harpocr. = Suidas: Ἀπόταξις: τὸ χωρὶς τετάχθαι τοὺς πρότερον ἀλλήλοις συντεταγμένους εἰς τὸ ὑποτελεῖν τὸν ὡρισμένον φόρον. Ἀντιφῶν (xv. fr. 55) ἐν τῷ περὶ τοῦ Σαμοθρᾴκων φόρου.

Arrears. Ἐκλογεῖς.

C. I. A. i. 38 f. 20 and g. 25. See above **73**.

95. Suidas Ἐκλογεῖς: οἱ ἐκλέγοντες καὶ εἰσπράττοντες τὰ ὀφειλόμενα τῷ δημοσίῳ ἐκλογεῖς. [ὁπότε δέοι χρήματα τοὺς πολίτας εἰσφέρειν, τούτους κατὰ δύναμιν οἱ καλούμενοι ἐκλογεῖς διέγραφον. ἀλλὰ καὶ] οἱ τοὺς φόρους ἀπὸ τῶν ὑπηκόων ἀθροίζοντες πόλεων οὕτως ἐλέγοντο.

96. Bekker, *Anecd.* i. p. 245, l. 33: ἐκλογεῖς: οἱ ἐκλέγοντες τοὺς φόρους, ἵνα οἱ ἄρχοντες λάβωσιν.

97. Harpocr. Ἐκλογεῖς: Λυσίας (fr. vii. 9) ἐν τῷ πρὸς Ἀρέσανδρον· Νῦν δὲ πρὸς τοὺς ἐκλογέας τοῦ φόρου ἅπαντα ἀπογραφόμεθα.

Cf. Antiphon xv. fr. 52 (53), above **90**.

Warships to Collect Arrears.

98. Thuc. ii. 69. 1; iii. 19. 1; iv. 50. 1, 75. 1. Xen. *Hellen.* i. i. 8; 12.

99. Ar. *Eq.* 1070: οὐ τοῦτό φησιν, ἀλλὰ ναῦς ἑκάστοτε | αἰτεῖ ταχείας ἀργυρολόγους οὑτοσί. | ταύτας ἀπαυδᾷ μὴ διδόναι σ' ὁ Λοξίας.

100. Schol. *ad loc.*: Τὰς ἐκπεμπομένας ἀπὸ τῶν νήσων ἀναπράττεσθαι τοὺς φόρους. οἱ δὲ ἐκπεμπόμενοι πολλὰ ἐκέρδαναν.

101. Plut. *Alc.* 30: αὐτὸς μὲν ἐκπλεύσας εἰς τὸν Ἑλλήσποντον ἠργυρολόγει.

Fact of Payment Disputed.

102. *C. I. A.* iv. 38 a v. 2. [῾]όσοι δὲ τôν ἀπα[- - - - - - - ἀν] |- αγεγράφαται ὀφέ[λοντες - - - - - ἐπ] |ιδεῖχσαι τοῖ δεμ[ôι - - - - - - ἐὰν δ] |έ τις τôμ πόλεον ἀ[μφισβετει περὶ - - - ἀποδ] |όσεος, φάσκοσα ἀπ[οδεδοκέναι - - - - - - - - - σ] |θαι τὸ κοινὸν τε̂ς [- - - - - ῾άπασ] |ας τὰς πόλες καὶ τ[- - - - - - - - - - σ] |θαι δὲ μὲ ἐχσε̂ναι κτλ.

The Treasury.

The Hellenotamiai.

[See also above **37** ff.]

103. Andoc. 3 *de Pace* 38: Πείσαντες . . . . Ἀθήνησι ποιήσασθαι τῶν κοινῶν χρημάτων Ἑλληνοταμίας.

C. I. A. i. 226. 1. See **II. 1.**

104. *C. I. A.* i. 259: [Ἐπὶ τε̑ς τριακοστε̑ς ἀρχε̑ς, ℎει - - - - - - - ἐγραμμάτευε | Ἑλλενοταμίαι ἐ̑σαν - - - - -, - - - - -, - - - - - -, | - - - - - -, - - - - - -, Δι]ο[νύ]σιο[ς Ἀχαρ]νεύς, [- - - - -, | - - - - -]ιος, Αἴσχρον Μαραθόνιος, Φιλοτάδες Παλλε[νεύς].

105. *C. I. A.* i. 260: [Θε]οί. | [Ἐπὶ τε̑ς βολε̑ς, ℎε̑ι - - - - - - προ̑τος ἐγρ]αμμάτευε· ἐ̑ρχε δὲ Ἀθεναίοις Ἀριστίον· | [Ἑλλενοταμίαι ἐ̑σαν - - - - - - - - ε̑θ]εν, Ἕδυλος Φιλαΐδες, Πραχσίβο[λ]ος Παιαν- | ιεύς, - - - - - - - - - - -, - - α]ρχίδες Κεφαλε̑θεν, Ἐργαμένες Ἀχαρνεύς, | [- - - - - - -, - - - - - - - -]ς, Ἀριστοκράτες Φαλερεύς, Ἀριστοτέλες | [- - -, ℎοι̑ς - - - - - - - - - - ε]ὺς ἐγραμμάτευε· ἐπὶ τε̑ς τετάρτες καὶ τρ[ιακοστε̑ς ἀρχε̑ς ℎοι τριάκοντα ἀπέφενα]ν τὲν ἀπαρχὲν τε̑ι θεο̑ι, μνᾶν ἀπὸ το̑ ταλάν|[το.

106. *C. I. A.* i. 180. [Ἀθεναι̑οι ἀνέλοσαν ἐπὶ Ἀντιφο̑ντος ἄρχοντος καὶ ἐπὶ τε̑ς βολε̑ς, ℎε̑ι . . . . προ̑τος ἐγραμμάτευε. τ]α[μ]ίαι | [ℎιερο̑ν χρεμάτον τε̑ς Ἀθεναίας, Πυθόδορος ℎΑλαιεὺς καὶ συνάρχοντες, ℎοι̑ς Φορμίον Ἀριστίονος Κυ]δαθεναιε|[ὺς ἐγραμμάτευε Ἑλλενοταμίαις, Ἐργοκλει̑ Ἀριστείδο Βεσαιει̑ καὶ χσυ]νάρχοσι, καὶ παρέδροις ℎ|[Ιεροκλει̑ Ἀρχεστράτο Ἀθμονει̑ καὶ συνάρχοσι, ἐπὶ τε̑ς - - ίδος - - ς πρυτα]νευόσες καὶ ℎεμέραι δευτ|[έραι καὶ εἰκοστε̑ι τε̑ς πρυτανείας . . . ℎου̑τοι δὲ ἔ̑δοσαν τοι̑ς ἐπὶ τὰς ℎοπλιταγογ]ὸς τοι̑ς μετὰ Δεμοσθένος. Ἐ|[- - - - - ἀποδο̑να]ι τὸς Ἑλλενοταμίας καὶ [τ]ὸς παρέδρος τοι̑ς ταμίαις τε̑ς] θεο̑, Πυθ[οδόροι ℎΑλαιει̑ καὶ χσυνάρχοσι, καὶ τὸς ταμ]ίας τε̑ς θεο̑ πάλιν παραδο̑[ν]αι τοι̑ς Ἑλλενοταμίαις κ]αὶ τοι̑ς παρέδ[ροις κτλ.

Cf. *C. I. A.* i. 182, 183, 188, 189 a and b.

C. I. A. i. 32 a. See below **V. 156.**

107. *C. I. A.* i. 32 B 18: [ἐκ δὲ | το̑ν φόρο]ν κατατιθέναι κ[ατὰ τὸ]ν ἐνιαυτὸν τὰ ἑκά[στοτε γενόμε]να (vel περιόν|τα) παρὰ το]ι̑ς ταμίασι το̑ν [τε̑ς Ἀθ]εναίας τὸς Ἑλλενο[ταμίας].

The Quota of Athena.

C. I. A. i. 226. 1–4. See below **II. 1.**
C. I. A. i. 260. 6. See above **105.**
Cf. the Quota-lists generally (**II**).

Accounts of the Logistai.

108. *C. I. A.* i. 273.

I a. Accounts of monies paid out of the Treasury of Athena Polias from *Ol.* 88. 3–89. 2.

Rubric (a b vs. 1–2): [Τάδε τô τόκο ? ἐλογίσαντ]ο ʽοι λογισταὶ ἐν τοῖς τέτ]ταρσιν ἔτεσιν ἐκ Παναθεναίον ἐς [Παναθένα|ια ὀφελόμενα ?].

Year 1. *Ol.* 88. 3 (vs. 2–16).

First payment. Vs. 2–6: [Τάδε ʽο]ι ταμίαι παρέδοσ[αν ʼΑνδρο]-κλε̂ς Φλυεὺς καὶ χσυνάρχοντες, ʽΕλλ[ενοταμία|ις . . . .]ει̂ καὶ χσυνάρχοσι[ν, στρατ]εγοῖς ʽΙπποκράτει Χολαργεῖ καὶ χσυ[νάρχοσιν, | ἐπὶ τε̂ς Κεκροπίδο]ς πρυτανείας δευτέ[ρας πρυ]τανευόσες, τέτταρες ἐμέραι ἐσα . . . ἐ[λελυθυία|ς ἐπὶ τε̂ς βολε̂ς, ʽει] Μεγακλείδες πρôτο[ς ἐγραμ]μάτευε, ἐπὶ Εὐθύνο ἄρχοντος· ΔΔ. τόκος τ[ούτοις ἐ|γένετο : 𐅈ΠΗΔΔ]ΔΠΗ.

I b. Similar accounts for Treasury of Athena Nike.

Vs. 51, 52: - - - - ʼΑθεναίας Νίκες ἐ[πὶ τε̂ς ʼΑκαμαντίδο]ς πρυτανείας | [- - - πρυτανευόσες, - - - ει τε̂ς πρυτα]νείας Τιμοκ[λε̂ς Εἰτεαῖος καὶ χσυ]νάρχοντες πα|[ρέδοσαν - - - τόκος τούτοις ἐγένετο - - -] remainder of the line vacant.

II. Accounts of monies paid by the treasurers of the other gods during the same quadrennium (*Ol.* 88. 3–89. 2).

Rubric (Fr. c vs. 13–14). [Τάδε τô τόκο ? τοῖς ἄλλοις θεοῖς ὀφελόμενα ἐλογίσαντο ʽοι λογισταὶ ἐν τοῖς τέττ]αρσιν ἔτ[εσι | ἐκ Παναθεναίον ἐς Παναθέναια].

First payment (frg. c. vs. 14–16, &c.): [Τάδε παρέδοσαν ʽοι ταμίαι τôν ἄλλον θεôν, Γόργο]ινος Ο]ἰνεί[δ]ο ʼΙκαριεὺς καὶ χσυνάρχοντες - - - στρατ]εγοῖς . . . . . | - - . Frg. d, e. and f give details.

Total of first payment with interest (frg. e and f, vs. 7–9): [Κεφάλαιον τ]ô ἀ[ρχαίο ἀναλό]ματος τôν ἄλλον θεôν τε̂ς πρότες [δό]σεο[ς ἐπὶ Γοργο|ίνο ἄρχοντος ΔΔ . . . .] Η𐅅 [. . . . κεφάλ]αιον τόκο τούτοι τôι ἀναλόματ]ι Χ]ΧΗΔΔ - - | - -].

III. Calculation of interest accruing in this quadrennium to monies paid during the previous seven years (*Ol.* 86. 4–88. 2).

a. Interest on monies of Athena Polias (fr. g, vs. 4–6, f vs. 29–31): [Τάδε ἐλογίσαντο ῾οι λογιστ]αὶ ἐν τ[οῖς τέτ[ταρσιν ἔτεσιν τόκον τοῖς τε͂ς θεο͂, ῾ὰ ῾οι πρό[τεροι λο|γισταὶ λελογισμένα παρέ]δοσαν [ἐν τοῖς ἑ]πτὰ ἔτεσιν, τόκον τετρακισχιλίοις ταλά[ντοις . . | - - - - ι]ς πεντα[κοσίαις εἴ]κοσι δυοῖν δραχμαῖν. τούτοις τόκος ἐγέ[νετο . . . | - - -] rest of line vacant.

b, c, and d. Similar calculations for other funds.

IV. Total of monies put out during the eleven years, together with interest.

The ᾽Επέτεια.

109. *C. I. A.* i. 188 vs. 1. ᾽Αθεναῖοι ἀνέλοσαν ἐπὶ Γλαυκίππο ἄρχοντος καὶ ἐπὶ τε͂ς βολε͂ς, ε͂ι Κλεγένες ῾Αλαιεὺς προ͂τ[ος] | ἐγραμμάτευε. ταμίαι ἱερο͂γ χρεμάτον τε͂ς ᾽Αθεναίας, Καλλίστρατος Μαραθόνιος καὶ χσυνάρχο[ν]τες, παρέδοσαν ἐκ το͂ν ἐπετείον φσεφισαμένο το͂ δέμο. κτλ.

The Character of the Athenian Rule.

110. Thuc. vi. 82. 3–83, 85. 1–3, 87. 2; v. 89, 91. 2, 97, 105. 2.

The Second Athenian Confederacy, 378–377 B.C.

111. Diod. xv. 28. 3: ῾Ο δὲ δῆμος μετεωρισθεὶς ἐπὶ τῇ τῶν συμμάχων εὐνοίᾳ, κοινὸν συνέδριον ἁπάντων τῶν συμμάχων συνεστήσαντο, καὶ συνέδρους ἀπέδειξαν ἑκάστης πόλεως. (4) ἐτάχθη δ᾽ ἀπὸ τῆς κοινῆς γνώμης τὸ μὲν συνέδριον ἐν ταῖς ᾽Αθήναις συνεδρεύειν, πόλιν δὲ ἐπ᾽ ἴσης καὶ μεγάλην καὶ μικρὰν μιᾶς ψήφου κυρίαν εἶναι, πάσας δ᾽ ὑπάρχειν αὐτονόμους, ἡγεμόσι χρωμένας ᾽Αθηναίοις.

Ibid. 29. 7: Προσελάβοντο δὲ καὶ τοὺς Θηβαίους ἐπὶ τὸ κοινὸν συνέδριον ἐπὶ τοῖς ἴσοις πᾶσιν. (8) ἐψηφίσαντο δὲ καὶ τὰς γενομένας κληρουχίας ἀποκαταστῆσαι τοῖς πρότερον κυρίοις γεγονόσι, καὶ νόμον ἔθεντο μηδένα τῶν ᾽Αθηναίων γεωργεῖν ἐκτὸς τῆς ᾽Αττικῆς.

112. *C. I. A.* ii. 17 A. ᾽Επὶ Ναυσινίκο ἄρχοντος | Καλλίβιος Κηφισοφῶντος | Παιανιεὺς ἐγραμμάτευεν | ᾽Επὶ τῆς ᾽Ιπποθωντίδο[ς ἑβδό]μης πρυτα|νείας ἔδοξεν τῆι βο[λῆι καὶ τῶ]ι δήμω|ι. Χαρῖνος ᾽Αθμον[εὺς ἐπ]εστάτει· | ᾽Αριστοτέλη[ς] εἶ[πεν· τύχ]ηι ἀγαθῆι τῆι

'Α|θηναίων καὶ [τ]ῶν [συμμ]άχων τῶν 'Αθηναίω|ν, ὅπως ἂν Λα[κε]-δ[αιμό]νιοι ἐῶσι τὸς Ἕλλη|νας ἐλευθέ[ρ]ος [καὶ] αὐτονόμος ἡσυχίαν | ἄγειν τ[ὴν χώραν] ἔχοντας ἐμβεβαίωι τὴ[ν ἑαυτῶν . . . . . . ικ . . οσ . . . . . ηι . . . αι] | [- α] | [. . . . . απ . . σ . . ε . σ . . . . . . ωσ . ν] | [. . . . . ἐψηφί]σθαι τῶι δήμωι ἐάν τις βόλ|[ηται τῶν 'Ελ]λήνων ἢ τῶν βαρβάρων τῶν ἐν | [ἠπείρωι ἐν]οικόντων ἢ τῶν νησιωτῶν, ὅσ|[οι μὴ βασι]λέως εἰσίν, 'Αθηναίων σύμμαχ|[ος εἶναι κ]αὶ τῶν συμμάχων, ἐξεῖναι αὐ[τ]|ῶ[ι ἐλευθέρ]ωι ὄντι καὶ αὐτονόμωι πολι|τ[ευομέν]ωι πολιτείαν, ἣν ἂν βόληται, μή|τε [φρορ]ὰν εἰσδεχομένωι μήτε ἄρχοντα | ὑπο[δεχ]ομένωι μήτε φόρον φέροντι, ἐπὶ | δὲ τ[οῖς] αὐτοῖς ἐφ' οἶσπερ Χῖοι καὶ Θηβαῖ|οι κα[ὶ] οἱ ἄλλοι σύμμαχοι. τοῖς δὲ ποιησ|αμέν[οι]ς συμμαχίαν πρὸς 'Αθηναίος καὶ | τὸς συ[μμ]άχος ἀφεῖναι τὸν δῆμον τὰ ἐγκ|τήματα ὅ[π]όσ' ἂν τυγχάνηι ὄντα [ἢ ἴδι]α [ἢ δ]|ημόσια 'Αθ[η]ναίων ἐν τῆι χ[ώραι τῶν ποιου]|μένων τὴν συμμαχίαν κ[αὶ περὶ τούτων π]|ίστιν δοῦναι ['Αθηναίος. ἐὰν δὲ τυγ]χάν[η]|ι τῶν πόλεων [τῶν ποιουμένων τ]ὴν συμμαχ|ίαν πρὸς 'Αθην[αίος στῆλα]ι ὅσαι 'Αθήνησ|ι ἀνεπιτήδειο[ι, τ]ὴμ βολὴν τὴν ἀεὶ βολε|ύοσαν κυρίαν ε[ἶν]αι καθαίρειν· [ἀ]πὸ δὲ Ν|αυσινίκο ἄρχο[ντ]ος μὴ ἐξεῖναι μήτε ἰδ|ίαι μήτε δημοσ[ί]αι 'Αθηναίων μηθένι ἐγ|κτήσασθαι ἐν τ[α]ῖς τῶν συμμάχων χώραι|ς μήτε οἰκίαν μήτε χωρίον μήτε πριαμέ|νωι μήτε ὑποθε[μ]ένωι μήτε ἄλλωι τρόπω|ι μηθενί· ἐὰν δέ τις ὠνῆται ἢ κτᾶται ἢ τί|θηται τρόπωι ὀτωιοῦν, ἐξεῖναι τῶι βολο|μένωι τῶν συμμάχων φῆναι πρὸς τὸς συν|έδρος τῶν συμμάχων, οἱ δὲ σύνεδροι ἀπο|[δ]όμενοι ἀποδόντων τὸ μὲν ἥ[μ(ι)συ τῶ[ι] φήναντι, τὸ δὲ ἄ|[λλο κοι]νὸν [ἔστ]ω τῶν συμ[μ]άχων. ἐὰν δέ τι|ς [ἴηι] ἐπὶ πολέμωι ἐπὶ τὸς ποιησαμένος | τὴν συμμαχίαν ἢ κατὰ [γῆ]ν ἢ κατὰ θάλαττ|αν βοηθεῖν 'Αθηναίος καὶ τὸς συμμάχος | τούτοις καὶ κατὰ γῆν καὶ κατὰ θάλαττ|αν παντὶ σθένει κατὰ τὸ δύνατον.

The list of states is written down the left-hand side of this inscription (*C. I. A.* ii. 17 B).

Terms for the Relation between Athens and the Allies.

The older term: 'the Alliance.'

C. I. A. i. 9. 28. See below **125**.

The newer term: 'the Empire.'

113. Thuc. v. 18. 7, 47. 2.

'The States.'

C. I. A. i. 31 vs. 13. See below **III. 317.**
C. I. A. i. 37 vs. 4, 5. See above **72.**

114. *C. I. A.* i. 40 vs. 41: Ὅ τι δ' ἂν κοινὸν φσήφ[ισμ|α π]ερὶ τôν χσυμμάχο[ν] φσεφίζονται Ἀθεναῖοι πε[ρὶ β|οε]θείας ἒ ἄ[λ]λο τι προ[σ]τάττο[ν]τες τε̂σι πόλεσι ἒ [περ|ὶ σφ]ôν [ἒ] περὶ τôν πό[λεο]ν.
Schol. Ar. *Av.* 800. See above **48.**

115. Ar. *Ach.* 192:

Ὄζουσι χαῦται πρέσβεων ἐς τὰς πόλεις
ὀξύτατον, ὥσπερ διατριβῆς τῶν ξυμμάχων.

Ibid. 505 *Schol.* See above **88.**

116. *Ibid.* 642: Καὶ τοὺς δήμους ἐν ταῖς πόλεσιν δείξας, ὡς δημοκρατοῦνται.

Other terms: **Ὑποτελεῖς φόρου.**

117. Thuc. i. 19, 56. 2, 66; vii. 57. 4.

Ὑποχείριοι.

118. Thuc. iii. 11. 1.

Συντελεῖς.

119. Diod. xi. 78. 4: Ἠναγκάσθησαν εἰς τὴν Ἀθηναίων συντέλειαν καταταχθῆναι.

The **αὐτόνομοι.**

The Mytilenaians.

120. Thuc. iii. 10. 6, 39. 2.

Chians and Methymnaians.

121. Thuc. vi. 85. 2; vii. 57. 4, 5.

The Absolutely Independent Allies.

Ἀπὸ ξυμμαχίας αὐτόνομοι.

122. Thuc. vii. 57. 3.

Αὐτόνομοι.

123. Thuc. vii. 57. 4.

Πάνυ ἐλευθέρως ξυμμαχοῦντες.

124. Thuc. vi. 85. 2.

Separate Contracts.

The Erythraians.

125. *C. I. A.* i. 9. Formerly in Athens, now lost.

(1) Prescript v. 1. Beginning to this effect: [Ἔδοχσεν τε̑ι βολε̑ι καὶ τо̑ι δέμοι. ἑ δεῖνα ἐπρυτάνευε, ὁ δ. ἐγραμμάτευε, ὁ δ.] ἐπεστάτε. Λ[. . . . εἶπε].

(2) The decree, vs. 2–7. (*a*) [Ἐρυθραῖ]ος ἀπάγεν . . ἐς Παναθέναια τὰ μεγάλα - -|- - τριо̑ν μνо̑ν. καὶ νέμεν Ἐρυθραίον [τ]ο[ῖ]ς παρо̑σι [τо̑ν | κρεо̑ν τ]о̀ς ἱεροπο[ι]о̀ς δραχμὲν ἑκάστοι. ἐὰν δὲ ἀπάγεται [μὲν -|- -, μ]ὲ ἄχσια [δ]ὲ τριо̑ν μνо̑ν κατὰ τὰ εἰ[ρε]μένα, πρί[α]σθαι - - | - - ἱερεῖα, τὸν [δὲ δε̑]μον τὸ[ν Ἐ]ρυθραίον ὀφέλεν ἀναγράφ[εσθαι. τо̑ν δὲ κ]ρεо̑ν - - - νέ]μεν τо̑ι βολομένοι.

(*b*) vs. 7–28: Ἐρυθραίον ἀπ| [ὸ κ]υάμον βολὲν ε̑ναι εἴκοσι καὶ ʽεκατὸν ἄνδρας. τὸν δὲ [κυα|με]υθέντα δο[κι]μά[ζ]εν ἐν τε̑ι βολε̑ι· καὶ μὲ θεμιτὸν ε̑ναι βολε[ύεν μεδὲ | ἔν]α ὀ̄λεζον ε̑ τριάκοντα ἔτε γεγονότα, δίοχσιν δ' ε̑ναι [κατ|ὰ τ]о̑ν ἐλε[γ]χο[μ]ένον· βολεύεν δὲ μὲ ἐντὸς τεττάρον ἐτо̑ν . [. . ἀ|πο]κυαμευ̑σαι [δ]ὲ καὶ καταστε̑σαι τὲν μὲν τέος βολὲν τὸς ἐ[πι|σκ]όπος καὶ τὸν φρ[ό]ραρχον, τὸ δὲ λοιπὸν τὲν βολὲν καὶ τὸν [φρό|ρ]αρχον. τо̑μ βολευσόντον ʽέκαστον Ἐρύθρασι π[ρὶ]ν ἐσιέναι [ἐς τὲν ἀ|ρχ]ὲν ὀμνύναι [μὲν Δ]ία κα[ὶ] Ἀπόλλο καὶ Δέμε[τρα], ἐπαρόμενο[ν ἐ]χσό]λειαν ἑα[υτо̑ι ἐπιορκо̑ντι κ]αὶ παι[σ]ὶν ʽεαυτо̑· [τὸ]ν δὲ ὅρκον ὀ[μ|νύνα]ι κατὰ ʽιερо̑ν καιομένον. τὲν δὲ βολὲν [τὲ]ν βολ[ε]ύοσαν τα[υ̑τα] | ἀναγκάζεν. ἐὰν δὲ μέ, ε̑ναι ζεμιо̑σαι [χι]λί[α]σιν δρ[αχμαῖσι ε̑] | ὃ ἂν ὁ δε̑μος ὁ Ἐρυθραίον αὐτὸς καταβαλε̑ν φσεφίσεται.| ὀμνύνα[ι] δ[ὲ τά]δε [τὲν] βολέν·

βολεύσο ʽος ἂν [δύ]νο[μ]α[ι] ἄ[ρ]ιστ[α καὶ] δικα[ιότα]τα Ἐρυθραίον τо̑ι πλέθει καὶ Ἀθεναίον καὶ τо̑ν [χσυ]νμά[χ]ον. [κ]αὶ οὐκ [ἀποσ]τέσομαι Ἀθεναίον τо̑ π[λ]έθος οὐδὲ [τо̑ν] χσυνμάχον τо̑ν Ἀθεναίον, οὔτ' αὐτὸς ἐγὸ οὔτ' ἄ[λ]λοι πε[ί]σομ[αι. οὐ]δ' αὐτομολέ[σο] οὔτ' αὐτὸς ἐγὸ ο[ὔ]τ' ἄλλοι [π]ει[σομαι οὐδὲ ʽενί. οὐδὲ] τо̑ν φ[ευ]γόν[τον] δέχσομαι οὐδ[ὲ] ʽένα, οὔτ' αὐτὸς ἐγὸ οὔτ' [ἄλλο]ι πείσο[μ]α[ι τо̑ν ἐς] Μέδος φυγό[ντο]ν, ἄνευ τε̑ς γνόμε[ς τε̑ς Ἀθε]ναίον καὶ τо̑ [δ]έμο. οὐδὲ τо̑ν μενόντον ἐξελо̑ [ἄ]νευ τε̑ς γν[όμες] τε̑ς Ἀθεναίον καὶ τо̑ δέμο.

(*c*) vs. 28–38: Ἐὰν δέ τις ἀποκτείνει - - - - ος ἕτερον ἐ̑ - - -, τεθ[ν]άτο. ἐὰν δέ τ]ο[- - - κατα]γνοσθε̑ι, φευγέτο ἅμα καὶ τὲν Ἀθεναίον χσυνμαχί[αν καὶ τ]ὰ χρέματα δεμόσ[ια ἔσ]το Ἐρυθραίον. ἐὰν δέ τις [ἀ]λо̑[ι προδι]δо̀ς το[ῖ]ς τυράννοις τὲμ πόλιν [τ]о̑ν Ἐρυθραί[ο]ν καὶ - - - -, τεθνάτο [κ]α[ὶ] παῖδες ʽοι ἐχς ἐκείνο ἐὰ[ν] με - - - - ο[ς] ἔχον[τες ʽοι] παῖδες ʽοι ἐχς [ἐ]κείν[ο ἐς τὸν δε͂μον τὸν] Ἐρυθραίο[ν] καὶ [τὸ]ν Ἀθεναίον ἀποφανθο͂σι . . . τὰ δὲ χρέματα - - - ας κατα[θ]έντας ἔχεν τὸ[ς π]αῖδας τὸ ʽέμισυ - - - ἔσθο κατ[ὰ τ]αὐτὰ καὶ - - - όντον Ἀθεναίον - - - Ἐρύθρασι.

'Valde incerta haec esse fatendum est; sed magis etiam incerta quae secuntur; quorum haec dispicere sibi videbatur Boeckhius; vs. 39. τὸν [τ]όχσα[ρχον vel τοχσ[ότας, tum φρο]ρὸς Ἀθεναίον, vs. 40 extr. χσυ[ν]μαχο - -, vs. 41 μένε[ν] et τὸ [φρ]ό-ρ[ι]ον [τ]οχσ[ότ]ας δέκα - -, vs. 44 βολέ? tum ἱερὰ ἐ[πὶ] τ[ε͂]ς [φ]υλε͂ς ʽεκάστες. Ego in extremis his latitare coniecerim [ʽαιρε͂σθαι vel simile verbum τὲν βολὲν τὲν] βολε[ύο]σαν ἄ[νδ]ρας ʽεπ[τ]ὰ ἐκ τε͂ς φυλε͂ς ʽεκάστες. Vs. denique 45 adgnoscas initio [φρορά]ρχο et mox Ἀθεναίον.' Kirchhoff.

vs. 2–7: ἄχσια μὲ ἐλάττονος ἒ τριο͂ν μνο͂ν· ἐὰν δὲ ἀπάγετα[ι μὲν ʽιερεῖα μ]ὲ ἄχσια δὲ τριο͂ν μνο͂ν κατὰ τὰ εἰ[ρεμ]ένα, πρίασθαι [μὲν τὸς βοόνα]ς ʽιερεῖα, τὸν [δὲ δε͂]μον τὸν Ἐρυθραίον ὀφέλεν ἀναγράφ[εσθαι. το͂ν δὲ κ]ρεο͂ν ʽεσ[τ]ιᾶσ[θαι ἄλ]λον το͂ν βολομένο[ν]. P. Fischer (*Quaest. de Ath. soc. hist.* Bonn. 1887).

vs. 34: ἐὰν μὲ ʽο[ρκιοτόμ]ο[ς. P. Fischer, *l. c.*

Fragment of Decree relating to the Erythraians.

126. *C. I. A.* i. 10.

Vs. 1. [χσυμμ]αχί[α. 2. -ον τρι-. 3. -ικὸν τον τ-. 4. [ἐ]πισκό-πος αὐτ - -. 5. - αίος καὶ τὰ βλα[β - -. 6. [φ]ρόραρχον καθά[περ. 7. [δ]ὲ μέ, ε͂[ν]αι Ἐρυθρ[αί - -. 8. - μμεδὲ τοχσοτ - -. 9. [το]ῖς φρορ[ο]ῖς τ - -. 10. - - ι καὶ Ἐρυθρα[ῖοι - -. 11. [δ]ὲ ἐναντίον Ἐ[ρυθ]ρ[αίων - -. 12. - - [δικά]ζεται (ʽ)οι (vel (τ)ο͂ι) Ἐρυ[θ]ρ[αί - -. 13. [Ἐ]ρυθραῖος (vel - αίος) τὸν (vel το͂ν) - -. 14. - - τεν κατα-λάβ[ει - -. 15. - το͂ν δὲ [π]ρυτ[άνεον. 16. [δι]κάζεν δὲ - -. 18. [κα]θάπε[ρ - -.

127. *C. I. A.* i. 11: probably part of same inscription as i. 10.

vs. 4–6. - - ε οὐκ ἀπο[στέ]σομα[ι] Ἀ[θεναίον το͂ πλέθος οὐδὲ το͂ν χσυμμάχο]ν το͂ν Ἀθεν[αίο]ν, οὔτ' αὐ[τὸς ἐγὸ οὔτ' ἄλλοι πείσομαι, ἀλλὰ γνόμ]ει τε͂[ι] Ἀθ[ε]ναίον πείσ[ομαι]. Then followed some-thing to this effect (Kirchh.): [ἀναγράφσαι δὲ ταῦτα καὶ τὸν ʽόρ]κον ἐ[ν] λι[θ]ίνει στέλει [καὶ καταθε͂ναι Ἀθένεσι μὲν ἐμπόλ]ει, Ἐ[ρύθ]ρα[σ]ι δὲ ἐν τε͂ι ἀκρ[οπόλει?]

Kolophon.

128. *C. I. A.* i. 13: Fragment relating to the Kolophonians (τ]οῖς Κολοφο[νίοις v. 6) and containing formula of oath of allegiance, v. 12 καὶ οὐκ ἀποστ[έσομαι Ἀθεναίον . . οὔτε λ]όγο[ι] οὔτ' ἔργ[οι . .] κτλ.

Miletos.

129. *C. I. A.* iv. 22 a.

Fr. a et b. Vs. 1 scribae nomen habuisse videtur: [Εὐκ]λε̃ς(?) [- - - ἐ]γρ[αμμάτευε]; secuntur vs. 2–3 praescripta solemnia: [ἔδοχσεν] τε̃ι βολε̃ι κα[ὶ τõι δέμοι. - - - ὶς ἐπρ]υτάν[ευε, Εὐκλε̃ς ἐγραμμάτευε, - - -]ορ ἐπεστάτε. [ὁ δεῖνα εἶπε· - - -] συνγγρα[φ[1]- - -. Vs. 4–5. - - ν]ομιζόμενα το[- - - - ἑλέσθαι δ]ὲ πέντε ἄν[δρας τὸν δε̃μον ἐχς Ἀθεναίον ἁπάντον ἀ]υτίκα μάλα, [ʽοίτινες - - οσι τὰ] γεγονότα. Vs. 6. - - εδε ἀνθ[α]ι[ρ - - - - ἄρ]χεν (?) καὶ συν - -, vs. 7. - - οις προσε - - - ι μετὰ το - -, vs. 8. [Ἀθ]ένεσι (?) καὶ ο[- - - νό]μος (?) τὸς Μιλ[εσίον], vs. 9. [Μιλ]εσίον το[- - - ν]όμος? δέκα το - -, vs. 10. - - τριέ[ρ - - -] τõν στρατιο[τι]δ - - -, vs. 11. [ʽ]όπλα παρέχεσθαι κ - -, vs. 12. - - ε ὑπερετε̃ν [δ]ὲ τού[τ - -, vs. 13. [τέ]τταρας ὀβο[λὸ]ς π - -, vs. 14. - - ον ʽεκαστο . . σομ - -, vs. 15. [Ἀθέν]αζε τοῖς στ[ρα]τιό[τεσι], vs. 16. [Ἀθέ]ναζε. ὅ τι δ' ἂ[ν] το - -, vs. 17. [ʽ]οπόσα ἂν λάβοσ[ι], vs. 18. - - οντος κ . . οτ - - -. Reliqua etiam magis ambigua.

Fr. c. vs. 3. τριάκον[τα], vs. 4. [πρ]εσβευτὲς ε̃ ἐ - -, vs. 5. [μ]εδὲν μέτε ἐνδε - -, vs. 6. [χσυ]μμάχον ὅ τι ἂμ μὲ Ἀθε[ναι - -, vs. 7. [ἄτιμο]ς ἔστο καὶ τὰ χρέματα ἀ[υτõ δεμόσια - -, vs. 8. [τὰς] δὲ δίκας ε̃ναι Μιλεσίοις κα - -, vs. 9. δραχμὰς ἀπὸ τõν ἐπιδεκάτο[ν], vs. 10. [τὰ δ]ὲ πρυτανεῖα τιθέντον πρός, vs. 11. [ʽαι δ]ὲ δίκαι Ἀθένεσι ὄντον ἐν τ[õι], vs. 12. [Ἀνθεστε]ριõνι καὶ Ἐλαφεβολιõνι, vs. 13. νέμαντες καὶ κλερόσαντε[ς].

Vs. 14–31. - - όντον δύο τõν ἀρχόντον κ - - | [διδό]σθο τοῖς δικαστε̃σιν ἐκ το - - | [π]αρεχόντον τὸ δικαστ[έριον], | προερεμένοις ε̃ εὐθυν[έσθο vel όσθον], | [π]ρὸς τὸς ἄρχοντας τὸς Ἀθ[εναίον], | Ἀθέναζε τοῖς ἐπιμελέτ[εσι], | - - αι καθάπερ προτõ καὶ ἐγ - - | - - ς ἐπιμελόσθον ʽοι πέν[τε], | [δι]καστέριον καθίζει κ - - | πορευομένοις ε̃ναι ἐγ - - | [ʽ]οι ἄρχοντες ʽοι Ἀθενα[ίον], | τὰς δὲ ʽυπὲρ ʽεκατὸ[ν δραχμάς], | τοῖς φσεφίσμασ[ι], | - - ν μεδὲ κακοτεχν - - | - - ντον κατ' αὐτõ π - - | [μὲ ἔλα]ττον ε̃ ἐς ʽένα [καὶ - -, | παθε̃ν ε̃ ἀ[ποτεῖσαι], | [δ]εμευσα - -.

[1] [ὁ δεῖνα εἶπε . . .] Kirchh.; [τάδε ʽοι χσυγγραφε̃ς χ]συν(έ)γρα[φσαν Busolt.

Fr. d, e. vs. 4. [ʽ]οι δὲ ἄ[λλοι Μιλ]έσι[οι | [ʽ]ορκό[ντον δ]ὲ ʽοι πέ[ντε] | - - εον το[ύτο]ν ἂν ὀμόσ[ει] | - - ς ὄντο[ς κα]λέτο (?) ʽὸς ἂν χ[ρ]ε̑ι. ʽε - -, | ἐπιμελ[ό]σθον, ʽόπος ἂν ἄριστ[α] | [Μιλ]εσίον ε̑ [το̑]ν φρουρο̑ν κύριοι ὄ[ντ - - | μείζονο[ς ἄ]χσ[ι]ος ε̑ι ζεμίας ʼΑθε[να - - | [ἐπιβ]αλόντε[ς ʽ]οπόσες ἂν δοκε̑ι ἄχσ[ιος ε̑ναι] | [ἐσφ]έρεσθ[αι ἐ]ς τὸν δε̑μον ὑπὸ το - - | - - ίσθαι αὐ[το]ι̑ς ἔτι εἴτε ἄλλο τι δ - - | - - οντες Μ[ιλέ]σιοι. ἐὰν δὲ σοφρονο̑[σι] | - - ι δέον[ται. π]ερὶ δὲ ʼΑρνασο̑ ε̑ βο[λέ] | - - - τον ʽόπος ἂν ἄρχοντ[αι] | [ʽ]ε βο[λὲ τε̑ς φ]υλακε̑ς. το̑ν δὲ φσεφ[ισμάτον vel ισθέντον] | - - ἂν ἐπιτ[άττε]ται ʽε βολὲ αὐτοκράτ[ορ - - | [ἀποσ]τελάντο[ν δύο] φρορίδε καὶ τὸς α (vel δ) - - | - - σι τὸν (vel το̑ν) ἐπ' [Εὐθ]ύνο ἄρχοντος - - .

Chalkis.

130. *C. I. A.* iv. 27 a: Ἔδοχσεν τε̑[ι β]ολε̑ι καὶ το̑ι δέμοι. ʼΑντιοχὶς ἐ[πρυτ]|άνευε. Δρακ[ον]τίδες ἐπεστάτε. Διόγνετος εἶπε· | κατὰ τάδε (τ)ὸν ʽόρκον ὀμόσαι ʼΑθεναίον τ|ὲν βολὲν καὶ τὸς δικαστάς· οὐκ ἐχσελο̑ Χα|λκιδέας ἐχ Χαλκίδος οὐδὲ τὲν πόλιν ἀνά-|στατον ποέσο οὐδὲ ἰδιότεν οὐδένα ἀτιμ|όσο οὐδὲ φυγε̑ι ζεμιόσο οὐδὲ χσυλλέφσο|μαι οὐδὲ ἀποκτενο̑ οὐδὲ χρέματα ἀφαιρέ|σομαι ἀκ(ρ)ίτο οὐδενὸς ἄνευ το̑ δέμο το̑ ʼΑθ|εναίον οὐδ' ἐπιφσεφιο̑ κατὰ ἀπροσκλέτο | οὔτε κατὰ το̑ κοινο̑ οὔτε κατὰ ἰδιότο οὐδ|ὲ ἑνός, καὶ πρεσβείαν ἐλθο̑σαν προσάχσο | πρὸς βολὲν καὶ δε̑μον δέκα ἑμερο̑ν ʽόταν | πρυτανεύο κατὰ τὸ δυνατόν. ταῦτα δὲ ἐμπ|[ε]δόσο Χαλκιδεῦσιν πειθομένοις το̑ι δέ|[μ]οι το̑ι ʼΑθεναίον. ʽορκο̑σαι (δ)ὲ πρεσβεία|[ν] ἐλθο̑σαν ἐχ Χαλκίδος μετὰ το̑ν ʽορκοτο̑|ν ʼΑθεναίος καὶ ἀπογράφσαι τὸς ὀμόσαντ|ας. ὅπος δ' ἂν [ὀ]μόσοσιν ἅπαντες ἐπιμελ|όσθον ʽοι στ[ρ]ατεγοί.

vs. 21. κατὰ τάδε Χαλκιδέας ὀμόσαι· οὐκ ἀπο[σ]τέ|σομαι ἀπὸ το̑ [δ]έμο το̑ ʼΑθεναίον οὔτε τέ[χ]ν|ει οὔτε μεχανε̑ι οὐδεμίαι οὐδ' ἔπει οὐδὲ | ἔργοι οὐδὲ το̑ι ἀφισταμένοι πείσομαι κ|αὶ ἐὰν ἀφιστε̑ι τις κατερο̑ ʼΑθεναίοισι, κ|αὶ τὸν φόρον ʽυποτελο̑ ʼΑθεναίοισιν ʽὸν | ἂν πείθο ʼΑθεναίος καὶ χσύμμαχος ἔσομα|ι ʽοῖος ἂν δύνομαι ἄριστος καὶ δικαιότ|ατος καὶ το̑ι δέμοι το̑ι ʼΑθεναίον βοε|θέσο καὶ ἀμυνο̑ ἐάν τις ἀδικε̑ι τὸν δε̑μον τὸν | ʼΑθεναίον καὶ πείσομαι το̑ι δέμοι το̑ι ʼΑθ|εναίον. ὀμόσαι δὲ Χαλκιδέον τὸς ʽεβο̑ντ|ας ʽάπαντας. ὃς δ' ἂμ μὲ ὀμόσει, ἄτιμον αὐτ|ὸν ε̑ναι καὶ τὰ χρέμ(α)τα αὐτο̑ δεμόσια καὶ | το̑ Διὸς το̑ ʼΟλυμπίο τὸ ἐπιδέκατον ʽιερὸ|[ν] ἔστο το̑ν χρεμάτον. ʽορκο̑σαι δὲ πρεσβε|ίαν ʼΑθεναίον ἐλθο̑σαν ἐς Χαλκίδ(α) μετὰ τ|ο̑ν ʽορκοτο̑ν το̑ν ἐν Χαλκίδι καὶ ἀπογράφ|σαι τὸς ὀμόσαντας Χαλκιδέον.

vs. 40. Ἀντικλε̃ς εἶπε· ἀγαθε̃ι τύχει τε̃ι Ἀθεναί|ον, ποε̃σθαι τὸν ὅρκον Ἀθεναίος καὶ Χαλ|κιδέας καθάπερ Ἐρετριεῦσι ἐφσεφίσατ|ο ʽο δε̃μος ʽο Ἀθεναίον. ʽόπος δ' ἂν τάχιστ|α γίγνεται ἐπιμελόσθον ʽοι στρατεγοί. | ʽοίτινες δὲ ἐχσορκόσοσι ἀφικόμενοι ἐ|ς Χαλκίδα ἐλέσθαι τὸν δε̃μον πέντε ἄνδρ|ας αὐτίκα μάλα. περὶ δὲ το̃ν ὁμερόν ἀποκ|ρίνασθαι Χαλκιδεῦσιν ʽότι νῦμ μὲν Ἀθε|ναίοις δοκεῖ ἐᾶν κατὰ τὰ ἐφσεφισμένα, ʽ|ότ(α)ν δὲ δοκε̃ι, βολευσάμενοι ποέσοσι τὲ|ν διαλλα[γ]ὲν καθότι ἂν δοκε̃ι ἐπιτέ(δ)ειο|ν ε̃ναι Ἀθεναίοις καὶ Χαλκιδεῦσιν. τὸς δ|ὲ χσένος τὸς ἐν Χαλκίδι ʽόσοι οἰκο̃ντες | μὲ τελο̃σιν Ἀθέναζε καὶ εἰ το̃ι δέδοται ʽ|υπὸ το̃ δέμο το̃ Ἀθεναίον ἀτέλεια,τὸς δὲ ἄ|λλος τελε̃ν ἐς Χαλκίδα καθάπερ ʽοι ἄλλο|ι Χαλκιδέες. τὸ δὲ φσέφισμα τόδε καὶ τὸν | ʽόρκον ἀναγράφσαι Ἀθένεσι μὲν τὸν γρα|μμ[α]τέα τε̃ς βολε̃ς ἐ στέλει λι(θ)ίνει καὶ κ|αταθε̃ναι ἐς πόλιν τέλεσι τοῖς Χαλκιδέ|ον, ἐν δὲ Χαλκίδι ἐν το̃ι ʽιερο̃ι το̃ Διὸς το̃ | Ὀλυμπίο ʽε βολὲ Χαλκιδέον ἀναγράφσασ|α καταθέτο. ταῦτα μὲν φσεφίσασθαι Χαλ(κ)|ιδεῦσιν. τὰ δὲ ʽιερὰ τὰ ἐκ το̃ν χρεσμ|ο̃ν ʽυπὲρ Εὐβοίας θῦσαι ὁς τάχιστα μετ(ὰ) | ʽΙεροκλέος τρε̃ς ἄνδρας ʽὸς ἂν ἕλεται (ʽ) | ἐ βολὲ σφο̃ν αὐτο̃ν. ʽόπος δ' ἂν τάχιστα τυθ|ε̃ι ʽοι στρατεγοὶ συνεπιμελόσθον καὶ τ|ὸ ἀργύριον ἐς ταῦτα [π]αρεχόντον.

vs. 70. Ἀρχέστρατο[ς] εἶπε· τ(ὰ) μὲν ἄλλα καθάπερ (Ἀ)|ντικλε̃ς, τὰς [δ]ὲ εὐθύνας Χαλκιδεῦ[σ]ι κατ|ὰ σφο̃ν αὐτο̃ν ε̃ναι ἐν Χαλκίδι καθάπερ Ἀθ|ένεσιν Ἀθεναίοις, πλὲν φυγε̃ς καὶ θανάτ|ο καὶ ἀτιμίας. περὶ δὲ τούτον ἔφεσιν ε̃να|ι Ἀθέναζε ἐς τὲν Ἐλιαίαν τὲν το̃ν Θεσμοθ|ετο̃ν κατὰ τὸ φσέφισμα το̃ δέμο. περὶ δὲ φυλακε̃ς Εὐβοίας τὸς στρατηγὸς ἐπιμέλεσθαι | ʽος ἂν δύνονται ἄριστα ʽόπος ἂν ἔχε|ι ʽος βέλτιστα Ἀθεναίοις.

ʽΌ ρ κ ο ς.

Payment of Tribute by Subject States.

C. I. A. iv. 27 a vs. 25 ff. See above **130**.

131. Thuc. i. 19. 1, 56. 2, 66., 80. 3; ii. 9. 4; v. 111. 4; vi. 85. 2; vii. 57. 3.

Subjected States made Tributary.

132. Thuc. iii. 46. 2.

Thasos.

133. Thuc. i. 101. 3.

Aigina.

134. Thuc. i. 108. 4.

Subjected States receive Kleruchies.

Lesbos.

135. Thuc. iii. 50. 2.

Hestiaia.

See below **III. 218 ff.**

Alteration of the Tribute upon the establishment of Colonies and Kleruchies.

See Thasos (**III. 61 ff.**), Chersonesos (**III. 291**), Andros, (**III. 316**).

The Tribute after the Occurrence of a Revolt.

Revolt of Euboia. See **III. 218 ff., 314.**
Revolt of Byzantion. See **III. 245.**

Supply of Ships and Troops by the Allies.

136. Thuc. ii. 9. 4, 5; iv. 28. 4, 42. 1, 53. 1, 75. 1; vi. 43; vii. 17. 1, 20. 2, 57. 3.

137. Andoc. 3 *de Pace* 38. See above **49.**

C. I. A. i. 432 (list of slain) vv. 20 and 34. See below **III. 24.**

138. *C. I. A.* i. 434 (list of slain) vs. 13: Δελόδοτος Κεῖο[ς]. And perhaps vs. 20: Λυσιάδες Κεῖος.

The Allies bound to serve the Athenians.

C. I. A. iv. 27 a vs. 28. See above **130.**

139. *C. I. A.* iv. 61 a vs. 1: . . . ἂν ἐπαγ]γέλλ[ωσ]ι Ἀθεν[αῖοι . . . .| . . . . κ]ατάλογον κατ. . . .

140. Ar. *Lys.* 393: ὁ δὲ Δημόστρατος | ἔλεγεν ὁπλίτας καταλέγειν Ζακυνθίων.

C. I. A. i. 31 vs. 13 ff. See below **III. 317.**

Participation in the Panathenaia.

C. I. A. i. 9 vs. 2–7. See above **125.**
C. I. A. i. 37 vs. 43 ff. See above **72.**
C. I. A. i. 31 vs. 11 ff. See below **III. 317.**

Constitutional Condition of the Allies.

Autonomous Allies.

Oligarchy in Samos.

141. Thuc. i. 115. 2, 3.

In Mytilene.

142. Thuc. iii. 27. 2, 3.

The Lakedaimonians favour Oligarchy, the Athenians Democracy.

143. Thuc. i. 19; iii. 82.

144. Ar. *Pol.* viii. (v.) vi. (7). 9. 1307 b 20: Πᾶσαι δ' αἱ πολιτεῖαι λύονται ὁτὲ μὲν ἐξ αὑτῶν ὁτὲ δ' ἔξωθεν, ὅταν ἐναντία πολιτεία ᾖ ἢ πλησίον ἢ πόρρω μὲν ἔχουσα δὲ δύναμιν. ὅπερ συνέβαινεν ἐπ' Ἀθηναίων καὶ Λακεδαιμονίων· οἱ μὲν γὰρ Ἀθηναῖοι πανταχοῦ τὰς ὀλιγαρχίας, οἱ δὲ Λάκωνες τοὺς δήμους κατέλυον.

145. [Xen.] *Resp. Ath.* iii. 10: Δοκοῦσι δὲ Ἀθηναῖοι καὶ τοῦτό τοι οὐκ ὀρθῶς βουλεύεσθαι ὅτι τοὺς χείρους αἱροῦνται ἐν ταῖς πόλεσι ταῖς στασιαζούσαις. οἱ δὲ τοῦτο γνώμῃ ποιοῦσιν· εἰ μὲν γὰρ ᾑροῦντο τοὺς βελτίους, ᾑροῦντ' ἂν οὐχὶ τοὺς ταὐτὰ γιγνώσκοντας σφίσιν αὐτοῖς· ἐν οὐδεμιᾷ γὰρ πόλει τὸ βέλτιστον εὔνουν ἐστὶ τῷ δήμῳ· ἀλλὰ τὸ κάκιστον ἐν ἑκάστῃ [ἐστὶ] πόλει εὔνουν τῷ δήμῳ· οἱ γὰρ ὅμοιοι τοῖς ὁμοίοις εὖνοί εἰσι. διὰ ταῦτα οὖν Ἀθηναῖοι τὰ σφίσιν αὐτοῖς προσήκοντα αἱροῦνται. (11) ὁποσάκις δ' ἐπεχείρησαν αἱρεῖσθαι τοὺς βελτίστους, οὐ συνήνεγκεν αὐτοῖς, ἀλλ' ἐντὸς ὀλίγου χρόνου ὁ δῆμος ἐδούλευσεν· ὁ μὲν Βοιωτοῖς· τοῦτο δὲ ὅτε Μιλησίων εἵλοντο τοὺς βελτίστους, ἐντὸς ὀλίγου χρόνου ἀποστάντες τὸν δῆμον κατέκοψαν· τοῦτο δὲ ὅτε εἵλοντο Λακεδαιμονίους ἀντὶ Μεσσηνίων, ἐντὸς ὀλίγου χρόνου Λακεδαιμόνιοι καταστρεψάμενοι Μεσσηνίους ἐπολέμουν Ἀθηναίοις.

146. Isocr. 4 *Panegyr.* 104: Ὅλων μὲν τῶν πραγμάτων ἐπιστατοῦντες, ἰδίᾳ δ' ἑκάστους ἐλευθέρους ἐῶντες εἶναι, (105) καὶ τῷ μὲν πλήθει βοηθοῦντες ταῖς δὲ δυναστείαις πολεμοῦντες . . . (106) τὴν αὐτὴν πολιτείαν ἥνπερ παρ' ἡμῖν αὐτοῖς καὶ παρὰ τοῖς ἄλλοις κατεστήσαμεν.

147. *Id.* 12 *Panathen.* 54: Οἱ μὲν γὰρ ἡμέτεροι πατέρες ἔπειθον τοὺς συμμάχους ποιεῖσθαι πολιτείαν ταύτην ἥνπερ αὐτοὶ διετέλουν ἀγαπῶντες· . . . Λακεδαιμόνιοι δὲ κατέστησαν οὐθ' ὁμοίαν τῇ παρ' αὑτοῖς οὔτε ταῖς ἄλλοθί που γεγενημέναις, ἀλλὰ δέκα μόνους ἄνδρας κυρίους ἑκάστης τῆς πόλεως ἐποίησαν.

Special Cases.

Mytilene.

148. Thuc. iii. 47. 2, 3.

Thrace.

149. Thuc. iv. 85. 1, 4; 106. 2; 110. 1; 130. 4.

Samos.

150. Thuc. viii. 21; 75. 2.

Oppression of wealthy Citizens of the Allies.

151. [Xen.] *Resp. Ath.* i. 14: Περὶ δὲ τῶν συμμάχων, [ὅτι] οἱ ἐκπλέοντες συκοφαντοῦσιν, ὡς δοκοῦσι, καὶ μισοῦσι τοὺς χρηστούς, γιγνώσκοντες ὅτι μισεῖσθαι μὲν ἀνάγκη τὸν ἄρχοντα ὑπὸ τοῦ ἀρχομένου· εἰ δὲ ἰσχύσουσιν οἱ πλούσιοι καὶ οἱ ἰσχυροὶ ἐν ταῖς πόλεσιν, ὀλίγιστον χρόνον ἡ ἀρχὴ ἔσται τοῦ δήμου τοῦ Ἀθήνησι. . . (15) εἴποι δέ τις ἂν ὅτι ἰσχύς ἐστιν αὕτη Ἀθηναίων, ἐὰν οἱ σύμμαχοι δυνατοὶ ὦσι χρήματα εἰσφέρειν. τοῖς δὲ δημοτικοῖς δοκεῖ μεῖζον ἀγαθὸν εἶναι τὰ τῶν συμμάχων χρήματα ἕνα ἕκαστον ἔχειν Ἀθηναίων, ἐκείνους δὲ ὅσον ζῆν καὶ ἐργάζεσθαι, ἀδυνάτους ὄντας ἐπιβουλεύειν.

Ar. *Vesp.* 288. See below **170**.

„ *Pax* 639. See below **171**.

Exceptional Freedom of Constitution.

Selymbria in Ol. 92. 4 (B. C. 409).

152. *C. I. A.* iv. 61 a vs. 5, 6: [Ἕναι δὲ καταστε͂σαι Σελυμβ]ριανὸς τὲμ πολι|[τείαν . . . . τρόποι ']ότοι ἂν ἐπίστοντ|[αι . . .].

Letters L and Λ, O and Ω, E and H, Σ.

The Constitution usually prescribed in detail. See the separate treaties (**125** to **130**).

Athenian Officers in the Allied States.

The Phrurarch and garrison.

153. Isocr. 7 *Areop.* 65: Καὶ τότε μέν, ὅτε τὸ πλῆθος ἦν κύριον τῶν πραγμάτων, ἡμᾶς τὰς τῶν ἄλλων ἀκροπόλεις φρουροῦντας . . .

[Xen.] *Resp. Ath.* i. 18. See below **174**.

In Byzantion?

154. Ar. *Vesp.* 235: Πάρεσθ', ὃ δὴ λοιπόν γ' ἔτ' ἐστίν, ἀππαπαῖ παπαιάξ, | ἥβης ἐκείνης, ἡνίκ' ἐν Βυζαντίῳ ξυνῆμεν | φρουροῦντ' ἐγώ τε καὶ σύ.

In Kyzikos.

155. Schol. Ar. *Pac.* 1176: Εὔπολις ἐν Πόλεσιν (233 Kock)· ἡ δ' ὑστάτη ποῦ 'σθ'; ἥδε Κύζικος πλέα στατήρων. | ἐν τῇδε τοίνυν τῇ πόλει φρουρῶν ἐγώ ποτ' αὐτός κτέ.

In Erythrai.

C. I. A. i. 9 (b). See above **125.**

In Miletos.

C. I. A. iv. 22 a, fr. d, e, vs. 9, 19. See above **129.**

In Samos.

156. Thuc. i. 115. 3.

In Thrace.

157. Thuc. iv. 7; v. 39. 1.

The τοξόται.

C. I. A. i. 9 vs. 39. See above **125.**

The φύλακες.

158. Thuc. iv. 104. 4; 108. 6.

The ἄρχοντες.

159. *C. I. A.* iv. 51 (p. 16), fr. f, g, vs. 34: Καὶ τὸς ἄρχ[οντ]ας τοὺς 'Αθεναίον 'οὶ ἂν ἐκ[άστοτε ἄρχοσι . . . .]ον τὲμ πόλιν Νεοπολίτας φυλάττοντα[ς] καὶ προθύμος ὄντας ποιε̂ν 'ό τι ἂν [δύνονται ἀγαθόν].

160. Thuc. i. 115. 5. Cf. above **112,** l. 22.

161. Ar. *Av.* 1050: ΨΗΦΙΣΜΑΤΟΠΩΛΗΣ. 'Εὰν δέ τις ἐξελαύνῃ τοὺς ἄρχοντας, καὶ μὴ δέχηται κατὰ τὴν στήλην—.

The ἐπίσκοποι.

Specially appointed to superintend formation of Senate, and for similar purposes.

C. I. A. i. 9 (b). See above **125.**

162. Ar. *Av.* 1022:

ΕΠΙΣΚΟΠΟΣ: Ἐπίσκοπος ἥκω δεῦρο τῷ κυάμῳ λαχὼν
ἐς τὰς Νεφελοκοκκυγίας.
ΠΕΙΣΘΕΤΑΙΡΟΣ: Ἐπίσκοπος;
ἔπεμψε δὲ τίς σε δεῦρο;
ΕΠ. Φαῦλον βιβλίον
Τελέου τι.
ΠΕ. Βούλει δῆτα τὸν μισθὸν λαβὼν
μὴ πράγματ' ἔχειν, ἀλλ' ἀπιέναι;
ΕΠ. Νὴ τοὺς θεούς.

Schol. ad v. 1022: Ἐπίσκοπος ἥκω: πλάττει καινὴν ἀρχήν. οὐ γὰρ ἦν Ἀθήνησι.

163. Harpocr.: Ἐπίσκοπος: Ἀντιφῶν ἐν τῷ περὶ τοῦ Λινδίων φόρου καὶ ἐν τῷ κατὰ Λαισποδίου (viii. 23 Blass). ἐοίκασιν ἐκπέμπεσθαί τινες ὑπὸ Ἀθηναίων εἰς τὰς ὑπηκόους πόλεις ἐπισκεπτόμενοι τὰ παρ' ἑκάστοις. Θεόφραστος γοῦν ἐν α' τῶν πολιτικῶν τῶν πρὸς καιρούς φησιν οὕτω· πολλῷ γὰρ κάλλιον κατά γε τὴν τοῦ ὀνόματος θέσιν, ὡς οἱ Λάκωνες ἁρμοστὰς φάσκοντες εἰς τὰς πόλεις πέμπειν, οὐκ ἐπισκόπους οὐδὲ φύλακας, ὡς Ἀθηναῖοι.

164. Pollux viii. 114: Καὶ ἐπὶ νήσων οἱ τὰ παρὰ τῶν νησιωτῶν εἰσπράττοντες καὶ τὰς πολιτείας αὐτῶν ἐφορῶντες.

Cf. the ἄρχοντες (**159–161** above).

Possibly they possessed judicial powers.

165. *C. I. A.* iv. 96, fr. a, d, vs. 3: [Δί]κας διδόν[τε vel τα]ς πρὸς Ἀθεν[αίον τὸς ἐπισκόπο]ς κα]τὰ τὰς χσυ[μβο]λάς, ʽαὶ ἔσα[ν πρὸ τούτο τõ χρόν[ο.] But this refers to a kleruchy.

166. Ar. *Av.* 1032: Οὐκ ἀποσοβήσεις; οὐκ ἀποίσεις τὼ κάδω;

Special Commissioners. At Miletos.

C. I. A. iv. 22 a fr. a and b., vs. 4, 5 ff. See above **129.**

Cf. [Xen.] *Resp. Ath.* iii. 11. See above **145.**

Secret Service.

167. Bekker, *Anecd.* vol. i. p. 273, v. 33: Κρυπτή: Ἀρχή τις ὑπὸ τῶν Ἀθηναίων πεμπομένη εἰς τοὺς ὑπηκόους, ἵνα κρύφα ἐπιτελέσωσι τὰ ἔξω γινόμενα. διὰ τοῦτο γὰρ καὶ κρυπτοὶ ἐκλήθησαν.

Envoys from Athens.

[Xen.] *Resp. Ath.* i. 18. See below **174.**

Judicial Position of the Allies.

Prosecutions at Athens in Matters of State concerning the Confederacy as a whole.

168. *C. I. A.* i. 38 fr. f. vs. 5. See above **73**.

169. *C. I. A.* iv. 38 a. See above **102**.

Vs. 10: τος ὀφελέτο ʽο γρ[αφσάμενος - - -] |τὲν δὲ γραφὲν ἒνα[ι - - - τôι Γαμε]|λιôνι. ἐὰν δέ τις α[- - - - -]| κλέσες ʽε βολὲ βο[λευέτο - -] | ἐσαγόντον δὲ ʽοι[- - - - - Ἀθε]|ναίοις τὸμ φόρον[- - - - -] |κα τε̂ς μενύσεος ε[- - - - - -]| φόρο καὶ τô περυσ[ι - - - - τὲν βολὲν π]| [ρ]οβολεύσασαν ἐχ[σενεγκεîν - - - - -] | πέρι τε̂ι ʽυστερα[ίαι - - - - τ] |ε̂ς ʽαιρέσεος χρε[ματί - - .]

170. Ar. *Vesp.* 288:

Ἀνὴρ παχὺς ἥκει
τῶν προδόντων τἀπὶ Θρᾴκης·
ὃν ὅπως ἐγχυτριεῖς.

171. *Id. Pax* 639:

Τῶν δὲ συμμάχων ἔσειον τοὺς παχεῖς καὶ πλουσίους,
αἰτίας ἂν προστιθέντες, ὡς φρονοῖ τὰ Βρασίδου.

[Xen.] *Resp. Ath.* i. 14. See above **151**.

Cf. the suits referred to, *C. I. A.* iv. 27 a, vs. 6 f and 73 f: above **130**.

The δημόσιοι κλητῆρες.

C. I. A. i. 37, vs. 27. See above **72**.

C. I. A. i. 38, vs. 14. See above **73**.

172. Ar. *Av.* 1422:

ΣΥΚΟΦΑΝΤΗΣ. Μὰ Δί', ἀλλὰ κλητήρ εἰμι νησιωτικὸς
καὶ συκοφάντης —
ΠΕΙΣΘΕΤΑΙΡΟΣ. Ὦ μακάριε τῆς τέχνης.
ΣΥΚ. καὶ πραγματοδίφης. εἶτα δέομαι πτερὰ λαβὼν
κύκλῳ περισοβεῖν τὰς πόλεις καλούμενος.

The Allies not competent to inflict the heavier penalties. Athens the judicial centre.

173. Antiphon v. *de Caed. Her.* 47: Νῦν δὲ πριάμενοι τὸν ἄνδρα, ἰδίᾳ ἐπὶ σφῶν αὐτῶν ἀπέκτειναν, τὸν μηνυτήν, οὔτε τῆς πόλεως ψηφισαμένης, οὔτε αὐτόχειρα ὄντα τοῦ ἀνδρός. ὃν ἐχρῆν δεδεμένον αὐτοὺς φυλάσσειν, ἢ τοῖς φίλοις τοῖς ἐμοῖς ἐξεγγυῆσαι, ἢ τοῖς ἄρχουσι τοῖς ὑμετέροις παραδοῦναι, καὶ ψῆφον περὶ αὐτοῦ γενέσθαι. νῦν δὲ αὐτοὶ καταγνόντες τὸν θάνατον τοῦ ἀνδρὸς ἀπεκτείνατε· ὃ οὐδὲ πόλει ἔξεστιν, ἄνευ Ἀθηναίων οὐδένα θανάτῳ ζημιῶσαι.

174. [Xen.] *Resp. Ath.* i. 16: Δοκεῖ δὲ ὁ δῆμος ὁ Ἀθηναίων καὶ ἐν τῷδε κακῶς βουλεύεσθαι ὅτι τοὺς συμμάχους ἀναγκάζουσι πλεῖν ἐπὶ δίκας Ἀθήναζε· οἱ δὲ ἀντιλογίζονται ὅσα ἐν τούτῳ ἔνι ἀγαθὰ τῷ δήμῳ τῶν Ἀθηναίων· πρῶτον μὲν ἀπὸ τῶν πρυτανείων τὸν μισθὸν δι' ἐνιαυτοῦ λαμβάνειν· εἶτ' οἴκοι καθήμενοι ἄνευ νεῶν ἔκπλου διοικοῦσι τὰς πόλεις τὰς συμμαχίδας· καὶ τοὺς μὲν τοῦ δήμου σώζουσι, τοὺς δ' ἐναντίους ἀπολλύουσιν ἐν τοῖς δικαστηρίοις· εἰ δὲ οἴκοι εἶχον ἕκαστοι τὰς δίκας, ἅτε ἀχθόμενοι Ἀθηναίοις, τούτους ἂν σφῶν αὐτῶν ἀπώλλυσαν οἵτινες φίλοι μάλιστα ἦσαν Ἀθηναίων τῷ δήμῳ. (17) πρὸς δὲ τούτοις ὁ δῆμος τῶν Ἀθηναίων τάδε κερδαίνει τῶν δικῶν Ἀθήνησιν οὐσῶν τοῖς συμμάχοις. πρῶτον μὲν γὰρ ἡ ἑκατοστὴ τῇ πόλει πλείων ἡ ἐν Πειραιεῖ· ἔπειτα εἴ τῳ συνοικία ἔστιν, ἄμεινον πράττει· ἔπειτα εἴ τῳ ζεῦγος ἔστιν ἢ ἀνδράποδον μισθοφοροῦν· (18) ἔπειτα οἱ κήρυκες ἄμεινον πράττουσι διὰ τὰς ἐπιδημίας τὰς τῶν συμμάχων. πρὸς δὲ τούτοις, εἰ μὲν μὴ ἐπὶ δίκας ᾔεσαν οἱ σύμμαχοι, τοὺς ἐκπλέοντας Ἀθηναίων ἐτίμων ἂν μόνους, τούς τε στρατηγοὺς καὶ τοὺς τριηράρχους[1] καὶ πρέσβεις. νῦν δ' ἠνάγκασται τὸν δῆμον κολακεύειν τῶν Ἀθηναίων εἷς ἕκαστος τῶν συμμάχων, γιγνώσκων ὅτι δεῖ μὲν ἀφικόμενον Ἀθήναζε δίκην δοῦναι καὶ λαβεῖν οὐκ ἐν ἄλλοις τισὶν ἀλλ' ἐν τῷ δήμῳ, ὅς ἐστι δὴ νόμος Ἀθήνησι· καὶ ἀντιβολῆσαι ἀναγκάζεται ἐν τοῖς δικαστηρίοις καὶ εἰσιόντος του ἐπιλαμβάνεσθαι τῆς χειρός. διὰ τοῦτο οὖν οἱ σύμμαχοι δοῦλοι τοῦ δήμου τῶν Ἀθηναίων καθεστᾶσι μᾶλλον.

175. [Xen.] *Resp. Ath.* iii. 1: Ἔτι δὲ καὶ τάδε τινὰς ὁρῶ μεμφομένους Ἀθηναίους ὅτι ἐνίοτε οὐκ ἔστιν αὐτόθι χρηματίσαι τῇ βουλῇ οὐδὲ τῷ δήμῳ ἐνιαυτὸν καθημένῳ ἀνθρώπῳ· καὶ τοῦτο Ἀθήνησι γίγνεται οὐδὲν δι' ἄλλο ἢ ὅτι διὰ τὸ πλῆθος τῶν πραγμάτων οὐχ οἷοί τε πάντας ἀποπέμπειν εἰσὶ χρηματίσαντες.

Cf. Xen. *Hell.* i. 5. 19; Isocr. xii. *Panath.* 66.

C. I. A. iv. 27 a, vs. 70 ff. See above **130**.

C. I. A. i. 9, fr. c. (punishments), fr. b. *ad fin.* (sanction of the Athenian people). See above **125**.

[1] φρουράρχους Wilam. *Phil. Unt.* i. 74.

Private Actions.

C. I. A. iv. 22 a, fr. c. 8 ff. See above **129.**

176. Isocr. 4 *Panegyr.* 113: Ἄλλα πρὸς τοῖς ἄλλοις καὶ περὶ τῶν δικῶν καὶ τῶν γραφῶν τῶν ποτε παρ' ἡμῖν γενομένων λέγειν τολμῶσιν, αὐτοὶ πλείους ἐν τρισὶ μησὶν ἀκρίτους ἀποκτείναντες ὧν ἡ πόλις ἐπὶ τῆς ἀρχῆς ἁπάσης ἔκρινεν.

177. *Id.* 12 *Panath.* 62: Οἶμαι δὲ τοὺς ἀηδῶς ἀκούοντας τῶν λόγων τούτων . . . ἐπιχειρήσειν (63) . . . τάς τε δίκας καὶ τὰς κρίσεις τὰς ἐνθάδε γιγνομένας τοῖς συμμάχοις καὶ τὴν τῶν φόρων εἴσπραξιν διαβαλεῖν.

178. Dittenberger, *Syll.* 79, v. 44: Τὰς δὲ δίκας καὶ τ|[ὰς γραφὰς τὰς κατ' Ἀθηναίων ποιήσομαι] πάσας ἐκκλήτος κ|[ατὰ τὰς συνθήκας, ὁπόσαι ἂν ὦσιν ὑπὲρ ἐ]κατὸν δραχμάς. ἐὰ|[ν δέ τις τολμᾶι ἀδικε̂ν Κείων τὸς κατελθ]όντας ἢ Ἀθηναίο|[ς ἢ τῶν συμμάχων τινὰ παρὰ τοὺς ὅρκους καὶ] τὰς συνθήκας, | [οὐκ ἐπιτρέψω οὔτε τέχνηι οὔτε μηχανῆι οὐδεμιᾶι, κτλ.

179. *C. I. A.* 546. Decree of the Coresians, circa 363 B.C. v. 20: Εἶν]|αι [δὲ] καὶ ἔφεσιν Ἀθήναζε καὶ τῶι φήναντι καὶ τῶι ἐνδεί[ξαντι.

The πρυτανεῖα.

[Xen.] *Resp. Ath.* i. 16. See above **174.**

Preliminary Enquiries.

180. Antiph. v. *de Caed. Her.* 29: Ἐπειδὴ δὲ ἐγὼ μὲν φροῦδος ἢ πλέων εἰς τὴν Αἶνον, τὸ δὲ πλοῖον ἧκεν εἰς τὴν Μυτιλήνην ἐν ᾧ ἐγὼ καὶ ὁ Ἡρῴδης ἐπίνομεν, πρῶτον μὲν εἰσβάντες εἰς τὸ πλοῖον ἠρεύνων . . . . ἀποτραπόμενοι τούτου τοῦ λόγου συλλαβόντες ἐβασάνιζον τοὺς ἀνθρώπους.

Ibid. 47. See above **173.**

C. I. A. iv. 22, fr. c. vs. 18 and 24. See above **129.**

Cf. Ar. *Av.* 1050: above **161.**

The Epimeletai.

C. I. A. i. 38 fr. f. vs. 5. See above **73.**

C. I. A. iv. 22 a fr. c. vs. 19 ff. See above **129.**

[*Note.* The ἐπιμεληταὶ τῶν κακούργων.

181. Antiph. v. *de Caed. Her.* 17: Ἐθέλοντος γάρ μου ἐγγυητὰς τρεῖς καθιστάναι κατὰ τὸν νόμον .... τῶν δὲ ἄλλων ξένων ὅστις πώποτε ἠθέλησε καταστῆσαι ἐγγυητάς, οὐδεὶς πώποτ' ἐδέθη. καίτοι οἱ ἐπιμεληταὶ τῶν κακούργων τῷ αὐτῷ χρῶνται νόμῳ τούτῳ.]

Ξυμβολαί, ξύμβολα.

182. *C. I. A.* iv. 61 a, vs. 17: [Τὰ δὲ ἄ]λλα χσύμβολα [τ]ὰ προτô ἐν τοῖς ἰ|[διόταις πρ]ὸς τὸς ἰδιότα[ς] ἐ ἰδιώτει πρὸς τὸ κ|[οινὸν ἐ τôι κοι]νôι πρὸς ἰδιότε[ν] ἐ ἐάν τι ἄλλο γίγ|[νεται, δια]λύεμ π[ρ]ὸς ἀλλέλος· ὅ τι δ' ἂν ἀμφισβῃ|[τôσι, δίκα]ς ἐ̂ναι ἀπὸ χσυμβόλον.

Vel: [Ὅσα δ' ἄλ]λα χσυμβολαῖα πρὸ τô ἐ̂ν τοῖς ἰ|[διόταις πρ]ὸς τὸς ἰδιότα[ς] ἐ ἰδιώτει πρὸς τὸ κ|[οινὸν ἐ κοι]νôι πρὸς ἰδιότε[ν μ]έ, ἐάν τι ἄ[λ]λο γιγ|[νόσκοσιν], λύεμ π[ρ]ὸς ἀλλέλος, ὅ τι δ' ἂν ἀμφισβῃ|[τôσι δίκα]ς ἐ̂ναι ἀπὸ χσυμβόλον. Stahl.

Ω for O, H for E, Λ for ⊢ occasionally.

C. I. A. iv. 96 fr. a, d, vs. 3. See above **165**.

C. I. A. ii. 11, v. 12. See below **195**.

183. *C. I. A.* ii. 86, v. 18: Π|οιησάσθω δὲ καὶ σύμβολα ἡ βολὴ πρ|ὸς τὸν βασιλέα τὸν Σιδωνίων κτλ.

184. *I. G. A.* 322, § 5, vs. 14: Αἴ κ' ὁ ϝασστὸς πὸ(τ) τὸν ϝαστὸν δικάζεται κὰτ (τ)ὰς συνβολάς: δαμιόργος ἑλέσται: τὸς ὁρκομότας ἀριστίνδαν, τὰν πεντορκίαν ὀμόσαντας. *I. e.* si civis civi litem intenderit ex pactione publica, damiurgi creanto iudices ex nobilibus, iurati iusiurandum quintuplum.

185. [And.] 4 *in Alc.* 18: Πρὸς μὲν τὰς ἄλλας πόλεις ἐν τοῖς συμβόλοις συντιθέμεθα μὴ ἐξεῖναι μήθ' εἶρξαι μήτε δῆσαι τὸν ἐλεύθερον· ἐὰν δέ τις παραβῇ, μεγάλην ζημίαν ἐπὶ τούτοις ἔθεμεν.

186. [Dem.] 7 *de Halonn.* 9: Ἔτι περὶ συμβόλων φησὶ πεπομφέναι πρὸς ὑμᾶς τοὺς ποιησομένους, ταῦτα δὲ κύρια ἔσεσθαι οὐκ ἐπειδὰν ἐν τῷ δικαστηρίῳ τῷ παρ' ὑμῖν κυρωθῇ, ὥσπερ ὁ νόμος κελεύει, ἀλλ' ἐπειδὰν ὡς ἑαυτὸν ἐπανενεχθῇ, ἐφέσιμον τὴν παρ' ὑμῶν γενομένην γνῶσιν ὡς ἑαυτὸν ποιούμενος. βούλεται γὰρ ὑμῶν τοῦτο προλαβεῖν καὶ ὁμολογούμενον ἐν τοῖς συμβόλοις καταστῆσαι, ὅτι τῶν περὶ Ποτείδαιαν γεγενημένων ἀδικημάτων οὐδὲν ἐγκαλεῖτε αὐτῷ ὡς ἀδικουμένοι, ἀλλὰ βεβαιοῦτε δικαίως αὐτὴν ἐκεῖνον καὶ λαβεῖν καὶ κεκτῆσθαι .... (11) ἐπεὶ ὅτι γε συμβόλων οὐδὲν δέονται Μακεδόνες πρὸς Ἀθηναίους, ὁ παρεληλυθὼς ὑμῖν χρόνος τεκμήριον γενέσθω. οὔτε γὰρ Ἀμύντας ὁ πατὴρ ὁ Φιλίππου οὔθ' οἱ ἄλλοι βασιλεῖς οὐδεπώποτε σύμβολα ἐποιήσαντο πρὸς τὴν πόλιν τὴν ἡμετέραν. (12) καίτοι πλείους γε ἦσαν αἱ ἐπιμειξίαι τότε πρὸς ἀλλήλους ἢ νῦν εἰσίν· ὑφ' ἡμῖν γὰρ ἦν ἡ Μακεδονία καὶ φόρους ἡμῖν ἔφερον, καὶ τοῖς ἐμπορίοις τότε μᾶλλον ἢ νῦν ἡμεῖς τοῖς ἐκεῖ κἀκεῖνοι τοῖς παρ' ἡμῖν ἐχρῶντο, καὶ ἐμπορικαὶ δίκαι οὐκ ἦσαν, ὥσπερ νῦν, ἀκριβεῖς, αἱ κατὰ μῆνα, ποιοῦσαι μηδὲν δεῖσθαι συμβόλων τοὺς τοσοῦτον ἀλλήλων ἀπέχοντας. (13) ἀλλ' ὅμως οὐδενὸς τοιούτου ὄντος τότε, οὐκ ἐλυσιτέλει σύμβολα ποιησαμένοις οὔτ' ἐκ Μακεδονίας πλεῖν Ἀθήναζε δίκας ληψομένοις, οὔθ' ἡμῖν εἰς Μακεδονίαν, ἀλλ' ἡμεῖς τε τοῖς ἐκεῖ νομίμοις ἐκεῖνοί τε τοῖς παρ' ἡμῖν τὰς δίκας ἐλάμβανον· μὴ οὖν ἀγνοεῖτε ὅτι τὰ σύμβολα ταῦτα γίγνεται εἰς ὑποδοχὴν τοῦ μηδ' ἀμφισβητῆσαι εὐλόγως ὑμᾶς ἔτι Ποτειδαίας.

187. Arist. *Pol.* iii. i. (1). 3, 1275 a 8: Οὐδ' οἱ τῶν δικαίων μετέχοντες οὕτως ὥστε καὶ δίκην ὑπέχειν καὶ δικάζεσθαι (πολῖταί εἰσιν)· τοῦτο γὰρ ὑπάρχει καὶ τοῖς ἀπὸ συμβόλων κοινωνοῦσιν· καὶ γὰρ ταῦτα τούτοις ὑπάρχει.

188. *Id. Resp. Ath.* 59. 6.

189. Harpocr.: Σύμβολα· τὰς συνθήκας, ἃς ἂν ἀλλήλαις αἱ πόλεις θέμεναι τάττωσι τοῖς πολίταις ὥστε διδόναι καὶ λαμβάνειν τὰ δίκαια.

190. Hesych.: Ἀπὸ συμβόλων δικάζειν· ἐδίκαζον Ἀθηναῖοι ἀπὸ συμβόλων τοῖς ὑπηκόοις. καὶ τοῦτο ἦν χαλεπόν.

191. Pollux viii. 63: Ἀπὸ συμβόλων δὲ (δίκαι ἦσαν) ὅτε οἱ σύμμαχοι ἐδικάζοντο.

192. Bekker, *Anecd. Gr.* vol. i. p. 436. 1: Ἀπὸ συμβόλων δικάζει: Ἀθηναῖοι ἀπὸ συμβόλων ἐδίκαζον τοῖς ὑπηκόοις. οὕτως Ἀριστοτέλης.

193. Antiph. v. *de Caed. Her.* 78: Ἑτέρους ὁρῶ τοὺς μὲν εἰς τὴν ἤπειρον ἰόντας ⟨τοὺς⟩ δὲ [1] οἰκοῦντας ἐν τοῖς πολεμίοις τοῖς ὑμετέροις [2] καὶ δίκας ἀπὸ ξυμβόλων ὑμῖν δικαζομένους.

Cases of Contracts made outside Athens between an Athenian and a foreigner; decided at Place of Contract.

[Dem.] *de Halonn.* 13. See above **186.**

194. [Dem.] 32 *contr. Zenoth.* 18: Μετὰ ταῦτα προὐκαλεῖτο ὁ Πρῶτος αὐτὸν καὶ ἡμεῖς ἐπὶ τὴν ἀρχὴν τὴν τῶν Συρακοσίων, κἂν μὲν

[1] ἰόντας καὶ οἰκοῦντας codd.

[2] ὑμετέροις, τοὺς δὲ καὶ Reiske, τοὺς δὲ ἐς πόλιν ξυμμαχίδα διοικιζομένους Fraenkel.

ἐωνημένος τὸν σῖτον ἐκεῖνος φαίνηται κτλ. [*Hypoth.*: Ἔμπορός τις, Πρῶτος ὄνομα, ἐπρίατο τοῦ ἀργυρίου σῖτον ἐν Συρακούσαις, καὶ τοῦτον ἐκόμισεν εἰς Ἀθήνας κτλ.]

Ξυμβόλαια, ξυμβόλαιαι δίκαι.

195. *C. I. A.* ii. 11, v. 5: [Τοῖ]ς Φασηλίταις τὸ ψ[ήφ]ι|[σμα ἀν]αγράψαι, ὅ τι ἂμ μὲ[ν] Ἀθ|[ήνησι ξ]υ[μβό]λαιον γένηται | [πρὸς Φ]ασηλιτ[ῶ]ν τινα, Ἀθή[νη] | [σι τὰς δ]ίκας γίγνεσθαι π[αρ] | [ὰ τῶι πο]λεμάρχωι καθάπερ Χ| [ίοις καὶ] ἄλλοθι μηδὲ ἀμο̂· τῶ| [ν δὲ ἄλλων] ἀπὸ ξυμβόλων κατ | [ὰ τὰς Χίων] ξυμβολὰς πρὸς Φα| [σηλίτας] τὰς δίκας ἒν[α]ι, τὰς | [δὲ . . . . . .]ο . ἀφελε̂ν.

Vv. 12 ff.: Κατ' | [αὐτὰς τὰς] ξυμβολὰς πρὸς Φα| [σηλίτας] τὰς δίκας ἒ[να]ι, τὰς | [δὲ πρὸς Χ]ίο[ς] ἀφελε̂ν. Stahl. Κατ[ὰ τὰς πρὶν] ξυμβολάς olim Koehler.

196. Dem. 34 *adv. Phorm.* 45: Οἱ . . νόμοι τῶν Ἀθήνησι συμβολαίων κελεύουσι τὰς δίκας εἶναι πρὸς τοὺς θεσμοθέτας.

197. Diod. xii. 21. 3: Πολλὰ δὲ καὶ ἄλλα τῶν συμβολαίων καὶ τῶν ἄλλων τῶν κατὰ τὸν βίον ἀμφισβητουμένων καλῶς ἐνομοθέτησε (Ζάλευκος).

198. Strabo vi. i. 8. 260=Ephorus Fr. 47 (Müller, *F. H. G.* i. p. 246): Καὶ τὸ ἁπλουστέρως αὐτὸν (τὸν Ζάλευκον) περὶ τῶν συμβολαίων διατάξαι.

199. Thuc. i. 77, 1: Ξυμβολαίαις] ξυμβολιμαίαις Cobet coll. Hesych.: ξυμβολιμαίας δίκας· Ἀττικοὶ τὰς κατὰ σύμβολα.

Δίκαι ἐμπορικαί.

200. [Arist.] *Resp. Ath.* 59. 5.

201. Pollux viii. 88: Εἰσάγουσι δὲ (πρὸς τοὺς θεσμοθέτας) . . . καὶ δίκας ἐμπορικάς.

202. Dem. 33 *contr. Apat.* 1: Τοῖς μὲν ἐμπόροις . . . καὶ τοῖς ναυκλήροις κελεύει ὁ νόμος εἶναι τὰς δίκας πρὸς τοὺς θεσμοθέτας, ἐάν τι ἀδικῶνται ἐν τῷ ἐμπορίῳ ἢ ἐνθένδε ποι πλέοντες ἢ ἑτέρωθεν δεῦρο κτέ.

Dem. 34 *contr. Phorm.* 45. See above **196**.

CHAPTER II.

THE QUOTA-LISTS.

—•—

1. *C. I. A.* i. 226. Year 1. *Ol.* 81. 3. (B.C. 454.)

Letters ВNРЅΦ

[Ἁίδε το̃ν φόρον το̃ν παρ]ὰ το̃ν Ἑλλ[ενοτ]αμιο̃ν, ℎο[ῖς - - - -
[. ἐγραμμάτευε, ὑπὸ το̃ν] τριάκο[ντα ἀπ]εφάνθε[σα]ν [ἀπαρχαὶ τ]
[ε̃ι θεο̃ι ἐπὶ Ἀρίστονος ἄ]ρχοντος Ἀ[θεν]αίοις, μνᾶ ἀ[πὸ το̃ ταλά-
[ντο]

(I)

v. 6 b - - - - - - - - - - . . . . . ἐ]χς
- - - - - Δ]ΔΔ⊢⊢⊢II
- - - - - ις ΗΓ⊢IIII
[Χερρονεσ]ῖται Χ𐅅ΗΗΗ
- - - - -ΗΗΗΗΔΔΓ⊢⊢IIII

(II)

v. 12 - - - - - - III
- - - - - - 𐅅ΗΗ
- - - - - ΗΗΗΗ
15 - - - - - Η
- - - - - 𐅅ΗΗΗΗ
- - - - - - ΔI
- - - - - Η[Η𐅄]ΔΔ⊢

---

v. 1 b - - - - - - ΗΗΗ
[Κολοφόν]ιοι ΗΗΗ
Νοτ[ι]ε̃ς ΔΔΔ⊢⊢⊢II
Διοσερῖται ΔΓ⊢IIII
5 b Σπαρτόλιοι ΗΗ
Αἰραῖοι ΗΗΗ
Λινδίον Οἰιᾶται 𐅄Γ
Ἀστακενοί Η𐅄
Νεοπολῖται 𐅄
10 b Μαιάνδριοι 𐅄ΔΓ⊢IIII

(III)

v. 5 [Μαρ]ονῖται Η𐅄
[Λί]νδιοι 𐅅ΗΗΗΔΔΔΔ -
[Οἰ]ναῖοι ἐν Ἰ-
κάροι ΗΔΔΔ⊢⊢⊢[II]
Ἔσσιοι Η
10 Νεάνδρεια ΔΔΔ⊢⊢⊢[II]
Λαμπόνεια ΔΓ⊢III[I]
Ἁλικαρ-
νασσε̃ς Η𐅄ΔΓ⊢IIII
Στρεφσαῖοι Η
15 Γαλέφσιοι Η𐅄
Κυρβισσός ΔΔΔ⊢⊢⊢II
Διδυμοτει-
χῖται ΔΓ⊢IIII

[Δικ]αιοπο-
[λῖται Η]ΗΗΗ

---

v. 1 b Λι - - - -
Κλαζομέν[ιοι - -
Ἀργίλιοι Χ𐅅
Καρβασυανδε̃ς
Φασελῖται 𐅅Η vac.
Τερμερε̃ς ΗΗ𐅄 vac.
Κεβρένιοι ΗΗΗ
Κασολ[αβε̃ς - - .
Δίκ[αια
πα[ρ' Ἄβδερα - - -

(IV)

Ἀβ[δερῖ]ται ΧΗΗ𐅄ΔΔΔΓ
Ὀλύνθ[ιοι] Σκα- - - - - - ΙΙ
βλαῖο[ι Ἀσ]τε-
ρῖται Η . . . . . ⊢ .
Σερμυλ[ιε̃ς] Χ𐅅ΗΗ𐅄ΔΔ⊢⊢
Μεκυπερ[να]ῖοι vac.
Στόλιοι 𐅅 . . . Ι
Χασταί ΗΗΔ[ΔΔ]Δ⊢ΙΙ
Σίγγιοι ΗΗ[ΗΗΓ⊢]⊢⊢ΙΙ
Θάσιοι ΗΗΗ
Μυσοί ΔΔΔ⊢[⊢⊢ΙΙ]

Πίκρες Σαγ[γελεύς - -]
Κεδριε̃τα[ι - - -]
Κεράμιοι - - -
Βουθειε̃ς - - -
Κυλλάνδι[οι - - -
- - ο - - - -

(V)

Να[ρι]σ[βαρε̃ς - -]
Μυδ[ό]νες - -
Κια[ν]οί Δ[Γ⊢ΙΙΙΙ]
Ἀ[ρ]τακενο[ί - - - .
[Ν]εά[π]ολις
[ἐ]ν [Θρ]άικει ΔΓ[⊢ΙΙΙΙ]
Βερ[ύ]σιοι ὑπὸ
τε̃ι [Ἴ]δει ΔΓ⊢ΙΙΙΙ
Αὐλιᾶται Κᾶρες Γ⊢⊢[⊢ΙΙ]
Ἰᾶται Η
Παριανοί Η
[Δ]ασκύλειον
[ἐν] Προποντίδι Γ⊢⊢⊢ΙΙ
[Α]ἰγινε̃ται ΧΧΧ
Μιλέσιοι
[ἐ]χς Λέρο ΗΗΗ
[Μι]λέσιοι
[ἐν Τ]ειχιόσσε[ι

Col. II vs. 1 b Πεπαρέθιοι, col. III vs. 1 b Λίπαχσος Koehler.

2. *C. I. A.* i. 227. Year 2. *Ol.* 81. 4. (B.C. 453.)

Letters BNPS(Σ in title)Φ

[Ἐπὶ τε̃ς ἀρχε̃ς τε̃ς δευτέρ[ας], ℎει Λ[- - - - ἐγραμμάτευε]

(I)

v. 4b ΔΓ[⊢ΙΙΙΙ] Β[ουθειε̃]ς
ΔΓ⊢⊢Ι Λεφσιμάνιο[ι]
𐅄ΔΓ⊢⊢⊢ΙΙΙΙΙ Ἐρινε̃ς
𐅄ΙΙΙΙΙ Ἀμυνανδε̃[ς]
ΗΔ⊢⊢⊢⊢ΙΙΙΙΙ Πακτύες Ἰδυμ[εύς]

ΔΓ⊢⊢Ι Θρανιε̃τ[αι]
ΔΓ⊢⊢Ι Ὀλα . ε̃ς
ΔΓ⊢⊢Ι Τ[ρ]υβανε̃ς

(II)

v. 1 [Κο]δαπε̃ς

(III)

v. 1	HHHH	- - - - ιε͂[ς]

v. 1 b	- - - -	. . . . . οι
	- - - -	. . . . . ς
	- - -	['Αστυπα]λαιε͂ς
	- - - -	[Σαμοθρ]ᾶικες
	- - - -	. . . . ε͂ς ·
	- - - -	. . . . . .
	- - - -	['Εφαισ]τιε͂ς
	- - - -	- - - -
	HH	'Α . . . . . . ενοί
	XXX	Αἰγιν[ε͂τ]αι
	𐅅H	Σκιονα[ῖ]οι
		Θραμβαῖο[ι] .

(IV)

v. 1 b	⊢⊢⊢II	'Ε - - - - -
	HHH	Κολο[φόνιοι]
	ΔΔΔ⊢[⊢⊢II]	Νοτιε͂[ς]
	ΔΓ⊢IIII	Διοσιρῖ[ται]
	𐅅HH𐅄	'Εφέσιοι
	H	'Ιᾶται
	XHH	Αἴνιοι
	Γ⊢⊢⊢II	Μύνδιοι
	Γ⊢⊢⊢II	Αὐλιᾶται
	ΔΓ⊢IIII	Καρβασυανδε͂ς
	H𐅄	Μαρονῖται

(V)

v. 6 b	ΔΓ	- - - - -
	Γ⊢⊢⊢II	'Α - - -
	ΔΓ⊢IIII	Γρυ[νειε͂ς]
	ΔΓ⊢IIII	Πιταν[αῖοι]
	H𐅄	'Αστακεν[οί]
	HH	Σπαρτόλ[ιοι]

Col. III vs. 9 b 'Α[βυδ]ενοί Koehler.

Fr. 5 sedis incertae:

- -	'Υ . . . . .
- - H	'Ολ[ύνθιοι]
- - H	Στ - - -
- - Γ	'Α - -
- ΔΓ⊢	Δα - -
- -	'Ακ[άνθιοι]
[HH]𐅄	Τε[ρμερε͂ς]
[ΔΓ]⊢IIII	Παρ - - -
- Δ⊢⊢I	Πε - - -
[Γ⊢⊢]⊢II	Γεν[τίνιοι]
- - - ⊢⊢	Τεν[έδιοι]

3. *C. I. A.* i. 228. Year 3. *Ol.* 82. 1. (B. C. 452.)

Letters BNPϟΦ

['Επ]ὶ τε͂ς τρίτε[ς ἀρχε͂ς, ']ε͂ι Διό[τ]ιμος ἐγραμ[μάτευε] τοῖς τριάκοντα.

(I)

[H]HH	'Αφυταῖοι
[𐅅]HHHH	Λέμνιοι
H[𐅄]	Κεράμιοι
ΔΔΓ	Μυδόνες
HHHHΓ	Τενέδιοι
H𐅄	Γαλέφσιοι
Γ⊢⊢⊢II	Γεντίνιοι
𐅅H	Φασελῖται
H[𐅄]	Καλύδνιοι
H𐅄	Κλαζομένιοι
𐅄	Κεδριε͂ται
H	'Ιᾶται
ΔΔΔ⊢⊢⊢II	'Αρτακενοί
𐅄	Δίκαια
	παρ' ῎Αβ[δερα]
H -	'Αστ[. . ενοί]
- -	Τ- - - - .

v. 6b - -	. . . . υ . . οι
[ΔΓͰ]IIII	Καρυανδε̂ς
HH	Μαδνασε̂ς

(II)

H	- - - - ο]ι
- -	- - - - ο
- -	- - - - νει
𐅅HH[H	Μενδαι̂ο]ι
ΔΓ[ͰIIII	- - - - οι
H(𐅄)	- - - -
	- - - - οι
𐅅 -	[Μεκυπερν]αι̂οι
H	- - - -
H[𐅄	Μαρονι̂τ]αι
𐅅]H	Σαμοθρᾶι]κες

- -	Μιλέσ[ιοι]
- -	Λάτμ[ιοι]
H(𐅄)	Μυέσσ[ιοι]
X𐅅HHH	Χερσο[νεσι̂ται]

(III)

- - -	- - - -
ΔΓͰ	Βερυ[τι̂ται]
IIII	ὑπὸ τε̂[ι Ἴδ]ει
ΔΓͰIIII	Ἐλαιι̂τα[ι]
HHH	Πεπαρέ[θιοι]
ΔΔΔͰͰͰII	Νεάνδρ[εια]
H	Μυρινα[ι̂οι]
H𐅄ΔΓͰIII	Ἁλικαρ[νασσε̂ς]
HH	Κυλλάν[διοι]
ΔΔΔͰͰͰII	Κυρ[βισσός]
𐅄 - -	- - - -

- -	[Δασκύλειον]
	[ἐν Προποντ]ίδι
- -	. . . . . . ε̂ς
- -	[Παρπαριο̂]τα[ι]
- -	[Προκονν]έσιοι

(IV)

ΔΓͰIIII	Πε[ρκόσιοι]
XHH	Αἴ[νιοι]
H𐅄	Νι[σύριοι]
- -	Μα - - -
- -	- - - -
[𐅄ΔΓ]ͰIIII	Θύσσιοι
[HH]H	Κνίδιοι
[HH]H	Χερσονέσιοι
- -	Πύρνιοι
- -	Πριαπε̂ς
- -	[Κα]μ(ι)ρε̂ς
- -	[Ἰελ]ύσιοι
- -	[Λίν]διοι
- -	- - - οι
- -	- - - ε̂ς
- -	- - - νειοι
- -	- - - -
- -	- - - οι

- -	[Κασ]ολ[αβε̂ς]
ΔΔ -	[Λ]εφσιμαν[δε̂ς]
HH	Σ[π]αρτόλιοι
H	Σκάφσιοι
ΓͰIIII	Ἀζειοί
ΔΔΔΔΓͰͰͰ	Βεργαι̂οι
ΔΓͰIIII	Τυρόδιζαι
ΔΔΓ	Σύριοι

(V)

XHH	Κυμαι̂οι
[X]	Περίνθιοι
[H]HH	Φοκαιε̂ς
[X]XX	Αἰγινε̂ται
[𐅄]	Θερμαι̂οι
	ἐν Ἰκάροι
- -	Ναχσιᾶται
H[H𐅄]	Τερμερε̂ς
HHH	Κολοφονι̂ται

ΔΔΔ⊢⊢⊢II	[Ν]οτιε̂ς
Η	Σαμβακτύς
𐅅ΗΗ𐅄	'Ε[φ]έσιοι
ΔΓ⊢IIII	Καρβασυανδε̂ς
𐅄	Κα[ύ]νιοι
ΔΔΔ⊢⊢⊢II	Κρυ[ε̂ς]
Χ𐅅	'Αβ[δ]ερι̂ται
Γ⊢⊢⊢II	Μύν[διοι]
𐅅ΗΗ𐅄I	Χαλ[κεδό]νιοι
ΗΗΗ	Θάσ[ιοι]
ΔΓ⊢IIII	Παι[σεν]οί

[𐅄]ΔΔΓ	Γαρ[γαρε̂]ς
[ΗΗ]ΗΗ	Σί[γγιοι]
[ΗΗ]𐅄	- - - -

- -	[Αὐλ]ιâται
- -	[Πι]ταναι̂οι
- -	[Γρ]υνειε̂ς
- -	[Δαυ]νιοτειχι̂τα[ι]
- -	[Βυ]ζάντιοι
- -	[Κυ]ζικενοί
- -	[Ζ]ελειâται

Col. I vs. 17: Η𐅄 'Αστακενοί, or ΗΗ 'Αστυρενοί, Koehler. Col. V vs. 8 b [Π]ελειâται Rangabé, [Ζ]ελειâται Boeckh.

4. *C. I. A.* i. 229. Year 4. *Ol.* 82. 2. (B. C. 451.)

Letters BNP(R in title)SΦ

'Επὶ τε̂ς ἀρχε̂ς τε̂ς τετά[ρτ]ες, '[ει - - -]λες ἐγραμμά[τευε 'Α]λιμόσιος.

(I)

𐅅Η	Φασελι̂τ[αι]
𐅅Η	Σκιοναι̂οι
	καὶ Θραμ[β]αι̂οι
ΗΗΗ	'Αφυται̂οι
𐅄	Αἰγάντ[ι]οι
𐅅ΗΗΗ	Μενδαι̂οι
ΔΓ⊢IIII	Σκ[α]φσαι̂οι
𐅄	Νεοπολι̂ται
	ἐ[κ] Παλλένες
Η𐅄	[Μ]υκόνιοι
ΔΔΔΔ⊢III[I	Κ]ασολαβ[ε̂ς]
ΔΔΓ	[Λ]εφσ[ιμανδε̂ς]

- -	. . . . οι
- -	. . . . ιαι
- -	[Κνίδ]ιοι
- -	[Χ]ερρονε[σ]ι̂τ[αι]
[ΔΓ⊢]IIII	Πύρνιοι
𐅄	Καύνιοι
ΧΗΗ	"Ανδριο[ι]
ΗΗ	Σερίφιο[ι]
ΗΗΔΔΓ	Κορέσιο[ι]
ΔΓ⊢IIII	Ρεναιε̂[ς]
𐅅ΗΗ𐅄	Καρύστ[ιοι]
ΔΓ⊢IIII	Γρυνχ[ε̂ς]
𐅄	Δίκα[ια]
ΔΔΔ⊢⊢⊢II	'Ολοφ[ύχσιοι]
Η	Διε̂[ς]
ΔΓ⊢IIII	Διε̂[ς]
ΔΓ⊢IIII	[Β]ου[θει]ε̂ς
Η	[Π]εδασε̂ς
Η𐅄ΔΓ⊢[IIII]	'Αλικαρνάσιοι
ΗΗ	Κυλλάντιοι
ΔΔΔ[⊢]⊢⊢II	Κυρβισσε̂ς

(II)

𐅄	Θερμ[αι̂οι]
	ἐχς ['Ικ]άρο
ΔΓ⊢IIII	Καρ[βα]συα[ν]δε̂ς
ΔΔΔ⊢⊢⊢II	Κρ[υε̂ς]
Γ⊢⊢⊢II	Αὐ[λ]εâται

H𐅄	Κλαζομένιοι
ΔΓ⊢IIII	[Π]αρπαριôτα[ι]
HΔΔΔ⊢⊢[⊢II]	Οἰναῖοι
	ἐχς Ἰκάρο
HH𐅄	Τερμερε͂[ς]
𐅅H	Τέιοι
HHH	Φοκαι[ε͂ς]
Γ⊢⊢⊢II	Παλα[ιπερκόσιοι]
𐅅HHHH	Κα[λχεδόνιοι]
H	- - - -

[HHH]H	Σίγ[γιοι]
H𐅄	Μαρ[ονῖται]
𐅅𐅄ΔΔΔΔ⊢IIII	Σερ[μυλιε͂ς]
𐅄ΔΓ⊢IIII	Θύσ[σιοι]
XHH	Κυ[μαῖοι]
H𐅄	Κα[λ]ύδν[ιοι]
HHH	Λεβέδι[οι]
ΔΓ⊢IIII	Πολιχναῖοι κα[ὶ - -]

(III)

ΔΓ⊢[IIII]	- - - -
ΔΔΔΔ	Ἀσσε[ρῖται]
𐅄	Πασανδ[ε͂ς]
[Δ]Γ⊢IIII	Πιταναῖο[ι]
[ΔΓ⊢]IIII	Β[α]ργυλιε͂[ς]
[Γ⊢]⊢⊢II	Μύ[ν]διοι
[𐅅H	Σαμ]οθρᾶικε[ς]
- -	Στόλιοι
- -	[Φ]εγέτιοι
- -	- - ο . λ - -
- -	- -
- -	- -

(IV)

ΔΔΓ	Ἴκιοι
HHH	Πεπαρέ[θιοι]
HHH	Θάσιοι
XHH	Λαμφσακ[ενοί]
ΔΔΔ⊢⊢⊢II	Νοτιε͂ς
ΔΓ⊢IIII	Ἐλαιῖτα[ι]
ΔΓ⊢IIII	Παισενο[ί]
ΔΓ⊢IIII	Περκόσιο[ι]
H𐅄	Δαρδανε͂[ς]
- -	Κολοφόν[ιοι]
- -	[Χ]α[λ]κιᾶται
- -	Να[χσιε͂ται]
- -	Σε[λ]υν[βριανοί]
- -	Κο͂ιοι
- -	Ὀλύνθ[ιοι]
- -	[Σ]καβλαῖο[ι]
- -	[Στρ]εφ[σ]αῖο[ι]
- -	[Μυ]γισσε͂ς
- -	[Πα]κτύ[ε]
- -	. . . ιο[ι]
- -	[Νεά]νδ[ρ]ε[ι]α
- -	[Λαμ]πονε͂ς
- -	[Βερ]γα[ῖ]οι
- -	[Ἀβυ]δενοί
[H𐅅	Κέρ]αμ[ο]ς
ΔΔΓ	Λ[ίσ]ον
ΔΓ⊢IIII	Ν[αρ]ισβ[α]ρε͂ς
Γ⊢⊢⊢II	Θ[ασ]θαρε͂ς
H	[Μυρ]ιναῖοι
ΔΓ⊢IIII	- - - -
Γ⊢⊢⊢II	- - - -

(V)

- -	Ἰελύσιοι
- -	Σπαρτόλιοι

HΔ	- -
HΔΔ	- -
ΔΓ⊢	- -
ΔΔΔ⊢⊢[⊢II	- -
Γ⊢IIII	- -
ΔΓ⊢⊢IIII	- -

ΓͰͰͰΙΙ	Ὀ - - -		ΔΔΓ	Σιλο - -
ΔΓͰΙΙΙΙ	Κ - - -	30	Η	Τα - - -
ΔΓͰΙΙΙΙ	Θυδα - -		- -	- - - -

The following fragment (20) from the style of the letters is given to this year; but the attribution is not certain. See also *C. I. A.* iv. p. 71.

	- -	Σ - - - -	- -	[Ὑ]δαι[ε̑]ς
	- -	Ἀλ[οπεκοννέσιοι ?]	- -	. . βλισε̑ς
	- -	[Κ]εῖο[ι]	- -	[Θρ]ανιε̑ται
	- -	. σσυρ - -	- -	[Ἀλικ]αρ[νάσσιοι ?]
5	- -	[Χ]αλκέτο[ρες]		

5. *C. I. A.* i. 230. Year 5. *Ol.* 82. 3. (B.C. 450.)

Letters ΑΑΑ B Ↄ-C (=ʽ in title) ΛΡ (R in title) ϟ Φ

Ἐπὶ τε̑ς ἀρχε̑ς τ[ε̑ς] πέμπτες, [ἐ]ι - - - ἐγραμμ]άτευ[ε Ἀ]λαιεύ[ς].

	(I)				
	ΗΗΗ	Χερρονέσιοι		[ΔΓͰΙΙΙ]Ι	Παρπαριο̑ται
	ΔΓͰΙΙΙΙ	Πύρνιοι		[ΔΔΔͰͰ]ͰΙΙ	Κυρβισσε̑ς
	𐅅	Κνίδιοι	10	[𐅅]Η	Τέιοι
5	ΔΓͰΙΙΙΙ	Καρβασυα[νδε̑ς]		[ΓͰͰͰΙ]Ι	Μύνδιοι
	ΔΔΔͰͰͰΙΙ	Κρυε̑ς			παρὰ Τέρμε[ρα]
	ΗΗΗ𐅄ΓͰ	Κο̑ιοι		- -	Ἐρυθραῖο[ν] vel Ἐρυθραῖο[ι]
	𐅄	Πασανδ[ε̑ς]			Πολι[χναῖοι]
	ΓͰͰͰΙΙ	Αὐλιε̑τ[αι]	15	- -	Σιδ[όσιοι]
10	𐅄	Χαλκε[ια̑ται]		- -	Πτε[λεόσιοι]
	Χ	Ἰελύ[σιοι]		- -	[Β]ο[υθειε̑ς]
	Η	Μυλ[ασε̑ς]	10b	- -	- - - - οι
	𐅅ΗΗΗΗ	Κα[λχεδόνιοι]		- -	- - - ε̑ς
	Η	Συ[αγγελε̑ς]		- -	[Ναρισβα]ρε̑[ς]
15		[ὸ̑ν - - ἄρχει]		- -	[Ὑρο]με̑ς
				- -	[Ὑ]δαιε̑ς
			5c	- -	[Ἀ]λικαρνάσσιοι

(II)

(2 lines.)

	- -	Οἰναῖοι
		ἐν Ἰκάροι
	- -	Κλαζζομένιο[ι]
5	- -	Ἁιραῖοι
	- -	Λεβέδιοι
	- -	Καλύδνιοι

(III)

(5 lines.)

7	Δ -	- - - - -

(1 line.)

- -	. . . . . . αι

- -	[Γαλ]έφσιοι
- -	[Δι]καιοπολῖται
	[Ἐρε]τριο̑ν ἄποικοι
- -	[Σ]αναῖοι
[ΔΓͰ]ΙΙΙΙ	Νεάπολις
	παρ' Ἀντισάραν
Η	Μεκυπερναῖοι
𐅄	Σκαβλαῖοι
ΔΔΔΔ	Ἀσσερῖται
ΔΔΓͰΙΙΙΙ	Φεγέτιοι
𐅄	Δίκαια
	παρ' Ἄβδερα
Χ𐅅	Ἀβδερῖται
Η𐅄	Μαρονε̑ς
Η𐅄	Θύσσιοι
[ΧΗ]Η	Αἴνιοι
[𐅅]Η	Σαμοθρᾶικες
- -	[Ν]εοπολῖται
	[Μενδ]αίον ἄποικοι

(2 lines.)

. - -	. . . . ι
- -	. . . . νιο[ι]
ΗΗ𐅄ΔΔΔ	. . . . ιοι
ΔΓͰ[ΙΙΙΙ]	. . . . ιοι
ΔΓ[ͰΙΙΙΙ	Πιταν]αῖοι

(IV)

- -	- - - - χῖται
- -	- - - - ι
- -	- - - - οι

(3 lines.)

ΗΗΔΔΔ -	- - - - -
𐅅Η	- - - - -
ΔΓͰΙΙΙ[Ι]	Φαρ[βέλιοι]
ΧΗΗ	Λανφσακ[ε]νοί
Η𐅄ΔΔΔͰͰΙΙ	Σίγγιοι
ΓͰͰͰΙΙ	Δασκύλ[ει]ον

	ἐν Προποντίδι
ΓͰͰͰΙΙ	Σερμαῖο[ι]
ΔΓͰΙΙΙΙ	Σταγιρ[ῖτ]αι
ΔΓͰΙΙΙΙ	Ἀστακε[ν]οί
𐅄ΔΓͰΙΙΙΙ	Στόλιο[ι]
ΓͰͰͰΙΙ	Ἐρόδιοι
ΗΗΗ	Τένιοι
ΗΗΗ	Σίφνιοι
ΗΗΗΗ	Κεῖοι
𐅅Η	Ἄνδριοι
ΔͰͰͰͰ	Ἰε̑ται
Χ𐅅ΗΔΔ	Πάριοι
ΔΓͰΙΙΙΙ	Σιγει[ε̑]ς
𐅅	Καρύστιοι
ΗΗΗ	Κύθ[νιοι]
Η	Στυρ[ε̑ς]
𐅅	- - - -

(2 lines.)

ΧΧ[Χ	Αἰγινε̑ται]
- -	- - - - -
- -	- - - - ι

(V)

- -	- - - ναῖοι
Η -	- - - - ι

(4 lines.)

(3 lines.)

ΗΗΔΓͰͰΙΙΙΙΙ	- - - - -
𐅄ͰͰͰͰ	Ἐ . . . . . .
ΧΗΗΗ𐅄ΔΔΔΙΙΙΙ	Χερ[ρονεσῖται]
𐅅ΗΗΗ𐅄Γ	Ἐρυθ[ραῖοι]
𐅄ͰͰͰͰ	Ἀλοπε[κοννέσιοι]
Η𐅄ΔͰͰ	Τενέδι[οι]
Χ𐅅	Βυζζάν[τιοι]
ΗΗΗ	Χαλχεδόν[ιοι]
Χ	Μιλέσιοι
Η	Λάτμιοι

H	Μυέ(σσ)ιοι
H	Ἰασε͂ς
H	Πριανε͂ς
H	Κυνδυε͂[ς]
ΔΓ⊢IIII	Βαργυλιε͂ς
Γ⊢⊢⊢⊢II	Καρυανδε͂ς
𐅄	Πασανδε͂ς

⊢	Μαδνασε͂ς
𐅄	[Π]ελεᾶται
- -	. . . . . οι

(2 lines.)

ΔΓ⊢⊢III	- - - - -
HΔΔΔΔ⊢⊢⊢	Κ - - - -

Frg. 25 belonging to uncertain columns.

(I)

- -	- - - - ι

(2 lines.)

- -	- - - - οι
- -	- - - ι

(II)

(2 lines.)

ΔΓ⊢[IIII	Νεάπολις]
	ἀπ' [Ἀθενο͂ν]
H	Μυρι[ναῖοι]

H	Ἕσσιοι
ΔΓ⊢IIII	Διοσιρῖται
ΔΔΔ⊢⊢⊢II	Νοτιε͂ς
ΔΔΔΔ⊢IIII	Κασολαβε͂ς
HΔΔΔΔΓ	Κεβρένιοι ΔΔΔ -
ΔΔΔ⊢⊢⊢II	Νεάνδρεια
HHH	Φασελῖται
𐅄	Θερμαῖοι
	ἐν (Ἰ)κάροι
[ΔΔ]ΔΓ	Χαλκέτ[ορες]
- -	[Κ]υλλ[άνδιοι]

6. *C. I. A.* i. 231. Year 6. *Ol.* 82. 4. (B.C. 449.)

Letters B N/V PΣΦ

[Ἐπὶ] τε͂[ς ἀρχε͂ς τε͂ς ἕκτες, ἧ]ει Μενέτ[ιμο]ς ἐγρα[μμάτ]ευε Λαμ[πτρεύς].

(I)

[ΔΓ⊢I]III	Ναρ[ισβα]ρ[ε͂ς]
[- - ⊢]⊢⊢II	Τε[νέδι]οι
[Γ⊢⊢⊢]II	Γε[ντ]ίνιοι
[ΔΓ]⊢IIII	Σ[ταγ]ιρῖτα[ι]
- -	[Κερα]με͂ς
- -	[Καμιρ]ε͂ς
- -	[Ἁλικαρνάσσιοι]
- -	[Μυριναῖοι]
- -	[Μεκυπερναῖοι]
[ΔΔΔ]⊢⊢⊢II	[Πλαγαρε͂ς]
- -	[Πεδασε͂ς]
[𐅅]HHHH	[Κυμαῖοι]
[Δ]Γ⊢IIII	[Πιταναῖοι]

ΔΓ⊢IIII	[Γ]ρυ[νειε͂ς]
[H]HH	Χε[ρρονέσιοι]
ΔΓ⊢II[II]	Πύ[ρνιοι]
ΔΓ⊢III[I]	Νε[άπολις]
HH	Κ[υλλάντιοι]
[Δ]ΔΔ⊢⊢⊢II	Κ[υρβισσε͂ς]
[Δ]ΔΔ⊢⊢⊢II	Χ[ῖοι]
[H]HH	Ἀφ[υταῖο]ι
- -	Συ[αγγελ]ε͂ς
- -	Τ[ερμε]ρε͂ς
[𐅄Δ]Γ⊢IIII	Ἰ[δυμ]ε͂ς
- -	[Μαρ]ονῖτα[ι]
- -	[Θερ]μαῖοι
- -	[Οἰναῖ]ο[ι]

(14 lines.)

- -	Λ[εφσίμανδοι]
- -	Αἰ[γινε͂ται]
- -	Κα[σολαβε͂ς]

(Vacat.)

(II)

(6 lines.)

7	- -	- - - - οι

(20 lines.)

28	- -	- - - οι

- -	[Καλχεδόν]ιοι
- -	[Σελυμβρ]ιανοί
- -	['Ερυθραῖ]οι
- -	['Ο]ὗτο[ι ἀπ' αὐτο͂ν 'υπὲρ]
	[Π]ολιχναίον κα[ὶ 'υ]πὲρ '[ε]αυτο͂ν'
	[Σ]ιδόσιοι Βουθ[ειε͂ς 'Ε]λαιόσιοι
	Πτελεό[σ]ιοι
- -	Σίγ(γ)ιοι
[ΔΓ]⊦IIII	Παρπαρι[ο͂τα]ι
[Δ]Γ⊦IIII	Σκαφσαῖο[ι]
Γ⊦⊦⊦II	Σερμε͂ς
[Δ]ΔΓ	'Ικιοι
ΔΓ⊦IIII	Σιγειε͂[ς]
Γ	'Αρπ[αγιανοί]
[H]HH	Πεπα[ρέθιοι]

(Vacat unius versus spatium.)

(III)

Γ⊦⊦⊦II	Ναχσιᾶτα[ι]
Γ⊦⊦⊦II	Θασ(θ)αρε͂ς
ΔΔΓ	Μυδόνες
𐅄	Τελάνδριοι
ΔΓ⊦IIII	Καρβασυανδ[ε͂ς]
Γ⊦⊦⊦II	Οὐλιᾶται
ΔΔΔ⊦⊦⊦II	Κρυε͂ς
ΔΓ⊦IIII	Φαρβέλιοι
Γ⊦⊦⊦II	Μύνδιοι
X	[Λί]νδιοι
- -	. . . . ε͂]ς
HH[H]	- - - -
ΔΓ⊦IIII	Κ - - -
Γ⊦IIII	Κυ - - -
ΔΓ⊦IIII	Διο[σιρῖται]
ΔΔΔΓ	Χαλκ[έτορες]
ΔΔΓ	'Ολοφ[ύχσιοι]
H𐅄	Κλα[ζομένιοι]
XHHHH	'Α[βδερῖται]
H𐅄	Καλύδ[νιοι]
ΔΔΔ[⊦⊦⊦II]	Νοτιε͂[ς]
𐅄Δ[ΔΓ]	Γαργαρ[ε͂ς]
HH[H]	Φασελῖ[ται]
H	Διε͂ς
𐅅	Κνίδ[ιοι]
HH	Σπαρ[τόλιοι]
- -	[Σ]τ[ρεφσαῖοι]
- -	- - - -
Δ -	- - - -
ΔΓ -	- - - -
H -	- - - -

ΔΔΔ -	- - - - ι
ΔΔΓ	- - - - ι
HHH	[Σερβυλιε͂ς]
𐅄	[Σκαβλαῖοι]
X𐅅	[Μενδαῖοι]
HHH	- - - -
𐅅	- - - -
HH	- - - -

(IV)

𐅄Δ]ΔΔ⊦⊦⊦II	Στόλι[οι]
[Γ⊦⊦]⊦II	'Εδρόλ[ιοι]
- -	Ρεναιε͂ς
- -	Πριαπε͂ς
- -	'Εστιαιε͂[ς]
- -	[Π]αλαιπερκ[ό]σιοι

-	Γαλέφσιο[ι]
- -	Φοκ[αι]ε̂ς
- - Ͱ	Κο̂ιοι
[ΔΓͰΙΙ,ΙΙ	Βαργυλι[ε̂ς]
- -	Σαμοθρα̂ι[κες]
Δ[ΔΔΔ]	Ἀσσερι̂ται
𐅄	[Δ]ίκαια παρ' Ἄβδ[ερ]α
ΔΔΔͰ[ͰͰΙΙ	Δι]ε̂ς
ΔΓ[ͰΙΙΙΙ	Εὐ]ρυμαχι̂ται
- -	[Βρυ]κόντιοι

(15 lines.)

Γ -	- - - -
ΔΓ -	- - - -
ΔΓͰ[ΙΙΙΙ]	- - - -
ΔΔ	Ὑ[- - -]
H	Ὑ[δισσε̂ς]
HHH	[Αἰραι̂οι]
[X]𐅅HΔΔ	[Πάριοι]

(3 lines.)

(V)

H	Σερί[φιοι]
𐅄ΔΔΔΓͰΙΙΙΙ	Λαμ[φσακενοί]
𐅄	Αἰγά[ντιοι]

HHH	Τένι[οι]
𐅅H	Τέιο[ι]
𐅅H	Ἄν[δρ]ιοι
- -	Μυκόνιοι
[HHΔΔΔ]ΔΓͰ	Θάσιοι
- - ΙΙΙ	Ἀβυδενοί
- H	Ἐρετριε̂ς
[ΔΓͰΙ]ΙΙΙ	Βρ[υ]υχειε̂ς
H[HH	Κύθν]ιοι
ΔΓͰ[ΙΙΙΙ	Διδ]υμοτεχ[ι̂ται]
ΔͰͰͰ[Ͱ	Ἰα̂τα]ι
𐅅H[H]𐅄ΔΔΔΔΙΙΙΙ	[Σκιο]ναι̂οι
Δ[Δ]ΔΔΓͰ	[Δαρδ]ανε̂ς
- -	Π[ρι]ανε̂ς
- -	Σ[τ]υρε̂ς
ΔΔΔ[Ͱ]ͰͰΙΙ	Ἀθεναι̂οι
Δ[ΓͰ]ΙΙΙΙ	Β[ε]ρύσιοι
- -	Βυζάντιοι
X	Χαλκιδε̂ς
𐅄	Νεοπολι̂ται
[ΔΓ]ͰΙΙΙ[Ι	Λ]α[μ]πόνεια
- -	[Παισ]ενοί
- -	[Περκό]τε
- -	- - - οι
- -	- - - -

This list follows the same order as that of year 8.

7. *C. I. A.* i. 232. Year 7. *Ol.* 83. 1. (B.C. 448.)

Letters N/V ≶Φ

. . . . ρ - - - - - -

. . . . χ - - - - - -

. . ἐ]γρ[αμμάτευε ? - -

εσ . υ - - - - - -

α Ἑ[λλενοταμι - ?

(I)

(12 lines.)

- -	[Λεφσ]ιμα[νδε̂ς]
- -	[Κα]σολαβ[ε̂ς]

- -	. τολι . ον
- -	[Πο]λιχνι̂ται
- -	[Σί]γγιοι
- -	[Κυ]μαι̂οι

(II)	
- -	Ἁιραῖοι
- -	Νεοπολῖται
- -	Ὀλ[ύ]νθιοι
- -	[Μ]εκυβερναῖ.
- -	[Σερμ]υλιε̃ς
- -	[Γαλέφ]σιοι
- -	[Δικαιοπ]ολῖ .
- -	- - - ειτ -
- -	- - - ο -
(3 lines.)	

(III)	
𐅄ΔΓͰIIII	Πελειᾶτα[ι]
-	Λά[τ]μιοι
Η	Παριανοί
Ͱ[IIII]	Βουθειε̃[ς]
Χ𐅅ΗΗ[Η]	Χερρονε[σῖται]
ΗΗ	Πεδασε̃ς
Η	Πρι[α]νε̃ς
Η	[Κι]νδυε̃ς
ΔΓ[Ͱ]IIII	[Β]αργυλ[ιε̃ς]
ΔΓͰIIII	[Ἰ]δυμε̃[ς]
(Vacat.)	

Col. I vs. 3 b : [Π]τολ[ε]όν Koehler, for Πτελεόν ?

8. *C. I. A.* i. 233. Year 8. *Ol.* 83. 2. (B.C. 447.)

Letters BB ΛPSΦ

[Ἐ]πὶ τε̃ς ἀ[ρχε̃ς τε̃ς ὀγδόες,]
[ℎ]ε̃ι Διόδ[. . ος ἐγραμμάτευε]
[Π]αιονί[δες].

(I)	
[ΔΓ]ͰIIII	Ναρισ[βαρε̃ς]
[Η]Η𐅄ΔΔΔ	Τενέδ[ιοι]
[Δ]ΓͰIIII	Σταγ[ιρῖ]ται
Γ[ͰͰ]ͰII	Γεντ[ίν]ιοι
Η[𐅄]	Κεραμ[ε̃]ς
ΗΗΗΗ	Καμι[ρε̃]ς
ΗΗ	Ἁλι[κ]αρνάσσιοι
Η	Μυριναῖοι
Η	Μεκυ[βε]ρναῖοι
[Δ]Δ[Δ]ͰͰͰII	Πλαγα[ρ]ε̃ς
Η	Πεδα[σε̃]ς
[𐅅]ΗΗΗΗ	Κυμαῖοι
[Δ]ΓͰIII[I]	Π]ιτα[ναῖ]οι
[Δ]ΓͰIIII	Γρυν[ει]ε̃ς
ΗΗΗ	Χερρον[έ]σιο[ι]
[Δ]ΓͰIIII	Πύρν[ι]οι
[Δ]ΓͰI[III]	Νεάπολις
Η[Η]	Κυλάντιοι

(II)	
[Δ]Δ[ΔͰ]ͰͰII	Κυρβισε̃ς
[Δ]Δ[Δ]ͰͰͰII	Χῖο[ι]
ΗΗΗ	Ἀφυ[τ]αῖοι
Η	Συ[αγγ]ελε̃ς
- -	[Τερμ]ερε̃ς
- -	[Ἰδυμ]ε̃ς
- -	[Μαρ]ονῖται
- -	[Θερμαῖ]οι
- -	[Οἰναῖ]οι
- -	- - - - ται
- -	- - - - ι
(3 lines lost.)	
- -	- - - - οι
- -	[Δικαι]οπολῖται
	[Ἐρετρ]ιω̃ν ἄποικοι
- -	- - - οι
- -	- - - οι
- -	- - - - ε̃ς
- -	[Λεφσίμ]ανδοι

	- -	[Αἰγινε͂]ται
	- -	[Κασολαβ]ε͂ς

(About 20 lines lost.)

	- -	- - καὶ συντ]ελ .

(7 lines lost.)

	- -	[Καλχε]δ[ό]νιοι
10 b	- -	[Σελυ]μβριανοί
	- -	[Ἐρυθ]ραῖοι
		[Οὗ]τοι ἀπ' [αὐτ]ο͂ν·
	- -	[Πο]λιχναῖο[ι]
	- -	[Σι]δόσιοι
15 b	- -	[Β]ουθειε͂ς
	- -	[Ἐλ]αιόσιοι
	- -	[Π]τελεόσιο[ι]
	- -	[Σ]ίνγ[ι]οι
	- -	[Π]αρπαρι[ο͂ται]
20 b	- -	[Σ]καφσα[ῖοι]
	- -	[Σ]ερμε͂[ς]
	[ΔΔ]Γ	Ἴκιο[ι]
	[ΔΓͰIII]I	Σιγ[ειε͂ς]

(6 lines lost.)

(A few lines lost.)

	- -	[Ἀζει]οί
	- -	[Σκα]φσα[ῖοι]
	- -	[Χ]ερ[ρ]ον[εσῖται]
	- -	Κῷοι
5 c	[ΔΔΔΔΓͰ]ͰͰ	Βεργαῖ[οι]
	𐅄ͰͰͰͰ	Θάσιοι
	𐅄ΔΔͰͰ	Κυζικε[νοί]
	ΔΔΔΓͰͰ	Ἐφαισσ[τιε͂ς]
	ΔΔΔͰͰͰII	Λιμν(α)ῖο[ι]
10 c	[.]ΔIIII	Ἀβυδεν[οί]
	𐅄ͰͰͰͰ	Δαρδα[νε͂ς]
	𐅄	Ἐλαιό[σι]οι
	ͰͰͰͰ	Σιγε[ιε͂ς]
	𐅄ͰͰͰͰ	Τενέδιοι
15 c	ΗΗΗΗ𐅄	Βυζάντιοι ΔΔΔ
	ΗΗΗ𐅄ΔΔ	Βυζ[ά]ντιοι ΔΔΓͰͰII
	Η	Ἐς . ιον(α) Ἀβδερι .
	. ΔΔΔ .	[Αἴν]ιοι ͰͰIIIC
	- -	- - - οι
20 c	- -	Μι[λέσ]ιοι
	- -	Λάτ[μι]οι
	- -	Μυέ[σσιοι]
	[𐅅]ΗΗ𐅄	Ἐφέσ[ιοι]
	Η	Ἰασε͂ς
25 c	Η	Κινδυ[ε͂ς]

(Space for four lines.)

(II)

	- -	[. . . άν]δριοι
5	- -	[Μαραθέ]σιοι
	- -	- - - -
	ΔΓͰ[IIII	- - - -
	ΓͰͰͰ[II	- - - -
	ΗΗΗ	- - - -
10	Δ -	- - - -
	ΔΓͰI[III	Κ] - - -
	ΓͰII[II	Κυ] - - -
	ΔΓͰI[III	Διοσιρῖται]
	ΔΔΔΓ	[Χαλκέτορες]

(4 lines lost.)

19	ΔΔ[ΔͰͰͰII	Νοτιε͂ς]

(3 lines lost.)

	𐅄	- - - -
	ΗΗ	[Σπαρτόλιοι]
25	Η	Σ[τρεφσαῖοι]
	𐅄	Κ[αύνιοι]
	Χ	Ἰελ[ύσιοι]
	ΗΗ	Ἀστ[υπαλαιε͂ς]
	ΗΗΗ	Σερβυ[λιε͂ς]
30	𐅄	Σκαβλ[αῖοι]
	Χ𐅅	Μενδα[ῖοι]
	𐅄ΔΔΔͰͰͰII	Στόλιο[ι]

Γ⊦⊦[⊦]ΙΙ	Ἑδρό[λιοι]
Γ.	Ρενα[ιε̂ς]
Γ⊦⊦⊦ΙΙ	Π[ρ]ι[απε̂ς]
ΔΓ⊦ΙΙ	Ἑσ[τιαιε̂ς]
ΗΗΗ𐅄Γ⊦	Κο̂ι[οι]
ΗΗ	Φοκα[ιε̂ς]
Γ⊦⊦⊦ΙΙ	Παλαιπερκ[όσιοι]
ΗΔΔ	Γαλέφσιο[ι]
𐅄ΔΓ⊦[ΙΙΙΙ]	Βαργυλιε̂[ς]
𐅅Η	[Σ]αμοθρα̂ικ[ες]
ΔΔΔΔ	Ἀ[σ]σερι̂τα[ι]
𐅄	Δ[ί]καια
ΔΔΔ⊦⊦⊦ΙΙ	Δ[ιε̂]ς
ΔΓ⊦ΙΙΙΙ	Εὐ[ρ]υμαχ[ι̂ται]
Γ⊦⊦⊦ΙΙ	Βρ[υκόντιοι]
[Δ]Γ⊦ΙΙΙΙ	Κι[ανοί]

(About 16 lines lost.)

Δ - -	- - - -
ΔΓ⊦ΙΙΙΙ	- - - -
ΔΔ	Ὑ - - -
Η	Ὑδι[σσε̂ς]
ΗΗΗ	Ἁιρ[αι̂οι]
ΔΓ⊦ΙΙΙΙ	Δαμνιο[τειχι̂ται]
Χ𐅅ΗΔΔ	Πάρ[ιοι]
𐅅Η𐅄ΔΓ⊦ΙΙΙΙ	Νάχ[σιοι]
𐅅	Καρ[ύστιοι]
ΗΗΗΗ	Κει̂[οι]
Η	Σερ[ίφιοι]
𐅄Δ	Λαμ[φσακενοί]
- -	Περ[γ]α - -
𐅄	Αἰγ[άντιοι]
[ΗΗ]Η	Τέ[νιοι]

- -	Τέ[ιοι]
- -	Ἄν[δριοι]
- -	[Μυκόνιοι]
- -	[Θάσι]ο[ι]
- -	[Ἀβυ]δενοί
- -	[Ἐρε]τριε̂ς
- -	[Βρ]υγχειε̂[ς]
- -	[Κύθ]νιοι
- -	[Σκι]οναι̂οι
- -	[Ἰα̂τ]αι
- -	[Διδυμοτ]ειχι̂τ[αι]
- -	- - - οι
- -	- - - οι
- -	- - - - ι

(Space for several lines.)

- -	Ἁνα - - -
ΗΗΗΗΓ[⊦]⊦⊦⊦ΙΙ	Τορο[ναι̂οι]
ΔΔΔΓ⊦	Κο̂ιοι
Η	Μαδνασ[ε̂ς]
𐅄	Πελεια̂[ται]
Η	Μυλασε̂ς
ΔΔΔΔ⊦ΙΙΙΙ	Ὑρομε̂ς
Γ⊦⊦⊦ΙΙ	Καρυαν[δ]ε̂[ς]
ΔΔΔΓ⊦	Ἐσς Τένεδο[ν]
ΔΔΔΓ⊦	Ἐ(σ)ς Τένεδον
Δ]ΔΔ⊦⊦⊦ΙΙ	Ἐρυθραι̂οι
- -	Μυριναι̂οι
𐅄Γ	Ἴμβριοι
Η𐅅ΔΔΓ⊦⊦ΙΙ	Ἐφ[αιστιε̂ς]

(Space for 2 lines.)

Similar to the list for year 6, and contains arrears of several states. The numbers on the right of col. I c, vv. 15, 16, 18 relate to interest on sums due. Col. I. vs. 17 c perhaps ἐς [Ἐ]ιόν(α) Ἁβδερι(το̂ν); cf. ἐσς Τένεδον col. II. vs. 20, 21 c. Col. II. vs. 4 Τελάνδριοι or Μαιάνδριοι.

9. *C. I. A.* i. 234. Year 9. *Ol.* 83. 3. (B.C. 446.)

Letters ΒΝΣΦ

(I)

--	...... ο[ι]
--	[᾽Εφέ]σιοι
--	.... ε̃ς
--	.... ε̃ς
--	[Νι]σύριοι
--	[Κλ]αζομένιοι
--	Πυγαλε̃ς
[Δ]Γ⊢IIII	Πιταναῖοι
[𐅄]ΔΓ⊢IIII	Οἰναῖοι ἐχς ᾽Ικάρο
Η𐅄	[Κ]ολοφόνιοι
Η𐅄ΔΔΔ⊢⊢III	Φοκαιε̃ς
Η	῾Αιραῖοι
Η	[Λ]ε[β]έδιοι
Η	Μύρινα παρὰ Κύμε:
𐅅Η	Τέιοι
𐅅ΗΗΗΗ	Κυμαῖοι
ΔΓ⊢IIII	[᾽Ε]λαιέα παρὰ Μύ.
Γ⊢⊢⊢II	Πρίαπος
Γ⊢⊢⊢II	Παλαιπερκόσιο[ι]
Γ⊢⊢⊢II	Γεντίνιοι
ΔΓ⊢IIII	Περκότε
Γ⊢⊢⊢II	Τυρόδιζα
ΔΓ⊢IIII	Δαμνιοτε[ιχ]ῖτα[ι]
ΔΓ⊢IIII	Διδυμοτ[ειχῖται]
ΔΓ⊢IIII	Βερύ[σιοι]
ΔΓ⊢IIII	Λα[μπονειε̃ς]
ΔΓ⊢IIII	Π[αισενοί]
ΔΔΔ⊢⊢⊢II	Ν[εάνδρεια]

(6 lines lost.)

(II)

--	----
--	. . εγ - -
--	[Μ]ενδ[αῖοι]
--	Νεάπολ[ις]
ΔΓ⊢IIII	Σκαφσα[ῖοι]
ΔΓ⊢IIII	Σκιάθ[ιοι]
ΔΔΓ	῞Ικιοι
ΔΔΔ⊢⊢⊢II	᾽Ολοφύ[χσιοι]
ΔΔΔ⊢⊢⊢II	Δίκα[ια
	πα[ρ᾽ ῎Αβδερα]
ΔΓ⊢IIII	[Σταγιρῖται]
Η	[Θύ]σ[σιοι]
Η	Διε̃ς (ἐ)[κ τõ ῎Αθο ?]
Η	Στρεφσ[αῖοι]
Η𐅄	Γαλέφσ[ιοι]
𐅄	Νεοπολ[ῖται]
ΔΔΔ⊢⊢⊢II	Αἰγάντ[ιοι]
Η𐅄	Μαρονῖ[ται]
[𐅄]ΔΓ⊢IIII	Σαναῖο[ι]
ΗΗ	Βοττια[ῖοι]
ΗΗΗ	Πεπα[ρέθιοι]
ΗΗ	[Σί]νγι[οι]
Η	᾽Αφυταῖ[οι]
[𐅄ΔΓ⊢]IIII	Μεκυβερν[αῖοι]
--	᾽Ολύνθιοι
[ΔΔΔ]⊢⊢⊢II	Σκαβλαῖοι
[Δ]ΔΔΔ	῾Ασσερῖται
--	Δίκαια ᾽Ερετρι.
𐅅Η	Τοροναῖοι
ΗΗΗ	᾽Ακάνθιοι
Η	᾽Αργίλιοι
𐅅Η	Σκιοναῖοι
ΔΓ⊢IIII	Θραμβαῖοι
ΔΓ⊢IIII	Φεγέτιοι
ΗΗΗ	Αἰνεᾶται

(III)

(20 lines lost.)

--	Μυδό[νες]
[Δ]Γ⊢IIII	Π[α]ρπα[ριõται]

- -	Συα[ν]γελ[ε̂ς]
	καὶ Ἀμυνα[νδε̂ς]
- -	Κεδριᾶται
Δ[Δ]ΔΗΗΗΙΙ	Κρυε̂ς
Δ[ΓΗ]ΙΙΙΙ	[Ἐ]ρ[ι]ν[ε̂]ς
Δ[ΔΔΗΗΗΙΙ	Κυρ]βισσός
Γ -	- - - -

(3 lines lost.)

Η	[Τ]ελεμέσσ[ιοι]
Χ	Λύκιοι καὶ συν.

(IV)

(26 lines.)

Η -	- - - -
ΧΓ^Η -	- - - -

(V)

(14 lines.)

- -	[ʽ]Ἔσσιοι (?)
- -	[Λ]άτμιοι
- -	[Λο]ρυμ[ε̂]ς
- -	[Μυ]λασε̂ς
- -	[Ἰ]ασε̂[ς ?]
- -	[Καρ]υανδε̂ς
- -	[Πασαν]δε̂ς
- -	[Π]ελ[ειᾶτ]αι
- -	[Π]ριαν[ε̂ς]
- -	[Ἀ]ρτακε[νοί]
- -	[Π]ροκον[νέσιοι]
- -	[Ἀ]λοποκονν[έσιοι]
- -	[Ἴ]μβριοι
- -	[Ἐ]λαιόσιοι
- -	[Π]αριανοί
- -	[Σ]ύριοι
- -	[Λ]ιμναῖοι
- -	[Σ]έστιοι
- -	[Μ]υέ[σ]σι[ο]ι

(Vacat.)

Frg. 63 of uncertain position.

- -	Ἀσ[τυ]ρ[ενοί]
- -	Μιλέσ[ιοι]
- -	Καύνι[οι]
- -	Πολιχ[ναῖοι]
- -	Σιδό[σιοι]

10. *C. I. A.* i. 235 and iv. p. 71. Year 10. *Ol.* 83. 4. (B.C. 445.)

Letters ΒΡΣ

[Ἐπὶ τε̂ς ἀρχ]ε̂ς τε̂ς δε[κάτ]ες, ʽε̂ι Εὐ . [- - - - ἐγραμμάτευε].

(I)

(7 lines.)

- -	[Μι]λ[έσιοι]
- -	Ἐρυ[θραῖοι]
.	ʽΟῦ[τοι ἀπ' αὐτο̂ν·]
Η	Πο[λιχναῖοι]
[Η]	Σι[δόσιοι]
Δ	Β[ουθειε̂ς]
ΔΓ	Ἐ[λαιόσιοι]
Η -	- - -

(2 lines.)

- -	. . . . οι
- -	. . . . οι
- -	[Γεντ]ίνιοι
- -	[Νεά]νδρεια
- -	[Π]αισενοί
- -	[Π]αλαιπερκόσι.
- -	Σιγειε̂ς
- -	ʽΑρπάγιοι
- -	Δαρδανε̂ς
[ΓΗΗΗ]ΙΙ	Πρίαπος
- -	Σελυμβριανοί

[ΔΓ]⊢IIII	Κιανοί
[Δ]Γ⊢IIII	Λαμπόνεια
[Η]ΗΗ𐅄	Τενέδιοι
[Γ]⊢⊢⊢II	Τυρόδιζ[α]
[ΔΓ]⊢IIII	Περκό[τε]
[Δ]Γ⊢IIII	Δαυ[νιοτειχῖται]
[ΔΓ]⊢IIII	Ἀσ[τακενοί]

(II)

𐅅ΗΗΗΗ	Χαλ[κεδόνιοι]
ΗΗΗΗΓΙC	Ἀβυ[δεν]οί
𐅅Η	Ποτ[είδ]αια
Η	Ἀργ[ίλι]οι
[Η]ΗΗ	Ἀκά[νθιο]ι
[Δ]Γ⊢IIII	Σταγ[ιρῖ]ται
[Γ]⊢⊢⊢II	- - - -

(7 lines.)

- -	Δι - - -
ΔΔΔ⊢⊢⊢II	Αἰγ[άντιοι]
ΗΗ	Σπαρ[τόλιοι]
Γ⊢⊢⊢II	Σερμ[ε͂ς]
ΗΗ	Σίνγ[ιοι]
Η𐅄	Μαρο[νῖτ]αι
𐅅Η	Σαμο[θ]ρᾶ[ι]κες
𐅅Η	Σκ[ιο]ναῖ[ο]ι
Χ𐅅	Ἀ[β]δερῖτ[α]ι
Η	Ἀ[φ]υταῖοι
ΔΔΔ⊢⊢⊢II	Δίκαια παρ' Ἄβδ.
𐅅	Σερμυλιε͂ς κα[ὶ] συν.
𐅄ΔΓ[⊢II]II	Στόλιοι
ΔΓ[⊢III]I	Φεγόντιοι
- -	[Ἀσσερῖτ]αι
- -	[Νεάπο]λις
- -	[Σκαφ]σαῖοι
- -	[Στρ]εφσαῖοι
- -	[Φαρ]βέλιοι
- -	[Σαν]αῖοι

(III)

Χ	Αἴνιοι
𐅄ΔΓ⊢IIII	Μεκυπ[ερναῖοι]
[Η]	Θύσσι[οι]
ΔΓ[⊢]IIII	Νεάπ[ολις]
ΔΓ[⊢]IIII	Θρα[μβαῖοι]
ΔΓ[⊢IIII]	- - - -
- -	- - - -

(7 lines.)

(6 lines.)

⊢IIII	Πε[διε͂ς]
𐅅Η	Λίνδι[οι]
ΔΔΔ⊢⊢⊢II	Χαλκε[ιᾶται]
ΔΓ⊢IIII	Καρπ[άθιοι]
𐅄	Κεδρ[ιᾶται]
𐅄	[Π]α[σανδε͂ς ?]
Η𐅄	Καλ[ύδνιοι]
Δ[Γ⊢]IIII	Βαργ[υ]λι[ε͂ς]
Δ[Γ⊢]IIII	Λεφσιμανδε͂[ς]
Γ[⊢⊢]⊢II	Ναχσία παρὰ Μ[. . . .]
Η	Συανγελε͂ς
Δ	Ἄρλισσος
Δ[Γ]⊢IIII	Κοδαπε͂ς
Γ[⊢]⊢⊢II	Παργασε͂ς

(IV)

(7 lines.)

(7 lines.)

(11 lines.)

- -	[Νάχ]σιοι
- -	[Τέ]νιοι
- -	Ἰε͂ται
- -	Ἀθε͂ναι Διάδ[ες]
- -	Σερίφιοι
- -	Μυριναῖοι

- Δ⊢	Ἐφαιστιε̂[ς]
- -	Ἐλαιόσιοι
- -	Σέστιοι

(V)

(7 lines.)

(7 lines.)

(2 lines.)

- III	- - - -
- -	Ἐφέσ[ιοι]
- -	Λάτμιοι
- ⊢IIII	Μαιάνδριοι

[ΔΓ]⊢IIII	Παρπαριο̂ται
[ΔΔ]ΔΔ⊢IIII	Ὑρομε̂ς
- -	Ἰασε̂ς
- -	Μαδνασε̂ς
- -	Πελειâται
- -	Κεράμιοι
[Η𐅄ΔΓ]⊢IIII	Ἁλικαρνάσσιο[ι]
[ΔΔΔ⊢]⊢⊢II	Ἰδυμε̂ς
[ΔΔΔ⊢]⊢⊢II	Κυρβισσός
Γ[⊢⊢⊢]II	Μύνδιοι
ΔΔΔ[Γ]	Χαλκέτορες
𐅄ΔΔΔΓ[⊢I]III	Μυλασε̂ς

(Vacat.)

11. *C. I. A.* i. 236. Year 11. *Ol.* 84. 1. (B.C. 444.)

[Ἐ]π[ὶ τε̂ς ἀρχε̂ς τε̂ς ἑνδ]εκάτες, ἑ̂ι Στρόμ[βιχος Χο]λλείδες ἐγ[ραμ]μάτευε.

(I)

(20 lines.)

[𐅅]Η	Τ[έιοι]
[𐅅]Η	Ἐφέ[σιοι]
𐅅ΗΗΗΗ	Κυμαι̂[οι]
𐅄ΔΓ⊢IIII	Πολιχ[ναι̂οι]
⊢IIII	Ἐλαιό[σιοι]
Γ⊢⊢⊢II	Ἀστυρ[ενοί]
Γ⊢⊢⊢II	Παλαιπ[ερκόσιοι]
Γ⊢⊢⊢II	Γ[ε]ντίνιοι
ΔΓ⊢IIII	Π[ε]ρκό[τε]
- -	Δ - - - -

(12 lines.)

(II)

- -	- - ιανοί
- -	- - ινε̂ς

(7 lines.)

- -	- - - οι
- -	- - - ι
- -	- - ιανοί
- -	- - - οι
- -	- - - οι
- -	- - - νοί

(4 lines.)

(10 lines.)

(9 lines.)

- -	- - - ιανοί
- -	- - - -
- -	- - - - οι

(III)

- -	Δίκαια Ἐ[ρετριο̂ν]
- -	Τορ[οναι̂οι]
ΗΗΗ	Ἀκά[ν]θιοι
𐅅	Μ[εν]δαι̂ο[ι]
Η	Ἀργίλιοι
[𐅅]Η	Σκιοναι̂[οι]
ΔΓ⊢IIII	Θραμβαι̂[οι]
ΔΓ⊢IIII	Φεγέντ[ιοι]
ΗΗΗ	Αἰνιâτα[ι]

𐅅 Σερμυλι[ε͂ς]
𐅅Η Σαμοθρᾶικ[ες]
Χ Αἴνιοι
𐅅Η Ποτειδαι[ᾶται]
ΧΧΧ Θάσιοι
ΔΔΓ Αἰσονε͂ς
ΓͰͰͰΙΙ Σερμε͂ς
ΓͰͰ[ͰΙΙ] Μύνδι[οι]
- - Α[ὐ]λι[ε͂ται]
- - Καρβ[ασυανδε͂ς]

(10 lines.)

(3 lines.)

- - - - - - ι

(3 lines.)

- - - - - - οι
- - - - - - ι
- - - - - -
𐅄[ΔΓͰΙΙΙΙ Μ]εκυπερ[ν]α[ῖ]οι
Δ[ΓͰΙΙΙ]Ι Λαμπόνε[ι]α.

(IV)

(20 lines.)

(10 lines.)

(2 lines.)

ΗΗ - - - -
𐅄 - - - -

𐅄 Ἀ - - -
ΓͰͰͰΙΙ Κα[ρυανδε͂ς]
ΔΓͰΙΙΙΙ Λε[φσιμανδε͂ς]
Η Λάτ[μιοι]
ΔΔΓ Μυδ[όνες]
𐅄 Κεδρ[ιε͂ται]
ΔΔΔͰͰͰΙΙ Κρυε͂[ς]
ΔΓͰΙΙΙΙ Ἐρινε͂[ς]

(V)

- - - - - - ριοι
- - - - - - ι

(18 lines.)

(10 lines.)

- - - - - ο[ι]
ΗΗ - - - ιοι
ΗΗΗΗ [Κεῖ]οι
ΗΗΗ Σί[φ]νιοι
ΗΗΗ Κύθνιοι
Η Στυρε͂ς
𐅄ΔΓͰΙΙΙΙ Ἀθε͂ναι Διάδες
ΔΓͰΙΙΙΙ Γρυνχε͂ς
ΗΗΗ Ἐφαιστιε͂ς
Η𐅄 Μυριναῖοι
- - Σερίφιοι

(Vac.)

V. 2 Μαιάνδριοι or Τελάνδριοι ?

Fragments of uncertain position.

Frg. 72, 73.

(I)

(7 lines.)

- - [Πτελεόσιοι Ἐ]ρυθ.
- - [Σιδόσιοι Ἐρυθ]ραί.
- - [Βουθειε͂ς Ἐρυθρα]ί.

(2 lines.)

(II)

[ΔΓͰΙΙ]ΙΙ Σκαφσ[αῖοι]
[ΔΓͰΙ]ΙΙΙ Σκιάθιοι
[Δ]ΔΓ Ἴκιοι
ΔΔΔͰͰͰΙΙ Ὀλοφύχσιοι
ΔΓͰΙΙΙΙ Φάρβελος
ΔΓͰΙΙΙΙ Σταγιρῖται
Η Θύσσιοι

𐅅HH	'Ερυθραῖοι
ΔΓ⊢IIII	'Ελαία παρὰ Μύρι .
ΔΔΔ⊢⊢⊢II	'Αρτακενοί
- -	Κιανοί
- -	[Δ]αρδανε̂ς

(III)

(2 lines.)

Γ⊢⊢[⊢II]	- - - -
ΔΓ⊢III[I]	Πύρν[ιοι]
H	Στρεφ[σαῖοι]
𐅄	Νεοπολ[ῖται]
ΔΔΔ⊢⊢[⊢]II	Αἰγά[ντιοι]
H𐅄	Μ[αρονῖται]
[𐅄ΔΓ⊢]IIII	- - - -

(3 lines.)

Frg. 71.

- -	[Προκ]ο[ννέ]σιο[ι]
- -	[Τεν]έδιοι
- -	['Αβυ]δενοί
- -	[Καλ]χεδόνιο[ι]
- -	[Χερ]ρονεσῖτ[αι]
- -	['Αλ]οπεκονν[έσιοι]
- -	[Σέ]στιοι
- -	[Μα]δύτιοι
- -	['Ελ]αιό[σιοι]

Frg. 69 a (*C. I. A.* iv. p. 72).

. . . . ε̂ς
. . . . ται
. . . . οι
. . . . . ι
. . . . . ς
[Μαιάνδ ?]ριοι *vel*
[Τελάνδ]ριοι
. . . . . αι
. . . . . ται
. . . . . . ς
. . . . ς

12. *C. I. A.* i. 237. Hicks no. 30. Year 12. *Ol.* 84. 2. (B.C. 443.)

['Επὶ τε̂ς ἀρχε̂ς τε̂ς δο]δεκά[τ]ες, ἑι [Σ]οφιά[δε]ς ἐγρα[μμάτ]ευε 'Ελευσίνι.

(I)

['Ιονικο̂ φόρο]

(18 lines.)

- -	['Ερυθραῖ]οι
- -	[Βουθειε̂ς]
- -	[Πολιχνῖ]ται
- -	[Πτελεόσι]οι
- -	['Ελαιόσιοι]
- -	[Σιδόσιοι]
- -	[Μυ]έ[σσιοι]
- -	Πριενε̂[ς]
- -	Πυγελε̂ς
[ΔΓ⊢]IIII	'Ισίνδιοι
[𐅅]H	'Εφέσιοι
H𐅄	Κλαζομένιοι
𐅅	Μιλέσιοι

'Ελλεσποντίο φόρο

Γ⊢⊢⊢II	Παλαιπερκόσι.

(II)

- -	[Γεντίν]ιοι
- -	[Δαυνι]οτειχῖται
- -	[Διδυμ]οτειχῖται
- -	[Λαμπ]ονειε̂ς
- -	[Δαρ]δανε̂ς
- -	'Αρπαγιανοί
- - ⊢⊢	Τενέδιοι
- -	Σελυμβριανοί
- -	Λαμφσακενοί
[ΔΓ⊢I]III	Σιγε[ιε̂]ς

- ΔΔͰͰIIC	[᾿Αβ]υδενοί
- -	Χαλ[κεδ]όνιοι

(4 lines.)

- -	. . . . . . οι
- -	[Παισε]νοί
ΔΓͰIIII	[Περκό]τε
𐅄	᾿Ελ[αι]όσιοι
HHH	Προκοννέσιοι
𐅅HHHH	Κυζικενοί
ΔΔΔͰͰͰII	᾿Αρτακεν[οί]
X	Περίνθιο[ι]
X𐅅𐅄ΔΔͰIIII	Βυζάντι[οι]

᾿Επὶ Θράικες φόρ[ο]

ΔΓͰIIII	Νεοπολ[ῖτ]αι
ΔΓͰIIII	Σκ[αφσα]ῖοι
[ΔΓ]ͰIIII	Σ[κι]άθιοι
ΔΔΓ	[῎Ικ]ιοι
ΔΔΔͰͰͰII	᾿Ο[λο]φύχσιοι
ΔΓͰ[II]II	Σταγι[ρῖται]
H	Θύσσιοι
H	Διε͂ς ἀπ[ὸ τõ] ῎Αθο

(III)

H	Στρεφσαῖοι
𐅄	Γαλέφσι[οι]
𐅄	Νεοπολῖ[ται]
ΔΔΔͰͰͰII	Αἰγάντιοι
H𐅄	Μαρονει[ε͂]ς
𐅄ΔΓͰIIII	Σαναῖοι
𐅄ΔΓͰIIII	Στόλιοι
HH	Σπαρτόλιοι
HHH	Πεπαρέθιοι
HH	Σίγγιο[ι]
H	᾿Αφυτ[αῖοι]
𐅄ΔΓͰIIII	Με[κυπερναῖοι]
- -	᾿Ο[λύνθιοι]
- -	[Σκαβλαῖοι]
- -	[᾿Ασσ]ε[ρ]ῖ[ται]
- -	[Δί]καια ᾿Ε[ρετρι.]
𐅅H	[Τ]ορονaῖο[ι]
HHH	[᾿Α]κάνθιο[ι]
𐅅[H]HH[H]	Με]νδαῖο[ι]
H	[᾿Αργ]ίλιο[ι]
𐅅H	Σκιο[ναῖοι]
ΔΓͰIIII	Θραμ[βαῖοι]
ΔΓͰIIII	Φεγέτιοι
[HH]H	Αἰνεᾶται
Δ[ΓͰI]III	Φαρβέλιοι
ΔͰͰIIII	᾿Οθόριοι
𐅅	[Σε]ρμυ[λιε͂ς]
𐅅H	Σ[αμοθρᾶικες]
X	Αἴν[ιοι]
𐅅H	Ποτ[ειδιᾶται]
ΔΔΓ	Α[ἰσόνιοι]
- -	- - - -
- -	- - - -

[Καρικõ φ]ό[ρ]ο

(IV)

ΓͰͰͰ[II]	Αὐλιε͂τα[ι]
ΔΓͰIIII	[Κ]αρβασυα[νδε͂ς]
𐅄	Κεδριε͂τα[ι]
ΔΔΔͰͰͰII	[Κρυ]ε͂ς
ΔΔΔͰͰͰII	[Χαλκει]ᾶτα[ι]
𐅄	[Πα]σ[α]νδε͂ς
H	[Κ]λαύνδι[οι]
HHH	Φασελῖται
𐅅[H]	᾿Ιελύσιοι
𐅅H	Καμιρε͂ς
𐅅H	Λίνδιοι
𐅄	Τελάνδριοι
𐅄	Καύνιοι
- -	[Κ]õιοι
- -	[Κι]νδυε͂ς
- -	[᾿Ασ]τυπαλαιε͂ς
- -	[Πεδ]ιε͂ς ἐλ Λίνδοι

- -	[Καρ]πάθιοι
- -	[Κερά]μιοι
- -	[Κνίδ]ιοι
- -	[Καρπ]άθο Ἀρκέσει.
- -	[Ναχσι]ε̃ται
- -	[Πλαγαρε̃]ς

(9 lines.)

ΔΓͰ[ΙΙΙΙ]	- - - -

(V)

- -	[Λ]εφσυανδε̃ς
- -	[Κ]αρυανδ[ε̃ς]
- -	Μαδνάσε̃ς
- -	[Π]ελεα̃τ[αι]
- -	[Μύν]δ[ιοι]
- -	[Καλ]ύδ[νιοι]
- -	[Τερ]μερ[ε̃ς]

(2 lines.)

[Νεσιοτικὸ φόρο]

(3 lines.)

Η	[Μυκόνιοι]
𐅅Η[𐅄ΔΓͰΙΙΙΙ	Νάχσιοι]
ΗΗΗ	- - - -
ΗΗΗ	- - - -
𐅅Η	[Ἄνδριοι]
𐅅	[Καρύστιο]ι
ΔΓͰΙΙΙΙ	[Γρυγχε̃ς ?]
ΗΗΗΗ	[Κεῖοι]
Η	[Σερίφ]ιοι
Χ𐅅Η -	[Πάρ]ιοι
- -	Δ[ι]ε̃ς ἀπὸ Κεναίο
[ΔΔΔͰͰͰ]ΙΙ	Ἀθε̃ναι Διάδες
- -	Ἰ[ε̃]ται
- -	Ρεναῖοι
- -	Στυρε̃ς
- -	[Ἐ]ρετριε̃ς
- -	[Χ]αλκιδε̃ς
- -	[Μ]υριναῖοι
- -	[Ἐ]φαιστιε̃ς
- -	[Ἴμ]βριοι
- -	[Αἰγι]νε̃ται

Σάτυρος Λευκονοεὺς χσυνεγραμ[μάτευε. Σ]ο[φ]οκλ[ε̃]ς Κολο[νε̃θεν Ἑλλενοταμία]ς ε̃ν.

13. *C. I. A.* i. 238. Year 13. *Ol.* 84. 3. (B. C. 442.)

Ἐπὶ τε̃ς τρίτες καὶ δεκάτε[ς] ἀρχε̃ς, [ἑ̃ι Χαλ]κιδεὺς Μελιτεὺ[ς ἐγραμμάτευε. Δ]ο[ρ]ύφιλος Ἰκαριεὺς Ἑλλενοταμίας ε̃ν. Σά[τυρος] Λευκονοιεὺς συνε[γραμμάτευε].

(I)

Ἰονικὸς φόρος

ΓͰͰͰΙΙ	Διοσιρῖται
𐅄	Θερμαῖοι ἐχς Ἰ.
𐅄	Μαραθέσιοι
ΔΓͰΙΙΙΙ	Γρυνειε̃ς
ΔΔΔͰͰͰΙΙ	Νοτιε̃ς
Η	Νισύριοι
𐅄ΔΓͰΙΙΙΙ	Οἰναῖο[ι] Ἰκάρ.
[Η]𐅄	Κολο[φ]όνιοι
ΗΗ	Φοκαιε̃ς
Η	Αἰραιε̃ς
Η	Λεβέδιοι
Η	Μυριναῖοι παρὰ Κ.
[𐅅]Η	Τέιοι
[𐅅Η]ΗΗΗ	Κυμαῖοι
- -	Ἐλα[ιέα παρὰ Μ.]

(5 lines.)

- -	[Πολιχνῖτ]αι
- -	[Πτελεόσιοι]

- -	[Σιδόσι]οι
- -	[Βουθε]ία (?)
- -	[Μυέ]σσιοι
- -	[Π]υγελε͂ς
- -	['Ι]σίνδιοι
- -	Μιλέσιοι
- -	Ἐφέσιοι
- -	Κλαζομένιοι
𐅄ΔΔΓ⊢⊢ΙΙΙΙ	Γαργαρε͂ς

Ἑλλεσπόντιος φόρος

Γ⊢ΙΙΙΙ	Δαυνιοτειχῖ .
ΔΓ⊢ΙΙΙΙ	Διδυμοτειχῖ .
ΔΓ⊢ΙΙΙΙ	Λαμπονειε͂ς

(Vacat.)

(II)

Η	Δα[ρ]δανε͂ς
Γ	Ἁρπαγιανο[ί]
ΗΗ𐅄ΔΔΔΓ[⊢⊢]⊢	Τ[ενέ]διοι
ΧΗΗ	Λαμφσακενο[ί]
ΔΓ⊢ΙΙΙΙ	Σι[γ]ε[ι]ε͂ς
[Η]ΗΗ[Η]	Ἀβυδενοί
𐅅ΗΗΗΗ	Καλχεδό[νιοι]
Γ⊢⊢⊢ΙΙ	Σέστιο[ι]
Γ⊢⊢⊢ΙΙ	Λιμνα[ῖοι]
Γ⊢⊢⊢ΙΙ	Μαδύ[τιοι]
Η	Χερ[ρονεσῖται]
ΔΓ⊢ΙΙΙΙ	Ἀ[γοραῖοι ?]
𐅄	[Ἐλαιόσιοι]
ΔΓ⊢ΙΙΙΙ	- - - -
ΔΔΔ[⊢⊢⊢]ΙΙ	Παρ[ιανοί]
[ΗΗΗ]	Προκ[οννέσιοι]
𐅅ΗΗΗΗ	Κυζικ[ενοί]
ΔΔΔ⊢⊢⊢ΙΙ	Ἀρτακ[ενοί]
Χ	Περίνθ[ιοι]
Χ𐅅𐅄ΔΔ⊢ΙΙΙΙ	Βυζά[ντιοι]
ΔΓ⊢ΙΙΙΙ	Κια[νοί]
ΗΗ	Ἀρι[σβαῖοι]
Γ	Νεάπ[ολις]
Γ⊢ΙΙ[ΙΙ]	Ἀζζε[ιοί]
Γ⊢⊢[⊢ΙΙ]	Πρία[πος]
𐅅	Σελυ[μβριανοί]
Δ[ΔΔ⊢⊢⊢ΙΙ]	Νεά[νδρεια]
- -	- - - -

Ἐπ[ὶ Θράικες φόρος

ΔΓ⊢[ΙΙΙΙ]	- - - -
ΔΓ⊢ΙΙΙΙ	- - - -
ΔΔΓ	[Ἴκιοι]
ΔΔΔ⊢⊢⊢ΙΙ	[Ὀλοφύχσιοι]
ΔΓ⊢ΙΙΙΙ	[Σταγιρῖται]
Η	[Θύσσιοι]
Η	[Διε͂ς ἀπὸ τõ Ἄθο]

(III)

- -	[Στ]ρεφσαῖοι
- -	Γαλέφσιοι
- -	Αἰγάντιοι
[𐅄ΔΓ⊢]ΙΙΙΙ	Σαναῖοι
- -	Μαρονειε͂ς
ΔΓ⊢ΙΙΙΙ	Στόλιοι
ΗΗ	Σπαρτόλιοι
ΗΗΗ	Πεπαρέθιοι
- -	Σίγγιοι
- -	['Α]φυταῖοι
- -	[Μεκ]υπερ[ναῖοι]
- -	['Ολ]ύν[θ]ιοι
- -	[Σ]καβλαῖοι
- -	Ἀσσερῖται
- -	Δίκαια Ἐρετρι .
- -	Τοροναῖοι
- -	Ἀκάνθιοι
- -	Μενδαῖοι
- -	Ἀργίλιοι
- -	Σκιοναῖοι
- -	Φεγέτιοι
- -	Αἰνεᾶται
- -	Φαρβέλιοι

- -	Ὀθόριοι
- -	Σερμυλιε̃ς
- -	[Σαμοθ]ρᾶικες
- -	[Αἴνιοι]
- -	[Ποτειδαι]ᾶται

(7 lines.)

[Καρικὸς φόρος]

(IV)

ΓͰͰͰII	Αὐλιᾶτ[αι]
ΔΓͰI[III]	Καρβασυ[ανδε̃ς]
𐅄	Κεδριᾶται
ΔΔΔͰͰͰII	Κρυε̃ς
ΔΔΔͰͰͰII	Χαλκειᾶται
𐅄	Πασανδε̃ς
H	Κλα[υνδε̃ς]
HHH	[Φασελῖται]
𐅅	[Ἰελύσιοι]

(5 lines.)

H[𐅄	Ἀστυπαλαιε̃ς]
ͰIIII	[Πεδιε̃ς ἐλ Λίνδοι]
ΔΓͰ[IIII	Καρπάθιοι]
H𐅄	[Κεράμιοι]
HHH	[Κνίδιοι]
ΔΓͰIIII	[Καρπάθο Ἀρκέσει.]
ΓͰͰͰII	Ν[αχσιε̃ται]
[Δ]ΔΔͰͰͰII	Πλα[γαρε̃ς]

𐅅H	Λίνδιοι
H𐅄ΔΓͰ[IIII]	Ἀλικα[ρνάσσιοι]
H	Λάτμιοι
ΔΓͰIIII	Παρπάριοι
H	Ἰασε̃ς
ΔΔΔΓ	Χαλκέτορε[ς]
[Δ]ΔΔΔͰIIII	Ὑρομε̃ς
- -	- - - -
ΔΓͰIIII	Βαργ[υλιε̃ς]
𐅄ΔΔΔΓͰIIII	Μυλα[σε̃ς]
[Δ]ΓͰIIII	Πύρνι[οι]
[ΔΓ]ͰIIII	Λεφσυα[νδε̃ς]
[ΓͰͰͰ]II	Καρυανδ[ε̃ς]
- -	Μαδνασε̃ς

(Vacat.)

(V)

- -	[Πελειᾶτ]αι

(27 lines.)

[Νεσιοτικὸς φόρος]

HH	- - - -
HHH	- - - -
ΔΓͰIIII	Σύρ[ιοι]
H𐅄	Μυρ[ιναῖοι]
HHH	Ἐφ[αιστιε̃ς]
H	Ἴμ[βριοι]
XXX	Αἰ[γινε̃ται]

(Vacat.)

14. *C. I. A.* i. 239 and iv. p. 72. Year 14. *Ol.* 84. 4. (B.C. 441.)

[Ἰονικὸς φόρος]

(I)		(II)	
- -	- - - -	- -	- - - -
- -	Μυέ[σσιοι]	- -	- - - -
- -	Πυγε[λε̃ς]	- -	- - - -
- -	Ἐφέσ[ιοι]	- -	- - - -
[Δ]ΓͰIIII	Ἰσί[νδιοι]	- -	- - - -
𐅄ΔΓͰIIII	Πολ[ιχναῖοι]	- -	- - - -
ΓͰͰͰII	Σι[δόσιοι]	- -	- - - -
ͰIIII	Ἐ[λαιόσιοι]	- -	- - - -

(I) *continued.*			(II) *continued.*
	Ἑλ[λε]σπό[ντιος φόρος]		
Γ	[Ἁ]ρπαγι[ανοί]	- -	- - - -
ΗΗ	Ἀρισβαῖοι	- -	- - - -
Η	Δαρδανε̃ς	ΗΗ -	- - - -
ΔΓ⊢ΙΙΙΙ	Σιγε[ιε̃ς]	ΔΓ⊢ΙΙΙ[Ι]	- - - -
Γ⊢⊢[⊢Ι]Ι	Παλαι[πε]ρκόσιοι	Χ	[Περίνθιοι]
[ΔΓ⊢]ΙΙΙΙ	Δαυνι[οτε]ιχῖται	ΔΔΔ⊢⊢⊢ΙΙ	- - - -
[ΔΓ]⊢ΙΙΙΙ	Διδυμ[οτε]ιχῖται	ΔΓ⊢ΙΙΙΙ	Πα[ισενοί]
[Χ]ΗΗ	Λαμψσ[ακε]νοί	ΗΗΗΗ	Ἀβυ[δενοί]
[𐅅]ΗΗΗΗ	Καλχ[εδόνι]οι	Γ⊢⊢⊢ΙΙ	Πρίαπ[ος]
[Δ]Γ⊢ΙΙΙΙ	Λαμπ[ονειε̃ς]	Η	Σκάψ[σιοι]
𐅅ΗΗΗΗ	Κυζι[κενοί]	ΔΔΔ⊢⊢⊢ΙΙ	Ἀρτακεν[οί]
ΗΗΗ	Πρ[οκοννέσιοι]	[Γ]⊢⊢⊢ΙΙ	Σέστιοι
Η	Χ[ερρονεσῖται]	[Γ⊢⊢]⊢ΙΙ	Μαδύτιοι
	[ἀπ' Ἀγορᾶς]	- -	Λιμναῖοι
ΔΓ⊢ΙΙΙΙ	Ἀ[στακενοί]	- -	Ἐλαιόσιοι
Χ𐅅Γ⊢⊢ΙΙΙΙ	[Βυζάντιοι]	- -	[Π]αριανοί
𐅅	Σ[ελυμβριανοί]	- -	[Ζε]λειᾶ[ται]
	Ἐπ[ὶ Θράικες φόρος]		
ΗΗΗ	- - -	- -	Σκιον[αῖοι]
𐅅Η	[Ποτειδαιᾶται]	- -	Σκιάθι[οι]
- -	- - - -	- -	Πεπαρέ[θιοι]
- -	- - - -	- -	Μαρονῖτα[ι]
- -	[Μεκυπερναῖ]οι	- -	Μενδαῖοι
- -	[Νεάπολ]ις	ΔΔΔ⊢[⊢⊢ΙΙ]	Αἰγάντιοι
	[Μενδαῖ]ον	Η	Ἀφυταῖοι
- -	[Διε̃ς ἀ]πὸ το̃ Ἄθο	ΔΔΓ	Ἁίσον
- -	[Σαμοθ]ρᾶικες	Χ	Αἴνιοι
- -	- - - -	ΗΗ	Ὀλύνθιοι
- -	[Ἀσσ]ε[ρῖτα]ι	ΔΔΓ	Ἴκιοι
- -	[Θρ]αμβ[αῖοι]	𐅅Η	Τοροναῖοι
- -	[Σ]αναῖοι	ΔΓ⊢ΙΙΙΙ	Σταγιρῖται
- -	[Σπ]αρτόλ[ιοι]	ΔΓ⊢ΙΙΙΙ	Φεγέτιοι
- -	[Σκα]βλαῖο[ι]	[Δ .]⊢ΙΙΙΙ	Ὀθόριοι
- -	. . . . . ιοι	- -	Ἀργίλιοι
- -	- - - -	- -	Φαρβέλιοι
- -	- - - -	- -	. . . . . ο]ι

(I) *continued.*		(II) *continued.*	

(A few or no lines missing.)

Κα[ρι]κὸ[ς φόρος]

𐅄	Καύνιοι	𐅄	[Τελάνδριοι]
(𐅄)	Πασανδε͂[ς]	ΔΔΔͰͰͰΙΙ	Κρ[υε͂ς]
ΔΓͰΙΙΙΙ	Καρπαθίο[ν]	𐅅Η	Ἰελύ[σιοι]
	Ἀρκέσεια	𐅅	Κο͂ιοι
ΔΓͰΙΙΙΙ	Καρβασυ[α]νδε͂ς	ΓͰͰͰΙΙ	Αὐλιᾶ[ται]
	παρὰ Καῦνον	𐅅Η	Καμιρε͂ς
ΗΗΗ	Φασελῖται	Η	Κλαυνδε͂ς
ΔΓͰΙΙΙΙ	Ναρισβαρε͂ς	Η𐅄	Κεράμιοι
ΓͰͰͰΙΙ	Θασθαρε͂ς	ΔΔΓ	Μυδόνες
ΓͰͰͰΙΙ	Ναχσιᾶται	ΗΗΗ	Κνίδιοι
Η𐅄	Ἀστυπαλαιε͂ς	𐅅Η	Λίνδιοι
ͰΙΙΙΙ	Πεδιε͂[ς]	ΔΓͰΙΙΙΙ	Καρπάθιοι
	ἐγ Λίν[δο]	𐅄	Κεδριᾶται
ΔΔΔͰͰͰΙΙ	Χαλκ[ειᾶται]	- -	Τερμερε͂ς
Η𐅄ΔΔΔΙΙΙΙ	Ἁλ[ι]κα[ρνάσσιοι]	Η	Λ[ά]τμιοι
ΗΗ𐅄ΔΔ	Χερρονε[σιοι]	- -	[Ἰασ]ε͂ς
ΔΓͰΙΙΙΙ	Πύρνιοι	- -	[Ὑρ]ομε͂ς
𐅄	Πελειᾶται	Η	[Μαδυ]ασε͂ς
ΔΔΔΓ	Χ[α]λκέτορες	𐅄ΔΔΔΓͰΙΙΙΙ	Μ[υλασ]ε͂ς
ΔΓͰΙΙΙΙ	Λ[εφ]συανδε͂ς	Η	Συ[αγγελε͂ς]
- -	[Ἰδυμ]ε͂ς	Η𐅄	Κ[αλύδνιοι]
- -	[Τρυβ]ανε͂ς	ΔΓͰΙΙΙΙ	Β[αργυλιε͂ς]
- -	[Παρπαρι]ο͂ται	ΓͰͰͰΙΙ	- - - -

Νεσ[ιο]τικὸς [φό]ρ[ος]

[Η]ΗΗ	Τέν[ιοι]	- -	Σίφνιοι
Η	Μυκό[νιοι]	- -	Σερίφιοι
ΗΗΗ	Κύθν[ιοι]	- -	Κεῖοι
𐅅Η𐅄ΔΓͰΙΙΙΙ	Νάχσι[οι]	- -	Ἰᾶται
𐅅Η	Ἄνδρι[οι]	- -	Σύριοι
[Δ]ΔΔͰͰͰΙΙ	Διε͂ς	- -	Ρεναιε͂ς
	ἀπὸ Κε[ναίο]	- -	[Γ]ρυγχε͂ς
- -	Ἀθε͂ν[αι]	- -	[Χ]αλκιδε͂ς
	[Διάδες]	- -	Ἐρετριε͂ς
- -	[Καρύστ]ιοι	- -	Στυρε͂ς

(I) *continued.*		(II) *continued.*	
[X]𐅅HΔΔ	[Πάρι]οι	[X]XX	Αἰγινε̑ται
HHH	[Ἐφ]αιστιε̑ς	H𐅄	Μυριναῖοι
H	[Ἴ]μβριοι		(Vacat.)

Col. I vs. 48. 𐅄 omitted on the stone.

15. *C. I. A.* i. 240. Year 15. *Ol.* 85. 1. (B. C. 440.)

[Ἐ]πὶ τε̑ς πέμπτες καὶ δ|εκάτες ἀρχε̑ς, ℎει Σοσί|στρ[ατ]ος ℎυβάδες ἐγραμ|μά[τευε. Αἰσχ]ύλος Ἐλευ|[σ]ί[νιος] ℎ[Ελ]λενοταμία|[s] ε̑[ν.

Ἰ]ονικ[ὸς] φόρος

(I)		(II)	
H	Αἰραῖοι	ΓͰͰͰII	Διοσιρι̑ται
H	Λεβέδιοι	IIIII	Διοσιρι̑ται ἐπιφο.
H	Νισύριοι	ΓͰͰ[ͰII]	Ἀστυρενοὶ Μυσο[ί]
𐅅H	Τέιιοι	IIIII	Ἀστυρενοὶ ἐπιφο.
HH	Φοκαιε̑[ς]	𐅅	Μιλέσιοι
ΔΓͰIIII	Ἐλαιέα	H	Μυέσσιοι
[Δ]ΓͰIIII	Γρυν[ει]ε̑ς	H	Πυγελε̑ς
- -	Κολ[ο]φόνιοι	𐅅H	Ἐ[φέ]σιοι
- -	[Οἰναῖ]οι ἐχς Ἰκάρο	ΔΓͰIIII	[Ἰσίνδ]ιοι
- -	[Κλαζο]μένιοι	𐅅HH	[Ἐρυθραῖοι]
- -	[Θερμαῖοι ἐχς] Ἰ[κ]άρο	ΔΓͰ[IIII]	Βουθειε̑ς]
- -	[Μυριν]αῖοι παρ[ὰ Κ.]	Γ[ͰͰͰII]	Σιδόσιοι]
- -	[Μυ]ριναῖοι ἐπιφορᾶς	𐅄Δ[ΓͰ]IIII	Πολ[ι]χν[αῖοι]
- -	Κυμαῖοι	ͰIIII	Πτελεό[σιοι]
- -	Κυμαῖοι ἐπιφορᾶς	ͰIIII	Ἐλαιό[σιοι]
[ΔΓͰ]IIII	Πιταναῖοι		(Vacat.)
IIIII	Πιταναῖοι ἐπιφορᾶς		
[Δ]ΔΔͰͰͰII	Νοτιε̑ς		
ΓIIIC	Νοτιε̑ς ἐπιφορᾶς		

ℎΕλλεσπόντιος φ[όρος]

Γ	ℎΑρπαγιανοί	HH𐅄ΔΔΔͰͰͰIIII	[Τενέδιοι]
ΓͰͰͰII	Παλαιπερκόσιοι	ΔΔΔͰͰͰII	Π[αριανοί]
Γ	Νεάπολις ἀπ' Ἀθενο̑ν	H	Χ[ερρονεσι̑ται]
ΔΔΔͰͰͰII	Νεάνδρεια	ΔΓͰIIII	- - - -
HHHH	Ἀβυδενοί	ΓͰ[ͰͰII]	- - - -
ΔΓͰIIII	Παισενοί	Γ -	- - - -

(I) *continued.*		(II) *continued.*	
ΔΓ⊢IIII	Περκόσιοι	- -	- - - -
Γ⊢⊢⊢II	Πρίαπος	- -	- - - -
ΔΓ⊢IIII	Σιγειε̂ς	- -	- - - -
𐅅HHHH	Χαλχε[δόνιοι]	- -	- - - -
[Δ]Γ⊢IIII	Κιανοί	- -	- - - -
ΔΓ⊢IIII	Δαμ[νι]οτειχι̂τα[ι]	- -	[᾿Α]ρτακ[ενοί]
ΔΓ⊢IIII	Διδυμοτειχι̂ται	- -	[Κ]υζικ[ενοί]
H	Δα[ρ]δανε̂ς	- -	- - - -
⊢⊢⊢⊢II	Δαρδανε̂ς ἐπιφορᾶς	- -	- - - -
ΔΓ⊢IIII	Λαμπονειε̂ς	- -	- - - -
⊢IIII	Λαμπονειε̂ς ἐπιφορᾶς	- -	- - - -
	᾿Απὸ Θρά[ι]κες φ[όρος]		
ΔΓ⊢[IIII]	Σκιάθιοι	𐅄ΔΓ⊢IIII	- - - -
H[H]	᾿Ολύνθιοι	𐅅	Με[νδαι̂οι]
- -	᾿Αφυται̂οι	𐅄	Νεοπο[λι̂ται]
- -	Θραμβαι̂οι	Γ⊢⊢⊢II	Σερμαι̂οι
- -	Αἰσόνιοι	ΔΓ⊢IIII	Σκάφσιοι
- -	᾿Αργίλιοι	𐅅H	Ποτειδεᾶται
- -	[Το]ροναι̂οι	ΔΔΓ	῎Ικιοι
- -	- - - -	- -	Στρεφσαι̂οι
- -	- - - -	- -	Θάσιοι
- -	- - - -	- -	[Γ]αλέφσιοι
- -	- - - -	- -	[Δ]ικ[αι]οπολι̂τα[ι]
- -	- - - -	- -	[Δ]ιε̂ς ἀπὸ τô ῎Αθο
- -	- - - -	- -	[Α]ἰγάντιοι
- -	- - - -	- -	[Σ]ερμυλ[ιε̂ς]
- -	- - - -	- -	[Δ]ίκαια
- -	- - - -	HHHH	[Σ]αμοθρᾶικ[ες]
- -	- - - -	HH	[Σ]ίγγιοι
- -	- - - - ι	X	[Αἴ]νιοι
- -	- - - ται		
	[Καρ]ικὸς φό[ρος]		
- -	᾿Αστυπαλαιε̂ς	𐅅H	- - - -
- -	[Κ]ινδυε̂ς	ΔΓ[⊢IIII]	- - - -
- -	[Κ]αύνιοι	H	- - - -
- -	[Τ]ελάνδριοι	ΔΔ	- - - -

(I) continued.		*(II) continued.*	
- -	[Πα]σανδε̂ς	- -	- - - -
- -	[Κρ]υε̂ς	- -	- - - -
- -	[Καρ]βασυαν[δε̂ς]	- - .	- - - -
- -	[Α]ὐλι[ᾶται]	- -	- - - -
- -	Καρυανδε̂ς	𐅄Δ[ΔΔΓ⊢IIII	Μυλασε̂ς]
- -	Καρπάθο 'Αρκέσσεια	ΔΓ[⊢IIII	Λεφσιμ]ανδ[ε̂ς]
- -	Κα[μ]ιρε̂ς	Η	[Συα]γγελε̂ς
- -	Κο̂ιοι	𐅄	[Κᾶ]ρες ὧν Τύ[μνες ἄρχει]
- -	[Κε]δρ[ιᾶτ]αι	Η𐅄	Κα[λ]ύδνιοι
- -	- - - - ε̂]ς	ΔΓ⊢IIII	Βα[ρ]γυλιε̂ται
⊢[IIII	Πεδιε̂ς ἐγ Λίνδο]	ΔΓ⊢IIII	Παρπαριο̂ται
ΔΓ[⊢IIII	- - - -	Η𐅄ΔΓ[⊢IIII	'Α]λικαρνάσ[σιοι]
[Δ]ΔΔ[⊢⊢⊢II	- - - -	- -	[Τε]ρμερε̂ς
ΗΗΗ	- - - -	- -	[Πελ]ει[ᾶται]
	Νε[σιοτικὸς	φόρος]	
Η	- - - -	- -	- - - -
𐅅Η	['Ανδριοι]	- -	- - - -
ΔΔΔ⊢⊢⊢I[I]	- - - -	- -	- - - -
ΗΗΗ	- - - -	- -	- - - -
ΔΓ⊢IIII	- - - -	- -	- - - -
𐅄	['Ιᾶται]	- -	- - - -
[Δ]Γ⊢III[I]	- - - -	- -	- - - -
[Η]ΗΗ	- - - -	- -	- - - -
Γ	[Ρεναιε̂ς]	- -	- - - -
[Δ]Δ[Δ⊢⊢⊢II]	- - - -	- -	- - - -

The position of ii. 38, 39 is uncertain.

16. *C. I. A.* i. 241. Year 16. *Ol.* 85. 2. (B.C. 439.)

(First three columns lost.)

(IV)			
(16 lines.)		- -	['Ασσερ]ι̂ται
- -	- - - - ι	- -	- - - ι
		- -	- - - -
(V)		- -	- - - -
		- -	- - - ιοι
- -	[Αἰνε]ᾶται	- -	[Ποτειδ]εᾶται
- -	[Σαμο]θρᾶικες	- -	[Φαρβέ]λιοι

--	---- οι
--	[Μεκυπε]ρναῖοι
--	[Στα]γιρῖται
--	[Σπα]ρτόλιοι
--	--- οι
--	[Σαν]αῖοι
--	[Ὀθό]ριοι
Χ	[Μαρ]ονῖται

(VI)

ΔΓͰ[ΙΙΙΙ]	----
𐅄	----
ΔΔΔ[ͰͰͰΙΙ]	----
𐅄	Α[ἰγάντιο]ι
--	[Ὀλοφ]ύχ[σι]οι
--	[Ἀβ]δερῖται
--	[Διε͂ς] ἐκ το͂ Ἄθο
Δ[ΓͰΙΙΙΙ]	Νεο]πολῖτ[αι]
ΔΔΓ	[Ἴκι]οι
ΓͰͰͰΙΙ	----
𐅅ΗΗΗ	Μ[ενδαῖοι]
ΔΓͰΙΙΙΙ	Σ[κ ---
𐅄	Σ[καβλαῖοι]
Η	Στ[ρεφσαῖοι]
ΔΔΓ	[Αἰσόνιοι]
[ͰͰͰ]ͰΙ	Α[ἰσόνιοι ἐπιφορᾶς]
ΗΗ[Η]Η	Α[ἴ]νιοι

Col. VI vs. 12 Σ[κάφσιοι] vel Σ[κιάθιοι].

16 a. Koehler in Hermes 31 (1896) p. 142. Year 16.

--	---- οι
--	----
--	-- ες ʽένο
--	-- οι
--	[Πυγελ]ε͂ς
--	[Πυγε]λε͂ς ʽένες ἐπιφορᾶς
--	[Μύνδι]οι παρὰ Τέρμερα
--	[Κλαζο]μένιοι
--	[Κινδ]υε͂ς
--	[Κο͂ι]οι
--	[Μυρι]ναῖοι παρὰ Κύμεν
--	[Ἐλαιῖ]ται παρὰ Μύριναν
--	[Γαργ]αρε͂ς

Νε[σιοτικὸς φόρος]

ΗΗΗ	----
ΔΔΓ	[Σ]ύ[ριοι]
Η	[Μ]υκόνι[οι]
ΗΗΗ	Χαλκιδε͂ς
𐅅Η	Ἄνδριο[ι]
Η	Σερίφιοι
ΗΗ	Τένιοι
ΗΗΗ	[Ἐ]ρετριε͂ς
Γ	[Ρεναιε͂ς]
ΗΗΗ	----
ΗΗΗ	----
Η -	----
--	----

--	-- ς

[πόλες ἐτέλε]σαν ʽαίδε ἀπὸ το͂ φόρο

--	----
--	[Ἐρυθ]ραῖοι
--	[Διο]σ[ιρῖται]

17. *C. I. A.* i. 242. Year 17. *Ol.* 85. 3. (B.C. 438.)

['Επὶ τε̑ς ἑβδόμες καὶ δεκάτες ἀρχε̑ς, ῾ει - - -] 'Αχαρ[νε]ὺς ἐγραμμάτευε.
['Ελλενοταμίας ε̑ν . . . . . . ἐκ Κεραμ]έον. Vac.

(First three columns lost.)

(IV)

(7 lines.)

- -	- - - οι
- -	['Εφαισ]τιε̑ς
- -	- - - -
['Ελλεσπό]ντιος φόρος	
- -	['Α]ρπαγιανοί
- -	[Σι]γειε̑ς
- -	[Κι]ανοί
- -	[Πρ]ιαπε̑ς
- -	['Αζ]ειε̑ς
- -	[Δα]ρδανε̑ς
- -	[Πε]ρίνθιοι
- -	[Δα]υνιοτειχῖται
- -	[Δι]δυμο[τε]ιχῖται
- -	[Κα]λχεδόνιοι
- -	[Τε]νέδιοι
- -	['Αβ]υδενοί
- -	[Βυ]ζάντιοι
- -	[Πα]ισενοί
- -	[Παι]σενοὶ ἐπιφορᾶς
- -	[Λα]μφσακενοί
- -	[Κυ]ζικε[νοί]
- -	[Πρ]οκο[ννέσιοι]

(Vacat.)

(V)

ΔΔΔͰͰͰΙΙ	'Α[ρ]τακενοί
Η	Παριανοί
[ΔΔ]ΔͰͰͰΙΙ	Μα[δ]ύτιοι
[ΓͰͰ]ͰΙΙ	Λιμναῖοι
[ΔΓͰ]ΙΙΙΙ	Σέστιοι
[ΔΔΔͰ]ͰͰΙΙ	'Αλοπεκοννέσιοι
[Η]	Χε[ρ]ονεσῖται
	ἀπ' 'Αγορᾶς
𐅄	'Ελ[α]ιόσιοι
ΔΓ	Σελ[υ]μβριανοί
[Θρ]άικιο[ς] φόρος	
Η -	'Αφυταῖοι
Η -	Σπαρτόλιοι
Η[ΗΗ]	Αἰν[ε]ᾶται
Η[ΗΗ]	Πεπα[ρ]έθιοι
Η	Θύσσ[ι]οι
Η	Μεκ[υπ]ερναῖοι
Η	Διε̑[ς ἀπὸ] τõ "Αθο
Δ[ΓͰ]ΙΙΙΙ	Σ[κιάθ]ιοι
Δ[ΔΓ	"Ικιοι]
- -	[Τ]ορ[οναῖ]οι
ΗΗ	'Ολύν[θι]οι
ΔΔΔͰͰ[ͰΙΙ]	'Ολοφ[ύχ]σιοι
𐅅ΗΗΗ	Μενδ[αῖ]οι
Χ	Μαρονῖται
ΔΔ[Γ]	'Αισόνιοι
ΔΓͰΙΙΙΙ	[Θ]ρα[μβ]αῖοι
[𐅄]	[Αἰγά]ντιοι
ΔͰͰͰΙΙ	- - - οι ἄτακτοι

(VI)

ΔΓͰΙΙΙΙ	Νεο[πολῖται]
	παρ' 'Αντισά[ραν]
𐅅Η	Ποτειδεᾶται
Χ𐅅	Σκιοναῖοι
Χ[ΧΧ]	Θάσιοι
Χ[𐅅]	'Αβδερῖτα[ι]
Η	Στρεφσαῖοι
𐅄	Νεοπολῖτ[αι]
	Μενδα[ίον]

Γ⊢⊢⊢II	Σερ[μαῖ]οι
𐅅Η	Σαμ[ο]θρᾶικες
𐅄	Ἀσ[σε]ρῖτα[ι]
Η	Δ[ικαιο]πο[λῖ]ται
	[Ἐρετρι]ο̂ν
ΔΓ⊢[IIII	Σταγι]ρῖτα[ι]
⊢II	Σταγιρῖται ἐπιφορᾶ[ς]
- -	Δίκαια παρὰ
	Ἄβδερα
- -	Ἀκάνθιοι
[ΔΓ]⊢IIII	Φεγέτιοι
ΔΓ⊢IIII	Φαρβέλιοι ἄτακ[τοι]
Δ⊢IIII	Ὀθ(ό)ρι[οι]
Γ⊢⊢⊢II	Χεδρόλιοι
ΗΗΗΗ𐅄	Σερμυλιε̂ς
Η	Σαναῖοι
ΔΔΔ⊢⊢⊢II	Σκαβλαῖοι
ΗΗΗ	Σίγγιοι
𐅄⊢⊢	Βεργαῖοι
ΔΓ⊢IIII	Μιλτόριοι ἄτακτο[ι]

18. *C. I. A.* i. 243. Year 18. *Ol.* 85. 4. (B. C. 437.)

[Ἐπὶ τε̂ς ὀγδόες καὶ δεκάτες ἀρχε̂ς, ℎει - - -]κος ἐκ Κεραμέον Ἐπιχάρος [ἐγραμμάτευε. Ἑλλενοταμίας ἒν - - μα]χος Χαριδέμο Χσυπεταιόν. Vac.

(First three columns lost.)

(IV)

- -	[Λα]μπονειε̂ς
- -	[Λα]μπονειε̂ς
	[ἐπ]ιφορᾶς
- -	[Ἀβ]υδενοί
- -	[Δα]σκύλειον
	[ἐν] Προποντίδι
- -	[Δα]σκυλειανοὶ
	[ἐπ]ιφορᾶς
- -	[Κα]λχεδόνιοι
- -	[Καλχ]εδόνιοι
	[ἐπιφορ]ᾶς

(24 lines.)

(V)

𐅄	Νεοπολῖται
	Με[ν]δ[α]ίον
ΗΗΗΓ⊢⊢⊢II	Σπαρτόλι[οι]
𐅅ΗΗΗ	Μενδαῖοι
Χ	Μαρονῖται
ΔΔΓ	Ἴκιοι
ΗΗΗΗ𐅄	Σερμυλιε̂ς
Η	Σαναῖοι
Γ⊢⊢[⊢II]	Σερμαῖοι
ΔΓ[⊢IIII]	Σκιάθιοι
Η	Στρεφσαῖοι
- -	Νεοπολῖται
	παρ' Ἀντισάραν
- -	Θύσσιοι
- -	Φεγέτιοι
- -	Αἰνεᾶται
- -	Πεπαρ[έθιο]ι
- -	- - - -
- -	[Ποτειδεᾶτ]αι
- -	- - - -
- -	[Μεκυπερνα]ῖοι
- -	[Διε̂ς ἐκ το̂ Ἄ]θο

(5 lines.)

- -	[Σαμοθρᾶικε]ς

(2 lines.)

- -	Δ[ίκαια]
	πα[ρὰ Ἄβδε]ρα
ΧΧΧ	Θάσ[ιοι]
𐅄	Ἀσσε[ρῖται]

𐅄	Σκαβ[λαῖοι]

(Vacat.)

(VI)

Η	Στόλιοι
ΗΗ	Σίγγιοι

Πόλες αὐταὶ φόρον ταχσάμεναι

Γ⊢⊢⊢ΙΙ	Αἰολῖται
𐅄	Γαλαῖοι
𐅄	Μιλκό[ριοι]
Η	Ἀμ[όργιοι]
ΔΓ⊢ΙΙΙΙ	Κ[άσιοι]
ΔΓ⊢ΙΙΙΙ	Κα[λλιπολῖται]
ΔΔΓ	Σα[ρταῖοι]
ΔΓ⊢ΙΙΙΙ	Ἐτ[εοκαρπάθιοι]
Γ⊢⊢⊢ΙΙ	Φα[ρβέλιοι]
ΔΓ⊢ΙΙΙΙ	[Χεδρόλιοι]
ΔΓ⊢ΙΙΙΙ	Πλευ[με]

Πόλες, ἃς ℎ[οι] ἰδιῶται ἐνέ[γ]ρα φσαν φόρον φέρεν

Δ	Πίλορος
Γ⊢⊢⊢ΙΙ	Κλεοναί
ΔΔΓ	Σίνος
Δ⊢⊢⊢ΙΙ	Διακρε̑ς ἀπὸ Χαλκιδέο[ν]
Γ⊢⊢⊢ΙΙ	Πίστασος
ΔΔΔ	Σύμε
Vac.	Τινδαῖοι
Vac.	Κίθας
𐅄	Σμίλλα
	Γίγονος
Vac.	Ἀῖσα
𐅄	Βύσβικος
Γ⊢⊢⊢ΙΙ	Ὄθορος

Ἄτακτος πόλις

Γ	Κυστίριοι

(Vacat.)

19. *C. I. A.* i. 244. Hicks no. 35. Year 19. *Ol.* 86. 1. (B.C. 436.)

Ἐπὶ [τε̑ς μια̑ς δεόσες εἰ]κοστ[ε̑ς ἀρχε̑ς, ℎε̑ι - - φιλε - - - - - - ἐκτο - - - - ἐγραμ[μάτευε. Ἑλ]λενοτ[αμίας ἐ̑ν Δι]ονύσιος - - - - -

(I)

[Ἰ]ονικὸς φόρος

- -	Καύνιοι
- -	Τελάνδριοι
- -	[Π]ασανδε̑ς
- -	[Καρβασ]υανδε̑[ς]
	[παρὰ Κα]ῦνο[ν]
Δ -	- - - οι
Γ⊢⊢[⊢ΙΙ	Αὐλι]α̑ται
ΔΔΔ⊢⊢[⊢ΙΙ	Μαρ]αθέσιοι
ΔΓ⊢ΙΙΙΙ	[Μύ]νδιοι
ΗΗ	[Ἀσ]τυπαλα[ι]ε̑ς
Χ	[Λί]νδιοι
𐅄ΔΔΔ⊢	[Πεδ]ιε̑ς
⊢⊢⊢ΙΙ	[ἐγ Λίνδ]ο
ΗΗΗ	[Χερρονέ]σιοι
[Δ]Γ⊢ΙΙΙΙ	Πύ[ρνιοι]

[𐅃]ͰͰͰII	Ν[αχσιᾶτ]αι
- -	Ἰ[σίνδ]ιοι
- -	Κ[ολοφ]όνιοι
- -	- - - -
- -	[Πελεᾶ]ται

(3 lines.)

- -	[Ἐλαιέα]
	[παρὰ Μ]ύριναν
- -	[Θερμαῖ]οι
	[ἐχς Ἰκάρ]ο
- -	[Κ]αμ[ιρε̂ς]
- -	Χαλ[κεᾶται]
[𐅅ΗΗΗ]Η	Κυμ[αῖοι]
- -	Τέι[οι]
- -	Ἰε[λύσιοι]
[𐅅]Η	Φα[σελῖται]
- -	Νισ[ύριοι]
- ΔΓ	Ἐρυθ[ραῖοι]
[Ͱ]ͰͰII	καὶ Χ[αλκιδε̂ς ?]
Η	Μυρι[ναῖοι]
	παρὰ [Κύμεν]
Η	Οἰνα[ῖοι]
	[ἐ]χς [Ἰκάρο]
- -	[Κ]ο̂ιο[ι]
- -	[Κ]αλύ[δνιοι]
[ΔΔΔ]Ͱ[ͰͰII	Π]ιτα[ναῖοι]
[Γ|]IIC	[Π]ιτα[ναῖοι]
	[ἐ]πιφ[ορᾶς]
[Δ]ΔΔͰͰ[ͰII]	- - - -
ͰIIIII	- - - -
	ἐ[πιφορᾶς]
- -	Π - - - -
- - Τε[ρμερε̂ς]	vel Τε[λεμέσσιοι]
- -	Μι[λέσιοι]
[𐅅ΗΗ]𐅄	Ἐφ[έσιοι]
- -	- - - -
[Η𐅄]ΔΓͰIIII	Ἀλικαρ[νασσε̂ς]
[Η]	Λάτμιο[ι]
[Η]	Ἰασε̂ς
[Η]	Μαδνα[σε̂ς]

Νεσιοτικὸς [φόρος]

- -	Σερίφιοι
- ΗΗ	Χαλκιδε̂[ς]
[Η]ΗΗΗ	Κεῖοι
[ΗΗ]Η	Τένιοι
[𐅅]Η𐅄ΔΓͰIIII	Νάχσι[οι]
- -	Μυκόνιοι
[𐅅]Η	Ἄνδριοι
[Η]ΗΗ	Σίφνιοι
[Δ]ΔΓ	Σύριοι
- -	Στυρε̂ς
. ΗΗ	Ἐρετριε̂ς
[Δ]ΓͰIIII	Γρυνχε̂ς
Γ	Ρεναιε̂ς
[Δ]ΔΔͰͰͰII	Ἀθενῖται
[Δ]ΔΔͰͰͰII	Διε̂ς ἀπὸ Κεναί[ο]
[𐅄]	Ἰε̂[τ]αι
- ΗΗΗ	Α[ἰγ]ινε̂ται

(10 lines.)

[Ἑλλεσπόντιος φόρος]

ΔΔΔͰ[ͰͰII]	- - - -
𐅅Η	Κ[αλχεδόνιοι]
Χ	Π[ερίνθιοι]
ΔΓͰIIII	Διδ[υμοτειχῖται]
ΔΓͰIIII	Δαυνιοτ[ειχῖται]
Η	Δαρδαν[ε̂ς]
ΓͰIIII	Ἀζειε̂ς

(Vacat.)

(II)

- -	- - - -
(I) -	- - - -
[ΗΗ]𐅄ΔΔ[Δ -	Τενέδιοι]
ΓͰͰͰ[II	Δασκύλειον]
	[ἐν Προποντίδι]

Δ]ΔΔ⊢⊢⊢[Ι - - - -
⊢⊢ - - - -
[ἐπιφορᾶς]
ΔΓ⊢ΙΙΙΙ - - - -
𐅅Η - - - -
Γ - - - -
ΔΔΓ - - - -
Η [Χερρονεσῖται]
[ἀπ' Ἀγορᾶς]
𐅄 [Ἐλαιόσιοι]
ΔΔΔ⊢⊢[⊢ΙΙ] - - - -
ΔΔΔ⊢⊢⊢[ΙΙ] - - - -
[ΔΓ]⊢ΙΙΙΙ [Λαμπονειε͂ς]
⊢ΙΙΙΙ Λ[αμπονειε͂ς ἐπιφορᾶς]
Η Π[αριανοί]
ΗΗΗ Π[ροκοννέσιοι]
[Δ]ΔΔ⊢⊢⊢ΙΙ - - - -
𐅅ΗΗΗΗ [Κυζικενοί]
- Η𐅄ΙC Λαμψ[σα]κε[νοί]
Χ𐅅ΗΗΗΔΔΔ Βυζά[ν]τιο[ι]
ΔΓ Σελυμβρια[νοί]

Θράικιος φόρο[ς]

ΔΓ⊢ΙΙΙΙ Γαλέψιοι
[Δ]Γ⊢ΙΙΙΙ Νεοπολῖτα[ι]
παρ' Ἀντισ[άραν]
- - [Αἰ]νεᾶτα[ι]
- - [Ὀλοφύ]χσ[ιοι]
ΗΗ [Ὀλύνθιοι]
Η Μ[εκυπερναῖοι]
𐅄 Νεοπ[ολῖται]
Μενδαί[ον]
ΔΓ⊢ΙΙΙΙ Σκαψσαῖοι
[Η] Θύσσιοι
[𐅄⊢]⊢ Βεργαῖοι
[ΔΓ⊢ΙΙ]ΙΙ Σκιάθιοι
- - Πεπαρέθιοι
[ΔΓ⊢ΙΙΙ]Ι Ἀργίλιοι
- - Δικαιοπολῖτ[αι]
Ἐρετριõν

[Γ⊢⊢]⊢ΙΙ Σερμαῖοι
- - [Δι]ε͂ς ἐκ τõ Ἄθο
- - [Ἴκι]οι
- - [Σαμο]θρᾶικες
[ΧΧ]Χ Θάσιοι
- - Μαρονῖται
- - Φεγέτιοι
- - Αἰγάντιοι
- - Θραμβαῖοι
- - Αἰσόνι[οι]
- - Ἀκάνθ[ιοι]
- - Στρεψσα[ῖοι]
Χ𐅅 Ἀβδερῖτ[αι]
Χ𐅅 Ποτειδεᾶ[ται]
ΔΔΓ Σκαβλαῖοι
𐅄 Ἀσσερῖται
ΗΗΗΓ⊢⊢⊢ΙΙ Σπαρτόλιοι
Η Σαναῖοι
Η Σίγγιοι

Πόλες αὐταὶ ταχσάμεναι

𐅄 Γαλαῖοι
ΔΔΓ Σαρταῖοι
Η Ἀμόργιοι
ΔΓ⊢ΙΙΙΙ Ἐτεοκαρπάθι[οι]
ἐκ Καρπάθο
ΔΓ⊢ΙΙΙΙ Κάσιοι
Γ⊢⊢⊢ΙΙ Αἰολῖται
𐅄 Μιλκόριοι
Γ⊢⊢⊢ΙΙ Φαρβέλιοι
[Δ]Γ⊢ΙΙΙΙ Καλλιπολῖτα[ι]
[ΔΓ⊢ΙΙ]ΙΙ Χεδρόλιοι
- - - - - ε͂]ς

Πόλες, ἃς οἱ ἰδιõται ἐνέγραψσαν φόρο[ν] φέρεν

[Γ]⊢⊢⊢ΙΙ Κλ[ε]οναί
Δ⊢⊢⊢ΙΙ Δ[ια]κρε͂ς

	[ἀπὸ] Χαλκι[δέον]	ΔΔΓ	[Σίνος]
ΔΔΔ	[Σύμε]	ΔΔΔ⊢⊢⊢I[I]	- - - -
Γ⊢⊢⊢II	- - - -		

Col. I vs. 17. ? Γ⊢⊢⊢II.

Col. I vs. 20–22. From the facsimile the restoration of these three lines does not seem to be certainly that given in the text. All that remains of the initial letters is ⊢
I
I

20. *C. I. A.* i. 245. Year 20. *Ol.* 86. 2. (B.C. 435.)

(I)			
		- -	- - υσ -
			[παρ]ὰ Μυσία[ν]
- -	[Ἁιρ]αιε̑ς	- -	- - - οι
- -	[Κλαζ]ομέν[ιοι]	-	-
- -	[Τέι]οι	- -	- - - -
- -	[Ἐλα]ιέα παρ[ὰ Μύριναν]	- -	- - - -
- -	[Οἰναῖ]οι [ἐ]χ[ς Ἰκάρο]	- -	Ἐρυ[θραῖοι]
- -	- - - οι	- -	Πολιχ[ναῖοι]
(6 lines.)		(Vacat.)	

[NOTE. Of year 21 (*C. I. A.* i. 246) nearly all, of year 22 the whole is lost.]

21. *C. I. A.* i. 247. Year 23. *Ol.* 87. 1. (B.C. 432.)

[Ἐπὶ τε̑ς] τρίτες καὶ
[εἰκοσ]τε̑ς ἀρχε̑ς,
[ἑ̑ι . .]μοχάρες Μυρ-
[ρ]ιν[όσι]ος ἐγραμμά-
[τ]ευε. [Ἑ]λλενοταμί-
ας ε̑[ν Φι]λέταιρος
[Ἰ]κα[ριεύ]ς.

(I)		(II)	
Ἰ[ον]ι[κὸς [φόρος]		Ἑλλεσπόντιος φόρος	
- I (vac.)	- - -	ΗΗ𐅄ΔΔΔΓ⊢⊢⊢	Τενέδιοι
- ⊢IIII	- - - -	Γ	Ἁρπαγιανο[ί]
- -	- - - -	ΔΔΔ⊢⊢⊢II	Νεανδρειε̑ς
[Γ⊢]⊢⊢II	Καρυα[νδε̑ς]	[Δ]Γ⊢IIII	Σιγειε̑ς
- -	Μαδυ[ασε̑ς]		

(I) *continued.*		(II) *continued.*	
--	O[ἰ]ν[α]ῖ[οι]?	[Δ]Γ⊢IIII	Κιανοί
--	----	--	Καλχεδόν[ιοι
--	----	--	Δαρδανε͂ς
--	----	-- ⊢II	Ἀβυδενοί
--	----	--	Βρυλλεανο[ί]
--	----	- ΔΔΓIC	Περί[νθιοι]
--	----	--	Διδυμο[τειχῖται]
- ⊢IIII	----	--	Δ[αυνιοτειχῖται]

22–28. Fragments probably belonging to this part, but of uncertain date.

22. *C. I. A.* i. 248. Frg. 17.

--	
[ΔΓ⊢II]II	Σκαφσ[αῖοι]
--	Σερμα[ῖοι]
--	Νεοπολ[ῖται]
--	[Σπ]αρτό[λιοι]

23. *C. I. A.* i. 249. Frg. 18.

	(III)		(IV)
	- -		- -
--	----	𐅅H	----
--	[Θερμαῖοι ἐχς Ἰκάρ]ο	X	[Περίνθιοι]
--	----	ΔΓ⊢IIII	----
--	-- ἐπιφορ]ᾶς	𐅅HHHH	[Κυζικενοί]
--	----	ΔΔΔ⊢⊢⊢II	----
--	[Μυριναῖοι παρὰ Κύ]μεν	ΔΓ⊢IIII	----
--	[Μυριναῖοι ἐπιφορ]ᾶς	Γ	[Ἁρπαγιανοί]
--	----	𐅅	----
--	-- ἐπι]φορᾶς	H	----
--	----	ΔΓ⊢III[I]	----
--	-- ἐπιφο]ρᾶς	--	----
	- -		- -

Similar in style to list of year 12.

24. *C. I. A.* i. 250. Frg. 19.

H	Ἔ[σ]σιοι

Η	Μυριναῖοι πα[ρὰ Κύμεν]
ΔΔΔ⊢⊢⊢II	Γρυνειε̃ς
Χ	Ἰελύσιοι
ΗΗ	Κνίδιοι
Γ	Σάριοι
𐅅ΔΔΓ	Γαργαρε̃ς
⊢IIII	Νοτιε̃ς
[Γ]⊢⊢⊢II	Κολοφόνιο[ι]
- -	[Διο]σιρῖται
	(Vacat.)

25. *C. I. A.* i. 251. Frg. 20.

	- - -
. Η	- - - -
Χ	- - - -
ΗΗΗ	- - - -
Χ	Μ[ιλέσιοι]
	Λέ[ρος]
	Τειχ[ιο̃σσα]
Χ𐅅	Κλαζο[μένιοι]
Γ⊢⊢[⊢]II	Κολοφ[όνιοι]
[ΔΔΔ]⊢⊢⊢II	Νοτιε̃[ς]
[Γ⊢⊢]⊢II	Διοσε[ρῖται]
- -	Ἐφέσιο[ι]
[ΔΓ⊢I]III	Ἰσίνδιο[ι]
- -	Ἐρυθραῖ[οι]
	- -

Possibly of year 18. But may be later than 425 B.C.

26. *C. I. A.* i. 252. Frg. 21.

	- - -
- - Δ	- - - -
- - I	- - - -
- -	[Λαμπονειε̃ς]
- -	Λ[αμπονειε̃ς]
	ἐπ[ιφορᾶς]
- -	Παι[σενοί]
- -	Ἀβυ[δενοί]
- -	Βρυ[λλεανοί]

Vs. 8. Πρι[απε̃ς] Pittakis. Later than year 15.

27. *C. I. A.* i. 253. Frg. 22.

	- -
ΔΔΓ	[Σαρταῖοι]
ΔΓ⊢IIII	- - - -
Γ⊢⊢⊢II	- - - -
Η	[᾽Αμόργιοι]
[Δ]Γ⊢IIII	- - - -

[Π]ό[λες ῾ὰς]
[῾οι ἰδιῶται | ἐνέγραφσαν | φόρον φέρεν].

[One of the years 20-22 ?]

28. *C. I. A.* i. 255. *Ol.* 87. 3 (?). (B. C. 430.)

[ΔΔ]Γ	Ἴκιοι
Η	[Με]θ[οναῖοι ?]
-	[Σ]καβλαῖοι
-	[Σταγ]ιρῖτ[αι]
Η	[Σερμυ]λι[ῆς]
𐅅	- - - -
𐅅	- - - -

Means for determining date of Tribute-lists.

29. *C. I. A.* i. 260. Year 34. *Ol.* 89. 4. See above I. 105.

30. Athen. v. 216 d: Ἐστὶν δὲ οὗτος ὁ καιρὸς καθ᾽ ὃν Ἀριστίων ἄρχων ἦν. ἐπὶ τούτου γὰρ Εὔπολις τὸν Αὐτόλυκον διδάξας διὰ Δημοστράτου χλευάζει τὴν νίκην τοῦ Αὐτολύκου.

31. *Ibid.* 218 d: Ἐδιδάχθησαν δὲ οἱ Ἄγριοι ἐπ᾽ Ἀριστίωνος ἄρχοντος, ἀφ᾽ οὗ ἐστιν ἄρχων Ἀστύφιλος, πέμπτος ὢν ἀπὸ Ἰσάρχου, καθ᾽ ὃν αἱ σπονδαὶ ἐγένοντο.

32. Diod. xii. 75: Ἐπ᾽ ἄρχοντος δ᾽ Ἀθήνησιν Ἀριστίωνος Ῥωμαῖοι κατέστησαν ὑπάτους Τίτον Κοΐντιον καὶ Αὖλον Κορνήλιον Κόσσον. ἐπὶ δὲ τούτων ἄρτι τοῦ πολέμου τοῦ Πελοποννησιακοῦ καταλελυμένου πάλιν ταραχαὶ καὶ κινήσεις πολεμικαὶ συνέβησαν κατὰ τὴν Ἑλλάδα διὰ τοιαύτας τινὰς αἰτίας. (2) Ἀθηναῖοι καὶ Λακεδαιμόνιοι κοινῇ μετὰ τῶν συμμάχων πεποιημένοι σπονδὰς καὶ διαλύσεις, χωρὶς τῶν συμμαχίδων πόλεων συνέθεντο συμμαχίαν.

CHAPTER III.

EXTERNAL HISTORY OF ATHENS, HER ALLIES AND COLONIES.

Persia after the Persian Wars.

1. Eusebius (*Sync.* 478. 6): Περσῶν ϛʹ ἐβασίλευσεν Ἀρτάβανος υἱὸς Ξέρξου μῆνας ζʹ. (*Sync.* 478. 8) Περσῶν ζʹ ἐβασίλευσεν Ἀρταξέρξης Ξέρξου ὁ λεγόμενος Μακρόχειρ ἔτη μαʹ.

2. Ctes. *Pers. Ecl.* 21: Πρότερον δὲ εἰς Βαβυλῶνα ἀφίκετο, καὶ ἰδεῖν ἐπεθύμησε τὸν Βελιτανᾶ τάφον, καὶ εἶδε διὰ Μαρδονίου, καὶ τὴν πύελον ἐλαίου οὐκ ἴσχυσεν, ὥσπερ καὶ ἐγέγραπτο, πληρῶσαι. (22) ἐξελαύνει Ξέρξης εἰς Ἐκβάτανα, καὶ ἀγγέλλεται αὐτῷ ἀπόστασις Βαβυλωνίων καὶ Ζωπύρου τοῦ στρατηγοῦ αὐτῶν ὑπὸ σφῶν ἀναίρεσις. οὕτω καὶ περὶ τούτων φησὶ Κτησίας, καὶ οὐχ ὡς Ἡρόδοτος· ἃ δὲ περὶ Ζωπύρου ἐκεῖνος λέγει, πλὴν ὅτι ἡμίονος αὐτῷ ἔτεκεν, ἐπεὶ τά γε ἄλλα Μεγάβυζον οὗτος λέγει διαπράξασθαι, ὃς ἦν γαμβρὸς ἐπὶ τῇ θυγατρὶ Ἀμύτι τοῦ Ξέρξου. οὕτω μὲν ἥλω διὰ τοῦ Μεγαβύζου Βαβυλών. δίδωσι δὲ αὐτῷ Ξέρξης ἄλλα τε πολλὰ καὶ μύλην χρυσῆν ἐξ ἕλκουσαν τάλαντα· ὃ τιμιώτατον τῶν βασιλικῶν δώρων παρὰ Πέρσαις ἐστί.

3. *Ibid.* 29: Ἀρτάπανος δὲ μέγα παρὰ Ξέρξῃ δυνάμενος, μετ' Ἀσπαμίτρου τοῦ εὐνούχου καὶ αὐτοῦ μέγα δυναμένου, βουλεύονται ἀνελεῖν Ξέρξην, καὶ ἀναιροῦσι, καὶ πείθουσιν Ἀρτοξέρξην τὸν υἱὸν ὡς Δαρειαῖος αὐτὸν ὁ ἕτερος παῖς ἀνεῖλε. καὶ παραγίνεται Δαρειαῖος ἀγόμενος ὑπὸ Ἀρταπάνου εἰς τὴν οἰκίαν Ἀρτοξέρξου, πολλὰ βοῶν καὶ ἀπαρνούμενος ὡς οὐκ εἴη φονεὺς τοῦ πατρός· καὶ ἀποθνήσκει. (30) καὶ βασιλεύει Ἀρτοξέρξης, σπουδῇ Ἀρταπάνου· καὶ ἐπιβουλεύεται πάλιν ὑπ' αὐτοῦ, καὶ λαμβάνει κοινωνὸν τῆς βουλῆς Ἀρτάπανος Μεγάβυζον ἤδη λελυπημένον ἐπὶ τῇ ἰδίᾳ γυναικὶ Ἀμύτι διὰ τὴν τῆς μοιχείας ὑπόληψιν· καὶ ὅρκοις ἀλλήλους ἀσφαλί-

ζονται. ἀλλὰ μηνύει πάντα Μεγάβυζος, καὶ ἀναιρεῖται Ἀρτάπανος ᾧ τρόπῳ ἔμελλεν ἀναιρεῖν Ἀρτοξέρξην· καὶ γίνεται πάντα δῆλα τὰ εἰργασμένα ἐπὶ Ξέρξῃ καὶ Δαρειαίῳ, καὶ ἀπόλλυται πικρῷ καὶ κακίστῳ θανάτῳ Ἀσπαμίτρης, ὃς ἦν κοινωνὸς ἐπὶ τοῖς φόνοις Ξέρξου καὶ Δαρειαίου· σκαφεύεται γάρ, καὶ οὕτως ἀναιρεῖται. μάχη δὲ γίνεται μετὰ τὸν θάνατον Ἀρταπάνου τῶν τε συνωμοτῶν αὐτοῦ καὶ τῶν ἄλλων Περσῶν, καὶ πίπτουσιν ἐν τῇ μάχῃ οἱ τρεῖς τοῦ Ἀρταπάνου υἱοί· τραυματίζεται δὲ καὶ Μεγάβυζος ἰσχυρῶς· . . . καὶ μόλις πολλῇ ἐπιμελείᾳ περισώζεται Ἀπολλωνίδου ἰατροῦ τοῦ Κῴου. (31) ἀφίσταται Ἀρτοξέρξου Βάκτρα καὶ ὁ σατράπης, ἄλλος Ἀρτάπανος· καὶ γίνεται μάχη ἰσοπαλής· καὶ γίνεται πάλιν ἐκ δευτέρου, καὶ ἀνέμου κατὰ πρόσωπον Βακτρίων πνεύσαντος, νικᾷ Ἀρτοξέρξης, καὶ προσχωρεῖ αὐτῷ πᾶσα Βακτρία.

4. Hdt. i. 183.

5. Ael. *V. H.* xiii. 3: Ξέρξης ὁ Δαρείου παῖς, τοῦ Βήλου τοῦ ἀρχαίου διασκάψας τὸ μνῆμα, πύελον ὑελίνην εὗρεν, ἔνθα ἦν κείμενος ὁ νεκρὸς ἐν ἐλαίῳ κ.τ.λ.

6. Arrian, *Anab.* vii. 17. 2: Τοῦτον τὸν νεών (sc. τὸν τοῦ Βήλου), ὥσπερ καὶ τὰ ἄλλα ἱερὰ τὰ Βαβυλωνίων, Ξέρξης κατέσκαψεν, ὅτε ἐκ τῆς Ἑλλάδος ὀπίσω ἀπενόστησεν.

7. Strab. xvi. 1. 5 (738): Ἔστι δὲ καὶ ὁ τοῦ Βήλου τάφος αὐτόθι, νῦν μὲν κατεσκαμμένος, Ξέρξης δ' αὐτὸν κατέσπασεν, ὥς φασιν.

8. Diod. xi. 69: Τοῦ δ' ἐνιαυσίου χρόνου διεληλυθότος Ἀθήνησι μὲν ἦρχε Λυσίθεος . . . ἐπὶ δὲ τούτων κατὰ τὴν Ἀσίαν Ἀρτάβανος, τὸ μὲν γένος Ὑρκάνιος, δυνάμενος δὲ πλεῖστον παρὰ τῷ βασιλεῖ Ξέρξῃ καὶ τῶν δορυφόρων ἀφηγούμενος, ἔκρινεν ἀνελεῖν τὸν Ξέρξην, καὶ τὴν βασιλείαν εἰς ἑαυτὸν μεταστῆσαι. ἀνακοινωσάμενος δὲ τὴν ἐπιβουλὴν πρὸς Μιθριδάτην τὸν εὐνοῦχον, ὃς ἦν κατακοιμιστὴς τοῦ βασιλέως, καὶ τὴν κυριωτάτην ἔχων πίστιν, ἅμα δὲ καὶ συγγενὴς ὢν Ἀρταβάνου καὶ φίλος ὑπήκουσε πρὸς τὴν ἐπιβουλήν, (2) ὑπὸ τούτου δὲ νυκτὸς εἰσαχθεὶς ὁ Ἀρτάβανος εἰς τὸν κοιτῶνα, καὶ τὸν Ξέρξην ἀνελών, ὥρμησεν ἐπὶ τοὺς υἱοὺς τοῦ βασιλέως. ἦσαν δὲ οὗτοι τρεῖς τὸν ἀριθμόν, Δαρεῖος μὲν ὁ πρεσβύτατος καὶ Ἀρταξέρξης, ἐν τοῖς βασιλείοις διατρίβοντες, ὁ δὲ τρίτος Ὑστάσπης ἀπόδημος ὢν κατ' ἐκεῖνον τὸν καιρόν· εἶχε γὰρ τὴν ἐν Βάκτροις σατραπείαν. (3) ὁ δ' οὖν Ἀρτάβανος παραγενόμενος ἔτι νυκτὸς οὔσης πρὸς τὸν Ἀρταξέρξην ἔφησε Δαρεῖον τὸν ἀδελφὸν αὐτοῦ φονέα γεγονέναι τοῦ πατρὸς καὶ τὴν βασιλείαν εἰς ἑαυτὸν περισπᾶν. (4) συνεβούλευσεν

οὖν αὐτῷ πρὸ τοῦ κατασχεῖν ἐκεῖνον τὴν ἀρχὴν σκοπεῖν ὅπως μὴ δουλεύσῃ διὰ ῥᾳθυμίαν, ἀλλὰ βασιλεύσῃ τὸν φονέα τοῦ πατρὸς τιμωρησάμενος· ἐπηγγείλατο δ' αὐτῷ συνεργοὺς παρέξεσθαι τοὺς δορυφόρους τοῦ βασιλέως. (5) πεισθέντος δὲ τοῦ 'Αρταξέρξου καὶ παραχρῆμα μετὰ τῶν δορυφόρων ἀνελόντος τὸν ἀδελφὸν Δαρεῖον, ὁρῶν αὐτῷ τὴν ἐπιβολὴν εὐροοῦσαν, καὶ παραλαβὼν τοὺς ἰδίους υἱοὺς καὶ φήσας καιρὸν ἔχειν τὴν βασιλείαν κατακτήσασθαι, παίει τῷ ξίφει τὸν 'Αρταξέρξην. ὁ δὲ τρωθεὶς καὶ οὐδὲν παθὼν ὑπὸ τῆς πληγῆς ἠμύνατο τὸν 'Αρτάβανον καὶ κατενέγκας αὐτοῦ πληγὴν καιρίαν ἀπέκτεινε. παραδόξως δὲ σωθεὶς ὁ 'Αρταξέρξης καὶ τὸν φονέα τοῦ πατρὸς τετιμωρημένος παρέλαβε τὴν τῶν Περσῶν βασιλείαν. Ξέρξης μὲν οὖν τὸν εἰρημένον τρόπον ἐτελεύτησε, βασιλεύσας τῶν Περσῶν ἔτη πλείω τῶν εἴκοσι, τὴν δὲ ἀρχὴν διαδεξάμενος ὁ 'Αρταξέρξης ἐβασίλευσεν ἔτη τετταράκοντα.

Plut. *Them.* 31. See below VI. 29.

9. Justin. iii. 1: (1) Xerxes, rex Persarum, terror antea gentium, bello in Graecia infeliciter gesto etiam suis contemptui esse coepit. (2) quippe Artabanus, praefectus eius, deficiente cotidie regis maiestate in spem regni adductus cum septem robustissimis filiis regiam vespere ingreditur (nam amicitiae iure semper illi patebat), trucidatoque rege voto suo obsistentes filios eius dolo adgreditur. (3) Securior de Artaxerxe, puero admodum, fingit regem a Dareo, qui erat adulescens, quo maturius regno potiretur, occisum; inpellit Artaxerxen parricidium parricidio vindicare. (4) cum ventum ad domum Darei esset, dormiens inventus, quasi somnum fingeret, interficitur. (5) dein cum unum ex regis filiis sceleri suo superesse Artabanus videret metueretque de regno certamina principum, adsumit in societatem consilii Bagabaxum, (6) qui praesenti statu contentus, rem prodit Artaxerxi: ut pater eius occisus sit, ut frater falsa parricidii suspitione oppressus, ut denique ipsi pararentur insidiae. (7) his cognitis Artaxerxes, verens Artabani numerum filiorum, in posterum diem paratum esse armatum exercitum iubet, recogniturus et numerum militum, et in armis industriam singulorum. (8) itaque cum inter ceteros ipse Artabanus armatus adsisteret, rex simulat se breviorem loricam habere, iubet Artabanum secum commutare, exuentem se ac nudatum gladio traicit; tum et filios eius corripi iubet. (9) atque ita

egregius adulescens et caedem patris et necem fratris et se ab insidiis Artabani vindicavit.

10. Ar. *Pol.* viii. (v.) viii. (10.) 14. 1311 b 34: Καὶ ἄλλοι δὲ πολλοὶ διὰ τοιαύτας αἰτίας οἳ μὲν ἀνῃρέθησαν οἳ δ' ἐπεβουλεύθησαν. ὁμοίως δὲ καὶ διὰ φόβον· ἓν γάρ τι τοῦτο τῶν αἰτίων ἦν, ὥσπερ καὶ περὶ τὰς πολιτείας καὶ τὰς μοναρχίας· οἷον Ξέρξην Ἀρταπάνης φοβούμενος τὴν διαβολὴν τὴν περὶ Δαρεῖον, ὅτι ἐκρέμασεν οὐ κελεύσαντος Ξέρξου, ἀλλ' οἰόμενος συγγνώσεσθαι ὡς ἀμνημονοῦντα διὰ τὸ δειπνεῖν.

The Athenian Campaigns.

Eïon.

11. Hdt. vii. 107.

12. Polyaen. vii. 24: Βόγης Ἠϊόνος τῆς ἐπὶ Στρυμόνος ἦρχε δόντος αὐτῷ τὴν ἀρχὴν μεγάλου βασιλέως. Ἕλληνες ἐπολιόρκουν τὴν Ἠϊόνα, ὁ δὲ Βόγης ἐπὶ μακρὸν ἀντέσχε τῇ πολιορκίᾳ. ὡς δὲ ἀπηγόρευεν, οὐχ ὑπομένων τὸ πιστευθὲν ἐκ βασιλέως χωρίον πολεμίοις προέσθαι τῇ πόλει πῦρ ἐνῆκεν, ὥστε αὐτός τε καὶ γυνὴ καὶ τέκνα καὶ ἡ πόλις ὁμοῦ συγκατεφλέγησαν.

13. Plut. *Cim.* 7: Κίμων δέ, τῶν συμμάχων ἤδη προσκεχωρηκότων αὐτῷ, στρατηγὸς εἰς Θρᾴκην ἔπλευσε, πυνθανόμενος Περσῶν ἄνδρας ἐνδόξους καὶ συγγενεῖς βασιλέως Ἠϊόνα πόλιν παρὰ τῷ Στρυμόνι κειμένην ποταμῷ κατέχοντας ἐνοχλεῖν τοῖς περὶ τὸν τόπον ἐκεῖνον Ἕλλησι. πρῶτον μὲν οὖν αὐτοὺς μάχῃ τοὺς Πέρσας ἐνίκησε καὶ κατέκλεισεν εἰς τὴν πόλιν· ἔπειτα τοὺς ὑπὲρ Στρυμόνα Θρᾷκας, ὅθεν αὐτοῖς ἐφοίτα σῖτος, ἀναστάτους ποιῶν καὶ τὴν χώραν παραφυλάττων ἅπασαν εἰς τοσαύτην ἀπορίαν τοὺς πολιορκουμένους κατέστησεν, ὥστε Βούτην τὸν βασιλέως στρατηγὸν ἀπογνόντα τὰ πράγματα τῇ πόλει πῦρ ἐνεῖναι καὶ συνδιαφθεῖραι μετὰ τῶν φίλων καὶ τῶν χρημάτων ἑαυτόν. οὕτω δὲ λαβὼν τὴν πόλιν ἄλλο μὲν οὐδὲν ἀξιόλογον ὠφελήθη, τῶν πλείστων τοῖς βαρβάροις συγκατακαέντων, τὴν δὲ χώραν εὐφυεστάτην οὖσαν καὶ καλλίστην οἰκῆσαι παρέδωκε τοῖς Ἀθηναίοις. καὶ τοὺς Ἑρμᾶς αὐτῷ τοὺς λιθίνους ὁ δῆμος ἀναθεῖναι συνεχώρησεν, ὧν ἐπιγέγραπται τῷ μὲν πρώτῳ

Ἦν ἄρα κἀκεῖνοι ταλακάρδιοι, οἵ ποτε Μήδων
 παισὶν ἐπ' Ἠϊόνι, Στρυμόνος ἀμφὶ ῥοάς,
λιμόν τ' αἴθωνα κρυερόν τ' ἐπάγοντες Ἄρηα
 πρῶτοι δυσμενέων εὗρον ἀμηχανίην.

τῷ δὲ δευτέρῳ

Ἡγεμόνεσσι δὲ μισθὸν Ἀθηναῖοι τάδ' ἔδωκαν
ἀντ' εὐεργεσίης καὶ μεγάλων ἀγαθῶν.
μᾶλλόν τις τάδ' ἰδὼν καὶ ἐπεσσομένων ἐθελήσει
ἀμφὶ περὶ ξυνοῖς πράγμασι δῆριν ἔχειν.

τῷ δὲ τρίτῳ

Ἔκ ποτε τῆσδε πόληος ἅμ' Ἀτρείδῃσι Μενεσθεὺς
ἡγεῖτο ζάθεον Τρωϊκὸν ἐς πεδίον·
ὅν ποθ' Ὅμηρος ἔφη Δαναῶν πύκα θωρηκτάων
κοσμητῆρα μάχης ἔξοχον ὄντα μολεῖν.
οὕτως οὐδὲν ἀεικὲς Ἀθηναίοισι καλεῖσθαι
κοσμηταῖς πολέμου τ' ἀμφὶ καὶ ἠνορέης.

14. Plut. *Cim.* 8: καὶ προσεκτήσαντο χώρας αὐτήν τε τὴν Ἠϊόνα καὶ τὴν Ἀμφίπολιν οἰκίσαντες.

15. Thuc. i. 98. 1.

16. Diod. xi. 60: Ἐπ' ἄρχοντος δ' Ἀθήνησι Δημοτίωνος . . . Ἀθηναῖοι στρατηγὸν ἑλόμενοι Κίμωνα τὸν Μιλτιάδου καὶ δύναμιν ἀξιόλογον παραδόντες, ἐξέπεμψαν ἐπὶ τὴν παράλιον τῆς Ἀσίας βοηθήσοντα μὲν ταῖς συμμαχούσαις πόλεσιν, ἐλευθερώσοντα δὲ τὰς Περσικαῖς ἔτι φρουραῖς κατεχομένας. (2) οὗτος δὲ παραλαβὼν τὸν στόλον ἐν Βυζαντίῳ, καὶ καταπλεύσας ἐπὶ πόλιν τὴν ὀνομαζομένην Ἠιόνα, ταύτην μὲν Περσῶν κατεχόντων ἐχειρώσατο.

17. Justin. ii. 15: (17) Igitur Xerxes, cum proditionis dolum publicatum videret, ex integro bellum instituit. (18) Graeci quoque ducem constituunt Cimona Atheniensem, filium Miltiadis, quo duce apud Marathonem pugnatum est, iuvenem, cuius magnitudinem futuram pietatis documenta prodiderunt; (19) quippe patrem ob crimen peculatus in carcerem coniectum ibique defunctum translatis in se vinculis ad sepulturam redemit. (20) Nec in bello iudicium deligentium fefellit, siquidem non inferior virtutibus patris Xerxen, terrestri navalique bello superatum, trepidum recipere se in regnum coëgit.

18. Paus. viii. 8. 9: Τοῦτο οὐκ Ἀγησίπολις τὸ στρατήγημα (sc. τὸ τὸν Ὄφιν ποταμὸν ἀποστρέψαι τοῖς Μαντινεῦσιν ἐς τὸ τεῖχος ὠμῆς ᾠκοδομημένον τῆς πλίνθου) ἐς τὸ τεῖχος τῶν Μαντινέων ἐστὶν ὁ συνείς, ἀλλὰ πρότερον ἔτι Κίμωνι ἐξευρέθη τῷ Μιλτιάδου Βόγην πολιορκοῦντι ἄνδρα Μῆδον καὶ ὅσοι Περσῶν Ἠιόνα τὴν ἐπὶ Στρυμόνι εἶχον.

19. Corn. Nep. *Cim.* ii. 2: Primum imperator apud flumen Strymona magnas copias Thraecum fugavit.

Schol. in Aesch. *de fals. leg.* 34 (31). See below **278.**

20. Aesch. 3 *in Ctes.* 183: Ἠσάν τινες κατὰ τοὺς τότε καιρούς, οἳ πολὺν πόνον ὑπομείναντες καὶ μεγάλους κινδύνους ἐπὶ τῷ Στρυμόνι ποταμῷ ἐνίκων μαχόμενοι Μήδους· οὗτοι δεῦρο ἀφικόμενοι τὸν δῆμον ᾔτησαν δωρεάν, καὶ ἔδωκεν αὐτοῖς ὁ δῆμος τιμὰς μεγάλας, ὡς τότ' ἐδόκει, τρεῖς λιθίνους Ἑρμᾶς στῆσαι ἐν τῇ στοᾷ τῇ τῶν Ἑρμῶν, ἐφ' ᾧτε μὴ ἐπιγράφειν τὰ ὀνόματα τὰ ἑαυτῶν, ἵνα μὴ τῶν στρατηγῶν, ἀλλὰ τοῦ δήμου δοκῇ εἶναι τὸ ἐπίγραμμα. (184) ὅτι δ' ἀληθῆ λέγω, ἐξ αὐτῶν τῶν ποιημάτων εἴσεσθε. ἐπιγέγραπται γὰρ ἐπὶ τῷ μὲν πρώτῳ τῶν Ἑρμῶν

Ἠν ἄρα κᾀκεῖνοι ταλακάρδιοι, οἵ ποτε Μήδων
παισὶν ἐπ' Ἠιόνι, Στρυμόνος ἀμφὶ ῥοάς,
λιμόν τ' αἴθωνα κρατερόν τ' ἐπάγοντες Ἄρηα
πρῶτοι δυσμενέων εὗρον ἀμηχανίην.

ἐπὶ δὲ τῷ δευτέρῳ

ἡγεμόνεσσι δὲ μισθὸν Ἀθηναῖοι τάδ' ἔδωκαν
ἀντ' εὐεργεσίης καὶ μεγάλης ἀρετῆς.
μᾶλλόν τις τάδ' ἰδὼν καὶ ἐπεσσομένων ἐθελήσει
ἀμφὶ ξυνοῖσι πράγμασι μόχθον ἔχειν.

(185) ἐπὶ δὲ τῷ τρίτῳ ἐπιγέγραπται Ἑρμῇ

ἔκ ποτε τῆσδε πόληος ἅμ' Ἀτρείδῃσι Μενεσθεὺς
ἡγεῖτο ζάθεον Τρωικὸν ἂμ πεδίον,
ὅν ποθ' Ὅμηρος ἔφη Δαναῶν πύκα χαλκοχιτώνων
κοσμητῆρα μάχης ἔξοχον ἄνδρα μολεῖν.
οὕτως οὐδὲν ἀεικὲς Ἀθηναίοισι καλεῖσθαι
κοσμητὰς πολέμου τ' ἀμφὶ καὶ ἠνορέης.

ἔστι που τὸ τῶν στρατηγῶν ὄνομα; οὐδαμοῦ, ἀλλὰ τὸ τοῦ δήμου.

21. Tzetzes *ap. Lycophr. Cass.* v. 417: Ἠιών. πόλις Θρᾴκης ἐπὶ Στρυμόνι . . . περὶ δὲ τὴν Ἠιόνα ταύτην καὶ Ἀθηναῖοι τοὺς Μήδους ἐνίκησαν, καὶ ἔστησαν τοῖς νικήσασιν οἱ λοιποὶ Ἀθηναῖοι Ἑρμᾶς τρεῖς λιθίνους, ἐπιγράψαντες ἐν ἑκάστῳ τῶν Ἑρμῶν, ἐπὶ μὲν τῷ πρώτῳ, οὕτως· κ.τ.λ.

Further campaigning in Thrace.

22. Hdt. vii. 106.

23. Plut. *Cim.* 14: Ἐπεὶ δὲ τῶν Περσῶν τινες οὐκ ἐβούλοντο τὴν Χερρόνησον ἐκλιπεῖν, ἀλλὰ καὶ τοὺς Θρᾷκας ἄνωθεν ἐπεκαλοῦντο καταφρονοῦντες τοῦ Κίμωνος μετ' ὀλίγων παντάπασι τριήρων Ἀθήνηθεν ἐκπεπλευκότος, ὁρμήσας ἐπ' αὐτοὺς τέσσαρσι μὲν ναυσὶ τρισκαίδεκα τὰς ἐκείνων ἔλαβεν, ἐξελάσας δὲ τοὺς Πέρσας καὶ κρατήσας τῶν Θρᾳκῶν πᾶσαν ᾠκειώσατο τῇ πόλει τὴν Χερρόνησον.

24. *C. I. A.* i. 432. Koehler in Hermes 24 (1889) p. 85 ff.
fr. b. vs. 1. . . . . ισ . . ἐν Θάσ[οι]
fr. a. vs. 34. [Μαδ]ύτιοι
[ἐν Καρ]δίαι: Καλλια . .
fr. c. vs. 20. [Αἰγά]ντιο[ι][1]
[ἐπὶ Σιδ]είοι[2]
fr. a. vs. 32. [ἐ]πὶ Σιδείοι[2]
vs. 37. [ἐν Παιό]νι or [ἐν (ἐπ') Ἐϊό]νι.

Skyros and the Bones of Theseus.

25. Thuc. i. 98. 2.

26. Plut. *Cim.* 8: Ὤικισαν δὲ καὶ Σκῦρον ἑλόντος Κίμωνος ἐξ αἰτίας τοιαύτης. Δόλοπες ᾤκουν τὴν νῆσον, ἐργάται κακοὶ γῆς· ληϊζόμενοι δὲ τὴν θάλασσαν ἐκ παλαιοῦ, τελευτῶντες οὐδὲ τῶν εἰσπλεόντων παρ' αὐτοὺς καὶ χρωμένων ἀπείχοντο ξένων, ἀλλὰ Θετταλούς τινας ἐμπόρους περὶ τὸ Κτήσιον ὁρμισαμένους συλήσαντες εἷρξαν. ἐπεὶ δὲ διαδράντες ἐκ τῶν δεσμῶν οἱ ἄνθρωποι δίκην κατεδικάσαντο τῆς πόλεως Ἀμφικτυονικήν, οὐ βουλομένων τὰ χρήματα τῶν πολλῶν συνεκτίνειν, ἀλλὰ τοὺς ἔχοντας καὶ διηρπακότας ἀποδοῦναι κελευόντων, δείσαντες ἐκεῖνοι πέμπουσι γράμματα πρὸς Κίμωνα, κελεύοντες ἥκειν μετὰ τῶν νεῶν ληψόμενον τὴν πόλιν ὑπ' αὐτῶν ἐνδιδομένην. παραλαβὼν δ' οὕτω τὴν νῆσον ὁ Κίμων τοὺς μὲν Δόλοπας ἐξήλασε καὶ τὸν Αἰγαῖον ἠλευθέρωσε, πυνθανόμενος δὲ τὸν παλαιὸν Θησέα τὸν Αἰγέως φυγόντα μὲν ἐξ Ἀθηνῶν εἰς Σκῦρον, αὐτοῦ δ' ἀποθανόντα δόλῳ διὰ φόβον ὑπὸ Λυκομήδους τοῦ βασιλέως, ἐσπούδασε τὸν τάφον ἀνευρεῖν. καὶ γὰρ ἦν χρησμὸς Ἀθηναίοις τὰ Θησέως λείψανα κελεύων ἀνακομίζειν εἰς ἄστυ καὶ τιμᾶν ὡς ἥρωα

[1] Or Βυζά]ντιοι.

[2] Or Σιγείοι.

πρεπόντως, ἀλλ' ἠγνόουν ὅπου κεῖται, Σκυρίων οὐχ ὁμολογούντων οὐδ' ἐώντων ἀναζητεῖν. τότε δὴ πολλῇ φιλοτιμίᾳ τοῦ σηκοῦ μόγις ἐξευρεθέντος, ἐνθέμενος ὁ Κίμων εἰς τὴν αὑτοῦ τριήρη τὰ ὀστᾶ καὶ τἆλλα κοσμήσας μεγαλοπρεπῶς κατήγαγεν εἰς τὴν αὐτοῦ δι' ἐτῶν σχεδὸν τετρακοσίων. ἐφ' ᾧ καὶ μάλιστα πρὸς αὐτὸν ἡδέως ὁ δῆμος ἔσχεν. ἔθεντο δ' εἰς μνήμην αὐτοῦ καὶ τὴν τῶν τραγῳδῶν κρίσιν ὀνομαστὴν γενομένην. πρώτην γὰρ διδασκαλίαν τοῦ Σοφοκλέους ἔτι νέου καθέντος, Ἀψεφίων ὁ ἄρχων, φιλονεικίας οὔσης καὶ παρατάξεως τῶν θεατῶν, κριτὰς μὲν οὐκ ἐκλήρωσε τοῦ ἀγῶνος, ὡς δὲ Κίμων μετὰ τῶν συστρατήγων προελθὼν εἰς τὸ θέατρον ἐποιήσατο τῷ θεῷ τὰς νενομισμένας σπονδάς, οὐκ ἀφῆκεν αὐτοὺς ἀπελθεῖν, ἀλλ' ὁρκώσας ἠνάγκασε καθίσαι καὶ κρῖναι δέκα ὄντας, ἀπὸ φυλῆς μιᾶς ἕκαστον. ὁ μὲν οὖν ἀγὼν καὶ διὰ τὸ τῶν κριτῶν ἀξίωμα τὴν φιλοτιμίαν ὑπερέβαλε. νικήσαντος δὲ τοῦ Σοφοκλέους λέγεται τὸν Αἰσχύλον περιπαθῆ γενόμενον καὶ βαρέως ἐνεγκόντα χρόνον οὐ πολὺν Ἀθήνησι διαγαγεῖν, εἶτ' οἴχεσθαι δι' ὀργὴν εἰς Σικελίαν, ὅπου καὶ τελευτήσας περὶ Γέλαν τέθαπται.

27. Plut. *Thes.* 36: Μετὰ δὲ τὰ Μηδικὰ Φαίδωνος ἄρχοντος μαντευομένοις τοῖς Ἀθηναίοις ἀνεῖλεν ἡ Πυθία τὰ Θησέως ἀναλαβεῖν ὀστᾶ καὶ θεμένους ἐντίμως παρ' αὑτοῖς φυλάττειν. ἦν δὲ καὶ λαβεῖν ἀπορία καὶ γνῶναι τὸν τάφον ἀμιξίᾳ καὶ χαλεπότητι τῶν ἐνοικούντων Δολόπων. οὐ μὴν ἀλλὰ Κίμων ἑλὼν τὴν νῆσον, ὡς ἐν τοῖς περὶ ἐκείνου γέγραπται, καὶ φιλοτιμούμενος ἐξανευρεῖν, ἀετοῦ τινα τόπον βουνοειδῆ κόπτοντος, ὥς φασι, τῷ στόματι καὶ διαστέλλοντος τοῖς ὄνυξι θείᾳ τινὶ τύχῃ συμφρονήσας ἀνέσκαψεν. εὑρέθη δὲ θήκη τε μεγάλου σώματος αἰχμή τε παρακειμένη χαλκῆ καὶ ξίφος. κομισθέντων δὲ τούτων ὑπὸ Κίμωνος ἐπὶ τῆς τριήρους, ἡσθέντες οἱ Ἀθηναῖοι πομπαῖς τε λαμπραῖς ἐδέξαντο καὶ θυσίαις ὥσπερ αὐτὸν ἐπανερχόμενον εἰς τὸ ἄστυ. καὶ κεῖται μὲν ἐν μέσῃ τῇ πόλει παρὰ τὸ νῦν γυμνάσιον, ἔστι δὲ φύξιμον οἰκέταις καὶ πᾶσι τοῖς ταπεινοτέροις καὶ δεδιόσι κρείττονας, ὡς καὶ τοῦ Θησέως προστατικοῦ τινος καὶ βοηθητικοῦ γενομένου καὶ προσδεχομένου φιλανθρώπως τὰς τῶν ταπεινοτέρων δεήσεις.

28. Diod. xi. 60. 2: Σκῦρον δὲ Πελασγῶν ἐνοικούντων καὶ Δολόπων ἐξεπολιόρκησε, καὶ κτίστην Ἀθηναῖον καταστήσας κατεκληρούχησε τὴν χώραν.

29. Corn. Nep. *Cim.* ii. 4: Qua victoria magna praeda potitus cum domum reverteretur, quod iam nonnullae insulae propter acerbitatem imperii defecerant, bene animatas confirmavit, alienatas ad officium redire coëgit. (5) Scyrum, quam eo tempore Dolopes incolebant, quod contumacius se gesserant, vacuefecit, possessores veteres urbe insulaque eiecit, agros civibus divisit.

30. Paus. i. 17. 6 : Ὁ μὲν δὴ Θησέως σηκὸς Ἀθηναίοις ἐγένετο ὕστερον ἢ Μῆδοι Μαραθῶνι ἔσχον, Κίμωνος τοῦ Μιλτιάδου Σκυρίους ποιήσαντος ἀναστάτους, δίκην δὴ τοῦ Θησέως θανάτου, καὶ τὰ ὀστᾶ κομίσαντος ἐς Ἀθήνας.

31. *Id.* iii. 3. 7 : Τῷ χρησμῷ δὲ τῷ γενομένῳ Λακεδαιμονίοις ἐς τοῦ Ὀρέστου τὰ ὀστᾶ καὶ Ἀθηναίοις ὕστερον ἐοικότα ἐχρήσθη κατάγουσιν ἐς Ἀθήνας ἐκ Σκύρου Θησέα, ἄλλως δὲ οὐκ εἶναί σφισιν ἑλεῖν Σκῦρον. ἀνεῦρέ τε δὴ τὰ ὀστᾶ τοῦ Θησέως Κίμων ὁ Μιλτιάδου, σοφίᾳ χρησάμενος καὶ οὗτος, καὶ μετ' οὐ πολὺ εἷλε τὴν Σκῦρον.

32. Ael. Arist. ὑπὲρ τ. τ. 241 J. (Dind. ii. p. 315): Καίτοι ὁ Θησεὺς φυγών τε καὶ διαφθαρεὶς ἐν τῇ Σκύρῳ τελευτῶν οὐκ ἄτιμος ἔμεινε παρὰ τῷ θεῷ, ἀλλ' ἐπέταξεν Ἀθηναίοις μετενεγκεῖν αὐτοῦ τὰ ὀστᾶ, πολλοῖς ὕστερον χρόνοις, ὥς φασιν.

33. Schol. *ad loc.* (Dind. iii. p. 688): Ὕστερον δὲ λιμοῦ κατασχόντος Ἀθήνας, ἔχρησεν ὁ Ἀπόλλων, οὐκ ἂν ἄλλως παύσασθαι τὸν λιμὸν εἰ μὴ Ἀθήνησι μετενέγκειεν τὰ Θησέως ὀστᾶ· οὗ γενομένου ὁ λιμὸς ἔπαυσεν. ἐξ ἐκείνου δὲ Ἀθηναῖοι ἦγον μεγίστην καὶ δημοτελῆ ἑορτήν, ἣν ἐκάλουν Θησεῖα.

34. Schol. in Ar. *Plut.* 627: Ὦ πλεῖστα Θησείοις μεμυστιλημένοι: . . . μετὰ τὸ χαρίσασθαι τὴν δημοκρατίαν τοῖς Ἀθηναίοις τὸν Θησέα, Λύκος τις συκοφαντήσας ἐποίησεν ἐξοστρακισθῆναι τὸν ἥρωα· ὁ δὲ παραγενόμενος εἰς Σκῦρον διῆγε παρὰ Λυκομήδει τῷ δυνάστῃ τῆς νήσου, ὃς ζηλοτυπήσας ἀναιρεῖ αὐτὸν δόλῳ. Ἀθηναῖοι δὲ λοιμώξαντες καὶ κελευσθέντες ἐκδικῆσαι τῷ Θησεῖ, τὸν μὲν Λυκομήδην ἀνεῖλον, τὰ δὲ ὀστᾶ μεταστειλάμενοι καὶ τὸ Θησεῖον οἰκοδομήσαντες ἰσοθέους αὐτῷ τιμὰς νέμουσιν.

35. Plin. *N. H.* xviii. 12. 65: Hae fuere sententiae Alexandro Magno regnante, cum clarissima fuit Graecia, atque in toto terrarum orbe potentissima, ita tamen, ut ante mortem eius annis fere CXLV Sophocles poeta in fabula Triptolemo frumentum Italicum ante cuncta laudaverit ad verbum tralata sententia, *et fortunatam Italiam frumento serere candido.*

36. Marm. Par. 56 (72): Ἀφ' οὗ Σοφοκλῆς ὁ Σοφίλλου ὁ ἐκ Κολωνοῦ ἐνίκησε τραγῳδίᾳ ἐτῶν ὢν ΔΔΠΙΙΙ, ἔτη ΗΗΠΙ, ἄρχοντος Ἀθήνησι Ἀψηφίονος.

Karystos.

37. Thuc. i. 98. 3; vii. 57. 4; Hdt. ix. 105.

38. *C. I. A.* i. 402: Ἑρμόλυκος | Διειτρέφος | ἀπαρχέν. | Κρεσίλας | ἐπόεσεν. See Kirchhoff's note. Cf. Paus. i. 23. 10.

Karystian Tribute.

39. *C. I. A.* i. 229. (i.) 11 b. See **II. 4.**
C. I. A. i. 230. (iv.) 20 b. See **II. 5.**
C. I. A. i. 233. (ii.) 9 b. See **II. 8.**
C. I. A. i. 237. (v.) 20. See **II. 12.**

Naxos.

40. Thuc. i. 98. 4; 137. 2.

41. Ar. *Vesp.* 354:

ΧΟ. μέμνησαι δῆθ', ὅτ' ἐπὶ στρατιᾶς κλέψας ποτὲ τοὺς ὀβελίσκους
ἵεις σαυτὸν κατὰ τοῦ τείχους ταχέως, ὅτε Νάξος ἑάλω;

Plut. *Per.* xi. See below **V. 89.**

The Eurymedon.

42. Thuc. i. 100. 1.

43. Plut. *Cim.* 12: Καὶ μὴν αὐτοῦ γε τοῦ μεγάλου βασιλέως οὐδεὶς ἐταπείνωσε καὶ συνέστειλε τὸ φρόνημα μᾶλλον ἢ Κίμων. οὐ γὰρ ἀνῆκεν ἐκ τῆς Ἑλλάδος ἀπηλλαγμένον, ἀλλ' ὥσπερ ἐκ ποδὸς διώκων, πρὶν διαπνεῦσαι καὶ στῆναι τοὺς βαρβάρους, τὰ μὲν ἐπόρθει καὶ κατεστρέφετο, τὰ δὲ ἀφίστη καὶ προσήγετο τοῖς Ἕλλησιν, ὥστε τὴν ἀπ' Ἰωνίας Ἀσίαν ἄχρι Παμφυλίας παντάπασι Περσικῶν ὅπλων ἐρημῶσαι. Πυθόμενος δὲ τοὺς βασιλέως στρατηγοὺς μεγάλῳ στρατῷ καὶ ναυσὶ πολλαῖς ἐφεδρεύειν περὶ Παμφυλίαν, καὶ βουλόμενος αὐτοῖς ἄπλουν καὶ ἀνέμβατον ὅλως ὑπὸ φόβου τὴν ἐντὸς Χελιδονίων ποιήσασθαι θάλατταν, ὥρμησεν ἄρας ἀπὸ Κνίδου καὶ Τριοπίου διακοσίαις τριήρεσι, πρὸς μὲν τάχος ἀπ' ἀρχῆς καὶ περιαγωγὴν ὑπὸ Θεμιστοκλέους ἄριστα κατεσκευασμέναις, ἐκεῖνος δὲ τότε καὶ πλατυτέρας ἐποίησεν αὐτὰς καὶ διάβασιν τοῖς καταστρώμασιν ἔδωκεν, ὡς ἂν ὑπὸ πολλῶν ὁπλιτῶν μαχιμώτεραι προσφέροιντο τοῖς πολεμίοις. ἐπιπλεύσας δὲ τῇ πόλει τῶν Φασηλιτῶν, Ἑλλήνων μὲν ὄντων, οὐ δεχομένων δὲ τὸν στόλον οὐδὲ βουλομένων ἀφίστασθαι βασιλέως, τήν τε χώραν κακῶς ἐποίει καὶ προσέβαλλε τοῖς τείχεσιν. οἱ δὲ Χῖοι συμπλέοντες αὐτῷ, πρὸς δὲ τοὺς Φασηλίτας ἐκ παλαιοῦ φιλικῶς ἔχοντες, ἅμα μὲν τὸν Κίμωνα κατεπράϋνον, ἅμα δὲ τοξεύοντες ὑπὲρ τὰ τείχη βιβλίδια προσκείμενα τοῖς ὀϊστοῖς ἐξήγγελλον τοῖς Φασηλίταις. τέλος δὲ διήλλαξεν αὐτούς, ὅπως δέκα τάλαντα δόντες ἀκολουθῶσι καὶ συστρατεύωσιν ἐπὶ τοὺς βαρβάρους. Ἔφορος μὲν οὖν Τιθραύστην φησὶ τῶν βασιλικῶν νεῶν ἄρχειν καὶ τοῦ πεζοῦ Φερενδάτην, Καλλισθένης δ' Ἀριομάνδην τὸν Γωβρύου κυριώτατον ὄντα τῆς δυνάμεως παρὰ τὸν Εὐρυμέδοντα ταῖς ναυσὶ παρορμεῖν, οὐκ ὄντα μάχεσθαι τοῖς Ἕλλησι πρόθυμον, ἀλλὰ προσδεχόμενον ὀγδοήκοντα ναῦς Φοινίσσας ἀπὸ Κύπρου προσπλεούσας. ταύτας φθῆναι βουλόμενος ὁ Κίμων ἀνήχθη, βιάζεσθαι παρεσκευασμένος, ἂν ἑκόντες μὴ ναυμαχῶσιν. οἱ δὲ πρῶτον μέν, ὡς μὴ βιασθεῖεν, εἰς τὸν ποταμὸν εἰσωρμίσαντο, προσφερομένων δὲ τῶν Ἀθηναίων ἀντεξέπλευσαν, ὡς ἱστορεῖ Φανόδημος, ἑξακοσίαις ναυσίν, ὡς δ' Ἔφορος, πεντήκοντα καὶ τριακοσίαις. ἔργον δὲ κατὰ γοῦν τὴν θάλατταν οὐδὲν ὑπ' αὐτῶν ἐπράχθη τῆς δυνάμεως ἄξιον, ἀλλ' εὐθὺς εἰς τὴν γῆν ἀποστρέφοντες ἐξέπιπτον οἱ πρῶτοι καὶ κατέφευγον εἰς τὸ πεζὸν ἐγγὺς παρατεταγμένον, οἱ δὲ καταλαμβανόμενοι διεφθείροντο μετὰ τῶν νεῶν. ᾧ καὶ δῆλόν ἐστιν, ὅτι πάμπολλαί τινες αἱ πεπληρωμέναι τοῖς βαρβάροις νῆες ἦσαν, ὅτε πολλῶν μέν, ὡς εἰκός, ἐκφυγουσῶν, πολλῶν δὲ συντριβεισῶν, ὅμως αἰχμαλώτους διακοσίας ἔλαβον οἱ Ἀθηναῖοι. (13) τῶν δὲ πεζῶν ἐπικαταβάντων πρὸς τὴν θάλασσαν μέγα μὲν ἔργον ἐφαίνετο τῷ Κίμωνι τὸ βιάζεσθαι τὴν ἀπόβασιν καὶ κεκμηκότας ἀκμῆσι καὶ πολλαπλασίοις ἐπάγειν τοὺς Ἕλληνας, ὅμως δὲ ῥώμῃ καὶ φρονήματι τοῦ κρατεῖν ὁρῶν ἐπηρμένους καὶ προθύμους ὁμόσε χωρεῖν τοῖς βαρβάροις, ἀπεβίβαζε τοὺς ὁπλίτας ἔτι θερμοὺς τῷ κατὰ τὴν ναυμαχίαν ἀγῶνι μετὰ κραυγῆς καὶ δρόμου προσφερομένους. ὑποστάντων δὲ τῶν Περσῶν καὶ δεξαμένων οὐκ ἀγεννῶς κρατερὰ μάχη συνέστη· καὶ τῶν Ἀθηναίων ἄνδρες ἀγαθοὶ καὶ τοῖς ἀξιώμασι πρῶτοι καὶ διαπρεπεῖς ἔπεσον. πολλῷ δ' ἀγῶνι τρεψάμενοι τοὺς βαρβάρους ἔκτεινον, εἶτα ᾕρουν αὐτούς τε καὶ σκηνὰς παντοδαπῶν χρημάτων γεμούσας. Κίμων δ' ὥσπερ ἀθλητὴς δεινὸς ἡμέρᾳ μιᾷ δύο καθῃρηκὼς ἀγωνίσματα, καὶ τὸ μὲν ἐν Σαλαμῖνι πεζομαχίᾳ, τὸ δ' ἐν Πλαταιαῖς ναυμαχίᾳ παρεληλυθὼς τρόπαιον, ἐπηγωνίσατο ταῖς νίκαις, καὶ τὰς ὀγδοήκοντα Φοινίσσας τριήρεις, αἳ τῆς μάχης ἀπελείφθησαν, Ὕδρῳ προσβεβληκέναι πυθόμενος διὰ τάχους ἔπλευσεν, οὐδὲν εἰδότων βέβαιον οὔπω περὶ τῆς μείζονος δυνάμεως τῶν στρατηγῶν, ἀλλὰ δυσπίστως ἔτι καὶ μετεώρως ἐχόντων· ᾗ καὶ μᾶλλον ἐκπλαγέντες ἀπώλεσαν τὰς ναῦς ἁπάσας, καὶ τῶν ἀνδρῶν οἱ πλεῖστοι συνδιεφθάρησαν.

44. Corn. Nep. *Cim.* ii. 2: Idem iterum *imperator* apud Mycalen Cypriorum et Phoenicum ducentarum navium classem devictam cepit (3) eodemque die pari fortuna in terra usus est. namque hostium navibus captis statim ex classe copias suas eduxit barbarorumque maximam vim uno concursu prostravit.

45. Lycurg. *in Leocr.* 72: Ἐπ' Εὐρυμέδοντι δὲ καὶ πεζομαχοῦντες καὶ ναυμαχοῦντες ἐνίκησαν, ἑκατὸν δὲ τριήρεις τῶν βαρβάρων αἰχμαλώτους ἔλαβον, ἅπασαν δὲ τὴν Ἀσίαν κακῶς ποιοῦντες περιέπλευσαν.

46. Diod. xi. 60. 3: Μετὰ δὲ ταῦτα μειζόνων πράξεων ἄρξασθαι διανοούμενος, κατέπλευσεν εἰς τὸν Πειραιᾶ, καὶ προσλαβόμενος πλείους τριήρεις καὶ τὴν ἄλλην χορηγίαν ἀξιόλογον παρασκευασάμενος, τότε μὲν ἐξέπλευσεν ἔχων τριήρεις διακοσίας, ὕστερον δὲ μεταπεμψάμενος παρὰ τῶν Ἰώνων καὶ τῶν ἄλλων ἁπάντων τὰς ἁπάσας εἶχε τριακοσίας. (4) πλεύσας οὖν μετὰ παντὸς τοῦ στόλου πρὸς τὴν Καρίαν, τῶν παραθαλαττίων πόλεων ὅσαι μὲν ἦσαν ἐκ τῆς Ἑλλάδος ἀπῳκισμέναι, ταύτας παραχρῆμα συνέπεισεν ἀποστῆναι τῶν Περσῶν, ὅσαι δ' ὑπῆρχον δίγλωττοι καὶ φρουρὰς ἔχουσαι Περσικάς, βίαν προσάγων ἐπολιόρκει. προσαγαγόμενος δὲ τὰς κατὰ τὴν Καρίαν πόλεις, ὁμοίως καὶ τὰς ἐν τῇ Λυκίᾳ πείσας προσελάβετο. (5) παρὰ δὲ τῶν ἀεὶ προστιθεμένων συμμάχων προσλαβόμενος ναῦς ἐπὶ πλέον ηὔξησε τὸν στόλον. οἱ δὲ Πέρσαι τὸ μὲν πεζὸν στράτευμα δι' ἑαυτῶν κατεσκεύασαν, τὸ δὲ ναυτικὸν ἤθροισαν ἔκ τε Φοινίκης καὶ Κύπρου καὶ Κιλικίας· ἐστρατήγει δὲ τῶν Περσικῶν δυνάμεων Τιθραύστης, υἱὸς ὢν Ξέρξου νόθος. (6) Κίμων δὲ πυνθανόμενος τὸν στόλον τῶν Περσῶν διατρίβειν περὶ τὴν Κύπρον, καὶ πλεύσας ἐπὶ τοὺς βαρβάρους, ἐναυμάχησε διακοσίαις καὶ πεντήκοντα ναυσὶ πρὸς τριακοσίας καὶ τετταράκοντα. γενομένου δ' ἀγῶνος ἰσχυροῦ καὶ τῶν στόλων ἀμφοτέρων λαμπρῶς ἀγωνιζομένων, τὸ τελευταῖον ἐνίκων οἱ Ἀθηναῖοι, καὶ πολλὰς μὲν τῶν ἐναντίων ναῦς διέφθειραν, πλείους δὲ τῶν ἑκατὸν σὺν αὐτοῖς τοῖς ἀνδράσιν εἷλον. (7) τῶν δὲ λοιπῶν νεῶν καταφυγουσῶν εἰς τὴν Κύπρον, οἱ μὲν ἐν αὐταῖς ἄνδρες εἰς τὴν γῆν ἀπεχώρησαν, αἱ δὲ νῆες κεναὶ τῶν βοηθούντων οὖσαι τοῖς πολεμίοις ἐγενήθησαν ὑποχείριοι.

(61) Μετὰ δὲ ταῦτα ὁ μὲν Κίμων οὐκ ἀρκεσθεὶς τηλικαύτῃ νίκῃ παραχρῆμα παντὶ τῷ στόλῳ προσκατῆρεν ἐπὶ τὸ πεζὸν τῶν Περσῶν στρατόπεδον, οὔσης τῆς παρεμβολῆς παρὰ τὸν Εὐρυμέδοντα ποταμόν. βουλόμενος δὲ καταστρατηγῆσαι τοὺς βαρβάρους, ἐνεβίβασεν εἰς τὰς αἰχμαλωτίδας ναῦς τῶν ἰδίων τοὺς ἀρίστους, δοὺς τιάρας καὶ τὴν ἄλλην κατασκευὴν περιθεὶς Περσικήν. (2) οἱ δὲ βάρβαροι προσπλέοντος ἄρτι τοῦ στόλου ταῖς Περσικαῖς ναυσὶ καὶ παρασκευαῖς ψευσθέντες ὑπέλαβον τὰς ἰδίας τριήρεις εἶναι. διόπερ οὗτοι μὲν προσεδέξαντο τοὺς Ἀθηναίους ὡς φίλους ὄντας, ὁ δὲ Κίμων ἤδη νυκτὸς ἐπιγενομένης ἐκβιβάσας τοὺς στρατιώτας, καὶ προσδεχθεὶς ὡς φίλος ὑπ' αὐτῶν, εἰσέπεσεν εἰς τὴν στρατοπεδείαν τῶν βαρβάρων. (3) ταραχῆς δὲ μεγάλης γενομένης παρὰ τοῖς Πέρσαις, οἱ μὲν περὶ τὸν Κίμωνα πάντας τοὺς ἐντυγχάνοντας ἔκτειναν, καὶ τὸν μὲν στρατηγὸν τῶν βαρβάρων τὸν ἕτερον Φερενδάτην, ἀδελφιδοῦν τοῦ βασιλέως, ἐν τῇ σκηνῇ καταλαβόντες ἐφόνευσαν, τῶν δ' ἄλλων οὓς μὲν ἔκτεινον, οὓς δὲ κατετραυμάτιζον, πάντας δὲ διὰ τὸ παράδοξον τῆς ἐπιθέσεως φεύγειν ἠνάγκασαν, καθόλου δ' ἔκπληξις ἅμα καὶ ἄγνοια τοιαύτη κατεῖχε τοὺς Πέρσας, ὥσθ' οἱ πλείους τοὺς ἐπιτιθεμένους αὐτοῖς οἵτινες ἦσαν οὐκ ἐγίνωσκον. (4) τοὺς μὲν γὰρ Ἕλληνας οὐχ ὑπελάμβανον ἥκειν πρὸς αὐτοὺς μετὰ δυνάμεως, τὸ σύνολον μηδ' ἔχειν αὐτοὺς πεζὴν στρατιὰν πεπεισμένοι· τοὺς δὲ Πισίδας, ὄντας ὁμόρους καὶ τὰ πρὸς αὐτοὺς ἀλλοτρίως ἔχοντας, ὑπελάμβανον ἥκειν μετὰ δυνάμεως. διὸ καὶ νομίσαντες ἀπὸ τῆς ἠπείρου τὴν ἐπιφορὰν εἶναι τῶν πολεμίων, πρὸς τὰς ναῦς ὡς πρὸς φιλίας ἔφευγον. (5) τῆς δὲ νυκτὸς οὔσης ἀσελήνου καὶ σκοτεινῆς συνέβαινε τὴν ἄγνοιαν πολὺ μᾶλλον αὔξεσθαι καὶ μηδένα τἀληθὲς δύνασθαι ἰδεῖν. (6) διὸ καὶ πολλοῦ φόνου γενομένου διὰ τὴν ἀταξίαν τῶν βαρβάρων, ὁ μὲν Κίμων προειρηκὼς τοῖς στρατιώταις πρὸς τὸν ἀρθησόμενον πυρσὸν συντρέχειν, ἦρε πρὸς ταῖς ναυσὶ σύσσημον, εὐλαβούμενος μὴ διεσπαρμένων τῶν στρατιωτῶν καὶ πρὸς ἁρπαγὴν ὁρμησάντων γένηταί τι παράλογον. (7) πάντων δὲ πρὸς τὸν πυρσὸν ἀθροισθέντων καὶ παυσαμένων τῆς ἁρπαγῆς, τότε μὲν εἰς τὰς ναῦς ἀπεχώρησαν, τῇ δ' ὑστεραίᾳ τρόπαιον στήσαντες ἀπέπλευσαν εἰς τὴν Κύπρον, νενικηκότες δύο καλλίστας νίκας, τὴν μὲν κατὰ γῆν, τὴν δὲ κατὰ θάλατταν· οὐδέπω γὰρ μνημονεύονται τοιαῦται καὶ τηλικαῦται πράξεις γενέσθαι κατὰ τὴν αὐτὴν ἡμέραν καὶ ναυτικῷ καὶ πεζῷ στρατοπέδῳ.

(62) Κίμων δὲ διὰ τῆς ἰδίας στρατηγίας καὶ ἀρετῆς μεγάλα κατωρθωκώς, περιβόητον ἔσχε τὴν δόξαν οὐ μόνον παρὰ τοῖς πολίταις ἀλλὰ καὶ παρὰ τοῖς ἄλλοις Ἕλλησιν. αἰχμαλώτους γὰρ εἰλήφει [τριήρεις] τριακοσίας καὶ τετταράκοντα ναῦς, ἄνδρας δὲ ὑπὲρ τοὺς δισμυρίους, χρημάτων δὲ πλῆθος ἀξιόλογον. (2) οἱ δὲ Πέρσαι τηλικούτοις ἐλαττώμασι περιπεπτωκότες ἄλλας τριήρεις πλείους, κατεσκεύασαν, φοβούμενοι τὴν τῶν Ἀθηναίων αὔξησιν. ἀπὸ γὰρ τούτων τῶν χρόνων ἡ πόλις τῶν Ἀθηναίων πολλὴν ἐπίδοσιν ἐλάμβανε, χρημάτων τε πλήθει κατασκευασθεῖσα καὶ δόξης μεγάλης ἐν ἀνδρείᾳ καὶ στρατηγίᾳ τυχοῦσα. (3) ὁ δὲ δῆμος τῶν Ἀθηναίων δεκάτην ἐξελόμενος ἐκ τῶν λαφύρων ἀνέθηκε τῷ θεῷ, καὶ τὴν ἐπιγραφὴν ἐπὶ τὸ κατασκευασθὲν ἀνάθημα ἐνέγραψε τήνδε,

ἐξ οὗ γ' Εὐρώπην Ἀσίας δίχα πόντος ἔνειμε,
καὶ πόλιας θνητῶν θοῦρος Ἄρης ἐπέχει,
οὐδέν πω τοιοῦτον ἐπιχθονίων γένετ' ἀνδρῶν
ἔργον ἐν ἠπείρῳ καὶ κατὰ πόντον ἅμα.
οἵδε γὰρ ἐν Κύπρῳ Μήδους πολλοὺς ὀλέσαντες,
Φοινίκων ἑκατὸν ναῦς ἕλον ἐν πελάγει,
ἀνδρῶν πληθούσας, μέγα δ' ἔστενεν Ἀσὶς ὑπ' αὐτῶν
πληγεῖσ' ἀμφοτέραις χερσί, κράτει πολέμου.

Ταῦτα μὲν οὖν ἐπράχθη κατὰ τοῦτον τὸν ἐνιαυτόν.

47. Aristod. xi. 2 (*F. H. G.* v. p. 13): Κίμωνος δὲ τοῦ Μιλτιάδου στρατηγοῦντος ἀνέπλευσαν ἐπὶ τὴν Παμφυλίαν κατὰ τὸν λεγόμενον Εὐρυμέδοντα ποταμόν, καὶ ἐναυμάχησαν Φοίνιξι καὶ Πέρσαις, καὶ λαμπρὰ ἔργα ἐπεδείξαντο, ἑκατόν τε ναῦς ἑλόντες αὐτάνδρους ἐπεζομάχησαν, καὶ δύο τρόπαια ἔστησαν, τὸ μὲν κατὰ γῆν, τὸ δὲ κατὰ θάλατταν.

48. Eusebius (*Sync.* 470. 7): Κίμων ἐπ' Εὐρυμέδοντι Πέρσας ἐνίκα ναυμαχίᾳ καὶ πεζομαχίᾳ. καὶ ὁ Μηδικὸς πόλεμος ἐπαύσατο διὰ φιβάλεις ἰσχάδας συστὰς Πέρσαις καὶ Ἀθηναίοις καὶ πᾶσιν Ἕλλησιν ἀπ' αὐτοῦ. Φιβαλεῖς δὲ δῆμος τῆς Ἀττικῆς. *Hieron. Ol.* 79, 4: Cimon iuxta Eurymedontem Persas navali pedestrique certamine superat et Medicum bellum conquiescit. *Vers. Arm.* Cimon iuxta fluvium Eurimedontem et Persas navali proelio vincebat, et Medicum bellum cessabat (sedebatur).

49. Polyaenus i. 34: Κίμων ἐπ' Εὐρυμέδοντι ποταμῷ νικᾷ τοὺς βασιλέως σατράπας καὶ πολλὰ σκάφη βαρβαρικὰ ἑλὼν ἐς ταῦτα τοὺς Ἕλληνας ἐμβῆναι κελεύει καὶ στολὰς ἐνδῦναι Μηδικὰς καὶ πλεῖν ἐπὶ

Κύπρου. Κύπριοι τῇ ὄψει τοῦ βαρβαρικοῦ σχήματος ἐξαπατώμενοι τὸν στόλον ὡς φίλιον ὑποδέχονται· οἱ δὲ ἀποβάντες καὶ σφόδρα γε ἀντὶ βαρβάρων Ἕλληνες ἐφάνησαν καὶ Κυπρίους ἐνίκησαν μείζω τὴν ἔκπληξιν τῆς δυνάμεως ἔχοντες.

50. Frontinus, *Strat.* ii. 9. 10: Cimon dux Atheniensium, victa classe Persarum apud insulam Cypron, milites suos captivis armis induit et eisdem barbarorum navibus ad hostem navigavit in Pamphyliam apud flumen Eurymedonta. Persae, qui et navigia et habitum superstantium adgnoscerent, nihil caverunt: subito itaque oppressi eodem die et navali et pedestri proelio victi sunt.

51. Suidas Κίμων, Μιλτιάδου, ἐπὶ τοὺς σὺν Θεμιστοκλεῖ κατελθόντας βαρβάρους ἐστρατήγησε, καὶ πλεύσας εἰς Κύπρον καὶ Παμφυλίαν ἐπολέμησε, καὶ ἐπ' Εὐρυμέδοντι ποταμῷ ναυσὶ καὶ πεζῷ νικᾷ ἐπὶ τῆς αὐτῆς ἡμέρας.

52. Paus. x. 15. 4: Τὸν δὲ φοίνικα ἀνέθεσαν Ἀθηναῖοι τὸν χαλκοῦν, καὶ αὐτὸν καὶ Ἀθηνᾶς ἄγαλμα ἐπίχρυσον ἐπὶ τῷ φοίνικι, ἀπὸ ἔργων ὧν ἐπ' Εὐρυμέδοντι ἐν ἡμέρᾳ τῇ αὐτῇ τὸ μὲν πεζῇ, τὸ δὲ ναυσὶν ἐν τῷ ποταμῷ κατώρθωσαν. τούτου τοῦ ἀγάλματος ἐνιαχοῦ τὸν ἐπ' αὐτῷ χρυσὸν ἐθεώμην λελυμασμένον. ἐγὼ μὲν δὴ τὸ ἔγκλημα ἐς κακούργους τε ἦγον καὶ φῶρας ἀνθρώπους· Κλειτόδημος δέ, ὁπόσοι τὰ Ἀθηναίων ἐπιχώρια ἔγραψαν ὁ ἀρχαιότατος, οὗτος ἐν τῷ λόγῳ φησὶ τῷ Ἀττικῷ, ὅτε Ἀθηναῖοι παρεσκευάζοντο ἐπὶ Σικελίᾳ τὸν στόλον, ὡς ἔθνος τι ἄπειρον κοράκων κατῆρε τότε ἐς Δελφούς, καὶ περιέκοπτόν τε τοῦ ἀγάλματος τούτου καὶ ἀπέρρησσον τοῖς ῥάμφεσιν ἀπ' αὐτοῦ τὸν χρυσόν· λέγει δὲ καὶ ὡς τὸ δόρυ καὶ τὰς γλαῦκας καὶ ὅσος καρπὸς ἐπὶ τῷ φοίνικι ἐπεποίητο ἐς μίμησιν τῆς ὀπώρας, κατακλάσαιεν καὶ ταῦτα οἱ κόρακες.

53. Ael. Arist. ὑπ. τ. τ. 156 J. (ii. p. 209 Dind.): Ἐπὶ δὲ Εὐρυμέδοντι ποταμῷ ναυμαχίας καὶ πεζομαχίας μνημεῖα ἔστησεν ἀμφότερα ἡμέρᾳ μιᾷ νικῶν. ὥστε τοῖς προτέροις ἔργοις ἐκπεπληγμένων τῶν ποιητῶν τοῖς ὅτ' ἐπῄεσαν οἱ βάρβαροι πραχθεῖσιν, ὅμως τις ὕμνησεν αὐτῶν εἰς ταῦτα ὕστερον, οὐ πάντα, ἀλλὰ μιᾶς τινος ἡμέρας ἔργα·

ἐξ οὗτ' Εὐρώπην Ἀσίας δίχα πόντος ἔκρινε
καὶ πόλιας θνητῶν θοῦρος Ἄρης ἐφέπει,
οὐδενί πω κάλλιον ἐπιχθονίων γένετ' ἀνδρῶν
ἔργον ἐν ἠπείρῳ καὶ κατὰ πόντον ὁμοῦ.

οἵδε γὰρ ἐν γαίῃ Μήδων πολλοὺς ὀλέσαντες
Φοινίκων ἑκατὸν ναῦς ἕλον ἐν πελάγει
ἀνδρῶν πληθούσας, μέγα δ' ἔστενεν Ἀσὶς ὑπ' αὐτῶν
πληγεῖσ' ἀμφοτέραις χερσὶ κράτει πολέμου.

Cf. π. τ. παραφθ. 380 J. (ii. p. 512 Dind.).

54. Anthol. Pal. vii. 296. Σιμωνίδου τοῦ Κῄου[1].

Ἐξ οὗ τ' Εὐρώπαν Ἀσίας δίχα πόντος ἔνειμε,
καὶ πόλεμον λαῶν θοῦρος Ἄρης ἐφέπει,
οὐδαμά πω κάλλιον ἐπιχθονίων γένετ' ἀνδρῶν
ἔργον ἐν ἠπείρῳ καὶ κατὰ πόντον ἅμα.
οἵδε γὰρ ἐν Κύπρῳ Μήδων πολλοὺς ὀλέσαντες
Φοινίκων ἑκατὸν ναῦς ἕλον ἐν πελάγει
ἀνδρῶν πληθούσας· μέγα δ' ἔστενεν [Ἀσὶς ὑπ' αὐτῶν]
πληγεῖσ' ἀμφοτέραις χερσὶ κράτει πολέμου.

Lykian Tribute.

55. *C. I. A.* i. 234. (iii.) 31. See **II. 9.**

Phaselis.

56. *C. I. A.* i. 226. (iii.) 5 b. See **II. 1.**
C. I. A. i. 228. (i.) 9. See **II. 3.**
C. I. A. i. 229. (i.) 1. See **II. 4.**
C. I. A. i. 230 fr. 25, (ii.) 12. See **II. 5.**
C. I. A. i. 231. (iii.) 24. See **II. 6.**
C. I. A. i. 244. (i.) 41. See **II. 19.**

Revolt of Thasos.

57. Thuc. i. 100. 2; 101. 1, 3.

58. Diod. xi. 70: Ἐπ' ἄρχοντος δ' Ἀθήνησιν Ἀρχεδημίδου . . . ὀλυμπιὰς δ' ἤχθη ἑβδομηκοστὴ καὶ ἐνάτη, καθ' ἣν ἐνίκα στάδιον Ξενοφῶν Κορίνθιος. ἐπὶ δὲ τούτων ἀποστάντες Θάσιοι ἀπὸ Ἀθηναίων, μετάλλων ἀμφισβητοῦντες, ἐκπολιορκηθέντες ὑπὸ τῶν Ἀθηναίων, ἠναγκάσθησαν πάλιν ὑπ' ἐκείνους τάττεσθαι.

59. Plut. *Cim.* 14: Ἐκ δὲ τούτου Θασίους μὲν ἀποστάντας Ἀθηναίων καταναυμαχήσας τρεῖς καὶ τριάκοντα ναῦς ἔλαβε καὶ τὴν

[1] Lemma Σ. τοῦ Κῄου, εἰς τοὺς μετὰ Κίμωνος στρατευσαμένους ἐν Κύπρῳ Ἀθηναίους, ὅτε τὰς ρ' ναῦς τῶν Φοινίκων ἔλαβεν.

πόλιν ἐξεπολιόρκησε καὶ τὰ χρυσεῖα τὰ πέραν Ἀθηναίοις προσεκτήσατο καὶ χώραν, ἧς ἐπῆρχον Θάσιοι, παρέλαβεν. ἐκεῖθεν δὲ ῥᾳδίως ἐπιβῆναι Μακεδονίας καὶ πολλὴν ἀποτεμέσθαι παρασχόν, ὡς ἐδόκει, μὴ θελήσας αἰτίαν ἔσχε δώροις ὑπὸ τοῦ βασιλέως Ἀλεξάνδρου συμπεπεῖσθαι, καὶ δίκην ἔφυγε τῶν ἐχθρῶν συστάντων ἐπ' αὐτόν.

60. Corn. Nep. *Cim.* ii. 5. Thasios opulentia fretos suo adventu fregit.

Thasian Tribute.

61. *C. I. A.* i. 226. (iv.) 14. See **II. 1.**
C. I. A. i. 228. (v.) 20. See **II. 3.**
C. I. A. i. 231. (v.) 9. See **II. 6.**
C. I. A. i. 236. (iii.) 15. See **II. 11.**
C. I. A. i. 242. (vi.) 7. See **II. 17.**

62. *C. I. A.* i. 259 (Ol. 88. 4?); ii. 9: XXX Θάσιοι.

The Disaster of Ennea Hodoi.

63. Thuc. i. 100. 3; iv. 102. 2.

64. Diod. xi. 70. 5: Ἅμα δὲ τούτοις πραττομένοις Ἀθηναῖοι θαλαττοκρατοῦντες εἰς Ἀμφίπολιν ἐξέπεμψαν οἰκήτορας μυρίους, οὓς μὲν ἐκ τῶν πολιτῶν, οὓς δ' ἐκ τῶν συμμάχων καταλέξαντες, καὶ τὴν χώραν κατακληρουχήσαντες μέχρι μέν τινος ἐκράτουν τῶν Θρᾳκῶν, ὕστερον δὲ αὐτῶν ἀναβάντων εἰς Θρᾴκην συνέβη πάντας τοὺς εἰσβαλόντας εἰς τὴν χώραν τῶν Θρᾳκῶν ὑπὸ τῶν Ἠδωνῶν καλουμένων διαφθαρῆναι.

65. Diod. xii. 68. 1: Ταύτην δὲ τὴν πόλιν πρότερον μὲν ἐπεχείρησεν οἰκίζειν Ἀρισταγόρας ὁ Μιλήσιος, φεύγων Δαρεῖον τὸν βασιλέα τῶν Περσῶν· (2) ἐκείνου δὲ τελευτήσαντος, καὶ τῶν οἰκητόρων ἐκπεσόντων ὑπὸ Θρᾳκῶν τῶν ὀνομαζομένων Ἠδωνῶν, μετὰ ταῦτα ἔτεσι δυσὶ πρὸς τοῖς τριάκοντα Ἀθηναῖοι μυρίους οἰκήτορας εἰς αὐτὴν ἐξέπεμψαν. ὁμοίως δὲ καὶ τούτων ὑπὸ Θρᾳκῶν διαφθαρέντων περὶ Δράβησκον, διαλιπόντες ἔτη δύο πάλιν ἀνεκτήσαντο τὴν πόλιν Ἅγνωνος ἡγουμένου.

66. Hdt. ix. 75. Cf. Thuc. i. 51. 4. *C. I. A.* i. 179, vv. 18, 19. Platon. Com. *Fr.* 64 (Kock, i. p. 618).

67. Isocr. 8 *de Pace*, 86: Ἐν Δάτῳ δὲ μυρίους ὁπλίτας αὐτῶν καὶ τῶν συμμάχων ἀπώλεσαν.

Schol. Aesch. 2 *de fals. leg.* 34. See below **278.**

68. Corn. Nep. *Cim.* ii. 2: Oppidum Amphipolim constituit, eoque decem millia Atheniensium in coloniam misit.

69. Paus. i. 29. 4: Ἔστι δὲ καὶ πᾶσι μνήματα Ἀθηναίοις ὁπόσοις ἀποθανεῖν συνέπεσεν ἔν τε ναυμαχίαις καὶ ἐν μάχαις πεζαῖς, πλὴν ὅσοι Μαραθῶνι αὐτῶν ἠγωνίσαντο· τούτοις γὰρ κατὰ χώραν εἰσὶν οἱ τάφοι δι᾽ ἀνδραγαθίαν· οἱ δὲ ἄλλοι κατὰ τὴν ὁδὸν κεῖνται τὴν ἐς Ἀκαδημίαν, καὶ σφῶν ἑστᾶσιν ἐπὶ τοῖς τάφοις στῆλαι τὰ ὀνόματα καὶ τὸν δῆμον ἑκάστου λέγουσαι. πρῶτοι δὲ ἐτάφησαν οὓς ἐν Θρᾴκῃ ποτὲ ἐπικρατοῦντας μέχρι Δραβήσκου τῆς χώρας Ἠδωνοὶ φονεύουσιν ἀνέλπιστοι ἐπιθέμενοι· λέγεται δὲ καὶ ὡς κεραυνοὶ πέσοιεν ἐπ᾽ αὐτούς. (5) στρατηγοὶ δὲ ἄλλοι τε ἦσαν καὶ Λέαγρος, ᾧ μάλιστα ἐπετέτραπτο ἡ δύναμις, καὶ Δεκελεὺς Σωφάνης, ὃς τὸν Ἀργεῖόν ποτε πένταθλον Νεμείων ἀνῃρημένον νίκην ἀπέκτεινεν Εὐρυβάτην, βοηθοῦντα Αἰγινήταις.

The First Peloponneso-Attic War.

Breach with Sparta and Alliance with Argos and Thessaly.

70. Thuc. i. 102. 3, 4.
Paus. iv. 24. 7. See below **VII. 66.**
Paus. i. 29. 9. See below **VII. 72.**

Athenian relations with Argos.

Allusions by Aischylos.

71. *Hypoth. Aesch. Agam.*: Ἐδιδάχθη τὸ δρᾶμα ἐπὶ ἄρχοντος Φιλοκλέους ὀλυμπιάδι κη̄ (ὀγδοηκοστῇ Meursius) ἔτει β̄. πρῶτος Αἰσχύλος Ἀγαμέμνονι, Χοηφόροις, Εὐμενίσι, Πρωτεῖ σατυρικῷ.

72. Aesch. *Eum.* 864:

Θυραῖος ἔστω πόλεμος, οὐ μόλις παρών,
ἐν ᾧ τις ἔσται δεινὸς εὐκλείας ἔρως.

73. *Ibid.* 287:

ΟΡ. Καὶ νῦν ἀφ᾽ ἁγνοῦ στόματος εὐφήμως καλῶ
χώρας ἄνασσαν τῆσδ᾽ Ἀθηναίαν ἐμοὶ
μολεῖν ἀρωγόν· κτήσεται δ᾽ ἄνευ δορὸς
αὐτόν τε καὶ γῆν καὶ τὸν Ἀργεῖον λεών,
πιστὸν δικαίως ἐς τὸ πᾶν τε σύμμαχον.

Cf. *ibid.* 667–673; 762–774; *Agam.* 449–455; 638–645; 799–804.

Breach with Korinth.

Naupaktos and the Messenians.

See **VII. 80-82.**

Megara joins the Athenians.

74. Thuc. i. 103. 4.
Plut. *Cim.* 17. See below **VII. 65.**

75. Diod. xi. 79: Τοῦ δ' ἐνιαυσίου χρόνου διεληλυθότος 'Αθήνησι μὲν ἦρχε Βίων, . . . ἐπὶ δὲ τούτων Κορινθίοις καὶ Μεγαρεῦσι περὶ χώρας ὁμόρου γενομένης ἀμφισβητήσεως, εἰς πόλεμον αἱ πόλεις ἐνέπεσον. (2) τὸ μὲν οὖν πρῶτον τὴν χώραν ἀλλήλων διετέλουν λεηλατοῦντες καὶ κατ' ὀλίγους συμπλοκὰς [καὶ μάχας μικρὰς] ποιούμενοι· αὐξομένης δὲ τῆς διαφορᾶς οἱ Μεγαρεῖς ἀεὶ μᾶλλον ἐλαττούμενοι καὶ τοὺς Κορινθίους φοβούμενοι, συμμάχους ἐποιήσαντο τοὺς 'Αθηναίους.

Halieis and Kekryphaleia.

76. Thuc. i. 105. 1. See also Hicks, *Gk. Hist. Inscr.* no. 20.
[Note: *Halieis hostile to Argos.* See **VII. 30, 31.**]

77. Justin. iii. 6: (5) Sed nec Lacedaemonii quievere, qui cum Messeniorum bello occupati essent, Peloponnenses inmisere, qui bellum Atheniensibus facerent. (6) parvae tunc temporis classe in Aegyptum missa vires Atheniensibus erant. Itaque navali praelio dimicantes facile superantur.

78. Diod. xi. 78: Τοῦ δ' ἐνιαυσίου χρόνου διεληλυθότος 'Αθήνησι μὲν ἦν ἄρχων Φιλοκλῆς . . . ἐπὶ δὲ τούτων Κορινθίοις καὶ 'Επιδαυρίοις πρὸς 'Αθηναίους ἐνστάντος πολέμου, ἐστράτευσαν ἐπ' αὐτοὺς Αθηναῖοι, καὶ γενομένης μάχης ἰσχυρᾶς ἐνίκησαν 'Αθηναῖοι. (2) μεγάλῳ δὲ στόλῳ καταπλεύσαντες πρὸς τοὺς ὀνομαζομένους 'Αλιεῖς, ἀνέβησαν εἰς τὴν Πελοπόννησον, καὶ τῶν πολεμίων ἀνεῖλον οὐκ ὀλίγους. συστραφέντων δὲ τῶν Πελοποννησίων καὶ δύναμιν ἀξιόλογον ἀθροισάντων, συνέστη μάχη πρὸς τοὺς 'Αθηναίους περὶ τὴν ὀνομαζομένην Κεκρυφάλειαν, καθ' ἣν πάλιν ἐνίκησαν 'Αθηναῖοι.

79. Hdt. vii. 137.

80. *C. I. A.* i. 433; Hicks, no. 19: Ἐρεχθεΐδος [ʽ]οίδε ἐν τôι πολέμοι ἀπέθανον ἐν Κύπροι ἐν Αἰγ[ύπ]τοι ἐν Φοινίκει ἐν Ἁλιεῦσιν ἐν Αἰγίνει Μεγαρô[ι] τô αὐτô ἐνιαυτô. The names follow.

Letters ΑΔΡϟΦ

Aigina.

81. Thuc. i. 105. 2–4; 108. 4.

82. Diod. xi. 70: Ἐπ' ἄρχοντος δ' Ἀθήνησιν Ἀρχεδημίδου . . . ὀλυμπιὰς δ' ἤχθη ἑβδομηκοστὴ καὶ ἐνάτη, καθ' ἣν ἐνίκα στάδιον Ξενοφῶν Κορίνθιος . . . (2) Αἰγινήτας ἀποστάντας Ἀθηναῖοι χειρωσάμενοι τὴν Αἴγιναν πολιορκεῖν ἐπεχείρησαν· αὕτη γὰρ ἡ πόλις τοῖς κατὰ θάλατταν ἀγῶσι πολλάκις εὐημεροῦσα φρονήματός τε πλήρης ἦν καὶ χρημάτων καὶ τριηρῶν εὐπορεῖτο, καὶ τὸ σύνολον ἀλλοτρίως ἀεὶ διέκειτο πρὸς Ἀθηναίους. (3) διόπερ στρατεύσαντες ἐπ' αὐτὴν τὴν χώραν ἐδῄωσαν, καὶ τὴν Αἴγιναν πολιορκοῦντες ἔσπευδον ἑλεῖν κατὰ κράτος.

83. *Ibid.* 78. 3: Τοιούτων δὲ εὐημερημάτων αὐτοῖς γενομένων, τοὺς Αἰγινήτας ὁρῶντες πεφρονηματισμένους μὲν ταῖς προγεγενημέναις πράξεσιν, ἀλλοτρίως δὲ ἔχοντας πρὸς αὐτούς, ἔγνωσαν καταπολεμῆσαι. (4) διὸ καὶ στόλον ἐπ' αὐτοὺς ἀξιόλογον ἀποστειλάντων τῶν Ἀθηναίων, οἱ τὴν Αἴγιναν κατοικοῦντες, μεγάλην ἐμπειρίαν ἔχοντες καὶ δόξαν τῶν κατὰ θάλατταν ἀγώνων, οὐ κατεπλάγησαν τὴν ὑπεροχὴν τῶν Ἀθηναίων, ἔχοντες δὲ τριήρεις ἱκανὰς καὶ προσκατασκευάσαντες ἑτέρας, ἐναυμάχησαν, καὶ λειφθέντες ἀπέβαλον τριήρεις ἑβδομήκοντα· συντριβέντες δὲ τοῖς φρονήμασι διὰ τὸ μέγεθος τῆς συμφορᾶς, ἠναγκάσθησαν εἰς τὴν Ἀθηναίων συντέλειαν καταταχθῆναι. ταῦτα μὲν οὖν Λεωκράτης ὁ στρατηγὸς κατεπράξατο τοῖς Ἀθηναίοις, τοὺς πάντας διαπολεμήσας μῆνας ἐννέα πρὸς τοὺς Αἰγινήτας.

84. Lysias 2 *Epitaph.* 48: Ὑστέρῳ δὲ χρόνῳ Ἑλληνικοῦ πολέμου καταστάντος διὰ ζῆλον τῶν γεγενημένων καὶ φθόνον τῶν πεπραγμένων, μέγα μὲν ἅπαντες φρονοῦντες, μικρῶν δ' ἐγκλημάτων ἕκαστοι δεόμενοι, ναυμαχίας Ἀθηναίοις πρὸς Αἰγινήτας καὶ τοὺς ἐκείνων συμμάχους γενομένης ἑβδομήκοντα τριήρεις αὐτῶν ἐλάμβανον.

C. I. A. i. 433. See above **80**.

Athenian Dedications.

85. Dittenberger, *Syll. Inscr. Gr.* 4; Hicks, no. 20: Ἀθεναῖοι ἀνέθεσαν τὲν στοὰν κ[α]ὶ τὰ ʽόπλ[α κ]αὶ τἀκροτέρια ʽελόντες τôν πο[λεμίο]ν.

86. Paus. x. 11. 6: Ὠκοδόμησαν δὲ καὶ Ἀθηναῖοι στοὰν ἀπὸ χρημάτων ἃ ἐν τῷ πολέμῳ σφίσιν ἐγένετο ἀπό τε Πελοποννησίων καὶ ὅσοι Πελοποννησίοις ἦσαν τοῦ Ἑλληνικοῦ σύμμαχοι. ἀνάκειται δὲ καὶ πλοίων τὰ ἄκρα κοσμήματα καὶ ἀσπίδες χαλκαῖ· τὸ δὲ ἐπίγραμμα τὸ ἐπ' αὐτοῖς ἀριθμεῖ τὰς πόλεις ἀφ' ὧν οἱ Ἀθηναῖοι τὰ ἀκροθίνια ἀπέστειλαν, τήν τε Ἠλείων καὶ Λακεδαιμονίων, Σικυῶνά τε καὶ Μέγαρα καὶ Πελληνέας Ἀχαιῶν, Ἀμβρακίαν τε καὶ Λευκάδα καὶ αὐτὴν Κόρινθον· γενέσθαι δὲ ἀπὸ τῶν ναυμαχιῶν τούτων καὶ θυσίαν Θησεῖ καὶ τῷ Ποσειδῶνι ἐπὶ τῷ ὀνομαζομένῳ Ῥίῳ. καί μοι φαίνεται τὸ ἐπίγραμμα ἐς Φορμίωνα τὸν Ἀσωπίχου ἔχειν καὶ ἐς τοῦ Φορμίωνος τὰ ἔργα.

Fighting in Megaris.

87. Thuc. i. 105. 3–106.

88. Diod. xi. 79. 3: Διὸ καὶ πάλιν τῶν πόλεων ἐφαμίλλων ταῖς δυνάμεσι γενομένων, καὶ τῶν Κορινθίων μετὰ Πελοποννησίων ἀξιολόγῳ δυνάμει στρατευσάντων εἰς τὴν Μεγαρικήν, Ἀθηναῖοι συμμαχίαν ἔπεμψαν τοῖς Μεγαρεῦσιν, ἧς ἡγεῖτο Μυρωνίδης, ἀνὴρ ἐπ' ἀρετῇ θαυμαζόμενος· γενομένης δὲ παρατάξεως ἰσχυρᾶς ἐπὶ πολὺν χρόνον, καὶ ταῖς ἀνδραγαθίαις ἑκατέρων ἐξισουμένων, τὸ τελευταῖον ἐνίκησαν Ἀθηναῖοι καὶ πολλοὺς ἀνεῖλον τῶν πολεμίων. (4) μετὰ δ' ὀλίγας ἡμέρας πάλιν γενομένης ἰσχυρᾶς μαχῆς ἐν τῇ λεγομένῃ Κιμωλίᾳ, πάλιν ἐνίκησαν Ἀθηναῖοι.

C. I. A. i. 433. See above **80**.

Lakedaimonian Expedition to Phokis.

89. Thuc. i. 107. 2.

90. Diod. xi. 79. 4: . . . οἱ Φωκεῖς ἐνεστήσαντο πόλεμον πρὸς Δωριεῖς, τοὺς προγόνους μὲν Λακεδαιμονίων, οἰκοῦντας δὲ πόλεις τρεῖς, Κυτίνιον καὶ Βοιὸν καὶ Ἐρινεόν, κειμένας ὑπὸ τὸν λόφον τὸν ὀνομαζόμενον Παρνασσόν. (5) τὸ μὲν οὖν πρῶτον βίᾳ χειρωσάμενοι τοὺς Δωριεῖς, κατέσχον αὐτῶν τὰς πόλεις· μετὰ δὲ ταῦτα Λακεδαιμόνιοι μὲν Νικομήδην τὸν Κλεομένους ἐξέπεμψαν βοηθήσοντα τοῖς Δωριεῦσι διὰ τὴν συγγένειαν. εἶχε δ' οὗτος Λακεδαιμονίους μὲν χιλίους πεντακοσίους, παρὰ δὲ τῶν ἄλλων Πελοποννησίων μυρίους. (6) οὗτος μὲν οὖν ἐπίτροπος ὢν Πλειστώνακτος τοῦ βασιλέως παιδὸς ὄντος, μετὰ τοσαύτης δυνάμεως ἐβοήθησε τοῖς Δωριεῦσι, νικήσας δὲ τοὺς Φωκεῖς καὶ τὰς πόλεις ἀνακτησάμενος τούς τε Φωκεῖς καὶ Δωριεῖς διήλλαξεν.

The Return of the Lakedaimonians and the battle of Tanagra.

91. Thuc. i. 107. 3—108. 2.

92. Diod. xi. 80: Ἀθηναῖοι δὲ πυθόμενοι τοὺς Λακεδαιμονίους τὸν μὲν πρὸς Φωκεῖς πόλεμον καταλελυκέναι, αὐτοὺς δὲ μέλλειν τὴν εἰς οἶκον ἐπάνοδον ποιεῖσθαι, ἔγνωσαν ἐπιθέσθαι κατὰ τὴν ὁδοιπορίαν τοῖς Λακεδαιμονίοις. ἐστράτευσαν οὖν ἐπ' αὐτούς, παραλαβόντες τοὺς Ἀργείους καὶ Θετταλούς· καὶ πεντήκοντα μὲν ναυσί, στρατιώταις δὲ μυρίοις καὶ τετρακισχιλίοις ἐπιβουλεύοντες αὐτοῖς κατελάβοντο τὰς περὶ τὴν Γεράνειαν παρόδους. (2) Λακεδαιμόνιοι δὲ πυνθανόμενοι τὰ κατὰ τοὺς Ἀθηναίους παρῆλθον τῆς Βοιωτίας εἰς Τάναγραν. τῶν δὲ Ἀθηναίων παραγενομένων εἰς τὴν Βοιωτίαν καὶ παρατάξεως γενομένης, ἰσχυρὰ συνέστη μάχη· καὶ τῶν μὲν Θετταλῶν μεταβαλομένων ἐν τῇ μάχῃ πρὸς τοὺς Λακεδαιμονίους, τῶν δὲ Ἀθηναίων καὶ τῶν Ἀργείων οὐδὲν ἧττον διαγωνιζομένων, ἔπεσον μὲν οὐκ ὀλίγοι παρ' ἀμφοτέροις, νυκτὸς δ' ἐπιλαβούσης διελύθησαν. (3) μετὰ δὲ ταῦτα τοῖς Ἀθηναίοις κομιζομένης ἀγορᾶς πολλῆς ἐκ τῆς Ἀττικῆς, οἱ Θετταλοὶ κρίναντες ἐπιθέσθαι ταύτῃ, τῆς ὥρας δειπνοποιησάμενοι νυκτὸς ἀπήντων τοῖς κομίζουσι τὰς ἀγοράς. (4) τῶν δὲ παραφυλαττόντων Ἀθηναίων ἀγνοούντων καὶ προσδεξαμένων τοὺς Θετταλοὺς ὡς φίλους, συνέβη [καὶ] πολλοὺς καὶ ποικίλους ἀγῶνας γενέσθαι περὶ τῆς ἀγορᾶς. τὸ μὲν γὰρ πρῶτον οἱ Θετταλοί, προσδεχθέντες ὑπὸ τῶν πολεμίων διὰ τὴν ἄγνοιαν, ἔκτεινον τοὺς ἐντυγχάνοντας, καὶ συντεταγμένοι τοῖς τεθορυβημένοις συμπλεκόμενοι πολλοὺς ἀνῄρουν. (5) οἱ δὲ κατὰ τὴν στρατοπεδείαν ὄντες Ἀθηναῖοι πυθόμενοι τὴν τῶν Θετταλῶν ἐπίθεσιν, ἧκον κατὰ σπουδήν, καὶ τοὺς Θετταλοὺς ἐξ ἐφόδου τρεψάμενοι πολὺν ἐποίουν φόνον. (6) ἐπιβοηθησάντων δὲ τῶν Λακεδαιμονίων τοῖς Θετταλοῖς συντεταγμένῃ τῇ δυνάμει, καὶ τοῖς στρατοπέδοις ὅλοις γενομένης παρατάξεως, συνέβη διὰ τὴν γενομένην φιλοτιμίαν πολλοὺς παρ' ἀμφοτέροις ἀναιρεθῆναι. τέλος δὲ τῆς μάχης ἀμφίδοξον λαβούσης τὸ τέλος, συνέβη τούς τε Λακεδαιμονίους ἀμφισβητῆσαι περὶ τῆς νίκης καὶ τοὺς Ἀθηναίους. τότε μὲν οὖν ἐπιλαβούσης νυκτὸς καὶ τῆς νίκης ἀμφιδόξου γενομένης, διεπρεσβεύοντο πρὸς ἀλλήλους καὶ τετραμηνιαίους σπονδὰς ἐποιήσαντο.

Plut. *Cim.* 17; *Per.* 10. See below **102, 103**.

93. Paus. i. 29. 9: Ὕστερον δὲ μελλούσης Ἀθηναίων ἐν Τανάγρᾳ γίνεσθαι πρὸς Βοιωτοὺς καὶ Λακεδαιμονίους μάχης ἀφίκοντο

Ἀθηναίοις Ἀργεῖοι βοηθοῦντες· καὶ παραυτίκα μὲν ἔχοντας πλέον τοὺς Ἀργείους νὺξ ἐπελθοῦσα ἀφείλετο τὸ σαφὲς τῆς νίκης, ἐς δὲ τὴν ὑστεραίαν ὑπῆρξε κρατῆσαι Λακεδαιμονίους, Θεσσαλῶν προδόντων Ἀθηναίους.

94. Paus. i. 29. 7: Ἐνταῦθα (ἐν τῷ Κεραμεικῷ) καὶ Κλεωναῖοι κεῖνται, μετὰ Ἀργείων εἰς τὴν Ἀττικὴν ἐλθόντες.

95. *C. I. A.* i. 441 and iv. p. 107: Τοίδε ποκ' ἐν Ταν]άγραι Λα[κεδαιμονίοις ἐμάχοντο vel simile quid. Vs. 2. - - ι πένθο[ς - - -. Followed by a list of names of the Kleonaians who fell at Tanagra in Ol. 80. 4.

Note. Boiotian contingent at Tanagra. Cf. Plat. *Alc.* i. 112 C.

96. Plat. *Menex.* 242 A–B: Μετὰ δὲ τοῦτο γενομένου πολέμου, συνέβαλον μὲν ἐν Τανάγρᾳ ὑπὲρ τῆς Βοιωτῶν ἐλευθερίας Λακεδαιμονίοις μαχόμενοι, ἀμφισβητησίμου δὲ τῆς μάχης γενομένης, διέκρινε τὸ ὕστερον ἔργον· οἱ μὲν γὰρ ᾤχοντο ἀπιόντες, καταλείποντες [Βοιωτοὺς] οἷς ἐβοήθουν, οἱ δ' ἡμέτεροι τρίτῃ ἡμέρᾳ ἐν Οἰνοφύτοις νικήσαντες τοὺς ἀδίκως φεύγοντας δικαίως κατήγαγον.

97. Aristod. xii. 1 (*F. H. G.* v. p. 14): Μετὰ δὲ ταῦτα Ἑλληνικὸς πόλεμος ἐγένετο Ἀθηναίων καὶ Λακεδαιμονίων ἐν Τανάγρᾳ· καὶ οἱ μὲν Λακεδαιμόνιοι ἦσαν τὸν ἀριθμὸν μύριοι τρισχίλιοι, οἱ δὲ Ἀθηναῖοι μύριοι ἑξακισχίλιοι· καὶ νικῶσιν Ἀθηναῖοι.

98. Aristides, *Panath.* 156 J. (Dind. i. p. 255): Αὖθις δ' ἐπὶ Φωκέας Λακεδαιμονίων παρελθόντων ἐκέκλειστο μὲν ὁ Κρισαῖος κόλπος, ἀπήντων δ' ἐπὶ τοὺς ὅρους. χωρὶς δ' ὑπὲρ Μεγάρων ἦσαν ἐν Γερανείᾳ· ὥστε μὴ ἔχειν Λακεδαιμονίους ὅ τι χρήσονται, ἀλλ' ἀπορεῖν ἑστῶτας ἐν Βοιωτοῖς ὅποι σωθήσονται· οὕτω περιέπτυξεν αὐτοὺς ἡ πόλις. τέλος δὲ συμβάλλουσιν ἐν Τανάγρᾳ τῆς Βοιωτίας, καὶ γενομένων ἀμφοτέρων ἀνδρῶν τοῦ τολμήματος ἀξίων ἔδοξαν καθ' ἓν τοῦτο Λακεδαιμόνιοι πλέον ἐσχηκέναι, πῶς ἂν εἴποιμι εὐπρεπῶς; ὀκνῶ γὰρ εἰπεῖν ὅτι οὐκ ἀπώλοντο. καὶ γὰρ ἦν ὅρος οὗτος Ἀθηναίοις μὲν κλεῖσαι τὴν πάροδον, Λακεδαιμονίοις δὲ σωθῆναι οἴκαδε. καὶ κινδυνεύει μόνον τοῦτο τὸ ἔργον τὴν φυγὴν σύμβολον τῆς νίκης ἐσχηκέναι, ἐπεὶ τούς γε καὶ παρὰ τὴν μάχην κρείττους καὶ τοῖς ὅλοις ἄνευ πολλῶν τῶν καὶ πρότερον κρινάντων τὰ ἐφεξῆς εὐθὺς ἔδειξε. τρεῖς γάρ εἰσιν οἱ μαρτυρήσαντες παραχρῆμα Ἀθηναίων εἶναι τὴν νίκην, Ἀθηναῖοι, Λακεδαιμόνιοι, Βοιωτοί. Λακεδαιμόνιοι μὲν γὰρ ἠγάπησαν ἀναχωρήσαντες, κ.τ.λ.

99. Hdt. ix. 35. (Tisamenos.)

100. Paus. v. 10. 4: Ἐν δὲ Ὀλυμπίᾳ λέβης ἐπίχρυσος ἐπὶ ἑκάστῳ τοῦ ὀρόφου τῷ πέρατι (τοῦ ναοῦ τοῦ Διὸς) ἐπίκειται, καὶ Νίκη κατὰ μέσον μάλιστα ἕστηκε τὸν ἀετόν, ἐπίχρυσος καὶ αὕτη· ὑπὸ δὲ τῆς Νίκης τὸ ἄγαλμα ἀσπὶς ἀνάκειται χρυσῆ, Μέδουσαν τὴν Γοργόνα ἔχουσα ἐπειργασμένην. τὸ ἐπίγραμμα δὲ τὸ ἐπὶ τῇ ἀσπίδι τούς τε ἀναθέντας δηλοῖ καὶ καθ' ἥντινα αἰτίαν ἀνέθεσαν· λέγει γὰρ δὴ οὕτω,

Ναὸς μὲν φιάλαν χρυσέαν ἔχει, ἐκ δὲ Τανάγρας
τοὶ Λακεδαιμονίοι συμμαχία τ' ἀνέθεν
δῶρον ἀπ' Ἀργείων καὶ Ἀθαναίων καὶ Ἰώνων,
τὰν δεκάταν νίκας εἵνεκα τῶ πολέμω.

ταύτης τῆς μάχης μνήμην καὶ ἐν τῇ Ἀτθίδι ἐποιησάμην συγγραφῇ, τὰ Ἀθήνησιν ἐπεξιὼν μνήματα.

101. *I. G. A.* 26 a (p. 171):

[ΝαϜὸς μὲν φιάλαν χρυσέα]ν ἔχει, ἐκ δὲ [Τανάγρας
τοὶ Λακεδαιμόνιοι συμ]μαχία τ' ἀν[έθεν
δôρον ἀπ' Ἀργείον καὶ Ἀθα]ναίον καὶ [Ἰάνον
τὰν δεκάταν νίκας εἵν]εκα τοῦ πο[λέμου]
. . . . Κο[ρινθ]ι[ο . . . .
. . . .]ρ[. . . . .]

Letters ΑΝΘ(c)

Recall of Kimon and Truce with Sparta.

102. Plut. *Cim.* 17: Ἐν δὲ τούτῳ τῶν Λακεδαιμονίων, ὡς ἐπανήρχοντο Δελφοὺς ἀπὸ Φωκέων ἐλευθερώσαντες, ἐν Τανάγρᾳ καταστρατοπεδευσάντων Ἀθηναῖοι μὲν ἀπήντων διαμαχούμενοι, Κίμων δὲ μετὰ τῶν ὅπλων ἧκεν εἰς τὴν αὑτοῦ φυλὴν τὴν Οἰνηΐδα, πρόθυμος ὢν ἀμύνεσθαι τοὺς Λακεδαιμονίους μετὰ τῶν πολιτῶν. ἡ δὲ βουλὴ τῶν πεντακοσίων πυθομένη καὶ φοβηθεῖσα, τῶν ἐχθρῶν αὐτοῦ καταβοώντων ὡς συνταράξαι τὴν φάλαγγα βουλομένου καὶ τῇ πόλει Λακεδαιμονίους ἐπαγαγεῖν, ἀπηγόρευσε τοῖς στρατηγοῖς μὴ δέχεσθαι τὸν ἄνδρα. κἀκεῖνος μὲν ᾤχετο δεηθεὶς Εὐθίππου τοῦ Ἀναφλυστίου καὶ τῶν ἄλλων ἑταίρων, ὅσοι μάλιστα τὴν τοῦ λακωνίζειν αἰτίαν ἔσχον, ἐρρωμένως ἀγωνίσασθαι πρὸς τοὺς πολεμίους καὶ δι' ἔργων ἀπολύσασθαι τὴν αἰτίαν πρὸς τοὺς πολίτας. οἱ δὲ λαβόντες αὐτοῦ τὴν πανοπλίαν εἰς τὸν λόχον ἔθεντο· καὶ μετ' ἀλλήλων συστάντες ἐκθύμως ἑκατὸν ὄντες ἔπεσον, πολὺν αὐτῶν πόθον καὶ μεταμέλειαν ἐφ' οἷς ᾐτιάθησαν ἀδίκως ἀπολιπόντες τοῖς Ἀθηναίοις. ὅθεν οὐδὲ τῷ πρὸς Κίμωνα θυμῷ πολὺν χρόνον ἐνέμειναν, τὰ μέν, ὡς εἰκός, ὧν ἔπαθον εὖ μεμνημένοι, τὰ δὲ τοῦ καιροῦ συλλαμβανομένου. νενικημένοι γὰρ ἐν Τανάγρᾳ μάχῃ μεγάλῃ καὶ προσδοκῶντες εἰς ὥραν ἔτους στρατιὰν Πελοποννησίων ἐπ' αὐτοὺς ἐκάλουν ἐκ τῆς φυγῆς τὸν Κίμωνα· καὶ κατῆλθε τὸ ψήφισμα γράψαντος αὐτῷ Περικλέους. οὕτω τότε πολιτικαὶ μὲν ἦσαν αἱ διαφοραί, μέτριοι δ' οἱ θυμοὶ καὶ πρὸς τὸ κοινὸν εὐανάκλητοι συμφέρον, ἡ δὲ φιλοτιμία πάντων ἐπικρατοῦσα τῶν παθῶν τοῖς τῆς πατρίδος ὑπεχώρει καιροῖς.

103. Plut. *Per.* 10: Ὁ μὲν οὖν ἐξοστρακισμὸς ὡρισμένην εἶχε νόμῳ δεκαετίαν τοῖς φεύγουσιν· ἐν δὲ τῷ διὰ μέσου Λακεδαιμονίων στρατῷ μεγάλῳ ἐμβαλόντων εἰς τὴν Ταναγρικὴν καὶ τῶν Ἀθηναίων εὐθὺς ὁρμησάντων ἐπ' αὐτούς, ὁ μὲν Κίμων ἐλθὼν ἐκ τῆς φυγῆς ἔθετο μετὰ τῶν φυλετῶν εἰς λόχον τὰ ὅπλα καὶ δι' ἔργων ἀπολύεσθαι τὸν Λακωνισμὸν ἐβούλετο συγκινδυνεύσας τοῖς πολίταις, οἱ δὲ φίλοι τοῦ Περικλέους συστάντες ἀπήλασαν αὐτὸν ὡς φυγάδα. διὸ καὶ δοκεῖ Περικλῆς ἐρρωμενέστατα τὴν μάχην ἐκείνην ἀγωνίσασθαι καὶ γενέσθαι πάντων ἐπιφανέστατος ἀφειδήσας τοῦ σώματος. ἔπεσον δὲ καὶ τοῦ Κίμωνος οἱ φίλοι πάντες ὁμαλῶς, οὓς Περικλῆς συνεπῃτιᾶτο τοῦ Λακωνισμοῦ· καὶ μετάνοια δεινὴ τοὺς Ἀθηναίους καὶ πόθος ἔσχε τοῦ Κίμωνος, ἡττημένους μὲν ἐπὶ τῶν ὅρων τῆς Ἀττικῆς, προσδοκῶντας δὲ βαρὺν εἰς ἔτους ὥραν πόλεμον. Αἰσθόμενος οὖν ὁ Περικλῆς οὐκ ὤκνησε χαρίσασθαι τοῖς πολλοῖς, ἀλλὰ τὸ ψήφισμα γράψας αὐτὸς ἐκάλει τὸν ἄνδρα.

104. Corn. Nep. *Cim.* iii. 2: Cuius facti celerius Athenienses quam ipsum paenituit. nam cum ille animo forti invidiae ingratorum civium cessisset bellumque Lacedaemonii Atheniensibus indixissent, confestim notae eius virtutis desiderium consecutum est. (3) itaque post annum quintum, quam expulsus erat, in patriam revocatus est.

105. Schol. in Aristid. ὑπ. τ. τ. 158 J. (Dind. iii. p. 528): Θεόπομπος (Fr. 92 *F. H. G.* i. p. 293) ἐν τῷ δεκάτῳ τῶν Φιλιππικῶν περὶ Κίμωνος· Οὐδέπω δὲ πέντε ἐτῶν παρεληλυθότων, πολέμου συμβάντος πρὸς Λακεδαιμονίους ὁ δῆμος μετεπέμψατο τὸν Κίμωνα, νομίζων διὰ τὴν προξενίαν ταχίστην ἂν αὐτὸν εἰρήνην ποιήσασθαι. ὁ δὲ παραγενόμενος τῇ πόλει τὸν πόλεμον κατέλυσε.

Cf. Dind. ii. p. 284.

Oinophyta.

106. Thuc. i. 108. 2, 3.

107. Diod. xi. 81: Τοῦ δ' ἐνιαυσίου χρόνου διεληλυθότος

Ἀθήνησι μὲν ἦρχε Μνησιθείδης . . . ἐπὶ δὲ τούτων Θηβαῖοι μὲν τεταπεινωμένοι διὰ τὴν πρὸς Ξέρξην αὐτοῖς γενομένην συμμαχίαν, ἐζήτουν δι' οὗ τρόπου δύναιντ' ἂν ἀναλαβεῖν τὴν πάτριον ἰσχύν τε καὶ δόξαν. (2) διὸ καὶ τῶν Βοιωτῶν ἁπάντων καταφρονούντων καὶ μηκέτι προσεχόντων τοῖς Θηβαίοις, ἠξίουν τοὺς Λακεδαιμονίους τῇ πόλει συμπεριποιῆσαι τὴν ὅλην ἡγεμονίαν τῆς Βοιωτίας· ἐπηγγέλλοντο δ' αὐτοῖς ἀντὶ ταύτης τῆς χάριτος ἰδίᾳ πολεμήσειν τοῖς Ἀθηναίοις, ὥστε μηδεμίαν ἀνάγκην εἶναι τοῖς Σπαρτιάταις ἐκτὸς τῆς Πελοποννήσου δύναμιν ἐξαγαγεῖν πεζήν. (3) οἱ δὲ Λακεδαιμόνιοι κρίναντες συμφέροντα λέγειν αὐτούς, καὶ νομίζοντες τὰς Θήβας, ἐὰν αὐξήσωσιν, ἔσεσθαι τῆς τῶν Ἀθηναίων ὥσπερ ἀντίπαλόν τινα· διόπερ ἔχοντες τότε περὶ Τάναγραν ἕτοιμον καὶ μέγα στρατόπεδον, τῆς μὲν τῶν Θηβαίων πόλεως μείζονα τὸν περίβολον κατεσκεύασαν, τὰς δ' ἐν Βοιωτίᾳ πόλεις ἠνάγκασαν ὑποτάττεσθαι τοῖς Θηβαίοις. (4) οἱ δὲ Ἀθηναῖοι τὴν ἐπιβολὴν τῶν Λακεδαιμονίων διακόψαι σπεύδοντες, δύναμιν ἀξιόλογον συνεστήσαντο, καὶ στρατηγὸν εἵλοντο Μυρωνίδην τὸν Καλλίου. οὗτος δὲ καταλέξας τῶν πολιτῶν τοὺς ἱκανοὺς παρήγγειλεν αὐτοῖς, ἐκθέμενος ἡμέραν ἐν ᾗ τὴν ἐκ τῆς πόλεως ἀνάζευξιν ἤμελλε ποιεῖσθαι. (5) ἐπεὶ δ' ὁ συντεταγμένος καιρὸς ἧκε, καὶ τῶν στρατιωτῶν τινες οὐ κατήντησαν πρὸς τὴν ὡρισμένην ἡμέραν, ἀναλαβὼν τοὺς προσεληλυθότας προῆγεν εἰς τὴν Βοιωτίαν. τῶν δὲ ἡγεμόνων τινὲς καὶ τῶν φίλων ἔφασαν δεῖν ἀναμένειν τοὺς καθυστεροῦντας, ὁ δὲ Μυρωνίδης, συνετὸς ὢν ἅμα καὶ δραστικὸς στρατηγός, οὐκ ἔφησεν ἀναμενεῖν· ἀπεφαίνετο γὰρ τοὺς μὲν ἑκουσίως καθυστεροῦντας τῆς ἐξόδου καὶ κατὰ τὴν μάχην ἀγεννῶς καὶ δειλῶς ἕξειν, καὶ διὰ τοῦτο οὐδὲ τοὺς ὑπὲρ τῆς πατρίδος κινδύνους ὑποστήσεσθαι, τοὺς δ' ἑτοίμους κατὰ τὴν συντεταγμένην ἡμέραν παραγενηθέντας φανεροὺς εἶναι διότι καὶ τὴν ἐν τῷ πολέμῳ τάξιν οὐ καταλείψουσιν· ὅπερ καὶ συνέβη γενέσθαι. (6) ὀλίγους γὰρ προάγων στρατιώτας, καὶ τούτους ἀρίστους ταῖς ἀνδραγαθίαις, παρετάξατο κατὰ τὴν Βοιωτίαν πρὸς πολλαπλασίους, καὶ κατὰ κράτος περιεγένετο τῶν ἀντιταχθέντων.

(82) Δοκεῖ δ' ἡ παράταξις αὕτη μηδεμιᾶς ἀπολείπεσθαι τῶν ἐν τοῖς ἔμπροσθεν χρόνοις γεγενημένων παρατάξεων τοῖς Ἀθηναίοις· ἥ τε γὰρ ἐν Μαραθῶνι γενομένη νίκη καὶ τὸ περὶ Πλαταιὰς κατὰ Περσῶν προτέρημα καὶ τἄλλα τὰ περιβόητα τῶν Ἀθηναίων ἔργα δοκεῖ μηδὲν προέχειν τῆς μάχης ἧς ἐνίκησε Μυρωνίδης τοὺς Βοιωτούς. (2) ἐκείνων γὰρ αἱ μὲν ἐγένοντο πρὸς βαρβάρους, αἱ δὲ συνετελέσθησαν μετ' ἄλλων συμμάχων, ταύτην δὲ τὴν παράταξιν Ἀθηναῖοι μόνοι διακινδυνεύσαντες ἐνίκησαν καὶ πρὸς Ἑλλήνων τοὺς ἀρίστους

διηγωνίσαντο. (3) δοκοῦσι γὰρ οἱ Βοιωτοὶ κατὰ τὰς τῶν δεινῶν ὑπομονὰς καὶ τοὺς πολεμικοὺς ἀγῶνας μηδενὸς λείπεσθαι τῶν ἄλλων· ὕστερον γοῦν αὐτοὶ Θηβαῖοι περὶ Λεῦκτρα καὶ Μαντίνειαν μόνοι πρὸς Λακεδαιμονίους ἅπαντας καὶ τοὺς συμμάχους παραταξάμενοι μεγίστην μὲν δόξαν ἐπ' ἀνδρείᾳ κατεκτήσαντο, τῆς δ' Ἑλλάδος ἁπάσης ἡγεμόνες ἀνελπίστως ἐγενήθησαν. (4) τῶν δὲ συγγραφέων, καίπερ τῆς μάχης ταύτης ἐπιφανοῦς γεγενημένης, οὐδεὶς οὔτε τὸν τρόπον αὐτῆς οὔτε τὴν διάταξιν ἀνέγραψε. Μυρωνίδης μὲν οὖν ἐπιφανεῖ μάχῃ νικήσας τοὺς Βοιωτοὺς ἐνάμιλλος ἐγενήθη τοῖς πρὸ αὐτοῦ γενομένοις ἡγεμόσιν ἐπιφανεστάτοις, Θεμιστοκλεῖ καὶ Μιλτιάδῃ καὶ Κίμωνι. (5) ὁ δὲ Μυρωνίδης μετὰ τὴν γενομένην νίκην Τάναγραν μὲν ἐκπολιορκήσας, περιεῖλεν αὐτῆς τὰ τείχη, τὴν δὲ Βοιωτίαν ἅπασαν ἐπιὼν ἔτεμνε καὶ κατέφθειρε καὶ τοῖς στρατιώταις διελὼν τὰ λάφυρα πάντας ὠφελείαις ἁδραῖς ἐκόσμησεν.

(83) Οἱ δὲ Βοιωτοὶ παροξυνθέντες ἐπὶ τῇ διαφθορᾷ τῆς χώρας, συνεστράφησαν πανδημεί, καὶ στρατεύσαντες ἤθροισαν μεγάλην δύναμιν. γενομένης δὲ μάχης ἐν Οἰνοφύτοις τῆς Βοιωτίας, καὶ τὸ δεινὸν ἀμφοτέρων ταῖς ψυχαῖς ἐρρωμένως ὑπομενόντων, διημέρευσαν ἐν τῇ μάχῃ· μόγις δὲ τῶν Ἀθηναίων τρεψαμένων τοὺς Βοιωτούς, ὁ Μυρωνίδης πασῶν τῶν κατὰ τὴν Βοιωτίαν πόλεων ἐγκρατὴς ἐγένετο πλὴν Θηβῶν. (2) μετὰ δὲ ταῦτα ἐκ τῆς Βοιωτίας ἀναζεύξας ἐστράτευσεν ἐπὶ Λοκροὺς τοὺς ὀνομαζομένους Ὀπουντίους. τούτους δὲ ἐξ ἐφόδου χειρωσάμενος, καὶ λαβὼν ὁμήρους, ἐνέβαλεν εἰς τὴν Παρνασίαν.

108. Aristeides, *Panath.* 157 J. (Dind. i. p. 256): Ἀθηναῖοι δὲ προῆλθον κατὰ πόδας τῆς μαχῆς, Βοιωτοὶ δὲ οὐκ ἀντέσχον, ἀλλ' ἡττηθέντες ἐν Οἰνοφύτοις ὑπέκυψαν, καὶ μετ' αὐτῶν Φωκεῖς καὶ Λοκροὶ νίκῃ μιᾷ.

Plato, *Menex.* 242 B. See above **96**.

Revolution in Boiotia.

109. Thuc. i. 111. 1; 113; iii. 62. 5.

110. Ar. *Pol.* viii. (v.) ii. (3.) 6. 1302 b 25: Διὰ καταφρόνησιν δὲ καὶ στασιάζουσι καὶ ἐπιτίθενται, οἷον ἔν τε ταῖς ὀλιγαρχίαις, ὅταν πλείους ὦσιν οἱ μὴ μετέχοντες τῆς πολιτείας (κρείττους γὰρ οἴονται εἶναι), καὶ ἐν ταῖς δημοκρατίαις οἱ εὔποροι καταφρονήσαντες τῆς ἀταξίας καὶ ἀναρχίας, οἷον καὶ ἐν Θήβαις μετὰ τὴν ἐν Οἰνοφύτοις μάχην κακῶς πολιτευομένων ἡ δημοκρατία διεφθάρη.

[Xen.] *Resp. Ath.* iii. 11. See **I. 145**.

Troizen.

111. Thuc. i. 115. 1.

112. Andoc. 3 *de Pac.* 3: Ἥνικα τοίνυν ἦν μὲν ὁ πόλεμος ἡμῖν ἐν Εὐβοίᾳ, Μέγαρα δὲ εἴχομεν καὶ Πηγὰς καὶ Τροιζῆνα, εἰρήνης ἐπεθυμήσαμεν, καὶ Μιλτιάδην τὸν Κίμωνος ὠστρακισμένον καὶ ὄντα ἐν Χερρονήσῳ κατεδεξάμεθα δι' αὐτὸ τοῦτο, πρόξενον ὄντα Λακεδαιμονίων, ὅπως πέμψαιμεν ἐς Λακεδαίμονα προκηρυκευσόμενον περὶ σπονδῶν. (4) See below **148**.

Battle between Argives and Korinthians.

113. *I. G. A.* 32: Τἀργ[εῖ]οι ἀνέθεν τοῖ ΔιϜὶ τ[ῶ]ν Ϙορινθόθεν.
Letters ΑD⊕Ν

Expedition of Tolmides.

114. Thuc. i. 108. 30–32.

115. Diod. xi. 84: Ἐπ' ἄρχοντος δ' Ἀθήνησι Καλλίου παρὰ μὲν Ἠλείοις ὀλυμπιὰς ἤχθη μία πρὸς ταῖς ὀγδοήκοντα, καθ' ἣν ἐνίκα στάδιον Πολύμναστος Κυρηναῖος. . . (2) ἐπὶ δὲ τούτων Τολμίδης ὁ τεταγμένος ἐπὶ τῆς ναυτικῆς δυνάμεως, ἁμιλλώμενος πρὸς τὴν Μυρωνίδου ἀρετήν τε καὶ δόξαν, ἔσπευδεν ἀξιόλογόν τι κατεργάσασθαι. (3) διὸ καὶ κατ' ἐκείνους τοὺς καιροὺς μηδενὸς πρότερον πεπορθηκότος τὴν Λακωνικήν, παρεκάλεσε τὸν δῆμον δῃῶσαι τὴν τῶν Σπαρτιατῶν χώραν, ἐπηγγέλετο δὲ χιλίους ὁπλίτας παραλαβὼν εἰς τὰς τριήρεις μετὰ τούτων πορθήσειν μὲν τὴν Λακωνικήν, ταπεινώσειν δὲ τὴν τῶν Σπαρτιατῶν δόξαν. (4) συγχωρησάντων δὲ τῶν Ἀθηναίων, βουλόμενος λαθραίως πλείονας ὁπλίτας ἐξαγαγεῖν, τεχνάζεταί τι τοιοῦτον. οἱ μὲν πολῖται διελάμβανον αὐτὸν καταλέξειν εἰς τὴν στρατιὰν τῶν νέων τοὺς ἀκμάζοντας ταῖς ἡλικίαις καὶ τοῖς σώμασιν εὐρωστοτάτους· ὁ δὲ Τολμίδης σπεύδων μὴ μόνον τοὺς τεταγμένους χιλίους ἐξαγαγεῖν εἰς τὴν στρατείαν, προσιὼν ἑκάστῳ τῶν νέων καὶ τῇ ῥώμῃ διαφερόντων ἔλεγεν ὡς μέλλει καταλέγειν αὐτόν· κρεῖττον οὖν ἔφησεν ἐθελοντὴν στρατεύειν μᾶλλον ἢ διὰ τῶν καταλόγων ἀναγκασθῆναι δοκεῖν. (5) ἐπεὶ δὲ πλείους τῶν τρισχιλίων τούτῳ τῷ λόγῳ συνέπεισεν ἐθελοντὴν ἀπογράφεσθαι, τοὺς δὲ λοιποὺς οὐκέτι σπεύδοντας ἑώρα, τότε τοὺς ὡμολογημένους χιλίους κατέλεξεν ἐκ τῶν ἄλλων. (6) ὡς δ' αὐτῷ καὶ τἄλλα τὰ πρὸς τὴν στρατείαν ἡτοίμαστο, πεντήκοντα μὲν τριήρεσιν ἀνήχθη καὶ τετρακισχιλίοις ὁπλίταις, καταπλεύσας δὲ τῆς Λακωνικῆς εἰς Μεθώνην, τοῦτο μὲν τὸ χωρίον εἷλε, τῶν δὲ Λακεδαιμονίων βοηθησάντων ἀνέζευξε, καὶ παραπλεύσας εἰς τὸ Γύθειον, ἐπίνειον τῶν Λακεδαιμονίων, χειρωσάμενος δὲ καὶ ταύτην τὴν πόλιν καὶ τὰ νεώρια τῶν Λακεδαιμονίων ἐμπρήσας, τὴν χώραν ἐδῄωσεν. (7) ἐκεῖθεν δὲ ἀναχθεὶς ἔπλευσε τῆς Κεφαλληνίας εἰς Ζάκυνθον· ταύτην δὲ χειρωσάμενος καὶ πάσας τὰς ἐν τῇ Κεφαλληνίᾳ πόλεις προσαγαγόμενος, εἰς τὸ πέραν διέπλευσε καὶ κατῆρεν εἰς Ναύπακτον. ὁμοίως δὲ καὶ ταύτην ἐξ ἐφόδου λαβών, κατῴκισεν εἰς ταύτην Μεσσηνίων τοὺς ἐπισήμους, ὑποσπόνδους ὑπὸ Λακεδαιμονίων ἀφεθέντας· (8) κατὰ γὰρ τὸν αὐτὸν χρόνον οἱ Λακεδαιμόνιοι πρὸς τοὺς Εἵλωτας καὶ Μεσσηνίους πεπολεμηκότες ἐπὶ πλέον, τότε κρατήσαντες ἀμφοτέρων τοὺς μὲν ἐξ Ἰθώμης ὑποσπόνδους ἀφῆκαν, καθότι προείρηται, τῶν δ' Εἱλώτων τοὺς αἰτίους τῆς ἀποστάσεως κολάσαντες τοὺς ἄλλους κατεδουλώσαντο.

Plut. *Per.* 18. See below **196.**

116. Aesch. 2 *de fals. leg.* 75: Ἐγὼ δὲ ἁπάντων μὲν τούτων ἔφην δεῖν μεμνῆσθαι . . . τὴν Τολμίδου ζηλοῦν στρατηγίαν κελεύων, ὃς χιλίους ἐπιλέκτους ἔχων Ἀθηναίων διὰ μέσης Πελοποννήσου πολεμίας οὔσης ἀδεῶς διεξῄει.

117. Schol. in Aesch. 2 *de fals. leg.* 78, Dind. p. 55: Τολμίδου]· οὗτος περιπλεύσας Πελοπόννησον μετ' Ἀθηναίων ηὐδοκίμησε λαμπρῶς καὶ Βοιὰς καὶ Κύθηρα εἷλεν ἄρχοντος Ἀθήνησι Καλλίου. ἐνέπρησε δὲ ὁ Τολμίδης καὶ τὰ νεώρια Λακεδαιμονίων.

118. Paus. i. 27. 5: Ἐπὶ δὲ τοῦ βάθρου καὶ ἀνδριάντες εἰσίν, εντος ὃς ἐμαντεύετο Τολμίδῃ, καὶ αὐτὸς Τολμίδης, ὃς Ἀθηναίων ναυσὶν ἡγούμενος ἄλλους τε ἐκάκωσε καὶ Πελοποννησίων τὴν χώραν, ὅσοι νέμονται τὴν παραλίαν, καὶ Λακεδαιμονίων ἐπὶ Γυθίῳ τὰ νεώρια ἐνέπρησε, καὶ τῶν περιοίκων Βοιὰς εἷλε καὶ τὴν Κυθηρίων νῆσον, ἐς δὲ τὴν Σικυωνίαν ποιησάμενος ἀπόβασιν, ὥς οἱ δῃοῦντι τὴν γῆν ἐς μάχην κατέστησαν, τρεψάμενος σφᾶς κατεδίωξε πρὸς τὴν πόλιν.

119. Aristod. xv. (*F. H. G.* v. p. 17): Καὶ μετὰ ταῦτα εὐθὺς Ἀθηναῖοι περιπλεύσαντες τὴν Πελοπόννησον Γύθειον εἷλον· καὶ Τολμίδης χιλίους ἔχων Ἀθηναίους ἐπιλέκτους διῆλθε τὴν Πελοπόννησον.

Later Expeditions with which that of Tolmides was confused.

120. Thuc. iv. 53, 54. Expedition of Nikias in 424 B.C.
Id. v. 52. 2. Expedition of Alkibiades in 419 B.C.
Xen. *Hellen.* vi. 2. 33. Expedition of Iphikrates.
Diod. xv. 36. 5. Expedition of Timotheos.

Thessalian Affairs.

121. Thuc. i. 111.

122. Diod. xi. 83. 3: (Ἄρχοντος Μνησιθείδου)· Παραπλησίως δὲ τοῖς Λοκροῖς καὶ τοὺς Φωκεῖς καταπολεμήσας (ὁ Μυρωνίδης), καὶ λαβὼν ὁμήρους, ἀνέζευξεν εἰς τὴν Θετταλίαν, ἐγκαλῶν μὲν περὶ τῆς γενομένης προδοσίας, προστάττων δὲ καταδέχεσθαι τοὺς φυγάδας· τῶν δὲ Φαρσαλίων οὐ προσδεχομένων, ἐπολιόρκει τὴν πόλιν. (4) ἐπεὶ δὲ τὴν μὲν πόλιν οὐκ ἠδύνατο βίᾳ χειρώσασθαι, τὴν δὲ πολιορκίαν πολὺν χρόνον ὑπέμενον οἱ Φαρσάλιοι, τὸ τηνικαῦτα ἀπογνοὺς τὰ κατὰ τὴν Θετταλίαν ἐπανῆλθεν εἰς τὰς Ἀθήνας. Μυρωνίδης μὲν οὖν ἐν ὀλίγῳ χρόνῳ μεγάλας πράξεις ἐπιτελεσάμενος περιβόητον ἔσχε τὴν δόξαν παρὰ τοῖς πολίταις. ταῦτα μὲν οὖν ἐπράχθη κατὰ τοῦτον τὸν ἐνιαυτόν.

The Thessalian cities under the new arrangement.

123. Thuc. ii. 22. 2; iv. 78. 2, 3.

Alliance with the Phokians.

124. *C. I. A.* iv. 22 b: Vs. 1–6 [ἔδοχσεν τε͂ι βο]λ[ε͂]ι καὶ το͂[ι δέμ]οι . . . . . . ντὶς ἐπρ]υτάνευε, Αἰ [. . .|. . . . ἐγραμμάτ]ευε, Μένυλλ[ος ἐ]πεστάτε . . . . . ν]ες εἶπε· χσ[υνθ]έσθαι μὲν τὲν χ]συνμαχίαν [πρὸ]ς Φοκέας, τε͂ς δὲ] πυλαίας ἀπα - -. Vs. 7. τοῖς Ἀμφι[κτίοσι - - - - - -. Vs. 9. ὀ]μόσαντας ἐν [. .|- - τ]ὸν Ἀπόλλο [καὶ τὲν Λετὸ καὶ τὲν] Ἄρτεμιν ἐ[μμ]ενε͂ν τοῖς ὅρκοις] τοῖς ἐπ' Ἀρ[ίσ]τονος ἄρχοντος[1] γε]νομένοις. Vs. 15. [τ]ε͂ς πυλ[αίας].

Letters N and Ν, Ϛ

Expedition of Perikles to the Korinthian Gulf.

125. Thuc. i. 111. 2, 3.

126. Diod. xi. 85: Ἐπ' ἄρχοντος δ' Ἀθήνησι Σωσιστράτου . . . Τολμίδης μὲν περὶ τὴν Βοιωτίαν διέτριβεν, Ἀθηναῖοι δὲ Περικλέα τὸν Ξανθίππου, τῶν ἀγαθῶν ἀνδρῶν, στρατηγὸν κατέστησαν, καὶ δόντες αὐτῷ τριήρεις πεντήκοντα καὶ χιλίους ὁπλίτας ἐξέπεμψαν ἐπὶ τὴν Πελοπόννησον. (2) οὗτος δὲ τῆς Πελοποννήσου πολλὴν ἐπόρθησεν, εἰς δὲ τὴν Ἀκαρνανίαν διαβὰς πλὴν Οἰνιαδῶν ἁπάσας τὰς πόλεις προσηγάγετο. οἱ μὲν οὖν Ἀθηναῖοι κατὰ τοῦτον τὸν ἐνιαυτὸν

[1] *Ol.* 81. 3.

πλείστων πόλεων ἦρξαν, ἐπ' ἀνδρείᾳ δὲ καὶ στρατηγίᾳ μεγάλην δόξαν κατεκτήσαντο.

127. Diod. xi. 88: 'Επ' ἄρχοντος δ' 'Αθήνησι Λυσικράτους . . . Περικλῆς ὁ τῶν 'Αθηναίων στρατηγὸς ἀποβὰς εἰς Πελοπόννησον ἐδῄωσε τὴν τῶν Σικυωνίων χώραν. (2) ἐπεξελθόντων δ' ἐπ' αὐτὸν τῶν Σικυωνίων πανδημεὶ καὶ μάχης γενομένης, ὁ Περικλῆς νικήσας καὶ πολλοὺς κατὰ τὴν φυγὴν ἀνελὼν κατέκλεισεν αὐτοὺς εἰς πολιορκίαν. προσβολὰς δὲ ποιούμενος τοῖς τείχεσι, καὶ μὴ δυνάμενος ἑλεῖν τὴν πόλιν, ἔτι δὲ καὶ τῶν Λακεδαιμονίων ἀποστειλάντων βοήθειαν τοῖς πολιορκουμένοις, ἀνέζευξεν ἐκ τῆς Σικυῶνος· εἰς δὲ τὴν 'Ακαρνανίαν πλεύσας καὶ τὴν τῶν Οἰνιαδῶν χώραν καταδραμὼν καὶ λαφύρων πλῆθος ἀθροίσας, ἀπέπλευσεν ἐκ τῆς 'Ακαρνανίας. (3) μετὰ δὲ ταῦτα ἐλθὼν εἰς Χερρόνησον χιλίοις τῶν πολιτῶν κατεκληρούχησε τὴν χώραν. ἅμα δὲ τούτοις πραττομένοις Τολμίδης ὁ ἕτερος στρατηγὸς εἰς τὴν Εὔβοιαν παρελθὼν ἄλλοις χιλίοις πολίταις * * * τὴν τῶν Ναξίων γῆν διένειμε.

128. Plut. *Per.* 19: 'Εθαυμάσθη δὲ καὶ διεβοήθη πρὸς τοὺς ἐκτὸς ἀνθρώπους περιπλεύσας Πελοπόννησον ἐκ Πηγῶν τῆς Μεγαρικῆς ἀναχθεὶς ἑκατὸν τριήρεσιν. οὐ γὰρ μόνον ἐπόρθησε τῆς παραλίας πολλήν, ὡς Τολμίδης πρότερον, ἀλλὰ καὶ πόρρω θαλάττης προελθὼν τοῖς ἀπὸ τῶν νεῶν ὁπλίταις τοὺς μὲν ἄλλους εἰς τὰ τείχη συνέστειλε δείσαντας αὐτοῦ τὴν ἔφοδον, ἐν δὲ Νεμέᾳ Σικυωνίους ὑποστάντας καὶ συνάψαντας μάχην κατὰ κράτος τρεψάμενος ἔστησε τρόπαιον. ἐκ δ' 'Αχαΐας φίλης οὔσης στρατιώτας ἀναλαβὼν εἰς τὰς τριήρεις ἐπὶ τὴν ἀντιπέρας ἤπειρον ἐκομίσθη τῷ στόλῳ, καὶ παραπλεύσας τὸν 'Αχελῷον 'Ακαρνανίαν κατέδραμε καὶ κατέκλεισεν Οἰνιάδας εἰς τὸ τεῖχος, καὶ τεμὼν τὴν γῆν καὶ κακώσας ἀπῆρεν ἐπ' οἴκου, φοβερὸς μὲν φανεὶς τοῖς πολεμίοις, ἀσφαλὴς δὲ καὶ δραστήριος τοῖς πολίταις. οὐδὲν γὰρ οὐδ' ἀπὸ τύχης πρόσκρουσμα συνέβη περὶ τοὺς στρατευομένους.

129. Justin. iii. 6: (12) Igitur Athenienses adversus tantam tempestatem belli duos duces deligunt, Periclen, spectatae virtutis virum, et Sophoclen, scriptorem tragoediarum; (13) qui diviso exercitu et Spartanorum agros vastaverunt et multas Asiae civitates Atheniensium imperio adiecerunt.

Akarnanian Affairs.

130. Paus. iv. 25: 'Επεὶ δὲ ἔσχον τὴν Ναύπακτον οὐκ ἀπέχρη πόλιν τε αὐτοῖς καὶ χώραν εἰληφέναι παρ' 'Αθηναίων, ἀλλὰ σφᾶς πόθος εἶχεν ἰσχυρὸς χερσὶ ταῖς αὐτῶν φανῆναι λόγου τι κεκτημένους ἄξιον, καί, ἠπίσταντο γὰρ Οἰνιάδας Ἀκαρνάνων γῆν τε ἔχοντας ἀγαθὴν καὶ Ἀθηναίοις διαφόρους τὸν πάντα ὄντας χρόνον, στρατεύουσιν ἐπ' αὐτούς. ὄντες δὲ ἀριθμῷ μὲν οὐ πλείους, ἀρετῇ δὲ καὶ πολὺ ἀμείνονες ὄντες τῇ σφετέρᾳ νικῶσι, καὶ ἐπολιόρκουν κατακεκλεισμένους ἐς τὸ τεῖχος. (2) τὸ δὲ ἐντεῦθεν, οὐ γάρ τι τῶν τοῖς ἀνθρώποις εὑρημένων ἐς πολιορκίαν οἱ Μεσσήνιοι παρίεσαν, ἀλλὰ καὶ κλίμακας προστιθέντες ἐπειρῶντο ὑπερβαίνειν ἐς τὴν πόλιν καὶ ὑπώρυσσον κάτωθεν τὸ τεῖχος, μηχανήματά τε, ὁποῖα ἐνῆν δι' ὀλίγου παρασκευάσασθαι, προσαγαγόντες ἀεί τι ἤρειπον. δείσαντες δὲ οἱ ἔνδον μὴ ἁλούσης τῆς πόλεως αὐτοί τε ἀπόλωνται καὶ αἱ γυναῖκές σφισι καὶ οἱ παῖδες ἐξανδραποδισθῶσιν, εἵλοντο ἀπελθεῖν ὑπόσπονδοι. (3) καὶ ἐνιαυτὸν μὲν μάλιστα οἱ Μεσσήνιοι κατέσχον τὴν πόλιν καὶ ἐνέμοντο τὴν χώραν. τῷ δὲ ἔτει τῷ ὑστέρῳ δύναμιν οἱ Ἀκαρνᾶνες ἀπὸ πασῶν συλλέξαντες τῶν πόλεων ἐβουλεύοντο ἐπὶ τὴν Ναύπακτον στρατεύειν. καὶ τοῦτο μὲν ἀπέδοξεν αὐτοῖς, τήν τε πορείαν ὁρῶσιν, ὅτι ἔσεσθαι δι' Αἰτωλῶν ἔμελλε πολεμίων ἀεί ποτε ὄντων, καὶ ἅμα τοὺς Ναυπακτίους κεκτῆσθαί τι ναυτικὸν ὑπώπτευον, ὥσπερ γε καὶ εἶχον· ἐπικρατούντων δὲ ἐκείνων τῆς θαλάσσης οὐκ ἐνεῖναι κατεργάσασθαι μέγα οὐδὲν στρατῷ πεζῷ. (4) μετεβεβούλευτό τε δή σφισιν αὐτίκα καὶ ἐπὶ Μεσσηνίους τρέπονται τοὺς ἐν Οἰνιάδαις. καὶ οἱ μὲν ὡς πολιορκήσοντες παρεσκευάζοντο· οὐ γάρ ποτε ὑπελάμβανον ἄνδρας οὕτως ὀλίγους ἐς τοσοῦτον ἀπονοίας ἥξειν ὡς μαχέσασθαι πρὸς τὴν Ἀκαρνάνων ἁπάντων στρατιάν. οἱ δὲ Μεσσήνιοι προητοιμασμένοι μὲν καὶ σῖτον καὶ τὰ ἄλλα ἦσαν ὁπόσα εἰκὸς ἦν, πολιορκίας πειράσεσθαι μακροτέρας ἐλπίζοντες· (5) παρίστατο δέ σφισι πρὸ τῆς μελλούσης πολιορκίας ἀγῶνα ἐκ τοῦ φανεροῦ ποιήσασθαι, μηδὲ ὄντας Μεσσηνίους, οἳ μηδὲ Λακεδαιμονίων ἀνδρίᾳ, τύχῃ δὲ ἠλαττώθησαν, καταπεπλῆχθαι τὸν ἥκοντα ὄχλον ἐξ Ἀκαρνανίας. τό τε Ἀθηναίων ἐν Μαραθῶνι ἔργον ἀνεμιμνήσκοντο, ὡς μυριάδες τριάκοντα ἐφθάρησαν τῶν Μήδων ὑπὸ ἀνδρῶν οὐδὲ ἐς μυρίους ἀριθμόν. (6) καθίσταντό τε δὴ τοῖς Ἀκαρνᾶσιν ἐς ἀγῶνα, καὶ ὁ τρόπος λέγεται τῆς μάχης γενέσθαι τοιόσδε. οἱ μέν, ἅτε πλήθει προέχοντες πολύ, οὐ χαλεπῶς περιέβαλλον τοὺς Μεσσηνίους, πλὴν ὅσον αἱ πύλαι τε ἀπεῖργον κατὰ νώτου τοῖς Μεσσηνίοις γινόμεναι καὶ οἱ ἀπὸ τείχους τοῖς σφετέροις προθύμως ἀμύνοντες· ταύτῃ μὲν δὴ μὴ περισχεθῆναι σφᾶς ἐκώλυε· τὰ δὲ πλευρὰ ἀμφότερα ἐκυκλώσαντο αὐτῶν οἱ Ἀκαρνᾶνες καὶ ἐσηκόντιζον πανταχόθεν. (7) οἱ δὲ Μεσσήνιοι συνεστραμμένοι μετ' ἀλλήλων, ὁπότε ἀθρόοι τοῖς Ἀκαρνᾶσιν ἐμπέσοιεν, ἐτάρασσον μὲν τοὺς κατὰ ταὐτὸ ἑστηκότας καὶ ἐφόνευόν τε αὐτῶν καὶ ἐτίτρωσκον πολλούς, τελέαν δὲ οὐκ ἐδύναντο ἐργάσασθαι φυγήν· ὅπου γὰρ τῆς τάξεως αἴσθοιντό τι οἱ Ἀκαρνᾶνες τῆς αὐτῶν ὑπὸ τῶν Μεσσηνίων διασπώμενον, κατὰ τοῦτο ἀμύνοντες τοῖς βιαζομένοις αὐτῶν ἀνεῖργον τοὺς Μεσσηνίους ἐπικρατοῦντες τῷ πλήθει. (8) οἱ δὲ ὁπότε ἀνακοπεῖεν, κατ' ἄλλο αὖθις πειρώμενοι διακόψαι τὴν Ἀκαρνάνων φάλαγγα τὸ αὐτὸ ἂν ἔπασχον· ὅτῳ μὲν προσβάλλοιεν, διέσειόν τε καὶ τροπὴν ἐπὶ βραχὺ ἐποίουν, ἐπιρρεόντων δὲ αὖθις κατὰ τοῦτο σπουδῇ τῶν Ἀκαρνάνων ἀπετρέποντο ἄκοντες. γενομένου δὲ ἰσορρόπου τοῦ ἀγῶνος ἄχρι ἑσπέρας, καὶ Ἀκαρνᾶσιν ὑπὸ τὴν ἐπιοῦσαν νύκτα ἐπελθούσης δυνάμεως ἀπὸ τῶν πόλεων, οὕτω τοῖς Μεσσηνίοις περιειστήκει πολιορκία. (9) καὶ ἁλῶναι μὲν κατὰ κράτος τὸ τεῖχος ἢ ὑπερβάντων τῶν Ἀκαρνάνων ἢ καὶ ἀπολιπεῖν βιασθεῖσιν αὐτοῖς τὴν φρουρὰν δέος ἦν οὐδέν· τὰ δὲ ἐπιτήδειά σφισι πάντα ὁμοίως ὀγδόῳ μηνὶ ἐξανήλωτο. ἐς μὲν τοὺς Ἀκαρνᾶνας ἐχρῶντο ἀπὸ τοῦ τείχους χλευασίᾳ, μὴ σφᾶς τὰ σιτία προδυῦναί ποτε ἂν μηδὲ ἐς ἔτος δέκατον πολιορκουμένους· (10) αὐτοὶ δὲ περὶ ὕπνον πρῶτον ἐξελθόντες ἐκ τῶν Οἰνιαδῶν, καὶ γενομένης τοῦ δρασμοῦ σφῶν τοῖς Ἀκαρνᾶσιν αἰσθήσεως ἐς μάχην ἀναγκασθέντες ἀφικέσθαι, περὶ τριακοσίους μὲν ἀποβάλλουσι καὶ πλείονας ἔτι αὐτοὶ τῶν ἐναντίων κατεργάζονται, τὸ δὲ πολὺ αὐτῶν διεκπίπτουσι διὰ τῶν Ἀκαρνάνων, καὶ ἐπιλαμβανόμενοι τῆς Αἰτωλῶν ἐχόντων σφίσιν ἐπιτηδείως ἐς τὴν Ναύπακτον ἀνασώζονται.

Importance and Position of Oiniadai.

131. Thuc. ii. 102. 2.

The Egyptian Expedition.

132. Ctes. *Pers.* 29 *Ecl.* 32: Ἀφίσταται Αἴγυπτος, Ἰνάρου Λιβύου ἀνδρὸς καὶ ἑτέρου Αἰγυπτίου τὴν ἀπόστασιν μελετήσαντος, καὶ εὐτρεπίζεται τὰ πρὸς πόλεμον· πέμπουσι καὶ Ἀθηναῖοι, αἰτησαμένου αὐτοῦ, τεσσαράκοντα νῆας. καὶ μελετᾷ αὐτὸς Ἀρτοξέρξης ἐκστρατεῦσαι, καὶ τῶν φίλων οὐ συμβουλευόντων, πέμπει Ἀχαιμενίδην τὸν ἀδελφόν, τεσσαράκοντα μὲν μυριάδας ἐπαγόμενον στράτευμα πεζικόν, νῆας δὲ π'. συμβάλλει πόλεμον Ἴναρος πρὸς Ἀχαιμενίδην, καὶ νικῶσιν Αἰγύπτιοι, καὶ βάλλεται Ἀχαιμενίδης ὑπὸ Ἰνάρου, καὶ θνήσκει· καὶ ἀποπέμπεται ὁ νεκρὸς αὐτοῦ εἰς Ἀρτοξέρξην. ἐνίκησεν Ἴναρος καὶ κατὰ θάλασσαν, Χαριτιμίδου εὐδοκιμήσαντος, ὃς τῶν ἐξ Ἀθηνῶν τεσσαράκοντα νηῶν ἐχρημάτιζε ναύαρχος· καὶ ν′ Περσῶν νῆες, αἱ μὲν εἴκοσιν αὐτοῖς ἀνδράσιν ἐλήφθησαν, αἱ δὲ λ′ διεφθάρησαν. (33) εἶτα πέμπεται κατὰ Ἰνάρου Μεγάβυζος, ἐπαγόμενος ἄλλο στράτευμα πρὸς τῷ ὑπολειφθέντι, μυριάδας εἴκοσι, καὶ νῆας τ′, καὶ ἐπιστάτην αὐτοῖς Ὀρίσκον, ὡς εἶναι χωρὶς τῶν νεῶν τὸ ἄλλο πλῆθος ν′ μυριάδας· Ἀχαιμενίδης γὰρ ὅτε ἔπεσε, δέκα μυριάδες αὐτῷ, ἐξ ὧν ἦγε μ′, συνδιεφθάρησαν. γίνεται οὖν μάχη κρατερά, καὶ πίπτουσιν ἀμφοτέρωθεν πολλοί, πλείους δὲ Αἰγύπτιοι. καὶ βάλλει Μεγάβυζος εἰς τὸν μηρὸν Ἴναρον, καὶ τρέπεται· καὶ νικῶσι Πέρσαι κατὰ κράτος. φεύγει δὲ πρὸς τὴν Βύβλον Ἴναρος (πόλις ἰσχυρὰ ἐν Αἰγύπτῳ αὕτη), καὶ οἱ Ἕλληνες δὲ μετ' αὐτοῦ, ὅσοι μὴ ἐν τῇ μάχῃ καὶ μετὰ Χαριτιμίδου ἀπέθανον. (34) προσχωρεῖ δὲ Αἴγυπτος πλὴν Βύβλου πρὸς Μεγάβυζον. ἐπεὶ δὲ ἐκείνη ἀνάλωτος ἐδόκει, σπένδεται πρὸς Ἴναρον καὶ τοὺς Ἕλληνας, ἑξακισχιλίους ὄντας καὶ ἔτι πρός, ὁ Μεγάβυζος, ἐφ' ᾧ μηδὲν κακὸν παρὰ βασιλέως λαβεῖν, καὶ τοὺς Ἕλληνας, ὅτε βούλοιντο, πρὸς τὰ οἰκεῖα ἐπανελθεῖν. (35) καθίστησι δὲ τῆς Αἰγύπτου σατράπην Σαρσάμαν· καὶ λαβὼν Ἴναρον καὶ τοὺς Ἕλληνας παραγίνεται πρὸς Ξέρξην (*immo* Ἀρτοξέρξην), καὶ εὑρίσκει λίαν κατὰ Ἰνάρου τεθυμωμένον, ὅτι τὸν ἀδελφὸν Ἀχαιμενίδην ἀπεκτονὼς εἴη. διηγεῖται τὰ γεγονότα Μεγάβυζος, καὶ ὡς πίστεις δοὺς Ἰνάρῳ καὶ τοῖς Ἕλλησι, Βύβλον εἴληφε· καὶ ἐξαιτεῖται λιπαρῶς βασιλέα περὶ τῆς αὐτῶν σωτηρίας, καὶ λαμβάνει, καὶ ἐξάγεται τέλος τῇ στρατιᾷ ὡς Ἴναρος καὶ οἱ Ἕλληνες οὐδὲν κακὸν πείσονται. (36) Ἄμυτις δὲ ὑπὲρ τοῦ παιδὸς Ἀχαιμενίδου δεινὰ ἐποιεῖτο, εἰ μὴ τιμωρήσαιτο Ἴναρον καὶ τοὺς Ἕλληνας· καὶ αἰτεῖται ταῦτα βασιλεῖ· ὁ δὲ οὐκ ἐνδίδωσιν· εἶτα Μεγαβύζῳ· ὁ δὲ ἀποπέμπεται. εἶτα ἐπεὶ διώχλει τὸν υἱόν, κατειργάσατο, καὶ πέντε παρελθόντων ἐτῶν λαμβάνει τὸν Ἴναρον παρὰ βασιλέως καὶ τοὺς Ἕλληνας. καὶ ἀνεσταύρωσε μὲν ἐπὶ τρισὶ σταυροῖς· πεντήκοντα δὲ Ἑλλήνων, ὅσους λαβεῖν ἴσχυσε, τούτων ἔτεμε τὰς κεφαλάς. (37) καὶ ἐλυπήθη λύπην σφοδρὰν Μεγάβυζος, καὶ ἐπένθησε, καὶ ᾐτήσατο ἐπὶ Συρίαν τὴν ἑαυτοῦ χώραν ἀπιέναι· ἐνταῦθα λάθρᾳ καὶ τοὺς ἄλλους τῶν Ἑλλήνων προέπεμπε. καὶ ἀπῄει, καὶ ἀπέστη βασιλέως κ.τ.λ.

133. Thuc. i. 104; 109; 110.

134. Diod. xi. 71: Ἐπ' ἄρχοντος δ' Ἀθήνησι Τληπολέμου . . . Ἀρταξέρξης ὁ βασιλεὺς τῶν Περσῶν ἄρτι τὴν βασιλείαν ἀνακτησάμενος, τὸ μὲν πρῶτον κολάσας τοὺς μετεσχηκότας τῆς τοῦ πατρὸς ἀναιρέσεως διέταξε τὰ κατὰ τὴν βασιλείαν συμφερόντως αὐτῷ. (2)

τῶν μὲν γὰρ ὑπαρχόντων σατραπῶν τοὺς ἀλλοτρίως ἔχοντας πρὸς αὐτὸν ἀπέστησε, τῶν δὲ αὐτοῦ φίλων ἐπιλέξας τοὺς εὐθέτους παρέδωκε τὰς σατραπείας. ἐπεμελήθη δὲ καὶ τῶν προσόδων καὶ τῆς δυνάμεων κατασκευῆς, καὶ καθόλου τὴν βασιλείαν ὅλην ἐπιεικῶς διοικῶν μεγάλης ἀποδοχῆς ἐτύγχανε παρὰ τοῖς Πέρσαις. (3) οἱ δὲ τὴν Αἴγυπτον κατοικοῦντες πυθόμενοι τὴν Ξέρξου τελευτὴν καὶ τὴν ὅλην ἐπίθεσιν καὶ ταραχὴν ἐν τῇ βασιλείᾳ τῶν Περσῶν, ἔκριναν ἀντέχεσθαι τῆς ἐλευθερίας. εὐθὺς οὖν ἀθροίσαντες δύναμιν ἀπέστησαν τῶν Περσῶν, καὶ τοὺς φορολογοῦντας τὴν Αἴγυπτον τῶν Περσῶν ἐκβαλόντες κατέστησαν βασιλέα τὸν ὀνομαζόμενον Ἰναρῶ. (4) οὗτος δὲ τὸ μὲν πρῶτον ἐκ τῶν ἐγχωρίων κατέλεγε στρατιώτας, μετὰ δὲ ταῦτα καὶ μισθοφόρους ἐκ τῶν ἀλλοεθνῶν ἀθροίζων κατεσκεύαζε δύναμιν ἀξιόχρεων. ἔπεμψε δὲ καὶ πρὸς Ἀθηναίους πρέσβεις περὶ συμμαχίας, ὑπισχνούμενος αὐτοῖς, ἐὰν ἐλευθερώσωσι τοὺς Αἰγυπτίους, κοινὴν αὐτοῖς παρέξεσθαι τὴν βασιλείαν καὶ πολλαπλασίους τῆς εὐεργεσίας ἀποδώσειν χάριτας. (5) οἱ δὲ Ἀθηναῖοι κρίναντες συμφέρειν αὐτοῖς τοὺς μὲν Πέρσας εἰς τὸ δυνατὸν ταπεινοῦν, τοὺς δὲ Αἰγυπτίους ἰδίους ἑαυτοῖς παρασκευάσαι πρὸς τὰ παράλογα τῆς τύχης, ἐψηφίσαντο τριακοσίαις τριήρεσι βοηθεῖν τοῖς Αἰγυπτίοις. (6) οἱ μὲν οὖν Ἀθηναῖοι μετὰ πολλῆς προθυμίας περὶ τὴν τοῦ στόλου παρασκευὴν ἐγίνοντο. Ἀρταξέρξης δὲ πυθόμενος τὴν ἀπόστασιν τῶν Αἰγυπτίων καὶ τὰς εἰς τὸν πόλεμον παρασκευάς, ἔκρινε δεῖν τῷ μεγέθει τῶν δυνάμεων ὑπερᾶραι τοὺς Αἰγυπτίους. εὐθὺς οὖν ἐξ ἁπασῶν τῶν σατραπειῶν κατέλεγε στρατιώτας καὶ ναῦς κατεσκεύαζε, καὶ τῆς ἄλλης ἁπάσης παρασκευῆς ἐπιμέλειαν ἐποιεῖτο. καὶ τὰ μὲν κατὰ τὴν Ἀσίαν καὶ τὴν Αἴγυπτον ἐν τούτοις ἦν.

135. Diod. xi. 74: Ἐπ' ἄρχοντος δ' Ἀθήνησι Κόνωνος . . . Ἀρταξέρξης μὲν ὁ βασιλεὺς τῶν Περσῶν κατέστησε στρατηγὸν ἐπὶ τὸν πρὸς Αἰγυπτίους πόλεμον Ἀχαιμένην τὸν Δαρείου μὲν υἱόν, ἑαυτοῦ δὲ θεῖον· τούτῳ δὲ παραδοὺς στρατιωτῶν ἱππέων τε καὶ πεζῶν ὑπὲρ τὰς τριάκοντα μυριάδας προσέταξε καταπολεμῆσαι τοὺς Αἰγυπτίους. (2) οὗτος μὲν οὖν ἐπειδὴ κατήντησεν εἰς Αἴγυπτον, κατεστρατοπέδευσε πλησίον τοῦ Νείλου, καὶ τὴν δύναμιν ἐκ τῆς ὁδοιπορίας ἀναλαβὼν παρεσκευάζετο τὰ πρὸς μάχην· οἱ δ' Αἰγύπτιοι συνηθροικότες ἐκ τῆς Λιβύης καὶ τῆς Αἰγύπτου τὴν δύναμιν, ἀνέμενον τὴν παρὰ τῶν Ἀθηναίων συμμαχίαν. (3) καταπλευσάντων δὲ τῶν Ἀθηναίων εἰς τὴν Αἴγυπτον μετὰ διακοσίων νεῶν, καὶ μετὰ τῶν Αἰγυπτίων παραταξαμένων πρὸς τοὺς Πέρσας, ἐγένετο μάχη καρτερά. καὶ μέχρι μέν τινος οἱ Πέρσαι τοῖς πλήθεσι προέχοντες ἐπλεονέκτουν, μετὰ δὲ ταῦτα τῶν Ἀθηναίων βιασαμένων καὶ τοὺς καθ' ἑαυτοὺς τεταγμένους τρεψαμένων καὶ πολλοὺς ἀναιρούντων, τὸ λοιπὸν πλῆθος τῶν βαρβάρων πρὸς φυγὴν ὥρμησε. (4) πολλοῦ δὲ κατὰ τὴν φυγὴν γενομένου φόνου, τὸ τελευταῖον οἱ μὲν Πέρσαι τὸ πλέον μέρος τῆς δυνάμεως ἀποβαλόντες κατέφυγον ἐπὶ τὸ καλούμενον Λευκὸν τεῖχος, οἱ δ' Ἀθηναῖοι ταῖς ἰδίαις ἀνδραγαθίαις νίκημα περιπεποιημένοι συνεδίωξαν τοὺς βαρβάρους εἰς τὸ προκείμενον χωρίον, καὶ οὐκ ἀφίσταντο τῆς πολιορκίας. (5) Ἀρταξέρξης δὲ πυθόμενος τὴν τῶν ἰδίων ἧτταν, τὸ μὲν πρῶτον ἀπέστειλέ τινας τῶν φίλων μετὰ πολλῶν χρημάτων εἰς τὴν Λακεδαίμονα, καὶ τοὺς Λακεδαιμονίους ἠξίου πόλεμον ἐξενεγκεῖν τοῖς Ἀθηναίοις, νομίζων οὕτω τοὺς ἐν Αἰγύπτῳ νικῶντας Ἀθηναίους ἀποπλεύσειν εἰς τὰς Ἀθήνας βοηθήσοντας τῇ πατρίδι· τῶν δὲ Λακεδαιμονίων οὔτε χρήματα δεξαμένων οὔτε ἄλλως προσεχόντων τοῖς ὑπὸ Περσῶν ἀξιουμένοις ἀπογνοὺς τὴν ἀπὸ τῶν Λακεδαιμονίων βοήθειαν ὁ Ἀρταξέρξης ἄλλας δυνάμεις παρεσκευάζετο· ἐπιστήσας δὲ αὐτοῖς ἡγεμόνας Ἀρτάβαζον καὶ Μεγάβυζον, ἄνδρας ἀρετῇ διαφέροντας, ἐξέπεμψε πολεμήσοντας τοῖς Αἰγυπτίοις.

(75) Ἐπ' ἄρχοντος δ' Ἀθήνησιν Εὐθίππου . . . κατὰ τὴν Ἀσίαν Ἀρτάβαζος καὶ Μεγάβυζος ἐκπεμφθέντες ἐπὶ τὸν πρὸς Αἰγυπτίους πόλεμον ἀνέζευξαν ἐκ τῆς Περσίδος, ἔχοντες στρατιώτας ἱππεῖς καὶ πεζοὺς πλείους τῶν τριάκοντα μυριάδων. (2) ὡς δ' ἦλθον εἰς Κιλικίαν καὶ Φοινίκην, τὰς μὲν πεζὰς δυνάμεις ἀνελάμβανον ἐκ τῆς ὁδοιπορίας, ναῦς δὲ προσέταξαν κατασκευάζειν τοῖς τε Κυπρίοις καὶ Φοίνιξι καὶ τοῖς τὴν Κιλικίαν οἰκοῦσι. καταρτισθεισῶν δὲ τριήρων τριακοσίων, ταύτας ἐκόσμησαν ἐπιβάταις τε τοῖς κρατίστοις καὶ ὅπλοις καὶ βέλεσι καὶ τοῖς ἄλλοις τοῖς πρὸς ναυμαχίαν χρησίμοις. (3) οὗτοι μὲν οὖν περὶ τὰς παρασκευὰς ἐγίνοντο καὶ γυμνασίας τῶν στρατιωτῶν ἐποιοῦντο καὶ συνείθιζον ἅπαντας ταῖς πολεμικαῖς ἐμπειρίαις, καὶ περὶ ταῦτα διέτριψαν σχεδόν τι τὸν ὑποκείμενον ἐνιαυτόν· (4) οἱ δὲ κατὰ τὴν Αἴγυπτον Ἀθηναῖοι τοὺς περὶ τὴν Μέμφιν καταφυγόντας εἰς τὸ Λευκὸν τεῖχος ἐπολιόρκουν· ἀμυνομένων δὲ τῶν Περσῶν εὐρώστως οὐ δυνάμενοι τὸ χωρίον ἑλεῖν, ἔμειναν ἐπὶ τῆς πολιορκίας τὸν ἐνιαυτόν.

136. *Ibid.* 77: Ἐπ' ἄρχοντος δ' Ἀθήνησι Φρασικλείδου ὀλυμπιὰς μὲν ἤχθη ὀγδοηκοστή, καθ' ἣν ἐνίκα στάδιον Τορύλλας Θετταλός. . . ἐπὶ δὲ τούτων κατὰ μὲν τὴν Ἀσίαν οἱ τῶν Περσῶν στρατηγοὶ διαβάντες ἐπὶ τὴν Κιλικίαν ναῦς μὲν κατεσκεύασαν τριακοσίας κεκοσμημένας καλῶς πρὸς τὴν πολεμικὴν χρείαν, τὸ δὲ πεζὸν στρατόπεδον λαβόντες προῆγον πεζῇ διὰ Συρίας καὶ Φοινίκης· συμπαραπλέοντος δὲ καὶ τοῦ στόλου τῇ πεζῇ στρατιᾷ κατήντησαν εἰς Μέμφιν τῆς Αἰγύπτου. (2) καὶ τὸ μὲν πρῶτον τὴν πολιορκίαν τοῦ Λευκοῦ τείχους ἔλυσαν, καταπληξάμενοι τοὺς Αἰγυπτίους καὶ τοὺς Ἀθηναίους· μετὰ δὲ ταῦτα ἐμφρόνως βουλευσάμενοι κατὰ στόμα μὲν παρατάττεσθαι διέκλινον, στρατηγήμασι δὲ ἐφιλοτιμοῦντο καταλῦσαι τὸν πόλεμον. διόπερ καὶ τῶν Ἀττικῶν νεῶν ὁρμουσῶν ἐν τῇ Προσωπίτιδι λεγομένῃ νήσῳ, τὸν περιρρέοντα ποταμὸν διώρυξι διαλαβόντες ἤπειρον ἐποίησαν τὴν νῆσον. (3) τῶν δὲ νεῶν ἄφνω καθιζουσῶν ἐπὶ ξηρὰν τὴν γῆν, οἱ μὲν Αἰγύπτιοι καταπλαγέντες ἐγκατέλιπον τοὺς Ἀθηναίους καὶ πρὸς τοὺς Πέρσας διελύσαντο· οἱ δὲ Ἀθηναῖοι συμμάχων ὄντες ἔρημοι καὶ τὰς ναῦς ὁρῶντες ἀχρήστους γεγενημένας, ταύτας μὲν ἐνέπρησαν, ὅπως μὴ τοῖς πολεμίοις ὑποχείριοι γενηθῶσιν, αὐτοὶ δὲ οὐ καταπλαγέντες τὴν δεινότητα τῆς περιστάσεως παρεκάλουν ἀλλήλους μηδὲν ἀνάξιον πρᾶξαι τῶν προκατειργασμένων ἀγώνων. (4) διόπερ ταῖς ἀρεταῖς ὑπερβαλλόμενοι τοὺς ἐν Θερμοπύλαις ὑπὲρ τῆς Ἑλλάδος ἀποθανόντας, ἑτοίμως εἶχον διαγωνίζεσθαι πρὸς τοὺς πολεμίους. οἱ δὲ στρατηγοὶ τῶν Περσῶν Ἀρτάβαζος καὶ Μεγάβυζος, ὁρῶντες τὴν ὑπερβολὴν τῆς εὐτολμίας τῶν πολεμίων καὶ λογισάμενοι, διότι τούτους οὐ δυνατὸν ἀνελεῖν ἄνευ τοῦ πολλὰς μυριάδας ἀποβαλεῖν τῶν ἰδίων, σπονδὰς ἔθεντο πρὸς τοὺς Ἀθηναίους, καθ᾽ ἃς ἔδει χωρὶς κινδύνων ἀπελθεῖν αὐτοὺς ἐκ τῆς Αἰγύπτου. (5) οἱ μὲν οὖν Ἀθηναῖοι διὰ τὴν ἰδίαν ἀρετὴν τυχόντες τῆς σωτηρίας ἀπῆλθον ἐκ τῆς Αἰγύπτου, καὶ διὰ τῆς Λιβύης εἰς Κυρήνην ἀπελθόντες ἐσώθησαν παραδόξως εἰς τὴν πατρίδα.

137. Aristid. *Panath.* 152 J. (Dind. i. p. 247): Πρὸς τοσοῦτον ἀφίκοντο οἱ μὲν εἰς τὸ Περσικὸν τελοῦντες τοῦ καταφρονηθῆναι, ἡ πόλις δὲ τοῦ πάντας αὐτῇ θαρρεῖν, ὥστ᾽ ἐκινήθησαν μὲν οἱ πρὸς Φάρῳ Λίβυες, συναπέστησαν δὲ Αἰγύπτιοι, βασιλεὺς δὲ καίτοι τἄλλα κατὰ νοῦν περὶ αὐτοὺς πρᾶξαι δοκῶν ἀπόλλυσιν Αἰγύπτου μοῖραν οὐκ ὀλίγην τὸ ἕλος.

Justin. iii. 6. (6). See above 77.

138. Isocr. 8 *de Pac.* 86: Εἰς Αἴγυπτον μέν γε διακόσιαι πλεύσασαι τριήρεις αὐτοῖς τοῖς πληρώμασι διεφθάρησαν, περὶ δὲ Κύπρον πεντήκοντα καὶ ἑκατόν.

139. Aristod. xi. 3 (*F. H. G.* v. p. 14): Ἔπλευσαν δὲ καὶ κατὰ Κύπρον καὶ ἐπ᾽ Αἴγυπτον. ἐβασίλευσε δὲ τῆς Αἰγύπτου Ἰνάρως υἱὸς Ψαμμητίχου, ὃς ἀποστὰς Ἀρταξέρξου βοηθοὺς ἐπηγάγετο αὐτῷ τοὺς Ἀθηναίους, οἵτινες ἔχοντες σ′ ναῦς ἐπολέμησαν ἐπὶ ἔτη ἓξ τοῖς βαρβάροις. (4) μετὰ δὲ ταῦτα Μεγάβυζος ὁ Ζωπύρου καταπεμφθεὶς ὑπὸ Ἀρταξέρξου, ὡρμημένων τῶν Ἀθηναίων ἐν τῇ καλουμένῃ Προσωπίτιδι νήσῳ ἐπί τινος ποταμοῦ, ἐκτρέπει τὸ ῥεῖθρον τοῦ ποταμοῦ ἐποίησέ τε τὰς ναῦς ἐπὶ τῆς γῆς ἀπολειφθῆναι. ἐκτραπεισῶν δὲ ν′ νεῶν Ἀττικῶν προσπλεουσῶν τῇ Αἰγύπτῳ, οἱ περὶ τὸν Μεγάβυζον καὶ ταύτας παρέλαβον, καὶ ἃς μὲν διέφθειραν, ἃς δὲ κατέσχον. τῶν δὲ ἀνδρῶν οἱ μὲν πλείους διεφθάρησαν, ὀλίγοι δὲ παντάπασιν ὑπέστρεψαν εἰς τὴν οἰκείαν.

Achaimenes in command of the Persians.

140. Hdt. iii. 12; vii. 7.

Megabyzos son of Zopyros in command of the Persians.

141. Hdt. iii. 160.

Subsequent History of the Revolt under Amyrtaios.

142. Hdt. iii. 15.
Philoch. *fr.* 90. See below **V. 123.**
Thuc. i. 112. 3.

The Five Years Peace.

143. Thuc. i. 112. 1.

144. Diod. xi. 86: Ἐπ' ἄρχοντος δ' Ἀθήνησιν Ἀρίστωνος . . . Ἀθηναίοις καὶ Πελοποννησίοις πενταετεῖς ἐγένοντο σπονδαί, Κίμωνος τοῦ Ἀθηναίου συνθεμένου ταύτας.

145. Plut. *Cim.* 18: Εὐθὺς μὲν οὖν ὁ Κίμων κατελθὼν ἔλυσε τὸν πόλεμον καὶ διήλλαξε τὰς πόλεις.

146. *Id. Per.* 10: Κἀκεῖνος κατελθὼν εἰρήνην ἐποίησε ταῖς πόλεσιν. οἰκείως γὰρ εἶχον οἱ Λακεδαιμόνιοι πρὸς αὐτὸν ὥσπερ ἀπήχθοντο τῷ Περικλεῖ καὶ τοῖς ἄλλοις δημαγωγοῖς.

147. Corn. Nep. *Cim.* iii. 3: Ille, quod hospitio Lacedaemoniorum utebatur, satius existimans *Graeciae civitates de controversiis suis inter se iure disceptare quam armis* contendere, Lacedaemonem sua sponte est profectus pacemque inter duas potentissimas civitates conciliavit.

148. Andoc. 3 *de Pac.* 3 (see above **112**): (4) καὶ τότε ἡμῖν εἰρήνη ἐγένετο πρὸς Λακεδαιμονίους ἔτη πεντήκοντα, καὶ ἐνεμείναμεν ἀμφότεροι ταύταις ταῖς σπονδαῖς ἔτη τριακαίδεκα.
Cf. Aeschin. 2 *de fals. leg.* 172.

Peace of Lakedaimonians with Argos.

149. Thuc. v. 14. 4; 28. 2.

The Kyprian Expedition and death of Kimon.

150. Thuc. i. 112. 2–4.

151. Diod. xii. 3: Ἐπ' ἄρχοντος γὰρ Ἀθήνησιν Εὐθυδήμου . . . Ἀθηναῖοι διαπεπολεμηκότες ὑπὲρ Αἰγυπτίων πρὸς Πέρσας, καὶ τὰς ναῦς ἁπάσας ἀπολωλεκότες ἐν τῇ λεγομένῃ Προσωπίτιδι νήσῳ, βραχὺν χρόνον διαλιπόντες ἔγνωσαν πάλιν πολεμεῖν τοῖς Πέρσαις ὑπὲρ τῶν κατὰ τὴν Ἀσίαν Ἑλλήνων. καταρτίσαντες δὲ στόλον τριήρων διακοσίων, καὶ στρατηγὸν ἑλόμενοι Κίμωνα τὸν Μιλτιάδου, προσέταξαν πλεῖν ἐπὶ Κύπρον καὶ διαπολεμεῖν τοῖς Πέρσαις. (2) ὁ δὲ Κίμων ἀναλαβὼν τὸν στόλον κεκοσμημένον ἀνδρῶν τε ἀρεταῖς καὶ χορηγίαις δαψιλέσιν ἔπλευσεν εἰς τὴν Κύπρον. κατ' ἐκείνους δὲ τοὺς καιροὺς τῶν Περσικῶν δυνάμεων ἐστρατήγουν Ἀρτάβαζος ⟨καὶ Μεγάβυζος. Ἀρτάβαζος⟩ μὲν τὴν ἡγεμονίαν ἔχων ἐν τῇ Κύπρῳ διέτριβεν, ἔχων τριήρεις τριακοσίας, Μεγάβυζος δὲ περὶ τὴν Κιλικίαν ἐστρατοπέδευε, πεζὰς ἔχων δυνάμεις, ὧν ὁ ἀριθμὸς ἦν τριάκοντα μυριάδων. (3) ὁ δὲ Κίμων καταπλεύσας εἰς τὴν Κύπρον καὶ θαλαττοκρατῶν Κίτιον μὲν καὶ Μάριον ἐξεπολιόρκησε, καὶ τοῖς κρατηθεῖσι φιλανθρώπως προσηνέχθη. μετὰ δὲ ταῦτα ἐκ Κιλικίας καὶ Φοινίκης προσφερομένων τριήρων τῇ νήσῳ, Κίμων ἐπαναχθεὶς καὶ πόλεμον συγκρούσας πολλὰς μὲν τῶν νεῶν κατέδυσεν, ἑκατὸν δὲ σὺν αὐτοῖς τοῖς ἀνδράσιν εἷλε, τὰς δὲ λοιπὰς μέχρι τῆς Φοινίκης κατεδίωξεν. (4) οἱ μὲν οὖν Πέρσαι ταῖς ὑπολειφθείσαις ναυσὶ κατέφυγον εἰς τὴν γῆν, καθ' ὃν τόπον ἦν Μεγάβυζος ἐστρατοπεδευκὼς μετὰ τῆς πεζῆς δυνάμεως· οἱ δὲ Ἀθηναῖοι προσπλεύσαντες καὶ τοὺς στρατιώτας ἐκβιβάσαντες συνῆψαν μάχην, καθ' ἣν Ἀναξικράτης μὲν ὁ ἕτερος τῶν στρατηγῶν λαμπρῶς ἀγωνισάμενος ἡρωικῶς κατέστρεψε τὸν βίον, οἱ δὲ ἄλλοι κρατήσαντες τῇ μάχῃ καὶ πολλοὺς ἀνελόντες ἐπανῆλθον εἰς τὰς ναῦς. μετὰ δὲ ταῦτα Ἀθηναῖοι πάλιν ἀπέπλευσαν εἰς τὴν Κύπρον. ταῦτα μὲν οὖν ἐπράχθη κατὰ τὸ πρῶτον ἔτος τοῦ πολέμου.

(4) Ἐπ' ἄρχοντος δ' Ἀθήνησι Πεδιέως. . . Κίμων ὁ τῶν Ἀθηναίων στρατηγὸς θαλαττοκρατῶν ἐχειροῦτο τὰς κατὰ τὴν Κύπρον πόλεις. ἐν δὲ τῇ Σαλαμῖνι Περσικῆς φρουρᾶς οὔσης ἀξιολόγου, καὶ βελῶν καὶ ὅπλων παντοδαπῶν, ἔτι δὲ σίτου καὶ τῆς ἄλλης παρασκευῆς γεμούσης τῆς πόλεως, ἔκρινε συμφέρειν ταύτην ἐκπολιορκῆσαι. (2) οὕτω γὰρ

ὑπελάμβανε μάλιστα τῆς τε Κύπρου πάσης ῥᾳδίως κυριεύσειν καὶ τοὺς Πέρσας καταπλήξεσθαι, βοηθεῖν μὲν τοῖς Σαλαμινίοις μὴ δυναμένους διὰ τὸ θαλαττοκρατεῖν τοὺς Ἀθηναίους, ἐγκαταλιπόντας δὲ τοὺς συμμάχους καταφρονηθήσεσθαι, καθόλου δὲ τὸν ὅλον πόλεμον κριθήσεσθαι τῆς Κύπρου πάσης βίᾳ χειρωθείσης· ὅπερ καὶ συνέβη γενέσθαι. (3) οἱ μὲν γὰρ Ἀθηναῖοι συστησάμενοι πολιορκίαν πρὸς τῇ Σαλαμῖνι καθ' ἡμέραν προσβολὰς ἐποιοῦντο, οἱ δ' ἐν τῇ πόλει στρατιῶται, ἔχοντες βέλη καὶ παρασκευήν, ῥᾳδίως ἀπὸ τῶν τειχῶν ἠμύνοντο τοὺς πολιορκοῦντας. . . . (6) συνέβη δὲ καὶ τὸν Κίμωνα περὶ τὴν Κύπρον διατρίβοντα νόσῳ τελευτῆσαι.

152. Plut. *Cim.* 18: Γενομένης δ' εἰρήνης ὁρῶν τοὺς Ἀθηναίους ἡσυχίαν ἄγειν μὴ δυναμένους, ἀλλὰ κινεῖσθαι καὶ αὐξάνεσθαι ταῖς στρατείαις βουλομένους, ἵνα μὴ τοῖς Ἕλλησι διοχλῶσι μηδὲ περὶ τὰς νήσους ἢ Πελοπόννησον ἀναστρεφόμενοι ναυσὶ πολλαῖς αἰτίας ἐμφυλίων πολέμων καὶ συμμαχικῶν ἐγκλημάτων ἀρχὰς ἐπισπάσωνται κατὰ τῆς πόλεως, ἐπλήρου διακοσίας τριήρεις ὡς ἐπ' Αἴγυπτον καὶ Κύπρον αὖθις ἐκστρατευσόμενος, ἅμα μὲν ἐμμελετᾶν τοῖς πρὸς τοὺς βαρβάρους ἀγῶσι βουλόμενος τοὺς Ἀθηναίους, ἅμα δ' ὠφελεῖσθαι δικαίως τὰς ἀπὸ τῶν φύσει πολεμίων εὐπορίας εἰς τὴν Ἑλλάδα κομίζοντας. ἤδη δὲ παρεσκευασμένων ἁπάντων καὶ τοῦ στρατοῦ παρὰ ταῖς ναυσὶν ὄντος ὄναρ εἶδεν ὁ Κίμων. ἐδόκει κύνα θυμουμένην ὑλακτεῖν πρὸς αὐτόν, ἐκ δὲ τῆς ὑλακῆς μεμιγμένον ἀφεῖσαν ἀνθρώπου φθόγγον εἰπεῖν.

Στεῖχε· φίλος γὰρ ἔσῃ καὶ ἐμοὶ καὶ ἐμοῖς σκυλάκεσσιν.

οὕτω δὲ δυσκρίτου τῆς ὄψεως οὔσης Ἀστύφιλος ὁ Ποσειδωνιάτης, μαντικὸς ἀνὴρ καὶ συνήθης τῷ Κίμωνι, φράζει θάνατον αὐτῷ προσημαίνειν τὴν ὄψιν, οὕτω διαιρῶν· κύων ἀνθρώπῳ, πρὸς ὃν ὑλακτεῖ, πολέμιος· πολεμίῳ δ' οὐκ ἂν τις μᾶλλον ἢ τελευτήσας φίλος γένοιτο· τὸ δὲ μῖγμα τῆς φωνῆς Μῆδον ἀποδηλοῖ τὸν ἐχθρόν· ὁ γὰρ Μήδων στρατὸς Ἕλλησιν ὁμοῦ καὶ βαρβάροις μέμικται. μετὰ δὲ ταύτην τὴν ὄψιν αὐτοῦ τῷ Διονύσῳ θύσαντος ὁ μὲν μάντις ἀπέτεμε τὸ ἱερεῖον, τοῦ δ' αἵματος τὸ πηγνύμενον ἤδη μύρμηκες πολλοὶ λαμβάνοντες κατὰ μικρὸν ἔφερον πρὸς τὸν Κίμωνα καὶ τοῦ ποδὸς περὶ τὸν μέγαν δάκτυλον περιέπλαττον, ἐπὶ πολὺν χρόνον λανθάνοντες. ἅμα δέ πως ὅ τε Κίμων τῷ γινομένῳ προσέσχε καὶ παρῆν ὁ θύτης ἐπιδεικνύμενος αὐτῷ τὸν λοβὸν οὐκ ἔχοντα κεφαλήν. ἀλλ' οὐ γὰρ ἦν ἀνάδυσις τῆς στρατείας ἐξέπλευσε, καὶ τῶν νεῶν ἑξήκοντα μὲν ἀπέστειλεν εἰς Αἴγυπτον, ταῖς δ' ἄλλαις πάλιν * * ἔπλει. καὶ καταναυμαχήσας Φοινισσῶν νεῶν καὶ Κιλισσῶν βασιλικὸν στόλον *ἀνεκτᾶτό τε τὰς ἐν κύκλῳ πόλεις καὶ τοῖς περὶ Αἴγυπτον ἐφήδρευεν, οὐδὲν μικρόν, ἀλλ' ὅλης ἐπινοῶν τῆς βασιλέως ἡγεμονίας κατάλυσιν, καὶ μάλιστα ὅτι τοῦ Θεμιστοκλέους ἐπυνθάνετο δόξαν εἶναι καὶ δύναμιν ἐν τοῖς βαρβάροις μεγάλην, ὑποδεδεγμένου βασιλεῖ κινοῦντι τὸν Ἑλληνικὸν πόλεμον στρατηγήσειν. Θεμιστοκλῆς μὲν οὖν οὐχ ἥκιστα λέγεται τὰς Ἑλληνικὰς πράξεις ἀπογνούς, ὡς οὐκ ἂν ὑπερβαλόμενος τὴν Κίμωνος εὐτυχίαν καὶ ἀρετήν, ἑκὼν τελευτῆσαι, Κίμων δὲ μεγάλων ἐπαιρόμενος ἀρχὰς ἀγώνων καὶ περὶ Κύπρον συνέχων τὸ ναυτικὸν ἔπεμψεν εἰς Ἄμμωνος ἄνδρας ἀπόρρητόν τινα μαντείαν ποιησομένους παρὰ τῷ θεῷ· γινώσκει γὰρ οὐδεὶς ὑπὲρ ὧν ἐπέμφθησαν, οὐδὲ χρησμὸν αὐτοῖς ὁ θεὸς ἐξήνεγκεν, ἀλλ' ἅμα τῷ προσελθεῖν ἐκέλευσεν ἀπιέναι τοὺς θεοπρόπους· αὐτὸν γὰρ ἤδη τὸν Κίμωνα παρ' ἑαυτῷ τυγχάνειν ὄντα. ταῦτα ἀκούσαντες οἱ θεοπρόποι κατέβαινον ἐπὶ θάλασσαν· γενόμενοι δὲ ἐν τῷ στρατοπέδῳ τῶν Ἑλλήνων, ὃ τότε περὶ Αἴγυπτον ἦν, ἐπύθοντο τεθνάναι τὸν Κίμωνα· καὶ τὰς ἡμέρας πρὸς τὸ μαντεῖον ἀνάγοντες ἔγνωσαν ᾐνιγμένην τὴν τελευτὴν τοῦ ἀνδρός, ὡς ἤδη παρὰ θεοῖς ὄντος.*

(19) *Ἀπέθανε δὲ πολιορκῶν Κίτιον, ὡς οἱ πλεῖστοι λέγουσι, νοσήσας· ἔνιοι δέ φασιν ἐκ τραύματος, ὃ πρὸς τοὺς βαρβάρους ἀγωνιζόμενος ἔσχε. τελευτῶν δὲ τοὺς περὶ αὐτὸν ἐκέλευσεν εὐθὺς ἀποπλεῖν ἀποκρυψαμένους τὸν θάνατον αὐτοῦ· καὶ συνέβη μήτε τῶν πολεμίων μήτε τῶν συμμάχων αἰσθομένων ἀσφαλῶς αὐτοὺς ἀνακομισθῆναι στρατηγουμένους ὑπὸ Κίμωνος, ὥς φησι Φανόδημος, τεθνηκότος ἐφ' ἡμέρας τριάκοντα. μετὰ δὲ τὴν ἐκείνου τελευτὴν πρὸς μὲν τοὺς βαρβάρους οὐδὲν ἔτι λαμπρὸν ὑπ' οὐδενὸς ἐπράχθη στρατηγοῦ τῶν Ἑλλήνων, ἀλλὰ τραπέντες ὑπὸ δημαγωγῶν καὶ πολεμοποιῶν ἐπ' ἀλλήλους, οὐδενὸς τὰς χεῖρας ἐν μέσῳ διασχόντος, συνερράγησαν εἰς τὸν πόλεμον, ἀναπνοὴ μὲν τοῖς βασιλέως πράγμασι γενόμενοι, φθόρον δ' ἀμύθητον τῆς Ἑλληνικῆς δυνάμεως ἀπεργασάμενοι.*

153. Plut. *Per.* 10: *Ἔνιοι δέ φασιν οὐ πρότερον γραφῆναι τῷ Κίμωνι τὴν κάθοδον ὑπὸ τοῦ Περικλέους ἢ συνθήκας αὐτοῖς ἀπορρήτους γενέσθαι δι' Ἐλπινίκης, τῆς Κίμωνος ἀδελφῆς, ὥστε Κίμωνα μὲν ἐκπλεῦσαι λαβόντα ναῦς διακοσίας καὶ τῶν ἔξω στρατηγεῖν καταστρεφόμενον τὴν βασιλέως χώραν, Περικλεῖ δὲ τὴν ἐν ἄστει δύναμιν ὑπάρχειν. . . . ἐτελεύτησε δὲ Κίμων ἐν Κύπρῳ στρατηγῶν.*

154. Corn. Nep. *Cim.* iii. 4: Post, neque ita multo, Cyprum cum ducentis navibus imperator missus, cum eius maiorem partem insulae devicisset, in morbum implicitus in *oppugnando* oppido Citio est mortuus.

155. Suidas: Κίμων . . . ἐν Κιτίῳ δὲ τῆς Κύπρου τελευτᾷ.

156. Aristod. xiii. (*F. H. G.* v. p. 15): Εὐθὺς ἐστράτευσαν ἐπὶ Κύπρον, στρατηγοῦντος αὐτῶν Κίμωνος τοῦ Μιλτιάδου. ἐνταῦθα λιμῷ συνεσχέθησαν, καὶ Κίμων νοσήσας ἐν Κιτίῳ πόλει τῆς Κύπρου τελευτᾷ. οἱ δὲ Πέρσαι ὁρῶντες κεκακωμένους τοὺς Ἀθηναίους, περιφρονήσαντες αὐτῶν ἐπῆλθον ταῖς ναυσίν, καὶ ἀγὼν γίνεται κατὰ θάλατταν, ἐν ᾧ νικῶσιν Ἀθηναῖοι. (2) καὶ στρατηγὸν αἱροῦνται Καλλίαν τὸν ἐπίκλην Λακκόπλουτον, ἐπεὶ θησαυρὸν εὑρὼν ἐν Μαραθῶνι ἀνελόμενος αὐτὸν ἐπλούτησεν.

157. Isocr. 8 *de Pac.* 86: Περὶ δὲ Κύπρον πεντήκοντα καὶ ἑκατόν (τριήρεις αὐτοῖς τοῖς πληρώμασι διεφθάρησαν).

158. Aelian. *V. H.* v. 10: Νηΐτην στόλον Ἀθηναῖοι εἰργάζοντο ἑαυτοῖς ἀεὶ φιλοπόνως. κατὰ χρόνους δὲ τὰ μὲν κατορθοῦντες, τὰ δὲ ἡττώμενοι ἀπώλεσαν τριήρεις μὲν ἐν Αἰγύπτῳ διακοσίας σὺν τοῖς πληρώμασι· περὶ Κύπρον δὲ πεντήκοντα καὶ ἑκατόν.

Burial of Kimon.

159. Plut. *Cim.* 19: Ὅτι μὲν οὖν εἰς τὴν Ἀττικὴν ἀπεκομίσθη τὰ λείψανα αὐτοῦ, μαρτυρεῖ τῶν μνημάτων τὰ μέχρι νῦν Κιμώνεια προσαγορευόμενα· τιμῶσι δὲ καὶ Κιτιεῖς τάφον τινὰ Κίμωνος, ὥς Ναυσικράτης ὁ ῥήτωρ φησίν, ἐν λοιμῷ καὶ γῆς ἀφορίᾳ τοῦ θεοῦ προστάξαντος αὐτοῖς μὴ ἀμελεῖν Κίμωνος, ἀλλ' ὡς κρείττονα σέβεσθαι καὶ γεραίρειν. τοιοῦτος μὲν ὁ Ἑλληνικὸς ἡγεμών.

Cf. Suidas, Κιμώνεια λείψανα.

The 'Peace of Kallias.'

Alleged Kimonian Peace after the Battle of the Eurymedon.

160. Plut. *Cim.* 13: Τοῦτο τὸ ἔργον (τὸ ἐπ' Εὐρυμέδοντι ποταμῷ γενόμενον) οὕτως ἐταπείνωσε τὴν γνώμην τοῦ βασιλέως, ὥστε συνθέσθαι τὴν περιβόητον εἰρήνην ἐκείνην, ἵππου μὲν δρόμον ἀεὶ τῆς Ἑλληνικῆς ἀπέχειν θαλάσσης, ἔνδον δὲ Κυανέων καὶ Χελιδονίων μακρᾷ νηῒ καὶ χαλκεμβόλῳ μὴ πλέειν. καίτοι Καλλισθένης οὔ φησι ταῦτα συνθέσθαι τὸν βάρβαρον, ἔργῳ δὲ ποιεῖν διὰ φόβον τῆς ἥττης ἐκείνης, καὶ μακρὰν οὕτως ἀποστῆναι τῆς Ἑλλάδος, ὥστε πεντήκοντα ναυσὶ Περικλέα καὶ τριάκοντα μόναις Ἐφιάλτην ἐπέκεινα πλεῦσαι Χελιδονίων καὶ μηδὲν αὐτοῖς ναυτικὸν ἀπαντῆσαι παρὰ τῶν βαρβάρων. ἐν δὲ τοῖς ψηφίσμασιν, ἃ συνήγαγε Κρατερός, ἀντίγραφα *συνθηκῶν ὡς γενομένων κατατέτακται. φασὶ δὲ καὶ βωμὸν εἰρήνης διὰ ταῦτα τοὺς Ἀθηναίους ἱδρύσασθαι, καὶ Καλλίαν τὸν πρεσβεύσαντα τιμῆσαι διαφερόντως.*

[*Altar of Eirene.*

161. Corn. Nep. *Timoth.* 2: Idem classi praefectus circumvehens Peloponnesum, Laconicen populatus, classem eorum fugavit . . . (2) quo facto Lacedaemonii . . . pacem . . . iis legibus constituerunt, ut Athenienses mari duces essent. quae victoria tantae fuit Atticis laetitiae ut tum primum arae Paci publice sint factae, eique deae pulvinar sit institutum.

162. Ar. *Pax* 1019:

Οὐχ ἥδεται δήπουθεν Εἰρήνη σφαγαῖς
οὐδ' αἱματοῦται βωμός.]

163. Plut. *Cim.* 19: *Περσῶν . . . ὧν οὐδὲ γραμματοφόρος κατέβαινεν οὐδ' ἵππος πρὸς θαλάσσῃ τετρακοσίων σταδίων ἐντὸς ὤφθη στρατηγοῦντος Κίμωνος.*

164. Suidas: *Καλλίας, ὁ Λακκόπλουτος ἐπικληθείς, στρατηγῶν πρὸς Ἀρταξέρξην τοὺς ἐπὶ Κίμωνος τῶν σπονδῶν ἐβεβαίωσεν ὅρους.*

165. *Id.*: *Κίμων . . . οὗτος ἔταξε καὶ τοὺς ὅρους τοῖς βαρβάροις· ἐκτός τε γὰρ Κυανέων καὶ Χελιδονέων καὶ Φασήλιδος· πόλις δὲ αὐτὴ τῆς Παμφυλίας· ναῦν Μηδικὴν μὴ πλεῖν νόμῳ πολέμου, μηδὲ ἵππου δρόμον ἡμέρας ἐντὸς ἐπὶ θάλατταν καταβαίνειν βασιλέα· αὐτονόμους τε εἶναι τοὺς Ἕλληνας τοὺς ἐν τῇ Ἀσίᾳ.*

166. Lycurgus, *in Leocr.* 73: *Καὶ τὸ κεφάλαιον τῆς νίκης (τῆς ἐπ' Εὐρυμέδοντι), οὐ τὸ ἐν Σαλαμῖνι τρόπαιον ἀγαπήσαντες ἔστησαν, ἀλλ' ὅρους τοῖς βαρβάροις πήξαντες τοὺς εἰς τὴν ἐλευθερίαν τῆς Ἑλλάδος, καὶ τούτους κωλύσαντες ὑπερβαίνειν, συνθήκας ἐποιήσαντο μακρῷ μὲν πλοίῳ μὴ πλεῖν ἐντὸς Κυανέων καὶ Φασήλιδος, τοὺς δ' Ἕλληνας αὐτονόμους εἶναι, μὴ μόνον τοὺς τὴν Εὐρώπην ἀλλὰ καὶ τοὺς τὴν Ἀσίαν κατοικοῦντας.*

Embassy of Kallias. Supposed Terms.

167. Hdt. vii. 151.

[*The three days' limit.*

168. Hdt. v. 54.
Xen. *Hellen.* iii. 2. 11.]

169. Diod. xii. 4. 4: *Ἀρταξέρξης δὲ ὁ βασιλεὺς πυθόμενος τὰ* περὶ τὴν Κύπρον ἐλαττώματα, καὶ βουλευσάμενος μετὰ τῶν φίλων περὶ τοῦ πολέμου, ἔκρινε συμφέρειν εἰρήνην συνθέσθαι πρὸς τοὺς Ἕλληνας. ἔγραψε τοίνυν τοῖς περὶ Κύπρον ἡγεμόσι καὶ σατράπαις, ἐφ' οἷς ἂν δύνωνται συλλύσασθαι πρὸς τοὺς Ἕλληνας. (5) διόπερ οἱ περὶ τὸν Ἀρτάβαζον καὶ Μεγάβυζον ἔπεμψαν εἰς τὰς Ἀθήνας πρεσβευτὰς τοὺς διαλεξομένους περὶ συλλύσεως. ὑπακουσάντων δὲ τῶν Ἀθηναίων καὶ πεμψάντων πρέσβεις αὐτοκράτορας, ὧν ἡγεῖτο Καλλίας ὁ Ἱππονίκου, ἐγένοντο συνθῆκαι περὶ τῆς εἰρήνης τοῖς Ἀθηναίοις καὶ τοῖς συμμάχοις πρὸς τοὺς Πέρσας, ὧν ἐστὶ τὰ κεφάλαια ταῦτα· αὐτονόμους εἶναι τὰς κατὰ τὴν Ἀσίαν Ἑλληνίδας πόλεις ἁπάσας, τοὺς δὲ τῶν Περσῶν σατράπας μὴ καταβαίνειν ἐπὶ θάλατταν κατωτέρω τριῶν ἡμερῶν ὁδόν, μηδὲ ναῦν μακρὰν πλεῖν ἐντὸς Φασήλιδος καὶ Κυανέων· ταῦτα δὲ τοῦ βασιλέως καὶ τῶν στρατηγῶν ἐπιτελούντων, μὴ στρατεύειν Ἀθηναίους εἰς τὴν χώραν, ἧς βασιλεὺς [Ἀρταξέρξης] ἄρχει. (6) συντελεσθεισῶν δὲ τῶν σπονδῶν Ἀθηναῖοι τὰς δυνάμεις ἀπήγαγον ἐκ τῆς Κύπρου, λαμπρὰν μὲν νίκην νενικηκότες, ἐπιφανεστάτας δὲ συνθήκας πεποιημένοι.

170. *Ibid.* 26. 2: Τούτων δὲ πραττομένων τὰ πλεῖστα τῶν κατὰ τὴν οἰκουμένην ἐθνῶν ἐν ἡσυχίᾳ ὑπῆρχε, πάντων σχεδὸν εἰρήνην ἀγόντων. οἱ μὲν γὰρ Πέρσαι διττὰς συνθήκας εἶχον πρὸς τοὺς Ἕλληνας, τὰς μὲν πρὸς Ἀθηναίους καὶ τοὺς συμμάχους αὐτῶν, ἐν αἷς ἦσαν αἱ κατὰ τὴν Ἀσίαν Ἑλληνίδες πόλεις αὐτόνομοι, πρὸς δὲ τοὺς Λακεδαιμονίους ὕστερον ἐγράφησαν, ἐν αἷς τοὐναντίον ἦν γεγραμμένον ὑπηκόους εἶναι τοῖς Πέρσαις τὰς κατὰ τὴν Ἀσίαν Ἑλληνίδας πόλεις.

171. Dem. 15 *pro Rhod. lib.* 29: Εἰσὶ συνθῆκαι τοῖς Ἕλλησι [διτταὶ] πρὸς βασιλέα, ἃς ἐποιήσαθ' ἡ πόλις ἡ ἡμετέρα, ἃς ἅπαντες ἐγκωμιάζουσι.

172. *Id.* 19 *de fals. leg.* 273: Ἐκεῖνοι τοίνυν . . . Καλλίαν τὸν Ἱππονίκου ταύτην τὴν ὑπὸ πάντων θρυλουμένην εἰρήνην πρεσβεύσαντα, ἵππου μὲν δρόμον ἡμέρας μὴ καταβαίνειν ἐπὶ τὴν θάλατταν βασιλέα, ἐντὸς δὲ Χελιδονίων καὶ Κυανέων πλοίῳ μακρῷ μὴ πλεῖν, ὅτι δῶρα λαβεῖν ἔδοξε πρεσβεύσας, μικροῦ μὲν ἀπέκτειναν, ἐν δὲ ταῖς εὐθύναις πεντήκοντ' ἐπράξαντο τάλαντα.

173. Isocr. 4 *Panegyr.* 117: Οὓς (scil. τοὺς βαρβάρους) ἡμεῖς διαβῆναι τολμήσαντας εἰς τὴν Εὐρώπην καὶ μεῖζον ἢ προσῆκεν αὐτοῖς φρονήσαντας οὕτω διεθεμεν, (118) ὥστε μὴ μόνον παύσασθαι στρατείας ἐφ' ἡμᾶς ποιουμένους ἀλλὰ καὶ τὴν αὐτῶν χώραν ἀνέχεσθαι πορθουμένην, καὶ διακοσίαις καὶ χιλίαις ναυσὶ περιπλέοντας εἰς τοσαύτην ταπεινότητα κατεστήσαμεν, ὥστε μακρὸν πλοῖον ἐπὶ τάδε Φασήλιδος μὴ καθέλκειν ἀλλ' ἡσυχίαν ἄγειν, καὶ τοὺς καιροὺς περιμένειν ἀλλὰ μὴ τῇ παρούσῃ δυνάμει πιστεύειν.

174. Isocr. 4 *Panegyr.* 120: Μάλιστα δ' ἄν τις συνίδοι τὸ μέγεθος τῆς μεταβολῆς, εἰ παραναγνοίη τὰς συνθήκας τάς τ' ἐφ' ἡμῶν γενομένας καὶ τὰς νῦν ἀναγεγραμμένας. τότε μὲν γὰρ ἡμεῖς φανησόμεθα τὴν ἀρχὴν τὴν βασιλέως ὁρίζοντες καὶ τῶν φόρων ἐνίους τάττοντες καὶ κωλύοντες αὐτὸν τῇ θαλάττῃ χρῆσθαι· νῦν δ' ἐκεῖνος κ.τ.λ.

175. *Id.* 7 *Areopag.* 80: Οἱ δὲ βάρβαροι τοσοῦτον ἀπεῖχον τοῦ πολυπραγμονεῖν περὶ τῶν Ἑλληνικῶν πραγμάτων, ὥστ' οὔτε μακροῖς πλοίοις ἐπὶ τάδε Φασήλιδος ἔπλεον οὔτε στρατοπέδοις ἐντὸς Ἅλυος ποταμοῦ κατέβαινον ἀλλὰ πολλὴν ἡσυχίαν ἦγον.

176. *Id.* 12 *Panath.* 59: Ἐπὶ μὲν γὰρ τῆς ἡμετέρας δυναστείας οὐκ ἐξῆν αὐτοῖς οὔτ' ἐντὸς Ἅλυος πεζῷ στρατοπέδῳ καταβαίνειν οὔτε μακροῖς πλοίοις ἐπὶ τάδε πλεῖν Φασήλιδος.

177. Aristod. xiii. 2 (*F. H. G.* v. p. 16). (After death of Kimon, see above **156**): Οὗτος ὁ Καλλίας ἐσπείσατο πρὸς Ἀρταξέρξην καὶ τοὺς λοιποὺς Πέρσας. ἐγένοντο δὲ αἱ σπονδαὶ ἐπὶ τοῖσδε. (ἐφ' ᾧ) ἐντὸς Κυανέων καὶ Νέσσου ποταμοῦ καὶ Φασήλιδος, ἥτις ἐστὶν πόλις Παμφυλίας, καὶ Χελιδονέων μὴ μακροῖς πλοίοις καταπλέωσι Πέρσαι, καὶ ἐντὸς τριῶν ἡμερῶν ὁδόν, ἣν ἂν ἵππος ἀνύσῃ διωκόμενος, μὴ κατιῶσιν. καὶ σπονδαὶ οὖν ἐγένοντο τοιαῦται.

178. Plat. *Menex.* 241 E: Καὶ οὗτος μὲν δὴ πάσῃ τῇ πόλει διηντλήθη ὁ πόλεμος ὑπὲρ (242) ἑαυτῶν τε καὶ τῶν ἄλλων ὁμοφώνων πρὸς τοὺς βαρβάρους· εἰρήνης δὲ γενομένης καὶ τῆς πόλεως τιμωμένης, ἦλθεν ἐπ' αὐτήν, ὃ δὴ φιλεῖ ἐκ τῶν ἀνθρώπων τοῖς εὖ πράττουσι προσπίπτειν, πρῶτον μὲν ζῆλος, ἀπὸ ζήλου δὲ φθόνος. ὃ καὶ τήνδε τὴν πόλιν ἄκουσαν ἐν πολέμῳ τοῖς Ἕλλησί κατέστησε. μετὰ δὲ τοῦτο γενομένου πολέμου, συνέβαλον μὲν ἐν Τανάγρᾳ κ.τ.λ.

179. Strab. i. 3. 1 (47): Καὶ τούτου (τοῦ Δαμάστου) δ' ἕνα τῶν λήρων αὐτὸς λέγει (Ἐρατοσθένης), τὸν μὲν Ἀράβιον κόλπον λίμνην ὑπολαμβάνοντος εἶναι, Διότιμον δὲ τὸν Στρομβίχου πρεσβείας Ἀθηναίων ἀφηγουμένον διὰ τοῦ Κύδνου ἀναπλεῦσαι ἐκ τῆς Κιλικίας ἐπὶ τὸν Χοάσπην ποταμόν, ὃς παρὰ τὰ Σοῦσα ῥεῖ, καὶ ἀφικέσθαι τεσσαρακοσταῖον εἰς Σοῦσα· ταῦτα δ' αὐτῷ διηγήσασθαι αὐτὸν τὸν

Διότιμον. εἶτα θαυμάζειν εἰ τὸν Εὐφράτην καὶ τὸν Τίγριν ἦν δυνατὸν διακόψαντα τὸν Κύδνον εἰς τὸν Χοάσπην ἐκβαλεῖν.

[For Diotimos cf. *C. I. A.* i. 179 vs. 7; Thuc. i. 45. 2; viii. 15. 1.]

Evidence of existence of an inscription relating to the Peace.

180. Theo, *Prog.* c. 2, p. 17 seq.: Παρὰ δὲ Θεοπόμπου (*fr.* 167 *F. H. G.* i. p. 306) ἐκ τῆς πέμπτης καὶ εἰκοστῆς τῶν Φιλιππικῶν [ἔστι λαβεῖν] ὅτι Ἑλληνικὸς ὅρκος καταψεύδεται, ὃν Ἀθηναῖοί φασιν ὀμόσαι τοὺς Ἕλληνας πρὸ τῆς μάχης τῆς ἐν Πλαταιαῖς πρὸς τοὺς βαρβάρους· καὶ αἱ πρὸς βασιλέα Δαρεῖον (*l.* Ξέρξην) Ἀθηναίων καὶ πρὸς Ἕλληνας (*l.* καὶ τῶν Ἑλλήνων) συνθῆκαι.

181. Harpocr.: Ἀττικοῖς γράμμασιν . . . Θεόπομπος (*fr.* 168 *F. H. G.* i. p. 306) δ᾽ ἐν τῇ κε΄ τῶν Φιλιππικῶν ἐσκευωρῆσθαι λέγει τὰς πρὸς τὸν βάρβαρον συνθήκας, ἃς οὐ τοῖς Ἀττικοῖς γράμμασιν ἐστηλιτεῦσθαι ἀλλὰ τοῖς τῶν Ἰώνων.

[Instance of Ionic characters in an inscription relating to fifth century. *C. I. A.* ii. 92, p. 18.]

Passages showing that there was no actual contract adhered to.

182. Thuc. i. 116; iii. 31, 34; iv. 75.
Justin. xvi. 3 (9–12). See below **307**.

The Actual Results. Close of the War, &c.

183. Thuc. iii. 10. 4.

The Greek Cities in Asia regarded as Persian.

184. Hdt. vi. 42.
Thuc. v. 1. 1; viii. 5. 5; 56. 4.

Effects on Commerce.

185. Thuc. ii. 69. 1.

186. [Xen.] *Resp. Ath.* ii. 7: Εἰ δὲ δεῖ καὶ σμικροτέρων μνησθῆναι, διὰ τὴν ἀρχὴν τῆς θαλάττης πρῶτον μὲν τρόπους εὐωχιῶν ἐξεῦρον ἐπιμισγόμενοι ἀλλήλοις, * ὅ τι ἐν Σικελίᾳ ἡδὺ ἢ ἐν Ἰταλίᾳ ἢ ἐν Κύπρῳ ἢ ἐν Αἰγύπτῳ ἢ ἐν Λυδίᾳ ἢ ἐν τῷ Πόντῳ ἢ ἐν Πελοπον-

νήσῳ ἢ ἄλλοθί που, ταῦτα πάντα εἰς ἓν ἠθροῖσθαι διὰ τὴν ἀρχὴν τῆς θαλάττης.

The Sacred War.

187. Thuc. i. 112. 5.

188. Aristod. xiv. (*F. H. G.* v. p. 16): Μετὰ δὲ ταῦτα Ἑλληνικὸς *πόλεμος ἐγένετο ἐξ αἰτίας τοιαύτης. Λακεδαιμόνιοι ἀφελόμενοι Φωκέων τὸ ἐν Δελφοῖς ἱερὸν παρέδοσαν Λοκροῖς, καὶ [ὕστερον Ἀθηναῖοι] ἀφελόμενοι αὐτοὺς ἀπέδοσαν πάλιν τοῖς Φωκεῦσιν.*

189. Schol. in Ar. *Av.* 556: *Ἱερὸν πόλεμον: ὁ ἱερὸς πόλεμος ἐγένετο Ἀθηναίοις πρὸς Βοιωτοὺς βουλομένους ἀφελέσθαι Φωκέων τὸ μαντεῖον. νικήσαντες δὲ Φωκεῦσι πάλιν ἀπέδωκαν, ὡς Φιλόχορος (ἐν τῇ δ') λέγει* (*Fr.* 88). *δύο δὲ ἱεροὶ πόλεμοι γεγόνασιν, οὗτός τε καὶ ὁπότε Φωκεῦσιν ἐπέθεντο Λακεδαιμόνιοι. (ἐν ἐνίοις τῶν ὑπομνημάτων ταῦτα λέγεται· ἱερὸν πόλεμον λέγει, καθὸ πρὸς θεοὺς ἔσοιτο. ἅμα δὲ τοῦ ἱεροῦ πολέμου μνημονεύει τοῦ γενομένου Ἀθηναίοις πρὸς Φωκέας ὑπὲρ τοῦ ἐν Δελφοῖς ἱεροῦ. ἐσχεδίασται δὲ ὑπ' αὐτῶν. οὐ γὰρ πρὸς Φωκέας ὑπὲρ τούτου ἐπολέμησαν, ἀλλ' ὑπὲρ Φωκέων, διὰ τὸ πρὸς Λακεδαιμονίους ἔχθος. γεγόνασι δὲ δύο πόλεμοι ἱεροί. πρότερος μὲν Λακεδαιμονίοις πρὸς Φωκεῖς ὑπὲρ Δελφῶν. καὶ κρατήσαντες τοῦ ἱεροῦ Λακεδαιμόνιοι τὴν προμαντείαν παρὰ Δελφῶν ἔλαβον. ὕστερον δὲ τρίτῳ ἔτει τοῦ πρώτου πολέμου Ἀθηναίοις πρὸς Λακεδαιμονίους ὑπὲρ Φωκέων. καὶ τὸ ἱερὸν ἀπέδωκαν Φωκεῦσι, καθάπερ καὶ Φιλόχορος ἐν τῇ δ' λέγει. καλεῖται δὲ ἱερός, ὅτι περὶ τοῦ ἐν Δελφοῖς ἱεροῦ ἐγένετο. ἱστορεῖ περὶ αὐτοῦ καὶ Θουκυδίδης καὶ Ἐρατοσθένης ἐν τῷ θ' καὶ Θεόπομπος ἐν τῷ κε'.)*

190. Plut. *Per.* 21: *Ἐπεὶ γὰρ οἱ Λακεδαιμόνιοι στρατεύσαντες εἰς Δελφοὺς Φωκέων ἐχόντων τὸ ἱερὸν Δελφοῖς ἀπέδωκαν, εὐθὺς ἐκείνων ἀπαλλαγέντων ὁ Περικλῆς ἐπιστρατεύσας πάλιν εἰσήγαγε τοὺς Φωκέας. καὶ τῶν Λακεδαιμονίων ἣν ἔδωκαν αὐτοῖς Δελφοὶ προμαντείαν εἰς τὸ μέτωπον ἐγκολαψάντων τοῦ χαλκοῦ λύκου, λαβὼν καὶ αὐτὸς προμαντείαν τοῖς Ἀθηναίοις εἰς τὸν αὐτὸν λύκον κατὰ τὴν δεξιὰν πλευρὰν ἐνεχάραξεν.*

191. Suidas: *Ἱερὸς πόλεμος. δύο ἐγένοντο ἱεροὶ πόλεμοι· Ἀθηναίοις πρὸς Βοιωτοὺς βουλομένους ἀφελέσθαι Φωκέων τὸ μαντεῖον, νικήσαντες δὲ Φωκεῦσι πάλιν ἀπέδωκαν· ὁ δὲ ἕτερος Ἀθηναίοις πρὸς Λακεδαιμονίους ὑπὲρ Φωκέων, διὰ τὸ ἐν Δελφοῖς ἱερόν.*

192. Hdt. i. 51.
C. I. A. iv. 22 b. See above **124**.

Revolt of Boiotia. Koroneia.

193. Thuc. i. 113.

194. Diod. xii. 6: Ἐπ' ἄρχοντος δ' Ἀθήνησι Τιμαρχίδου . . . Λακεδαιμόνιοι μὲν εἰς τὴν Ἀττικὴν ἐμβαλόντες ἐπόρθησαν πολλὴν χώραν, καὶ τῶν φρουρίων τινὰ πολιορκήσαντες ἐπανῆλθον εἰς τὴν Πελοπόννησον, Τολμίδης δὲ ὁ τῶν Ἀθηναίων στρατηγὸς εἷλε Χαιρώνειαν. (2) τῶν δὲ Βοιωτῶν συστραφέντων καὶ τοῖς περὶ τὸν Τολμίδην ἐνεδρευσάντων, ἐγένετο μάχη καρτερὰ περὶ τὴν Κορώνειαν, καθ' ἣν Τολμίδης μὲν μαχόμενος ἀνῃρέθη, τῶν δὲ ἄλλων Ἀθηναίων οἱ μὲν κατεκόπησαν, οἱ δὲ ζῶντες ἐλήφθησαν. τηλικαύτης δὲ συμφορᾶς γενομένης τοῖς Ἀθηναίοις, ἠναγκάσθησαν ἀφεῖναι τὰς πόλεις ἁπάσας τὰς κατὰ τὴν Βοιωτίαν αὐτονόμους, ἵνα τοὺς αἰχμαλώτους ἀπολάβωσιν.

195. Lysias 3 *adv. Simon.* 45: Ἐν Κορίνθῳ γὰρ (ὁ Σίμων), ἐπειδὴ ὕστερον ἦλθε τῆς πρὸς τοὺς πολεμίους μάχης καὶ τῆς εἰς Κορώνειαν στρατείας, ἐμάχετο τῷ ταξιάρχῳ Λάχητι καὶ ἔτυπτεν αὐτόν, καὶ πανστρατιᾷ τῶν πολιτῶν ἐξελθόντων, δόξας ἀκοσμότατος εἶναι καὶ πονηρότατος, μόνος Ἀθηναίων ὑπὸ τῶν στρατηγῶν ἐξεκηρύχθη.

196. Plut. *Per.* 18: Ἐν δὲ ταῖς στρατηγίαις εὐδοκίμει μάλιστα διὰ τὴν ἀσφάλειαν, οὔτε μάχης ἐχούσης πολλὴν ἀδηλότητα καὶ κίνδυνον ἑκουσίως ἀπτόμενος, οὔτε τοὺς ἐκ τοῦ παραβάλλεσθαι χρησαμένους τύχῃ λαμπρᾷ καὶ θαυμασθέντας ὡς μεγάλους ζηλῶν καὶ μιμούμενος στρατηγούς, ἀεί τε λέγων πρὸς τοὺς πολίτας, ὡς ὅσον ἐπ' αὐτῷ μενοῦσιν ἀθάνατοι πάντα τὸν χρόνον. ὁρῶν δὲ Τολμίδην τὸν Τολμαίου διὰ τὰς πρότερον εὐτυχίας καὶ διὰ τὸ τιμᾶσθαι διαφερόντως ἐκ τῶν πολεμικῶν σὺν οὐδενὶ καιρῷ παρασκευαζόμενον εἰς Βοιωτίαν ἐμβαλεῖν καὶ πεπεικότα τῶν ἐν ἡλικίᾳ τοὺς ἀρίστους καὶ φιλοτιμοτάτους ἐθελοντὶ στρατεύεσθαι χιλίους γενομένους ἄνευ τῆς ἄλλης δυνάμεως, κατέχειν ἐπειρᾶτο καὶ παρακαλεῖν ἐν τῷ δήμῳ τὸ μνημονευόμενον εἰπών, ὡς, εἰ μὴ πείθοιτο Περικλεῖ, τόν γε σοφώτατον οὐχ ἁμαρτήσεται σύμβουλον ἀναμείνας χρόνον. τότε μὲν οὖν μετρίως εὐδοκίμησε τοῦτ' εἰπών· ὀλίγαις δ' ὕστερον ἡμέραις, ὡς ἀνηγγέλθη τεθνεὼς μὲν αὐτὸς Τολμίδης περὶ Κορώνειαν ἡττηθεὶς μάχῃ, τεθνεῶτες δὲ πολλοὶ κἀγαθοὶ τῶν πολιτῶν, μεγάλην τοῦτο τῷ Περικλεῖ μετ' εὐνοίας δόξαν ἤνεγκεν, ὡς ἀνδρὶ φρονίμῳ καὶ φιλοπολίτῃ.

197. Thuc. iii. 62. 5; iv. 92. 6.

198. Plut. *Agesil.* 19: Πλησίον γὰρ ὁ νεώς ἐστιν ὁ τῆς Ἰτωνίας Ἀθηνᾶς, καὶ πρὸ αὐτοῦ τρόπαιον ἕστηκεν, ὃ πάλαι Βοιωτοὶ Σπάρτωνος στρατηγοῦντος ἐνταῦθα νικήσαντες Ἀθηναίους καὶ Τολμίδην ἀποκτείναντες ἔστησαν.

199. Paus. i. 27. 5: Ὕστερον δὲ ὡς ἐπανῆλθεν ἐς Ἀθήνας (Τολμίδης) . . . ἐσέβαλε δὲ ἐς Βοιωτοὺς στρατῷ· πορθήσας δὲ τῆς γῆς τὴν πολλὴν καὶ παραστησάμενος πολιορκίᾳ Χαιρώνειαν, ὡς ἐς τὴν Ἁλιαρτίαν προῆλθεν, αὐτός τε μαχόμενος ἀπέθανε καὶ τὸ πᾶν ἤδη στράτευμα ἡττᾶτο.

200. *Id.* ix. 34. 1: Πρὶν δὲ ἐς Κορώνειαν ἐξ Ἀλαλκομενῶν ἀφικέσθαι, τῆς Ἰτωνίας Ἀθηνᾶς ἐστὶ τὸ ἱερόν.

201. Plat. *Alcib.* i. 112: Οἶμαι δὲ καὶ . . . τοῖς . . . ἐν Κορωνείᾳ (ἀποθανοῦσιν), ἐν οἷς καὶ ὁ σὸς πατὴρ Κλεινίας ἐτελεύτησεν, οὐδὲ περὶ ἑνὸς ἄλλου ἡ διαφορὰ ἢ περὶ τοῦ δικαίου τε κ.τ.λ.

202. Isocr. 16 *de Bigis* 28: Αὐτὸς δὲ κατελείφθη μὲν ὀρφανός, ὁ γὰρ πατὴρ αὐτοῦ μαχόμενος ἐν Κορωνείᾳ τοῖς πολεμίοις ἀπέθανεν.

Plut. *Alc.* 1. See below **VI. 132.**

Results of the Battle.

Diod. xii. 7. See below **208.**

203. Xen. *Memor.* iii. 5. 4: Ἀλλ' ὁρᾷς ὅτι ἀφ' οὗ ἥ τε σὺν Τολμίδῃ τῶν χιλίων ἐν Λεβαδείᾳ συμφορὰ ἐγένετο καὶ ἡ μεθ' Ἱπποκράτους ἐπὶ Δηλίῳ, ἐκ τούτων τεταπείνωται μὲν ἡ τῶν Ἀθηναίων δόξα πρὸς τοὺς Βοιωτούς, ἐπῆρται δὲ τὸ τῶν Θηβαίων φρόνημα πρὸς τοὺς Ἀθηναίους· ὥστε Βοιωτοὶ μέν, οἱ πρόσθεν οὐδ' ἐν τῇ ἑαυτῶν τολμῶντες Ἀθηναίοις ἄνευ Λακεδαιμονίων τε καὶ τῶν ἄλλων Πελοποννησίων ἀντιτάττεσθαι, νῦν ἀπειλοῦσιν αὐτοὶ καθ' αὑτοὺς ἐμβαλεῖν εἰς τὴν Ἀττικήν, Ἀθηναῖοι δέ, οἱ πρότερον πορθοῦντες τὴν Βοιωτίαν, φοβοῦνται μὴ Βοιωτοὶ δῃώσωσι τὴν Ἀττικήν.

Revolt of Megara and Expedition to Megaris.

204. Thuc. i. 115. 1: Nisaia and Pegai in possession of Athenians in B.C. 445.

205. Diod. xii. 5: Ἐπ' ἄρχοντος δὲ Ἀθήνησι Φιλίσκου . . .

Ἠλεῖοι δὲ ἤγαγον ὀλυμπιάδα τρίτην πρὸς ταῖς ὀγδοήκοντα, καθ' ἣν ἐνίκα στάδιον Κρίσων Ἱμεραῖος. (2) ἐπὶ δὲ τούτων Μεγαρεῖς μὲν ἀπέστησαν ἀπὸ Ἀθηναίων, καὶ πρὸς Λακεδαιμονίους διαπρεσβευσάμενοι συμμαχίαν ἐποίησαν· οἱ δὲ Ἀθηναῖοι παροξυνθέντες ἐξέπεμψαν στρατιώτας εἰς τὴν τῶν Μεγαρέων χώραν, καὶ τὰς κτήσεις διαρπάσαντες πολλῆς ὠφελείας κύριοι κατέστησαν. τῶν δ' ἐκ τῆς πόλεως βοηθούντων τῇ χώρᾳ συνέστη μάχη, καθ' ἣν οἱ Ἀθηναῖοι νικήσαντες συνεδίωξαν τοὺς Μεγαρεῖς ἐντὸς τῶν τειχῶν.

206. *C.I.A.* ii. 1675 = Koehler in Hermes, 24 (1889), p. 92 ff.

Μνῆμα [τόδ' ἐστ' ἐ]πὶ σ(ώ)ματι κείμενο(ν) ἀνδρὸς ἀρίστο·
Πυθίων | ἐγ Μεγάρω(ν) δαΐ(ξ)ας ἑπτὰ μ(ὲ)ν ἄνδρας,
Ἑπτὰ δὲ ἀπορρήσας (λ)|όγχας ἐνὶ σώματι ἐκείνων
Εἵλετο τὰν ἀρετὰν πατέρα εὐκ|λείζων ἐνὶ δέμωι.
Οὗτος ἀνὴρ ὃς ἔ(σ)ωισεν Ἀθηναίων τρ|ε̃ς φυλὰς
Ἐκ Παγᾶν ἀγαγὼν διὰ Βοιωτῶν ἐς Ἀθήνας,
Εὐκλ|εῖσε Ἀνδοκίδαν δισχιλ(ί)οις ἀνδραπόδοισιν.
Οὐδέ⟨δε⟩να | πημάνας ἐπιχθονίων ἀνθρώπων
Ἐς Ἀΐδα κατέβα πᾶσιν μα|καριστὸς ἰδέσθαι.
Φυλαὶ αἵδ' εἰσίν· Πανδιονὶς Κεκρ|οπὶς Ἀντιοχίς.

И and N, Ϛ, Π, Γ = γ, Λ = λ, + once for X

The Revolt of Euboia and Lakedaimonian Invasion.

207. Thuc. i. 114; ii. 21. 1; v. 16. 2, 3.

208. Diod. xii. 7: Ἐπ' ἄρχοντος δ' Ἀθήνησι Καλλιμάχου . . . κατὰ τὴν Ἑλλάδα τεταπεινωμένων τῶν Ἀθηναίων διὰ τὴν ἐν Βοιωτίᾳ περὶ Κορώνειαν ἧτταν, ἀφίσταντο πολλαὶ τῶν πόλεων ἀπὸ τῶν Ἀθηναίων. μάλιστα δὲ τῶν κατοικούντων τὴν Εὔβοιαν νεωτεριζόντων, Περικλῆς [δὲ] αἱρεθεὶς στρατηγὸς ἐστράτευσεν ἐπὶ τὴν Εὔβοιαν μετὰ δυνάμεως ἀξιολόγου, καὶ τὴν μὲν πόλιν τῶν Ἑστιαιῶν ἑλὼν κατὰ κράτος ἐξῴκισε τοὺς Ἑστιαιεῖς ἐκ τῆς πατρίδος, τὰς δ' ἄλλας καταπληξάμενος ἠνάγκασε πάλιν πειθαρχεῖν Ἀθηναίοις. σπονδὰς δ' ἐποίησαν τριακονταετεῖς κ.τ.λ.

209. *Ibid.* 22. 2: (Ἐπ' ἄρχοντος Λυσιμαχίδου). κατὰ δὲ τὴν Ἑλλάδα Ἀθηναῖοι τὴν Εὔβοιαν ἀνακτησάμενοι καὶ τοὺς Ἑστιαιεῖς ἐκ τῆς πόλεως ἐκβαλόντες ἰδίαν ἀποικίαν εἰς αὐτὴν ἐξέπεμψαν Περικλέους στρατηγοῦντος, χιλίους δὲ οἰκήτορας ἐκπέμψαντες τήν τε πόλιν καὶ τὴν χώραν κατεκληρούχησαν.

210. Plut. *Per.* 22: Ὅτι δ' ὀρθῶς ἐν τῇ Ἑλλάδι τὴν δύναμιν τῶν Ἀθηναίων συνεῖχεν, ἐμαρτύρησεν αὐτῷ τὰ γενόμενα. πρῶτον μὲν γὰρ Εὐβοεῖς ἀπέστησαν, ἐφ' οὓς διέβη μετὰ δυνάμεως. εἶτ' εὐθὺς ἀπηγγέλλοντο Μεγαρεῖς ἐκπεπολεμωμένοι καὶ στρατιὰ πολεμίων ἐπὶ τοῖς ὅροις τῆς Ἀττικῆς οὖσα, Πλειστώνακτος ἡγουμένου, βασιλέως Λακεδαιμονίων. πάλιν οὖν ὁ Περικλῆς κατὰ τάχος ἐκ τῆς Εὐβοίας ἀνεκομίζετο πρὸς τὸν ἐν τῇ Ἀττικῇ πόλεμον· καὶ συνάψαι μὲν εἰς χεῖρας οὐκ ἐθάρσησε πολλοῖς καὶ ἀγαθοῖς ὁπλίταις προκαλουμένοις, ὁρῶν δὲ τὸν Πλειστώνακτα νέον ὄντα κομιδῇ, χρώμενον δὲ μάλιστα Κλεανδρίδῃ τῶν συμβούλων, ὃν οἱ ἔφοροι φύλακα καὶ πάρεδρον αὐτῷ διὰ τὴν ἡλικίαν συνέπεμψαν, ἐπειρᾶτο τούτου κρύφα· καὶ ταχὺ διαφθείρας χρήμασιν αὐτὸν ἔπεισεν ἐκ τῆς Ἀττικῆς ἀπαγαγεῖν τοὺς Πελοποννησίους. ὡς δ' ἀπεχώρησεν ἡ στρατιὰ καὶ διελύθη κατὰ πόλεις, βαρέως φέροντες οἱ Λακεδαιμόνιοι τὸν μὲν βασιλέα χρήμασιν ἐζημίωσαν, ὧν τὸ πλῆθος οὐκ ἔχων ἐκτῖσαι μετέστησεν ἑαυτὸν ἐκ Λακεδαίμονος, τοῦ δὲ Κλεανδρίδου φεύγοντος θάνατον κατέγνωσαν. οὗτος δ' ἦν πατὴρ Γυλίππου τοῦ περὶ Σικελίαν Ἀθηναίους καταπολεμήσαντος. ἔοικε δ' ὥσπερ συγγενικὸν αὐτῷ προστρίψασθαι νόσημα τὴν φιλαργυρίαν ἡ φύσις, ὑφ' ἧς καὶ αὐτὸς αἰσχρῶς ἐπὶ καλοῖς ἔργοις ἁλοὺς ἐξέπεσε τῆς Σπάρτης. ταῦτα μὲν οὖν ἐν τοῖς περὶ Λυσάνδρου δεδηλώκαμεν.

211. Plut. *Per.* 23: Τοῦ δὲ Περικλέους ἐν τῷ τῆς στρατηγίας ἀπολογισμῷ δέκα ταλάντων ἀνάλωμα γράψαντος ἀνηλωμένων εἰς τὸ δέον, ὁ δῆμος ἀπεδέξατο μὴ πολυπραγμονήσας μηδ' ἐλέγξας τὸ ἀπόρρητον. ἔνιοι δ' ἱστορήκασιν, ὧν ἐστι καὶ Θεόφραστος ὁ φιλόσοφος, ὅτι καθ' ἕκαστον ἐνιαυτὸν εἰς τὴν Σπάρτην ἐφοίτα δέκα τάλαντα παρὰ τοῦ Περικλέους, οἷς τοὺς ἐν τέλει πάντας θεραπεύων παρῃτεῖτο τὸν πόλεμον, οὐ τὴν εἰρήνην ὠνούμενος, ἀλλὰ τὸν χρόνον, ἐν ᾧ παρασκευασάμενος καθ' ἡσυχίαν ἔμελλε πολεμήσειν βέλτιον. εὐθὺς οὖν ἐπὶ τοὺς ἀφεστῶτας τραπόμενος καὶ διαβὰς εἰς Εὔβοιαν πεντήκοντα ναυσὶ καὶ πεντακισχιλίοις ὁπλίταις κατεστρέψατο τὰς πόλεις. καὶ Χαλκιδέων μὲν τοὺς ἱπποβότας λεγομένους πλούτῳ καὶ δόξῃ διαφέροντας ἐξέβαλεν, Ἑστιαιεῖς δὲ πάντας ἀναστήσας ἐκ τῆς χώρας Ἀθηναίους κατῴκισε, μόνοις τούτοις ἀπαραιτήτως χρησάμενος ὅτι ναῦν Ἀττικὴν αἰχμάλωτον λαβόντες ἀπέκτειναν τοὺς ἄνδρας.

212. Ar. *Nub.* 859:

ΣΤΡΕΨΙΑΔΗΣ. Ὥσπερ Περικλέης εἰς τὸ δέον ἀπώλεσα.

213. Schol. *ad loc.*: [[Περικλῆς πολλῶν ὄντων χρημάτων ἐν τῇ ἀκροπόλει, εἰς τὸν πόλεμον τὰ πλεῖστα ἀνάλωσε. φασὶ δὲ ὅτι καὶ λογισμοὺς διδούς, τάλαντα εἴκοσιν ἁπλῶς εἶπεν εἰς τὸ δέον ἀνηλωκέναι. φησὶ δὲ Ἔφορος ὅτι μετὰ ταῦτα μαθόντες οἱ Λακεδαιμόνιοι Κλεανδρίδην μὲν ἐδήμευσαν, Πλειστοάνακτα δὲ ιε' ταλάντοις ἐζημίωσαν, ὑπολαβόντες δωροδοκήσαντας αὐτούς, διὰ τὸ φείσασθαι τῆς λοιπῆς Ἀθηναίων γῆς, ὑπὸ τῶν περὶ τὸν Περικλέα, μὴ θελήσαντα γυμνῶς εἰπεῖν ὅτι δέδωκα τοῖς Λακεδαιμονίων βασιλεῦσι τὸ ἐνδεές. κ.τ.λ.]]

214. Suidas: Δέον· Ὥσπερ Περικλέης εἰς τὸ δέον ἀνάλωσα. Περικλέης Ἀθηναίων στρατηγός, λόγον ἀπαιτούμενος ὑπὲρ χρημάτων Κλεάνδρῳ τῷ ἁρμοστῇ Λακεδαιμονίων ἐπὶ προδοσίᾳ, τοῦτο οὐκ ἐδήλου, ἀλλ' εἰς τὸ δέον ἔλεγεν ἀναλῶσαι αὐτά. οἱ δὲ ἄλλως φασί· πολλῶν ὄντων χρημάτων ἐν τῇ ἀκροπόλει, εἰς τὸν πόλεμον τὰ πλεῖστα ἀνάλωσε. φασὶ δὲ ὅτι καὶ λογισμοὺς διδοὺς πεντήκοντα ταλάντων, ἁπλῶς εἶπεν, εἰς τὸ δέον ἀνηλωκέναι. μετὰ δὲ ταῦτα μαθόντες Λακεδαιμόνιοι Κλεανδρίδην μὲν ἐδήμευσαν, Πλειστοάνακτα δὲ πέντε ταλάντοις ἐζημίωσαν, ὑπολαβόντες δωροδοκήσαντας αὐτοὺς φείσασθαι τῆς λοιπῆς Ἀθηναίων γῆς, καὶ τὸν Περικλέα, ἵνα μὴ γυμνῶς εἴπῃ, ὅτι δέδωκα τοῖς Λακεδαιμονίων βασιλεῦσι ταῦτα, οὕτως αἰνίξασθαι.

215. Cf. Diod. xiii. 106. 10. Plut. *Nic.* 28. Thuc. iii. 26. 2; vi. 104. 2. Strabon. vi. 1. 14. (264) = Antioch. fr. 12 (see below **360**). Polyaen. ii. 10 (see **358** and **380**).

Suppression of the Euboian Revolt.

216. Ar. *Nub.* 211:

ΜΑΘΗΤΗΣ. Ἡ δέ γ' Εὔβοι', ὡς ὁρᾷς,
ἡδὶ παρατέταται μακρὰ πόρρω πάνυ.
ΣΤΡΕΨΙΑΔΗΣ. οἶδ'· ὑπὸ γὰρ ἡμῶν παρετάθη καὶ Περικλέους.

Schol. *ad* v. 213: [Εἰς φόρον ἐξετάθη, πλείονα φόρον παρέχουσα . . . ἐκληρούχησαν δὲ αὐτὴν Ἀθηναῖοι, κρατήσαντες αὐτῆς.] (. . . ἐπολιόρκησαν δὲ αὐτὴν Ἀθηναῖοι μετὰ Περικλέους, καὶ μάλιστα Χαλκιδέας καὶ Ἐρετριέας . . . Περικλέους δὲ στρατηγοῦντος καταστρέψασθαι αὐτοὺς πᾶσάν φησι Φιλόχορος· καὶ τὴν μὲν ἄλλην ἐπὶ ὁμολογίᾳ κατασταθῆναι, Ἑστιαιέων δὲ ἀποικισθέντων αὐτοὺς τὴν χώραν ἔχειν.)

217. Strab. x. 1. 2 (445): Θεόπομπος (*fr.* 164 *F. H. G.* i. p. 305) δέ φησι Περικλέους χειρουμένου Εὔβοιαν τοὺς Ἱστιαιεῖς καθ' ὁμολογίας εἰς Μακεδονίαν μεταστῆναι, δισχιλίους δ' ἐξ Ἀθηναίων ἐλθόντας τὸν Ὠρεὸν οἰκῆσαι, δῆμον ὄντα πρότερον τῶν Ἱστιαιέων.

The Tribute.

See below 314.

Treatment of Chalkis.

C. I. A. iv. 27 a. See I. 130.

Oreos—Hestiaia.

218. Ar. *Pax* 1043:

ΤΡΥΓΑΙΟΣ. Καὶ γὰρ οὑτοσὶ
προσέρχεται δάφνῃ τις ἐστεφανωμένος.
τίς ἄρα πότ' ἐστίν; ΟΙΚΕΤΗΣ. ὡς ἀλαζὼν φαίνεται·
μάντις τίς ἐστιν. ΤΡ. οὐ μὰ Δί', ἀλλ' Ἱεροκλέης.
ΟΙ. οὗτός γέ πού 'σθ' ὁ χρησμολόγος οὑξ Ὠρεοῦ.

219. Schol. *ad* v. 1047: Οὑξ Ὠρεοῦ: Διαβάλλει αὐτὸν ὡς οὐ πολίτην ἀλλ' Εὐβοέα. διὸ δηλοῖ ὅτι ὡς ξένος οὐκ εὐνοεῖ τῇ Εἰρήνῃ. Ὠρεὸς δὲ Εὐβοίας πόλις, ἣν Ὅμηρος Ἱστιαίαν φησίν.

Cf. Ar. *Pax* 1084–1087, 1125.

220. Thuc. vii. 57. 2; viii. 95. 7. Cf. Xen. *Hellen.* v. 4. 56. Diod. xv. 30. 3. Ar. *Pol.* viii. (v.) ii. (3). 9. 1303 a 13 f.

Decree relating to commercial relations between Hestiaia and Athens, and regulating matters of law arising out of them.

221. *C. I. A.* i. 28; *Gk. Inscr. in B. M.* 4: (vs. 2) - σι δόχσας τας - - | - οσι δοκει ἐπὶ ἴσ[ει? - - - - [']ὸ ἂν δοκει αὐτοῖς μὲ[- - γρ|ά]φσεται, ἐπὶ τε͂σι [δ]ίκε[σι? - - - |.]'ο ἐχς Ἑστιαίας ἐσι[όν? - - - ἐν | ']Εστιαίαι 'όταμπερ τὰ[ς ἄλλας δίκας - - - '|Ε]στια[ιε͂ς] πρὸς ἀλλέλο[ς - - - -] | . μὲ πα[ρὰ τ]ε͂ς βολε͂ς εὐρ - - - -| . ασε . . . [ἐλ]αύνοντα με - - - -| ἒ ἵπ[ποις ἒ] ὄνοις ἒ οἰσ[ί - - - - .] | γρα[φέσθο δ]ὲ ὁ βολόμ[ενος, - - - ἐχς Ἑστ|ι]αίας . , . . λαμβανέτο [- - πρυτανεῖα τιθ|έ]το τ͂ο [᾽αυ]τ͂ο μέρος τει [- - ἐς τὸ δικασ|τ]έριον 'όταμπερ τὰς ἄ[λλας δίκας. - - - - '|ο] δε͂μος ἒ 'ο ἄρχον ζε[μιότο - - | .]'οι Ἀθένεσιν γραφε[- - - - - 'όταμ|π]ερ τὰς ἄλλας δίκας [- - - - ἐκ Χ|α]λκί[δ]ος ἐς Ὠροπὸν π[λ - - - - ἐὰν δ|έ τις ἐχς Ὠροπ͂ο ἐ[ς] Ἑσ[τίαιαν - - ἐ|ς] Ὠροπὸν πόρο μέ[ν]ει (?), πρ[αττέσθο? - ἐὰν δ|]έ τις Χαλ[κ]ίδος ἐς Ἑ[στίαιαν - - πραττ|έ]σθο τέτταρας 'οβολό[ς - - -] | . μὲν 'οι πομπεύοντες. - - - - - - πο|ρ]εύεται τελέτο[- - -] | . θέλει ἄγεν τ͂ον π[ομπευόντον? - -

Regulation of justice in Hestiaia.

222. *C. I. A.* i. 29 et iv. p. 12; *Gr. Inscr. in B. M.* 4 B. (Vs. 2) - - ἐς τὸ δικαστέριον - - [ʽ]ο ἐχς Ἑστιαίας ἐσάγει τὰ[ς δίκας - - ἐ]ν τôι αὐτôι μενὶ ʽοι ναυτοδ[ίκαι - - - - τ]ὸ δικαστέριον παρεχόντον πλ[ε̂]ρες - - - - πλε]θυνέσθο. ʽαι δὲ πράχσες ὄντον - - - - καθάπε]ρ Ἀθένεσι ʽαι παρὰ τôν δικαστ[ôν - - - - ιôν καὶ ἀδικεμάτον τὰς δίκ[ας - - - - ʽ]οι μέπο ʽε προ]θεσμία ἐχσέκει. ἐὰν δέ τι[ς] - - - - - - - ὁ ἀλὸς [ʽ]Εστιαίας ʽέος πρ - - - - οντα ἄνδρας ἐκ τôν οἰκόντον ἐ[ν ʽΕστιαίαι - - - - δ]ιδόναι τὰ[ς] εὐθύνας ἐν ʽΕστ[ιαίαι - - - - τε̂ι βολε̂ι (?)] τε̂ι ἐν ʽΕ[στ]ιαίαι διδόντο[ν - - - α δε̂μος ἐν [ʽ]Εστιαίᾳ τρ - - - - δικάζεν] δὲ τὸς αὐτὸ[ς] καὶ [ἐ]ν διο - - - - - - ἐν] Ἐλλοπία[ι ʽ]έτερον δι[καστέριον ? - - - - Ἐλ]λόπιοι [ʽοι] ἐν Ἐλλοπίαι αι - - - - ʽο ἄρχο[ν] ʽο Ἀθένεσι δο - - - - - [ʽΕστι]αίαι κυαμευσάντον - - - - ἐν ʽΕστι]αίαι, καθότι ἂν τôι δ[έμοι δοκε̂ι ?] - - οντα ἄνδρας ἐ]κ τôν οἰκόντον ἐ[ν Ἐλλοπίαι - - - - δικά[ζ]εν δὲ τούτος τὰ [μέχρι δέκα δραχμôν - - - τ]ὰ δὲ ʽυπὲρ δέ[κα δραχμάς - - - - [π]όλει ? - -.

Letters in the two preceding inscriptions: Λ (γ), Ⅼ (λ), Ꝛ and Ρ, Ƹ

Athens in need of Peace.

223. Thuc. iv. 21. 1.

The Peace.

224. Thuc. i. 115. 1.

225. Diod. xii. 7: Ἐπ' ἄρχοντος δ' Ἀθήνησι Καλλιμάχου . . . σπονδὰς δ' ἐποίησαν τριακονταετεῖς, Καλλίου καὶ Χάρητος συνθεμένων καὶ τὴν εἰρήνην βεβαιωσάντων.

226. *Ibid.* 26. 2: Ὁμοίως δὲ καὶ τοῖς Ἕλλησι πρὸς ἀλλήλους ὑπῆρχεν εἰρήνη, συντεθειμένων τῶν Ἀθηναίων καὶ τῶν Λακεδαιμονίων σπονδὰς τριακονταετεῖς.

227. Euseb. (*Sync.* 470. 17): Ἀθηναῖοι καὶ Λακεδαιμόνιοι σπονδὰς ἐποιήσαντο πρὸς ἀλλήλους τριακοντούτεις.

Hieron. *Ol.* 83. 4: Athenienses et Lacedaemonii foedus xxx annorum ineunt.

Vers. Arm. Ol. 83. 2: Athenienses et Lacedmonii xxx annorum reconciliationem (inducias) fecerunt.

228. Plut. *Per.* 24: Ἐκ τούτου (τοῦ περὶ Εὐβοίας πολέμου) γενομένων σπονδῶν Ἀθηναίοις καὶ Λακεδαιμονίοις εἰς ἔτη τριάκοντα κ.τ.λ.

229. Justin. iii. 7. 1: His malis fracti Lacedaemonii in annos xxx pepigerunt pacem, sed tam longum otium inimicitiae non tulerunt.

230. Andoc. 3 *de Pac.* 6: Μετὰ δὲ ταῦτα δι' Αἰγινήτας εἰς πόλεμον κατέστημεν, καὶ πολλὰ κακὰ παθόντες πολλὰ δὲ ποιήσαντες ἐπεθυμήσαμεν πάλιν τῆς εἰρήνης, καὶ ᾑρέθησαν δέκα ἄνδρες ἐξ Ἀθηναίων ἁπάντων πρέσβεις εἰς Λακεδαίμονα περὶ εἰρήνης αὐτοκράτορες, ὧν ἦν καὶ Ἀνδοκίδης ὁ πάππος ὁ ἡμέτερος. οὗτοι ἡμῖν εἰρήνην ἐποίησαν πρὸς Λακεδαιμονίους ἔτη τριάκοντα.

Paus. v. 23. 4. See below **233**.

Further conditions of the Peace.

231. Thuc. i. 35. 1, 2; 40. 2; 66; v. 40. 1, 2.

Aigina.

232. Thuc. i. 67. 2; 139. 1; 140. 3.

Argos.

233. Paus. v. 23. 4: Ἔστι δὲ πρὸ τοῦ Διὸς τούτου στήλη χαλκῆ, Λακεδαιμονίων καὶ Ἀθηναίων συνθήκας ἔχουσα εἰρήνης ἐς τριάκοντα ἐτῶν ἀριθμόν. ταύτας ἐποιήσαντο Ἀθηναῖοι παραστησάμενοι τὸ δεύτερον Εὔβοιαν, ἔτει τρίτῳ τῆς * * ὀλυμπιάδος ἣν Κρίσων Ἱμεραῖος ἐνίκα στάδιον[1]. ἔστι δὲ ἐν ταῖς συνθήκαις καὶ τόδε εἰρημένον, εἰρήνης μὲν τῆς Ἀθηναίων καὶ Λακεδαιμονίων τῇ Ἀργείων μὴ μετεῖναι πόλει, ἰδίᾳ δὲ Ἀθηναίους καὶ Ἀργείους, ἢν ἐθέλωσιν, ἐπιτηδείως ἔχειν πρὸς ἀλλήλους.

Settlement of disputes.

234. Thuc. i. 78. 4; 140. 2; 144. 2; 145; iv. 118. 8; v. 18. 4; 79. 4; vii. 18. 2.

Regulation of Commercial Relations.

235. Thuc. i. 67. 4; 144. 2.

Commemoration of the Peace.

236. Paus. v. 23. 4. See above **233**.

Cf. Thuc. v. 18. 10; 47. 11.

[1] See above **205**.

The Revolt of Samos.

237. Thuc. i. 115. 2–117; cf. i. 40. 5; 41. 2.

238. Diod. xii. 27: Ἐπ' ἄρχοντος δ' Ἀθήνησι Τιμοκλέους ... Σάμιοι μὲν πρὸς Μιλησίους περὶ Πριήνης ἀμφισβητήσαντες εἰς πόλεμον κατέστησαν, ὁρῶντες δὲ τοὺς Ἀθηναίους ταῖς εὐνοίαις διαφέροντας πρὸς Μιλησίους, ἀπέστησαν ἀπ' αὐτῶν. οἱ δὲ Περικλέα προχειρισάμενοι στρατηγὸν ἐξέπεμψαν ἐπὶ τοὺς Σαμίους ἔχοντα τριήρεις τετταράκοντα. (2) οὗτος δὲ πλεύσας ἐπί τε τὴν Σάμον * * παρεισελθὼν δὲ καὶ τῆς πόλεως ἐγκρατὴς γενόμενος κατέστησε δημοκρατίαν ἐν αὐτῇ. πραξάμενος δὲ παρὰ τῶν Σαμίων ὀγδοήκοντα τάλαντα, καὶ τοὺς ἴσους ὁμήρους παῖδας λαβών, τούτους μὲν παρέδωκε τοῖς Λημνίοις, αὐτὸς δ' ἐν ὀλίγαις ἡμέραις ἅπαντα συντετελεκὼς ἐπανῆλθεν εἰς τὰς Ἀθήνας. (3) ἐν δὲ τῇ Σάμῳ στάσεως γενομένης, καὶ τῶν μὲν αἱρουμένων τὴν δημοκρατίαν, τῶν δὲ βουλομένων τὴν ἀριστοκρατίαν εἶναι, ταραχὴ πολλὴ τὴν πόλιν ἐπεῖχε. τῶν δ' ἐναντιουμένων τῇ δημοκρατίᾳ διαβάντων εἰς τὴν Ἀσίαν καὶ πορευθέντων εἰς Σάρδεις πρὸς Πισσούθνην τὸν τῶν Περσῶν σατράπην περὶ βοηθείας, ὁ μὲν Πισσούθνης ἔδωκεν αὐτοῖς στρατιώτας ἑπτακοσίους, ἐλπίζων τῆς Σάμου διὰ τούτου κυριεύσειν, οἱ δὲ Σάμιοι μετὰ τῶν δοθέντων αὐτοῖς στρατιωτῶν νυκτὸς πλεύσαντες εἰς τὴν Σάμον ἔλαθόν τε [τὴν πόλιν] παρεισελθόντες, τῶν πολιτῶν συνεργούντων, ῥᾳδίως τ' ἐκράτησαν τῆς Σάμου, καὶ τοὺς ἀντιπράττοντας αὐτοῖς ἐξέβαλον ἐκ τῆς πόλεως· τοὺς δ' ὁμήρους ἐκκλέψαντες ἐκ τῆς Λήμνου καὶ τὰ κατὰ τὴν Σάμον ἀσφαλισάμενοι, φανερῶς ἑαυτοὺς ἀπέδειξαν πολεμίους τοῖς Ἀθηναίοις. (4) οἱ δὲ πάλιν Περικλέα προχειρισάμενοι στρατηγὸν ἐξέπεμψαν ἐπὶ τοὺς Σαμίους μετὰ νεῶν ἑξήκοντα. μετὰ δὲ ταῦθ' ὁ μὲν Περικλῆς ναυμαχήσας πρὸς ἑβδομήκοντα τριήρεις ἐνίκησε τοὺς Σαμίους, μεταπεμψάμενος δὲ παρὰ Χίων καὶ Μυτιληναίων ναῦς εἴκοσι πέντε μετὰ τούτων ἐπολιόρκησε τὴν Σάμον. (5) μετὰ δέ τινας ἡμέρας Περικλῆς μὲν καταλιπὼν μέρος τῆς δυνάμεως ἐπὶ τῆς πολιορκίας ἀνέζευξεν, ἀπαντήσων ταῖς Φοινίσσαις ναυσίν, ἃς οἱ Πέρσαι τοῖς Σαμίοις ἦσαν ἀπεσταλκότες. (28) οἱ δὲ Σάμιοι διὰ τὴν ἀνάζευξιν τοῦ Περικλέους νομίζοντες ἔχειν καιρὸν ἐπιτήδειον εἰς ἐπίθεσιν ταῖς ὑπολελειμμέναις ναυσίν, ἐπέπλευσαν ἐπ' αὐτάς, καὶ νικήσαντες τῇ ναυμαχίᾳ φρονήματος ἐπληροῦντο. (2) ὁ δὲ Περικλῆς ἀκούσας τὴν τῶν ἰδίων ἧτταν, εὐθὺς ὑπέστρεψε καὶ στόλον ἀξιόλογον ἤθροισε, βουλόμενος εἰς τέλος συντρῖψαι τὸν τῶν ἐναντίων στόλον.

ταχὺ δ' ἀποστειλάντων Ἀθηναίων μὲν ἑξήκοντα τριήρεις, Χίων δὲ καὶ Μυτιληναίων τριάκοντα, μεγάλην ἔχων δύναμιν συνεστήσατο τὴν πολιορκίαν καὶ κατὰ γῆν καὶ κατὰ θάλατταν, συνεχεῖς ποιούμενος προσβολάς. (3) κατεσκεύασε δὲ καὶ μηχανὰς πρῶτος τῶν πρὸ αὐτοῦ τούς τε ὀνομαζομένους κριοὺς καὶ χελώνας, Ἀρτέμωνος τοῦ Κλαζομενίου κατασκευάσαντος. ἐνεργῶς δὲ πολιορκήσας τὴν πόλιν καὶ ταῖς μηχαναῖς καταβαλὼν τὰ τείχη κύριος ἐγένετο τῆς Σάμου. κολάσας δὲ τοὺς αἰτίους ἐπράξατο τοὺς Σαμίους τὰς εἰς τὴν πολιορκίαν γεγενημένας δαπάνας, τιμησάμενος αὐτὰς ταλάντων διακοσίων. (4) παρείλετο δὲ καὶ τὰς ναῦς αὐτῶν καὶ τὰ τείχη κατέσκαψε, καὶ τὴν δημοκρατίαν καταστήσας ἐπανῆλθεν εἰς τὴν πατρίδα. Ἀθηναίοις δὲ καὶ Λακεδαιμονίοις μέχρι τούτων τῶν χρόνων αἱ τριακονταετεῖς σπονδαὶ διέμειναν ἀσάλευτοι. καὶ ταῦτα μὲν ἐπράχθη κατὰ τοῦτον τὸν ἐνιαυτόν.

239. Plut. *Per.* 24: Ἐκ τούτου . . . ψηφίζεται τὸν εἰς Σάμον πλοῦν, αἰτίαν ποιησάμενος κατ' αὐτῶν, ὅτι τὸν πρὸς Μιλησίους κελευόμενοι διαλύσασθαι πόλεμον οὐχ ὑπήκουον. [See below **VI. 141.**] (25) τὸν δὲ πρὸς Σαμίους πόλεμον αἰτιῶνται μάλιστα τὸν Περικλέα ψηφίσασθαι διὰ Μιλησίους Ἀσπασίας δεηθείσης. αἱ γὰρ πόλεις ἐπολέμουν τὸν περὶ Πριήνης πόλεμον, καὶ κρατοῦντες οἱ Σάμιοι, παύσασθαι τῶν Ἀθηναίων κελευόντων καὶ δίκας λαβεῖν καὶ δοῦναι παρ' αὐτοῖς, οὐκ ἐπείθοντο. πλεύσας οὖν ὁ Περικλῆς τὴν μὲν οὖσαν ὀλιγαρχίαν ἐν Σάμῳ κατέλυσεν, τῶν δὲ πρώτων λαβὼν ὁμήρους πεντήκοντα καὶ παῖδας ἴσους εἰς Λῆμνον ἀπέστειλε. καίτοι φασὶν ἕκαστον μὲν αὐτῷ τῶν ὁμήρων διδόναι τάλαντον ὑπὲρ ἑαυτοῦ, πολλὰ δ' ἄλλα τοὺς μὴ θέλοντας ἐν τῇ πόλει γενέσθαι δημοκρατίαν. ἔτι δὲ Πισσούθνης ὁ Πέρσης ἔχων τινὰ πρὸς Σαμίους εὔνοιαν ἀπέστειλεν αὐτῷ μυρίους χρυσοῦς παραιτούμενος τὴν πόλιν. οὐ μὴν ἔλαβε τούτων οὐδὲν ὁ Περικλῆς, ἀλλὰ χρησάμενος ὥσπερ ἐγνώκει τοῖς Σαμίοις καὶ καταστήσας δημοκρατίαν ἀπέπλευσεν εἰς τὰς Ἀθήνας. οἱ δ' εὐθὺς ἀπέστησαν, ἐκκλέψαντος αὐτοῖς τοὺς ὁμήρους Πισσούθνου καὶ τἆλλα παρασκευάσαντος πρὸς τὸν πόλεμον. αὖθις οὖν ὁ Περικλῆς ἐξέπλευσεν ἐπ' αὐτοὺς οὐχ ἡσυχάζοντας οὐδὲ κατεπτηχότας, ἀλλὰ καὶ πάνυ προθύμως ἐγνωκότας ἀντιλαμβάνεσθαι τῆς θαλάττης. γενομένης δὲ καρτερᾶς ναυμαχίας περὶ νῆσον, ἣν Τραγίας καλοῦσι, λαμπρῶς ὁ Περικλῆς ἐνίκα, τέσσαρσι καὶ τεσσαράκοντα ναυσὶν ἑβδομήκοντα καταναυμαχήσας, ὧν εἴκοσι στρατιώτιδες ἦσαν. (26) ἅμα δὲ τῇ νίκῃ καὶ τῇ διώξει τοῦ λιμένος κρατήσας ἐπολιόρκει τοὺς Σαμίους ἁμῶς γέ πως ἔτι τολμῶντας ἐπεξιέναι καὶ διαμάχεσθαι πρὸ τοῦ τείχους. ἐπεὶ δὲ μείζων ἕτερος στόλος ἦλθεν ἐκ τῶν Ἀθηνῶν καὶ παντελῶς κατεκλείσθησαν οἱ Σάμιοι, λαβὼν ὁ Περικλῆς ἑξήκοντα τριήρεις ἔπλευσεν εἰς τὸν ἔξω πόντον, ὡς μὲν οἱ πλεῖστοι λέγουσι, Φοινισσῶν νεῶν ἐπικούρων τοῖς Σαμίοις προσφερομένων ἀπαντῆσαι καὶ διαγωνίσασθαι πορρωτάτω βουλόμενος, ὡς δὲ Στησίμβροτος, ἐπὶ Κύπρον στελλόμενος· ὅπερ οὐ δοκεῖ πιθανὸν εἶναι. ὁποτέρῳ δ' οὖν ἐχρήσατο τῶν λογισμῶν, ἁμαρτεῖν ἔδοξε. πλεύσαντος γὰρ αὐτοῦ Μέλισσος ὁ Ἰθαγένους, ἀνὴρ φιλόσοφος στρατηγῶν τότε τῆς Σάμου, καταφρονήσας τῆς ὀλιγότητος τῶν νεῶν ἢ τῆς ἀπειρίας τῶν στρατηγῶν ἔπεισε τοὺς πολίτας ἐπιθέσθαι τοῖς Ἀθηναίοις. καὶ γενομένης μάχης νικήσαντες οἱ Σάμιοι καὶ πολλοὺς μὲν αὐτῶν ἄνδρας ἑλόντες, πολλὰς δὲ ναῦς διαφθείραντες, ἐχρῶντο τῇ θαλάσσῃ καὶ παρετίθεντο τῶν ἀναγκαίων πρὸς τὸν πόλεμον ὅσα μὴ πρότερον εἶχον. ὑπὸ δὲ τοῦ Μελίσσου καὶ Περικλέα φησὶν αὐτὸν Ἀριστοτέλης ἡττηθῆναι ναυμαχοῦντα πρότερον. οἱ δὲ Σάμιοι τοὺς αἰχμαλώτους τῶν Ἀθηναίων ἀνθυβρίζοντες ἔστιζον εἰς τὸ μέτωπον γλαῦκας· καὶ γὰρ ἐκείνους οἱ Ἀθηναῖοι σάμαιναν. ἡ δὲ σάμαινα ναῦς ἐστιν ὑόπρῳρος μὲν τὸ σίμωμα, κοιλοτέρα δὲ καὶ γαστροειδής, ὥστε καὶ φορτοφορεῖν καὶ ταχυναυτεῖν. οὕτω δ' ὠνομάσθη διὰ τὸ πρῶτον ἐν Σάμῳ φανῆναι, Πολυκράτους τυράννου κατασκευάσαντος. πρὸς ταῦτα τὰ στίγματα λέγουσι καὶ τὸ Ἀριστοφάνειον ᾐνίχθαι·

Σαμίων ὁ δῆμός ἐστιν ὡς πολυγράμματος.

(27) πυθόμενος δ' οὖν ὁ Περικλῆς τὴν ἐπὶ στρατοπέδου συμφορὰν ἐβοήθει κατὰ τάχος. καὶ τοῦ Μελίσσου πρὸς αὐτὸν ἀντιταξαμένου κρατήσας καὶ τρεψάμενος τοὺς πολεμίους εὐθὺς περιετείχιζε, δαπάνῃ καὶ χρόνῳ μᾶλλον ἢ τραύμασι καὶ κινδύνοις τῶν πολιτῶν περιγενέσθαι καὶ συνελεῖν τὴν πόλιν βουλόμενος. ἐπεὶ δὲ δυσχεραίνοντας τῇ τριβῇ τοὺς Ἀθηναίους καὶ μάχεσθαι προθυμουμένους ἔργον ἦν κατασχεῖν, ὀκτὼ μέρη διελὼν τὸ πᾶν πλῆθος ἀπεκλήρου, καὶ τῷ λαβόντι τὸν λευκὸν κύαμον εὐωχεῖσθαι καὶ σχολάζειν παρεῖχε τῶν ἄλλων μαχομένων. διὸ καί φασι τοὺς ἐν εὐπαθείαις τισὶ γενομένους λευκὴν ἡμέραν ἐκείνην ἀπὸ τοῦ λευκοῦ κυάμου προσαγορεύειν. Ἔφορος δὲ καὶ μηχαναῖς χρήσασθαι τὸν Περικλέα, τὴν καινότητα θαυμάσαντα, Ἀρτέμωνος τοῦ μηχανικοῦ παρόντος, ὃν χωλὸν ὄντα καὶ φορείῳ πρὸς τὰ κατεπείγοντα τῶν ἔργων προσκομιζόμενον ὀνομασθῆναι περιφόρητον. τοῦτο μὲν οὖν Ἡρακλείδης ὁ Ποντικὸς ἐλέγχει τοῖς Ἀνακρέοντος ποιήμασιν, ἐν οἷς ὁ περιφόρητος Ἀρτέμων ὀνομάζεται πολλαῖς ἔμπροσθεν ἡλικίαις τοῦ περὶ Σάμον πολέμου καὶ τῶν πραγμάτων ἐκείνων· τὸν δ' Ἀρτέμωνά φησι τρυφερόν τινα τῷ βίῳ καὶ πρὸς τοὺς

φόβους μαλακὸν ὄντα καὶ καταπλῆγα τὰ πολλὰ μὲν οἴκοι καθέζεσθαι, χαλκῆν ἀσπίδα τῆς κεφαλῆς αὐτοῦ δυεῖν οἰκετῶν ὑπερεχόντων, ὥστε μηδὲν ἐμπεσεῖν τῶν ἄνωθεν, εἰ δὲ βιασθείη προελθεῖν, ἐν κλινιδίῳ κρεμαστῷ παρὰ τὴν γῆν αὐτὴν περιφερόμενον κομίζεσθαι καὶ διὰ τοῦτο κληθῆναι περιφόρητον. (28) ἐνάτῳ δὲ μηνὶ τῶν Σαμίων παραστάντων ὁ Περικλῆς τὰ τείχη καθεῖλε καὶ τὰς ναῦς παρέλαβε καὶ χρήμασι πολλοῖς ἐζημίωσεν, ὧν τὰ μὲν εὐθὺς ἤνεγκαν οἱ Σάμιοι, τὰ δ' ἐν χρόνῳ ῥητῷ ταξάμενοι κατοίσειν ὁμήρους ἔδωκαν. Δοῦρις δ' ὁ Σάμιος τούτοις ἐπιτραγῳδεῖ πολλὴν ὠμότητα τῶν Ἀθηναίων καὶ τοῦ Περικλέους κατηγορῶν, ἣν οὔτε Θουκυδίδης ἱστόρηκεν οὔτ' Ἔφορος οὔτ' Ἀριστοτέλης· ἀλλ' οὐδ' ἀληθεύειν ἔοικεν, ὡς ἄρα τοὺς τριηράρχους καὶ τοὺς ἐπιβάτας τῶν Σαμίων εἰς τὴν Μιλησίων ἀγορὰν ἀγαγὼν καὶ σανίσι προσδήσας ἐφ' ἡμέρας δέκα κακῶς ἤδη διακειμένους προσέταξεν ἀνελεῖν, ξύλοις τὰς κεφαλὰς συγκόψαντας, εἶτα προβαλεῖν ἀκήδευτα τὰ σώματα. Δοῦρις μὲν οὖν οὐδ' ὅπου μηδὲν αὐτῷ πρόσεστιν ἴδιον πάθος εἰωθὼς κρατεῖν τὴν διήγησιν ἐπὶ τῆς ἀληθείας, μᾶλλον ἔοικεν ἐνταῦθα δεινῶσαι τὰς τῆς πατρίδος συμφορὰς ἐπὶ διαβολῇ τῶν Ἀθηναίων.

240. Plut. *Them.* 2: Καίτοι Στησίμβροτος Ἀναξαγόρου τε διακοῦσαι τὸν Θεμιστοκλέα φησὶ καὶ περὶ Μέλισσον σπουδάσαι τὸν φυσικόν, οὐκ εὖ τῶν χρόνων ἁπτόμενος· Περικλεῖ γάρ, ὃς πολὺ νεώτερος ἦν Θεμιστοκλέους, Μέλισσος μὲν ἀντεστρατήγει πολιορκοῦντι Σαμίους, Ἀναξαγόρας δὲ συνδιέτριβε.

241. Ael. *V. H.* vii. 14: Τί δέ; οὐκ ἦσαν καὶ οἱ φιλόσοφοι τὰ πολέμια ἀγαθοί; ἐμοὶ μὲν δοκοῦσιν· εἴγε . . . Μέλισσος δὲ ἐναυάρχησε, Σωκράτης δὲ ἐστρατεύσατο τρίς, κ.τ.λ.

242. Ar. *Vesp.* 281:

Τάχα δ' ἂν διὰ τὸν χθιζινὸν ἄνθρωπον, ὃς ἡμᾶς διεδύετ'
ἐξαπατῶν λέγων ὡς
καὶ φιλαθήναιος ἦν καὶ
τἀν Σάμῳ πρῶτος κατείποι,
διὰ τοῦτ' ὀδυνηθεὶς
εἶτ' ἴσως κεῖται πυρέττων.

243. Schol. *ad* v. 283: Τὰ 'ν Σάμῳ: [Τὰ περὶ Σάμου ἐννεακαιδεκάτῳ ἔτει πρότερον ἐπὶ Τιμοκλέους ἄρχοντος γέγονε.] Μιλησίων γάρ ποτε καὶ Σαμίων μαχομένων Ἀθηναῖοι παρακληθέντες ὑπὸ Μιλησίων εἰς συμμαχίαν ἐπεστράτευσαν κατὰ τῶν Σαμίων, Περικλέους ἡγουμένου τοῦ Ξανθίππου. κακῶς δὲ διατεθέντες Σάμιοι ἐπεχείρησαν πρὸς τὸν βασιλέα τῶν Περσῶν ἐπελθεῖν. καὶ δὴ τοῦτο μαθόντες Ἀθηναῖοι τριήρεις πολεμικὰς κατ' αὐτῶν κατεσκεύασαν, Περικλέους εἰσηγησαμένου αὐτῶν. τοῦτο δὲ μαθόντες Σάμιοι μηχανήν τινα κατεσκεύασαν κατ' αὐτῶν, ἣν μαθόντες Ἀθηναῖοι ὑπό τινος Καρυστίωνος ἐφυλάξαντο, καὶ Σαμίους μὲν κακῶς διέθηκαν, τὸν δὲ Καρυστίωνα ἐτίμησαν σφόδρα μετὰ τοῦ γένους καὶ τῆς αὐτῶν πολιτείας ἠξίωσαν. ὡς οὖν τινος ἐξαπατήσαντος καὶ εἰπόντος ἑαυτὸν εἶναι τὸν μηνυτὴν τοῦ σκαιωρήματος τῶν Σαμίων, καὶ διὰ τοῦτο ἀπολυθέντος, φησὶν ὠδυνῆσθαι τὸν Φιλοκλέωνα, ὡς ταῖς καταδίκαις μᾶλλον χαίροντα.—τὰ περὶ Σάμον ιθ' ἔτει πρότερον ἐπὶ Τιμοκλέους γέγονε καὶ ἐπὶ τοῦ ἑξῆς Μορυχίδου. οὐδὲν κωλύει τὸν ἐχθὲς κρινόμενον ἀναμιμνήσκειν τοὺς δικαστὰς ἰδίας τινὸς εὐεργεσίας παλαιᾶς γεγενημένης. Ἀθηναῖοι δὲ Μιλησίους ἐπαγαγόμενοι ἐκάκωσαν τὴν Σάμον καὶ ἔμφρουρον ἐποίησαν, τὴν δημοκρατίαν καταστήσαντες διὰ Περικλέους. Σάμιοι δὲ ἀπέστησαν πρὸς βασιλέα. καὶ τότε οἱ Ἀθηναῖοι τελέως αὐτοὺς κατεπολέμησαν, ἵνα πάλιν προσηγγέλθη Περικλεῖ ὅτι Φοίνισσαι νῆες παρεῖεν βοηθοῦσαι Σαμίοις. τοῦτον ἂν εἴη λέγειν πρὸς τοὺς δικαστὰς ἀπηγγελκέναι καὶ ὠφελῆσαι τὴν πόλιν. V.

244. Schol. Ar. *Pax* 697: Λέγεται δὲ καὶ ὅτι ἐκ τῆς στρατηγίας τῆς ἐν Σάμῳ ἠργυρίσατο (ὁ Σοφοκλῆς).

Alleged influence of Aspasia.

Duris fr. 58. See below **VI. 146.**

The Share of Byzantion in the Revolt, as evidenced by Quota Lists.

245. *C. I. A.* i. 238 ii. 22. See **II. 13.**

C. I. A. i. 239 i. 25. See **II. 14.**

C. I. A. i. 240. Name of Byzantion missing. See **II. 15.**

C. I. A i. 241. The whole of the Ἑλλησπόντιος φόρος lost. See **II. 16.**

C. I. A. i. 242 iv. 26. See **II. 17.**

C. I. A. i. 243 vi. 12 (Kallipolis). See **II. 18.**

C. I. A. i. 243 vi. 34 (Bysbikos). See **II. 18.**

C. I. A. i. 244 ii. 32 (Byzantion). See **II. 19.**

Disturbances in the Thrakian region.

Tribute of six Thrakian cities missing in B.C. 440.

C. I. A. i. 240. See **II. 15.**

Tribute of eleven Thrakian cities raised in B.C. 439.

246. Aigai *C. I. A.* i. 239 ii. 33 (**II. 14**). Cf. *C. I. A.* i. 241 vi. 4 (**II. 16**).

Aphytis *C. I. A.* i. 239 ii. 34 (**II. 14**). Cf. *C. I. A.* i. 242 v. 14 (**II. 17**).

Assera *C. I. A.* i. 234 ii. 27 (**II. 9**). Cf. *C. I. A.* i. 242 vi. 14 (**II. 17**).

Maroneia *C. I. A.* i. 237 iii. 6 (**II. 12**). Cf. *C. I. A.* i. 241 v. 17 (**II. 16**).

Mekyperna *C. I. A.* i. 237 iii. 13 (**II. 12**). Cf. *C. I. A.* i. 242 v. 19 (**II. 17**).

Mende *C. I. A.* i. 240 ii. 46 (**II. 15**). Cf. *C. I. A.* i. 241 vi. 11 (**II. 16**).

Sane *C. I. A.* i. 238 iii. 6 (**II. 13**). Cf. *C. I. A.* i. 242 vi. 27 (**II. 17**).

Skabala *C. I. A.* i. 234 ii. 26 (**II. 9**). Cf. *C. I. A.* i. 241 vi. 13 (**II. 16**).

Skione *C. I. A.* i. 237 iii. 22 (**II. 12**). Cf. *C. I. A.* i. 242 vi. 6 (**II. 17**).

Spartolos *C. I. A.* i. 238 iii. 9 (**II. 13**). Cf. *C. I. A.* i. 243 v. 5 (**II. 18**).

Stolos *C. I. A.* i. 238 iii. 8 (**II. 13**). Cf. *C. I. A.* i. 243 vi. 3 (**II. 18**).

Disaffection in Lesbos.

247. Thuc. iii. 2. 1; 13. 1.

Disaffection in Chios. The Athenian fleet present there.

248. Athen. xiii. 603 E: Ἴων (*fr.* 1 *F. H. G.* ii. 46) γοῦν ὁ ποιητὴς ἐν ταῖς ἐπιγραφομέναις Ἐπιδημίαις γράφει οὕτως· Σοφοκλεῖ τῷ ποιητῇ ἐν Χίῳ συνήντησα, ὅτε ἔπλει εἰς Λέσβον στρατηγός, ἀνδρὶ παιδιώδει παρ' οἶνον καὶ δεξιῷ. Ἑρμησίλεω δὲ ξένου οἱ ἐόντος καὶ προξένου Ἀθηναίων ἑστιῶντος αὐτόν, κ.τ.λ.

249. Schol. in Aristid. ὑπ. τ. τ. 135 J. (iii. p. 485 Dind.): Ἐπὶ μὲν Σάμῳ δέκατος αὐτὸς στρατηγῶν: τῶν δέκα στρατηγῶν τῶν ἐν Σάμῳ τὰ ὀνόματα κατὰ Ἀνδροτίωνα (*fr.* 44 a *F. H. G.* iv. p. 645)· Σωκράτης Ἀναγυράσιος, Σοφοκλῆς ἐκ Κολωνοῦ ὁ ποιητής, Ἀνδοκίδης Κυδαθηναιεύς, Κρέων Σκαμβωνίδης, Περικλῆς Χολαργεύς, Γλαύκων ἐκ Κεραμέων, Καλλίστρατος Ἀχαρνεύς, Ξενοφῶν Μελιτεύς. Wilamowitz, *De Rhesi scholiis* [Greifswald 1877–8], 13 supplies the two missing names from *Cod. Marc.* 423, viz.: Γλαυκέτης Ἀζηνιεύς, Κλειτοφῶν Θοραιεύς.

The Treatment of the Prisoners.

250. Photius: Σαμίων ὁ δῆμός (ἐστιν) ὡς πολυγράμματος· Ἀριστοφάνης (*fr.* 64, K. i. 408) Βαβυλωνίοις ἐπισκώπτων τοὺς ἐστιγμένους . . . οἱ δὲ ὅτι Ἀθηναῖοι μὲν τοὺς ληφθέντας ἐν πολέμῳ Σαμίους ἔστιζον γλαυκί, Σάμιοι (δὲ τοὺς Ἀθηναίους) τῇ σαμαίνῃ, ὅ ἐστι πλοῖον δίκροτον, ὑπὸ Πολυκράτους πρῶτον παρασκευασθὲν τοῦ Σαμίων τυράννου, ὡς Λυσίμαχος ἐν β′ Νόστων· τὸ δὲ πλάσμα Δούριδος (*fr.* 59 *F. H. G.* ii. p. 483).

251. *Id.*: τὰ Σαμίων ὑποπτεύεις . . . παρῆλθεν δὲ ἀπὸ τῶν γενομένων ὑπ' Ἀθηναίων εἰς Σαμίους αἰκισμῶν· ἑλόντες γὰρ αὐτοὺς οἱ Ἀθηναῖοι τοὺς μὲν ἀπέκτειναν, τοὺς δὲ ἔστιξαν τῇ καλουμένῃ σαμαίνῃ, ἥ ἐστιν εἶδος πλοίου Σαμιακοῦ, ἀνθ' ὧν καὶ οἱ Σάμιοι τοὺς ἁλόντας μετὰ ταῦτα Ἀθηναίους ἔστιξαν.

252. Ael. *V. H.* ii. 9: Τούς γε μὴν ἁλισκομένους αἰχμαλώτους Σαμίων στίζειν κατὰ τοῦ προσώπου καὶ εἶναι τὸ στίγμα γλαῦκα, καὶ τοῦτο Ἀττικὸν ψήφισμα.

The numbers of the Athenian besieging fleet.

253. Isocrat. 15 *de Permut.* 111: Μετὰ δὲ ταύτας τὰς πράξεις ἐπὶ Σάμον στρατεύσας, ἣν Περικλῆς . . . ἀπὸ διακοσίων [νεῶν] καὶ χιλίων ταλάντων κατεπολέμησε, ταύτην κ.τ.λ. But see below **258** ff.

The Athenians before Samos.

254. Athen. viii. 328 C: Τριχίδων δὲ Εὔπολις (*fr.* 154, K. i. p. 299) ἐν Κόλαξιν·

Ἐκεῖνος ἦν φειδωλός, ὃς ἐπὶ τοῦ βίου
πρὸ τοῦ πολέμου μὲν τριχίδας ὠψώνησ' ἅπαξ,
ὅτε τὰν Σάμῳ δ' ἦν, ἡμιωβελίου κρέα.

Artemon and his earlier namesake.

Plut. *Per.* 27 [Eph. *fr.* 117]. See above **239**.

Diod. xii. 28. 3. See above **238**.

255. Plin. *H. N.* vii. 56. 202: Testudines Artemonem Clazomenium (invenisse dicunt).

256. Athen. xii. 533 E: Χαμαιλέων δ' ὁ Ποντικὸς ἐν τῷ περὶ Ἀνακρέοντος (*fr.* 11 Koep.) προθεὶς τὸ

ξανθῇ δ' Εὐρυπύλῃ μέλει
ὁ περιφόρητος Ἀρτέμων,

τὴν προσηγορίαν ταύτην λαβεῖν τὸν Ἀρτέμωνα διὰ τὸ τρυφερῶς βιοῦντα περιφέρεσθαι ἐπὶ κλίνης. καὶ γὰρ Ἀνακρέων αὐτὸν κ.τ.λ.

257. Leutsch. u. Schneidewin, *Corp. Paroem.* i. p. 441: Ὁ περιφόρητος Ἀρτέμων: ἐπὶ τῶν πάνυ ποθουμένων. φασὶ γὰρ ὅτι νεανίσκος ὁ Ἀρτέμων ἐγένετο περιμάχητος γυναιξίν· ἄλλοι δὲ ὅτι μηχανοποιὸς ἐγένετο σοφώτατος κατὰ τοὺς Περικλέους χρόνους· χωλὸς δὲ ὢν περιεφέρετο ἐπὶ τῷ ὁρᾶν τὰς μηχανάς.

The costs of the Revolt.

258. Thuc. i. 117. 3.

Isocrat. 15 *de Permut.* 111. See above **253**.

259. Corn. Nepos, *Timoth.* i. 2: Samum cepit: in quo *oppido* oppugnando superiore bello Athenienses mille et ducenta talenta consumpserant, id ille sine ulla publica impensa populo restituit.

260. *C. I. A.* i. 177:

. . Σοσι - -
. . ο Φρεά[ρριος
𐅋𐅉𐅉𐅈ΤΤΤ - - - - [τάδε]
Ἀθεναῖοι ἀ[νέλοσαν - ἐς τὸν]
πρὸς Σαμίο[ς πόλεμον. ταμίαι ἱερôν χρεμάτον τε̂ς]
Ἀθεναίας π - -
ς, ʽοῖς Φυρό[ι]μαχος scil. ἐγραμμάτευε - - ἐγραμμά]
τευε, ταμία[- - ἐ]
χς Οἴο, Ναυσ[ι - -
𐅋𐅋𐅋𐅊𐅉𐅈ΤΤΤ
παρὰ ταμιο̂[ν] - -
ῖνος Περαι[εύς] - -

ερον, ʽοι δὲ - -
'Αφιδναῖος
𐅅HHHHΓTTT
χσύμπαντο[ς ἀναλόματος κεφάλαιον ?]
XH[H]HH

V. Kirchhoff, *Abhandl. d. kön. Akad. zu Berl.* 1876, 14 Dez. p. 43.

Boundary of the land of the Athenian Eponymoi in Samos.

261. *Abhandl. d. kön. Akad. zu Berl.* 1876, 14 Dez. p. 67: Ὅρος | τεμένος | 'Επονύμον | 'Αθένηθ[ε]ν.

Money from Samos.

262. *C. I. A.* i. 188 (B.C. 410/409), vs. 20: Τριακοστεῖ τε̃ς πρυτανείας τὰ ἐχ Σάμο ἀνομολογέθε 'Ελλενοταμίαι 'Αναιτίοι Σφεττίοι καὶ παρέδροι [Π]|ολυαράτοι Χολαργεῖ 𐅄ΓTTX.

vs. 34: Ἕκτει καὶ τριακοστεῖ τε̃ς πρυτανείας τὰ ἐχ Σάμο ἀνομολογέσα[το - - -] μαχ[ος |. . .]ος στρατεγοῖς ἐς Σάμοι, Δεχσικράτει κ.τ.λ.

Samos bound to supply troops, not ships.

263. Thuc. vii. 57. 3, 4.

Amorgos confiscated.

C. I. A. i. 243 vi. 10. See above **II. 18.**

Aristotle's criticism of the treatment of the Samians.

264. Arist. *Pol.* iii. 8. (13.) 4. 1284 a 38: Τὸ δ' αὐτὸ καὶ περὶ τὰς πόλεις καὶ τὰ ἔθνη ποιοῦσιν οἱ κύριοι τῆς δυνάμεως, οἷον 'Αθηναῖοι μὲν περὶ Σαμίους καὶ Χίους καὶ Λεσβίους (ἐπεὶ γὰρ θᾶττον ἐγκρατῶς ἔσχον τὴν ἀρχήν, ἐταπείνωσαν αὐτοὺς παρὰ τὰς συνθήκας).

The new temple of Aphrodite.

265. Athen. xiii. 572 F: Ἄλεξις δ' ὁ Σάμιος ἐν δευτέρῳ Ὥρων Σαμιακῶν (*F. H. G.* iv. 299) "τὴν ἐν Σάμῳ 'Αφροδίτην, ἣν οἱ μὲν ἐν καλάμοις καλοῦσιν, οἱ δὲ ἐν ἕλει, 'Αττικαί, φησίν, ἑταῖραι ἱδρύσαντο αἱ συνακολουθήσασαι Περικλεῖ ὅτε ἐπολιόρκει τὴν Σάμον, ἐργασάμεναι ἱκανῶς ἀπὸ τῆς ὥρας."

The Epitaphios after the Samian Revolt.
The custom.

266. Thuc. ii. 34. 1–7.

The Samian Epitaphios.

267. Plut. *Per.* 28 : Ὁ δὲ Περικλῆς καταστρεψάμενος τὴν Σάμον ὡς ἐπανῆλθεν εἰς τὰς Ἀθήνας, ταφάς τε τῶν ἀποθανόντων κατὰ τὸν πόλεμον ἐνδόξους ἐποίησε καὶ τὸν λόγον εἰπών, ὥσπερ ἔθος ἐστίν, ἐπὶ τῶν σημάτων ἐθαυμαστώθη. καταβαίνοντα δ' αὐτὸν ἀπὸ τοῦ βήματος αἱ μὲν ἄλλαι γυναῖκες ἐδεξιοῦντο καὶ στεφάνοις ἀνέδουν καὶ ταινίαις ὥσπερ ἀθλητὴν νικηφόρον, ἡ δ' Ἐλπινίκη προσελθοῦσα πλησίον· "Ταῦτ'" ἔφη "θαυμαστά, Περίκλεις, καὶ ἄξια στεφάνων, ὃς ἡμῖν πολλοὺς καὶ ἀγαθοὺς ἀπώλεσας πολίτας οὐ Φοίνιξι πολεμῶν οὐδὲ Μήδοις, ὥσπερ οὑμὸς ἀδελφὸς Κίμων, ἀλλὰ σύμμαχον καὶ συγγενῆ πόλιν καταστρεφόμενος." ταῦτα τῆς Ἐλπινίκης λεγούσης ὁ Περικλῆς μειδιάσας ἀτρέμα λέγεται τὸ τοῦ Ἀρχιλόχου πρὸς αὐτὴν εἰπεῖν·

οὐκ ἂν μύροισι γραῦς ἐοῦσ' ἠλείφεο.

θαυμαστὸν δέ τι καὶ μέγα φρονῆσαι καταπολεμήσαντα τοὺς Σαμίους φησὶν αὐτὸν ὁ Ἴων, ὡς τοῦ μὲν Ἀγαμέμνονος ἔτεσι δέκα βάρβαρον πόλιν, αὐτοῦ δὲ μησὶν ἐννέα τοὺς πρώτους καὶ δυνατωτάτους Ἰώνων ἑλόντος. καὶ οὐκ ἦν ἄδικος ἡ ἀξίωσις, ἀλλ' ὄντως πολλὴν ἀδηλότητα καὶ μέγαν ἔσχε κίνδυνον ὁ πόλεμος, εἴπερ, ὡς Θουκυδίδης φησί, παρ' ἐλάχιστον ἦλθε Σαμίων ἡ πόλις ἀφελέσθαι τῆς θαλάττης τὸ κράτος Ἀθηναίους.

Cf. Arist. *Rhet.* i. 7. 34. 1365 a 31; iii. 10. 7. 1411 a 1. Hdt. vii. 162. Eurip. *Suppl.* 447–9. Athen. iii. 99 D. Plut. *Per.* 8 (below **VI. 157**).

Later history of Samos.

The oligarchical exiles at Anaia in B.C. 424.

268. Thuc. iii. 19; 32. 2; iv. 75. 1.

Samos in B.C. 412.

269. Thuc. viii. 21; 63. 3, 4.
Cf. *C. I. A.* i. 56.

The Athenians in Thrace.

The alliance with Perdikkas, and disturbances in Thrace.

270. Thuc. i. 57. 2, 3; 59; ii. 95.

271. Diod. xii. 50. 3: Σιτάλκης τοίνυν πρὸς Ἀθηναίους φιλίαν συνθέμενος ὡμολόγησεν αὐτοῖς συμμαχήσειν τὸν ἐπὶ Θρᾴκης πόλεμον· διόπερ βουλόμενος τοὺς Χαλκιδεῖς σὺν τοῖς Ἀθηναίοις καταπολεμῆσαι, παρεσκευάζετο δύναμιν ἀξιόλογον. (4) ἅμα δὲ καὶ πρὸς Περδίκκαν τὸν βασιλέα τῶν Μακεδόνων ἀλλοτρίως διακείμενος, ἔκρινε κατάγειν ἐπὶ τὴν Μακεδονικὴν βασιλείαν Ἀμύνταν τὸν Φιλίππου. δι' ἀμφοτέρας οὖν τὰς προειρημένας αἰτίας ἦν ἀναγκαῖον αὐτῷ συστήσασθαι δύναμιν ἀξιόλογον.

272. *C. I. A.* i. 42:

Fr. a. χσυμμαχία
- - - ονται ἀμφότ[εροι
- - - - ας σφõν αὐτõ[ν
- - - ερίον ἕνεκα
[ἔδοχσεν τε̃ι βολε̃ι καὶ τõι] δέμοι· Αἰαντ[ὶς ἐπρυτάνευε - -]
[ἐμ]πoριον Ἀρραβ[αι - -
- - - - λε Ἀρραβαίοι
- - αν (? [ὅτ]αν vel [ἐ]ὰν) φίλος γίγ[νεται
[πρ]οσγρά[φσαι ?]

Fr. b. c. vs. 3. - - - ο [κ]ατὰ τὰ - - - -
[ἐ]ναντίον το - - -
τὸν ἐπιφσεφί[ζοντα ?]
[καὶ τ]ὰ χρέματα αὐτõ δε[μόσια ἔστο (ε̃ναι) καὶ τε̃ς θεõ τὸ ἐπιδέκατον]
στρατεγὸν (-õν) ἀρχὲν (ἄρχεν) τὲν
[χσυμ]μάχοις ἕπερ ἂν καὶ Περ[δίκκ - -
- - οις. ποιέτο δὲ καὶ Ἀρραβ[αι - - -
- - ς ποιε̃ν καὶ Ἀρραβαίοι φιλ[ίαν]
ἐς Μα[κ]εδ[ονίαν - - -]ρον φσέφισμα.

List of names follows:

[Μ]ε[ν]έλαος Ἀλεχσά[νδρο] Ἀλκέτες Ἀλεχσάνδρο, Ἀρχέλας Π[ερδίκκ]ο
Ἄ[γ]ερ[ρ]ος(?) Φιλίππ[ο] κ.τ.λ.

L 2

273. *C. I. A.* i. 43: - - ες πεντε - -, vs. 2. - - κες πανέσθο ει - -, vs. 3. [ὁ δεῖνα εἶπε· τὰ μὲν ἄ]λλα καθάπερ τεῖ βο[λεῖ - -, vs. 4. - - δε ἐκ τον ἄλλον χσυμμ[άχον - -, vs. 5. - - ἀναν]εοῦσθαι ʽόταν βόλον[ται - -, vs. 6. - - εται πέμπον 'Αθένα(ζ)ε - -, vs. 7. - - οι. ἐὰν δὲ μὲ ποιοσι ταῦ[τα - -, vs. 8. - - κ]αὶ ʽοι ἱππες καὶ ʽοι ἐ[πιβάται ? - - vs. 9. - - Π]ερδίκκαι καὶ τοῖς χ[συμμάχοις - - vs. 10. 'Αρραβα]ίοι καὶ τοῖς χσυμ[μάχοις - -, vs. 11. - - πρ]εσβεία ἐλ[θο]σα ά - -.

Note use of ου in vs. 5.

Quarrels between Sitalkes and Sparadokos, princes of the Odrysai.

274. Thuc. ii. 101. 5, 6; iv. 101. 5.
Hdt. iv. 80.

275. *Coin of Sparadokos.*

Obv. Horseman, wearing hat and Thrakian cloak, riding to left; in right hand, two spears; behind, helmet; border of dots.

Rev. ƩΠΑΡΑΔΟΚΟ Eagle to left (devouring serpent?); incuse square. Æ 16·94 grammes.

Wroth in *Num. Chron.* 1891, pp. 118, 119, pl. iv. 7.

The foundation of Amphipolis.

276. Thuc. iv. 102. 3, 4; 103. 5.

277. Polyaen. vi. 53: ῞Αγνων 'Αττικὴν ἀποικίαν ἤγαγεν οἰκίσαι βουλόμενος τὰς καλουμένας 'Εννέα ὁδοὺς ἐπὶ τῷ Στρυμόνι· ἦν γὰρ καὶ λόγιον 'Αθηναίοις τοιόνδε·

Τίπτε νέως κτίσσαι πολύπουν μενεαίνετε χῶρον,
κοῦροι 'Αθηναίων; χαλεπὸν δὲ θεῶν ἄτερ ὔμμιν.
οὐ γὰρ θέσφατόν ἐστι, πρὶν ἂν κομίσητ' ἀπὸ Τροίης
'Ρήσου ἀνευρόντες καλάμην πατρίῃ δέ τ' ἀρούρῃ
κρύψητ' εὐαγέως· τότε δ' ἂν τότε κῦδος ἄροισθε.

ταῦτα τοῦ θεοῦ χρήσαντος, ὁ στρατηγὸς ῞Αγνων ἐς Τροίαν ἔπεμψεν ἄνδρας, οἳ τὸ 'Ρήσου σῆμα νύκτωρ ἀνορύξαντες ἀνείλοντο τὰ ὀστᾶ· καὶ καταθέντες τὰ ὀστᾶ ἐς χλαμύδα πορφυρᾶν κομίζουσιν ἐπὶ τὸν Στρυμόνα. οἱ μὲν δὴ κατέχοντες βάρβαροι τὴν χώραν διαβαίνειν τὸν ποταμὸν ἐκώλυον· ῞Αγνων δὲ σπονδὰς ποιησάμενος τρεῖς ἡμέρας ἀπέπεμψε τοὺς βαρβάρους καὶ διὰ τῆς νυκτὸς τὸν Στρυμόνα μετὰ τοῦ στρατεύματος διελθὼν τά τε ὀστᾶ τοῦ Ῥήσου κατώρυξε παρὰ τὸν ποταμὸν καὶ τὸ χωρίον ἀποταφρεύσας ἐτείχιζε πρὸς τὴν σελήνην, ἡμέρας δὲ οὐκ εἰργάζοντο. καὶ δὴ [τὸ] πᾶν ἔργον ἐξετελέσθη τριῶν νυκτῶν. ὡς δὲ οἱ βάρβαροι μετὰ τρεῖς ἡμέρας ἐλθόντες τὸ τεῖχος εἶδον ἐγηγερμένον, ἐνεκάλουν Ἅγνωνι ὡς παραβάντι τὰς σπονδάς· ὁ δὲ οὐδὲν ἔφη ἀδικεῖν· σπείσασθαι γὰρ τρεῖς ἡμέρας, οὐ τρεῖς νύκτας. τούτῳ τῷ τρόπῳ τὰς Ἐννέα ὁδοὺς Ἅγνων οἰκίσας τὴν πόλιν Ἀμφίπολιν ἐκάλεσεν.

278. Schol. Aesch. 2 *de fals. leg.* 34 (p. 48 Dind.): Ἐννέα ὁδῶν]· ἠτύχησαν Ἀθηναῖοι ἐννάκις περὶ τὰς Ἐννέα καλουμένας ὁδούς, ὅς ἐστι τόπος τῆς Θρᾴκης, ἡ νῦν καλουμένη Χερρόνησος. ἠτύχησαν δὲ διὰ τὰς Φυλλίδος ἀράς, ἣ Δημοφῶντος ἐρασθεῖσα καὶ προσδοκῶσα αὐτὸν ἐπανήξειν ἀποτελέσοντα τὰς πρὸς αὐτὴν συνθήκας καὶ ἐννάκις ἐπὶ τὸν τόπον ἐλθοῦσα, ὡς οὐχ ἧκε, κατηράσατο τοῖς Ἀθηναίοις τοσαυτάκις ἀτυχῆσαι περὶ τὸν τόπον. τὰ δὲ ἀτυχήματα ἐγένοντο τάδε· τὸ πρῶτον μὲν Λυσιστράτου καὶ Λυκούργου καὶ Κρατίνου στρατευόντων ἐπ᾽ Ἠϊόνα τὴν ἐπὶ Στρυμόνι διεφθάρησαν ὑπὸ Θρᾳκῶν, εἰληφότες Ἠϊόνα, ἐπὶ ἄρχοντος Ἀθήνησι Φαίδωνος· δεύτερον οἱ μετὰ Λεάγρου κληροῦχοι ἐπὶ Λυσικράτους· τρίτον οἱ μετ᾽ Εὐκλέους καὶ Θουκυδίδου· τέταρτον οἱ μετὰ Κλέωνος, ἐπὶ ἄρχοντος Ἀλκαίου· πέμπτον οἱ ἐνοικοῦντες Ἠϊόνα Ἀθηναῖοι ἐξηλάθησαν· ἕκτον οἱ μετὰ Σιμίχου στρατηγοῦντος διεφθάρησαν· ἕβδομον, ὅτε Πρωτόμαχος ἀπέτυχεν, Ἀμφιπολιτῶν αὐτοὺς παραδόντων τοῖς ὁμόροις Θρᾳξίν· ὄγδοον ἐκπεμφθεὶς ὑπὸ Τιμοθέου Ἀλκίμαχος ἀπέτυχεν, αὐτοῦ παραδόντος αὐτὸν Θρᾳξίν, ἐπὶ Τιμοκράτους Ἀθήνησιν ἄρχοντος· ἔνατον Τιμόθεος ἐπιστρατεύσας ἡττήθη ἐπὶ Καλλιμήδους ἄρχοντος. τὰς δὲ Ἐννέα ὁδοὺς Ἅγνων συνοικίσας Ἀθηναῖος ἐκάλεσεν Ἀμφίπολιν, ἐπὶ ἄρχοντος Ἀθήνησιν Εὐθυμένους.

279. Diod. xii. 32. 3: Ἅμα δὲ τούτοις πραττομένοις Ἀθηναῖοι συνῴκισαν Ἀμφίπολιν, καὶ τῶν οἰκητόρων οὓς μὲν ἐκ τῶν πολιτῶν κατέλεξαν, οὓς δ᾽ ἐκ τῶν σύνεγγυς φρουρίων.

280. Harpocrat.: Ἀμφίπολις . . . Πόλις αὕτη τῆς Θρᾴκης. πρότερον δὲ Ἐννέα ὁδοὶ ἐκαλεῖτο, ὡς Ἀνδροτίων (*fr.* 27 *F. H. G.* i. p. 373) ἐν β′ Ἀτθίδος.

Mixture of Population.

281. Thuc. iv. 103. 3; 106. 1.
Diod. xii. 32. See above **279.**

Importance of Amphipolis to the Athenians.

282. Thuc. iv. 108. 1.

Enmity of neighbouring cities.

283. Thuc. iv. 103. 4.

Lowering of Argilian Tribute.

284. *C. I. A.* i. 237 iii. 21. See **II. 12.**
C. I. A. i. 244 ii. 49. See **II. 19.**

Insubordination of Potidaia; tribute raised.

285. *C. I. A.* i. 242 vi. 5. See **II. 17.**
C. I. A. i. 244 ii. 65. See **II. 19.**

Disturbances in Chalkidike.

286. The Stagiritai, Stolioi, Sermylieis, Aphytaioi, Skionaioi, Mendaioi, Toronaioi absent from *C. I. A.* i. 244 (**II. 19**).

Policy of the Athenians in Ionia &c.

Miletos.

[Xen.] *Resp. Ath.* iii. 11. See above **I. 145.**
C. I. A. iv. 22 a. See above **I. 129.**

State of Ionia.

Teos about 470 B. C.

286 a. *C. I. G.* 3044. Hicks, *Gr. Hist. Inscr.* no. 16.

Halikarnassos in the time of Herodotos.

287. Ditt. *Syll.* 5 = Hicks, *Gr. Hist. Inscr.* no. 21 = *I. G. A.* 500 = *Gk. Inscr. in Brit. Mus.* pt. iv. no. 886 : Τάδε ὁ σύλλο[γο]ς ἐβολεύσατο ὁ 'ΑλικαρναΤ[έω]ν καὶ Σαλμακιτέων καὶ Λύγ[δα]μις ἐν τῆι ἱερῆ[ι] ἀγορῆι, μηνὸ[ς 'Ε]ρμαιῶνος πέμπτηι ἱσταμέ[νο ἐ]πὶ Λέοντος πρυταν[εύον]το[ς τ]ô 'ΟαΤάΤιος κα[ὶ] Σα[ρυΤώ]λλ[ο τ]ô Θεικυιλώνε. οι . . [τὸς ?] μ[νή]μονας· μὴ παρ[α]δίδο[σθαι] μή[τε] γῆν μήτε οἰκ[ί]α τοῖς μνήμ[ο]σιν ἐπὶ 'Απολλωνίδεω τô Λυ[γδ]άμιος μνημον[ε]ύοντος καὶ [Πα]ναμύω τô Κασβώλλιος καὶ Σ[αλ]μακιτέων μνημονευόντω[ν Μ]εγαβάτεω τô 'Αφυάσιος κα[ὶ Φο]ρμίωνος τô Π[α]νυάΤιος. ἦν δ[έ τι]ς θέληι δικάζ[ε]σθαι περὶ γῆ[ς ἢ] οἰκίων, ἐπικαλ[εί]τω ἐν ὀκτὼ κα[ὶ δέ]κα μησίν, ἀπ' ὅ τὸ ἄδος ἐγένε[το]· νόμωι δὲ κατάπ[ε]ρ νῦν ὀρκῶ⟨ι⟩σ[ι τὸ]ς δικαστάς ὅ τ[ι] ἂν οἱ μνήμο[νες ε]ἰδέωσιν, τοῦτο καρτερὸν ἔνα[ι. ἢν] δέ τις ὕστερον ἐπικαλῆι τοῦ[το] τõ χρόνο τῶν ὀκτὼ καὶ δέκα [μη]νῶν, ὅρκον ἔναι τῶι νεμομένω[ι τ]ὴγ γῆν ἢ τὰ οἰκ[ί]α· ὀρκõν δὲ τ[ὸς] δικαστὰς ἡμί[ε]κτον δεξαμ[ένο]ς. τὸν δὲ ὅρκον εἶ[ν]αι παρεόντος [τõ ἐ]νεστηκότος· καρτερὸς δ' εἶναι γ[ῆς κ]αὶ οἰκίων, οἵτινες τότ' εἶχον, ὅτε 'Α[πολ]λωνίδης καὶ Παναμύης ἐμνημό[νευ]ον, εἰ μὴ ὕστερον ἀπεπέρασαν. [τὸ]ν νόμον τοῦτον ἤν τις θέλῃι [συγ]χέαι ἢ προθῆτα[ι] ψῆφον ὥστε μ[ὴ εἶ]ναι τὸν νόμον τοῦτον, τὰ ἐόν[τα] αὐτõ πεπρήσθω καὶ τὠπόλλων[ος] εἶναι ἱερὰ καὶ αὐτὸν φεύγεν ἀ[εί]. ἢν δὲ μὴ ἦι αὐτῶι ἄξια δέκα [στα]τήρων, αὐτὸν [π]επρῆσθαι ἐπ' [ἐξα]γωγῆι καὶ μη[δ]αμὰ κάθοδον [εἶν]αι ἐς 'Αλικαρνησσόν· 'Αλικα[ρνη]σσέων δὲ τῶς συμπάντων τ[ούτ?]ωι ἐλεύθερον ἔναι ὃς ἂν ταῦτα μ[ὴ πα]ραβαίνηι κατόπερ τὰ ὅρκια ἔτα[μον] καὶ ὡς γέγραπται ἐν τῶι 'Απολλ[ωνί]ωι, ἐπικαλεν.

Letters Γ(γ) ⊙(θ) K Λ(λ) M N ⊙(ο) Γ Ξ Y Φ Ψ(ψ) Т(σσ) Ω and Ω.

The Kleruchies.

A feature of the Periklean Policy.

Plut. *Per.* 11. See V. 89.

Chersonesos.

288. Diod. xi. 88: 'Επ' ἄρχοντος δ' 'Αθήνησι Λυσικράτους . . . Περικλῆς ὁ τῶν 'Αθηναίων στρατηγὸς . . . (3) ἐλθὼν εἰς Χερρόνησον, χιλίοις τῶν πολιτῶν κατεκληρούχησε τὴν χώραν. ἅμα δὲ τούτοις πραττομένοις Τολμίδης ὁ ἕτερος στρατηγὸς εἰς τὴν Εὔβοιαν παρελθὼν ἄλλοις χιλίοις πολίταις * * * τὴν τῶν Ναξίων γῆν διένειμε.

289. Andoc. 3 *de Pac.* 9: Καὶ Χερρόνησόν τε εἴχομεν καὶ Νάξον καὶ Εὐβοίας πλέον ἢ τὰ δύο μέρη.

Plut. *Per.* 11. See below V. 89.

290. Plut. *Per.* 19: Τῶν δὲ στρατηγιῶν ἠγαπήθη μὲν ἡ περὶ Χερρόνησον αὐτοῦ μάλιστα, σωτήριος γενομένη τοῖς αὐτόθι κατοικοῦσι τῶν Ἑλλήνων· οὐ γὰρ μόνον ἐποίκους 'Αθηναίων χιλίους κομίσας ἔρρωσεν εὐανδρίᾳ τὰς πόλεις, ἀλλὰ καὶ τὸν αὐχένα διαζώσας ἐρύμασι καὶ προβλήμασιν ἐκ θαλάττης εἰς θάλατταν ἀπετείχισε τὰς καταδρομὰς τῶν Θρᾳκῶν περικεχυμένων τῇ Χερρονήσῳ καὶ πόλεμον ἐνδελεχῆ καὶ βαρὺν ἐξέκλεισεν, ᾧ συνείχετο πάντα τὸν χρόνον ἡ χώρα βαρβαρικαῖς ἀναμεμιγμένη γειτνιάσεσι καὶ γέμουσα λῃστηρίων ὁμόρων καὶ συνοίκων.

Tribute of the District.

291. Χερρονεσῖται. *C. I. A.* i. 231 i. 16. See **II. 6.**
„ *C. I. A.* i. 232 iii. 10. See **II. 7.**
„ *C. I. A.* i. 233 i. 18. See **II. 8.**
„ *C. I. A.* i. 233 i. 3 c. See **II. 8.**
„ *C. I. A.* i. 236 fr. 71. 5. See **II. 11.**
„ *C. I. A.* i. 238 ii. 13. See **II. 13.**
„ *C. I. A.* i. 242 v. 9, 10. See **II. 17.**
Ἐλαιόσιοι. *C. I. A.* i. 233 i. 16 b. See **II. 8.**
„ *C. I. A.* i. 233 i. 12 c. See **II. 8.**
„ *C. I. A.* i. 234 v. 27. See **II. 9.**
„ *C. I. A.* i. 235 i. 7 b. See **II. 10.**
„ *C. I. A.* i. 235 iv. 19 c. See **II. 10.**
„ *C. I. A.* i. 236 i. 5 b. See **II. 11.**
„ *C. I. A.* i. 236 fr. 71. 9. See **II. 11.**
„ *C. I. A.* i. 238 ii. 15. See **II. 13.**
„ *C. I. A.* i. 242 iv. 11. See **II. 17.**
Λιμναῖοι. *C. I. A.* i. 233 i. 9 c. See **II. 8.**
„ *C. I. A.* i. 234 v. 30. See **II. 9.**
„ *C. I. A.* i. 238 ii. 11. See **II. 13.**
„ *C. I. A.* i. 242 iv. 6. See **II. 17.**
Ἀλοποκοννέσιοι. *C. I. A.* i. 234 v. 25. See **II. 9.**
„ *C. I. A.* i. 236 fr. 71. 6. See **II. 11.**
„ *C. I. A.* i. 242 iv. 8. See **II. 17.**
Σέστιοι. *C. I. A.* i. 234 v. 31. See **II. 9.**
„ *C. I. A.* i. 235 iv. 20 c. See **II. 10.**
„ *C. I. A.* i. 236 fr. 71. 7. See **II. 11.**
„ *C. I. A.* i. 238 ii. 10. See **II. 13.**
„ *C. I. A.* i. 242 iv. 7. See **II. 17.**
Μαδύτιοι. *C. I. A.* i. 236 fr. 71. 8. See **II. 11.**
„ *C. I. A.* i. 238 ii. 12. See **II. 13.**
„ *C. I. A.* i. 242 iv. 5. See **II. 17.**
Ἀγοραῖοι. *C. I. A.* i. 238 ii. 14. See **II. 13.**

Previous History of Chersonesos.

See above **22, 23.**

Lemnos and Imbros.

292. *C. I. A.* i. 443: Λημνίων ἐγ Μυρίν[ης].

. Ἐρεχθεΐδος	Ἱπποθοντίδος
Σόλον	(Φ)άενος
Εὐτέλες	Ἀνδρίσκος
κ.τ.λ.	κ.τ.λ.

Letters Λ and Γ, ΜΓΣLΝ and ΛΙ

293. *C. I. A.* i. 444: Ἱπποθωντίδος

Λήμνιοι
Δεχσίνομος
Εὐτύχες
Δορόθεος
Μενέχσενος.

Samian hostages deposited in Lemnos.

294. Thuc. i. 115. 3. See also above, **238**, **239**.

Lemnians and Imbrians as allies.

295. Thuc. vii. 57. 2.

Tribute of Lemnos (Hephaistioi, Myrinaioi) and Imbros.

296. *C. I. A.* i. 227 iii. 7 b. See **II. 2.**
C. I. A. i. 228 i. 3. See **II. 3.**
C. I. A. i. 233 i. 8 c. See **II. 8.**
C. I. A. i. 233 ii. 23 c–25 c. See **II. 8.**
C. I. A. i. 238 v. 35–37. See **II. 13.**

The Pontic Expedition.

297. Plut. *Per.* 20: Εἰς δὲ τὸν Πόντον εἰσπλεύσας στόλῳ μεγάλῳ καὶ κεκοσμημένῳ λαμπρῶς ταῖς μὲν Ἑλληνίσι πόλεσιν ὧν ἐδέοντο διεπράξατο καὶ προσηνέχθη φιλανθρώπως, τοῖς δὲ περιοικοῦσι βαρβάροις ἔθνεσι καὶ βασιλεῦσιν αὐτῶν καὶ δυνάσταις ἐπεδείξατο μὲν τῆς δυνάμεως τὸ μέγεθος καὶ τὴν ἄδειαν καὶ τὸ θάρσος ᾗ βούλοιντο πλεόντων καὶ πᾶσαν ὑφ' αὑτοῖς πεποιημένων τὴν θάλασσαν, Σινωπεῦσι δὲ τρισκαίδεκα ναῦς ἀπέλιπε μετὰ Λαμάχου καὶ στρατιώτας ἐπὶ Τιμησίλεων τύραννον. ἐκπεσόντος δὲ τούτου καὶ τῶν ἑταίρων ἐψηφίσατο πλεῖν εἰς Σινώπην Ἀθηναίων ἐθελοντὰς ἑξακοσίους καὶ συγκατοικεῖν Σινωπεῦσι, νειμαμένους οἰκίας καὶ χώραν, ἣν πρότερον οἱ τύραννοι κατεῖχον.

Athenian relations with Pontos.

298. Aesch. 3 *in Ctes.* 171: Γύλων ἦν ἐκ Κεραμέων. οὗτος προδοὺς τοῖς πολεμίοις Νύμφαιον τὸ ἐν τῷ Πόντῳ, τότε τῆς πόλεως ἐχούσης τὸ χωρίον τοῦτο, φυγὰς ἐκ τῆς πόλεως ἐγένετο θανάτου καταγνωσθέντος αὐτοῦ, τὴν κρίσιν οὐχ ὑπομείνας, καὶ ἀφικνεῖται εἰς Βόσπορον, κἀκεῖ λαμβάνει δωρεὰν παρὰ τῶν τυράννων τοὺς ὠνομασμένους Κήπους κ.τ.λ.

Cf. Dem. 20 *in Lept.* 31, 32. Lys. 16 *pro Mant.* 4. Isocr. 17 *Trap.* 3, 4, 57. Plut. *Arist.* 26 (see below **VI. 63**).

The Thrakian and Skythian Kings and their dominions.

Teres and Ariapeithes.

299. Hdt. iv. 78–80. Thuc. ii. 29; 95. 1; 96; 97. Xen. *Anab.* vii. 2. 22.

Lamachos again in the Pontic district.

300. Thuc. iv. 75. 1.

301. Justin. xvi. 3. 9: Cum rerum potirentur Athenienses victisque Persis Graeciae et Asiae tributum in tutelam classis descripsissent, omnibus cupide ad praesidium salutis suae conferentibus soli Heracleenses ob amicitiam regum Persicorum conlationem abnuerant. (10) missus itaque ab Atheniensibus Lamachus cum exercitu ad extorquendum quod negabatur dum relictis in litore navibus agros Heracleensium populatur, classem cum maiore parte exercitus naufragio repentinae tempestatis amisit. (11) itaque cum neque mari posset, amissis navibus, neque terra auderet cum parva manu inter tot ferocissimas gentes reverti, Heracleenses honestiorem beneficii quam ultionis occasionem rati instructos commeatibus auxiliisque dimittunt, (12) bene agrorum suorum populationem impensam existimantes, si quos hostes habuerant amicos reddidissent.

Colonies at Amisos and Astakos.

302. Strab. xii. 3. 14 (547): Φησὶ δὲ αὐτὴν (Ἀμισὸν) Θεόπομπος (*fr.* 202 *F. H. G.* i. 312), πρώτους Μιλησίους κτίσαι * * Καππαδόκων ἄρχοντα, τρίτον δ' ὑπ' Ἀθηνοκλέους καὶ Ἀθηναίων ἐποικισθεῖσαν, Πειραιᾶ μετονομασθῆναι.

Cf. Plut. *Lucull.* 19. Appian, *Bell. Mith.* 83.

303. *Coin of Amisos under the name Peiraieus.*

Obv. Female head (the Tyche of the city ?) l. wearing turreted stephanos ornamented with floral devices, earring and necklace.

Rev. Owl facing, standing on shield; beneath shield ΠΕΙΡΑ; beneath owl's wings ΗΓΗ ΣΑΓ AR 5·41 grammes.

Wroth, *Brit. Mus. Cat. of Gk. Coins, Pontus*, p. 13, pl. ii. 9.

Astakos.

C. I. A. i. 226 ii. 8 b. See **II. 1.**

C. I. A. i. 230 iv. 10 b. See **II. 5.**

304. Strab. xii. 4. 2 (563): Ἔπειτ' ἐκδέχεται τὴν τῶν Χαλκηδονίων ᾐόνα ὁ Ἀστακηνὸς καλούμενος κόλπος, μέρος ὢν τῆς Προποντίδος . . . ἦν δ' ἐν αὐτῷ τῷ κόλπῳ καὶ Ἀστακὸς πόλις, Μεγαρέων κτίσμα καὶ Ἀθηναίων καὶ μετὰ ταῦτα Δοιδαλσοῦ, ἀφ' ἧς καὶ ὁ κόλπος ὠνομάσθη.

The Athenians in the Northern Euxine.

The Kimmerian Bosporos and its kings.

305. Diod. xii. 31: Ἐπ' ἄρχοντος δ' Ἀθήνησι Θεοδώρου . . . κατὰ δὲ τὴν Ἀσίαν οἱ τοῦ Κιμμερίου Βοσπόρου βασιλεύσαντες, ὀνομασθέντες δὲ Ἀρχαιανακτίδαι, ἦρξαν ἔτη δύο πρὸς τοῖς τετταράκοντα· διεδέξατο δὲ τὴν ἀρχὴν Σπάρτακος, καὶ ἦρξεν ἔτη ἑπτά.

Settlement of the Athenians.

Aesch. 3 *in Ctes.* 171. See above **294.**

306. Strab. vii. 4. 4 (309): Μετὰ δὲ τὴν ὀρεινὴν τὴν λεχθεῖσαν ἡ Θεοδοσία κεῖται πόλις πεδίον εὔγεων ἔχουσα καὶ λιμένα ναυσὶ καὶ ἑκατὸν ἐπιτήδειον· οὗτος δὲ ὅρος ἦν πρότερον τῆς τῶν Βοσποριανῶν καὶ Ταύρων γῆς· καὶ ἡ ἑξῆς δ' ἐστὶν εὔγεως χώρα μέχρι Παντικαπαίου, τῆς μητροπόλεως τῶν Βοσποριανῶν ἱδρυμένης ἐπὶ τῷ στόματι τῆς Μαιώτιδος. ἔστι δὲ τὸ μεταξὺ τῆς Θεοδοσίας καὶ τοῦ Παντικαπαίου σταδίων περὶ πεντακοσίων καὶ τριάκοντα, χώρα πᾶσα σιτοφόρος, κώμας ἔχουσα καὶ πόλιν εὐλίμενον τὸ Νύμφαιον καλούμενον. τὸ δὲ

Παντικάπαιον λόφος ἐστὶ πάντῃ περιοικούμενος ἐν κύκλῳ σταδίων εἴκοσι· πρὸς ἕω δ' ἔχει λιμένα καὶ νεώρια ὅσον τριάκοντα νεῶν, ἔχει δὲ καὶ ἀκρόπολιν· κτίσμα δ' ἐστὶ Μιλησίων. ἐμοναρχεῖτο δὲ πολὺν χρόνον ὑπὸ δυναστῶν τῶν περὶ Λεύκωνα καὶ Σάτυρον καὶ Παιρισάδην αὕτη τε καὶ αἱ πλησιόχωροι κατοικίαι πᾶσαι αἱ περὶ τὸ στόμα τῆς Μαιώτιδος ἑκατέρωθεν μέχρι Παιρισάδου τοῦ Μιθριδάτῃ παραδόντος τὴν ἀρχήν. ἐκαλοῦντο δὲ τύραννοι, καίπερ οἱ πλείους ἐπιεικεῖς γεγονότες, ἀρξάμενοι ἀπὸ Παιρισάδου καὶ Λεύκωνος. Παιρισάδης δὲ καὶ θεὸς νενόμισται.

307. Harpocr. Νύμφαιον· Αἰσχίνης ἐν τῷ κατὰ Κτησιφῶντός φησι "Νύμφαιον τὸ ἐν Πόντῳ." Κρατερὸς δὲ (*fr.* 12 *F. H. G.* ii. 622) ἐν θ' τῶν Ψηφισμάτων φησὶν ὅτι Ἀθηναίοις τὸ Νύμφαιον ἐτέλει τάλαντον. Eadem Photius et Suidas.

Tribute of this district.

308. *C. I. A.* i. 37 :

fr. z'''' * 2.
ΤΤ Νύ[μφαιον ?]
ΤΤ '[Ερἀκλεια ?].
fr. z''''' * 7.
Τ Τ - -
ΤΤ Μ - -
Τ Ὀ[λβία]
ΤΤ Τ[ύρας]
Τ Τα[μυράκε]
·ΧΧ Κα[ρκίνε]
·ΧΧ Κιμ[μερι - -]
·ΧΧ Νικ[ονία]
· · Χ Πατ[ραεύς]
- - Κερ[ασο̂ς]
- - Δα[νδάκε].

Subsequent relations of Athens with Bosporos.

309. Dittenberger, *Syll.* 101. Dinarch. *in Dem.* 43. Isocr. 17 *Trap.* 57. Dem. 20 *in Lept.* 29–32. Diod. xii. 31.

The Toll at the Hellespont.

C. I. A. i. 32 A vv. 4 ff. See below **V. 155.**

310. *C. I. A.* i. 40 vv. 32 ff.: Ἔδοχσεν τε͂ι βολε͂ι καὶ [το͂ι δέμοι·]Ἱππο[θ]ο[ντὶς ἐ]πρυτάνευε, Μεγακλείδες [ἐγραμμάτευ]ε, Νι[κ]ο[. . . . . ἐ]πεστάτε. Κλεόνυμος εἶπε· Μ[εθοναίοις] ε[ἶ]ν[αί τε] ἐχ[σά]γεν ἐγ Βυζαντίο σῖτο μέχ[ρι . . . . ακισχ]ιλίον μεδίμνον το͂ ἐνιαυτο͂ ἑκάστο ʽοί [τε Ἑλλεσπ]οντοφύλακες μέτε αὐτοὶ κολυόντον ἐχσάγεν μ[έτε ἄλ]λον ἐόντον κολύεν ε̑ εὐθυνέσθον μυρίαισι δρ[αχμαῖσ]ιν ἕκαστος. γραφσαμένος δὲ πρὸς τὸς Ἑλλεσπ[οντο]φύλακας ἐχσάγε[ν] μέχρι το͂ τεταγμένο. ἀζέμιος [δὲ ἔσ]το καὶ ε̑ ναῦς ε̑ ἐχσάγοσα.

Cf. Xen. *Hell.* i. 1. 22. Diod. xiii. 64. 2.

The Kleruchy in Euboia.

Diod. xi. 88. 3. See above **288.**

311. Paus. i. 27. 5: Ὕστερον δὲ ὡς ἐπανῆλθεν ἐς Ἀθήνας (Τολμίδης), ἐσήγαγε μὲν ἐς Εὔβοιαν καὶ Νάξον Ἀθηναίων κληρούχους κ.τ.λ.

312. *C. I. A.* i. 339: Τε͂ς ἀποι[κίας] | τε͂ς ἐς Ἐρ[ετρίαν].

Note. ἐς Ἐρ[εσον] P. Fischer, *Quaest. de Ath. Soc. Hist.* p. 28.

313. *C. I. A.* i. 447 (list of slain) i. 13, 14: Κάλλιππος | Ἐρετριεύς.

Tribute.

314. Χαλκιδε͂ς. See **II. 16 a, 7.**

Ἐρετριε͂ς. See **II. 16 a, 11.**

Καρύστιοι. *C. I. A.* i. 229 i. 11 b. See **II. 4.**
C. I. A. i. 230 iv. 20 b. See **II. 5.**
C. I. A. i. 233 ii. 9 b. See **II. 8.**
C. I. A. i. 237 v. 20. See **II. 12.**

Στυρε͂ς. *C. I. A.* i. 230 iv. 22 b. See **II. 5.**
C. I. A. i. 236 v. 6 c. See **II. 11.**

Ἀθεναῖοι (Ἀθε͂ναι Διάδες). *C. I. A.* i. 231 v. 20. See **II. 6.**
C. I. A. i. 236 v. 7 c. See **II. 11.**
C. I. A. i. 237 v. 26. See **II. 12.**

Βρυνχειε͂ς (Γρυνχε͂ς). *C. I. A.* i. 229 i. 12 b. See **II. 4.**
C. I. A. i. 231 v. 12. See **II. 6.**
C. I. A. i. 236 v. 8 c. See **II. 11.**
C. I. A. i. 237 v. 21. See **II. 12.**

Διε͂ς. *C. I. A.* i. 231 iv. 15. See **II. 6.**
C. I. A. i. 233 ii. 45. See **II. 8.**

Ἑστιαιε͂ς. *C. I. A.* i. 233 ii. 36. See **II. 8.**

The Kleruchy in Naxos.

315. Diod. xi. 88. 3. See above **288.**
Plut. *Per.* 11. See below **V. 89.**
Paus. i. 27. 5. See above **311.**
C. I. A. i. 233 ii. 8 b. See **II. 8.**
C. I. A. i. 244 i. 71. See **II. 19.**

The Kleruchy in Andros.

Plut. *Per.* 11. See below **V. 89.**

The Tribute lowered.

316. *C. I. A.* i. 229 v. 26. See **II. 4.**
C. I. A. i. 230 iv. 16 b. See **II. 5.**

Brea in Thrace.

Plut. *Per.* 11. See below **V. 89.**

317. *C. I. A.* i. 31; Ditt. *Syll.* 12: (A)..... εκος ἐν ἂν φα[ίνει ἒ | γράφεται, ἐσ]αγέτο. ἐὰν δὲ ἐσάγει, ἐνεχ[υραζέ|το αὐτ . .] ὁ φένας ἒ ʽο γραφσάμενος. πο[ίμνια | δὲ αἰγô]ν αὐτοῖς παρασχόντον ʽοι ἀπ[οικιστ|αὶ καλλ]ιερêσαι ʽυπὲρ τês ἀποικίας, [ʽοπόσα | ἂν αὐτο]ῖς δοκêι. γεονόμος δὲ ʽελέσθ[αι δέκα | ἄνδρας, ʽ]ένα ἐχ φυλês. ʽoῦτοι δὲ νεμάντ[ον τὲν | γêν. Δεμ]οκλείδεν δὲ καταστêσαι τὲν ἀ[ποικί|αν αὐτο]κράτορα καθότι ἂν δύνεται ἄ[ριστα. τ|ὰ δὲ τεμ]ένε τὰ ἐχσειρεμένα ἐâν, καθά[περ ἔστ|ι καὶ ἄλ]λα μὲ τεμενίζεν. βοῦν δὲ καὶ [πρόβατα | δύο ἀπά]γεν ἐς Παναθέναια τὰ μεγάλ[α καὶ ἐς Δ|ιονύσι]α φαλλόν. ἐὰν δέ τις ἐπιστρα[τεύει ἐπ|ὶ τὲν γê]ν τὲν τôν ἀποίκον, βοεθêν τὰ[ς πόλες | ʽος ὀχσύ]τατα κατὰ τὰς χσυγγραφάς, ʽα[ὶ ἐπὶ . .| . . . .]το γραμματεύοντος ἐγένον[το περὶ τ|ôν πόλε]ον τôν ἐπὶ Θράικες. γράφσαι δ[ὲ ταῦτα | ἐν στέλ]ει καὶ καταθêναι ἐμ πόλει· πα[ρασχόν|τον δὲ τ]ὲν στέλεν ʽοι ἄποικοι σφôν α[ὐτôν τέ|λεσιν. ἐ]ὰν δέ τις ἐπιφσεφίζει παρὰ τὲ[ν στέλ|εν ἒ ʽρέ]τορ ἀγορεύει ἒ προσκαλêσθα[ι ἐγχερ|êι ἀφαι]ρêσθαι ἒ λύεν τι τôν ʽεφσεφι[σμένον, | ἄτιμον] ἒναι αὐτὸν καὶ παῖδας τὸς ἐχς [ἐκείνο | καὶ τὰ χ]ρέματα δεμόσια ἒναι καὶ τês [θεô τὸ ἐ|πιδέκα]τον, ἐὰμ μέ τι αὐτοὶ ʽοι ἄποικ[οι περὶ | σφôν δέ]ονται. : : ʽόσοι δ' ἂν γράφσοντα[ι ἐποικ|έσεν τô]ν στρατιοτôν, ἐπειδὰν ʽέκοσ[ι

'Αθέναι|ζε, τριά]κοντα ἑμερôν ἐμ Βρέαι ἔναι ἐπ[οικέσ|οντας. ἐ]χσάγεν δὲ τὲν ἀποικίαν τριά[κοντα ἐ|μερôν. Α]ἰσχίνεν δὲ ἀκολουθôντα ἀπο-[διδόνα|ι τὰ χρέ]ματα.

(B) [Φ]αντοκλε̑ς εἶπε· περὶ | [μ]ὲν τε̑ς ἐς Βρέαν ἀποι|[κ]ίας καθάπερ Δεμοκλ|[ε]ίδες εἶπε. Φαντοκλέ|[α] δὲ προσαγαγε̑ν τὲν 'Ε|[ρ]εχθεῖδα πρυτανεία|[ν] πρὸς τὲν βολὲν ἐν τε̑|[ι] πρότει 'έδραι. ἐς δὲ | [Β]ρέαν ἐχ θετôν καὶ ζε|[υ]γιτôν ἰέναι τὸς ἀπο|[ί]κος.

Letters Λ(γ)ΚLΜΝΣ

318. Steph. Byz.: Βρέα, πόλις [Θρᾴκης], εἰς ἣν ἀποικίαν ἐστείλαντο 'Αθηναῖοι. τὸ ἐθνικὸν ἔδει Βρεάτης. ἔστι δὲ Βρεαῖος, παρὰ Θεοπόμπῳ εἰκοστῷ τρίτῳ.

319. Hesych.: Βρέα· Κρατῖνος (*fr.* 395 Kock i. 121) μέμνηται τῆς ἐς Βρέαν ἀποικίας. ἔστι δὲ πόλις Θρᾳκίας, εἰς ἣν 'Αθηναῖοι ἀποικίαν ἐξέπεμπον.

Supposed Kleruchy at Kolophon.

320. *C. I. A.* i. 13: Vs. 6. Τ]οῖς Κολοφο[νίοις, vs. 8. οἰκισταὶ κατά, vs. 10. - - ο καὶ βολεύσο - -, vs. 11. πε]ρὶ τὸν δε̑μον [τὸν 'Αθεναίον - -, vs. 12. - - ν καὶ οὐκ ἀποστ[έσομαι 'Αθεναίον - -, vs. 13. οὔτε λ]όγο[ι] οὔτ' ἔρ[γοι - -, vs. 14. κ]αὶ φιλέσο τὸ - -, vs. 15. - - εσο καὶ δεμο - -, vs. 16. οὔτ' α]ὐτὸς ἐγὸ οὔτ' ἄ[λλοι πείσομαι - - vs. 20, 21. - - καὶ εἰ μέν τι τούτον] παραβαίνοιμ[ι, ἐξόλες εἶεν καὶ αὐτὸς καὶ γέ]νος τὸ ἐμόν, [εἰ δὲ - -, vs. 22. εἶε μ]οι πο[λ]λ[ὰ] καὶ [ἀγαθά].

Letters Λ(γ)L(λ)ϟVΛVΨ(ψ)

C. I. A. i. 228 v. 10. See **II. 3.**
C. I. A. i. 234 i. 10. See **II. 9.**

321. Thuc. iii. 34. 1.

The Athenians and the West.

Themistokles' designs on and relations with the West.

322. Hdt. viii. 62. Thuc. i. 136.

323. Plut. *Them.* 11: "Εἰ δ' ἄπιτε δεύτερον ἡμᾶς προδόντες, αὐτίκα πεύσεταί τις 'Ελλήνων 'Αθηναίους καὶ πόλιν ἐλευθέραν καὶ χώραν οὐ χείρονα κεκτημένους ἧς ἀπέβαλον." ταῦτα τοῦ Θεμιστοκλέους εἰπόντος ἔννοια καὶ δέος ἔσχε τὸν Εὐρυβιάδην τῶν Ἀθηναίων, μὴ σφᾶς ἀπολείποντες οἴχονται.

Plut. *Them.* 32. See below **VI. 30.**

Ibid. 24. See below **VI. 29.**

324. Corn. Nep. *Them.* 1: Pater eius Neocles generosus fuit. is uxorem Acarnanam civem duxit, ex qua natus est Themistocles.

Athenian trade with the West.

325. *Athen.* i. 27 D, E (Hermipp. *Phorm. fr.* 63); 28 A (Pindar. *fr.* 106 B[4], Critias *fr.* 1 B, Antiphanes ii. 171 K.). Steph. Byz. Γάδειρα (Eupolis *Mar. fr.* 186). Pollux 7. 86 (Cratin. *Nom. fr.* 131 K. p. 54). Ar. *Vesp.* 836–838. Aesch. *Eum.* 570–572. [Xen.] *Resp. Ath.* ii. 7 (see above **186**). Plin. *N. H.* xviii. 12 (63).

Athenian designs on Sicily, &c.

Plut. *Per.* 20. See below **V. 93.**

326. *Id. Alcib.* 17: Σικελίας δὲ καὶ Περικλέους ἔτι ζῶντος ἐπεθύμουν Ἀθηναῖοι καὶ τελευτήσαντος ἥπτοντο, καὶ τὰς λεγομένας βοηθείας καὶ συμμαχίας ἔπεμπον ἑκάστοτε τοῖς ἀδικουμένοις ὑπὸ Συρακουσίων ἐπιβάθρας τῆς μείζονος στρατείας τιθέντες. ὁ δὲ παντάπασι τὸν ἔρωτα τοῦτον ἀναφλέξας αὐτῶν καὶ πείσας μὴ κατὰ μέρος μηδὲ κατὰ μικρόν, ἀλλὰ μεγάλῳ στόλῳ πλεύσαντας ἐπιχειρεῖν καὶ καταστρέφεσθαι τὴν νῆσον, Ἀλκιβιάδης ἦν, τόν τε δῆμον μεγάλα πείσας ἐλπίζειν αὐτός τε μειζόνων ὀρεγόμενος.

Negotiations with Segesta.

327. *C. I. A.* iv. 22 k, p. 58: Τοῖς παρ'] Ἐγεσταί[ον πρέσβεσι - - - - - - Μ]ικίνο, Ἀπ[. . . . . - - - - ἔδοχσεν] τε̑ι βολε̑ι [καὶ το̑ι δέμοι· - - - - ὶς ἐπρυτάνευε, - - - - ἐγραμ]μάτευε, Ἀρ[- - - - - - - - - - - - Ἀλι]κυαίοις ἐ]πι - - - - - - -] τὰ πρὸς Ἀθ[ηναίος - - - - - - τὸν γραμματέα τε̑ς β]ολε̑ς ἀναγ[ράφσαι - - - - - -] περὶ Ἁ[Αλικυαίον]?

328. Diod. xi. 86. 2: Κατὰ δὲ τὴν Σικελίαν Ἐγεσταίοις καὶ Λιλυβαίταις ἐνέστη πόλεμος περὶ χώρας τῆς πρὸς τῷ Μαζάρῳ ποταμῷ· γενομένης δὲ μάχης ἰσχυρᾶς συνέβη πολλοὺς παρ' ἀμφοτέροις ἀναιρεθῆναι καὶ τῆς φιλοτιμίας μὴ λῆξαι τὰς πόλεις.

The Roman Ambassadors at Athens.

329. Dion. Hal. *Ant. Rom.* x. 51 (Titus Romilius loq.): Κεφάλαιον δ' ἐστὶν ὧν ὑμῖν παραινῶ, πρέσβεις ἑλέσθαι, τοὺς μὲν εἰς Ἑλληνίδας πόλεις τὰς ἐν Ἰταλίᾳ, τοὺς δ' εἰς Ἀθήνας· οἵτινες, αἰτησάμενοι παρὰ τῶν Ἑλλήνων τοὺς κρατίστους νόμους καὶ μάλιστα τοῖς ἡμετέροις ἁρμόττοντας βίοις, οἴσουσι δεῦρο. [Spurio Tarpeio Aulo Terminio coss.]

330. *Ibid.* 54 [L. Menenio P. Sestio coss.]: Ἐν δὲ τῷ αὐτῷ καιρῷ παρεγένοντο ἀπό τε Ἀθηνῶν καὶ τῶν ἐν Ἰταλοῖς Ἑλληνίδων πόλεων οἱ πρέσβεις, φέροντες τοὺς νόμους.

331. *Ibid.* 57: Τῷ δ' ἑξῆς ἔτει . . . οἱ δέκα ἄνδρες, συγγράψαντες νόμους ἔκ τε τῶν Ἑλληνικῶν νόμων καὶ τῶν παρά σφισιν αὐτοῖς ἀγράφων ἐθισμῶν, προὔθηκαν ἐν δέκα δέλτοις κ.τ.λ.

332. Plin. *N. H.* xxxiv. 5. 21: Fuit et Hermodori Ephesii (statua) in comitio, legum quas decemviri scribebant interpretis, publice dicata.

333. Pomponius, *de orig. iuris* (ed. Osannus) 4: Placuit publica auctoritate decem constitui viros, per quos peterentur leges a Graecis civitatibus. . . . Leges duodecim tabularum, quarum ferendarum auctorem fuisse decemviris Hermodorum quendam Ephesium, exulantem in Italia, quidam rettulerunt.

334. Liv. iii. 31: (Sp. Tarpeio, A. Aternio coss.) . . . missi legati Athenas Sp. Postumius Albus, A. Manlius, P. Sulpicius Camerinus, iussique inclitas leges Solonis describere, et aliarum Graeciae civitatium instituta, mores iuraque noscere . . . (32) . . . consules C. Menenius, P. Sestius Capitolinus . . . iam redierant legati cum Atticis legibus, &c.

335. Cic. *de legg.* ii. 25. 64: Postea, quum, ut scribit Phalereus, sumptuosa fieri funera, et lamentabilia coepissent, Solonis lege sublata sunt. quam legem eisdem prope verbis nostri decemviri in decimam tabulam coniecerunt, &c.

336. Strab. xiv. 1. 25 (642): Δοκεῖ δ' οὗτος ὁ ἀνὴρ (*scil.* Ἑρμόδωρος) νόμους τινὰς Ῥωμαίοις συγγράψαι.

Cf. Diog. Laert. ix. 1. 2. Cic. *Tusc.* v. 36. 105.

337. Eusebius (*Sync.* 484. 6): Νόμους ἐκ τῆς Ἑλλάδος Ῥωμαῖοι μετεστείλαντο, ἀφ' ὧν τὰς δώδεκα δέλτους συνέθηκαν.

Hieron. *Ol.* 82. 2: Romani per legatos ab Atheniensibus iura petierunt ex quibus duodecim tabulae conscribtae.

Thurioi.

The Sybarites at Skidros and Laos.

338. Hdt. vi. 21.

339. Strab. vi. 1. 1 (253): Μετὰ δὲ Πυξοῦντα Λᾶος κόλπος καὶ ποταμὸς καὶ πόλις, ἐσχάτη τῶν Λευκανίδων, μικρὸν ὑπὲρ τῆς θαλάττης, ἄποικος Συβαριτῶν.

340. *Ibid.* 13 (263): Ὑπὸ μέντοι τρυφῆς καὶ ὕβρεως ἅπασαν τὴν εὐδαιμονίαν ἀφῃρέθησαν ὑπὸ Κροτωνιατῶν ἐν ἡμέραις ἑβδομήκοντα· ἑλόντες γὰρ τὴν πόλιν ἐπήγαγον τὸν ποταμὸν καὶ κατέκλυσαν. ὕστερον δ' οἱ περιγενόμενοι, συνελθόντες ἐπῴκουν ὀλίγοι. χρόνῳ δὲ καὶ οὗτοι διεφθάρησαν ὑπὸ Ἀθηναίων καὶ ἄλλων Ἑλλήνων, οἳ συνοικήσοντες μὲν ἐκείνοις ἀφίκοντο, καταφρονήσαντες δὲ αὐτῶν τοὺς μὲν διεχειρίσαντο . . . τὴν δὲ πόλιν εἰς ἕτερον τόπον μετέθηκαν πλησίον καὶ Θουρίους προσηγόρευσαν ἀπὸ κρήνης ὁμωνύμου.

341. Diod. xi. 48. 3: Ἱέρων δὲ ὁ βασιλεὺς τῶν Συρακοσίων μετὰ τὴν τοῦ Γέλωνος τελευτὴν τὸν μὲν ἀδελφὸν Πολύζηλον ὁρῶν εὐδοκιμοῦντα παρὰ τοῖς Συρακοσίοις, καὶ νομίζων αὐτὸν ἔφεδρον ὑπάρχειν τῆς βασιλείας, ἔσπευδεν ἐκποδὼν ποιήσασθαι, αὐτὸς δὲ ξενολογῶν καὶ περὶ αὐτὸν σύστημα ξένων παρασκευάζων ὑπελάμβανεν ἀσφαλῶς καθέξειν τὴν βασιλείαν. (4) διὸ καὶ Συβαριτῶν πολιορκουμένων ὑπὸ Κροτωνιατῶν καὶ δεομένων βοηθῆσαι, στρατιώτας πολλοὺς κατέγραψεν εἰς τὴν στρατιάν, ἣν παρεδίδου Πολυζήλῳ τἀδελφῷ νομίζων αὐτὸν ὑπὸ τῶν Κροτωνιατῶν ἀναιρεθήσεσθαι. (5) τοῦ δὲ Πολυζήλου πρὸς τὴν στρατείαν οὐχ ὑπακούσαντος διὰ τὴν ῥηθεῖσαν ὑποψίαν, δι' ὀργῆς εἶχε τὸν ἀδελφόν, καὶ φυγόντος πρὸς Θήρωνα τὸν Ἀκραγαντίνων τύραννον, καταπολεμῆσαι τοῦτον παρεσκευάζετο.

Pind. *Ol.* ii. 29 Schol. See below **VIII. 38.**

Foundation and History of New Sybaris.

Strab. vi. 1. 13 (263). See **340.**

342. Diod. xi. 90. 3 (Ἄρχοντος Λυσικράτους): Κατὰ δὲ τὴν Ἰταλίαν μετὰ τὴν κατασκαφὴν τῆς Συβάρεως ὑπὸ τῶν Κροτωνιατῶν ὕστερον ἔτεσιν ὀκτὼ πρὸς τοῖς πεντήκοντα Θετταλὸς συναγαγὼν τοὺς ὑπολοίπους τῶν Συβαριτῶν ἐξ ἀρχῆς ᾤκισε τὴν Σύβαριν, κειμένην *ἀνὰ μέσον ποταμῶν δυοῖν, τοῦ τε Συβάριος καὶ Κράθιος.* (4) *ἀγαθὴν δ' ἔχοντες χώραν ταχὺ ταῖς οὐσίαις προσανέβησαν. κατασχόντες δὲ τὴν πόλιν ἔτη ὀλίγα πάλιν ἐξέπεσον ἐκ τῆς Συβάρεως· περὶ ὧν τὰ κατὰ μέρος ἀναγράψαι πειρασόμεθα κατὰ τὴν ἐχομένην βίβλον.*

343. *Id.* xii. 10. 2: *Ὕστερον δὲ ἔτεσιν ὀκτὼ πρὸς τοῖς πεντήκοντα Θετταλοὶ*[1] *συνῴκισαν, καὶ μετ' ὀλίγον ὑπὸ Κροτωνιατῶν ἐξέπεσον [πέντε ἔτεσιν ὕστερον τοῦ δευτέρου συνοικισμοῦ] κατὰ τοὺς ὑποκειμένους καιρούς [ἐπ' ἄρχοντος δ' Ἀθήνησι Καλλιμάχου συνῳκίσθη].*

344. Scymnus Chius, *Descr. Orb.* 356:

> *Κροτωνιᾶται πλησίον δὲ κείμενοι*
> *κατὰ κράτος αὐτοὺς ἦραν ἐν βραχεῖ χρόνῳ*
> *τὰ πάντα διαμείναντας ἀπταίστως ἔτη*
> *ὡς ἑκατὸν ἐνενήκοντα πρὸς τοῖς εἴκοσι.*

345. Coin of Sybaris, B.C. 453–448.
Obv. Poseidon striking to right with trident.
Rev. AꟼVM Bull to right.

Ꝛ 1·14 grammes.

Brit. Mus. Cat., Italy, Sybaris 28.

Foundation of Thurioi by the Athenians.

Plut. *Per.* 11. See below **V. 89.**

346. Diod. xii. 10. 3: *Καὶ μετὰ βραχὺ μετασταθεῖσα εἰς ἕτερον τόπον προσηγορίας ἑτέρας ἔτυχε, κτιστῶν γενομένων Λάμπωνος καὶ Ξενοκρίτου τοῦτον τὸν τρόπον. οἱ γὰρ τὸ δεύτερον ἐκπεσόντες ἐκ τῆς πατρίδος Συβαρῖται πρέσβεις ἔπεμψαν εἰς τὴν Ἑλλάδα πρὸς Λακεδαιμονίους καὶ Ἀθηναίους, ἀξιοῦντες συνεπιλαβέσθαι τῆς καθόδου καὶ κοινωνῆσαι τῆς ἀποικίας.* (4) *Λακεδαιμόνιοι μὲν οὖν οὐ προσέσχον αὐτοῖς, Ἀθηναῖοι δὲ συμπράξειν ἐπαγγειλάμενοι, δέκα ναῦς πληρώσαντες ἀπέστειλαν τοῖς Συβαρίταις, ὧν ἡγεῖτο Λάμπων τε καὶ Ξενόκριτος· ἐκήρυξαν δὲ κατὰ τὰς ἐν Πελοποννήσῳ πόλεις κοινοποιούμενοι τὴν ἀποικίαν τῷ βουλομένῳ μετέχειν τῆς ἀποικίας.* (5) *ὑπακουσάντων δὲ πολλῶν καὶ λαβόντων χρησμὸν παρὰ τοῦ Ἀπόλλωνος, ὅτι δεῖ κτίσαι πόλιν αὐτοὺς ἐν τούτῳ τῷ τόπῳ, ὅπου μέλλουσιν οἰκεῖν μέτριον ὕδωρ πίνοντες, ἀμετρὶ δὲ μᾶζαν ἔδοντες, κατέπλευσαν εἰς τὴν Ἰταλίαν,*

[1] *οἱ σὺν Θετταλῷ?* But see M. Kleinschmit, *Krit. Unt. z. Gesch. v. Sybaris* (Hamburg 1894), p. 24.

καὶ καταντήσαντες εἰς τὴν Σύβαριν ἐζήτουν τὸν τόπον, ὃν ὁ θεὸς ἦν προστεταχὼς κατοικεῖν. (6) εὑρόντες δὲ οὐκ ἄπωθεν τῆς Συβάρεως κρήνην ὀνομαζομένην Θουρίαν, ἔχουσαν αὐλὸν χάλκεον, ὃν ἐκάλουν οἱ ἐγχώριοι μέδιμνον, νομίσαντες εἶναι τοῦτον τὸν τόπον τὸν δηλούμενον ὑπὸ τοῦ θεοῦ περιέβαλον τεῖχος, καὶ κτίσαντες πόλιν ὠνόμασαν ἀπὸ τῆς κρήνης Θούριον. (7) τὴν δὲ πόλιν διελόμενοι κατὰ μὲν μῆκος εἰς τέτταρας πλατείας, ὧν καλοῦσι τὴν μὲν μίαν Ἡράκλειαν, τὴν δὲ Ἀφροδισίαν, τὴν δὲ Ὀλυμπιάδα, τὴν δὲ Διονυσιάδα, κατὰ δὲ τὸ πλάτος διεῖλον εἰς τρεῖς πλατείας, ὧν ἡ μὲν ὠνομάσθη Ἡρῴα, ἡ δὲ Θουρία, ἡ δὲ Θουρῖνα. τούτων δὲ τῶν στενωπῶν πεπληρωμένων ταῖς οἰκίαις ἡ πόλις ἐφαίνετο καλῶς κατεσκευάσθαι. (11) ὀλίγον δὲ χρόνον ὁμονοήσαντες οἱ Θούριοι στάσει μεγάλῃ περιέπεσον οὐκ ἀλόγως. οἱ γὰρ προϋπάρχοντες Συβαρῖται τὰς μὲν ἀξιολογωτάτας ἀρχὰς ἑαυτοῖς προσένεμον, τὰς δ' εὐτελεῖς τοῖς ὕστερον προσγεγραμμένοις πολίταις· καὶ τὰς γυναῖκας ἐπιθύειν τοῖς θεοῖς ᾤοντο δεῖν πρώτας μὲν τὰς πολίτιδας, ὑστέρας δὲ τὰς μεταγενεστέρας· πρὸς δὲ τούτοις τὴν μὲν σύνεγγυς τῇ πόλει χώραν κατεκληροῦχουν ἑαυτοῖς, τὴν δὲ πόρρῳ κειμένην τοῖς ἐπήλυσι. (2) γενομένης δὲ διαφορᾶς διὰ τὰς εἰρημένας αἰτίας, οἱ προσγραφέντες ὕστερον πολῖται πλείους καὶ κρείττονες ὄντες ἀπέκτειναν σχεδὸν ἅπαντας τοὺς προϋπάρχοντας Συβαρίτας, καὶ τὴν πόλιν αὐτοὶ κατῴκησαν. πολλῆς δὲ οὔσης καὶ καλῆς χώρας, οἰκήτορας ἐκ τῆς Ἑλλάδος μεταπεμψάμενοι συχνούς, διενείμαντο τὴν πόλιν καὶ τὴν χώραν ἐπ' ἴσης ἔνεμον. (3) οἱ δὲ διαμένοντες ταχὺ πλούτους μεγάλους ἐκτήσαντο, καὶ πρὸς τοὺς Κροτωνιάτας φιλίαν συνθέμενοι καλῶς ἐπολιτεύοντο. συστησάμενοι δὲ πολίτευμα δημοκρατικὸν διεῖλον τοὺς πολίτας εἰς δέκα φυλάς, καὶ τὰς προσηγορίας ἁπάσαις περιέθηκαν ἐκ τῶν ἐθνῶν, τρεῖς μὲν ἀπὸ τῶν ἐκ Πελοποννήσου συναχθέντων ὀνομάσαντες Ἀρκάδα καὶ Ἀχαΐδα καὶ Ἠλείαν, τὰς ἴσας δὲ ἀπὸ τῶν ἔξωθεν ὁμοεθνῶν, Βοιωτίαν, Ἀμφικτυονίδα, Δωρίδα, τὰς δὲ λοιπὰς τέτταρας ἀπὸ τῶν ἄλλων γενῶν, Ἰάδα, Ἀθηναΐδα, Εὐβοΐδα, Νησιῶτιν.

Lampon and the other founders.

347. Ar. *Nubes* 331:

ΣΩΚΡΑΤΗΣ. Οὐ γὰρ μὰ Δί' οἶσθ' ὁτιὴ πλείστους αὗται βόσκουσι σοφιστάς,
Θουριομάντεις, ἰατροτέχνας, σφραγιδονυχαργοκομήτας.

Schol. *ad* v. 332: Θουριομάντεις· . . . [[εἰπὼν γὰρ ὅτι πάντας αἱ Νεφέλαι τρέφουσι τοὺς σοφιστάς, ἐπήγαγε τίνας καὶ τίνας. Θουριομάντεις δὲ οὐ τοὺς ἀπὸ Θουρίου μάντεις, ἀλλὰ τοὺς εἰς Θούριον, πόλιν Σικελίας, πεμφθέντας ἐπὶ τῷ κτίσαι αὐτήν· ἐπέμφθησαν δὲ δέκα ἄνδρες· ὧν καὶ Λάμπων ἦν ὁ μάντις, ὃν ἐξηγητὴν ἐκάλουν. ἦν δὲ καὶ τῶν πολιτευομένων πολλάκις. λόγους δὲ συνεχῶς εἰσάγειν ἐφαίνετο περὶ τῆς εἰς Θούριον ἀποικίας. ἁλούσης γὰρ Συβάρεως, Θούριοι ἐκλήθησαν ἀπὸ κρήνης Θουρίας. Ἄλλως.]] [ὡς πολλῶν γενομένων μαντειῶν ἐπὶ τῆς εἰς Θουρίους ἀποικίας κ.τ.λ.]

348. Ar. *Av.* 521:

Λάμπων δ' ὄμνυσ' ἔτι καὶ νυνὶ τὸν χῆν', ὅταν ἐξαπατᾷ τι.

Schol. *ad loc.*: Λάμπων δ' ὄμνυσι: . . . ὁ δὲ Λάμπων θύτης ἦν καὶ χρησμολόγος καὶ μάντις· (ᾧ καὶ τὴν εἰς Σύβαριν τῶν Ἀθηναίων ἀποικίαν ἔνιοι περιάπτουσιν, αὐτὸν ἡγήσασθαι λέγοντες Ἀθηναῖον ὄντα σὺν ἄλλοις θ'.)

349. Plut. *Nic.* 5: Καὶ ὁ μάλιστα ταῦτα συντραγῳδῶν καὶ συμπεριτιθεὶς ὄγκον αὐτῷ καὶ δόξαν Ἱέρων ἦν, ἀνὴρ τεθραμμένος ἐπὶ τῆς οἰκίας τοῦ Νικίου περί τε γράμματα καὶ μουσικὴν ἐξησκημένος ὑπ' αὐτοῦ, προσποιούμενος δ' υἱὸς εἶναι Διονυσίου τοῦ Χαλκοῦ προσαγορευθέντος, οὗ καὶ ποιήματα σώζεται, καὶ τῆς εἰς Ἰταλίαν ἀποικίας ἡγεμὼν γενόμενος ἔκτισε Θουρίους.

350. Plut. *Praec. ger. reip.* xv. 18 (*Eth.* 812 D): Ὡς Περικλῆς . . . Λάμπωνα δὲ Θουρίων οἰκιστὴν ἐξέπεμψεν.

351. Suidas: Θουριομάντεις· . . . Θουριομάντεις δὲ οὐ τοὺς ἀπὸ Θουρίου μάντεις, ἀλλὰ τοὺς εἰς Θούριον πεμφθέντας. ἁλούσης γὰρ Συβάρεως Θούριοι ἐκλήθησαν ἀπὸ κρήνης Θουρίας. ἐξέπεμψαν δὲ εἰς τὴν κτίσιν αὐτῶν Ἀθηναῖοι δέκα ἄνδρας, ὧν καὶ Λάμπων ἦν ὁ μάντις, ἐξηγητὴς ἐσόμενος τῆς κτίσεως τῆς πόλεως.

352. Photius: Θουριομάντεις· τοὺς περὶ Λάμπωνα· τὴν γὰρ εἰς Σύβαριν ἀποικίαν οἱ μὲν Λάμπωνι ἀνατιθέασιν· οἱ δὲ Ξενοκρίτῳ· οἱ δὲ τῷ Χαλκιδεῖ Διονυσίῳ· οἱ δὲ Καθάριοι[1] τῷ Λάκωνι, οἱ δὲ Πληξίππῳ Ἀθηναίῳ.

353. Coin of Sybaris, after the Athenian settlement.

Obv. Head of Athena to right in helmet, decorated with olive-wreath.

Rev. ΣΥΒΑΡΙ Bull standing to right, head turned back.

AR 2·64 grammes.

Brit. Mus. Cat., *Italy*, Sybaris 31.

[1] Καθάρνῳ, Albertus.

354. Coin of Thurioi.

Obv. Head of Athena to right in helmet, decorated with olive-wreath.

Rev. ΘΟΥΡΙΩΝ Η Bull charging to right. Incuse square.

AR 15·00 grammes.

Brit. Mus. Cat., Italy, Thurium 1.

The building of Thurioi. Hippodamos.

Phot. Ἱπποδάμου νέμησις. See **IV. 43.**

Ἱπποδαμεία. See **IV. 42.**

355. Hesych.: Ἱπποδάμου νέμησις· τὸν Πειραιᾶ Ἱππόδαμος, Εὐρυβόοντος παῖς, ὁ καὶ μετεωρολόγος, διεῖλεν Ἀθηναίοις. οὗτος δὲ ἦν καὶ ὁ μετοικήσας εἰς Θουριακούς, Μιλήσιος ὤν.

The political disturbances at Thurioi.
Expulsion of Sybarites.

356. Arist. *Pol.* viii. (v.) 3. (ii.) 10. 1303 a 31 : Καὶ ἐν Θουρίοις Συβαρῖται (ἐστασίαζον) τοῖς συνοικήσασιν (πλεονεκτεῖν γὰρ ἀξιοῦντες ὡς σφετέρας τῆς χώρας ἐξέπεσον).

357. Diod. xii. 22 : Ἐπ' ἄρχοντος γὰρ Ἀθήνησι Λυσιμαχίδου . . . διαφυγόντες τὸν ἐν τῇ στάσει κίνδυνον Συβαρῖται περὶ τὸν Τράεντα ποταμὸν κατῴκησαν. καὶ χρόνον μέν τινα διέμειναν, ἔπειθ' ὑπὸ Βρεττίων ἐκβληθέντες ἀνῃρέθησαν.

The affair with Terina.

358. Polyaen. ii. 10. 1 : Κλεανδρίδας ὁ Λάκων ἐπὶ Τέριναν ἄγων τὴν στρατιὰν ὁδὸν κοίλην λάθρα προσπεσεῖν ἐπεχείρησε τοῖς Τεριναίοις· οἱ δὲ προαισθόμενοι δι' αὐτομόλων σπεύσαντες ἐπὶ τὴν ὁδὸν ὑπὲρ κεφαλῆς ἐγένοντο τοῦ Κλεανδρίδου. ὁ δέ, τῶν στρατιωτῶν ἀθύμως ἐχόντων, θαρρεῖν αὐτοὺς κελεύσας τὸν κήρυκα διὰ τῆς στρατιᾶς ἦγε προστάξας ἀναβοᾶν· ὃς ἂν Τεριναίων τὸ σύνθημα λέγῃ τὸ προσυγκείμενον, τοῦτον φίλον ἡγεῖσθαι. ἀκούσαντες οἱ Τεριναῖοι τοῦ συντάγματος ὑπόπτως ἔσχον ὡς δὴ σφῶν αὐτῶν ὄντας τινὰς προδότας, καὶ ἔδοξεν αὐτοῖς τὴν ταχίστην ἀπαλλαγεῖσι φυλάττειν τὴν πόλιν. οἱ μὲν ἐξαπατηθέντες ἀπεχώρουν. Κλεανδρίδας δὲ ἀκινδύνως ἀνεβίβασεν ἐπὶ τὰ ὑψηλὰ τὴν στρατιάν, προσέτι καὶ λεηλατήσας τὴν χώραν ἀσφαλῶς ἀπηλλάγη.

359. Iambl. *Vit. Pyth.* xxxv. 264: Συνέβη δὲ καὶ τοὺς σωθέντας, διαφερόντως παρὰ τοῖς πολλοῖς εὐδοκιμοῦντας, κατὰ τὸν καιρόν, ἐν ᾧ τὸ λεγόμενον πρὸς τοὺς παρανομοῦντας "οὐ τάδε ἐστὶν ἐπὶ Νίνωνος" γενέσθαι φασὶν ἐν ταύτῃ τῇ πόλει, κατὰ τοῦτο ἐμβαλόντων τῶν Θουρίων κατὰ χώραν ἐκβοηθήσαντας καὶ μετ' ἀλλήλων κινδυνεύσαντας ἀποθανεῖν, τὴν δὲ πόλιν οὕτως εἰς τοὐναντίον μεταπεσεῖν.

Kleandridas in exile at Thurioi.

360. Strab. vi. 1. 14 (264): Φησὶ δ' Ἀντίοχος τοὺς Ταραντίνους Θουρίοις καὶ Κλεανδρίδᾳ τῷ στρατηγῷ φυγάδι ἐκ Λακεδαίμονος πολεμοῦντας περὶ τῆς Σιρίτιδος συμβῆναι, καὶ συνοικῆσαι μὲν κοινῇ, τὴν δ' ἀποικίαν κριθῆναι Ταραντίνων, Ἡράκλειαν δ' ὕστερον κληθῆναι μεταβαλοῦσαν καὶ τοὔνομα καὶ τὸν τόπον.

361. Diod. xiii. 106. 10: Παραπλησίως δὲ καὶ τὸν πατέρα τοῦ Γυλίππου Κλέαρχον (*immo* Κλεανδρίδαν) συνέβη φυγεῖν ἐν τοῖς ἔμπροσθεν χρόνοις, ὅτι δόξας παρὰ Περικλέους λαβεῖν χρήματα περὶ τοῦ τὴν εἰσβολὴν εἰς τὴν Ἀττικὴν μὴ ποιήσασθαι κατεδικάσθη θανάτῳ, καὶ φυγὼν ἐν Θουρίοις τῆς Ἰταλίας διέτριβεν.

The new settlement of Thurioi.

Diod. xii. 11. See above **346**.

362. Dion. Hal. *Lys.* 1: Ἔτη δὲ πεντεκαίδεκα γεγονώς, εἰς Θουρίους ᾤχετο πλέων σὺν ἀδελφοῖς δυσί, κοινωνήσων τῆς ἀποικίας, ἣν ἔστελλον Ἀθηναῖοί τε καὶ ἡ ἄλλη Ἑλλὰς δωδεκάτῳ πρότερον ἔτει τοῦ Πελοποννησιακοῦ πολέμου.

363. Plut. *X. Orat. Vit.* Γ' *Lys.* (*Eth.* 835 C): Γενόμενος δ' Ἀθήνησιν ἐπὶ Φιλοκλέους ἄρχοντος τοῦ μετὰ Φρασικλῆ, κατὰ τὸ δεύτερον ἔτος τῆς ὀγδοηκοστῆς ὀλυμπιάδος, τὸ μὲν πρῶτον συνεπαιδεύετο τοῖς ἐπιφανεστάτοις Ἀθηναίων· ἐπεὶ δὲ τὴν εἰς Σύβαριν ἀποικίαν τὴν ὕστερον Θουρίους μετονομασθεῖσαν ἔστελλεν ἡ πόλις, ᾤχετο σὺν τῷ πρεσβυτάτῳ ἀδελφῷν Πολεμάρχῳ . . . τοῦ πατρὸς ἤδη τετελευτηκότος, ὡς κοινωνήσων τοῦ κλήρου, ἔτη γεγονὼς πεντεκαίδεκα, ἐπὶ Πραξιτέλους ἄρχοντος, κἀκεῖ διέμεινε παιδευόμενος παρὰ Τισίᾳ καὶ Νικίᾳ τοῖς Συρακουσίοις, κτησάμενός τ' οἰκίαν καὶ κλήρου τυχὼν ἐπολιτεύσατο.

364. Gell. *N. A.* xv. 23. 2: Hellanicus initio belli Peloponnesiaci fuisse quinque et sexaginta annos natus videtur,

Herodotus tres et quinquaginta, Thucydides quadraginta. Scriptum est hoc in libro undecimo Pamphilae. Cf. **373**.

The new constitution of Thurioi.

365. Strab. vi. 1. 8 (260). Arist. *Pol.* viii. (v.) 7. (vi.) 5. 1307 a 20 ff. This passage refers to a later date.

The Laws of Charondas adopted.

366. Diod. xii. 11. 3: Εἵλοντο δὲ καὶ νομοθέτην τὸν ἄριστον τῶν ἐν παιδείᾳ θαυμαζομένων πολιτῶν Χαρώνδαν. (4) οὗτος δὲ ἐπισκεψάμενος τὰς ἁπάντων νομοθεσίας ἐξελέξατο τὰ κράτιστα καὶ κατέταξεν εἰς τοὺς νόμους· πολλὰ δὲ καὶ ἴδια ἐπινοησάμενος ἐξεῦρε, περὶ ὧν οὐκ ἀνοίκειόν ἐστιν ἐπιμνησθῆναι πρὸς διόρθωσιν τῶν ἀναγινωσκόντων.

Description of the Laws.

367. Diod. xii. 12–19.

368. Arist. *Pol.* ii. 12. (ix.) 8. 1274 b 5 ff. Plut. *de curios.* 8 (*Eth.* 519 B). Stob. *Serm.* 44. 40. Schol. in Plat. *Remp.* 599 E. Val. Max. vi. 5 *ext.* 4.

Confusion between Charondas and Zaleukos.

369. Diod. xii. 17. Dem. 24 *in Timocr.* 139. Ath. xi. 508 A. Suid. Ζάλευκος.

Protagoras and the Constitution of Thurioi.

370. Diog. Laert. ix. 50: Πρωταγόρας Ἀρτέμωνος ἤ, ὡς Ἀπολλόδωρος καὶ Δείνων ἐν Περσικοῖς, Μαιανδρίου Ἀβδηρίτης, καθά φησιν Ἡρακλείδης ὁ Ποντικὸς ἐν τοῖς περὶ νόμων, ὃς καὶ Θουρίοις νόμους γράψαι φησὶν αὐτόν.

Thurioi declared a Delphic Colony.

371. Diod. xii. 35: Ἐπ' ἄρχοντος δ' Ἀθήνησι Κράτητος ... κατὰ τὴν Ἰταλίαν οἱ τοὺς Θουρίους οἰκοῦντες, ἐκ πολλῶν πόλεων συνεστηκότες, ἐστασίαζον πρὸς ἀλλήλους, ποίας πόλεως ἀποίκους δεῖ καλεῖσθαι τοὺς Θουρίους καὶ τίνα κτίστην δίκαιον ὀνομάζεσθαι. (2) οἵ τε γὰρ Ἀθηναῖοι τῆς ἀποικίας ταύτης ἠμφισβήτουν, ἀποφαινόμενοι πλείστους οἰκήτορας ἐξ Ἀθηνῶν ἐληλυθέναι, οἵ τε Πελοποννήσιοι, πόλεις οὐκ ὀλίγας παρεσχηκέναι παρ' αὐτῶν εἰς τὴν κτίσιν τῶν Θουρίων, τὴν ἐπιγραφὴν τῆς ἀποικίας ἑαυτοῖς ἔφησαν δεῖν προσάπτεσθαι. (3) ὁμοίως δὲ καὶ πολλῶν ἀγαθῶν ἀνδρῶν κεκοινωνηκότων τῆς ἀποικίας καὶ πολλὰς χρείας παρεσχημένων, πολὺς ἦν ὁ λόγος, ἑκάστου τῆς τιμῆς ταύτης σπεύδοντος τυχεῖν. τέλος δὲ τῶν Θουρίων πεμψάντων εἰς Δελφοὺς τοὺς ἐπερωτήσοντας τίνα χρὴ τῆς πόλεως οἰκιστὴν ἀγορεύειν, ὁ θεὸς ἔχρησεν αὐτὸν δεῖν κτίστην νομίζεσθαι. τούτῳ τῷ τρόπῳ λυθείσης τῆς ἀμφισβητήσεως τὸν Ἀπόλλω κτίστην τῶν Θουρίων ἀπέδειξαν, καὶ τὸ πλῆθος τῆς στάσεως ἀπολυθὲν εἰς τὴν προϋπάρχουσαν ὁμόνοιαν ἀποκατέστη.

[The coins sometimes connected with this event belong to a later period.]

Empedokles visits Thurioi.

372. Diog. Laert. viii. 52. See below **VIII. 164.**

Herodotos at Thurioi.

373. Hdt. iii. 131, 137, 138; iv. 15, 99; v. 44, &c.; vi. 21, 127. Arist. *Rhet.* iii. 9. Plut. *de exil.* 13 (*Eth.* 604 F), *de Her. malign.* 35 (*Eth.* 868 A). Strab. xiv. 2. 16 (656). Suidas Ἡρόδοτος. Plin. *N. H.* xii. 4 (8).

Other visitors.

374. Suidas Λυσίας. Plut. *X. Orat. Vit.* Γ' *Lys.* (see above **363**). Paus. vi. 17. 8. Plat. *Euthyd.* 271 C. [Andoc.] 4 *in Alc.* 12. Marcell. *Vit. Thuc.* 40. 52.

Thurioi and Neighbouring States.

Relations with Kroton.

Diod. xii. 11. 3. See above **345.**

War with Taras.

Strab. vi. 1. 14 (264). See **360.**

375. Diod. xii. 23: Ἐπ' ἄρχοντος δ' Ἀθήνησι Πραξιτέλους . . . (2) . . . Θούριοι μὲν διαπολεμοῦντες πρὸς Ταραντίνους τὰς ἀλλήλων χώρας ἐπόρθουν καὶ κατὰ γῆν καὶ κατὰ θάλατταν, καὶ πολλὰς μὲν *μικρὰς μάχας καὶ ἀκροβολισμοὺς ἐποιήσαντο, ἀξιόλογον δὲ πρᾶξιν οὐδεμίαν συνετέλεσαν.*

Cf. Hdt. viii. 62.

376. Arch. Zeit. 1879, p. 149, n. 299 = Roehl, *I. G. A.* 548 (lance head): *Σκῦλα ἀπὸ Θουρίον Ταραν|τῖνοι ἀνέθεκαν Διὶ Ὀλυ|μπίοι δεκάταν.*

377. Roehl, *I. G. A.* 548 a and b.

Foundation of Herakleia.

378. Diod. xii. 36: *Ἐπ' ἄρχοντος δ' Ἀθήνησιν Ἀψεύδους . . .* (4) . . . *κατὰ δὲ τὴν Ἰταλίαν Ταραντῖνοι τοὺς τὴν Σίριν καλουμένην οἰκοῦντας μετοικίσαντες ἐκ τῆς πατρίδος καὶ ἰδίους προσθέντες οἰκήτορας, ἔκτισαν πόλιν τὴν ὀνομαζομένην Ἡράκλειαν.*

Strab. vi. 1. 14 (264). See above **360**.

Constitution of Herakleia.

379. *C. I. G.* 5774, 5775, add. p. 1253. Meister in Curtius, *Stud.* iv. 449 ff. Cauer, *Del. inscr. gr.*[2] 40. 41. Mazzocchi, *Tabulae Heracleenses*, Neapoli 1754.

War with the Lucanians.

380. Polyaen. ii. 10. 2: *Κλεανδρίδας Θουρίων ἡγούμενος μάχῃ νικήσας Λευκανοὺς μετὰ τὴν νίκην ἦγε τοὺς Θουρίους ἐπὶ τὸν τόπον τῆς νίκης δεικνύων αὐτοῖς, ὅτι αὐτοὶ μὲν ἐν τῷ αὐτῷ μείναντες διὰ τοῦτο ἐνίκησαν, οἱ πολέμιοι δὲ πολὺ ἀπ' ἀλλήλων πεσόντες τοῦτο ἔπαθον τῷ μὴ μένειν, ἀλλὰ διεσπάσθαι. ταῦτα διεξιόντος πρὸς τοὺς Θουρίους, ἐπεφάνησαν οἱ Λευκανοὶ πολλῷ πλείονα δύναμιν ἔχοντες· ὁ δὲ ἐκ τῆς εὐρυχωρίας ἐς στενόπορον χωρίον ὑπεξήγαγε τὴν ἑαυτοῦ στρατιάν, ἵνα τὸ πλῆθος τῶν πολεμίων ἀχρεῖον κατασκευάσας ἴσους τοὺς αὐτοῦ στρατιώτας* (*ἐν*) *τῇ στενότητι τοῦ τόπου πρὸς τὸν κίνδυνον καταστήσῃ· καὶ δὴ πάλιν Λευκανοὺς ἐνίκησαν οἱ Θούριοι. . . .* (4) *Κλεανδρίδας Λευκανοῖς πολεμῶν ὑπερέχων ἡμιολίῳ πλήθει λογισάμενος ὡς, εἰ φανερὸν τὸ πλῆθος γένοιτο τοῖς πολεμίοις, ἀναχωρήσουσι* [*μὴ*] *διακινδυνεύσαντες, τὴν φάλαγγα συνήγαγεν ἐς βάθος. ἐπεὶ δὲ Λευκανοὶ καταφρονήσαντες ὡς ὀλίγων ἐπὶ μῆκος ἐξέτειναν τὰ ζυγὰ ὑπερφαλαγγῆσαι πειρώμενοι καὶ βουλόμενοι καὶ * ἦν αὐτοῖς ἡ ἀναχώρησις ἡπλωμένης τῆς φάλαγγος, παρήγγειλε τοὺς ἐπιστάτας μεταβαίνειν εἰς παραστάτην· πολλῷ δὲ ποιήσας ὑπερμηκεστέραν τὴν* τάξιν ὑπερεφαλάγγησε τοὺς Λευκανούς. οἱ δὲ κυκλωθέντες, βαλλόμενοι πανταχόθεν πάντες ἀπώλοντο πλὴν ὀλίγων, [οἳ] διεσώθησαν αἰσχρῶς φεύγοντες. (5) Κλεανδρίδας Θουρίοις ἐλάττοσιν οὖσι παραγγέλλων μὴ συμβάλλειν πλήθει πολεμίων ἔφη ὅπου μὴ ἐξαρκεῖ ἡ λεοντῆ, τότε χρὴ καὶ τῆς ἀλωπεκῆς προσράπτειν.

Further Athenian activity in the West.

At Neapolis. Foundation of λαμπαδικὸς δρόμος.

381. Lycophr. *Cass.* 732:

Πρώτῃ δὲ καί ποτ' αὖθι συγγόνων θεᾷ
κραίνων ἁπάσης Μόψοπος ναυαρχίας
πλωτῆρσι λαμπαδοῦχον ἐντυνεῖ δρόμον,
χρησμοῖς πιθήσας. ὅν ποτ' αὐξήσει λεὼς
Νεαπολιτῶν.

382. Tzetz. *ad loc.*: Τίμαιος ὁ Σικελός φησι, Διότιμον, τῶν Ἀθηναίων ναύαρχον, παραγενόμενον εἰς Νεάπολιν, κατὰ χρησμὸν θῦσαι τῇ Παρθενόπῃ, καὶ δρόμον ποιῆσαι λαμπαδικόν, ὅνπερ λαμπαδικὸν ἀγῶνα καὶ δρόμον οἱ Νεαπολῖται ἐτησίως ἐτέλουν.—Μοψοπία πάλαι ἐκαλεῖτο ἡ Ἀττικὴ χώρα καὶ αἱ Ἀθῆναι, ἀπό τινος Μόψοπος ἐκεῖσε βασιλεύσαντος. Διότιμος δὲ εἰς Νεάπολιν ἦλθεν, ὅτε στρατηγὸς ὢν τῶν Ἀθηναίων ἐπολέμει τοῖς Σικελοῖς.

383. Coin of Neapolis.

Obv. Head of Athena to right in helmet, as on coins of Thurioi.

Rev. ΝΕΠΟΛΙΤΕΣ Human-headed bull to right.

AR 7·45 grammes.

Brit. Mus. Cat., *Italy*, Neapolis 1.

CHAPTER IV.

THE ATHENIAN CITY.

Restoration and Fortification of Athens.

1. Thuc. i. 89–93; ii. 13. 7.

2. Schol. ad Thuc. ii. 13: Ὁ καὶ ἀφύλακτον] μέρος δηλονότι· τούτεστι στάδιοι δεκαεπτά· ὁ γὰρ ὅλος κύκλος σταδίων ἦν ἑξήκοντα.

3. Diod. xi. 39: (Ἐπ' ἄρχοντος Ἀθήνησι Τιμοσθένους). Κατὰ δὲ τὴν Ἑλλάδα Ἀθηναῖοι μὲν μετὰ τὴν ἐν Πλαταιαῖς νίκην μετεκόμισαν ἐκ Τροιζῆνος καὶ Σαλαμῖνος τέκνα καὶ γυναῖκας εἰς τὰς Ἀθήνας, εὐθὺς δὲ καὶ τὴν πόλιν ἐπεχείρησαν τειχίζειν καὶ τῶν ἄλλων τῶν πρὸς ἀσφάλειαν ἀνηκόντων ἐπιμέλειαν ἐποιοῦντο. (2) Λακεδαιμόνιοι δ' ὁρῶντες τοὺς Ἀθηναίους ἐν ταῖς ναυτικαῖς δυνάμεσι περιπεποιημένους δόξαν μεγάλην, ὑπώπτευσαν αὐτῶν τὴν αὔξησιν, καὶ διέγνωσαν κωλύειν τοὺς Ἀθηναίους ἀνοικοδομεῖν τὰ τείχη. (3) εὐθὺς οὖν πρέσβεις ἐξέπεμψαν εἰς τὰς Ἀθήνας τοὺς λόγῳ μὲν συμβουλεύσοντας κατὰ τὸ παρὸν μὴ τειχίζειν τὴν πόλιν διὰ τὸ μὴ συμφέρειν κοινῇ τοῖς Ἕλλησι· τὸν γὰρ Ξέρξην, εἰ πάλιν παραγενηθείη μετὰ μειζόνων δυνάμεων, ἕξειν ἑτοίμους πόλεις τετειχισμένας ἐκτὸς Πελοποννήσου, ἐξ ὧν ὁρμώμενον ῥᾳδίως καταπολεμήσειν τοὺς Ἕλληνας. οὐ πειθομένων δ' αὐτῶν, οἱ πρέσβεις προσιόντες τοῖς οἰκοδομοῦσι προσέταττον ἀφίστασθαι τῶν ἔργων τὴν ταχίστην. (4) ἀπορουμένων δὲ τῶν Ἀθηναίων ὅ,τι χρὴ πράττειν, Θεμιστοκλῆς, ἀποδοχῆς τότε παρ' αὐτοῖς τυγχάνων τῆς μεγίστης, συνεβούλευεν ἔχειν ἡσυχίαν· ἐὰν γὰρ βιάζωνται, ῥᾳδίως τοὺς Λακεδαιμονίους μετὰ τῶν Πελοποννησίων στρατεύσαντας κωλύσειν αὐτοὺς τειχίζειν τὴν πόλιν. (5) ἐν ἀπορρήτοις δὲ τῇ βουλῇ προεῖπεν, ὡς αὐτὸς μὲν μετά τινων ἄλλων πορεύσεται πρεσβευτὴς εἰς Λακεδαίμονα, διδάξων τοὺς Λακεδαιμονίους περὶ τοῦ τειχισμοῦ, τοῖς δὲ ἄρχουσι παρήγγειλεν, ὅταν ἐκ Λακεδαίμονος ἔλθωσι πρέσβεις εἰς τὰς Ἀθήνας, παρακατέχειν αὐτούς, ἕως ἂν αὐτὸς ἐκ τῆς Λακεδαίμονος ἀνακάμψῃ, ἐν τοσούτῳ δὲ πανδημεὶ τειχί-

ζειν τὴν πόλιν, καὶ τούτῳ τῷ τρόπῳ κρατήσειν αὐτοὺς ἀπεφαίνετο τῆς προθέσεως. (40) ὑπακουσάντων δὲ τῶν Ἀθηναίων, οἱ μὲν περὶ τὸν Θεμιστοκλέα πρέσβεις προῆγον εἰς τὴν Σπάρτην, οἱ δὲ Ἀθηναῖοι μετὰ μεγάλης σπουδῆς ᾠκοδόμουν τὰ τείχη, οὔτ' οἰκίας οὔτε τάφου φειδόμενοι. συνελαμβάνοντο δὲ τῶν ἔργων οἵ τε παῖδες καὶ αἱ γυναῖκες καὶ καθόλου πᾶς ξένος καὶ δοῦλος, οὐδενὸς ἀπολειπομένου τῆς προθυμίας. (2) παραδόξως δὲ τῶν ἔργων ἀνυομένων διά τε τὰς πολυχειρίας καὶ τὰς τῶν ἁπάντων προθυμίας, ὁ μὲν Θεμιστοκλῆς ἀνακληθεὶς ὑπὸ τῶν ἀρχόντων καὶ ἐπιτιμηθεὶς περὶ τῆς τειχοποιίας ἠρνήσατο τὴν οἰκοδομίαν, καὶ παρεκάλεσε τοὺς ἄρχοντας μὴ πιστεύειν κεναῖς φήμαις, ἀλλ' ἀποστέλλειν πρέσβεις ἀξιοπίστους εἰς τὰς Ἀθήνας· διὰ γὰρ τούτων εἴσεσθαι τἀληθές· καὶ τούτων ἐγγυητὴν ἑαυτὸν παρεδίδου καὶ τοὺς μεθ' ἑαυτοῦ συμπρεσβεύοντας. (3) πεισθέντες δὲ οἱ Λακεδαιμόνιοι τοὺς μὲν περὶ τὸν Θεμιστοκλέα παρεφύλαττον, εἰς δὲ τὰς Ἀθήνας ἀπέστειλαν τοὺς ἐπιφανεστάτους κατασκεψομένους, περὶ ὧν ἦν χρεία πολυπραγμονῆσαι. τοῦ δὲ χρόνου διεξελθόντος, οἱ μὲν Ἀθηναῖοι τὸ τεῖχος ἔφθασαν ἐφ' ἱκανὸν κατεσκευακότες, τοὺς δὲ τῶν Λακεδαιμονίων πρέσβεις ἐλθόντας εἰς τὰς Ἀθήνας καὶ μετ' ἀνατάσεων καὶ ἀπειλῶν ἐπιτιμῶντας παρέδωκαν εἰς φυλακήν, φήσαντες τότε ἀφήσειν, ὅταν κἀκεῖνοι τοὺς περὶ Θεμιστοκλέα πρέσβεις ἀπολύσωσι. (4) τούτῳ δὲ τῷ τρόπῳ καταστρατηγηθέντες οἱ Λάκωνες ἠναγκάσθησαν ἀπολῦσαι τοὺς Ἀθηναίων πρέσβεις, ἵνα τοὺς ἰδίους ἀπολάβωσιν. ὁ δὲ Θεμιστοκλῆς τοιούτῳ στρατηγήματι τειχίσας τὴν πατρίδα συντόμως καὶ ἀκινδύνως, μεγάλης ἀποδοχῆς ἔτυχε παρὰ τοῖς πολίταις.

4. Plut. *Them.* 19: Γενόμενος δ' ἀπὸ τῶν πράξεων ἐκείνων εὐθὺς ἐπεχείρει τὴν πόλιν ἀνοικοδομεῖν καὶ τειχίζειν, ὡς μὲν ἱστορεῖ Θεόπομπος, χρήμασι πείσας μὴ ἐναντιωθῆναι τοὺς ἐφόρους, ὡς δ' οἱ πλεῖστοι, παρακρουσάμενος. ἧκε μὲν γὰρ εἰς Σπάρτην ὄνομα πρεσβείας ἐπιγραψάμενος· ἐγκαλούντων δὲ τῶν Σπαρτιατῶν, ὅτι τειχίζουσι τὸ ἄστυ, καὶ Πολυάρχου κατηγοροῦντος ἐπίτηδες ἐξ Αἰγίνης ἀποσταλέντος, ἠρνεῖτο καὶ πέμπειν ἐκέλευεν εἰς Ἀθήνας τοὺς κατοψομένους, ἅμα μὲν ἐμβάλλων τῷ τειχισμῷ χρόνον ἐκ τῆς διατριβῆς, ἅμα δὲ βουλόμενος ἀντ' αὐτοῦ τοὺς πεμπομένους ὑπάρχειν τοῖς Ἀθηναίοις. ὃ καὶ συνέβη· γνόντες γὰρ οἱ Λακεδαιμόνιοι τὸ ἀληθὲς οὐκ ἠδίκησαν αὐτόν, ἀλλ' ἀδήλως χαλεπαίνοντες ἀπέπεμψαν.

5. Polyaen. i. 30. 5: Ἀθηναῖοι τὰ τείχη τοῦ ἄστεος ἤγειρον· Λάκωνες ἐφθόνουν· ἠπάτησεν αὐτοὺς Θεμιστοκλῆς. ὁ δὲ τρόπος τῆς

ἀπάτης ἦν· ἀφίκετο πρεσβευτὴς καὶ ἦν πρὸς τοὺς Λάκωνας ἔξαρνος, ἦ μὴν οὐκ ἐγερεῖσθαι τὸ τεῖχος. "εἰ δὲ ἀπιστεῖτε, τοὺς ἀρίστους ἐκπέμψατε κατασκόπους ἐμὲ κατασχόντες." οἱ μὲν ἔπεμψαν· Θεμιστοκλῆς δὲ κρύφα πέμψας ἐνετείλατο Ἀθηναίοις κατέχειν τοὺς κατασκόπους, ἔστ' ἂν ἐγείρωσι τὸ τεῖχος· ἐπειδὰν δὲ ἐγείρωσι, μὴ πρότερον αὐτοὺς ἀποπέμπειν, εἰ μὴ πρόσθεν αὐτὸν ἀπολάβοιεν. καὶ ταῦτα οὕτως ἐγένετο. ἠγέρθη τὸ τεῖχος, καὶ ἐπανῆλθε Θεμιστοκλῆς. ἀπεδόθησαν οἱ κατάσκοποι, ἐτειχίσθησαν Ἀθῆναι Λακεδαιμονίων ἀκόντων.

6. [Arist.] *Resp. Ath.* 23.

7. Aristod. v. 1 (*F. H. G.* v. p. 7): Κατὰ δὲ τοῦτον τὸν χρόνον Ἀθηναῖοι, ἐμπεπρησμένης αὐτῶν τῆς πόλεως ὑπὸ Ξέρξου καὶ Μαρδονίου, ἐβουλεύοντο τειχίζειν αὐτήν. οἱ δὲ Λακεδαιμόνιοι οὐκ ἐπέτρεπον αὐτοῖς, πρόφασιν μὲν ποιούμενοι ὁρμητήριον εἶναι τὰς Ἀθήνας τῶν ἐπιπλεόντων βαρβάρων, τὸ δὲ ἀληθὲς φθονοῦντες καὶ μὴ βουλόμενοι πάλιν αὐξηθῆναι. ὁ δὲ Θεμιστοκλῆς συνέσει διαφέρων κατεστρατήγησεν αὐτῶν τὸν φθόνον. (2) ἐγκελευσάμενος γὰρ τοῖς Ἀθηναίοις τειχίζειν τὴν πόλιν, ᾤχετο εἰς Λακεδαίμονα ὡς πρεσβεύων. λόγων τε γιγνομένων παρὰ τοῖς Λακεδαιμονίοις ὅτι Ἀθηναῖοι τειχίζουσι τὴν πόλιν, ἀντέλεγεν Θεμιστοκλῆς· ὥς τε οὐκ ἐπίστευον οἱ Λακεδαιμόνιοι, ἔπεισεν αὐτοὺς πρέσβεις πέμψαι τινὰς ἐξ αὐτῶν εἰς τὰς Ἀθήνας τοὺς γνωσομένους εἰ κτίζοιτο ἡ πόλις. τῶν δὲ Λακεδαιμονίων ἑλομένων ἄνδρας καὶ πεμψάντων, Θεμιστοκλῆς κρύφα ὑπέπεμπε τοῖς Ἀθηναίοις κατέχειν παρ' ἑαυτοῖς τοὺς ἀπεσταλμένους τῶν Λακεδαιμονίων ἄνδρας, ἕως ἂν αὐτὸς ὑποστρέψῃ εἰς τὰς Ἀθήνας. (3) πραξάντων δὲ τοῦτο τῶν Ἀθηναίων, οἱ Λακεδαιμόνιοι αἰσθόμενοι τὴν ἀπάτην Θεμιστοκλέους, οὐδὲν διέθεσαν αὐτὸν δεινόν, δεδοικότες περὶ τῶν ἰδίων, ἀλλ' ἀποδόντες αὐτὸν ἐκομίσαντο τοὺς ἰδίους. (4) ἐν δὲ τῷ μεταξὺ χρόνῳ ἐτειχίσθησαν αἱ Ἀθῆναι τὸν τρόπον τοῦτον. ὁ μὲν τοῦ ἄστεος περίβολος ἑξήκοντα σταδίων ἐτειχίσθη, τὰ δὲ μακρὰ τείχη φέροντα ἐπὶ τὸν Πειραιᾶ ἐξ ἑκατέρου μέρους σταδίων μ', ὁ δὲ τοῦ Πειραιῶς περίβολος σταδίων π' (ἔστιν δὲ ὁ Πειραιεὺς λιμὴν εἰς δύο διῃρημένος, κέκληται δὲ αὐτοῦ τὸ μέν τι μέρος Μουνουχία, τὰ δεξιὰ δὲ ἄκρα τοῦ Πειραιέως Ἠετιώνεια καλεῖται· ὄχθος δέ ἐστιν ἐν Πειραιεῖ, ἐφ' οὗ τὸ τῆς Ἀρτέμιδος ἱερὸν ἵδρυται)· τὸ δὲ Φαληρικὸν τεῖχος ἐκτίσθη σταδίων λ'· πλατὺ δὲ ὥστε δύο ἅρματα ἀλλήλοις συναντᾶν. καὶ ἡ μὲν τῶν Ἀθηναίων πόλις οὕτως ἐτειχίσθη.

8. Demosth. 20 *in Lept.* 73: Λέγεται . . . ἐκεῖνος τειχίζειν

εἰπὼν τοῖς πολίταις, κἂν ἀφικνῆταί τις ἐκ Λακεδαίμονος, κατέχειν κελεύσας, οἴχεσθαι πρεσβεύων αὐτὸς ὡς τοὺς Λακεδαιμονίους, λόγων δὲ γιγνομένων ἐκεῖ, καί τινων ἀπαγγελλόντων ὡς Ἀθηναῖοι τειχίζουσιν, ἀρνεῖσθαι καὶ πρέσβεις πέμπειν σκεψομένους κελεύειν, ἐπειδὴ δ' οὐχ ἧκον οὗτοι, πέμπειν ἑτέρους παραινεῖν.

9. Ar. *Eq.* 813, 814:

Σὺ Θεμιστοκλεῖ ἀντιφερίζεις;
ὃς ἐποίησεν τὴν πόλιν ἡμῶν μεστὴν εὑρὼν ἐπιχειλῆ,
καὶ πρὸς τούτοις ἀριστώσῃ τὸν Πειραιᾶ προσέμαξεν,
ἀφελών τ' οὐδὲν τῶν ἀρχαίων ἰχθῦς καινοὺς παρέθηκε.

Schol. *ad* v. 814: Τουτέστι χείλη μὴ ἔχουσαν. αἰνίττεται δὲ διὰ τούτου τὴν ἱστορίαν τοῦ Θεμιστοκλέους, ὅτι τὴν πόλιν ἐτείχισεν, καὶ ταῦτα παρὰ γνώμην τῶν Πελοποννησίων ἀπατήσας αὐτούς. φασὶ γὰρ τῶν Λακεδαιμονίων μαθόντων ἐκτειχίζεσθαι τὰς Ἀθήνας καὶ μὴ ἐπιτρεπόντων, καταστρατηγῆσαι τὸν Θεμιστοκλέα ἐπὶ τῷ δεῖξαι τοῖς Λακεδαιμονίοις ὅτι ἐπὶ τῷ κοινῷ τῆς Ἑλλάδος συμφέροντι τειχίζοιεν τὴν πόλιν. χειροτονηθεὶς δὲ πρεσβευτὴς τοῖς μὲν Ἀθηναίοις ἔδωκεν ἐντολὰς τειχίζειν πάσῃ σπουδῇ τὴν πόλιν, μὴ φειδομένους μήτε ἰδίου μήτε δημοσίου τινὸς οἰκοδομήματος, τοῖς δὲ συμπρεσβευταῖς προσέταξε βράδιον ἐλθεῖν εἰς τὴν Λακεδαίμονα. αὐτὸς δὲ ἀφικόμενος ἐκεῖσε καὶ τῶν Λακεδαιμονίων ἀξιούντων αὐτὸν εἰς τὸ κοινὸν παρεῖναι, καὶ λέγειν ὧν χρῄζων ἀφῖκται, τὸ μὲν πρῶτον εἰς τὴν παρουσίαν ὑπερετίθετο τῶν πρέσβεων. μὴ γὰρ ἀσφαλὲς ὑπάρχειν αὐτῷ κοινὰς ἐντολὰς λαβόντι μόνον ἀποπληρῶσαι τὴν πρεσβείαν. καὶ ἤσχαλλεν ὅτι μήπω παρεγένοντο. ὡς δὲ χρόνος ἱκανὸς διεγένετο, καὶ οἱ συμπρέσβεις παρῆσαν, ἤδη δὲ τοῦ τείχους ἱκανῶς προκεχωρηκότος τοῖς Λακεδαιμονίοις ἤγγελτο ὅτι τετειχισμέναι λοιπὸν εἶεν Ἀθῆναι, παρελθὼν ἔπειθεν αὐτοὺς μὴ ταχέως πιστεύειν τοῖς βουλομένοις εἰς ἔχθραν καταστῆσαι τὴν πόλιν, ἀλλ' ἐπιλεξαμένους αὐτῶν ἄνδρας τοὺς εὐνοίᾳ καὶ πίστει διαφέροντας ἐπόπτας ἐκπέμψαι. μέχρι δὲ τῆς ἐκείνων παρουσίας ὅμηρον ἑαυτὸν κατεπηγγέλλετο, κἂν τούτῳ τριβήν τινα χρόνου ἐμποιῶν. πεισθέντων οὖν Λακεδαιμονίων καὶ τοὺς μάλιστα διαφέροντας εὐνοίᾳ καὶ πίστει τῶν πολιτῶν πεμψάντων, λάθρα τοῖς Ἀθηναίοις πέμψας προσέταξε μὴ πρότερον τοὺς Λακεδαιμονίων ἄνδρας ὀπίσω πάλιν ἐλθεῖν ἐᾶσαι, πρὶν αὐτόν τε καὶ τοὺς συμπρέσβεις ἀπολύσωσι Πελοποννήσιοι.

10. Frontinus, *Strat.* i. 1. 10: Themistocles exhortans suos ad suscitandos festinanter muros, quos iussu Lacedaemoniorum deicerent, legatis Lacedaemone missis, qui interpellarent, respondit venturum se ad diluendam hanc existimationem: et pervenit Lacedaemonem. ibi simulato morbo aliquantum temporis extraxit; et postquam intellexit suspectam esse tergiversationem suam, contendit falsum ⟨allatum⟩ ad eos rumorem et rogavit, mitterent aliquos ex principibus, quibus crederent de munitione Athenarum. suis deinde clam scripsit ut eos qui venissent retinerent, donec refectis operibus confiteretur Lacedaemoniis, munitas esse Athenas neque aliter principes eorum redire posse, quam ipso remissus foret: quod facile praestiterunt Lacedaemonii, ne unius interitum multorum morte pensarent.

11. Corn. Nep. *Them.* 6: Idem muros Atheniensium restituit praecipuo suo periculo. namque Lacedaemonii causam idoneam nacti propter barbarorum excursiones, qua negarent oportere extra Peloponnesum ullam urbem muros habere, ne essent loca munita, quae hostes possiderent, Athenienses aedificantes prohibere sunt conati. hoc longe alio spectabat, atque videri volebant. Athenienses enim duabus victoriis, Marathonia et Salaminia, tantam gloriam apud omnes gentes erant consecuti, ut intellegerent Lacedaemonii de principatu sibi cum iis certamen fore. quare eos quam infirmissimos esse volebant. postquam autem audierunt muros strui, legatos Athenas miserunt, qui id fieri vetarent. his praesentibus desierunt, ac se de ea re legatos ad eos missuros dixerunt. hanc legationem suscepit Themistocles, et solus primo profectus est: reliqui legati ut tum exirent, cum satis alti tuendo muri extructi viderentur, praecepit: interim omnes, servi atque liberi, opus facerent, neque ulli loco parcerent, sive sacer, *sive profanus*, sive privatus esset, sive publicus, et undique, quod idoneum ad muniendum putarent, congererent. quo factum est, ut Atheniensium muri ex sacellis sepulchrisque constarent. (7) Themistocles autem, ut Lacedaemonem venit, adire ad magistratus noluit, et dedit operam ut quam longissime tempus duceret, causam interponens, se collegas exspectare. cum Lacedaemonii quererentur, opus nihilominus fieri eumque in ea re conari fallere, interim reliqui legati sunt consecuti. a quibus cum audisset non multum superesse munitionis, ad ephoros Lacedaemoniorum accessit, penes quos summum erat imperium, atque apud eos contendit, falsa iis esse delata: quare aequum esse illos viros bonos nobilesque mittere, quibus fides haberetur, qui rem explorarent: interea se obsidem retinerent. gestus est ei mos, tresque legati, functi summis honoribus, Athenas missi sunt. cum his collegas suos Themistocles iussit proficisci, iisque praedixit, ut ne prius Lacedaemoniorum legatos dimitterent, quam ipse esset remissus. hos postquam Athenas pervenisse ratus est, ad magistratus senatumque Lacedaemoniorum adiit, et apud eos liberrime professus est: Athenienses suo consilio, quod communi iure gentium facere possent, deos publicos, suosque patrios ac penates, quo facilius ab hoste possent defendere, muris saepsisse: neque in eo quod inutile esset Graeciae, fecisse. nam illorum urbem ut propugnaculum oppositum esse barbaris, apud quam iam bis classes regias fecisse naufragium. Lacedaemonios autem male et iniuste facere, qui id potius intuerentur, quod ipsorum dominationi, quam quod universae Graeciae utile esset. quare, si suos legatos recipere vellent, quos Athenas miserant, se remitterent, *cum* aliter illos nunquam in patriam essent recepturi.

12. Justin. ii. 15: Igitur Athenienses aucti et praemiis belli et gloria, urbem ex integro condere moliuntur. cum moenia maiora conplexi fuissent, suspecti esse Lacedaemoniis coepere reputantibus, quibus ruina urbis tantum incrementi dedisset, quantum sit datura munita civitas. mittunt ergo legatos, qui monerent ne munimenta hostibus et receptacula futuri belli exstruant. Themistocles, ut vidit spei urbis invideri, non existimans abrupte agendum, respondit legatis, ituros Lacedaemonem, qui de ea re pariter cum illis consulant. sic dimissis Spartanis hortatur suos, opus maturent. dein ipse interiecto tempore in legationem proficiscitur, et nunc in itinere infirmitate simulata, nunc tarditatem collegarum accusans, sine quibus agi iure nihil possit, diem de die proferendo, spatium consummando operi quaerebat: cum interim nuntiatur Spartanis, opus Athenienses maturare, propter quod denuo legatos mittunt ad inspiciendam rem. tum Themistocles per servum magistratibus scribit Atheniensium, legatos vinciant, pignusque teneant, ne in se gravius consulatur. adiit deinde contionem Lacedaemoniorum, indicat permunitas Athenas esse, et posse iam inlatum bellum non armis tantum, sed etiam muris sustinere: siquid ob eam rem de se crudelius statuerent, legatos eorum in hoc pignus Athenis retentos. graviter deinde castigat eos, quod non virtute sed imbecillitate sociorum potentiam quaererent. sic dimissus veluti triumphatis Spartanis a civibus excipitur.

13. Ael. Arist. ὑπ. τ. τ. ii. p. 276 Dind.; *Panath.* i. p. 241 Dind. Plut. *de glor. Ath.* 5 (*Eth.* 348 D); *Lysandr.* 14. Plat. *Gorg.* 455 D. Paus. i. 2. 2. Liban. lii. 3. p. 35 R. Lys. 12 *in Erat.* 63. Isocr. 15 *de Perm.* 307. Andoc. 3 *de Pac.* 38. Din. 1 *in Dem.* 37. Ael. *Var. Hist.* iii. 47.

Fortification of Peiraieus.

14. Thuc. i. 93; ii. 13. 7.
Aristod. v. 4. See above 7.

15. Diod. xi. 41: Τοῦ δ' ἐνιαυσίου χρόνου διεληλυθότος Ἀθήνησι μὲν ἦν ἄρχων Ἀδείμαντος . . . ἐπὶ δὲ τούτων Θεμιστοκλῆς διὰ τὴν στρατηγίαν καὶ ἀγχίνοιαν ἀποδοχῆς ἔτυχεν οὐ μόνον παρὰ τοῖς πολίταις, ἀλλὰ καὶ παρὰ πᾶσι τοῖς Ἕλλησι. (2) διὸ καὶ μετεωριζόμενος ἐπὶ τῇ δόξῃ πολὺ μείζοσιν ἄλλαις ἐπιβολαῖς ἐχρήσατο πρὸς αὔξησιν ἡγεμονίας ἀνηκούσαις τῇ πατρίδι. τοῦ γὰρ καλουμένου Πειραιῶς οὐκ ὄντος λιμένος κατ' ἐκείνους τοὺς χρόνους, ἀλλ' ἐπινείῳ χρωμένων τῶν Ἀθηναίων τῷ προσαγορευομένῳ Φαληρικῷ, μικρῷ παντελῶς ὄντι, ἐπενόησε τὸν Πειραιᾶ κατασκευάζειν λιμένα, μικρᾶς μὲν προσδεόμενον κατασκευῆς, δυνάμενον δὲ γενέσθαι λιμένα κάλλιστον καὶ μέγιστον τῶν κατὰ τὴν Ἑλλάδα. (3) ἤλπιζεν οὖν τούτου προσγενομένου τοῖς Ἀθηναίοις δυνήσεσθαι τὴν πόλιν ἀντιποιήσασθαι τῆς κατὰ θάλατταν ἡγεμονίας· τριήρεις γὰρ τότε πλείστας ἐκέκτηντο, καὶ διὰ τὴν συνέχειαν τῶν ναυμαχιῶν ἐμπειρίαν καὶ δόξαν μεγάλην τῶν ναυτικῶν ἀγώνων περιεπεποίηντο. (4) πρὸς δὲ τούτοις τοὺς μὲν Ἴωνας ὑπελάμβανε διὰ τὴν συγγένειαν ἰδίους ἕξειν, τοὺς δὲ ἄλλους τοὺς κατὰ τὴν Ἀσίαν Ἕλληνας δι' ἐκείνους ἐλευθερώσειν, ἀποκλινεῖν τε ταῖς εὐνοίαις πρὸς τοὺς Ἀθηναίους διὰ τὴν εὐεργεσίαν, τοὺς δὲ νησιώτας ἅπαντας καταπεπληγμένους τὸ μέγεθος τῆς ναυτικῆς δυνάμεως ἑτοίμως ταχθήσεσθαι μετὰ τῶν δυναμένων καὶ βλάπτειν καὶ ὠφελεῖν τὰ μέγιστα. (5) τοὺς γὰρ Λακεδαιμονίους ἑώρα περὶ μὲν τὰς πεζὰς δυνάμεις εὖ κατεσκευασμένους, πρὸς δὲ τοὺς ἐν ταῖς ναυσὶν ἀγῶνας ἀφυεστάτους. (42) ταῦτ' οὖν διαλογισάμενος ἔκρινε

φανερῶς μὲν τὴν ἐπιβολὴν μὴ λέγειν, ἀκριβῶς γινώσκων τοὺς Λακεδαιμονίους κωλύσοντας, ἐν ἐκκλησίᾳ δὲ διελέχθη τοῖς πολίταις ὅτι μεγάλων πραγμάτων καὶ συμφερόντων τῇ πόλει βούλεται γενέσθαι σύμβουλός τε καὶ εἰσηγητής, ταῦτα δὲ φανερῶς μὲν λέγειν μὴ συμφέρειν, δι' ὀλίγων δὲ ἀνδρῶν ἐπιτελεῖν προσήκειν· διόπερ ἠξίου τὸν δῆμον δύο ἄνδρας προχειρισάμενον οἷς ἂν μάλιστα πιστεύσῃ, τούτοις ἐπιτρέπειν περὶ τοῦ πράγματος. (2) πεισθέντος δὲ τοῦ πλήθους, ὁ δῆμος εἵλετο δύο ἄνδρας, Ἀριστείδην καὶ Ξάνθιππον, οὐ μόνον κατ' ἀρετὴν προκρίνας αὐτούς, ἀλλὰ καὶ πρὸς τὸν Θεμιστοκλέα τούτους ὁρῶν ἁμιλλωμένους περὶ δόξης καὶ πρωτείων, καὶ διὰ τοῦτο ἀλλοτρίως ἔχοντας πρὸς αὐτόν. (3) οὗτοι δὲ κατ' ἰδίαν ἀκούσαντες τοῦ Θεμιστοκλέους τὴν ἐπιβολήν, ἐδήλωσαν τῷ δήμῳ διότι καὶ μεγάλα καὶ συμφέροντα τῇ πόλει καὶ δυνατὰ καθέστηκε τὰ λεγόμενα ὑπὸ τοῦ Θεμιστοκλέους. (4) τοῦ δὲ δήμου θαυμάσαντος ἅμα τὸν ἄνδρα καὶ ὑποπτεύσαντος μήποτε τυραννίδα τινὰ κατασκευασόμενος ἑαυτῷ τηλικαύταις καὶ τοιαύταις ἐπιβολαῖς ἐγχειρῇ, φανερῶς αὐτὸν ἐκέλευον ἀποφαίνεσθαι τὰ δεδογμένα. ὁ δὲ πάλιν ἔφησε μὴ συμφέρειν τῷ δήμῳ φανερῶς δηλοῦσθαι περὶ τῶν ἐπινοηθέντων. (5) πολλῷ δὲ μᾶλλον θαυμάσαντος τοῦ δήμου τὴν δεινότητα καὶ μεγαλοφροσύνην τἀνδρός, ἐκέλευον ἐν ἀπορρήτοις εἰπεῖν τῇ βουλῇ τὰ δεδογμένα· κἂν αὕτη κρίνῃ τὰ δυνατὰ λέγειν καὶ συμφέροντα, τότε ὡς ἂν συμβουλεύσῃ πρὸς τὸ τέλος ἄξειν αὐτοῦ τὴν ἐπιβολήν. (6) διόπερ τῆς βουλῆς πυθομένης τὰ κατὰ μέρος, καὶ κρινάσης λέγειν αὐτὸν τὰ συμφέροντα τῇ πόλει καὶ δυνατά, τὸ λοιπὸν ἤδη συγχωρήσαντος τοῦ δήμου μετὰ τῆς βουλῆς ἔλαβε τὴν ἐξουσίαν πράττειν ὅ,τι βούλεται. ἕκαστος δ' ἐκ τῆς ἐκκλησίας ἐχωρίζετο θαυμάζων μὲν τὴν ἀρετὴν τἀνδρός, μετέωρος δ' ὢν καὶ καραδοκῶν τὸ τέλος τῆς ἐπιβολῆς. (43) ὁ δὲ Θεμιστοκλῆς λαβὼν τὴν ἐξουσίαν τοῦ πράττειν, καὶ πᾶσαν ὑπουργίαν ἔχων ἑτοίμην τοῖς ἐγχειρουμένοις, πάλιν ἐπενόησε καταστρατηγῆσαι τοὺς Λακεδαιμονίους· ᾔδει γὰρ ἀκριβῶς ὅτι καθάπερ ἐπὶ τοῦ τῆς πόλεως τειχισμοῦ διεκώλυσαν οἱ Λακεδαιμόνιοι, τὸν αὐτὸν τρόπον ἐπὶ τῆς κατασκευῆς τοῦ λιμένος ἐγχειρήσουσι διακόπτειν τῶν Ἀθηναίων τὰς ἐπιβολάς. (2) ἔδοξεν οὖν αὐτῷ πρὸς μὲν τοὺς Λακεδαιμονίους πρέσβεις ἀποστεῖλαι τοὺς διδάξοντας συμφέρειν τοῖς κοινοῖς τῆς Ἑλλάδος πράγμασιν ἔχειν ἀξιόχρεων λιμένα πρὸς τὴν ἀπὸ τῶν Περσῶν ἐσομένην στρατείαν. διὰ δὲ τούτου τοῦ τρόπου τοὺς Σπαρτιάτας ἀμβλυτέρους ποιήσας πρὸς τὸ κωλύειν, αὐτὸς εἴχετο τῶν ἔργων, καὶ τῶν πάντων συμφιλοτιμουμένων ταχέως συνέβη γενέσθαι καὶ παραδόξως κατασκευασθῆναι τὸν λιμένα. (3) ἔπεισε δὲ τὸν δῆμον καθ' ἕκαστον ἐνιαυτὸν πρὸς ταῖς ὑπαρχούσαις ναυσὶν εἴκοσι τριήρεις προσκατασκευάζειν, καὶ τοὺς μετοίκους καὶ τοὺς τεχνίτας ἀτελεῖς ποιῆσαι, ὅπως ὄχλος πολὺς πανταχόθεν εἰς τὴν πόλιν κατέλθῃ καὶ πλείους τέχνας κατασκευάσωσιν εὐχερῶς· ἀμφότερα γὰρ ταῦτα χρησιμώτατα πρὸς τὰς τῶν ναυτικῶν δυνάμεων κατασκευὰς ὑπάρχειν ἔκρινεν. οἱ μὲν οὖν Ἀθηναῖοι περὶ ταῦτα ἠσχολοῦντο.

16. Plut. *Them.* 19: Ἐκ δὲ τούτου τὸν Πειραιᾶ κατεσκεύαζε, τὴν τῶν λιμένων εὐφυΐαν κατανοήσας, καὶ τὴν πόλιν ὅλην ἁρμοττόμενος πρὸς τὴν θάλατταν, καὶ τρόπον τινὰ τοῖς παλαιοῖς βασιλεῦσι τῶν Ἀθηναίων ἀντιπολιτευόμενος. ἐκεῖνοι μὲν γάρ, ὡς λέγεται, πραγματευόμενοι τοὺς πολίτας ἀποσπάσαι τῆς θαλάττης καὶ συνεθίσαι ζῆν μὴ πλέοντας, ἀλλὰ τὴν χώραν φυτεύοντας, τὸν περὶ τῆς Ἀθηνᾶς διέδοσαν λόγον, ὡς ἐρίσαντα περὶ τῆς χώρας τὸν Ποσειδῶ δείξασα τὴν μορίαν τοῖς δικασταῖς ἐνίκησε. Θεμιστοκλῆς δ' οὐχ, ὡς Ἀριστοφάνης ὁ κωμικὸς λέγει, τῇ πόλει τὸν Πειραιᾶ προσέμαξεν, ἀλλὰ τὴν πόλιν ἐξῆψε τοῦ Πειραιῶς καὶ τὴν γῆν τῆς θαλάττης· ὅθεν καὶ τὸν δῆμον ηὔξησε κατὰ τῶν ἀρίστων καὶ θράσους ἐνέπλησεν, εἰς ναύτας καὶ κελευστὰς καὶ κυβερνήτας τῆς δυνάμεως ἀφικομένης. διὸ καὶ τὸ βῆμα τὸ ἐν Πυκνὶ πεποιημένον ὥστ' ἀποβλέπειν πρὸς τὴν θάλασσαν ὕστερον οἱ τριάκοντα πρὸς τὴν χώραν ἀπέστρεψαν, οἰόμενοι τὴν μὲν κατὰ θάλατταν ἀρχὴν γένεσιν εἶναι δημοκρατίας, ὀλιγαρχίᾳ δ' ἧττον δυσχεραίνειν τοὺς γεωργοῦντας.

17. Ar. *Eq.* 815. See above **9**.

Schol. *ad loc.*: Καὶ τὸν Πειραιᾶ γὰρ ἐτείχισεν. ὃς ἀπεῖχε τῆς πόλεως σταδίους λε', παρὰ θάλατταν ὤν. . . . αἰνίττεται δὲ διὰ τούτων τὰ μακρὰ τείχη παρὰ τοῖς Ἀθηναίοις καλούμενα.

18. Ar. *Eq.* 884: Τοιουτονὶ Θεμιστοκλῆς οὐπώποτ' ἐπενόησεν. | καίτοι σοφὸν κἀκεῖν' ὁ Πειραιεύς· Schol. *ad* v. 886: [Καὶ τὸν Πειραιᾶ δὲ τειχίσας, ὡς εἴρηται, καὶ τὰ μακρὰ τείχη ποιήσας τὰ διήκοντα ἀπὸ τῆς πόλεως μέχρι τοῦ Πειραιῶς, ἐπὶ πλέον ἔδοξε σοφός].

19. Euseb. (*Sync.* 470. 5): Ἀθηναῖοι τὸν Πειραιᾶ ἐτείχισαν. Hieron. *Ol.* 75. 2: Athenienses Piraeeum muro vallant. *Vers. Arm. Ol.* 71. 1: Piraeus munitus est a Themistocle.

20. Corn. Nep. *Them.* 6: Magnus hoc bello (Persico *scil.*) Themistocles fuit, neque minor in pace. cum enim Phalerico portu neque magno neque bono Athenienses uterentur, huius consilio triplex Piraei portus constitutus est, iisque moenibus circumdatus, ut ipsam urbem dignitate aequiperaret, utilitate superaret.

21. [Xen.] *Resp. Ath.* i. 12: Διὰ τοῦτο οὖν ἰσηγορίαν καὶ τοῖς δούλοις πρὸς τοὺς ἐλευθέρους ἐποιήσαμεν καὶ τοῖς μετοίκοις πρὸς τοὺς ἀστούς, διότι δεῖται ἡ πόλις μετοίκων διά τε τὸ πλῆθος τῶν τεχνῶν καὶ διὰ τὸ ναυτικόν. διὰ τοῦτο οὖν καὶ τοῖς μετοίκοις εἰκότως τὴν ἰσηγορίαν ἐποιήσαμεν.

ἡ πόλις ⟨καὶ⟩ μετοίκων Müller-Strübing.

22. Isocr. 15 *de Perm.* 307. Plat. *Gorg.* 455 D, 519 A. Dio Chrys. xxv. 312 Dind. Paus. i. 1. 2. Suid. Θεμιστοκλῆς.

Development of Peiraieus as Port. The Docks.

23. Isocr. 7 *Areop.* 66: Καὶ μὲν δὴ καὶ τάδε τίς οὐ μνημονεύει, . . . τὴν μὲν δημοκρατίαν οὕτω κοσμήσασαν τὴν πόλιν, . . . τοὺς δὲ τριάκοντα τῶν μὲν ἀμελήσαντας, . . . τοὺς δὲ νεωσοίκους ἐπὶ καθαιρέσει τριῶν ταλάντων ἀποδομένους, εἰς οὓς ἡ πόλις ἀνήλωσεν οὐκ ἔλαττω χιλίων ταλάντων;

Regulation of the Harbour at Peiraieus.

24. *J. H. S.* vol. xiii. p. 143: Ὅρμου δημοσίου ὅρος.

25. *C. I. A.* i. 521: Πορθμ|είων ‘όρ|μο ‘όρο|ς. Cf. no. 520.

The Στοαί.

26. Ar. *Ach.* 548: Στοιᾶς στεναχούσης, σιτίων μετρουμένων κ.τ.λ. Schol. *ad loc.*: (Τῆς λεγομένης ἀλφιτοπώλιδος, ἣν ᾠκοδόμησε Περικλῆς· ὅπου καὶ σῖτος ἀπέκειτο τῆς πόλεως. ἦν δὲ περὶ τὸν Πειραιᾶ).

27. Ar. *Pax* 145: Ἐν Πειραεῖ δήπου ’στὶ Κανθάρου λιμήν. Schol. *ad loc.*: Μέρος τοῦ Πειραιῶς, ὥς Καλλικράτης φησὶν ἢ Μενεκλῆς ἐν τῷ περὶ Ἀθηνῶν γράφων οὕτως "ἔχει δὲ ὁ Πειραιεὺς λιμένας τρεῖς, πάντας κλειστούς. εἷς μέν ἐστιν ὁ Κανθάρου λιμὴν καλούμενος, ἐν ᾧ τὰ νεώρια ἑξήκοντα, εἶτα Ἀφροδίσιον, εἶτα κύκλῳ τοῦ λιμένος στοαὶ πέντε." Ἄλλως. μήποτε ὅπου ἡ τῶν τοιούτων πλοίων στάσις ἦν, οὕτως ἐκράτησε καλεῖσθαι. τῷ ὄντι γάρ ἔστιν ἐν τῇ Ἀττικῇ κώμη λεγομένη οὕτως, κανθάρου λιμήν, οὐχὶ κάνθαρος, ὡς Φιλόχορος ἱστορεῖ, ἀπὸ ἥρωος ἐπιχωρίου τινός. V.

28. Demosth. 34 *adv. Phorm.* 37: Ἐν ᾧ ὑμῶν οἱ μὲν ἐν τῷ ἄστει

οἰκοῦντες διεμετροῦντο τὰ ἄλφιτα ἐν τῷ ᾠδείῳ, οἱ δ' ἐν τῷ Πειραιεῖ ἐν τῷ νεωρίῳ ἐλάμβανον κατ' ὀβολὸν τοὺς ἄρτους καὶ ἐπὶ τῆς μακρᾶς στοᾶς, τὰ ἄλφιτα καθ' ἡμίεκτον μετρούμενοι καὶ καταπατούμενοι.

29. Paus. i. 1. 3: Ἔστι δὲ τῆς στοᾶς τῆς μακρᾶς, ἔνθα καθέστηκεν ἀγορὰ τοῖς ἐπὶ θαλάσσης, καὶ γὰρ τοῖς ἀπωτέρω τοῦ λιμένος ἐστὶν ἑτέρα, τῆς δὲ ἐπὶ θαλάσσης στοᾶς ὄπισθεν Ζεὺς καὶ Δῆμος, Λεωχάρους ἔργον.

30. Thuc. viii. 90. 5.

The Δεῖγμα.

31. Ar. *Eq.* 977: Καίτοι πρεσβυτέρων τινῶν | οἵων ἀργαλεωτάτων | ἐν τῷ δείγματι τῶν δικῶν | ἤκουσ' ἀντιλεγόντων κ.τ.λ. Schol. *ad* v. 979: Σύμμαχος· σκέψασθε τί δή ποτέ ἐστι τὸ δεῖγμα τῶν δικῶν. παρεῖται γάρ, φησίν, εἰ μὴ τὸ δεῖγμα τόπος ἐστὶν ἐν Πειραιεῖ, ἔνθα πολλοὶ συνήγοντο ξένοι καὶ πολῖται καὶ ἐλογοποίουν. . . . Ἄλλως. ἐν τῷ Πειραιεῖ, ὅπου δικάζουσιν. ἐπεὶ ἐκεῖ οἱ ἔμποροι τὰ δείγματα τῶν πωλουμένων ἐτίθεσαν.

32. Xen. *Hellen.* v. 1. 21: Ἦσαν δέ τινες οἳ καὶ ἐκπηδήσαντες εἰς τὸ Δεῖγμα ἐμπόρους τέ τινας καὶ ναυκλήρους συναρπάσαντες εἰς τὰς ναῦς εἰσήνεγκαν.

33. Polyaen. vi. 2. 2: Ἀλέξανδρος μετὰ τὴν ἐν Πεπαρήθῳ ναυμαχίαν ἐλπίσας λήψεσθαι τοὺς Ἀθηναίους ἀφυλάκτους ὡς μετὰ νίκην ἀμελῶς ἔχοντας συνέταξε τοῖς ἐπὶ τῶν νεῶν διὰ τάχους προσπλεῦσαι τῷ Δείγματι τοῦ Πειραιέως καὶ ἀπὸ τῶν τραπεζῶν ἁρπάσαι τὰ χρήματα.

34. Harpocr. Δεῖγμα: κυρίως μὲν τὸ δεικνύμενον ἀφ' ἑκάστου τῶν πωλουμένων· ἤδη δὲ καὶ τόπος τις ἐν τῷ Ἀθήνησιν ἐμπορίῳ, εἰς ὃν τὰ δείγματα ἐκομίζετο, οὕτως ἐκαλεῖτο.

The Boundaries of the Port.

35. *C. I. A.* i. 519: Ἐμπορί[ο] | καὶ ʽοδô | ʽόρος. Cf. iv. 519 a, p. 121.

36. *C. I. A.* iv. 521 a, p. 121: [Ἀ]π[ὸ] τε̂[σ]|δε τε̂ς [ʽ]|οδô τὸ | πρὸς τὸ[ν] | λ]ιμέν[α ʽ|ά]παν δ|εμόσ[ι]|όν ἐσ[τι]. At Peiraieus.

The Architecture and Plan of Peiraieus.

37. Arist. *Pol.* ii. v. (8.) 1. p. 1267 b 22: Ἱππόδαμος δὲ Εὐρυφῶντος Μιλήσιος[, ὃς καὶ τὴν τῶν πόλεων διαίρεσιν εὗρε καὶ τὸν Πειραιᾶ κατέτεμεν].

38. Thuc. ii. 17. 3.

The Hippodamean Market.

39. Andoc. 1 *de Myst.* 45: Ἀνακαλέσαντες δὲ τοὺς στρατηγοὺς ἀνειπεῖν ἐκέλευσαν Ἀθηναίων τοὺς μὲν ἐν ἄστει οἰκοῦντας ἰέναι εἰς τὴν ἀγορὰν τὰ ὅπλα λαβόντας, τοὺς δ' ἐν μακρῷ τείχει εἰς τὸ Θησεῖον, τοὺς δ' ἐν Πειραιεῖ εἰς τὴν Ἱπποδαμείαν ἀγοράν.

40. Xen. *Hellen.* ii. 4. 11: Οἱ δ' ἐκ τοῦ ἄστεως εἰς τὴν Ἱπποδάμειον ἀγορὰν ἐλθόντες πρῶτον μὲν συνετάξαντο, ὥστε ἐμπλῆσαι τὴν ὁδὸν ἣ φέρει πρός τε τὸ ἱερὸν τῆς Μουνιχίας Ἀρτέμιδος καὶ τὸ Βενδίδειον.

41. Harpocr. Ἱπποδαμεία: Δημοσθένης ἐν τῷ πρὸς Τιμόθεον (22) ἀγοράν φησιν εἶναι ἐν Πειραιεῖ καλουμένην Ἱπποδαμείαν ἀπὸ Ἱπποδάμου Μιλησίου ἀρχιτέκτονος τοῦ οἰκοδομησαμένου τοῖς Ἀθηναίοις τὸν Πειραιᾶ.

42. Photius: Ἱπποδαμεία, ἀγορᾶς τόπος καλούμενος οὕτως ἐν Πειραιεῖ, ὑπὸ Ἱπποδάμου τοῦ Μιλησίου ἀρχιτέκτονος, τοῦ τὸν Πειραιᾶ κατασκευάσαντος καὶ τὰς τῆς πόλεως ὁδούς.

43. *Id.*: Ἱπποδάμου νέμησις· ἐν Πειραιεῖ· ἦν δὲ Ἱππόδαμος Εὐρυφῶντος Μιλήσιος ἢ Θούριος μετεωρολόγος· οὗτος διένειμεν Ἀθηναίοις τὸν Πειραιᾶ.

Hesych.: Ἱπποδάμου νέμησις. See **III. 355.**

The Long Walls of Athens.

44. Thuc. i. 107. 1; 108. 3; 143. 4, 5; ii. 13. 2.

45. [Xen.] *Resp. Ath.* ii. 14: Ἑνὸς δὲ ἐνδεεῖς εἰσιν· εἰ γὰρ νῆσον οἰκοῦντες θαλαττοκράτορες ἦσαν Ἀθηναῖοι, ὑπῆρχεν ἂν αὐτοῖς ποιεῖν μὲν κακῶς, εἰ ἠβούλοντο, πάσχειν δὲ μηδέν, ἕως τῆς θαλάττης ἦρχον, μηδὲ τμηθῆναι τὴν αὐτῶν γῆν μηδὲ προσδέχεσθαι τοὺς πολεμίους κ.τ.λ.

46. Andoc. 3 *de Pac.* 4: Καὶ τότε ἡμῖν εἰρήνη ἐγένετο πρὸς Λακεδαιμονίους ἔτη πεντήκοντα . . . (5) πρῶτον μὲν τὸν Πειραιᾶ τότε ἐτειχίσαμεν ἐν τούτῳ τῷ χρόνῳ, εἶτα τὸ μακρὸν τεῖχος τὸ βόρειον.

47. Aesch. 2 *de fals. leg.* 172: Σπονδὰς τοῦ πολέμου πεντηκονταετεῖς ἐποιησάμεθα, ἐχρησάμεθα δὲ αὐταῖς ἔτη τριακαίδεκα. (173) ἐν δὲ τούτῳ τῷ χρόνῳ ἐτειχίσαμεν τὸν Πειραιᾶ καὶ τὸ βόρειον τεῖχος ᾠκοδομήσαμεν.

48. Harpocr. Διὰ μέσου τεῖχος: Ἀντιφῶν πρὸς Νικοκλέα. τριῶν ὄντων τειχῶν ἐν τῇ Ἀττικῇ, ὡς καὶ Ἀριστοφάνης φησὶν ἐν Τριφάλητι, τοῦ τε βορείου καὶ τοῦ νοτίου καὶ τοῦ Φαληρικοῦ, διὰ μέσου τῶν παρ' ἑκάτερα ἐλέγετο τὸ νότιον, οὗ μνημονεύει καὶ Πλάτων ἐν Γοργίᾳ.

Aristod. v. 4. See above 7.

49. Plut. *Cim.* 13: Λέγεται δὲ καὶ τῶν μακρῶν τειχῶν, ἃ σκέλη καλοῦσι, συντελεσθῆναι μὲν ὕστερον τὴν οἰκοδομίαν, τὴν δὲ πρώτην θεμελίωσιν εἰς τόπους ἑλώδεις καὶ διαβρόχους τῶν ἔργων ἐμπεσόντων ἐρεισθῆναι διὰ Κίμωνος ἀσφαλῶς, χάλικι πολλῇ καὶ λίθοις βαρέσι τῶν ἑλῶν πιεσθέντων, ἐκείνου χρήματα πορίζοντος καὶ διδόντος.

The Mid-Wall to Peiraieus.

The διὰ μέσου τεῖχος.

50. Plat. *Gorg.* 455 D: ΓΟΡΓΙΑΣ. Οἶσθα γὰρ δήπου, ὅτι τὰ νεώρια ταῦτα καὶ τὰ τείχη τὰ Ἀθηναίων καὶ ἡ τῶν λιμένων κατασκευὴ ἐκ τῆς Θεμιστοκλέους συμβουλῆς γέγονε, τὰ δ' ἐκ τῆς Περικλέους, ἀλλ' οὐκ ἐκ τῶν δημιουργῶν. ΣΩΚΡΑΤΗΣ. Λέγεται ταῦτα, ὦ Γοργία, περὶ Θεμιστοκλέους· Περικλέους δὲ καὶ αὐτὸς ἤκουον, ὅτε συνεβούλευεν ἡμῖν περὶ τοῦ διὰ μέσου τείχους. Schol.: Διὰ μέσου τεῖχος λέγει, ὃ καὶ ἄχρι νῦν ἐστὶν ἐν Ἑλλάδι. ἐν τῇ Μουνυχίᾳ γὰρ ἐποίησε καὶ τὸ μέσον τεῖχος, τὸ μὲν βάλλον ἐπὶ τὸν Πειραιᾶ, τὸ δὲ ἐπὶ Φάληρα, ἵν' εἰ τὸ ἓν καταβληθῇ, τὸ ἄλλο ὑπηρετοίη ἄχρι πολλοῦ.

51. Plut. *Per.* 13: Τὸ δὲ μακρὸν τεῖχος, περὶ οὗ Σωκράτης ἀκοῦσαί φησιν αὐτὸς εἰσηγουμένου γνώμην Περικλέους, ἠργολάβησε Καλλικράτης. κωμῳδεῖ δὲ τὸ ἔργον Κρατῖνος (*fr.* 300 K. i. 100) ὡς βραδέως περαινόμενον·

πάλαι γὰρ αὐτό, φησί,
λόγοισι προάγει Περικλέης, ἔργοισι δ' οὐδὲ κινεῖ.

52. Plut. *de Glor. Ath.* 8 (*Eth.* 351 A): Καίτοι καὶ τοῦτον (τὸν Περικλέα) ὡς βραδέως ἀνύοντα τοῖς ἔργοις ἐπισκώπτων Κρατῖνος (*fr.* 300 K.), οὕτω πως λέγει περὶ τοῦ διὰ μέσου τείχους· "λόγοισι γὰρ αὐτὸ προάγει Περικλέης, ἔργοισι δ' οὐδὲ κινεῖ."

53. Andoc. 3 *de Pac.* 6: Οὗτοι ἡμῖν εἰρήνην ἐποίησαν πρὸς

Λακεδαιμονίους ἔτη τριάκοντα . . . (7) . . . ἐν τούτοις τοῖς ἔτεσιν εἰρήνην λαβόντες ἀνηνέγκαμεν χίλια τάλαντα εἰς τὴν ἀκρόπολιν, καὶ νόμῳ κατεκλῄσαμεν ἐξαίρετα εἶναι τῷ δήμῳ, τοῦτο δὲ τριήρεις ἄλλας ἑκατὸν ἐναυπηγησάμεθα, καὶ ταύτας ἐξαιρέτους ἐψηφισάμεθα εἶναι, νεωσοίκους τε οἰκοδομησάμεθα, χιλίους τε καὶ διακοσίους ἱππέας καὶ τοξότας τοσούτους ἑτέρους κατεστήσαμεν, καὶ τὸ τεῖχος τὸ μακρὸν τὸ νότιον ἐτειχίσθη.

Aesch. 2 *de fals. leg.* 172. See above **47**.

The Statues of the Tyrannicides.

Date of Hegias, Kritios and Nesiotes.

54. Plin. *N. H.* 34. 49. Dio Chrys. 55. 1, p. 282 R., 641 Emp.

55. Paus. i. 8. 5: Οὐ πόρρω δὲ ἑστᾶσιν Ἁρμόδιος καὶ Ἀριστογείτων οἱ κτείναντες Ἵππαρχον . . . τῶν δὲ ἀνδριάντων οἱ μέν εἰσι Κριτίου τέχνη, τοὺς δὲ ἀρχαίους ἐποίησεν Ἀντήνωρ. Ξέρξου δέ, ὡς εἷλεν Ἀθήνας ἐκλιπόντων τὸ ἄστυ Ἀθηναίων, ἀπαγαγομένου καὶ τούτους ἅτε λάφυρα κατέπεμψεν ὕστερον Ἀθηναίοις Ἀντίοχος.

56. Marm. Par. 54 (70): Ἀφ' οὗ . . . αἱ εἰκόνες ἐστάθησαν Ἁρμοδίου καὶ Ἀριστογείτονος, ἔτη ΗΗΔΙΙ[Ι] (71) ἄρχοντος Ἀθήνησι [Ἀ]δειμάντου.

57. Luc. *Philops.* 18; *Rhet. Praec.* 9. Paus. i. 23. 9. Quintil. xii. 10. 7. Plin. *N. H.* 34. 78.

Work of Kimon in decorating the City.

58. Paus. i. 28. 3: Τῇ δὲ ἀκροπόλει, πλὴν ὅσον Κίμων ᾠκοδόμησεν αὐτῆς ὁ Μιλτιάδου, περιβαλεῖν τὸ λοιπὸν λέγεται τοῦ τείχους Πελασγοὺς οἰκήσαντάς ποτε ὑπὸ τὴν ἀκρόπολιν.

59. Corn. Nep. *Cim.* 2: His ex manubiis Athenarum arx, qua ad meridiem vergit, est ornata.

60. Plut. *Cim.* 13: Πρῶτος δὲ ταῖς λεγομέναις ἐλευθερίοις καὶ γλαφυραῖς διατριβαῖς, αἳ μικρὸν ὕστερον ὑπερφυῶς ἠγαπήθησαν, ἐκαλλώπισε τὸ ἄστυ, τὴν μὲν ἀγορὰν πλατάνοις καταφυτεύσας, τὴν δ' Ἀκαδήμειαν ἐξ ἀνύδρου καὶ αὐχμηρᾶς κατάρρυτον ἀποδείξας ἄλσος ἠσκημένον ὑπ' αὐτοῦ δρόμοις καθαροῖς καὶ συσκίοις περιπάτοις.

61. Plut. *Praecept. ger. reip.* 24 (*Eth.* 818 D): Κίμων ἐκόσμησε τὴν ἀγορὰν πλατάνων φυτείαις καὶ περιπάτοις.

The Three Hermai.

See above **III. 13, 20, 21.**

The Stoa Poikile.

62. Plut. *Cim.* 4: Καὶ γὰρ οὐδ' ἄλλως τὴν Ἐλπινίκην εὔτακτόν τινα γεγονέναι λέγουσιν, ἀλλὰ καὶ πρὸς Πολύγνωτον ἐξαμαρτεῖν τὸν ζῳγράφον· καὶ διὰ τοῦτό φασιν ἐν τῇ Πεισιανακτείῳ τότε καλουμένῃ, Ποικίλῃ δὲ νῦν στοᾷ, γράφοντα τὰς Τρῳάδας τὸ τῆς Λαοδίκης ποιῆσαι πρόσωπον ἐν εἰκόνι τῆς Ἐλπινίκης. ὁ δὲ Πολύγνωτος οὐκ ἦν τῶν βαναύσων οὐδ' ἀπ' ἐργολαβίας ἔγραφε τὴν στοάν, ἀλλὰ προῖκα, φιλοτιμούμενος πρὸς τὴν πόλιν, ὡς οἵ τε συγγραφεῖς ἱστοροῦσι καὶ Μελάνθιος ὁ ποιητὴς λέγει τὸν τρόπον τοῦτον·

αὐτοῦ γὰρ δαπάναισι θεῶν ναοὺς ἀγοράν τε
Κεκροπίαν κόσμησ' ἡμιθέων ἀρεταῖς.

63. Paus. i. 15. 1: Αὕτη δὲ ἡ στοὰ πρῶτα μὲν Ἀθηναίους ἔχει τεταγμένους ἐν Οἰνόῃ τῆς Ἀργείας ἐναντία Λακεδαιμονίων· γέγραπται δὲ οὐκ ἐς ἀκμὴν ἀγῶνος οὐδὲ τολμημάτων ἐς ἐπίδειξιν τὸ ἔργον ἤδη προῆκον, ἀλλὰ ἀρχομένη τε ἡ μάχη καὶ ἐς χεῖρας ἔτι συνιόντες. (2) ἐν δὲ τῷ μέσῳ τῶν τοίχων Ἀθηναῖοι καὶ Θησεὺς Ἀμαζόσι μάχονται . . . ἐπὶ δὲ ταῖς Ἀμαζόσιν Ἕλληνές εἰσιν ᾑρηκότες Ἴλιον, καὶ οἱ βασιλεῖς ἠθροισμένοι διὰ τὸ Αἴαντος ἐς Κασσάνδραν τόλμημα· καὶ αὐτὸν ἡ γραφὴ τὸν Αἴαντα ἔχει καὶ γυναῖκας τῶν αἰχμαλώτων ἄλλας τε καὶ Κασσάνδραν. (3) τελευταῖον δὲ τῆς γραφῆς εἰσὶν οἱ μαχεσάμενοι Μαραθῶνι· Βοιωτῶν [δὲ] οἱ Πλάταιαν ἔχοντες καὶ ὅσον ἦν Ἀττικὸν ἴασιν ἐς χεῖρας τοῖς βαρβάροις. καὶ ταύτῃ μέν ἐστιν ἴσα παρ' ἀμφοτέρων ἐς τὸ ἔργον· τὸ δὲ ἔσω τῆς μάχης φεύγοντές εἰσιν οἱ βάρβαροι καὶ ἐς τὸ ἕλος ὠθοῦντες ἀλλήλους. ἔσχαται δὲ τῆς γραφῆς νῆές τε αἱ Φοίνισσαι, καὶ τῶν βαρβάρων τοὺς ἐσπίπτοντας ἐς ταύτας φονεύοντες οἱ Ἕλληνες. ἐνταῦθα καὶ Μαραθὼν γεγραμμένος ἐστὶν ἥρως, ἀφ' οὗ τὸ πεδίον ὠνόμασται, καὶ Θησεὺς ἀνιόντι ἐκ γῆς εἰκασμένος, Ἀθηνᾶ τε καὶ Ἡρακλῆς· Μαραθωνίοις γάρ, ὡς αὐτοὶ λέγουσιν, Ἡρακλῆς ἐνομίσθη θεὸς πρώτοις. τῶν μαχομένων δὲ δῆλοι μάλιστά εἰσιν ἐν τῇ γραφῇ Καλλίμαχός τε, ὃς Ἀθηναίοις πολεμαρχεῖν ᾕρητο, καὶ Μιλτιάδης τῶν στρατηγούντων, ἥρως τε Ἔχετλος καλούμενος, οὗ καὶ ὕστερον ποιήσομαι μνήμην.

The Theseion and Theseia.

See **III. 28, 31, 35.**

64. Thuc. vi. 61. 2.

65. Diod. iv. 62. 4: Οἱ δὲ Ἀθηναῖοι . . . τά τε ὀστᾶ (τοῦ Θησέως) μετήνεγκαν καὶ τιμαῖς ἰσοθέοις ἐτίμησαν αὐτόν, καὶ τέμενος ἄσυλον ἐποίησαν ἐν ταῖς Ἀθήναις τὸ προσαγορευόμενον ἀπ' ἐκείνου Θησεῖον.

66. Harpocr. Πολύγνωτος: . . . περὶ Πολυγνώτου τοῦ ζωγράφου, Θασίου μὲν τὸ γένος, υἱοῦ δὲ καὶ μαθητοῦ Ἀγλαοφῶντος, τυχόντος δὲ τῆς Ἀθηναίων πολιτείας ἤτοι ἐπεὶ τὴν Ποικίλην στοὰν ἔγραψε προῖκα, ἢ ὡς ἕτεροι, τὰς ἐν τῷ Θησείῳ καὶ τῷ Ἀνακείῳ γραφάς, ἱστορήκασιν ἄλλοι τε καὶ Ἀρτέμων ἐν τῷ περὶ ζωγράφων καὶ Ἰόβας ἐν τοῖς περὶ γραφικῆς.

67. Suidas: Πολύγνωτος, οὗτος ζωγράφος μὲν ἦν τὴν τέχνην, Θάσιος δὲ τὸ γένος, υἱὸς δὲ καὶ μαθητὴς Ἀγλαοφῶντος, τυχὼν δὲ τῆς Ἀθηναίων πολιτείας, ἢ ἐπεὶ τὴν Ποικίλην στοὰν ἀνέγραψε προῖκα, ἢ ὡς ἔνιοι τὰς ἐν τῷ Θησαυρῷ καὶ τὰς ἐν Ἀνακείῳ γραφάς.

"Θησαυρῷ] leg. Θησέως ἱερῷ. Paus. in Atticis eius picturas Miconi tribuit, templi vero Castorum Polygnoto. est tamen Θησαυρός domus Athenis εἰς ἀγαλμάτων καὶ χρημάτων ἱερῶν ἀπόθεσιν. Hesych. *Reines.* ἐν τῷ Θησείῳ Valckenarius. Opisthodomum interpretatur Böttigerus p. 270." Bernhardy.

68. Photius: Πολύγνωτος eadem ac Suidas tradit.

69. Paus. i. 17. 2: Πρὸς δὲ τῷ γυμνασίῳ Θησέως ἐστὶν ἱερόν· γραφαὶ δέ εἰσι πρὸς Ἀμαζόνας Ἀθηναῖοι μαχόμενοι . . . γέγραπται δὲ ἐν τῷ τοῦ Θησέως ἱερῷ καὶ ἡ Κενταύρων καὶ [ἡ] Λαπιθῶν μάχη. . . . (3) τοῦ δὲ τρίτου τῶν τοίχων ἡ γραφὴ μὴ πυθομένοις ἃ λέγουσιν οὐ σαφής ἐστιν, τὰ μέν που διὰ τὸν χρόνον, τὰ δὲ Μίκων οὐ τὸν πάντα ἔγραψε λόγον. (3) Μίνως ἡνίκα Θησέα καὶ τὸν ἄλλον στόλον τῶν παίδων ἦγεν ἐς Κρήτην κ.τ.λ.

Public Works of Perikles.

70. Plut. *Per.* 12: Ὃ δὲ πλείστην μὲν ἡδονὴν ταῖς Ἀθήναις καὶ κόσμον ἤνεγκε, μεγίστην δὲ τοῖς ἄλλοις ἔκπληξιν ἀνθρώποις, μόνον δὲ τῇ Ἑλλάδι μαρτυρεῖ, μὴ ψεύδεσθαι τὴν λεγομένην δύναμιν αὐτῆς ἐκείνην καὶ τὸν παλαιὸν ὄλβον, ἡ τῶν ἀναθημάτων κατασκευή, τοῦτο μάλιστα τῶν πολιτευμάτων τοῦ Περικλέους ἐβάσκαινον οἱ ἐχθροὶ καὶ διέβαλλον ἐν ταῖς ἐκκλησίαις βοῶντες, ὡς ὁ μὲν δῆμος ἀδοξεῖ καὶ κακῶς ἀκούει τὰ κοινὰ τῶν Ἑλλήνων χρήματα πρὸς αὑτὸν ἐκ Δήλου μεταγαγών, ἣ δ' ἔνεστιν αὐτῷ πρὸς τοὺς ἐγκαλοῦντας εὐπρεπεστάτη τῶν προφάσεων, δείσαντα τοὺς βαρβάρους ἐκεῖθεν ἀνελέσθαι καὶ φυλάττειν ἐν ὀχυρῷ τὰ κοινά, ταύτην ἀνῄρηκε Περικλῆς· καὶ δοκεῖ δεινὴν ὕβριν ἡ Ἑλλὰς ὑβρίζεσθαι καὶ τυραννεῖσθαι περιφανῶς, ὁρῶσα τοῖς εἰσφερομένοις ὑπ' αὐτῆς ἀναγκαίως πρὸς τὸν πόλεμον ἡμᾶς τὴν πόλιν καταχρυσοῦντας καὶ καλλωπίζοντας ὥσπερ ἀλαζόνα γυναῖκα, περιαπτομένην λίθους πολυτελεῖς καὶ ἀγάλματα καὶ ναοὺς χιλιοταλάντους. ἐδίδασκεν οὖν ὁ Περικλῆς τὸν δῆμον, ὅτι χρημάτων μὲν οὐκ ὀφείλουσι τοῖς συμμάχοις λόγον προπολεμοῦντες αὐτῶν καὶ τοὺς βαρβάρους ἀνείργοντες, οὐχ ἵππον, οὐ ναῦν, οὐχ ὁπλίτην, ἀλλὰ χρήματα μόνον τελούντων, ἃ τῶν διδόντων οὐκ ἔστιν, ἀλλὰ τῶν λαμβανόντων, ἂν παρέχωσιν ἀνθ' οὗ λαμβάνουσι· δεῖ δὲ τῆς πόλεως κατεσκευασμένης ἱκανῶς τοῖς ἀναγκαίοις πρὸς τὸν πόλεμον, εἰς ταῦτα τὴν εὐπορίαν τρέπειν αὐτῆς, ἀφ' ὧν δόξα μὲν γενομένων ἀΐδιος, εὐπορία δὲ γινομένων ἑτοίμη παρέσται, παντοδαπῆς ἐργασίας φανείσης καὶ ποικίλων χρειῶν, αἳ πᾶσαν μὲν τέχνην ἐγείρουσαι, πᾶσαν δὲ χεῖρα κινοῦσαι, σχεδὸν ὅλην ποιοῦσιν ἔμμισθον τὴν πόλιν ἐξ αὑτῆς ἅμα κοσμουμένην καὶ τρεφομένην. τοῖς μὲν γὰρ ἡλικίαν ἔχουσι καὶ ῥώμην αἱ στρατεῖαι τὰς ἀπὸ τῶν κοινῶν εὐπορίας παρεῖχον, τὸν δ' ἀσύντακτον καὶ βάναυσον ὄχλον οὔτ' ἄμοιρον εἶναι λημμάτων βουλόμενος οὔτε λαμβάνειν ἀργὸν καὶ σχολάζοντα, μεγάλας κατασκευασμάτων ἐπιβολὰς καὶ πολυτέχνους ὑποθέσεις ἔργων διατριβὴν ἐχόντων ἐνέβαλε φέρων εἰς τὸν δῆμον, ἵνα μηδὲν ἧττον τῶν πλεόντων καὶ φρουρούντων καὶ στρατευομένων τὸ οἰκουροῦν ἔχῃ πρόφασιν ἀπὸ τῶν δημοσίων ὠφελεῖσθαι καὶ μεταλαμβάνειν. ὅπου γὰρ ὕλη μὲν ἦν λίθος, χαλκός, ἐλέφας, χρυσός, ἔβενος, κυπάρισσος, αἱ δὲ ταύτην ἐκπονοῦσαι καὶ κατεργαζόμεναι τέχναι, τέκτονες, πλάσται, χαλκοτύποι, λιθουργοί, βαφεῖς, χρυσοῦ μαλακτῆρες [καὶ *] ἐλέφαντος, ζωγράφοι, ποικιλταί, τορευταί, πομποὶ δὲ τούτων καὶ κομιστῆρες, ἔμποροι καὶ ναῦται καὶ κυβερνῆται κατὰ θάλατταν, οἱ δὲ κατὰ γῆν ἁμαξοπηγοὶ καὶ ζευγοτρόφοι καὶ ἡνίοχοι καὶ καλωστρόφοι καὶ λινουργοὶ καὶ σκυτοτόμοι καὶ ὁδοποιοὶ καὶ μεταλλεῖς, ἑκάστη δὲ τέχνη, καθάπερ στρατηγὸς ἴδιον στράτευμα, τὸν θητικὸν ὄχλον καὶ ἰδιώτην συντεταγμένον εἶχεν, ὄργανον καὶ σῶμα τῆς ὑπηρεσίας γινόμενον, εἰς πᾶσαν, ὡς ἔπος εἰπεῖν, ἡλικίαν καὶ φύσιν αἱ χρεῖαι διένεμον καὶ διέσπειρον τὴν εὐπορίαν. (13) ἀναβαινόντων δὲ τῶν ἔργων ὑπερηφάνων μὲν μεγέθει, μορφῇ δ' ἀμιμήτων καὶ χάριτι, τῶν δημιουργῶν ἁμιλλωμένων ὑπερβάλλεσθαι τὴν δημιουργίαν τῇ καλλιτεχνίᾳ, μάλιστα θαυμάσιον ἦν τὸ τάχος. ὧν γὰρ ἕκαστον ᾤοντο πολλαῖς διαδοχαῖς καὶ ἡλικίαις μόλις ἐπὶ τέλος ἀφίξεσθαι, ταῦτα πάντα μιᾶς ἀκμῇ πολιτείας ἐλάμβανε τὴν συντέλειαν.

Tribute applied to Public Works.

The Propylaia.

71. *C. I. A.* i. 314 *Pars adversa* (*Ol.* 85. 4): [Ἐπιστάτ]αι Π[ρο]πυλαίο ἐργασ[ίας, ʽοῖς - - - ἐγραμμάτευε - - | - - ε]ύς, ἐπ' Ε[ὐ]θυμένος ἄρχο[ντος καὶ ἐπὶ τε̃ς βολε̃ς, ʽει - - | - -]δε[ς π]ρο̃τος ἐγραμ[μάτευε, *curator primus* | - -, Τ]ιμογέν[ες Ἰκ]αριεύς, Δ - - -, *curator quartus* | - - s, Ἐπιχα[ρι . . s] Ἀμφιτρο[πε̃θεν. τούτοις λέμματα το̃ ἐνιαυτο̃ | τούτ]ο τάδε. . . . The receipts for this year were composed of rent paid for temple-property by lessees. (vs. 7: [χόρ *vel* οἰκί]ας ʽιερᾶς μισ[θός]), and of another sum resulting from the sale of something uncertain (vs. 8 - - κο̃ν τιμέ).

72. *C. I. A.* i. 315 *Pars aversa* (*Ol.* 86. 3): [Ἐπὶ τε̃ς τετ]άρτες ἀρχε̃ς, ʽε̃ι Διογέ[νες ἐγραμμάτευε - - | - - - καὶ (?)] ἐπὶ τε̃ς βολε̃ς, ʽε̃ι Μετα[γένες] πρ[ο̃τος ἐγραμ|μάτευε, ἐπι]στάται Ἀρι[στ . . .]ος Μ[ελιτεύς (?)], Μ [*curator secundus* | - -]ς, Δίκτυς Κο[ι]λε[ύς ? -] εμ [*curator quartus*, | *item quintus* Θ]οραιεύς. τούτοις λ[έμματα τ]ο̃ ἐνι[αυτο̃ τούτ|ο τάδε].

Receipts from the Hellenotamiai.

Vs. 11–13. [Πα]ρὰ ʽΕλλενοταμ[ιο̃ν, ʽ]οῖς Προτογ[ένες | ἐγραμ]μάτευε Κε[φισιε]ύς, το̃ χσυμ[μαχι|κο̃ φόρ]ο μνᾶ ἀπὸ το̃ [τα]λάντο.

Vv. 14 ff. of uncertain meaning. vs. 16. - - ἀ] *vel* λι] ποστρατίας π - -. Cf. Thuc. ii. 13. 3.

The Parthenon? and Statue of Athena.

73. *C. I. A.* i. 304 vs. 11 [παρὰ ʽΕλλενοτα]μιο̃ν, ʽ[οῖς - - - ἐγ]ραμμάτευε κ.τ.λ.

74. *C. I. A.* i. 298: Θεοί. Ἀθενα(ία). Τύχε. | Κιχέσιππος ἐγραμμά|τευε ἀγάλματος ἐπι|στάτεσι Μυρρινόσιος. | Λε̃μμα παρὰ - -

Other sources.

75. Demosth. 3 *Ol.* iii. 25: *Δημοσίᾳ μὲν τοίνυν οἰκοδομήματα καὶ κάλλη τοιαῦτα καὶ τοσαῦτα κατεσκεύασαν ἡμῖν ἱερῶν καὶ τῶν ἐν τούτοις ἀναθημάτων, ὥστε μηδενὶ τῶν ἐπιγιγνομένων ὑπερβολὴν λελεῖφθαι.*

76. Schol. *ad Ol.* iii. 25, p. 35. 17 e cod. Bav.: Ταῦτα *πάντα ἐποιήσαν, καὶ ἀνέθησαν ἀπὸ τῶν λαφύρων τῶν* Περσικῶν, *τὸν δίφρον τὸν ἀργυρόποδα τοῦ* Ξέρξου, *καὶ τὸν ἀκινάκην τὸν* Μαρδονίου, *καὶ τὰ προπύλαια τῆς πόλεως κατεσκεύασαν, καὶ τὴν χαλκῆν* Ἀθηνᾶν *καὶ τὴν ἐκ χρυσοῦ καὶ ἐλέφαντος.*

77. Demosth. 22 *in Androt.* 13: Οἱ *τὰ προπύλαια καὶ τὸν παρθενῶνα οἰκοδομήσαντες ἐκεῖνοι καὶ τἄλλα ἀπὸ τῶν βαρβάρων ἱερὰ κοσμήσαντες.*

78. *C. I. A.* i. 309 vs. 12:

Παρὰ τὸ[ν προτέρον ἐπιστατôν]·
χρυσô στ[ατêρες Λαμφσακενοί]
[χ]ρυσô στ[ατêρες Κυζικενοί]
[π]αρὰ ταμ[ιôν - - - -
. αι ἐγβα - - -
[π]αρὰ ταμι[ôν - - -
[ʽοῖ]s Ἀνδρ[- - ἐγραμμάτευε]
[παρ]ὰ ʽΕλλ[ενοταμιôν, ʽοῖs - -]
Ἐλ]ευσίνι[ος ἐγραμμάτευε]
[π]αρὰ χσε[ν - - - - -
[π]αρὰ τειχ - - - -

79. *C. I. A.* i. 310: Παρ[ὰ τôν προτέρον ἐπιστατôν]·
- - χρυσ[ô στατêρες Λαμφσακενοί]
- - ἕκτε χρυσô σ[τατêρες Κυζικενοί]
παρὰ ταμιôν, [ʽοἱ τὰ τêς θεô]
-M𐅇𐅅HHHΔΔ⊢⊢ ἐταμίευον, ʽο[ῖs - - - -]
ἐγραμμάτευ[ε - - -]
παρὰ ʽΕλλε[νοταμιôν, ʽοῖs]
-XX𐅅H𐅄ΔΔ𐅃IIIII Στρόμβιχο[s ἐγραμμάτευε]
Χολλείδε[s]
-XXHΔΔΔΔ𐅃⊢⊢⊢ παρὰ χσεν [- - - - -]
ἐγραμμά[τευε - - - -]
- - Δ - - - παρὰ τρ[- - - -]

Cf. **84** below.

Pheidias Superintendent, &c.

80. Plut. *Per.* 13: Πάντα δὲ διεῖπε καὶ πάντων ἐπίσκοπος ἦν αὐτῷ Φειδίας, καίτοι μεγάλους ἀρχιτέκτονας ἐχόντων καὶ τεχνίτας τῶν ἔργων. . . . ὁ δὲ Φειδίας εἰργάζετο μὲν τῆς θεοῦ τὸ χρυσοῦν ἕδος καὶ τούτου δημιουργὸς ἐν τῇ στήλῃ εἶναι γέγραπται, πάντα δ' ἦν σχεδὸν ἐπ' αὐτῷ, καὶ πᾶσιν, ὡς εἰρήκαμεν, ἐπεστάτει τοῖς τεχνίταις διὰ φιλίαν Περικλέους.

The Parthenon and its Sculptures.

Date.

81. Schol. Arist. *Pac.* 605: Φιλόχορος (*fr.* 97 *F. H. G.* i. 400) ἐπὶ Θεοδώρου (*sic* Palm. *legebatur* Πυθοδώρου) ἄρχοντος ταῦτά φησι. καὶ τὸ ἄγαλμα τὸ χρυσοῦν τῆς Ἀθηνᾶς ἐστάθη εἰς τὸν νεὼν τὸν μέγαν, ἔχον χρυσίου σταθμὸν ταλάντων μδ', Περικλέους ἐπιστατοῦντος, Φειδίου δὲ ποιήσαντος. καὶ Φειδίας ὁ ποιήσας, δόξας παραλογίζεσθαι τὸν ἐλέφαντα τὸν εἰς τὰς φολίδας, ἐκρίθη. καὶ φυγὼν εἰς Ἦλιν ἐργολαβῆσαι τὸ ἄγαλμα τοῦ Διὸς τοῦ ἐν Ὀλυμπίᾳ λέγεται. τοῦτο δὲ ἐξεργασάμενος ἀποθανεῖν ὑπὸ Ἠλείων ἐπὶ Πυθοδώρου (*sic* Palm. *vulgo* Σκυθ.) ὅς ἐστιν ἀπὸ τούτου ἕβδομος. . . . (ὁ Φειδίας, ὡς Φιλόχορός φησιν, ἐπὶ Θεοδώρου ἄρχοντος τὸ ἄγαλμα τῆς Ἀθηνᾶς κατασκευάσας ὀφείλετο τὸ χρυσίον ἐκ τῶν δρακόντων τῆς χρυσελεφαντίνης Ἀθηνᾶς, ἐφ' ᾧ καταγνωσθεὶς ἐζημιώθη φυγῇ· γενόμενος δὲ εἰς Ἦλιν καὶ ἐργολαβήσας παρὰ τῶν Ἠλείων τὸ ἄγαλμα τοῦ Διὸς τοῦ Ὀλυμπίου, καὶ καταγνωσθεὶς ὑπ' αὐτῶν ὡς νοσφισάμενος ἀνῃρέθη). Cf. Duebn. Adnot. in Schol.

The Statue of Athena.

82. Plut. *Per.* 31: Ἡ δὲ χειρίστη μὲν αἰτία πασῶν, ἔχουσα δὲ πλείστους μάρτυρας, οὕτω πως λέγεται. Φειδίας ὁ πλάστης ἐργολάβος μὲν ἦν τοῦ ἀγάλματος, ὥσπερ εἴρηται, φίλος δὲ τῷ Περικλεῖ γενόμενος καὶ μέγιστον παρ' αὐτῷ δυνηθεὶς τοὺς μὲν δι' αὐτὸν ἔσχεν ἐχθροὺς φθονούμενος, οἱ δὲ τοῦ δήμου ποιούμενοι πεῖραν ἐν ἐκείνῳ, ποῖός τις ἔσοιτο Περικλεῖ κριτής, Μένωνά τινα τῶν Φειδίου συνεργῶν πείσαντες ἱκέτην ἐν ἀγορᾷ καθίζουσιν, αἰτούμενον ἄδειαν ἐπὶ μηνύσει καὶ κατηγορίᾳ τοῦ Φειδίου. προσδεξαμένου δὲ τοῦ δήμου τὸν ἄνθρωπον καὶ γενομένης ἐν ἐκκλησίᾳ διώξεως, κλοπαὶ μὲν οὐκ ἠλέγχοντο· τὸ γὰρ χρυσίον οὕτως εὐθὺς ἐξ ἀρχῆς τῷ ἀγάλματι προσειργάσατο καὶ περιέθηκεν ὁ Φειδίας γνώμῃ τοῦ Περικλέους, ὥστε πᾶν δυνατὸν εἶναι περιελοῦσιν ἀποδεῖξαι τὸν σταθμόν, ὃ καὶ τότε τοὺς κατηγόρους ἐκέλευσε ποιεῖν ὁ Περικλῆς· ἡ δὲ δόξα τῶν ἔργων ἐπίεζε φθόνῳ τὸν Φειδίαν, καὶ μάλισθ' ὅτι τὴν πρὸς Ἀμαζόνας μάχην ἐν τῇ ἀσπίδι ποιῶν αὑτοῦ τινα μορφὴν ἐνετύπωσε πρεσβύτου φαλακροῦ πέτρον ἐπηρμένου δι' ἀμφοτέρων τῶν χειρῶν, καὶ τοῦ Περικλέους εἰκόνα παγκάλην ἐνέθηκε μαχομένου πρὸς Ἀμαζόνα. τὸ δὲ σχῆμα τῆς χειρός, ἀνατεινούσης δόρυ πρὸ τῆς ὄψεως τοῦ Περικλέους, πεποιημένον εὐμηχάνως οἷον ἐπικρύπτειν βούλεται τὴν ὁμοιότητα παραφαινομένην ἑκατέρωθεν. ὁ μὲν οὖν Φειδίας εἰς τὸ δεσμωτήριον ἀπαχθεὶς ἐτελεύτησε νοσήσας, ὡς δέ φασιν ἔνιοι, φαρμάκοις, ἐπὶ διαβολῇ τοῦ Περικλέους τῶν ἐχθρῶν παρασκευασάντων. τῷ δὲ μηνυτῇ Μένωνι γράψαντος Γλύκωνος ἀτέλειαν ὁ δῆμος ἔδωκε, καὶ προσέταξε τοῖς στρατηγοῖς ἐπιμελεῖσθαι τῆς ἀσφαλείας τοῦ ἀνθρώπου.

Cf. Thuc. ii. 13. 5.

83. Eusebius (*Sync.* 471. 7): Φειδίας πλάστης καὶ ἀγαλματοποιὸς ἐγνωρίζετο ὃς τὴν ἐλεφαντίνην Ἀθηνᾶν ἐποίησε. Hieron. *Ol.* 85. 2: Fidias eburneam Minervam facit. *Vers. Arm. Ol.* 85. 1: Phidias eburneam Minervae statuam fecit.

Accounts of the Epistatai.

84. *C. I. A.* i. 301 Fragmentorum a et b pars media: Τοῖς ἐπιστάτεσι, ʽοῖς | Ἀντικλε̃ς ἐγραμμάτευ[εν], | ἐπὶ τε̃ς τετάρτες καὶ δε|κάτες βολε̃ς, ʽε̃ι Μετα|γένες προ̃τος ἐγραμμ|άτευε ἐπὶ Κράτετος ἄρχ|οντος Ἀθεναίοισιν, | λέμματα το̂ ἐνιαυτο̂ | τούτο τάδε· |

ΧΗΗΗ περιγενόμενομ
Η𐅄ΔΔ μὲν ἐκ το̂ προτέρο
ἐνιαυτο̂
𐅄ΔΔ χρυσο̂ στατε̃ρες | [Λαμφσ]ακενοί
ΔΔ𐅃ꟷꟷ [χρυσο̂] στατε̃ρε[ς]
ʽέκτε Κ[υζικεν]οί | πα[ρὰ ταμι]ο̂ν, [ʽοἱ τὰ]
ΜΜ𐅆 τε̃ς θεο̂ [ἐτ]αμίευ[ον], |
ʽοῖς Κράτες ἐγρ[α]|μμάτευε Λαμπτρ[εύς]
ΧΗΗΗ χρυσίο πραθέ[ντος] | σταθμόν 𐅄ΔΔΔ (?)
ΓΔΔ⊢⊢ τιμὲ τούτο
ΧΗΗΗ ἐλέφαντος [πρα]θ[έν]-
- ΙΙΙΙ τος σταθμό[ν] ΤΤ - -

𐅄Δ. τιμὲ τ[οῦτο]
'Αναλόμα[τ]α·
- - HH ὀνεμάτο[ν]
- - ⊢⊢I μισθομ[άτον]
[ʽ]υπορ[γοῖς] τα - - | - - ι |
- - -

Cf. 78 and 79 above, and *C. I. A.* i. 300, 302–308, 311.

C. I. A. i. 284–288. (Earlier than *Ol.* 84 from consistent use of ς.)

85. *C. I. A.* i. 284. vs. 1 et 2: - - [ἐπιστάτε]σι καὶ γ - - | - - -
vs. 3: [κεφάλαιον ἀνα]λόματος.
vs. 4, 5: [περιεγένετ]ο τô λέμματος | [κατὰ τὸ. . . .]ον ἔτος.

86. *C. I. A.* i. 285. vs. 6: - - - ς ἐγραμμάτευε | - - - ν - ἐπιστάται | - - - [πα]ρὰ κολακρετôν.

87. *C. I. A.* i. 286. vs. 1: - - - - [τ]ôι [ἔργοι | - - - οἰκο]δομίαν [κα - - | καὶ χσύλα κ]αύσιμα | [- - - - καθ' ἐμέραν μισ]θοὶ κατὰ [τὰ εἰρεμένα ἀ]πόπαχσ[1].

88. *C. I. A.* i. 288. vs. 2: [κολα]κρετ[- - - - - | - - - - - περι]γενό[μενον ἐκ τô προτέρο ἐν]ιαυτô.
vs. 8: - - - - ν τôι ἔργο| [ι - - - - οἰκ]οδομίαν κα| [- - - - - - - - κ]αὶ χσύλα κα| [ύσιμα - - - - - καθ' ἐμέ]ραι μισθοὶ κ| [ατὰ τὰ εἰρεμέ]να ἀπόπαχσ[1].
vs. 14: - - - [ἐπιστ]άτεσι κα[ὶ γ - -] | - - - ἔτει - - | - - - [κεφάλαιον] ἀναλόματ[ος] | [περιεγένετ]ο τô λέμματ|[ος - - - κατὰ τὸ - - -]ον ἔτος.

89. *C. I. A.* iv. p. 37, 297 a. *Annus operis** Letter Σ

- - - - - - - - - - -
τιμέ
χσύλον [πραθέντον τιμέ]
παρ' Εὐφέρ[ο - - - -]
παρὰ Σαύρονο[ς - - - -]
['Αναλ]όματα
[ὀ]νεμάτον
μι]σθομάτον
λιθο]τόμοις Πεντε[λêθεν καὶ πελεκετêσι]
τôν λί]θον τôν ἐς τὰ [ἐναιέτια]

[1] Hesych. ἀπόπαξ· ξύμπαν, ἢ σύμπαν.

- - - - - οις καὶ λίθ[ος ἀνατιθε͂σι ἐπὶ τὰ] ʽυποζύγια τὸ]ς ἐς τὰ [ἐναιέτια Πεντελε͂σι] | [τὸς ʽέκοντας Π]εντελε͂[θεν | - - - - - ἐς] τὰ ἐργα[στέρια].

90. *C. I. A.* iv. 297 b. *Annus operis* ** Letter Σ:

- - - - -

[- - - - - - - - τ]ιμέ | ['Αναλόματα·] |

[- - ὀνεμάτον | μισθομάτον· | - - λιθοτόμοι]ς Πεντελε͂θεν καὶ πελεκ|[ετε͂σι τо͂ν λ]ίθον τо͂ν ἐς τὰ ἐναιέτια | [- - - - - οι]ς καὶ λίθος ἀνατιθε͂σι ἐπ|[ὶ τὸς ὄνος Πε]ντελε͂σι τὸς ἐς τὰ ἐναιέτια | [τὸς ἕκοντ]ας Πεντελε͂θεν κ.τ.λ.

91. *C. I. A.* i. 297. Letters Σ R: Fr. a. ἐπιστά[ται - - - -] | τάδε ἔλ[αβον - - - - ἀργ]|ύριον | - - - ⊞HH - - - - | ⊞ΔΔ - - - |. vs. 6: χρυσί - - - - -|ετο HH - - - | Καλλα[ισχρ - - - ἐ]|θεκεν. | ἀναλό[ματα].

Fr. b. vs. 3: ἀπεργα[σία - - - -] | ⊞HH⊞ΔΔ - - - | κατάβ[λεμα?] - - ΨΨΨ - - - - | HHH - - - - | χρυσίο - - - - | . ματι π - - -

Perikles at the head of the Commission.

92. Strab. ix. 1. 12 (395): Εἶτ' 'Ελευσὶς πόλις, ἐν ᾗ τὸ τῆς Δήμητρος ἱερὸν τῆς 'Ελευσινίας, καὶ ὁ μυστικὸς σηκός, ὃν κατεσκεύασεν 'Ικτῖνος, ὄχλον θεάτρου δέξασθαι δυνάμενον, ὃς καὶ τὸν παρθενῶνα ἐποίησε τὸν ἐν ἀκροπόλει τῇ 'Αθηνᾷ, Περικλέους ἐπιστατοῦντος τῶν ἔργων.

93. Diod. xii. 39: Τὸ τῆς 'Αθηνᾶς ἄγαλμα Φειδίας μὲν κατεσκεύαζε, Περικλῆς δὲ ὁ Ξανθίππου καθεσταμένος ἦν ἐπιμελητής. τῶν δὲ συνεργασαμένων τῷ Φειδίᾳ τινὲς διενεχθέντες ὑπὸ τῶν ἐχθρῶν τοῦ Περικλέους ἐκάθισαν ἐπὶ τῶν τῶν θεῶν βωμῶν· διὰ δὲ τὸ παράδοξον προσκαλούμενοι ἔφασαν πολλὰ τῶν ἱερῶν χρημάτων ἔχοντα Φειδίαν δείξειν, ἐπισταμένου καὶ συνεργοῦντος τοῦ ἐπιμελητοῦ Περικλέους. (2) διόπερ ἐκκλησίας συνελθούσης περὶ τούτων, οἱ μὲν ἐχθροὶ τοῦ Περικλέους ἔπεισαν τὸν δῆμον συλλαβεῖν τὸν Φειδίαν καὶ αὐτοῦ τοῦ Περικλέους κατηγόρουν ἱεροσυλίαν. Cf. **81** above.

The Commission.

C. I. A. i. 289–296.

94. *C. I. A.* i. 291 (Year 3 of the Commission): [Ε]ὐχαρί[ο γρα]μμ[ατεύοντος] | ['Α]φιδναίο [ἐπ]ιστάτα[ι . . . . . .] | [. ι]ος, 'Ευλο . . . . . ο - - [λε͂μμα .] | κ.τ.λ.

Letters ΛΛRϟ

95. *C. I. A.* i. 294. (Year 6.) vs. 31:

['Αγ]ασί[π]πο γ[ρα]μ[ματεῦ]ο[ντος]
Γαργε[τ]τ[ί]ο [ἐπιστάται - - - -]
'Αμ[ο]ίβιχος [Λ]αμ[πτρε]ύ[ς,] 'Ο . . . . .
'Εστιαιόθ[εν, ...]
Μυρρινόσ[ι]ο[ς, . .] θο . . ο . . . . .]
Κέττιος, Φ . . . . ο . . . Ο[ἰναῖος].

Letters ΝΣ

96. *C. I. A.* i. 322 vs. 1: ['Ε]πιστάται τô νεὸ τô ἐν πόλει, ἐν 'ôι τὸ ἀρχαῖον ἄγαλμα, Βροσυν . | . ες Κεφισιεύς, Χαριάδες 'Αγρυλε̂θεν, Διόδες Κεφισιεύς, ἀρχιτέκτον | [Φι]λοκλε̂ς 'Αχαρνεύς, γραμματεὺς 'Ετέαρχος Κυδαθεναιεύς.

Letter Σ

Other artists engaged, besides Pheidias.

97. Plut. *Per.* 13: Τὸν μὲν γὰρ ἑκατόμπεδον παρθενῶνα Καλλικράτης εἰργάζετο καὶ 'Ικτῖνος.

98. Strab. ix. 1. 16 (395): 'Επὶ δὲ τῇ πέτρᾳ τὸ τῆς 'Αθηνᾶς ἱερὸν ὅ τε ἀρχαῖος νεὼς ὁ τῆς Πολιάδος ἐν ᾧ ὁ ἄσβεστος λύχνος, καὶ ὁ παρθενὼν ὃν ἐποίησεν 'Ικτῖνος, ἐν ᾧ τὸ τοῦ Φειδίου ἔργον ἐλεφάντινον ἡ 'Αθηνᾶ.

99. Paus. viii. 41. 9: 'Ικτῖνος ὁ ἀρχιτέκτων τοῦ ἐν Φιγαλίᾳ ναοῦ γεγονὼς τῇ ἡλικίᾳ κατὰ Περικλέα καὶ 'Αθηναίοις τὸν παρθενῶνα καλούμενον κατασκευάσας.

C. I. A. i. 322. See above **96**.

The Odeion.

100. Plut. *Per.* 13: Τὸ δ' 'Ωιδεῖον, τῇ μὲν ἐντὸς διαθέσει πολύεδρον καὶ πολύστυλον, τῇ δ' ἐρέψει περικλινὲς καὶ κάταντες ἐκ μιᾶς κορυφῆς πεποιημένον, εἰκόνα λέγουσι γενέσθαι καὶ μίμημα τῆς βασιλέως σκηνῆς, ἐπιστατοῦντος καὶ τούτῳ Περικλέους. διὸ καὶ πάλιν Κρατῖνος ἐν Θρᾴτταις (*fr.* 71 K. i. p. 35) παίζει πρὸς αὐτόν·

ὁ σχινοκέφαλος Ζεὺς ὅδε προσέρχεται
Περικλέης τᾠδεῖον ἐπὶ τοῦ κρανίου
ἔχων, ἐπειδὴ τοὔστρακον παροίχεται.

φιλοτιμούμενος δ' ὁ Περικλῆς τότε πρῶτον ἐψηφίσατο μουσικῆς

ἀγῶνα τοῖς Παναθηναίοις ἄγεσθαι καὶ διέταξεν αὐτὸς ἀθλοθέτης αἱρεθεὶς καθότι χρὴ τοὺς ἀγωνιζομένους αὐλεῖν ἢ ᾄδειν ἢ κιθαρίζειν. ἐθεῶντο δὲ καὶ τότε καὶ τὸν ἄλλον χρόνον ἐν Ὠιδείῳ τοὺς μουσικοὺς ἀγῶνας.

101. Vitruv. v. 9. 1: Exeuntibus e theatro sinistra parte odeum, quod Themistocles columnis lapideis dispositis, navium malis et antemnis e spoliis Persicis pertexit.

The Propylaia.

102. Plut. *Per.* 13: Τὰ δὲ προπύλαια τῆς ἀκροπόλεως ἐξειργάσθη μὲν ἐν πενταετίᾳ Μνησικλέους ἀρχιτεκτονοῦντος· τύχη δὲ θαυμαστὴ συμβᾶσα περὶ τὴν οἰκοδομίαν ἐμήνυσε τὴν θεὸν οὐκ ἀποστατοῦσαν, ἀλλὰ συνεφαπτομένην τοῦ ἔργου καὶ συνεπιτελοῦσαν. ὁ γὰρ ἐνεργότατος καὶ προθυμότατος τῶν τεχνιτῶν ἀποσφαλεὶς ἐξ ὕψους ἔπεσε καὶ διέκειτο μοχθηρῶς, ὑπὸ τῶν ἰατρῶν ἀπεγνωσμένος. ἀθυμοῦντος δὲ τοῦ Περικλέους ἡ θεὸς ὄναρ φανεῖσα συνέταξε θεραπείαν, ᾗ χρώμενος ὁ Περικλῆς ταχὺ καὶ ῥᾳδίως ἰάσατο τὸν ἄνθρωπον. ἐπὶ τούτῳ δὲ καὶ τὸ χαλκοῦν ἄγαλμα τῆς Ὑγιείας Ἀθηνᾶς ἀνέστησεν ἐν ἀκροπόλει παρὰ τὸν βωμόν, ὃς καὶ πρότερον ἦν, ὡς λέγουσιν.

C. I. A. i. 314, 315. See **72**, **73**.

103. Harpocr. Προπύλαια ταῦτα: . . . περὶ δὲ τῶν προπυλαίων τῆς ἀκροπόλεως, ὡς ἐπὶ Εὐθυμένους ἄρχοντος οἰκοδομεῖν ἤρξαντο Ἀθηναῖοι Μνησικλέους ἀρχιτεκτονοῦντος, ἄλλοι τε ἱστορήκασι καὶ Φιλόχορος ἐν τῇ δ'. Ἡλιόδωρος δ' ἐν α' περὶ τῆς Ἀθήνησιν ἀκροπόλεως μεθ' ἕτερα καὶ ταῦτά φησιν "ἐν ἔτεσι μὲν ε' παντελῶς ἐξεποιήθη, τάλαντα δὲ ἀνηλώθη δισχίλια ιβ'· πέντε δὲ πύλας ἐποίησαν, δι' ὧν εἰς τὴν ἀκρόπολιν εἰσίασιν."

Construction of a guard-house on the Akropolis, previous to the Propylaia.

104. *C. I. A.* iv. p. 140, 26 a (Δελτίον Ἀρχ. 1889, p. 254 ff., *B. C. H.* 1890, p. 177, *Hermes*, 26 (1891), p. 51, vs. 2: [τ]ὲν πόλιν [κ]αθ[άπαν] | οἰκο[δ]ομε͂σαι ʽό[πο|s] ἂν δραπέτες μὲ ἐ[σ|ί]ει μεδὲ λοποδύτ[ε|ς]· ταῦτα δὲ χσυνγρά|φσαι μὲν Καλλικρά|[τ]ε ʽόπος ἄριστα κα|ὶ εὐτελέστατα σκε|υάσαι, ἀπομισθο͂σα|[ι] δὲ τὸς πολετὰς ʽό|[π]ος ἂν ἐντὸς ʽεχσέ[κ]οντα ἐμερôν ἐπισκ[ε]υασθε͂ι, φύλακας δὲ | [ε̃]ναι τρε͂ς μὲν τοχσό[τ]ας ἐκ τε͂ς φυλε͂ς τε͂ς | [π]ρυτανευόσες.

Vs. 2: καθάπαν] - [φρ]ό[ριον]? Foucart.

About 440 B.C. Letters ΝΣ

The Temple at Eleusis.

105. Plut. *Per.* 13: Τὸ δ' ἐν Ἐλευσῖνι τελεστήριον ἤρξατο μὲν Κόροιβος οἰκοδομεῖν, καὶ τοὺς ἐπ' ἐδάφους κίονας ἔθηκεν οὗτος καὶ τοῖς ἐπιστυλίοις ἐπέζευξεν· ἀποθανόντος δὲ τούτου Μεταγένης ὁ Ξυπέτιος τὸ διάζωμα καὶ τοὺς ἄνω κίονας ἐπέστησε· τὸ δ' ὀπαῖον ἐπὶ τοῦ ἀνακτόρου Ξενοκλῆς ὁ Χολαργεὺς ἐκορύφωσε.

Strab. ix. 1. 12 (395). See above 92.

Regulation of the Festival and Temple.

106. *C. I. A.* iv. 1. *Gk. Inscr. in Brit. Mus.* pt. i. p. 4. Lat. C. vs. 19: - - - ο. Κέρυκας δὲ μυ[ομένος τ]ὸς μ]ύστας ʽ[εκ]αστον . . . . | . . . . ας κατὰ τὰ . . . . | . πλεθος εὐθ[ύ]νεσθα[ι . . . . ασ|ι δραχ]με͂σι. μ[υ]ε͂ν δ' εἶ[ναι τοῖς] | ὅσι Κερύκον [καὶ] Εὐ[μολπιδôν] - -.

Vs. 24–32 (regulation of the ceremonies): [τ]ô δὲ ἱερô ἀργυρί[ο τὸ μὲν . .]| . εσ . . . . [μ]εν[ον ταμιεύ|ε]σθαι [ἐν περιβ]όλο[ι τôι νότο|θ]εν τô τε͂ς Ἀθεναία[ς ἀρχαίο ν|ε]ὸ ἐμπόλει· τ[ὸ] δὲ ἀρ[χαῖον τοῖ|ς] ἱεροποιο[ῖσι] το [. . . . . . . ἐ|μ] πόλει ταμιεύεσ[θαι . . . . . .]| . δ . . . . χεν ἐν τôι ʽ[ιερôι . . .]|

Vs. 35–39: [μ]ύστας ἑκαστομ . . . . | [τὸ]ς μύστας τὸς Ἐλε[υσῖνι μυο|μέ]νος ἐν τε͂ι αὐλε͂ι [. . . . τô ʽ|ι]εροῦ, τὸς δὲ ἐν ἄστει [μυομένο|ς] ἐν τôι Ἐλ[ε]υσινίοι.

Vs. 40–43 (the portions of the priests): [τ]ὸν ἐπὶ τôι βομôι ἱερέα καὶ [τὸν ἱερέα | τ]ο(ῖ)ν θεοῖν καὶ τὸν ἱερέα το - - | [λ]αμβάνεν ἕκαστον τô - - | κ.τ.λ.

Lat. B. vs. 1–4 (penalties): [τ|ὰ μ]ὲν ἀκόσι[α | ʽ]απλε͂ι, τὰ δὲ [ʽ|ε]κόσια διπλ[ε͂|ι].

Vs. 4–43 (the sacred truce): [σ]πονδὰς εἶν[αι] τοῖσι μύστ[εσιν] καὶ το[ῖς | ἐπ]όπτεισιν [κ|αὶ τ]οῖς ἀκολ[ο|ύθ]οισιν καὶ [ἄ|λλοι]σιν τοῖ[ς | . . . .]ον καὶ [ʽΑθ|ε]ν[α]ίοισιν [ʽά]|πασιν. ἄρχε[ν δ]|ὲ τὸν χρόνο[ν τ]|ôν σπονδôν [τô] | Μεταγειτνι[ô]|νος μενὸς ἀπ[ὸ] | διχομενίας [κ]|αὶ τὸν Βοεδρ[ο]|μιôνα καὶ τô [Π]|υανοφσιôνος | μέχρι δεκάτε|ς ʽισταμένο. τ|ὰς *δὲ σπονδὰς | εἶναι ἐν τε̂ισ|ι πόλεσιν, ὅ[τ]|αν χρο̂νται το̂|ι ἱερο̂ι, καὶ Ἀ|θεναίοισιν ἐ|κεῖ ἐν τε̂ισιν | αὐτε̂σι πόλεσ|ιν. τοῖσι δὲ ὀλ|είζοσι μυστε|ρίοισιν τὰς [σ]|πονδὰς εἶνα[ι] | το̂ Γαμελιο̂νο|ς μενὸς ἀπὸ δ[ι|χ]ο-μενίας κα[ὶ] | τὸν Ἀνθεστε[ρ|ι]ο̂να καὶ το̂ Ἐλ|αφεβολιο̂νος | μέχρι δεκάτε|ς ἱσταμένο.*

Lat. A. Regulations as to the states participating in the rites.

Letters ΑΒΡΣ

CHAPTER V.

THE ATHENIAN CONSTITUTION.

The Rise of Democracy.

Position of the Areiopagos after the Persian Wars.

1. [Arist.] *Resp. Ath.* 23, 25, 41.

Influx of Aliens into Athens.

Diod. xi. 43. See above **IV. 15.**

Their numbers in the Peloponnesian War.

2. Thuc. ii. 13. 6, 7; 31. 2. [Xen.] *Resp. Ath.* i. 12. See above **IV. 21.**

Regulation of the Harbour and Markets.

3. [Arist.] *Resp. Ath.* 51.

4. Ar. *Ach.* 723:

Ἀγορανόμους δὲ τῆς ἀγορᾶς καθίσταμαι
τρεῖς τοὺς λαχόντας τούσδ' ἱμάντας ἐκ Λεπρῶν.

5. *Id. Vesp.* 1406:

προσκαλοῦμαί σ', ὅστις εἶ,
πρὸς τοὺς ἀγορανόμους βλάβης τῶν φορτίων.

6. Lysias 22 *in Sitopol.* 16: Οὕτω δὲ πάλαι περὶ τῆς τούτων πανουργίας καὶ κακονοίας ἡ πόλις ἔγνωκεν, ὥστ' ἐπὶ μὲν τοῖς ἄλλοις ὠνίοις ἅπασι τοὺς ἀγορανόμους φύλακας κατεστήσατε, ἐπὶ δὲ ταύτῃ μόνῃ τῇ τέχνῃ χωρὶς σιτοφύλακας ἀπεκληροῦτε. Cf. c. 8.

7. *C. I. A.* iv. pars 2, p. 59, 192 c. Ditt. *Syll.* 337 : Ἀναγραφεὺς Ἀρχέδ[ι]κος Ναυκρίτου Λαμπτ[ρεύ]ς. | Ἐπὶ Νεαίχμου ἄρχοντος [1]—— (vs. 7) ἔδ[οξ]εν [τ]ῶι δήμωι· Δ[ημάδη[ς] Δημέου Παιανιεὺς εἶπεν· ὅπως ἂ|ν ἡ ἀγορὰ ἡ ἐ[μ] Πειραε[ῖ] κ[α]τασ[κε]υασθ[ε͂ι] κ|αὶ ὁμαλισθε͂ι ὡς κάλλιστα κ[α]ὶ τὰ ἐν τῶι | ἀγορανο[μ]ίωι ἐπι[σ]κευασθε͂ι ὅσων προσ[|δ]εῖται ἅπαν[τ]α, ἀγαθῆ[ι τ]ύχηι, δεδό[χ]θαι | τῶι δήμωι, τοὺς ἀγορανό[μ]ους τοὺς ἐμ Π[ε]|ιραεῖ ἐπι[μ]εληθῆν[α]ι ἁπάντων τούτων τ|ὸ δὲ ἀνάλωμα εἶναι εἰς ταῦτα [ἐκ] τοῦ ἀργ|υρίου οὗ οἱ ἀγορανόμοι διαχειρίζουσ|ιν κ.τ.λ.

See also above **IV. 23–43.**

Reorganization of the Navy.

The law of Themistokles.

Diod. Sic. xi. 43. 3. See above **IV. 15.**

The building of ships from time to time in the fifth century.

8. Andoc. 3 *de Pac.* 5 : Ἀντὶ δὲ τῶν τριήρων αἳ τότε ἡμῖν ἦσαν παλαιαὶ καὶ ἄπλοι, αἷς βασιλέα καὶ βαρβάρους καταναυμαχήσαντες ἠλευθερώσαμεν τοὺς Ἕλληνας, ἀντὶ τούτων τῶν νεῶν ἑκατὸν τριήρεις ἐναυπηγησάμεθα.

Ibid. 7. See above **IV. 53.**

The Trierarchia.

9. Demosth. 20 *in Lept.* 19 : Οἱ μὲν τοίνυν πλουσιώτατοι τριηραρχοῦντες ἀεὶ τῶν χορηγιῶν ἀτελεῖς ὑπάρχουσιν. . . . 28. ὁρᾶθ' ὡς σαφῶς . . . μηδένα εἶναι τριηραρχίας ἀτελῆ διήρηκεν ὁ νόμος πλὴν τῶν ἐννέα ἀρχόντων. οὐκοῦν οἱ μὲν ἐλάττω κεκτημένοι τοῦ τριηραρχίας ἄξι' ἔχειν ἐν ταῖς εἰσφοραῖς συντελοῦσιν εἰς τὸν πόλεμον. . .

10. *Id.* 14 *de Symm.* 16 : Τοὺς διακοσίους καὶ χιλίους ἀναπληρῶσαί φημι χρῆναι καὶ ποιῆσαι δισχιλίους, ὀκτακοσίους αὐτοῖς προσνείμαντας· ἐὰν γὰρ τοῦτ' ἀποδείξητε τὸ πλῆθος, ἡγοῦμαι, τῶν ἐπικλήρων καὶ τῶν ὀρφανῶν καὶ τῶν κληρουχικῶν καὶ τῶν κοινωνικῶν καὶ εἴ τις ἀδύνατος ἀφαιρεθέντων, ἔσεσθαι χίλια καὶ διακόσια [ταῦτα] ὑμῖν σώματα.

11. Isae. 7 *de Apoll. her.* 38 : Ὁ μὲν γὰρ πατὴρ αὐτοῦ . . . τριηραρχῶν τὸν πάντα χρόνον διετέλεσεν, οὐκ ἐκ συμμορίας τὴν

[1] B.C. 320/19.

ναῦν ποιησάμενος ὥσπερ οἱ νῦν, ἀλλ' ἐκ τῶν αὑτοῦ δαπανῶν, οὐδὲ δεύτερος αὐτὸς ὢν ἀλλὰ κατὰ μόνας, οὐδὲ δύο ἔτη διαλιπὼν ἀλλὰ συνεχῶς.

Some Material supplied by the State.

12. Thuc. ii. 24; vi. 31. 3.

13. Ar. *Eq.* 912:

ΚΛΕΩΝ. Ἐγώ σε ποιήσω τριη-
ραρχεῖν, ἀναλίσκοντα τῶν
σαυτοῦ, παλαιὰν ναῦν ἔχοντ',
εἰς ἣν ἀναλῶν οὐκ ἐφέ-
ξεις οὐδὲ ναυπηγούμενος·
διαμηχανήσομαί θ' ὅπως
ἂν ἱστίον σαπρὸν λάβῃς.

General Superintendence by the Council.

14. [Arist.] *Resp. Ath.* 46. Cf. *C. I. A.* i. 77, 78.

The Crews.

15. Thuc. iii. 17. 3; vi. 31. 3.

The Trittyes.

16. Demosth. 14 *de Symm.* 23: Ὅπως ἂν τῶν μὲν ὅλων νεωρίων ἐν ἑκάστῃ μέρος ᾖ τῶν φυλῶν, τοῦ δὲ μέρους ἑκάστου τὸ τρίτον μέρος ἡ τριττὺς ἔχῃ, εἰδῆτε δ', ἄν τι δέῃ, πρῶτον μὲν τὴν φυλήν, ὅπου τέτακται, μετὰ ταῦτα δὲ τὴν τριττύν, εἶτα τριήραρχοι τίνες καὶ τριήρεις ποῖαι, καὶ τριάκοντα μὲν ἡ φυλή, δέκα δ' ἡ τριττὺς ἑκάστη τριήρεις ἔχῃ.

17. Ditt. *Syll.* 299 = *C. I. A.* i. 517: [Δεῦρ' Ἐλε]‖υσινίον [τρ]‖ιττὺς τελ[ε]‖υτᾶι, Περα[ι]‖ὸν δὲ τριττ‖ὺς ἄρχεται. Letter ς

Composition of the Crews.

18. Thuc. i. 121. 3; 143. 1; iii. 16. 1; viii. 73. 5.

19. Isocr. 8 *de Pac.* 48: Καὶ τότε μὲν εἰ τριήρεις πληροῖεν, τοὺς μὲν ξένους καὶ τοὺς δούλους ναύτας εἰσεβίβαζον, τοὺς δὲ πολίτας μεθ' ὅπλων ἐξέπεμπον.

[Xen.] *Resp. Ath.* i. 12. See **IV. 21.**

20. [Xen.] *Resp. Ath.* i. 2: Ὁ δῆμός ἐστιν ὁ ἐλαύνων τὰς ναῦς καὶ ὁ τὴν δύναμιν περιτιθεὶς τῇ πόλει· καὶ γὰρ οἱ κυβερνῆται καὶ οἱ κελευσταὶ καὶ οἱ πεντηκόνταρχοι καὶ οἱ πρῳρᾶται καὶ οἱ ναυπηγοί, οὗτοί εἰσιν οἱ τὴν δύναμιν περιτιθέντες τῇ πόλει πολὺ μᾶλλον ἢ οἱ ὁπλῖται καὶ οἱ γενναῖοι καὶ οἱ χρηστοί.

The Ἐπιβάται.

21. *C. I. A.* ii. 959, fr. a, vs. 14: Τριηράρχω | Πρωτόμαχος Κηφι(σιεύς) | [Ν]αυσίστρατος Στε(ιριεύς). | [Ἐ]πιβάται | [Χ]αιρήμων Ἀγρυλ(ῆθεν) | [Μν]ησίας Ἀγρυλῆ(θεν) κ.τ.λ.

22. Thuc. ii. 23. 2; 69. 2; 102. 1; iii. 16. 1; 95. 2; vi. 43. 2; viii. 24. 2.

Transports.

23. Thuc. ii. 56; vi. 31, 43.

Superintendents of the Dockyards, &c.

24. *C. I. A.* iv. 1 b = Lipsius, *Leipz. Stud.* 1891, p. 413, vs. 28: Καὶ τούτων εἴ πό|[τι ὑπάρχει ἀν]αγεγραμμένον[1] ἐν τῶι δημοσίωι ὡς παρεληφότων τὰς τριήρες | [ἅπαντα ἐξαλειψά]ντων οἱ νεωροὶ ἁπανταχόθεν, τὰ δὲ σκεύη τῶι δημοσίωι ἐσ|[πραξάντων ὡς τάχιστα κα]ὶ ἐπαναγκασάντων ἀποδοῦναι τὸς ἔχοντας τούτων | [τι ἐντελῆ].

25. *C. I. A.* ii. 793 vs. 1, 2: [Τά]δε ἀν[έγραψαν] νεω[ρί]ω[ν ἐπιμεληταὶ vel οἱ ἄρχοντες - - - | -]ν ὄντα ἐν τοῖς νεωρίοις καὶ [τ]ὰ ἐκ[πεπ]λευκότα καὶ τὰ [ὀφειλόμενα - - -].

26. *C. I. A.* i. 77 vs. 15: Ἐὰν δέ|[- - μισθ]αρνε͂ι (?) ἑ τριέραρχος ἑ|[- -] τις ὀφελέτο χιλία[ς] δ|[ραχμὰς ἱερὰς τε͂ι Ἀ]θεναίαι καὶ ξεμιό[ν]τ|[ον αὐτὸν ʽοι ἐπιμε]λόμενοι το͂ νεορίο.

The Navy at the outbreak of Peloponnesian War.

27. Thuc. ii. 13. 8, 9.

28. Xen. *Anab.* vii. 1. 27: Ἡμεῖς γὰρ οἱ Ἀθηναῖοι ἤλθομεν εἰς τὸν πόλεμον τὸν πρὸς Λακεδαιμονίους καὶ τοὺς συμμάχους ἔχοντες τριήρεις τὰς μὲν ἐν θαλάττῃ τὰς δ' ἐν τοῖς νεωρίοις οὐκ ἐλάττους τριακοσίων, ὑπαρχόντων δὲ πολλῶν χρημάτων ἐν τῇ πόλει καὶ προσόδου οὔσης κατ' ἐνιαυτὸν ἀπό τε τῶν ἐνδήμων καὶ ἐκ τῆς ὑπερορίας οὐ μεῖον χιλίων ταλάντων.

[1] Or [τί ἐστι ὄφλημ]α γεγραμμένον.

29. Ar. *Ach.* 544:

Καὶ κάρτα μέντἂν εὐθέως καθείλκετε
τριακοσίας ναῦς, ἦν δ' ἂν ἡ πόλις πλέα
θορύβου στρατιωτῶν κ.τ.λ.

Reform of the Strategia.

The Taxiarchs commanders of Regiments.

30. Athen. i. 11 D: Παρ' Αἰσχύλῳ . . . ἐν οἷς ὁ Παλαμήδης πεποίηται λέγων (*fr.* 167 N).

καὶ ταξιάρχας καὶ στρατάρχας καὶ ἑκατοντάρχας
ἔταξα.

31. Thuc. iv. 4. 1; viii. 92. 4.

32. Demosth. 39 *adv. Boeot.* 17: Κἀγὼ ταξιαρχῶν τῆς φυλῆς ἠναγκαζόμην κατὰ τοῦ ὀνόματος τοῦ ἐμαυτοῦ πατρόθεν δέχεσθαι τὴν λῆξιν.

33. *C. I. A.* ii. 562: ['Επειδὴ ὁ | ταξίαρχος τῆς Κεκροπίδος φ]υλῆς Βο[ύλ]α[ρχος 'Αριστοβούλου | ἀνὴρ ἀγαθὸς γεγένηται περ]ὶ τοὺς σ[τρατευσαμένους κ.τ.λ.

Election of the Strategoi.

34. [Arist.] *Resp. Ath.* 22. 61.

35. Xen. *Mem.* iii. 4. 1: 'Ιδὼν δέ ποτε Νικομαχίδην ἐξ ἀρχαιρεσιῶν ἀπιόντα ἤρετο, Τίνες, ὦ Νικομαχίδη, στρατηγοὶ ᾕρηνται; καὶ ὅς, Οὐ γάρ, ἔφη, ὦ Σώκρατες, τοιοῦτοί εἰσιν 'Αθηναῖοι, ὥστε ἐμὲ μὲν οὐχ εἵλοντο, ὃς ἐκ καταλόγου στρατευόμενος κατατέτριμμαι καὶ λοχαγῶν καὶ ταξιαρχῶν, κ.τ.λ.

Plut. *Cim.* 8. See above **III. 26.**

36. *C. I. A.* i. 433, col. 1. vs. 5: Στ[ρα]τεγὸν | Φ[ρύνι]χος. | Π[αντ]αλέον κ.τ.λ.

vs. 62: Στρατεγὸς | 'Ιπποδάμας. | Εὐθύμαχος κ.τ.λ.

From a list of the Erechtheid slain.

37. Aesch. 3 *in Ctes.* 13: Κἀκείνας, ἃς ὁ δῆμος εἴωθε χειροτονεῖν ἐν ἀρχαιρεσίαις, στρατηγοὺς καὶ ἱππάρχους καὶ τὰς μετὰ τούτων ἀρχάς.

Qualification.

38. Dinarch. *in Dem.* 71: Καὶ τοὺς μὲν νόμους προλέγειν τῷ ῥήτορι καὶ τῷ στρατηγῷ, ⟨τῷ⟩ τὴν παρὰ τοῦ δήμου πίστιν ἀξιοῦντι λαμβάνειν, παιδοποιεῖσθαι κατὰ τοὺς νόμους, γῆν ἐντὸς ὅρων κεκτῆσθαι κ.τ.λ.

Date of the Election: the ἀρχαιρεσίαι.

Aesch. 3 *in Ctes.* 13: see above **37.**

39. *C. I. A.* ii. 416: ['Ε]πὶ Συμμάχου ἄρχον[τος ἐπὶ τῆς - - ί]|δος δεκάτης πρυτα[νείας, ἧι 'Αρ . . . ης] | Θεοδ[ώ]ρου Θορίκιος ἐγ[ραμ-μάτευεν· Μου]|νιχιῶ[νο]ς δευτέραι μετ' [εἰκάδας, - - ι] | καὶ εἰ[κ]οστῆι τῆς πρυτανε[ίας· - - -] | ἀρχαιρεσίαι κατὰ τὴν μαντ[είαν - -].

Instance:

Election of Alkibiades after breaking off negotiations with Sparta.

The negotiations broken off in the spring; Alkibiades made strategos before the Olympian games.

40. Thuc. v. 40. 1.

41. Plut. *Nic.* 10: 'Αλλὰ τὸν 'Αλκιβιάδην στρατηγὸν εἵλοντο, καὶ Μαντινεῖς καὶ 'Ηλείους Λακεδαιμονίων ἀποστάντας ἐποιήσαντο συμμάχους μετ' 'Αργείων.

42. *Id. Alc.* 15: Οὕτω δὲ τῶν Λακεδαιμονίων ἐκπεσόντων στρατηγὸς ἀποδειχθεὶς ὁ 'Αλκιβιάδης εὐθὺς 'Αργείους καὶ Μαντινεῖς καὶ 'Ηλείους συμμάχους ἐποίησε τοῖς 'Αθηναίοις.

43. Thuc. v. 48. 1; 49. 1.

The numbers, powers, and precedence of various strategoi settled for each case by the people.

44. *C. I. A.* i. 55, fr. b, vs. 2: [Διαχειροτονε͂σαι τὸν δε͂μ]ον αὐτίκα μάλα, εἴτε δοκεῖ ἕνα στρατ[εγὸν - - εἴτε - - ']ελέσθαι τύχει ἀγαθε͂ι νυνί, 'οίτινε[ς - - κ.τ.λ.

45. Thuc. i. 61. 1; ii. 65. 4; 79. 1; vi. 8. 2; 26. 1; vii. 16. 1.

46. *C. I. A.* i. 273, fr. a, b, vs. 2 ff. See above **I. 108.**

One strategos at the head of the whole college.

47. Thuc. i. 116. 1; ii. 13. 1.

Paus. i. 29. 5. See above **III. 69.**

The Strategoi usually equal.

48. Diod. xiii. 97. 6 (Arginusai): Τῶν δ' Ἀθηναίων ὁ στρατηγὸς Θρασύβουλος, ὃς ἦν ἐπὶ τῆς ἡγεμονίας ἐκείνην τὴν ἡμέραν, εἶδε κατὰ τὴν νύκτα τοιαύτην ὄψιν, κ.τ.λ.

49. *Ibid.* 106. 1: Φιλοκλῆς ἐκείνην τὴν ἡμέραν ἀφηγούμενος . . . τάχιον ἐξέπλευσεν.

The Strategoi represent the State in Foreign Relations.

Capitulations and Treaties.

50. *C. I. A.* iv. 61 a vs. 23: Ὤ[μο]σαν Ἀθεναίον οἱ στρατεγοὶ | [καὶ οἱ τριήραρχο]ι καὶ ̔οι ̔οπλῖται καὶ εἴ τι|[s ἄλλος Ἀθεναίον π]αρῆν, καὶ Σελυμ[βρ]ιανοὶ π|[ανδημί].

C. I. A. iv. 27 a vs. 20, 68. See **I. 130.**

Protection of Proxenoi, Euergetai, &c.

51. *C. I. A.* i. 64, fr. a, vs. 5: [Εὐερ]γέτεν Ἀθεν|[αίον], vs. 7. [τὲν βο]λὲν τὲν αἰε|[ὶ βολεύοσαν - - - καὶ τὸς στ]ρατεγός, ̔όπ|[ος μὲ ἀδικεῖται μεδ'] ̔υφ' ἑνός.

52. *C. I. A.* i. 94 and iv. 94 vs. 3: [̔]os [ἂ]ν μὲ ἀδ[ι|κεῖται τούτ]ον [με]δ[εί]s, ̔οι στρατε|[γοί, ̔οὶ] ἂν ὄσι [̔εκά]στοτε, καὶ ̔ε | [βολὲ ̔]ε βολεύο[σ]α καὶ ̔οι πρ[υ]τα|[νε̃ς ἑκά]στοτε ἐ[πι]μελέσθον αὐ[τ|ο̃ν].

Right of summoning the Assembly.

53. Thuc. ii. 22. 1; 59. 3; iv. 118. 14.

Constant and Direct Relations with Council.

54. Plut. *Nic.* 5: Ἄρχων μὲν ἐν τῷ στρατηγίῳ διετέλει μέχρι νυκτός, ἐκ δὲ βουλῆς ὕστατος ἀπῄει πρῶτος ἀφικνούμενος.

Cf. Plut. *Praecept. ger. reip.* 4 (*Eth.* 800 C).

55. Diod. xiii. 2. 6: Τότε μὲν οὖν οἱ στρατηγοὶ μετὰ τῆς βουλῆς ἐν ἀπορρήτῳ συνεδρεύοντες ἐβουλεύοντο, πῶς χρὴ διοικῆσαι τὰ κατὰ τὴν Σικελίαν κ.τ.λ.

They represent the Council to the People.

56. *C. I. A.* iv. pars 2, 11 e, *Bull. Corr. Hell.* xii. 142, no. 82, vs. 2: Ἔδοξεν τῆι βολῆι καὶ τῶι δήμωι —— (vs. 5) γνώμη στρατηγῶν Κάλλι|ππον τὸν Θετταλὸν τὸγ Γυρτώνι|ον ἐπαινέσαι κ.τ.λ.

The Polemarchos no longer a military official.

57. [Arist.] *Resp. Ath.* 58.

Increasing Importance of the Thetes, and the Marine Class generally.

[Xen.] *Resp. Ath.* i. 2. See above **20.**

58. Arist. *Pol.* viii. (v.) iii. (4.) 5. 1304 a 21: Καὶ πάλιν ὁ ναυτικὸς ὄχλος γενόμενος αἴτιος τῆς περὶ Σαλαμῖνα νίκης καὶ διὰ ταύτης τῆς ἡγεμονίας διὰ τὴν κατὰ θάλατταν δύναμιν τὴν δημοκρατίαν ἐποίησεν.

59. *Ibid.* viii. (v.) ii. (3.) 12. 1303 b 10: Καὶ Ἀθήνησιν . . . μᾶλλον δημοτικοὶ οἱ τὸν Πειραιᾶ οἰκοῦντες τῶν τὸ ἄστυ.

60. *Ibid.* vii. (vi.) iv. (7.) 3. 1321 a 13: Ἡ δὲ ψιλὴ δύναμις καὶ ναυτικὴ δημοτικὴ πάμπαν.

Democratic Changes under Aristeides.

61. [Arist.] *Resp. Ath.* 24, 25, 41.

Supposed Psephisma relating to the qualifications for holding office.

62. Plut. *Arist.* 22: Ἐπεὶ δ' ἀναχωρήσαντας εἰς τὸ ἄστυ τοὺς Ἀθηναίους ὁ Ἀριστείδης ἑώρα ζητοῦντας τὴν δημοκρατίαν ἀπολαβεῖν, ἅμα μὲν ἄξιον ἡγούμενος διὰ τὴν ἀνδραγαθίαν ἐπιμελείας τὸν δῆμον, ἅμα δ' οὐκ ἔτι ῥᾴδιον ἰσχύοντα τοῖς ὅπλοις καὶ μέγα φρονοῦντα ταῖς νίκαις ἐκβιασθῆναι, γράφει ψήφισμα κοινὴν εἶναι τὴν πολιτείαν καὶ τοὺς ἄρχοντας ἐξ Ἀθηναίων πάντων αἱρεῖσθαι.

The Census-distinctions retained.

63. *C. I. A.* i. 31 (B) vs. 8. See **III. 317.** Cf. Thuc. iii. 16. 1; vi. 43. 2.

Retention of power and place by the upper classes.

64. [Arist.] *Resp. Ath.* 26.

Qualification for Strategia.

Dinarch. *in Dem.* 71. See above **38.**

Qualifications for Treasurership of Athena.

65. [Arist.] *Resp. Ath.* 4. 7. 8. 47 (=Harp. Ταμίαι). See below **181 ff.**

Political Tendency of Aristeides.

Opposed to Themistokles.

66. Plut. *Them.* 3: Ταχὺ μέντοι καὶ νεανικῶς ἔοικεν ἅψασθαι τοῦ Θεμιστοκλέους τὰ πολιτικὰ πράγματα καὶ σφόδρα ἡ πρὸς δόξαν ὁρμὴ κρατῆσαι. δι' ἣν εὐθὺς ἐξ ἀρχῆς τοῦ πρωτεύειν ἐφιέμενος ἰταμῶς ὑφίστατο τὰς πρὸς τοὺς δυναμένους ἐν τῇ πόλει καὶ πρωτεύοντας ἀπεχθείας, μάλιστα δὲ Ἀριστείδην τὸν Λυσιμάχου, τὴν ἐναντίαν ἀεὶ πορευόμενος αὐτῷ. καίτοι δοκεῖ παντάπασιν ἡ πρὸς τοῦτον ἔχθρα μειρακιώδη λαβεῖν ἀρχήν· ἠράσθησαν γὰρ ἀμφότεροι τοῦ καλοῦ Στησίλεω, Κείου τὸ γένος ὄντος, ὡς Ἀρίστων ὁ φιλόσοφος ἱστόρηκεν. ἐκ δὲ τούτου διετέλουν καὶ περὶ τὰ δημόσια στασιάζοντες. οὐ μὴν ἀλλ' ἡ τῶν βίων καὶ τῶν τρόπων ἀνομοιότης ἔοικεν αὐξῆσαι τὴν διαφοράν. Πρᾷος γὰρ ὢν φύσει καὶ καλοκαγαθικὸς τὸν τρόπον ὁ Ἀριστείδης, καὶ πολιτευόμενος οὐ πρὸς χάριν οὐδὲ πρὸς δόξαν, ἀλλ' ἀπὸ τοῦ βελτίστου μετὰ ἀσφαλείας καὶ δικαιοσύνης, ἠναγκάζετο τῷ Θεμιστοκλεῖ τὸν δῆμον ἐπὶ πολλὰ κινοῦντι καὶ μεγάλας ἐπιφέροντι καινοτομίας ἐναντιοῦσθαι πολλάκις, ἐνιστάμενος αὐτοῦ πρὸς τὴν αὔξησιν.

67. Plut. *Cim.* 10. See **VI. 72.**

Attack on the Areiopagos.

Absence of Kimon.

68. Plut. *Per.* 7. See **VI. 93.**

Fall of the Areiopagos.

69. [Arist.] *Resp. Ath.* 25, 27.

70. *Argum. Isocr. Areop.* (*Schol. gr. in Aesch. et Isocr.* ed. Dind. p. 111): Ἐφιάλτης τις καὶ Θεμιστοκλῆς χρεωστοῦντες τῇ πόλει χρήματα καὶ εἰδότες ὅτι ἐὰν δικασθῶσιν οἱ Ἀρεοπαγῖται, πάντως ἀποδώσουσι, καταλῦσαι αὐτοὺς ἔπεισαν τὴν πόλιν, οὕτως οὔπως τινὸς μέλλοντος κριθῆναι. ὁ γὰρ Ἀριστοτέλης λέγει ἐν τῇ πολιτείᾳ τῶν Ἀθηναίων ὅτι καὶ ὁ Θεμιστοκλῆς αἴτιος ἦν μὴ πάντα δικάζειν τοὺς

'Αρεοπαγίτας· δῆθεν μὲν ὡς δι' αὐτοὺς τοῦτο ποιοῦντες, τὸ δ' ἀληθὲς διὰ τοῦτο πάντα κατασκευάζοντες. εἶτα οἱ 'Αθηναῖοι ἀσμένως ἀκούσαντες τῆς τοιαύτης συμβουλῆς κατέλυσαν αὐτούς.

71. Arist. *Pol.* ii. ix. (12.) 3. 1274 a 7: Τὴν μὲν ἐν 'Αρείῳ πάγῳ βουλὴν 'Εφιάλτης ἐκόλουσε καὶ Περικλῆς.

72. Plut. *Per.* 9: Καὶ ταχὺ θεωρικοῖς καὶ δικαστικοῖς λήμμασιν ἄλλαις τε μισθοφοραῖς καὶ χορηγίαις συνδεκάσας τὸ πλῆθος ἐχρῆτο κατὰ τῆς ἐξ 'Αρείου πάγου βουλῆς, ἧς αὐτὸς οὐ μετεῖχε διὰ τὸ μήτ' ἄρχων μήτε θεσμοθέτης μήτε βασιλεὺς μήτε πολέμαρχος λαχεῖν. αὗται γὰρ αἱ ἀρχαὶ κληρωταί τε ἦσαν ἐκ παλαιοῦ καὶ δι' αὐτῶν οἱ δοκιμασθέντες ἀνέβαινον εἰς Ἄρειον πάγον. διὸ καὶ μᾶλλον ἰσχύσας ὁ Περικλῆς ἐν τῷ δήμῳ κατεστασίασε τὴν βουλήν, ὥστε τὴν μὲν ἀφαιρεθῆναι τὰς πλείστας κρίσεις δι' 'Εφιάλτου . . . τοσοῦτον ἦν τὸ κράτος ἐν τῷ δήμῳ τοῦ Περικλέους.

73. *Id. Cim.* 15: 'Εκείνην μὲν οὖν ἀπέφυγε τὴν δίκην· ἐν δὲ τῇ λοιπῇ πολιτείᾳ παρὼν μὲν ἐκράτει καὶ συνέστελλε τὸν δῆμον ἐπιβαίνοντα τοῖς ἀρίστοις καὶ περισπῶντα τὴν πᾶσαν εἰς ἑαυτὸν ἀρχὴν καὶ δύναμιν· ὡς δὲ πάλιν ἐπὶ στρατείαν ἐξέπλευσε, τελέως ἀνεθέντες οἱ πολλοὶ καὶ συγχέαντες τὸν καθεστῶτα τῆς πολιτείας κόσμον τά τε πάτρια νόμιμα, οἷς ἐχρῶντο πρότερον, 'Εφιάλτου προεστῶτος ἀφείλοντο τῆς ἐξ 'Αρείου πάγου βουλῆς τὰς κρίσεις πλὴν ὀλίγων ἁπάσας, καὶ τῶν δικαστηρίων κυρίους ἑαυτοὺς ποιήσαντες εἰς ἄκρατον δημοκρατίαν ἐνέβαλον τὴν πόλιν, ἤδη καὶ Περικλέους δυναμένου καὶ τὰ τῶν πολλῶν φρονοῦντος.

74. Diod. xi. 77. 6: Ἅμα δὲ τούτοις πραττομένοις ἐν μὲν ταῖς 'Αθήναις 'Εφιάλτης ὁ Σοφωνίδου, δημαγωγὸς ὢν καὶ τὸ πλῆθος παροξύνας κατὰ τῶν 'Αρεοπαγιτῶν, ἔπεισε τὸν δῆμον ψηφίσματι μειῶσαι τὴν ἐξ 'Αρείου πάγου βουλήν, καὶ τὰ πάτρια καὶ περιβόητα νόμιμα καταλῦσαι. οὐ μὴν ἀθῷός γε διέφυγε τηλικούτοις ἀνομήμασιν ἐπιβαλόμενος, ἀλλὰ τῆς νυκτὸς ἀναιρεθεὶς ἄδηλον ἔσχε τὴν τοῦ βίου τελευτήν.

Position of the Areiopagos.

75. *C. I. A.* i. 61 vs. 11: [Δ]ι|κάζεν δὲ τὸς βασιλέας αἰτ[ι]ὸ[ν] φό[νου] ἒ [βολεύσεος τὸς ἀεὶ βασι]λ|εύσαντα(ς)· τὸς [δ]ὲ ἐφέτας διαγν[ôναι]. vs. 13: ΕΥΣΑΝΤΑ *lapicidae errore scriptum videtur pro* ΕΥΟΝΤΑΣ. Kirchhoff.

76. Isocr. 18 *adv. Call.* 52: ᾐτιῶντο τὸν Κρατῖνον συντρῖψαι τῆς κεφαλῆς αὐτῆς, ἐκ δὲ τοῦ τραύματος φάσκοντες ἀποθανεῖν τὴν ἄνθρωπον, λαγχάνουσιν αὐτῷ φόνου δίκην ἐπὶ Παλλαδίῳ . . . (54) ἐλθόντες εἰς τὴν οἰκίαν ἵν' ἦν κεκρυμμένη, βίᾳ λαβόντες αὐτὴν καὶ ἀγαγόντες ἐπὶ τὸ δικαστήριον ζῶσαν ἅπασι τοῖς παροῦσιν ἐπέδειξαν. ὥσθ' ἑπτακοσίων μὲν δικαζόντων . . . οὐδεμίαν ψῆφον μετέλαβεν.

77. Philochorus, *Fr.* 141 b (Müller, *F. H. G.* i. p. 407): Νομοφύλακες ἕτεροί εἰσι τῶν θεσμοθετῶν, ὡς Φιλόχορος ἐν τῇ ζ'. οἱ μὲν γὰρ ἄρχοντες ἀνέβαινον εἰς Ἄρειον πάγον ἐστεφανώμενοι· οἱ δὲ νομοφύλακες στρόφια χαλκᾶ ἄγοντες καὶ ἐν ταῖς θέαις ἐναντίον ἀρχόντων ἐκαθέζοντο· καὶ τὴν πομπὴν ἔπεμπον τῇ Παλλάδι, τὰς δὲ ἀρχὰς ἠνάγκαζον τοῖς νόμοις χρῆσθαι, καὶ ἐν τῇ ἐκκλησίᾳ καὶ ἐν τῇ βουλῇ μετὰ τῶν προέδρων ἐκάθηντο, κωλύοντες τὰ ἀσύμφορα τῇ πόλει πράττειν. ἑπτὰ δὲ ἦσαν· καὶ κατέστησαν, ὡς Φιλόχορος, ὅτε Ἐφιάλτης μόνα κατέλιπε τῇ ἐξ Ἀρείου πάγου βουλῇ τὰ ὑπὲρ τοῦ σώματος. Cf. below **125** and Phot. Οἱ νομοφύλακες τίνες.

78. Demosth. 23 *in Aristocr.* 22: Νόμος ἐκ τῶν φονικῶν νόμων τῶν ἐξ Ἀρείου πάγου. [Δικάζειν δὲ τὴν βουλὴν τὴν ἐν Ἀρείῳ πάγῳ φόνου καὶ τραύματος ἐκ προνοίας καὶ πυρκαϊᾶς καὶ φαρμάκων, ἐάν τις ἀποκτείνῃ δούς.]

79. *Ibid.* 66: Τοῦτο μόνον τὸ δικαστήριον (τὸ ἐν Ἀρείῳ πάγῳ) οὐχὶ τύραννος, οὐκ ὀλιγαρχία, οὐ δημοκρατία τὰς φονικὰς δίκας ἀφελέσθαι τετόλμηκεν.

80. Lysias 7 *Areop. de Saepto* 2: Ἀπεγράφην τὸ μὲν πρῶτον ἐλαίαν ἐκ τῆς γῆς ἀφανίζειν . . . νυνί με σηκόν φασιν ἀφανίζειν. . . . (3) καὶ δεῖ με, περὶ ὧν οὗτος ἐπιβεβουλευκὼς ἥκει, ἅμ' ὑμῖν τοῖς διαγνωσομένοις περὶ τοῦ πράγματος ἀκούσαντα καὶ περὶ τῆς πατρίδος καὶ περὶ τῆς οὐσίας ἀγωνίσασθαι.

Opposition and Fall of Kimon.

Ill-feeling against Sparta and Kimon.

81. Thuc. i. 102. 4.

Kimon's opposition to democratic reforms and Lakonism.

82. Plut. *Cim.* 15: Διὸ καὶ τοῦ Κίμωνος, ὡς ἐπανῆλθεν, ἀγανακτοῦντος ἐπὶ τῷ προπηλακίζεσθαι τὸ ἀξίωμα τοῦ συνεδρίου, καὶ πειρωμένου πάλιν ἄνω τὰς δίκας ἀνακαλεῖσθαι καὶ τὴν ἐπὶ Κλεισθένους ἐγείρειν ἀριστοκρατίαν, κατεβόων συνιστάμενοι καὶ τὸν δῆμον ἐξηρέθιζον, ἐκεῖνά τε τὰ πρὸς τὴν ἀδελφὴν ἀνανεούμενοι καὶ Λακωνισμὸν ἐπικαλοῦντες. εἰς ἃ καὶ τὰ Εὐπόλιδος διατεθρύληται περὶ Κίμωνος, ὅτι

Κακὸς μὲν οὐκ ἦν, φιλοπότης δὲ κἀμελής·
κἀνίοτ' ἂν ἀπεκοιμᾶτ' ἂν ἐν Λακεδαίμονι
κἂν Ἐλπινίκην τήνδε καταλιπὼν μόνην.

εἰ δ' ἀμελῶν καὶ μεθυσκόμενος τοσαύτας πόλεις εἷλε καὶ τοσαύτας νίκας ἐνίκησε, δῆλον ὅτι νήφοντος αὐτοῦ καὶ προσέχοντος οὐδεὶς ἂν οὔτε τῶν πρότερον οὔτε τῶν ὕστερον Ἑλλήνων παρῆλθε τὰς πράξεις.

(16) Ἦν μὲν οὖν ἀπ' ἀρχῆς φιλολάκων· καὶ τῶν γε παίδων τῶν διδύμων τὸν ἕτερον Λακεδαιμόνιον ὠνόμασε, τὸν δ' ἕτερον Ἠλεῖον, ἐκ γυναικὸς αὐτῷ Κλειτορίας γενομένους, ὡς Στησίμβροτος ἱστορεῖ· διὸ πολλάκις τὸν Περικλέα τὸ μητρῷον αὐτοῖς γένος ὀνειδίζειν. Διόδωρος δ' ὁ Περιηγητὴς καὶ τούτους φησὶ καὶ τὸν τρίτον τῶν Κίμωνος υἱῶν Θεσσαλὸν ἐξ Ἰσοδίκης γεγονέναι τῆς Εὐρυπτολέμου τοῦ Μεγακλέους. ηὐξήθη δ' ὑπὸ τῶν Λακεδαιμονίων ἤδη τῷ Θεμιστοκλεῖ προσπολεμούντων καὶ τοῦτον ὄντα νέον ἐν Ἀθήναις μᾶλλον ἰσχύειν καὶ κρατεῖν βουλομένων. οἱ δ' Ἀθηναῖοι τὸ πρῶτον ἡδέως ἑώρων οὐ μικρὰ τῆς πρὸς ἐκεῖνον εὐνοίας τῶν Σπαρτιατῶν ἀπολαύοντες· αὐξανομένοις γὰρ αὐτοῖς κατ' ἀρχὰς καὶ τὰ συμμαχικὰ πολυπραγμονοῦσιν οὐκ ἤχθοντο τιμῇ καὶ χάριτι τοῦ Κίμωνος. τὰ γὰρ πλεῖστα δι' ἐκείνου τῶν Ἑλληνικῶν διεπράττετο, πρᾴως μὲν τοῖς συμμάχοις, κεχαρισμένως δὲ τοῖς Λακεδαιμονίοις ὁμιλοῦντος. ἔπειτα δυνατώτεροι γενόμενοι καὶ τὸν Κίμωνα τοῖς Σπαρτιάταις οὐκ ἠρέμα προσκείμενον ὁρῶντες ἤχθοντο. καὶ γὰρ αὐτὸς ἐπὶ παντὶ μεγαλύνων τὴν Λακεδαίμονα πρὸς Ἀθηναίους, καὶ μάλιστα ὅτε τύχοι μεμφόμενος αὐτοῖς ἢ παροξύνων, ὥς φησι Στησίμβροτος, εἰώθει λέγειν· "ἀλλ' οὐ Λακεδαιμόνιοί γε τοιοῦτοι." ὅθεν φθόνον ἑαυτῷ συνῆγε καὶ δυσμένειάν τινα παρὰ τῶν πολιτῶν. ἡ δ' οὖν ἰσχύσασα μάλιστα κατ' αὐτοῦ τῶν διαβολῶν αἰτίαν ἔσχε τοιαύτην.—See **VII. 64.**

Banishment of Kimon.

83. Plut. *Per.* 9: Διὸ καὶ μᾶλλον ἰσχύσας ὁ Περικλῆς ἐν τῷ δήμῳ κατεστασίασε τὴν βουλήν, ὥστε τὴν μὲν ἀφαιρεθῆναι τὰς πλείστας κρίσεις δι' Ἐφιάλτου, Κίμωνα δ' ὡς φιλολάκωνα καὶ μισόδημον ἐξοστρακισθῆναι, πλούτῳ μὲν καὶ γένει μηδενὸς ἀπολειπόμενον, νίκας δὲ καλλίστας νενικηκότα τοὺς βαρβάρους καὶ χρημάτων πολλῶν καὶ λαφύρων ἐμπεπληκότα τὴν πόλιν, ὡς ἐν τοῖς περὶ ἐκείνου γέγραπται.

Plut. *Cim.* 17. See below **VII. 65.**

84. Corn. Nep. *Cim.* 3: Quibus rebus cum unus in civitate maxime floreret, incidit in eandem invidiam quam pater suus ceterique Atheniensium principes: nam testarum suffragiis [quod illi ὀστρακισμόν vocant] decem annorum exilio multatus est.

Murder of Ephialtes.

85. [Arist.] *Resp. Ath.* 25.

86. Diod. xi. 77. 6. See above **74.**

87. Plut. *Per.* 10: Πῶς ἂν οὖν τις Ἰδομενεῖ πιστεύσειε κατηγοροῦντι τοῦ Περικλέους, ὡς τὸν δημαγωγὸν Ἐφιάλτην φίλον γενόμενον καὶ κοινωνὸν ὄντα τῆς ἐν τῇ πολιτείᾳ προαιρέσεως δολοφονήσαντος διὰ ζηλοτυπίαν καὶ φθόνον τῆς δόξης; ταῦτα γὰρ οὐκ οἶδ' ὅθεν συναγαγὼν ὥσπερ χολὴν τἀνδρὶ προσβέβληκε, πάντῃ μὲν ἴσως οὐκ ἀνεπιλήπτῳ, φρόνημα δ' εὐγενὲς ἔχοντι καὶ ψυχὴν φιλότιμον, οἷς οὐδὲν ἐμφύεται πάθος ὠμὸν οὕτω καὶ θηριῶδες. Ἐφιάλτην μὲν οὖν φοβερὸν ὄντα τοῖς ὀλιγαρχικοῖς καὶ περὶ τὰς εὐθύνας καὶ διώξεις τῶν τὸν δῆμον ἀδικούντων ἀπαραίτητον ἐπιβουλεύσαντες οἱ ἐχθροὶ δι' Ἀριστοδίκου τοῦ Ταναγρικοῦ κρυφαίως ἀνεῖλον, ὡς Ἀριστοτέλης εἴρηκεν.

88. Antiphon 5 *de caed. Her.* 68: Αὐτίκα Ἐφιάλτην τὸν ὑμέτερον πολίτην οὐδέπω ⟨καὶ⟩ νῦν ηὕρηνται οἱ ἀποκτείναντες.

Rise of Perikles.

See **VI. 91 ff.**

Perikles' Public Policy.

89. Plut. *Per.* 11: Διὸ καὶ τότε μάλιστα τῷ δήμῳ τὰς ἡνίας ἀνεὶς ὁ Περικλῆς ἐπολιτεύετο πρὸς χάριν, ἀεὶ μέν τινα θέαν πανηγυρικὴν ἢ ἑστίασιν ἢ πομπὴν εἶναι μηχανώμενος ἐν ἄστει καὶ διαπαιδαγωγῶν οὐκ ἀμούσοις ἡδοναῖς τὴν πόλιν, ἑξήκοντα δὲ τριήρεις καθ' ἕκαστον ἐνιαυτὸν ἐκπέμπων, ἐν αἷς πολλοὶ τῶν πολιτῶν ἔπλεον ὀκτὼ μῆνας ἔμμισθοι, μελετῶντες ἅμα καὶ μανθάνοντες τὴν ναυτικὴν ἐμπειρίαν. πρὸς δὲ τούτοις χιλίους μὲν ἔστειλεν εἰς Χερρόνησον κληρούχους, εἰς δὲ Νάξον πεντακοσίους, εἰς δὲ Ἄνδρον ἡμίσεις τούτων, εἰς δὲ Θρᾴκην χιλίους Βισάλταις συνοικήσοντας, ἄλλους δ' εἰς Ἰταλίαν οἰκιζομένης Συβάρεως, ἣν Θουρίους προσηγόρευσαν. καὶ ταῦτ' ἔπραττεν ἀποκουφίζων μὲν ἀργοῦ καὶ διὰ σχολὴν πολυπράγμονος ὄχλου τὴν πόλιν, ἐπανορθούμενος δὲ τὰς ἀπορίας τοῦ δήμου, φόβον δὲ καὶ φρουρὰν τοῦ μὴ νεωτερίζειν τι παρακατοικίζων τοῖς συμμάχοις. Cf. [Arist.] *Resp. Ath.* 27.

90. Plut. *Per.* 9: Ἐπεὶ δὲ Θουκυδίδης μὲν ἀριστοκρατικήν τινα τὴν τοῦ Περικλέους ὑπογράφει πολιτείαν, λόγῳ μὲν οὖσαν δημοκρατίαν, ἔργῳ δ' ὑπὸ τοῦ πρώτου ἀνδρὸς ἀρχήν, ἄλλοι δὲ πολλοὶ πρῶτον ὑπ' ἐκείνου φασὶ τὸν δῆμον ἐπὶ κληρουχίας καὶ θεωρικὰ καὶ μισθῶν διανομὰς προαχθῆναι κακῶς ἐθισθέντα καὶ γενόμενον πολυτελῆ καὶ ἀκόλαστον ὑπὸ τῶν τότε πολιτευμάτων ἀντὶ σώφρονος καὶ αὐτουργοῦ, θεωρείσθω διὰ τῶν πραγμάτων αὐτῶν ἡ αἰτία τῆς μεταβολῆς.

91. *Id. Praecept. ger. reip.* 15 (*Eth.* 812 C): Τῷ πολιτικῷ προσήκει παραχωρεῖν μὲν ἑτέροις ἄρχειν καὶ προσκαλεῖσθαι πρὸς τὸ βῆμα μετ' εὐμενείας καὶ φιλανθρωπίας, κινεῖν δὲ μὴ πάντα τὰ τῆς πόλεως τοῖς αὐτοῦ λόγοις καὶ ψηφίσμασιν ἢ πράξεσιν, ἀλλ' ἔχοντα πιστοὺς καὶ ἀγαθοὺς ἄνδρας, ἕκαστον ἑκάστῃ χρείᾳ κατὰ τὸ οἰκεῖον προσαρμόττειν· ὡς Περικλῆς Μενίππῳ μὲν ἐχρῆτο πρὸς τὰς στρατηγίας, δι' Ἐφιάλτου δὲ τὴν ἐξ Ἀρείου πάγου βουλὴν ἐταπείνωσε κ.τ.λ.

92. *Id. Per.* 7: Ἀλλ', ὡς ἔοικε, δεδιὼς μὲν ὑποψίᾳ περιπεσεῖν τυραννίδος, ὁρῶν δ' ἀριστοκρατικὸν τὸν Κίμωνα καὶ διαφερόντως ὑπὸ τῶν καλῶν κἀγαθῶν ἀνδρῶν ἀγαπώμενον, ὑπῆλθε τοὺς πολλοὺς ἀσφάλειαν μὲν ἑαυτῷ, δύναμιν δὲ κατ' ἐκείνου παρασκευαζόμενος. εὐθὺς δὲ καὶ τοῖς περὶ τὴν δίαιταν ἑτέραν τάξιν ἐπέθηκεν. ὁδόν τε γὰρ ἐν ἄστει μίαν ἑωρᾶτο τὴν ἐπ' ἀγορὰν καὶ τὸ βουλευτήριον πορευόμενος, κλήσεις τε δείπνων καὶ τὴν τοιαύτην ἅπασαν φιλοφροσύνην καὶ συνήθειαν ἐξέλιπεν, ὡς ἐν οἷς ἐπολιτεύσατο χρόνοις μακροῖς γενομένοις πρὸς μηδένα τῶν φίλων ἐπὶ δεῖπνον ἐλθεῖν, πλὴν Εὐρυπτολέμου τοῦ ἀνεψιοῦ γαμοῦντος ἄχρι τῶν σπονδῶν παραγενόμενος εὐθὺς ἐξανέστη. δειναὶ γὰρ αἱ φιλοφροσύναι παντὸς ὄγκου περιγενέσθαι καὶ δυσφύλακτον ἐν συνηθείᾳ τὸ πρὸς δόξαν σεμνόν ἐστι· τῆς ἀληθινῆς δ' ἀρετῆς κάλλιστα φαίνεται τὰ μάλιστα φαινόμενα, καὶ τῶν ἀγαθῶν ἀνδρῶν οὐδὲν οὕτω θαυμάσιον τοῖς ἐκτὸς ὡς ὁ καθ' ἡμέραν βίος τοῖς συνοῦσιν. ὁ δὲ καὶ τοῦ δήμου τὸ συνεχὲς φεύγων καὶ τὸν κόρον οἷον ἐκ διαλειμμάτων ἐπλησίαζεν, οὐκ ἐπὶ παντὶ πράγματι λέγων οὐδ' ἀεὶ παριὼν εἰς τὸ πλῆθος, ἀλλ' ἑαυτὸν ὥσπερ τὴν Σαλα-

μινίαν τριήρη, φησὶ Κριτόλαος, πρὸς τὰς μεγάλας χρείας ἐπιδιδούς, τἆλλα δὲ φίλους καὶ ῥήτορας ἑτέρους καθιεὶς ἔπραττεν. ὧν ἕνα φασὶ γενέσθαι τὸν Ἐφιάλτην κ.τ.λ.

93. Plut. *Per.* 20: *Τἆλλα δ' οὐ συνεχώρει ταῖς ὁρμαῖς τῶν πολιτῶν, οὐδὲ συνεξέπιπτεν ὑπὸ ῥώμης καὶ τύχης τοσαύτης ἐπαιρομένων Αἰγύπτου τε πάλιν ἀντιλαμβάνεσθαι καὶ κινεῖν τῆς βασιλέως ἀρχῆς τὰ πρὸς θαλάσσῃ. πολλοὺς δὲ καὶ Σικελίας ὁ δύσερως ἐκεῖνος ἤδη καὶ δύσποτμος ἔρως εἶχεν, ὃν ὕστερον ἐξέκαυσαν οἱ περὶ τὸν Ἀλκιβιάδην ῥήτορες. ἦν δὲ καὶ Τυρρηνία καὶ Καρχηδὼν ἐνίοις ὄνειρος οὐκ ἀπ' ἐλπίδος διὰ τὸ μέγεθος τῆς ὑποκειμένης ἡγεμονίας καὶ τὴν εὔροιαν τῶν πραγμάτων.* (21) *ἀλλ' ὁ Περικλῆς κατεῖχε τὴν ἐκδρομὴν ταύτην καὶ περιέκοπτε τὴν πολυπραγμοσύνην, καὶ τὰ πλεῖστα τῆς δυνάμεως ἔτρεπεν εἰς φυλακὴν καὶ βεβαιότητα τῶν ὑπαρχόντων, μέγα ἔργον ἡγούμενος ἀνείργειν Λακεδαιμονίους καὶ ὅλως ὑπεναντιούμενος ἐκείνοις, ὡς ἄλλοις τε πολλοῖς ἔδειξε καὶ μάλιστα τοῖς περὶ τὸν ἱερὸν πραχθεῖσι πόλεμον.*

The δικαστικὸς μισθός.

94. [Arist.] *Resp. Ath.* 27. Cf. *ibid.* 62.

95. Ar. *Ran.* 139:

ΗΡΑΚΛΗΣ. *Ἐν πλοιαρίῳ τυννουτῳί σ' ἀνὴρ γέρων*
ναύτης διάξει δύ' ὀβολὼ μισθὸν λαβών.
ΔΙΟΝΥΣΟΣ. *Φεῦ. ὡς μέγα δύνασθον πανταχοῦ τὼ δύ' ὀβολώ.*

Schol. *ad loc.*: *Πρὸς τὸν δικαστικὸν μισθόν, ὅτι δύο ὀβολῶν ἦν.*

96. Plat. *Gorg.* 515 E: *Ταυτὶ γὰρ ἔγωγε ἀκούω, Περικλέα πεποιηκέναι Ἀθηναίους ἀργοὺς καὶ δειλοὺς καὶ λάλους καὶ φιλαργύρους εἰς μισθοφορίαν πρῶτον καταστήσαντα.*

97. Arist. *Pol.* ii. ix. (12.) 3. 1274 a 8: *Τὰ δὲ δικαστήρια μισθοφόρα κατέστησε Περικλῆς, καὶ τοῦτον δὴ τὸν τρόπον ἕκαστος τῶν δημαγωγῶν προήγαγεν αὔξων εἰς τὴν νῦν δημοκρατίαν.*

Plut. *Per.* 9. See above **72**.

98. Schol. ad Ar. *Av.* 1541: *Τὰ τριώβολα*: [[. . . *οὐχ εἱστήκει δὲ αὐτοῖς* (sc. *τοῖς Ἀττικοῖς*) *τὸ τριώβολον. πολλαχοῦ γὰρ καὶ δύο ὀβολοὺς εἰλήφασιν.*]]—*τὰ τριώβολα, ἅπερ ἐλάμβανον οἱ κριταὶ οἱ ἐν ἡλιαίᾳ κρίνοντες εἰς μισθόν.* R.

99. *Ibid. Vesp.* 300: (*μισθαρίου: τοῦτό φησιν*) *ὡς τριωβόλου τοῦ δικαστικοῦ ὄντος μισθοῦ,—ἵνα ἕκαστος τούτων ὀβολοῦ λογίσηται* πιπρασκόμενος. ἦν μὲν γὰρ ἄστατον τὸ τοῦ μισθοῦ. ποτὲ γὰρ διωβόλου ἦν, ἐγίνετο δὲ ἐπὶ Κλέωνος τριώβολον. Φρύνιχος "τριώβολον ὅσον ὑπερηλίαζομαι." V. *Phrynichi versum sic corrigit Hermannus*, τριώβολόν γ', ὅσουπερ ἡλιάζομαι. Dübner.

100. Schol. ad Ar. *Vesp.* 684: (Τοὺς τρεῖς ὀβολούς: τὸν φόρον λέγει, ἀφ' ὧν ἐδίδοτο τὸ τριώβολον. τοῦτο δὲ ἄλλοτε ἄλλως ἐδίδοτο, τῶν δημαγωγῶν τὰ πλήθη κολακευόντων, ὥς φησιν Ἀριστοτέλης ἐν πολιτείαις).

101. *Ibid.* 88: Ἐδίδοτο δὲ αὐτοῖς χρόνον μέν τινα δύο ὀβολοί, ὕστερον δὲ Κλέων στρατηγήσας τριώβολον ἐποίησε ἀκμάζοντος τοῦ πολέμου τοῦ πρὸς Λακεδαιμονίους. R.

102. Ar. *Eq.* 255:

ΚΛΕΩΝ. Ὦ γέροντες ἡλιασταί, φράτερες τριωβόλου,
οὓς ἐγὼ βόσκω κεκραγὼς καὶ δίκαια κἄδικα.

103. *Ibid.* 797:

Ἔστι γὰρ ἐν τοῖς λογίοισιν
ὡς τοῦτον δεῖ ποτ' ἐν Ἀρκαδίᾳ πεντωβόλου ἡλιάσασθαι,
ἢν ἀναμείνῃ· πάντως δ' αὐτὸν θρέψω 'γὼ καὶ θεραπεύσω,
ἐξευρίσκων εὖ καὶ μιαρῶς ὁπόθεν τὸ τριώβολον ἕξει.

104. *Id. Eccl.* 303:

Ἀλλ' οὐχί, Μυρωνίδης
ὅτ' ἦρχεν ὁ γεννάδας,
οὐδεὶς ἂν ἐτόλμα
τὰ τῆς πόλεως διοι-
κεῖν ἀργύριον λαβών·
ἀλλ' ἧκεν ἕκαστος
ἐν ἀσκιδίῳ φέρων
πιεῖν ἅμα τ' ἄρτον ἂν
καὶ πρὸς δύο κρομμύω
καὶ τρεῖς ἂν ἐλάας.
νυνὶ δὲ τριώβολον
ζητοῦσι λαβεῖν ὅταν
πράττωσί τι κοινὸν ὥσ-
περ πηλοφοροῦντες.

105. Photius Τετρωβολίζων· τὸ δικαστικὸν τετρώβολον λαμβάνων· ἐγένετο γὰρ καὶ τοσοῦτόν ποτε.

106. Pollux ix. 64: Παρὰ μέντοι Θεοπόμπῳ ἐν Στρατιώτισι (*fr.* 55, Kock, i. p. 748) καὶ τὸ τετρώβολον λαμβάνειν τετρωβολίζειν ὠνόμασται·

Καίτοι τίς οὐκ ἂν εἰκὸς εὖ πράττοι τετρωβολίζων,
εἰ νῦν γε διώβολον φέρων ἀνὴρ τρέφει γυναῖκα;

107. Eustath. ad Hom. *Od.* p. 1405, 28: Καὶ τριώβολον, μισθὸς δικαστικός . . . καὶ τετρωβολίζειν, τὸ λαμβάνειν δικαστικὸν τετρώβολον. ἐγένετο γάρ φασι καὶ τοσοῦτον ποτέ.

The βουλευτικὸς μισθός.

108. Thuc. viii. 69. 4. Cf. *ibid.* 67. 3; 97. 1. [Arist.] *Resp. Ath.* 29, 30, 62.

109. Hesych. βουλῆς λαχεῖν· τὸ λαχεῖν βουλευτήν. καὶ δραχμὴν τῆς ἡμέρας λαβεῖν.

Payment to soldiers and marines.

110. [Arist.] *Resp. Ath.* 27.
Plut. *Cim.* 9. See above **I. 15**.
Id. Per. 11. See above **89**.
Ibid. 12. See above **IV. 70**.

111. Thuc. iii. 17. 3; v. 47. 6; vi. 8. 1; 31. 3; vii. 27. 2; viii. 29. 1; 45. 2.

112. Ar. *Ach.* 159:

ΘΕΩΡΟΣ. Τούτοις ἐάν τις δύο δραχμὰς μισθὸν διδῷ,
καταπελτάσονται τὴν Βοιωτίαν ὅλην.
ΔΙΚΑΙΟΠΟΛΙΣ. Τοισδὶ δύο δραχμὰς τοῖς ἀπεψωλημένοις;
ὑποστένοι μέντἂν ὁ θρανίτης λεώς,
ὁ σωσίπολις.

113. *Id. Vesp.* 682:

Οὐ γὰρ μεγάλη δουλεία ᾽στὶν τούτους μὲν ἅπαντας ἐν ἀρχαῖς
αὐτούς τ᾽ εἶναι καὶ τοὺς κόλακας τοὺς τούτων μισθοφοροῦντας;
σοὶ δ᾽ ἤν τις δῷ τοὺς τρεῖς ὀβολούς, ἀγαπᾷς· οὓς αὐτὸς ἐλαύνων
καὶ πεζομαχῶν καὶ πολιορκῶν ἐκτήσω, πολλὰ πονήσας.

114. Harpocr.: Πάραλος . . . οἱ δὲ ἐπιβεβηκότες αὐτῆς ἐκαλοῦντο Πάραλοι, οἳ διὰ ταύτην τὴν ὑπηρεσίαν τέτταράς τε ὀβολοὺς ἐλάμβανον καὶ τὸ πλεῖον μέρος τοῦ ἐνιαυτοῦ οἴκοι ἔμενον, ἄλλα τέ τινα ὑπῆρχεν αὐτοῖς παρὰ τῆς πόλεως, ὥς φησιν Ὑπερείδης ἐν τῷ κατ' Ἀρχεστρατίδου.

115. Eustath. ad Hom. *Od.* p. 1405, 30: Καὶ τετρωβόλου βίος παρὰ Παυσανίᾳ, ἀντὶ τοῦ στρατιώτου μισθός.

116. *C. I. A.* iv. 179 *fr.* b: vs. 3. [Ἐπὶ τε̃ς] Ἱπποθον[τίδος πρυτανείας - - ς πρυτανευόσες], vs. 4. [τοῦτο vel ταῦτα ἐ]δόθε τε̃ι στρ[ατιᾶι], vs. 5. [ἐπὶ τε̃ς - - ν]τίδος πρυταν[είας - - ς πρυτανευόσες], vs. 6. ἔγε(?) τε̃[ι] ἐς Ποτε[ίδαιαν στρατιᾶι] vel ἐγέτε[ν] ἐς Ποτε[ίδαιαν], vs. 7. [Ἑλλ]ενοταμ[ί]α[σ]ι Ἐπι - -, vs. 8. [ἐ]πτακαίδε[κα] ⋮ Ͱ 𐅅 Τ [Τ], vs. 9. [κεφ]άλαιον τõ ἐς Μα[κεδονίαν - - scilicet ἀναλόματος], vs. 10. - - οι στρα[τ]ιᾶι τε̃ι περὶ [Πελοπόννεσον], vs. 11. [Σοκράτει (?) Ἁλ]αιεῖ, Π[ρ]οτέαι Αἰχσον[εῖ], vs. 12. [ἐμ]έραι (?) λοιποὶ ἔσαν ὀκ[τό - -, vs. 13. - - ροι Ἰκαριεῖ, Φιλο[χ]σέ[νοι - - vel Φιλο[χ]σε[νίδει - -], vs. 14. [Χ]αρίαι Δα[ι]δαλίδ[ει], vs. 15. [ἐπὶ τε̃ς Ἱ]ππoθοντίδος πρυτα[νείας - - ς πρυτανευόσες], vs. 16. ταῦτα ἐδόθε Καρκίνο[ι Θορικίοι], vs. 17. [ἐπὶ τε̃ς - -]ντίδος πρυτανείας [- - ς πρυτανευόσες], vs. 18. [Καρ]κίνοι Θορικίοι, vs. 19. [Σοκράτ]ει (?) Ἁλαιεῖ κα - - *Ambigua reliqua.* Cf. Thuc. ii. 23 (giving date).

Opening of office to the lower classes.

117. [Arist.] *Resp. Ath.* 7. 26.

Conditions of Citizenship.

First Limitation of the Citizenship.

118. [Arist.] *Resp. Ath.* 26.

119. Ael. *Var. Hist.* vi. 10: Περικλῆς στρατηγῶν Ἀθηναίοις νόμον ἔγραψεν, ἐὰν μὴ τύχῃ τις ἐξ ἀμφοῖν ὑπάρχων ἀστῶν, τούτῳ μὴ μετεῖναι τῆς πολιτείας. μετῆλθε δὲ ἄρα αὐτὸν ἡ ἐκ τοῦ νόμου νέμεσις. οἱ γὰρ δύο παῖδες οἵπερ οὖν ἤστην αὐτῷ, Πάραλός τε καὶ Ξάνθιππος, ἀλλὰ οὗτοι μὲν κατὰ τὴν νόσον τὴν δημοσίαν [τοῦ λοιμοῦ] ἀπέθανον. κατελείφθη δὲ ὁ Περικλῆς ἐπὶ τοῖς νόθοις, οἵπερ οὖν οὐ μετέσχον τῆς πολιτείας κατὰ τὸν πατρῷον νόμον.

120. *Ibid.* xiii. 24: Καὶ Περικλῆς ἔγραψε μὴ εἶναι Ἀθηναῖον, ὃς μὴ ἐξ ἀμφοῖν γέγονεν ἀστῶν. εἶτα ἀποβαλὼν τοὺς γνησίους παῖδας, ἐπὶ τῷ νόθῳ Περικλεῖ κατελέλειπτο.

121. Suid. Δημοποίητος: ὁ ὑπὸ τοῦ δήμου εἰσποιηθεὶς καὶ γεγονὼς πολίτης. Περικλῆς γὰρ ὁ Ξανθίππου νόμον γράψας, τὸν μὴ ἐξ ἀμφοῖν ἀστυπολίτην μὴ εἶναι, οὐ μετὰ μακρὸν τοὺς γνησίους ἀποβαλών, ἄκων καὶ στένων καὶ λύσας τὸν ἑαυτοῦ νόμον καὶ ἀσχημονήσας ἐλεεινῶς ἅμα καὶ μισητῶς ἔτυχεν ὧν ἠβούλετο. ὅμως γε μὴν ἀντιβολοῦντος καὶ δεκάσαντος τοὺς ἐντεῦθεν ζῶντας, ὀψὲ καὶ μόλις τὸν νόθον οἱ παῖδα τὸν ἐξ Ἀσπασίας τῆς Μιλησίας ἐποίησε δημοποίητον. δημοποίητος οὖν ὁ φύσει μὲν ξένος, ὑπὸ δὲ τοῦ δήμου πολίτης γεγονώς.

The Limitation of the Citizenship in connexion with Psammetichos' gift of corn.

122. Ar. *Vesp.* 715:

Ἀλλ' ὁπόταν μὲν δείσωσ' αὐτοί, τὴν Εὔβοιαν διδόασιν
ὑμῖν καὶ σῖτον ὑφίστανται κατὰ πεντήκοντα μεδίμνους
ποριεῖν· ἔδοσαν δ' οὐπώποτέ σοι, πλὴν πρώην πέντε μεδίμνους,
καὶ ταῦτα μόλις ξενίας φεύγων ἔλαβες κατὰ χοίνικα κριθῶν.

123. Schol. ad Ar. *Vesp.* v. 718: (Φησὶν οὖν ὁ Φιλόχορος (*fr.* 90, Müller, *F. H. G.* i. p. 398) αὖθίς ποτε τετρακισχιλίους ἑπτακοσίους ξ' ὀφθῆναι παρεγγράφους ... μήποτε δὲ περὶ τῆς ἐξ Αἰγύπτου δωρεᾶς ὁ λόγος, ἥν Φιλόχορός φησι Ψαμμήτιχον πέμψαι τῷ δήμῳ ἐπὶ Λυσιμαχίδου μυριάδας τρεῖς, πλὴν τὰ τοῦ ἀριθμοῦ οὐδαμῶς συμφωνεῖ, ἑκάστῳ δὲ Ἀθηναίων πέντε μεδίμνους. τοὺς γὰρ λαβόντας γενέσθαι μυρίους τετρακισχιλίους διακοσίους μ'. Ἄλλως· σιτοδείας ποτὲ γενομένης ἐν τῇ Ἀττικῇ, Ψαμμήτιχος ὁ τῆς Λιβύης βασιλεὺς ἀπέστειλε σῖτον τοῖς Ἀθηναίοις αἰτήσασιν αὐτόν. τῆς δὲ διανομῆς γενομένης τοῦ σίτου ξενηλασίαν ἐποίησαν Ἀθηναῖοι, καὶ ἐν τῷ διακρίνειν τοὺς αὐθιγενεῖς εὗρον καὶ ἑτέρους τετρακισχιλίους ἑπτακοσίους ἑξήκοντα ξένους παρεγγεγραμμένους).

124. Plut. *Per.* 37: Ἀκμάζων ὁ Περικλῆς ἐν τῇ πολιτείᾳ πρὸ πάνυ πολλῶν χρόνων καὶ παῖδας ἔχων, ὥσπερ εἴρηται, γνησίους, νόμον ἔγραψε, μόνους Ἀθηναίους εἶναι τοὺς ἐκ δυεῖν Ἀθηναίων γεγονότας. ἐπεὶ δὲ τοῦ βασιλέως τῶν Αἰγυπτίων δωρεὰν τῷ δήμῳ πέμψαντος τετρακισμυρίους πυρῶν μεδίμνους ἔδει διανέμεσθαι τοὺς πολίτας, πολλαὶ μὲν ἀνεφύοντο δίκαι τοῖς νόθοις ἐκ τοῦ γράμματος ἐκείνου τέως διαλανθάνουσαι καὶ παρορώμεναι, πολλοὶ δὲ καὶ συκοφαντήμασι περιέπιπτον. ἐπράθησαν οὖν ἁλόντες ὀλίγῳ πεντακισχιλίων ἐλάττους, οἱ δὲ μείναντες ἐν τῇ πολιτείᾳ καὶ κριθέντες Ἀθηναῖοι μύριοι καὶ τετρακισχίλιοι καὶ τεσσαράκοντα τὸ πλῆθος ἐξητάσθησαν.

Perikles' bastard son. See **VI. 145 ff.**

Legislative and Judicial Reforms.

Alleged institution of the Νομοφύλακες.

125. *Lex. Rhet. Cantabr.*: Νομοφύλακες, ἕτεροί εἰσι τῶν θεσμοθετῶν, ὡς Φιλόχορος ἐν τῇ ἑβδόμῃ· οἱ μὲν γὰρ ἄρχοντες κ.τ.λ. Cf. above **77** and Phot. Οἱ νομοφύλακες τίνες.

126. Harpocr. Νομοφύλακες: ἀρχή τις παρ' Ἀθηναίοις οὕτως ἐκαλεῖτο, διαφέρουσα τῶν θεσμοθετῶν· Δείναρχος καθ' Ἱμεραίου καὶ ἐν τῷ κατὰ Πυθέου. Φιλόχορος δὲ ἐν τῷ ζ' ἄλλα τέ τινα διεξῆλθε περὶ αὐτῶν καὶ ὅτι οὗτοι τὰς ἀρχὰς ἐπηνάγκαζον τοῖς νόμοις χρῆσθαι.

The Γραφὴ παρανόμων.

The bulwark of democracy in 411 B.C.

127. Thuc. viii. 67. 2. [Arist.] *Resp. Ath.* 29.

128. Demosth. 24 *in Timocr.* 154: Ἀκούω δ' ἔγωγε καὶ τὸ πρότερον οὕτω καταλυθῆναι τὴν δημοκρατίαν, παρανόμων πρῶτον γραφῶν καταλυθεισῶν καὶ τῶν δικαστηρίων ἀκύρων γενομένων.

129. Pollux viii. 56: Ὑπωμοσία δέ ἐστιν, ὅταν τις ἢ ψήφισμα ἢ νόμον γραφέντα γράψηται ὡς ἀνεπιτήδειον· τοῦτο γὰρ ὑπομόσασθαι λέγουσιν. καὶ οὐκ ἦν μετὰ τὴν ὑπωμοσίαν τὸ γραφέν, πρὶν κριθῆναι, κύριον.

The Nomothetai. First mention (in 411 B.C.).

130. Thuc. viii. 97. 2.

Legislative Committees.

C. I. A. i. 31 v. 13. See above **III. 317.**

C. I. A. iv. 22 a v. 3. See above **I. 129.**

131. *C. I. A.* i. 58 v. 8: - - ε τον συνγραφέον.

132. *C. I. A.* iv. 27 b = Dittenberger, *Syll.* 13: [Τιμο]τέλ[ε]ς Ἀχαρνε[ὺς] ἐγραμμάτευε. | [Ἔδοχσ]εν τε̃ι βολε̃ι καὶ το̃ι δέμοι, Κεκροπὶς ἐπρυτάνευε, Τιμοτέ|[λες ἐ]γραμμάτευε, Κυκνέας (sive Μυννέας) ἐπεστάτε. τάδε οἱ χσυγγραφε̃ς χσυνέ|[γρ]αφσαν. vs. 59.

περὶ δὲ τõ ἐλαίο τε̃ς ἀπαρχε̃ς χσυγγράφ|σας Λάμπον ἐπιδειχσάτο τε̃ι βολε̃ι ἐπὶ τε̃ς ἐνάτες πρυτανείας, |'ε δὲ βολὲ ἐς τὸν δε̃μον ἐχσενενκέτο ἐπάναγκες.

133. Thuc. viii. 67. 1. [Arist.] *Resp. Ath.* 29, 30.

Powers transferred from the Areiopagos to the Dikasteria.

134. Arist. *Resp. Ath.* 24, 25. See above **75 ff.**

The Circuit Judges.

135. [Arist.] *Resp. Ath.* 26.

136. Harpocr. κατὰ δήμους δικαστάς: Δημοσθένης ἐν τῷ κατὰ Τιμοκράτους (112). περὶ τῶν κατὰ δήμους δικαστῶν, ὡς πρότερον μὲν ἦσαν λ' καὶ κατὰ δήμους περιιόντες ἐδίκαζον, εἶτα ἐγένοντο μ', εἴρηκεν Ἀριστοτέλης ἐν τῇ Ἀθηναίων πολιτείᾳ.

137. Pollux viii. 100: Οἱ δὲ τετταράκοντα πρότερον μὲν ἦσαν τριάκοντα, οἳ περιιόντες κατὰ δήμους τὰ μέχρι δραχμῶν δέκα ἐδίκαζον, τὰ δὲ ὑπὲρ ταῦτα διαιτηταῖς παρεδίδοσαν· μετὰ δὲ τὴν τῶν τριάκοντα ὀλιγαρχίαν μίσει τοῦ ἀριθμοῦ τοῦ τριάκοντα τετταράκοντα ἐγένοντο.

The Lot and the Dokimasia.

138. [Xen.] *Resp. Ath.* i. 3: Ἔπειτα ὁπόσαι μὲν σωτηρίαν φέρουσι τῶν ἀρχῶν, χρησταὶ οὖσαι καὶ μὴ χρησταί, ἢ κίνδυνον τῷ δήμῳ ἅπαντι, τούτων μὲν τῶν ἀρχῶν οὐδὲν δεῖται ὁ δῆμος μετεῖναι, οὔτε τῶν στρατηγικῶν κλήρων οἴονταί σφισι χρῆναι μετεῖναι οὔτε τῶν ἱππαρχιῶν· γιγνώσκει γὰρ ὁ δῆμος ὅτι πλείω ὠφελεῖται ἐν τῷ μὴ αὐτὸς ἄρχειν ταύτας τὰς ἀρχάς, ἀλλ' ἐᾶν τοὺς δυνατωτάτους ἄρχειν· ὁπόσαι δ' εἰσὶν ἀρχαὶ μισθοφορίας ἕνεκα καὶ ὠφελείας εἰς τὸν οἶκον, ταύτας ζητεῖ ὁ δῆμος ἄρχειν.

139. Arist. *Pol.* vii. (vi.) i. (2.) 8. 1317 b 18: Τοιούτων δ' ὑποκειμένων καὶ τοιαύτης οὔσης τῆς ἀρχῆς τὰ τοιαῦτα δημοτικά, τὸ αἱρεῖσθαι τὰς ἀρχὰς πάντας ἐκ πάντων, τὸ ἄρχειν πάντας μὲν ἑκάστου ἕκαστον δ' ἐν μέρει πάντων, τὸ κληρωτὰς εἶναι τὰς ἀρχὰς ἢ πάσας ἢ ὅσαι μὴ ἐμπειρίας δέονται καὶ τέχνης κ.τ.λ.

140. [Arist.] *Resp. Ath.* 43. Aesch. *in Ctes.* 13 (see above **37**). Plut. *Ar.* 22 (see above **62**). *C. I. A.* i. 9 b (see above **I. 125**).

141. Hdt. vi. 109.

142. Plut. *Ar.* 1: Ὁ Φαληρεὺς Δημήτριος ... τεκμήρια τῆς περὶ τὸν οἶκον εὐπορίας ἓν μὲν ἡγεῖται τὴν ἐπώνυμον ἀρχήν, ἣν ἦρξε τῷ κυάμῳ λαχὼν ἐκ τῶν γενῶν τῶν τὰ μέγιστα τιμήματα κεκτημένων, οὓς πεντακοσιομεδίμνους προσηγόρευον, ἕτερον δὲ τὸν ἐξοστρακισμόν.

The Lot a democratic institution.

143. Hdt. iii. 80.

144. Plat. *Legg.* vi. 757 E: Τῷ τοῦ κλήρου ἴσῳ ἀνάγκη προσχρήσασθαι δυσκολίας τῶν πολλῶν ἕνεκα, θεὸν καὶ ἀγαθὴν τύχην καὶ τότε ἐν εὐχαῖς ἐπικαλουμένους ἀπορθοῦν αὐτοὺς τὸν κλῆρον πρὸς τὸ δικαιότατον.

145. Arist. *Rhet.* i. 8. 4. 1365 b 31: Ἔστι δὲ δημοκρατία μὲν πολιτεία ἐν ᾗ κλήρῳ διανέμονται τὰς ἀρχάς.

Arist. *Pol.* vii. (vi.) i. (2.) 8. 1317 b 18. See above **139.**

The Dokimasia.

146. [Arist.] *Resp. Ath.* 55.

147. Pollux viii. 44: Δοκιμασία δὲ τοῖς ἄρχουσιν ἐπηγγέλλετο, καὶ τοῖς κληρωτοῖς καὶ τοῖς αἱρετοῖς, εἴτ' ἐπιτήδειοί εἰσιν ἄρχειν εἴτε καὶ μή, καὶ τοῖς δημαγωγοῖς, εἰ ἡταιρηκότες εἶεν ἢ τὰ πάτρια κατεδηδοκότες ἢ τοὺς γονέας κεκακωκότες ἢ ἄλλως κακῶς βεβιωκότες· ἀτίμους γὰρ αὐτοὺς ἐχρῆν εἶναι καὶ μὴ λέγειν.

Finance.

The Treasury.

See **I. 103 ff.**

Duties of the Council.

To provide funds.

[Xen.] *Resp. Ath.* iii. 2. See **I. 92.**

148. Lys. 30 *in Nicom.* 22: Εἰδὼς δὲ ὅτι ἡ βουλὴ ἡ βουλεύουσα, ὅταν μὲν ἔχῃ ἱκανὰ χρήματα εἰς διοίκησιν, οὐδὲν ἐξαμαρτάνει, ὅταν δὲ εἰς ἀπορίαν καταστῇ, ἀναγκάζεται εἰσαγγελίας δέχεσθαι καὶ δημεύειν τὰ τῶν πολιτῶν καὶ τῶν ῥητόρων τοῖς τὰ πονηρότατα λέγουσι πείθεσθαι κ.τ.λ.

Fixing of the tribute.

See I. 72 ff.

Leasing of Taxes.

149. Aesch. I *in Tim.* 119: Καθ' ἕκαστον ἐνιαυτὸν ἡ βουλὴ πωλεῖ τὸ πορνικὸν τέλος.

150. Andoc. I *de Myst.* 133: 'Αγύρριος . . . ἀρχώνης ἐγένετο τῆς πεντηκοστῆς τρίτον ἔτος, καὶ ἐπρίατο τριάκοντα ταλάντων. . . . (134) . . . παρελθὼν ἐγὼ εἰς τὴν βουλὴν ὑπερέβαλλον, ἕως ἐπριάμην ἓξ καὶ τριάκοντα ταλάντων.

Sale of Tithes.

151. *C. I. A.* iv. 27 b (p. 59) = Ditt. *Syll.* 13. v. 40: Τὰς δὲ ἄλλας κριθὰς καὶ πυρὸς ἀπ|οδομένος τὸς ἱεροποιὸς μετὰ τε̂ς βολε̂ς ἀναθέματα ἀνατιθέν|αι τοῖν θεοῖν ποιεσαμένος ἅττ' ἂν τôι δέμοι τôι 'Αθεναίον δοκε̂|ι, καὶ ἐπιγράφεν τοῖς ἀναθέμασιν, ὅτι ἀπὸ το̂ καρπο̂ τε̂ς ἀπαρχε̂|ς ἀνεθέθε, καὶ Ἑλλένον τὸν ἀπαρχόμενον.

Exaction of Public Debts.

See 163 ff.

152. Andoc. I *de Myst.* 93: Ὁ γὰρ νόμος οὕτως εἶχε, κυρίαν εἶναι τὴν βουλήν, ὃς ἂν πριάμενος τέλος μὴ καταβάλῃ, δεῖν εἰς τὸ ξύλον.

153. *Ibid.* 79: Τὰ δὲ ἄλλα πάντα ἐξαλεῖψαι τοὺς πράκτορας καὶ τὴν βουλὴν κατὰ τὰ εἰρημένα πανταχόθεν, ὅπου τι ἔστιν ἐν τῷ δημοσίῳ, καὶ εἰ ἀντίγραφόν που ἔστι, παρέχειν τοὺς θεσμοθέτας καὶ τὰς ἄλλας ἀρχάς.

154. Demosth. 24 *in Timocr.* 96: Ἔστιν ὑμῖν κύριος νόμος . . . τοὺς ἔχοντας τά τε ἱερὰ καὶ τὰ ὅσια χρήματα καταβάλλειν εἰς τὸ βουλευτήριον, εἰ δὲ μή, τὴν βουλὴν αὐτοὺς εἰσπράττειν χρωμένην τοῖς νόμοις τοῖς τελωνικοῖς.

Control of various funds.

155. *C. I. A.* i. 32 A: [Ἔδ]οχσεν τε̂ι βολε̂ι καὶ τôι δέμοι· Κεκροπὶς ἐπρυτάνευε, Μνεσίθεος ἐ|[γ]ραμμάτευε, Εὐπείθες ἐπεστάτε Καλλίας εἶπε· ἀποδôναι τοῖς θεοῖς | [τ]ὰ χρέματα τὰ ὀφελόμενα, ἐπειδὲ τε̂ι 'Αθεναίαι τὰ τρισχίλια τάλαντ[α] ἀνενένεγκται ἐς πόλιν, ἃ ἐφσέφιστο, νομίσματος ἐμεδ[α]πô. ἀποδι|[δ]όναι δὲ ἀπὸ τôν χρεμάτον, ἃ ἐς ἀπόδοσίν ἐστιν τοῖς θεοῖς ἐφσεφισμ|[έ]να, τά τε παρὰ τοῖς

'Ελλενοταμίαις ὄντα νῦν καὶ τἆλλα, ἅ ἐστι τούτον | [τôν] χρεμάτον, καὶ τὰ ἐκ τε̂ς δεκάτες, ἐπειδὰν πραθε̂ι. λογισάσθον δὲ '|[οι λ]ογισταὶ 'οι τριάκοντα 'οίπερ νῦν τὰ ὀφελόμενα τοι̂ς θεοι̂ς ἀκρ|[ιβô]s. συναγογε̂ς δὲ τôλ λογιστôν ἑ βολὲ αὐτοκράτορ ἔστο. ἀποδόντον | [δὲ τ]ὰ χρέματα 'οι πρυτάνες μετὰ τε̂ς βολε̂ς καὶ ἐχσαλειφόντον, ἐπει|[δὰν] ἀποδôσιν, ζετέσαντες τά τε πινάκια καὶ τὰ γραμματει̂α καὶ ἐάμ π|[ο ἄλ]λοθι ε̂ι γεγραμμένα. ἀποφαινόντον δὲ τὰ γεγραμμένα 'οί τε 'ιερ|[ε̂ς κ]αὶ 'οι 'ιεροποιοὶ καὶ εἴ τις ἄλλος οἶδεν. ταμίας δὲ ἀποκυαμεύε|[ν το]ύτον τôν χρεμάτον, 'όταμπερ τὰς ἄλλας ἀρχάς, καθάπερ τὸς τôν 'ι|[ερô]ν τôν τε̂ς 'Αθεναίας. 'οῦτοι δὲ ταμιευόντον ἐμ πόλει ἐν τôι ὀπισθ|[οδό]μοι τὰ τôν θεôν χρέματα, 'όσα δυνατὸν καὶ ὅσιον, καὶ συναν̓οιγόν|τον καὶ συγκλειόντον τὰς θύρας τô ὀπισθοδόμο καὶ συσσεμαινόσθο|ν τοι̂ς τôν τε̂ς 'Αθεναίας ταμίαις. παρὰ δὲ τôν νῦν ταμιôν καὶ τôν ἐπισ|τατôν καὶ τôν 'ιεροποιôν τôν ἐν τοι̂ς 'ιεροι̂ς, 'οὶ νῦν διαχερίζο[σι]|ν, ἀπαριθμεσάσθον καὶ ἀποστεσάσθον τὰ χρέματα ἐναντίον τε̂ς βολ[ε̂]|ς ἐμ πόλει καὶ παραδεχσάσθον 'οι ταμίαι 'οι λαχόντες παρὰ τôν νῦ[ν] | ἀρχόντον καὶ ἐν στέλει ἀναγραφσάντον [μ]ιâι ἅπαντα καθ' ἕκαστόν τε | τὸν θεὸν τὰ χρέματα 'οπόσα ἔστιν ἑκάστοι καὶ συμπάντον κεφάλαιο|ν, χορὶς τό τε ἀργύριον καὶ τὸ χρυσίον· καὶ τὸ λοιπὸν ἀναγραφόντον '|οι αἰεὶ ταμίαι ἐς στέλεν καὶ λόγον διδόντον τôν τε ὄντον χρεμάτον | καὶ τôν προσιόντον τοι̂ς θεοι̂ς καὶ ἐάν τι ἀ[π]αναλίσκεται κατὰ τὸν ἐ|νιαυτὸν πρὸς τὸς λογιστὰς καὶ εὐθύνας διδόντον, καὶ ἐκ Παναθεναί|ον ἐς Παναθέναια τὸλ λόγον διδόντον, καθάπερ 'οι τὰ τε̂ς 'Αθεναίας τ|[α]μιεύοντες. τὰς δὲ στέλας, ἐν αι̂ς ἂν ἀναγράφσοσι τὰ χρέματα τὰ 'ιερ|[ὰ, θέ]ντον ἐμ πόλει 'οι ταμίαι. ἐπειδὰν δὲ ἀποδεδομένα ε̂ι τοι̂ς θεοι̂ς | [τὰ χρ]έματα, ἐς τὸ νεόριον καὶ τὰ τείχε τοι̂ς περιôσι χρε̂σθαι χρέμασ|[ιν].

C. I. A. i. 32 B: vs. 2. - - - - - - - - ινα καὶ τὰς Νί[κας τὰς χρυ]σâς καὶ τὰ π[ομπει̂α - - - - | - - - - - - - - εθε̂ι παντελôς - - - - - - - - - - - - - - | - - - - - - - - κατὰ τὰ ἐφσεφι[σμένα ἐπ]ὶ τὲν ἀκρ[ό]-π[ο]λι[ν - - - - - | - - - - - - - - αμένα καὶ ἐπὶ - - - - - - - χρυσίον? - - - - - - - - - - | - - - - - - - - - 'έκαστα - - - - - - - - - καὶ ἐπισκευα-[σ - - - - - - | - - - - - - - τôν ἐ]πιστατôν τôν - - - - - - - - - ταμίαις? - - - - - - - | - - - - - - - μετ]ὰ τôν ἀρχιτεκ[τόνον? - - - - - - - - - - - | - - - - - - - - - - - - μετὰ τôν [ἐπιστα]τ[ô]ν 'όπος ἄριστ[ά τε καὶ κάλλισ|τα κοσμεθ]έσεται 'ε ἀκ[ρόπολις] καὶ ἐπισκευασθέ[σεται τὰ πομπε|ι̂α. τοι̂ς δὲ] ἄλλοις χρέμασ[ιν τοι̂]ς τε̂ς 'Αθεναίας, το[ι̂ς τε νῦν ὄσιν ἐ]μ πόλει κα]ὶ 'άττ' ἂν τ[ὸ] λο[ιπὸν ἀν]αφέρεται, μὲ χρε̂σ[θαι μεδὲ ἀπανα|λίσκεν ἀ]π' αὐτôν ἐς ἄλλο [τι, μεδὲ] ἐς ταῦτα 'υπὲρ μυ[ρίας δραχμὰς δ[ο͂ναι κελ]εύεν, ἐάν τι δέ[ει· ἐς ἄλλ]ο δὲ μεδὲν χρε͂σθα[ι τοῖς χρέμασι]ν, ἐὰν μὲ τ]ὲν ἄδειαν φσεφ[ίσεται ʿο] δε͂μ[ο]ς, κα[θ]άπ[ε]ρ ἐ[ὰν ʿε σκέφσις ε͂ι | περὶ ἐσφ]ορᾶς. ἐὰν δέ τις [εἴπει ε͂] ἐπιφσεφ[ί]σει μὲ ἐ[φσεφισμένες π]ο τε͂ς ἀδε]ίας χρε͂σθαι το[ῖς χρέμ]ασιν τοῖ[ς] τε͂ς 'Αθεν[αίας ἐνεχέσθ]ο τοῖς αὐτ]οῖς ʿοῖσπερ ἐά[ν τι (?) ἐσ]φέρεν εἴ[π]ει ε͂ ἐπι[φσεφίσει. ἐκ δὲ | το͂ν φόρον] κατατιθέναι κ[ατὰ τὸ]ν ἐνιαυτὸν τὰ ʿεκά[στοτε γενόμε]να παρὰ το]ῖς ταμίασι το͂[ν τε͂ς 'Αθ]εναίας τὸς 'Ελλενο[ταμίας. ἐπειδ]ὰν δὲ ἐκ το͂]ν διακοσίον τα[λάντο]ν, ʿὰ ἐς ἀπόδοσιν ἐ[φσέφισται ʿο δ]ε͂μος τοῖς] ἄλλοις θεοῖς, ἀ[ποδοθ]ε͂ι τὰ ὀφελόμενα, τα[μιευέσθο τὰ μ]ὲν τε͂ς 'Αθε]ναίας χρέματα [ἐν το͂ι] ἐπὶ δεχσιὰ το͂ ὀπισ[θοδόμο, τὰ δὲ τ]ο͂ν ἄλλον θ]εο͂ν ἐν το͂ι ἐπ' ἀρ[ιστερ]ά.| [ʿόσα δὲ το͂]ν χρεμάτον το͂ν [ʿιερο͂]ν ἄστατά ἐστιν ε͂ ἀν[άριθμα, ἀπαρι]θμέσασθα]ι νῦν μετὰ το͂ν τ[εττάρ]ον ἀρχο͂ν, ʿαι ἐδίδο[σαν ἀεὶ τὸλ λό]γον ἐκ Παν]αθεναίον ἐς Πα[ναθέν]αια, ʿοπόσα μὲγ χρυ[σᾶ ἐστιν αὐτο͂]ν ε͂ ἀργυρᾶ] ε͂ ὑπάργυρα, στέ[σαντας - - -

These decrees were made in *Ol.* 86. 2 (435/434 B.C.), but the stone, from the occurrence of the form of the dative plural of the first declension, and of σύν for χσύν, seems not to have been cut before about *Ol.* 90 (420–417 B.C.).

The Financial Officers.

The Hellenotamiai.

See I. 103 ff.

The Kolakretai.

156. *C. I. A.* i. 20 vs. 11: ['Αναγράφσαι δὲ τὸ φσε[]φισμα τόδε καὶ τὸν [ὅρκ]ο[ν ἐ]ν [στέλει λιθίνει καὶ στε͂σαι ἐμ π]όλει τὸν γραμματέα τε͂ς βο[λ]ε͂[ς. ʿοι δὲ πολεταὶ ἀπομισθοσάντ]ον· ʿοι δὲ κολακρέται δό[ν]το[ν τὸ ἀργύριον].

157. Koehler in *Hermes*, 31 (1896), p. 137, v. 9: [Καὶ δο͂ναι Πο]|ταμοδόροι πεντακοσίας δ[ραχμὰς δορεὰν ἐκ δεμοσί]ο] —— ʿοι δὲ πρυ]|τάνες ἐπιμελεθέντον [ʿόπος ἂν παρασχο͂σιν ʿοι κολα|κ]ρέται.

158. Ar. *Av.* 1541: Τὴν λοιδορίαν, τὸν κωλαγρέτην, τὰ τριώβολα. Schol. *ad loc.*, τὸν κωλακρέτην: [[Τὸν ταμίαν τῶν πολιτικῶν χρημάτων.]] 'Αριστοφάνης ὁ γραμματικὸς τούτους ταμίας εἶναί φησι τοῦ δικαστικοῦ μισθοῦ. οὐ μόνον δὲ τούτου τὴν ἐπιμέλειαν ἐποιοῦντο, ὥς φησιν, ἀλλὰ καὶ τὰ εἰς θεοὺς ἀναλισκόμενα διὰ τούτων ἀνηλίσκετο, ὡς Ἀνδροτίων γράφει οὕτως "τοῖς δὲ ἰοῦσι Πυθῶδε θεωροῖς τοὺς κωλακρέτας διδόναι ἐκ τῶν ναυκληρικῶν ἐφόδιον ἀργύρια, καὶ εἰς ἄλλο ὅ τι ἂν δέῃ ἀναλῶσαι. ταμίαι δὲ ἦσαν, καὶ προεστῶτες τῆς δημοσίας σιτήσεως."

159. Ar. *Vesp.* 695: Σὺ δὲ χασκάζεις τὸν κωλαγρέτην· τὸ δὲ πραττόμενόν σε λέληθεν. Schol. *ad loc.*: (ἀντὶ τοῦ ἐπιτηρεῖς, πότε ἔλθῃ ὁ κωλακρέτης καὶ ἐνέγκῃ σοι τὸ τριώβολον. κωλακρέτης δὲ καλεῖται ὁ κατέχων τὰ χρήματα τῆς πόλεως, ὁ ταμίας τοῦ δικαστικοῦ μισθοῦ καὶ τῶν εἰς θεοὺς ἀναλωμάτων. νόμος δὲ ἦν τὰ ὑπολειπόμενα τῆς θυσίας τοὺς ἱερέας λαμβάνειν, ἅ εἰσιν οἷον δέρματα καὶ κωλαῖ.)

160. *Ibid.* 724:

Καὶ νῦν ἀτεχνῶς ἐθέλω παρέχειν
ὅ τι βούλει σοι,
πλὴν κωλαγρέτου γάλα πίνειν.

Schol. *ad loc.*: (κωλακρέτου: Περιφραστικῶς τὸν δικαστικὸν μισθόν. παρ' ὑπόνοιαν δέ, δέον εἰπεῖν ζῴου τινός.)—πάντα σοι, φησί, δίδωμι πλὴν ἀπὸ δημοσίων τροφῆς. Ven.

161. Bekker, *Anecd.* i. p. 190, v. 15, κωλακρέται: Οἱ κρατοῦντες δικαστικὴν ζημίαν. p. 275, v. 22: οἱ τῶν ἀργυρίων ταμίαι, οἳ τὸ δικαστικὸν ἐταμιεύοντο τριώβολον καὶ τὰ εἰς τὰς θεοὺς ἀναλισκόμενα χρήματα.

162. Suidas: Κωλακρέται οἱ ταμίαι τοῦ δικαστικοῦ μισθοῦ καὶ τῶν εἰς θεοὺς ἀναλωμάτων. Ἀριστοφάνης· Σὺ δὲ χασκάζεις τὸν κωλακρέτην, τὸ δὲ πραττόμενόν σε λέληθεν.

Pollux viii. 97. See below **183**.

The Apodektai.

163. [Arist.] *Resp. Ath.* 47, 48, 50, 52. Cf. Bekk. *An. Gr.* i. 198. 1; 427. 13.

164. Harpocr. Ἀποδέκται: Ἀρχή τίς ἐστι παρ' Ἀθηναίοις οἱ ἀποδέκται, ἧς πολλάκις μνημονεύουσιν οἱ ῥήτορες καὶ οἱ κωμικοί. Ἀριστοτέλης δ' ἐν τῇ Ἀθηναίων πολιτείᾳ δεδήλωκεν ὡς δέκα τε εἴησαν, καὶ ὡς παραλαβόντες τὰ γραμματεῖα ἀπαλείφουσι τὰ καταβαλλόμενα χρήματα τῆς βουλῆς ἐναντίον ἐν τῷ βουλευτηρίῳ, καὶ πάλιν ἀποδιδόασι τὰ γραμματεῖα τῷ δημοσίῳ· καὶ ἁπλῶς ἃ πράττουσι διασαφεῖ. ὅτι δὲ ἀντὶ τῶν κωλακρετῶν οἱ ἀποδέκται ὑπὸ Κλεισθένους ἀπεδείχθησαν, Ἀνδροτίων β'.

165. Pollux viii. 97: Ἀποδέκται δὲ ἦσαν δέκα, οἳ τοὺς φόρους καὶ τὰς εἰσφορὰς καὶ τὰ τέλη ὑπεδέχοντο, καὶ τὰ περὶ τούτων ἀμφισβητούμενα ἐδίκαζον. εἰ δέ τι μεῖζον εἴη, εἰσῆγον εἰς τὸ δικαστήριον.

166. *C. I. A.* iv. 53 a (p. 67) vs. 11 (*Ol.* 90. 3): Ἀδόσιος εἶπε· τὰ μὲν ἄλλα καθάπερ τε̑ι βολε̑ι· ὁ δὲ βασιλεὺς μ|[ι]σθοσάτο καὶ οἱ πολεταὶ τὸ τέμενος τὸ Νελέος καὶ τε̑ς Βασίλες κα|[τ]ὰ τὰς χσυγγραφὰς εἴκοσι ἔτε. τὸν δὲ μισθοσάμενον ἔρχσαι τὸ ʽιε|[ρ]ὸν τὸ Κόδρο καὶ τὸ Νελέος καὶ τε̑ς Βασίλες τοῖς ἑαυτο̑ τέλεσιν. ὁπ|[ό]σεν δ' ἂν ἄλφει μίσ[θ]οσιν τὸ τέμενος κατὰ τὸν ἐνιαυτὸν ἕκαστον, κ|αταβαλλέτο τὸ ἀργύριον ἐπὶ τε̑ς ἐνάτες πρυτανείας τοῖς ἀποδέκ|ται[ς], οἱ δὲ ἀποδέκται τοῖς ταμίαισι το̑ν ἄλλον θεο̑ν παραδιδόντον | [κ]ατὰ τὸν νόμον.

The πωληταί.

167. [Arist.] *Resp. Ath.* 47.

Cf. Harpocr. Πωληταὶ καὶ πωλητήριον. Suid. πωληταί. Phot. πωληταὶ καὶ πωλητήριον.

168. Bekker, *An. Gr.* i. 291. 17: Πωληταὶ τίνες εἰσίν: . . . καὶ φροντίζουσιν ὅπως ἡ τιμὴ τῶν πιπρασκομένων ἀποδοθῇ τῇ πόλει.

C. I. A. i. 20. See above **156.** *C. I. A.* iv. 53 a. See above **166.**

169. *C. I. A.* i. 68 v. 4: ['Ε]πειδὲ χσυμβάλλονται οἱ ναύκλεροι [. . . . . δρα]χμὲν ἕκαστος ἀπὸ το̑ πλοίο ὅπος ἂν τὸ [ἱερόν ? . . . .]ν σο̑ν ε̑ι το̑ι θεο̑ι, ἀποδιδόσθον οἱ π[ολεταί] κ.τ.λ.

170. Suidas: Πωλητὴς . . . καὶ πωληταί· οὗτοι τῶν ὀφειλόντων τῷ δημοσίῳ κατὰ προθεσμίαν καὶ μὴ ἀποδιδόντων ἐπίπρασκον τὰς οὐσίας. ὑπέκειντο δὲ τοῖς πωληταῖς καὶ ὅσοι τὸ διαγραφὲν ἀργύριον ἐν πολέμῳ μὴ εἰσέφερον· ἔτι καὶ οἱ ξενίας ἁλόντες καὶ ὁ μέτοικος ὁ προστάτην οὐκ ἔχων καὶ ὁ ἀπροστασίου γραφείς. τούτων γὰρ τὰς οὐσίας πωλοῦντες παρακατέβαλλον εἰς τὸ δημόσιον.

171. Harpocr.: Μετοίκιον . . . οἱ μέντοι μὴ τιθέντες τὸ μετοίκιον μέτοικοι ἀπήγοντο πρὸς τὰς πωλητάς, καὶ εἰ ἑάλωσαν ἐπιπράσκοντο, ὥς φησι Δημοσθένης ἐν τῷ κατ' Ἀριστογείτονος (i. 58).

The πράκτορες.

Andoc. *de Myst.* 79. See above **153.** Cf. *ibid.* 77.

172. [Demosth.] 58 *in Theocr.* 48: Οὐδ' ἐστὶ δίκαιον τούτους ὑπολαμβάνειν ὀφείλειν, ὧν οὐδεὶς παρέδωκε τοῖς πράκτορσι τὰ ὀνόματα.

173. Demosth. 43 *adv. Macart.* 71: [Ὅτου δ' ἂν καταγνωσθῇ, ἐγγραφόντων οἱ ἄρχοντες, πρὸς οὓς ἂν ᾖ ἡ δίκη, τοῖς πράκτορσιν, ὃ τῷ δημοσίῳ γίγνεται.]

174. *C. I. A.* i. 47, fr. e, vs. 3: [Τôι δ]εμοσίοι ὀφελ - - -|- - τον ʽοι πράκ[τορες] κ.τ.λ.

The Thirty Logistai (Ten in later times).

C. I. A. i. 32 A v. 6. See above **155.**

C. I. A. i. 226. See above **II. 1.**

C. I. A. i. 228. See above **II. 3.**

175. *C. I. A.* i. 273 v. 1. See above **I. 108.**

176. [Arist.] *Resp. Ath.* 48.

The Euthynoi.

177. Andoc. *de Myst.* 78: Καὶ ὅσων εὔθυναί τινές εἰσι κατεγνωσμέναι ἐν τοῖς λογιστηρίοις ὑπὸ τῶν εὐθύνων ἢ τῶν παρέδρων.

178. [Arist.] *Resp. Ath.* 48.

The Treasurers of the Sacred Funds of Athena.

Their title.

179. *C. I. A.* i. 155. 1: ʽΟι ταμίαι τôν ἱερôν χρεμάτον τε̂ς Ἀθε[ναίας].

180. *C. I. A.* i. 299. 7: Παρὰ ταμιôν ἐκ πόλεος.

Cf. *C. I. A.* i. 32 A. 28 (above **155**), 179. 4 (below **186**), 180. 7 (see above **I. 106**), 301. 17 (see above **IV. 84**), 310. 4 (see above **IV. 79**).

Their qualifications, method of election, number, &c.

181. [Arist] *Resp. Ath.* 4, 7, 8, 47 (=Harpocr. Ταμίαι).

C. I. A. i. 32 A. 13. See above **155.**

182. *C. I. A.* i. 299 v. 10: Ταμ[ί]αι δὲ Φ[ιλ]όνεος Ἰδ[ο]|με[νέ]ος Κεφι[σι]εύ[ς], Ἀρίσ|τυλ[λ]ος Ἐλ[λεσπον]τί[ο] Ἐρχι|εύ[ς], Γλαυκ[ίας Αἰ]σχί[ν]ο | Κυ[δ]αθενα[ιεύς, Δ]εμοχάρες | Σι[μ]ύλο Πο[τά]μ[ι]ος, Τεισί|μα[χ]ος Τει[σίο Κ]εφαλε̂θεν, | Χάρισος [Μελα]νθίο Ἀχαρν[εύς], |

Δ[ί]ογχις Χσενοκλέος Φλυ[ἐ]θεν, Διο[ν]ύσιος Εὐκλεί[δο] | Περαιεύς, Χαιρελεί[δες] | Χαριξένο Ἀφιδνα[ῖος, Ἐπιχ]|αρῖνος Ἐπιχαρ[- - -].

183. Pollux viii. 97: Ταμίαι τῆς θεοῦ κληρωτοὶ μὲν ἐκ πεντακοσιομεδίμνων ἦσαν, τὰ δὲ χρήματα παρελάμβανον τῆς βουλῆς παρούσης. ἐκαλοῦντο δ' οὗτοι κωλακρέται. εἶχον δ' ἐξουσίαν καὶ ζημίαν ἀφελεῖν, εἰ ἀδίκως ὑπὸ τῶν ἀρχόντων ἐπιβληθείη.

184. Suidas, Ταμίαι: Ἄρχοντές εἰσιν Ἀθήνησι κληρωτοὶ ἀπὸ τῶν πεντακοσιομεδίμνων, οἳ τὰ ἐν τῷ ἱερῷ τῆς Ἀθηνᾶς ἐν ἀκροπόλει χρήματα ἱερά τε καὶ δημόσια φυλάττουσιν, ἀλλὰ καὶ αὐτὸ τὸ ἄγαλμα τῆς Ἀθηνᾶς.

185. Bekker, *Anecd. Gr.* i. 306. 7, Ταμίαι τίνες εἰσὶ καὶ πόσοι: Ἄρχοντές εἰσιν Ἀθήνησι, δέκα, ἀπὸ πεντακοσιομεδίμνων, κληρωτοί, οἳ τὰ ἐν τῷ ἱερῷ τῆς Ἀθηνᾶς ἐν ἀκροπόλει χρήματα ἱερά τε καὶ δημόσια, καὶ αὐτὸ τὸ ἄγαλμα τῆς θεοῦ καὶ τὸν κόσμον φυλάττουσιν.

Date of entering office.

C. I. A. i. 32 A v. 24 ff. See above **155**.

186. *C. I. A.* i. 179: [Ἀθεναῖοι ἀνέλ]οσαν ἐς Κόρκ[υραν τάδε. Ἐπὶ Ἀ|φσεύδος ἄρχο]ντος καὶ ἐπὶ τε̃ς βολε̃ς ʽε̃ι Κ[.|... δες Φαένο] Τειθράσιος πρõτος ἐγραμμά|[τευε, ταμίαι ʽ]ιερõν χρεμάτον τε̃ς Ἀθεναία|[ς ..... ἐκ Κερ]αμέον καὶ χσυνάρχοντες ʽοι̃ς | [Κράτες Ναύτ]ονος Λαμπτρεὺς ἐγραμμάτευε, | [παρέδοσαν] στρατεγοι̃ς ἐς Κόρκυραν τοι̃ς | [πρότοις ἐκ]πλέοσι Λακεδαιμονίοι Λακιά|[δει, Προτέαι] Αἰχσονεῖ, Διοτίμοι Εὐονυμεῖ | [ἐπὶ τε̃ς Λεον]τίδος? πρυτανείας πρότες πρυ|[τανευόσες, τ]ρε̃ς καὶ δέκα ἐμέραι ἐσελελυ|[θυίας .....] ΠΤ | v. 13. [Ἐπὶ Ἀφσεύδος] ἄρχοντος καὶ ʼεπὶ τε̃ς βολε̃ς | [ʽε̃ι Κ .... δες] Φαένο Τειθράσιος πρõτος ἐ|[γραμμάτευε, ταμ]ίαι ʽιερõν χρεμάτον τε̃ς Ἀ|[θεναίας, ...]ες Ἐρχιεὺς καὶ χσυνάρχον|[τες, ʽοι̃ς Εὐθίας Αἴ]σχρονος Ἀναφλύστιος | [ἐγραμμάτευε, παρέ]δοσαν στρατεγοι̃ς ἐς Κόρ|[κυραν τοι̃ς δευτέρ]οις ἐκπλέοσι, Γλαύκονι | [. . . . .]ένει Κοιλεῖ, Δρακοντι|[. . . . . ἐπὶ τε̃ς] Αἰαντίδος πρυτανείας | [. . .[1] τες πρυτανευόσε]ς τε̃ι τελευ[ταίαι ʽεμέ|ραι τε̃ς πρυτανείας? - - -].

See A. Boeckh, *Kleine Schriften*, vol. 6, pp. 72 ff.; and cf. *C. I. A.* iv. p. 31, no. 179 a–d and p. 159.

187. *C. I. A.* i. 189 a vs. 1: Ἐπὶ τε̃ς Ἐρεχθεΐδος δευτέρας πρ[υτα-

[1] πρότες vel ὀγδόες vel ἐνάτες.

νευόσες 'Ελλενοταμίαις παρέδομεν, Λυσιθέοι Θυμ]αιτάδει καὶ συνάρχοσι, τρίτ[ει] καὶ δεκάτε[ι τε̃ς πρ]υτα[νείας, δεκάτει φθίνοντος Μεταγειτ]νιο̃νος κ.τ.λ.

188. *C. I. A.* i. 189 b vs. 25, 26: [Τοι̃ς αὐτοι̃ς - - καὶ εἰκοστη̃ι τη̃ς πρυτανείας, - - κ]|α[ὶ] εἰκοστη̃ι το̃ μηνὸς 'Εκατομβ[α]ιο̃νος - - .

The boards distinguished by their Secretaries.

189. *C. I. A.* i. 122: [Τάδε] οἱ ταμίαι το̃ν ἱερο̃ν χρεμάτον τε̃ς 'Αθεναίας 'Αρχέστρατο[ς καὶ χσυν]άρχοντες οἷς Μελεσίας Πολυκλέος 'Οαιεὺς ἐγραμμάτευε [παρέδοσαν τοι̃ς] ταμίασιν οἷς Μεγακλε̃ς Μεγακλέος 'Αλοπεκειεὺς ἐγραμμά[τευε, παραδεξάμ]ενοι παρὰ το̃ν προτέρον ταμιο̃ν οἷς Θέολλος Χρομάδο Φλυε[ὺς ἐγραμμάτευε].

190. *C. I. A.* i. 117: [Θε]ο[ί]. || [Τάδε παρέδοσαν 'αι τέττ]αρες ἀρχαί, 'αὶ ἐδίδοσαν τὸ[ν λόγον | ἐκ Παναθεναίου ἐς Π]αναθέναι[α]· τοι̃ς ταμίασιν, 'οι̃ς [Κράτες | Λαμπτρεὺς ἐγραμμ]άτευε· 'οι δ[ὲ] ταμίαι, 'οι̃ς Κράτες [Λαμπτρεὺς | ἐγραμμάτευε, παρέ]δοσαν τοι̃ς [τα]μίασιν, 'οι̃ς Εὐθία[ς 'Αναφλύστιος | ἐγραμμάτευε]· κ.τ.λ.

Disbursement of sacred funds by the Temple Authorities.

C. I. A. i. 301. See above **IV. 84**.

191. *C. I. A.* i. 318 v. 5: 'Ερχσαντο το̃ν ἔργον ἐπὶ 'Αριστ[ίονος ἄρχοντος, ἐπὶ τε̃ς βολε̃ς, 'ει ὁ δει̃να] | προ̃τ[ο]ς ἐγραμμάτευε ἐπὶ τε̃ς Λε[οντίδος - - - πρυτανευούσης].

The Ταμίαι τῶν ἄλλων θεῶν.

C. I. A. i. 32. See above **155**.

192. *C. I. A.* i. 194, fr. a, b: Ταμία[ι] το̃ν ἄλ[λον θεο̃ν ἐπὶ τε̃ς βολ]|ε̃ς, 'ει Κ[α]λλίστρατο[ς . . . .] | προ̃τος ἐγραμμάτευ[εν, ἐπὶ 'Επαμεί]|νονος ἄρχοντος, 'Αντι[. . . . . ι]|ος, 'Αλκίφ[ρ]ον 'Αναφλύσ[τιος, κ.τ.λ. v. 9: τάδε παρέδ[οσαν παραδεχσάμενοι] | παρὰ το̃ν π[ροτέρον ταμιο̃ν] κ.τ.λ.

Fr. c, *pars dextra* (1) ['Ε]φαίσ[το]·
--- ἀργύρ[ιον]
--- Δ (2) Ποσει[δο̃νος]
-- ⊢⊢⊢IIIIC 'Ιππίο· ἀ[ργύριον] κ.τ.λ.

Appropriation of certain Revenues to fixed objects.

Prytaneia and Penalties for dikasts' fees.

[Xen.] *Resp. Ath.* i. 16. See above I. 174.

193. Ar. *Eq.* 1358:

Ἐάν τις εἴπῃ βωμολόχος ξυνήγορος·
οὐκ ἔστιν ὑμῖν τοῖς δικασταῖς ἄλφιτα,
εἰ μὴ καταγνώσεσθε ταύτην τὴν δίκην· κ.τ.λ.

194. Lysias 27 *in Epicr.* 1: Ἐνθυμεῖσθαι δὲ χρὴ ὅτι πολλάκις ἠκούσατε τούτων λεγόντων, ὁπότε βούλοιντό τινα ἀδίκως ἀπολέσαι, ὅτι, εἰ μὴ καταψηφιεῖσθε ὧν αὐτοὶ κελεύουσιν, ἐπιλείψει ὑμᾶς ἡ μισθοφορά.

195. Pollux viii. 38: Τὰ μὲν πρυτανεῖα ὡρισμένα, ὅ τι ἔδει καταβαλεῖν πρὸ τῆς δίκης τὸν διώκοντα καὶ τὸν διωκόμενον· εἰ δὲ μή, διέγραφον τὴν δίκην οἱ εἰσαγωγεῖς. ὁ δ' ἡττηθεὶς ἀπεδίδου τὸ παρ' ἀμφοτέρων δοθέν, ἐλάμβανον δ' αὐτὸ οἱ δικασταί. καὶ οἱ μὲν ἀπὸ ἑκατὸν δραχμῶν ἄχρι χιλίων δικαζόμενοι τρεῖς δραχμὰς κατετίθεντο, οἱ δὲ ἀπὸ χιλίων τριάκοντα. οἱ δὲ οἴονται πρυτανεῖα εἶναι τὸ ἐπιδέκατον τοῦ τιμήματος, κατατίθεσθαι δ' αὐτὸ τοὺς γραψαμένους ἐπὶ μισθοδοσίᾳ τῶν δικαστῶν.

196. Photius: Πρυτανεία, πρόσοδος εἰς τὰ δημόσια κατατασσομένη, ἣν οἱ δικασάμενοί τισι καὶ ἡττηθέντες κατέβαλον, ὡρισμένην ζημίαν κατατιθέντες ἑκάστοις. . . . Πρυτανεία, ἐκτεταμένως μὲν καὶ θηλυκῶς, ἀριθμός τις ἡμερῶν. οὐδετέρως δὲ σαφῶς μὲν οὐδεὶς εἶπεν τί δηλοῖ. τινὲς δὲ ἀργύριόν τι ἔφασαν εἶναι, ὃ κατετίθεσαν οἱ δικαζόμενοι, ἐξ ὧν τὸ δικαστικὸν ἐδίδοτο τοῖς ἑξακισχιλίοις.

Special votes.

197. *C. I. A.* ii. 50 vs. 15: Τὸ δὲ [ψήφισμα τόδε ἀναγραψ]άτω ὁ [γ]ραμματεὺς τῆς βολ[ῆς ἐν στήληι λιθίνηι κ]αὶ στ[η]σάτω ἐν ἀκροπόλη[ι] [εἰς δὲ τὴν ἀναγραφὴν ὁ] [τα]μί[α]ς τὸ δήμο δότω [Δ]Δ δ[ραχμὰς ἐκ τῶν ἐς τὰ κατὰ ψ]ηφίσματα ἀνα(λ)ισκ[ο]μέ[νων τῶι δήμωι].

198. *C. I. A.* ii. 61 v. 20: [Ἐς] δὲ τὴν ἀναγραφὴν τῆς στήλης δοῦναι τοὺς ταμίας [τῆς] βουλῆς: ΔΔΔ: [δρ]αχμὰς ἐκ τῶγ κατὰ ψηφίσματα ἀναλ[ισκο]μένων τῆι βουλῆι.

Expenditure on Festivals, &c.

199. *C. I. A.* i. 188 v. 5: Ἐπὶ τε̃ς Αἰγεΐδος δευτέρας πρυτανευόσες ⁝ ἀθλοθέταις παρεδ[ό]θε ἐς Παναθέναια τὰ μεγάλα, Φίλονι Κυδαθεναιεῖ καὶ συνάρχοσιν, Ἀθεναίας Πολιάδος ⁝ 𐅈X ⁝ ἱεροποιοῖς κατ[ὰ ἐ]νιαυτὸν ⁝ Διύλλοι Ἐρχιεῖ καὶ συνάρχοσιν ἐς τὲν ἑκατόμβεν 𐅅HΔ⊦⊦⊦⊦.

v. 22: Ἐβδόμει τε̃ς πρυτανείας Ἑλλενοταμίαις Θρ[ά]σονι Βουτάδει καὶ συνάρχοσιν ἐς τὲν διοβελίαν ⁝ TXHHΔΔΔ⊦⊦IIIↃ ⁝

See above **IV. 70 ff.**

The Custody of the Public Funds.

200. [Arist.] *Resp. Ath.* 44. Cf. Eustath. ad Hom. *Od.* p. 1827. Suid. ἐπιστάτης. Harpocr. ἐπιστάτης. *Etym. Magn.* ἐπιστάται. Pollux viii. 96, &c.

CHAPTER VI.

BIOGRAPHICAL.

Pausanias.

His Treachery and End.

General Narratives.

1. Thuc. i. 128–134. Cf. Hdt. v. 32.

2. Diod. xi. 44. 3: Πολλοὺς δ' ἐν αὐτῇ (scil. Βυζαντίῳ) Περσῶν ἀξιολόγους ζωγρήσας ἄνδρας παρέδωκεν εἰς φυλακὴν Γογγύλῳ τῷ Ἐρετριεῖ, τῷ μὲν λόγῳ πρὸς τιμωρίαν τηρήσοντι, τῷ δ' ἔργῳ διασώσοντι πρὸς Ξέρξην· συνετέθειτο γὰρ δι' ἀπορρήτων φιλίαν πρὸς τὸν βασιλέα, καὶ τὴν θυγατέρα τοῦ Ξέρξου γαμεῖν ἔμελλεν, ἵνα προδῷ τοὺς Ἕλληνας. (4) ἦν δ' ὁ ταῦτα πραττόμενος Ἀρτάβαζος στρατηγός, καὶ χρημάτων πλῆθος ἐχορήγει λάθρᾳ τῷ Παυσανίᾳ πρὸς τὸ διὰ τούτων φθείρειν τοὺς εὐθέτους τῶν Ἑλλήνων. ἐγένετο δὲ καταφανὴς καὶ τιμωρίας ἔτυχε τοιῷδέ τινι τρόπῳ (see **I. 19**). . . . (6) ἔτι δὲ μᾶλλον συνήργησε καὶ τὸ αὐτόματον τοῖς Ἀθηναίοις διὰ ταύτας τὰς αἰτίας. (45) Παυσανίας ἦν συντεθειμένος ὥστε τοὺς τὰς ἐπιστολὰς παρ' αὐτοῦ κομίζοντας πρὸς τὸν βασιλέα μὴ ἀνακάμπτειν μηδὲ γίνεσθαι μηνυτὰς τῶν ἀπορρήτων· δι' ἣν αἰτίαν ἀναιρουμένων αὐτῶν ὑπὸ τῶν ἀπολαμβανόντων τὰς ἐπιστολὰς συνέβαινε μηδένα διασώζεσθαι. (2) ἃ δὴ συλλογισάμενός τις τῶν βιβλιαφόρων ἀνέῳξε τὰς ἐπιστολάς, καὶ γνοὺς ἀληθὲς ὂν τὸ περὶ τὴν ἀναίρεσιν τῶν κομιζόντων τὰ γράμματα, ἀνέδωκε τοῖς ἐφόροις τὰς ἐπιστολάς. (3) τούτων δὲ ἀπιστούντων διὰ τὸ ἀνεῳγμένας αὐτοῖς τὰς ἐπιστολὰς ἀναδεδόσθαι, καὶ πίστιν ἑτέραν βεβαιοτέραν ζητούντων, ἐπηγγείλατο παραδώσειν αὐτὸν ὁμολογοῦντα. (4) πορευθεὶς οὖν ἐπὶ Ταίναρον καὶ καθεζόμενος ἐπὶ τῷ τοῦ Ποσειδῶνος ἱερῷ διπλῆν σκηνὴν περιεβάλετο, καὶ τοὺς μὲν ἐφόρους καὶ τῶν ἄλλων Σπαρτιατῶν τινας κατέκρυψε, τοῦ δὲ Παυσανίου παραγενομένου πρὸς αὐτὸν καὶ πυνθανομένου τὴν αἰτίαν τῆς ἱκετείας, ἐμέμψατο αὐτῷ καθ' ὅσον εἰς τὴν ἐπιστολὴν ἐνέγραψε τὸν κατ' αὐτοῦ θάνατον. (5) τοῦ δὲ Παυσανίου φήσαντος μεταμελεῖσθαι καὶ συγγνώμην αἰτουμένου τοῖς ἀγνοηθεῖσιν, ἔτι δὲ δεηθέντος ὅπως συγκρύψῃ, καὶ δωρεὰς μεγάλας ὑπισχνουμένου, αὐτοὶ μὲν διελύθησαν, οἱ δ' ἔφοροι καὶ οἱ μετ' αὐτῶν ἀκριβῶς μαθόντες τἀληθὲς τότε μὲν ἡσυχίαν ἔσχον, ὕστερον δὲ τῶν Λακεδαιμονίων τοῖς ἐφόροις συλλαμβανόντων, προαισθόμενος ἔφθασε καὶ κατέφυγεν εἰς ἱερὸν τὸ τῆς Ἀθηνᾶς τῆς Χαλκιοίκου. (6) ἀπορουμένων δὲ τῶν Λακεδαιμονίων εἰ τιμωρήσονται τὸν ἱκέτην, λέγεται τὴν μητέρα τοῦ Παυσανίου καταντήσασαν εἰς τὸ ἱερὸν ἄλλο μὲν μηδὲν μήτ' εἰπεῖν μήτε πρᾶξαι [τι], πλίνθον δὲ βαστάσασαν ἀναθεῖναι κατὰ τὴν εἰς τὸ ἱερὸν εἴσοδον, καὶ τοῦτο πράξασαν ἐπανελθεῖν εἰς τὴν ἰδίαν οἰκίαν. (7) τοὺς δὲ Λακεδαιμονίους τῇ τῆς μητρὸς κρίσει συνακολουθήσαντας ἐνοικοδομῆσαι τὴν εἴσοδον, καὶ τούτῳ τῷ τρόπῳ συναναγκάσαι τὸν Παυσανίαν λιμῷ καταστρέψαι τὸν βίον. τὸ μὲν οὖν σῶμα τοῦ τελευτήσαντος συνεχωρήθη τοῖς προσήκουσι καταχῶσαι, τὸ δὲ δαιμόνιον τῆς τῶν ἱκετῶν σωτηρίας καταλυθείσης ἐπεσήμηνε· (8) τῶν γὰρ Λακεδαιμονίων περί τινων ἄλλων ἐν Δελφοῖς χρηστηριαζομένων, ὁ θεὸς ἔδωκε χρησμὸν κελεύων ἀποκαταστῆσαι τῇ θεῷ τὸν ἱκέτην. (9) διόπερ οἱ Σπαρτιᾶται τὴν μαντείαν ἀδύνατον νομίζοντες εἶναι, ἠπόρουν ἐφ' ἱκανὸν χρόνον, οὐ δυνάμενοι ποιῆσαι τὸ προσταττόμενον ὑπὸ τοῦ θεοῦ· ὅμως δ' ἐκ τῶν ἐνδεχομένων βουλευσάμενοι κατεσκεύασαν εἰκόνας δύο τοῦ Παυσανίου χαλκᾶς, καὶ ἀνέθηκαν εἰς τὸ ἱερὸν τῆς Ἀθηνᾶς.

3. Aristod. iv. (*F. H. G.* v. p. 7): Καὶ Παυσανίας ὁ Κλεομβρότου, ὁ τῶν Λακεδαιμονίων στρατηγός, [οὐ] κατὰ φιλοτιμίαν τὴν ὑπὲρ τῶν Ἑλλήνων, ἀλλὰ διὰ προδοσίαν· συντεθειμένος γὰρ ἦν Ξέρξῃ προδώσεσθαι αὐτῷ τοὺς Ἕλληνας ἐπὶ τῷ λαβεῖν θυγατέρα παρ' αὐτοῦ πρὸς γάμον. ὃς ἐπηρμένος τῇ τε ἐλπίδι ταύτῃ καὶ τῷ εὐτυχήματι τῷ ἐν Πλαταιαῖς, οὐκ ἐμετριοπάθει, ἀλλὰ πρῶτον μὲν τρίποδα ἀναθεὶς τῷ ἐν Δελφοῖς Ἀπόλλωνι ἐπίγραμμα ἔγραψε πρὸς αὐτὸν τοιοῦτον·

Ἑλλήνων ἀρχηγὸς ἐπεὶ στρατὸν ὤλεσε Μήδων
Παυσανίας Φοίβῳ μνῆμ' ἀνέθηκε τόδε.

(2) τῶν δὲ ὑποτεταγμένων αὐτῷ πικρῶς ἦρχε καὶ τυραννικῶς, τὴν μὲν Λακωνικὴν δίαιταν ἀποτεθειμένος, ἐπιτετηδευκὼς δὲ τὰς τῶν Περσῶν ἐσθῆτας φορεῖν καὶ Περσικὰς τραπέζας παρατεθειμένος πολυτελεῖς, ὡς ἔθος ἐκείνοις.

4. *Id.* vi. (*F. H. G.* v. p. 9): Λακεδαιμόνιοι δέ, ἀκούσαντες τὰ

περὶ τῆς ἐγκεχειρισμένης προδοσίας Παυσανίᾳ, πέμψαντες αὐτῷ τὴν σκυτάλην, μετεκαλοῦντο αὐτὸν ὡς ἀπολογησόμενον. ὁ δὲ Παυσανίας, ἐλθὼν εἰς τὴν Σπάρτην, ἀπελογήσατο· καὶ ἀπατήσας τοὺς Λακεδαιμονίους, ἀπολυθεὶς τῆς αἰτίας, ὑπεξῆλθεν καὶ πάλιν ἐνήργει τὴν προδοσίαν.

5. *Id.* viii. (*F. H. G.* v. p. 10): Ὁ δὲ Παυσανίας, ὑπάρχων ἐν Βυζαντίῳ, ἀναφανδὸν ἐμήδισεν, καὶ κακὰ διετίθει τοὺς Ἕλληνας. Διεπράξατο δέ τι καὶ τοιοῦτον. ἦν ἐπιχωρίου τινὸς θυγάτηρ Κορωνίδου ὄνομα, ἐφ' ἣν ἔπεμψεν ὁ Παυσανίας ἐξαιτῶν τὸν πατέρα. ὁ δὲ Κορωνίδης, δεδοικὼς τὴν ὠμότητα τοῦ Παυσανίου, ἔπεμψεν αὐτῷ τὴν παῖδα. ἧς καὶ παραγενομένης νυκτὸς ἐς τὸ οἴκημα κοιμωμένου τοῦ Παυσανίου καὶ παραστάσης, περίυπνος γενόμενος ὁ Παυσανίας δόξας τε κατ' ἐπιβουλήν τινα εἰσεληλυθέναι, ἐπαράμενος τὸ ξιφίδιον, ἐπερόνησε τὴν κόρην καὶ ἀπέκτεινε, καὶ διὰ τοῦτο εἰς μανίαν περιέστη. καὶ γενόμενος φρενομανὴς ἐκεκράγει ὡς δὴ μαστιγούμενος ὑπὸ τῆς κόρης. πολλοῦ δὲ χρόνου διαγενομένου, ἐξιλάσατο τοὺς δαίμονας τῆς παιδός, καὶ οὕτως ἀποκατέστη. (2) τῆς δὲ προδοσίας οὐκ ἐπαύετο, ἀλλὰ γράψας ἐπιστολὰς Ξέρξῃ, Ἀργιλίῳ ἀγαπωμένῳ ἑαυτοῦ δίδωσι ταύτας ἐγκελευσάμενος κομίζειν πρὸς Ξέρξην. ὁ δὲ Ἀργίλιος, δεδοικὼς περὶ αὐτοῦ, ἐπειδὴ (γὰρ) οὐδὲ οἱ πρότεροι πεμφθέντες ἀπενόστησαν, πρὸς Ξέρξην οὐ παρεγένετο, ἐλθὼν δὲ εἰς Σπάρτην, τοῖς ἐφόροις ἐμήνυσε τὴν προδοσίαν, ὑπέσχετο δὲ κατάφωρον δείξειν τὸν Παυσανίαν. (3) καὶ συνθέμενος περὶ τούτων ἦλθεν εἰς Ταίναρον, ἔν τε τῷ τοῦ Ποσειδῶνος τεμένει ἱκέτευεν· οἱ δὲ ἔφοροι, παραγενόμενοι εἰς τὸ [αὐτὸ τέμενος καὶ] διπλῆν σκηνὴν κατασκευάσαντες ἐν αὐτῇ ἔκρυψαν ἑαυτούς. οὐκ ἐπιστάμενος δὲ ὁ Παυσανίας ταῦτα, ἀκούσας δὲ τὸν Ἀργίλιον ἱκετεύοντα, παρεγένετο πρὸς αὐτόν, καὶ ἀπεμέμφετο ἐπὶ τὸ μὴ κομίσαι τὰς ἐπιστολὰς πρὸς Ξέρξην, ἄλλα τέ τινα τεκμήρια διεξῄει τῆς προδοσίας· οἱ δὲ ἔφοροι, ἀκούσαντες τῶν ῥηθέντων, παραχρῆμα μὲν οὐ συνελάβοντο αὐτὸν διὰ τὸ εἶναι ἅγιον τὸ τέμενος, ἀλλ' εἴασαν ἀπελθεῖν, ὕστερον δὲ αὐτὸν ἐλθόντα εἰς Σπάρτην ἐβούλοντο συλλαμβάνεσθαι. ὁ δὲ ὑπονοήσας εἰσέδραμεν εἰς τὸ τῆς Χαλκιοίκου Ἀθηνᾶς τέμενος καὶ ἱκέτευεν. (4) τῶν δὲ Λακεδαιμονίων ἐν ἀπόρῳ ὄντων διὰ τὴν εἰς τὸν θεὸν θρῃσκείαν, ἡ μήτηρ τοῦ Παυσανίου βαστάσασα πλίνθον ἔθηκεν ἐπὶ τῆς εἰσόδου τοῦ τεμένους, προκαταρχομένη τῆς κατὰ τοῦ παιδὸς κολάσεως· οἱ δὲ Λακεδαιμόνιοι, κατακολουθήσαντες αὐτῇ, ἀνῳκοδόμησαν τὸ τέμενος. καὶ λιμῷ διαφθαρέντος τοῦ Παυσανίου, ἀνελόντες τὴν στέγην, ἐξείλκυσαν τοῦ ναοῦ ἔτι ἐμπνέοντα τὸν Παυσανίαν καὶ ἐξέρριψαν. διὰ δὲ

τοῦτο λοιμὸς αὐτοὺς κατέσχεν. θεοῦ δὲ χρήσαντος ἐπὰν ἐξιλάσωνται τοὺς δαίμονας τοῦ Παυσανίου, παύσασθαι τὸν λοιμόν, ἀνδριάντα αὐτῷ ἀνέστησαν, καὶ ἐπαύσατο ὁ λοιμός.

6. Corn. Nep. *Paus.* 1. 3: Sed primum in eo est reprehensus, quod ex praeda tripodem aureum Delphis posuisset epigrammate inscripto, in quo haec erat sententia: suo ductu barbaros apud Plataeas esse deletos eiusque victoriae ergo Apollini *id* donum dedisse. (4) hos versus Lacedaemonii exsculpserunt neque aliud scripserunt quam nomina earum civitatum, quarum auxilio Persae erant victi.

2. Post id proelium eundem Pausaniam cum classe communi Cyprum atque Hellespontum miserunt, ut ex iis regionibus barbarorum praesidia depelleret. (2) pari felicitate in ea re usus elatius se gerere coepit maioresque appetere res. nam cum Byzantio expugnato cepisset complures Persarum nobiles atque in eis nonnullos regis propinquos, hos clam Xerxi remisit, simulans ex vinclis publicis effugisse, et cum iis Gongylum Eretriensem, qui litteras regi redderet, in quibus haec fuisse scripta Thucydides memoriae prodidit: (3) 'Pausanias, dux Spartae, quos Byzantii ceperat, postquam propinquos tuos cognovit, tibi muneri misit seque tecum affinitate coniungi cupit: quare, si tibi videtur, des ei filiam tuam nuptum. (4) id si feceris, et Spartam et ceteram Graeciam sub tuam potestatem se adiuvante *te* redacturum pollicetur. his de rebus si quid agere volueris, certum hominem ad eum mittas face, cum quo colloquatur.' (5) rex tot hominum salute tam sibi necessariorum magno opere gavisus confestim cum epistula Artabazum ad Pausaniam mittit, in qua eum collaudat *ac* petit, ne cui rei parcat ad ea efficienda, quae polliceretur: si perfecerit, nullius rei a se repulsam laturum. (6) huius Pausanias voluntate cognita alacrior ad rem gerendam factus in suspicionem cecidit Lacedaemoniorum. quo facto domum revocatus, accusatus capitis absolvitur, multatur tamen pecunia, quam ob causam ad classem remissus non est.

3. At ille post non multo sua sponte ad exercitum rediit et ibi non stolida, sed dementi ratione cogitata patefecit: non enim mores patrios solum, sed etiam cultum vestitumque mutavit. (2) apparatu regio utebatur, veste Medica; satellites Medi et Aegyptii sequebantur; epulabatur more Persarum

luxuriosius, quam qui aderant perpeti possent; (3) aditum petentibus [conveniundi] non dabat, superbe respondebat, crudeliter imperabat. Spartam redire nolebat; Colonas, qui locus in agro Troade est, se contulerat; ibi consilia cum patriae tum sibi inimica capiebat. (4) id postquam Lacedaemonii rescierunt, legatos cum clava ad eum miserunt, in qua more illorum erat scriptum: nisi domum reverteretur, se capitis eum damnaturos. (5) hoc nuntio commotus, sperans se etiamtum pecunia et potentia instans periculum posse depellere, domum rediit. huc ut venit, ab ephoris in vincla publica est coniectus: licet enim legibus eorum cuivis ephoro hoc facere regi. hinc tamen se expedivit, neque eo magis carebat suspicione: nam opinio manebat eum cum rege habere societatem. (6) est genus quoddam hominum, quod Hilotae vocatur, quorum magna multitudo agros Lacedaemoniorum colit servorumque munere fungitur. hos quoque sollicitare spe libertatis existimabatur. (7) sed quod harum rerum nullum erat apertum crimen, quo coargui posset, non putabant de tali tamque claro viro suspicionibus oportere iudicari et exspectandum, dum se ipsa res aperiret.

4. Interim Argilius quidam adulescentulus, quem puerum Pausanias amore venerio dilexerat, cum epistulam ab eo ad Artabazum accepisset eique in suspicionem venisset aliquid in ea de se esse scriptum, quod nemo eorum redisset, qui [super tali causa] eodem missi erant, vincla epistulae laxavit signoque detracto cognovit, si pertulisset, sibi esse pereundum. (2) erant in eadem epistula quae ad ea pertinebant, quae inter regem Pausaniamque convenerant. has ille litteras ephoris tradidit. (3) non est praetereunda gravitas Lacedaemoniorum hoc loco. nam ne huius quidem indicio impulsi sunt ut Pausaniam comprehenderent, neque prius vim adhibendam putaverunt, quam se ipse indicasset. (4) itaque huic indici, quid fieri vellent, praeceperunt. fanum Neptuni est Taenari, quod violari nefas putant Graeci. eo ille [index] confugit in araque consedit. hanc iuxta locum fecerunt sub terra, ex quo posset exaudiri, si quis quid loqueretur cum Argilio. (5) huc ex ephoris quidam descenderunt. Pausanias, ut audivit Argilium confugisse in aram, perturbatus venit eo. quem cum supplicem dei videret in ara sedentem, quaerit, causae

quid sit tam repentini consilii. huic ille, quid ex litteris comperisset, aperit. (6) quo magis Pausanias perturbatus orare coepit, ne enuntiaret neu se meritum de illo optime proderet: quodsi eam veniam sibi dedisset tantisque implicatum rebus sublevasset, magno ei praemio futurum.

5. His rebus ephori cognitis satius putarunt in urbe eum comprehendi. quo cum essent profecti et Pausanias placato Argilio, ut putabat, Lacedaemonem reverteretur, in itinere, cum iam in eo esset ut comprehenderetur, ex vultu cuiusdam ephori, qui eum admoneri cupiebat, insidias sibi fieri intellexit. (2) itaque paucis ante gradibus, quam qui eum sequebantur, in aedem Minervae, quae Chalcioicos vocatur, confugit. hinc ne exire posset, statim ephori valvas eius aedis obstruxerunt tectumque sunt demoliti, quo celerius sub divo interiret. (3) dicitur eo tempore matrem Pausaniae vixisse eamque iam magno natu, postquam de scelere filii comperit, in primis ad filium claudendum lapidem ad introitum aedis attulisse. (4) hic cum semianimis de templo elatus esset, confestim animam efflavit. sic Pausanias magnam belli gloriam turpi morte maculavit. (5) cuius mortui corpus cum eodem nonnulli dicerent inferri oportere, quo ii qui ad supplicium essent dati, displicuit pluribus, et procul ab eo loco infoderunt, quo erat mortuus. inde posterius *dei* Delphici responso erutus atque eodem loco sepultus *est*, ubi vitam posuerat.

7. Justin. ii. 15: (Pausanias) pro ducatu regnum Graeciae adfectans proditionis praemium cum Xerxe nuptias filiae eius paciscitur redditis captivis, ut fides regis aliquo beneficio obstringeretur. scribit praeterea Xerxi, quoscunque ad se nuntios misisset, interficeret, ne res loquacitate hominum proderetur. sed dux Atheniensium Aristides, belli socius electus collegae conatibus obviam eundo simul et in rem sapienter consulendo proditionis consilia discussit. nec multo post accusatus Pausanias damnatur.

8. Schol. ad Ar. *Eq.* 84: (*Μετὰ τὴν Ξέρξου φυγὴν Λακεδαιμόνιοι προδοσίας κρίνουσι καὶ φονεύουσι* Παυσανίαν *τὸν ἴδιον βασιλέα,* Κλεομβρότου *καὶ* ᾿Αλκαθόας *υἱόν*).

His behaviour at Byzantion, &c.

9. Plut. *Cim.* 6: Ἔπειτα Παυσανίου τοῖς μὲν βαρβάροις διαλεγομένου περὶ προδοσίας καὶ βασιλεῖ γράφοντος ἐπιστολάς, τοῖς δὲ συμμάχοις τραχέως καὶ αὐθάδως προσφερομένου καὶ πολλὰ δι' ἐξουσίαν καὶ ὄγκον ἀνόητον ὑβρίζοντος, ὑπολαμβάνων πράως τοὺς ἀδικουμένους καὶ φιλανθρώπως ἐξομιλῶν ἔλαθεν οὐ δι' ὅπλων τὴν τῆς Ἑλλάδος ἡγεμονίαν, ἀλλὰ λόγῳ καὶ ἤθει παρελόμενος. προσετίθεντο γὰρ οἱ πλεῖστοι τῶν συμμάχων ἐκείνῳ τε καὶ Ἀριστείδῃ τὴν χαλεπότητα καὶ ὑπεροψίαν τοῦ Παυσανίου μὴ φέροντες. οἱ δὲ καὶ τούτους ἅμα προσήγοντο καὶ τοῖς ἐφόροις πέμποντες ἔφραζον, ὡς ἀδοξούσης τῆς Σπάρτης καὶ ταραττομένης τῆς Ἑλλάδος, ἀνακαλεῖν τὸν Παυσανίαν. λέγεται δὲ παρθένον τινὰ Βυζαντίαν ἐπιφανῶν γονέων, ὄνομα Κλεονίκην, ἐπ' αἰσχύνῃ τοῦ Παυσανίου μεταπεμπομένου, τοὺς μὲν γονεῖς ὑπ' ἀνάγκης καὶ φόβου προέσθαι τὴν παῖδα, τὴν δὲ τῶν πρὸ τοῦ δωματίου δεηθεῖσαν ἀνελέσθαι τὸ φῶς, διὰ σκότους καὶ σιωπῆς τῇ κλίνῃ προσιοῦσαν ἤδη τοῦ Παυσανίου καθεύδοντος, ἐμπεσεῖν καὶ ἀνατρέψαι τὸ λυχνίον ἄκουσαν· τὸν δ' ὑπὸ τοῦ ψόφου ταραχθέντα σπασάμενον τὸ παρακείμενον ἐγχειρίδιον, ὥς τινος ἐπ' αὐτὸν ἐχθροῦ βαδίζοντος, πατάξαι καὶ καταβαλεῖν τὴν παρθένον, ἐκ δὲ τῆς πληγῆς ἀποθανοῦσαν αὐτὴν οὐκ ἐᾶν τὸν Παυσανίαν ἡσυχάζειν, ἀλλὰ νύκτωρ εἴδωλον αὐτῷ φοιτῶσαν εἰς τὸν ὕπνον ὀργῇ λέγειν τόδε τὸ ἡρῷον·

στεῖχε δίκης ἆσσον· μάλα τοι κακὸν ἀνδράσιν ὕβρις.

ἐφ' ᾧ καὶ μάλιστα χαλεπῶς ἐνεγκόντες οἱ σύμμαχοι μετὰ τοῦ Κίμωνος ἐξεπολιόρκησαν αὐτόν. ὁ δ' ἐκπεσὼν τοῦ Βυζαντίου καὶ τῷ φάσματι ταραττόμενος, ὡς λέγεται, κατέφυγε πρὸς τὸ νεκυομαντεῖον εἰς Ἡράκλειαν, καὶ τὴν ψυχὴν ἀνακαλούμενος τῆς Κλεονίκης παρῃτεῖτο τὴν ὀργήν. ἡ δ' εἰς ὄψιν ἐλθοῦσα ταχέως ἔφη παύσεσθαι τῶν κακῶν αὐτὸν ἐν Σπάρτῃ γενόμενον, αἰνιττομένη, ὡς ἔοικε, τὴν μέλλουσαν αὐτῷ τελευτήν. ταῦτα μὲν οὖν ὑπὸ πολλῶν ἱστόρηται.

Plut. *Ar.* 23. See above I. 21.

10. [Demosth.] 59 *in Neaer.* 97: Ἐφ' οἷς φυσηθεὶς Παυσανίας ὁ τῶν Λακεδαιμονίων βασιλεὺς ἐπέγραψεν ἐπὶ τὸν τρίποδα τὸν ἐν Δελφοῖς, ὃν οἱ Ἕλληνες οἱ συμμαχεσάμενοι τὴν Πλαταιᾶσι μάχην καὶ τὴν ἐν Σαλαμῖνι ναυμαχίαν ναυμαχήσαντες κοινῇ ποιησάμενοι ἀνέθηκαν ἀριστεῖον τῷ Ἀπόλλωνι ἀπὸ τῶν βαρβάρων,

Ἑλλήνων ἀρχηγὸς ἐπεὶ στρατὸν ὤλεσε Μήδων,
Παυσανίας Φοίβῳ μνῆμ' ἀνέθηκε τόδε,

ὡς αὐτοῦ τοῦ ἔργου ὄντος καὶ τοῦ ἀναθήματος, ἀλλ' οὐ κοινοῦ τῶν συμμάχων· (98) ὀργισθέντων δὲ τῶν Ἑλλήνων οἱ Πλαταιεῖς λαγχάνουσι δίκην τοῖς Λακεδαιμονίοις εἰς τοὺς Ἀμφικτύονας χιλίων ταλάντων ὑπὲρ τῶν συμμάχων, καὶ ἠνάγκασαν αὐτοὺς ἐκκολάψαντας τὰ ἐλεγεῖα ἐπιγράψαι τὰς πόλεις τὰς κοινωνούσας τοῦ ἔργου. διόπερ αὐτοῖς οὐχ ἥκιστα παρηκολούθει ἡ ἔχθρα παρὰ Λακεδαιμονίων καὶ ἐκ τοῦ γένους τοῦ βασιλείου.

11. Paus. iii. 17. 8: Ὡς γὰρ δὴ διέτριβε περὶ Ἑλλήσποντον ναυσὶ τῶν τε ἄλλων καὶ αὐτῶν Λακεδαιμονίων, παρθένου Βυζαντίας ἐπεθύμησε· καὶ αὐτίκα νυκτὸς ἀρχομένης τὴν Κλεονίκην, τοῦτο γὰρ ὄνομα ἦν τῇ κόρῃ, κομίζουσιν οἷς ἐπετέτακτο. ἐν τούτῳ δὲ ὑπνωμένον τὸν Παυσανίαν ἐπήγειρεν ὁ ψόφος· ἰοῦσα γὰρ παρ' αὐτὸν τὸν καιόμενον λύχνον κατέβαλεν ἄκουσα. ἅτε δὲ ὁ Παυσανίας συνειδὼς αὑτῷ προδιδόντι τὴν Ἑλλάδα καὶ δι' αὐτὸ ἐχόμενος ταραχῇ τε ἀεὶ καὶ δείματι, ἐξέστη καὶ τότε καὶ τὴν παῖδα τῷ ἀκινάκῃ παίει.

12. Athen. xii. 535 E: Δοῦρις δ' ἐν τῇ δευτέρᾳ καὶ εἰκοστῇ τῶν ἱστοριῶν (*F. H. G.* ii. 477 *fr.* 31), "Παυσανίας μὲν (φησὶν) ὁ τῶν Σπαρτιατῶν βασιλεὺς καταθέμενος τὸν πάτριον τρίβωνα τὴν Περσικὴν ἐνεδύετο στολήν."

Krater inscribed by Pausanias.

13. Hdt. iv. 81.

14. Athen. xii. 536 A: Νύμφις δὲ ὁ Ἡρακλεώτης ἐν ἕκτῳ τῶν περὶ τῆς πατρίδος (*F. H. G.* iii. 15 *fr.* 15), "Παυσανίας, φησίν, ὁ περὶ Πλαταιὰς νικήσας Μαρδόνιον, τὰ τῆς Σπάρτης ἐξελθὼν νόμιμα, καὶ εἰς ὑπερηφανίαν ἐπιδοὺς περὶ Βυζάντιον διατρίβων, τὸν χαλκοῦν κρατῆρα τὸν ἀνακείμενον τοῖς θεοῖς τοῖς ἐπὶ τοῦ στόματος ἱδρυμένοις, ὃν ἔτι καὶ νῦν εἶναι συμβαίνει, ἐτόλμησεν ἐπιγράψαι, ὡς αὐτὸς ἀναθείη, ὑποθεὶς τόδε τὸ ἐπίγραμμα, διὰ τὴν τρυφὴν καὶ ὑπερηφανίαν ἐπιλαθόμενος αὐτοῦ·

μνᾶμ' ἀρετᾶς ἀνέθηκε Ποσειδάωνι ἄνακτι
Παυσανίας, ἄρχων Ἑλλάδος εὐρυχόρου,
πόντου ἐπ' Εὐξείνου, Λακεδαιμόνιος γένος, υἱὸς
Κλεομβρότου, ἀρχαίας Ἡρακλέος γενεᾶς."

His Attempts on the Spartan Constitution.

15. Arist. *Pol.* viii. (v.) vi. (7.) 2. 1307 a 2: (Μάλιστα δὲ συμβαίνειν ἀναγκαῖον ἐν ταῖς ἀριστοκρατίαις γενέσθαι τὰς στάσεις) ἐάν τις μέγας ᾖ καὶ δυνάμενος ἔτι μείζων εἶναι, ἵνα μοναρχῇ, ὥσπερ ἐν Λακεδαίμονι δοκεῖ Παυσανίας ὁ στρατηγήσας κατὰ τὸν Μηδικὸν πόλεμον.

16. *Ibid.* i. (1.) 5. 1301 b 19: Ἐν Λακεδαίμονί φασι Λύσανδρόν τινες ἐπιχειρῆσαι καταλῦσαι τὴν βασιλείαν καὶ Παυσανίαν τὸν βασιλέα τὴν ἐφορείαν.

17. *Id.* iv. (vii.) xiii. (14.) 13. 1333 b 29: Ἔτι δὲ οὐ διὰ τοῦτο δεῖ τὴν πόλιν εὐδαίμονα νομίζειν καὶ τὸν νομοθετην ἐπαινεῖν, ὅτι κρατεῖν ἤσκησεν ἐπὶ τὸ τῶν πέλας ἄρχειν . . . δῆλον γὰρ ὅτι καὶ τῶν πολιτῶν τῷ δυναμένῳ τοῦτο πειρατέον διώκειν, ὅπως δύνηται τῆς οἰκείας πόλεως ἄρχειν· ὅπερ ἐγκαλοῦσιν οἱ Λάκωνες Παυσανίᾳ τῷ βασιλεῖ, καίπερ ἔχοντι τηλικαύτην τιμήν.

Cf. above 1, 6.

The Regency in Sparta.

18. Thuc. i. 107. 2.

Diod. xi. 79. 5. See above III. 90.

19. Diod. xiii. 75: Προσετέθη δὲ καὶ συνωρὶς κατὰ τὴν αὐτὴν ὀλυμπιάδα (93. 1 = 408 B.C.) καὶ παρὰ Λακεδαιμονίοις Πλειστώναξ ὁ βασιλεὺς ἐτελεύτησεν ἄρξας ἔτη πεντήκοντα.

20. Paus. iii. 5. 1: Πλείσταρχος μὲν οὖν ὁ Λεωνίδου νεωστὶ τὴν βασιλείαν παρειληφὼς ἐτελεύτησε, Πλειστοάναξ δὲ ἔσχε τὴν ἀρχὴν ὁ Παυσανίου τοῦ Πλαταιᾶσιν ἡγησαμένου.

Monuments relating to Pausanias.

21. Paus. iii. 14. 1: Τοῦ θεάτρου δὲ ἀπαντικρὺ Παυσανίου τοῦ Πλαταιᾶσιν ἡγησαμένου μνῆμά ἐστι, τὸ δὲ ἕτερον Λεωνίδου καὶ λόγους κατὰ ἔτος ἕκαστον ἐπ' αὐτοῖς λέγουσι καὶ τιθέασιν ἀγῶνα, ἐν ᾧ πλὴν Σπαρτιατῶν ἄλλῳ γε οὐκ ἔστιν ἀγωνίζεσθαι . . .*** τοῦ Παυσανίου κεῖται [δὲ] καὶ στήλη πατρόθεν τὰ ὀνόματα ἔχουσα οἳ πρὸς Μήδους τὸν ἐν Θερμοπύλαις ἀγῶνα ὑπέμειναν.

22. *Ibid.* 17. 2: Ἐνταῦθα Ἀθηνᾶς ἱερὸν πεποίηται (ἐν τῇ ἀκροπόλει), Πολιούχου καλουμένης καὶ Χαλκιοίκου τῆς αὐτῆς . . . (7) παρὰ δὲ τῆς Χαλκιοίκου τὸν βωμὸν ἑστήκασι δύο εἰκόνες Παυσανίου τοῦ περὶ Πλάταιαν ἡγησαμένου. τὰ δὲ ἐς αὐτὸν ὁποῖα ἐγένετο εἰδόσιν οὐ διηγήσομαι· τὰ γὰρ τοῖς πρότερον συγγραφέντα ἐπ' ἀκριβὲς ἀποχρῶντα ἦν· ἐπεξελθεῖν δέ σφισιν ἀρκέσομαι ἃ ἤκουσα ἀνδρὸς Βυζαντίου, Παυσανίαν φωραθῆναί τε ἐφ' οἷς ἐβουλεύετο καὶ μόνον

τῶν ἱκετευσάντων τὴν Χαλκίοικον ἁμαρτεῖν ἀδείας κατ' ἄλλο μὲν οὐδέν, φόνου δὲ ἄγος ἐκνίψασθαι μὴ δυνηθέντα κ.τ.λ.

The Sons of Gongylos.

23. Xen. *Hellen.* iii. 1. 6: Προσεχώρησαν δὲ αὐτῷ (τῷ Θίβρωνι) καὶ Γοργίων καὶ Γογγύλος, ἀδελφοὶ ὄντες, ἔχοντες ὁ μὲν Γάμβριον καὶ Παλαιγάμβριον, ὁ δὲ Μύριναν καὶ Γρύνειον· δῶρον δὲ καὶ αὗται αἱ πόλεις ἦσαν παρὰ βασιλέως Γογγύλῳ, ὅτι μόνος Ἐρετριέων μηδίσας ἔφυγεν. Cf. *Anab.* vii. 8. 8.

Themistokles.

His extortions in the Aigaian.

24. Hdt. viii. 111, 112, 121.

25. Plut. *de Her. mal.* 40 (*Eth.* 871 C): Τῶν τοίνυν αἰτιῶν τῶν κατὰ Θεμιστοκλέους ἀνέδην ἐμφορηθείς, ἐν οἷς κλέπτοντα καὶ πλεονεκτοῦντα λάθρᾳ τῶν ἄλλων στρατηγῶν οὔ φησι παύσασθαι περὶ τὰς νήσους κ.τ.λ.

Id. Them. 21. See below **29.**

The Temple of Artemis Aristobule.

26. Plut. *de Her. mal.* 37 (*Eth.* 869 C): Τοῦ Θεμιστοκλέους βουλεύματος, ὃ βουλεύσας τῇ Ἑλλάδι ναυμαχῆσαι πρὸ τῆς Σαλαμῖνος ἱδρύσατο ναὸν Ἀριστοβούλης Ἀρτέμιδος ἐν Μελίτῃ, τοῦ βαρβάρου καταπολεμηθέντος.

Id. Them. 22. See below **29.**

His alleged Treason and Fall.

27. Thuc. i. 135–138.

28. Diod. xi. 54: Ἐπ' ἄρχοντος δ' Ἀθήνησι Πραξιέργου . . . (2) Λακεδαιμόνιοι δὲ ὁρῶντες τὴν μὲν Σπάρτην διὰ τὴν Παυσανίου τοῦ στρατηγοῦ προδοσίαν ταπεινῶς πράττουσαν, τοὺς δὲ Ἀθηναίους εὐδοκιμοῦντας διὰ τὸ μηδένα παρ' αὐτοῖς πολίτην ἐπὶ προδοσίᾳ κατεγνῶσθαι, ἔσπευδον τὰς Ἀθήνας ταῖς ὁμοίαις περιβαλεῖν διαβολαῖς. (3) διόπερ εὐδοκιμοῦντος παρ' αὐτοῖς Θεμιστοκλέους καὶ μεγάλην δόξαν ἔχοντος ἐπ' ἀρετῇ, κατηγόρησαν προδοσίαν αὐτοῦ, φάσκοντες φίλον γενέσθαι τοῦ Παυσανίου μέγιστον, καὶ μετὰ τούτου συντεθεῖσθαι κοινῇ προδοῦναι τὴν Ἑλλάδα τῷ Ξέρξῃ. (4) διελέγοντο δὲ καὶ τοῖς ἐχθροῖς τοῦ Θεμιστοκλέους, παροξύνοντες αὐτοὺς πρὸς τὴν κατηγορίαν, καὶ χρήματα ἔδοσαν, διδάσκοντες ὅτι Παυσανίας μὲν κρίνας προδιδόναι τοὺς Ἕλληνας ἐδήλωσε τὴν ἰδίαν ἐπιβολὴν Θεμιστοκλεῖ καὶ παρεκάλεσε κοινωνεῖν τῆς προθέσεως, ὁ δὲ Θεμιστοκλῆς οὔτε προσεδέξατο τὴν ἔντευξιν οὔτε διαβάλλειν ἔκρινε δεῖν ἄνδρα φίλον. (5) οὐ μὴν ἀλλὰ κατηγορηθεὶς ὁ Θεμιστοκλῆς τότε μὲν ἀπέφυγε τὴν τῆς προδοσίας κρίσιν. διὸ καὶ τὸ μὲν πρῶτον μετὰ τὴν ἀπόλυσιν μέγας ἦν παρὰ τοῖς Ἀθηναίοις· ἠγάπων γὰρ αὐτὸν ἐπὶ τοῖς πεπραγμένοις διαφερόντως οἱ πολῖται· μετὰ δὲ ταῦτα οἱ μὲν φοβηθέντες αὐτοῦ τὴν ὑπεροχήν, οἱ δὲ φθονήσαντες τῇ δόξῃ, τῶν μὲν εὐεργεσιῶν ἐπελάθοντο, τὴν δ' ἰσχὺν αὐτοῦ καὶ τὸ φρόνημα ταπεινοῦν ἔσπευδον. (55) πρῶτον μὲν οὖν αὐτὸν ἐκ τῆς πόλεως μετέστησαν, τοῦτον τὸν ὀνομαζόμενον ὀστρακισμὸν ἐπαγαγόντες αὐτῷ . . . (3) ὁ μὲν οὖν Θεμιστοκλῆς . . . ἐξοστρακισθεὶς ἔφυγεν ἐκ τῆς πατρίδος εἰς Ἄργος. (4) οἱ δὲ Λακεδαιμόνιοι πυθόμενοι περὶ τούτων, καὶ νομίσαντες παρὰ τῆς τύχης εἰληφέναι καιρὸν ἐπιθέσθαι τῷ Θεμιστοκλεῖ, πάλιν εἰς τὰς Ἀθήνας ἐξαπέστειλαν πρέσβεις κατηγοροῦντες τοῦ Θεμιστοκλέους ὅτι τῷ Παυσανίᾳ κεκοινώνηκε τῆς προδοσίας, καὶ δεῖν ἔφασαν τῶν κοινῶν τῆς Ἑλλάδος ἀδικημάτων εἶναι τὴν κρίσιν οὐκ ἰδίᾳ παρὰ τοῖς Ἀθηναίοις, ἀλλ' ἐπὶ τοῦ κοινοῦ συνεδρίου τῶν Ἑλλήνων, ὅπερ εἰώθει συνεδρεύειν [ἐν τῇ Σπάρτῃ] κατ' ἐκεῖνον τὸν χρόνον. (5) ὁ δὲ Θεμιστοκλῆς ὁρῶν τοὺς Λακεδαιμονίους σπεύδοντας διαβαλεῖν τὴν πόλιν τῶν Ἀθηναίων καὶ ταπεινῶσαι, τοὺς δ' Ἀθηναίους βουλομένους ἀπολογήσασθαι περὶ τῆς ἐπιφερομένης αἰτίας, ὑπέλαβεν ἑαυτὸν παραδοθήσεσθαι τῷ κοινῷ συνεδρίῳ. (6) τοῦτο δ' ᾔδει τὰς κρίσεις οὐ δικαίας, ἀλλὰ πρὸς χάριν ποιούμενον τοῖς Λακεδαιμονίοις, τεκμαιρόμενος ἔκ τε τῶν ἄλλων καὶ ἐξ ὧν ἐποιήσατο περὶ τῶν ἀριστείων . . . (7) διὰ ταῦτα δὴ συνέβη τὸν Θεμιστοκλέα τοῖς συνέδροις ἀπιστῆσαι. καὶ γὰρ ἐκ τῆς προγεγενημένης ἀπολογίας ἐν ταῖς Ἀθήναις ὑπὸ τοῦ Θεμιστοκλέους ἀφορμὰς εἶχον οἱ Λακεδαιμόνιοι πρὸς τὴν ὕστερον γενομένην κατηγορίαν. (8) ὁ γὰρ Θεμιστοκλῆς ἀπολογούμενος ὡμολόγει μὲν τὸν Παυσανίαν πρὸς αὐτὸν ἐπιστολὰς ἀπεσταλκέναι παρακαλοῦντα μετασχεῖν τῆς προδοσίας, καὶ τούτῳ μεγίστῳ χρησάμενος τεκμηρίῳ συνίστανεν, ὅτι οὐκ ἂν παρεκάλει Παυσανίας αὐτόν, εἰ μὴ πρὸς τὴν ἀξίωσιν ἀντέλεγε. (56) διὰ δὲ ταῦτα, καθάπερ προειρήκαμεν, ἔφυγεν ἐξ Ἄργους πρὸς Ἄδμητον τὸν Μολοττῶν βασιλέα· καταφυγὼν δὲ πρὸς τὴν ἑστίαν ἱκέτης ἐγένετο. ὁ δὲ βασιλεὺς τὸ μὲν πρῶτον προσεδέξατο αὐτὸν φιλοφρόνως καὶ παρεκάλει θαρρεῖν καὶ τὸ σύνολον ἐπηγγέλλετο φροντιεῖν αὐτοῦ τῆς ἀσφαλείας· (2) ἐπεὶ δὲ οἱ Λακεδαιμόνιοι τοὺς ἐπιφανεστάτους Σπαρτιατῶν πρέσβεις ἀποστείλαντες πρὸς τὸν Ἄδμητον ἐξήτουν αὐτὸν πρὸς τιμωρίαν, ἀποκαλοῦντες προδότην καὶ λυμεῶνα τῆς ὅλης Ἑλλάδος, πρὸς δὲ τούτοις μὴ παραδιδόντος αὐτὸν πολεμήσειν ἔφασαν μετὰ πάντων τῶν Ἑλλήνων, τὸ τηνικαῦθ' ὁ βασιλεὺς φοβηθεὶς μὲν τὰς ἀπειλάς, ἐλεῶν δὲ τὸν ἱκέτην καὶ τὴν ἐκ τῆς παραδόσεως αἰσχύνην ἐκκλίνων, ἔπειθε τὸν Θεμιστοκλέα τὴν ταχίστην ἀπιέναι λάθρᾳ τῶν Λακεδαιμονίων, καὶ χρυσοῦ πλῆθος ἐδωρήσατο αὐτῷ ἐφόδιον τῆς φυγῆς. (3) ὁ δὲ Θεμιστοκλῆς πάντοθεν ἐλαυνόμενος καὶ τὸ χρυσίον δεξάμενος ἔφυγε νυκτὸς ἐκ τῆς τῶν Μολοττῶν χώρας, συμπράττοντος αὐτῷ πάντα τὰ πρὸς φυγὴν τοῦ βασιλέως· εὑρὼν δὲ δύο νεανίσκους Λυγκηστὰς τὸ γένος, ἐμπορικαῖς δὲ ἐργασίαις χρωμένους, καὶ διὰ τοῦτο τῶν ὁδῶν ἐμπείρως ἔχοντας, μετὰ τούτων ἔφυγε. (4) χρώμενος δὲ νυκτεριναῖς ὁδοιπορίαις ἔλαθε τοὺς Λακεδαιμονίους, καὶ διὰ τῆς τῶν νεανίσκων εὐνοίας τε καὶ κακοπαθείας κατήντησεν εἰς τὴν Ἀσίαν· ἐνταῦθα δ' ἔχων ἰδιόξενον, ὄνομα μὲν Λυσιθείδην, δόξῃ δὲ καὶ πλούτῳ θαυμαζόμενον, πρὸς τοῦτον κατέφυγεν. (5) ὁ δὲ Λυσιθείδης ἐτύγχανε φίλος ὢν Ξέρξου τοῦ βασιλέως καὶ κατὰ τὴν διάβασιν τοῦ Ξέρξου τὴν δύναμιν τῶν Περσῶν ἅπασαν εἱστιακώς. διόπερ συνήθειαν μὲν ἔχων πρὸς τὸν βασιλέα, τὸν δὲ Θεμιστοκλέα διὰ τὸν ἔλεον σῶσαι βουλόμενος, ἐπηγγείλατο αὐτῷ πάντα συμπράξειν. (6) ἀξιοῦντος δὲ τοῦ Θεμιστοκλέους ἀγαγεῖν αὐτὸν πρὸς τὸν Ξέρξην, τὸ μὲν πρῶτον ἀντεῖπεν, ἀποφαινόμενος ὅτι κολασθήσεται διὰ τὰς κατὰ τῶν Περσῶν αὐτῷ γεγενημένας πράξεις, μετὰ δὲ ταῦτα μαθὼν τὸ συμφέρον ὑπήκουσε, καὶ παραδόξως καὶ ἀσφαλῶς αὐτὸν διέσωσεν εἰς τὴν Περσίδα. (7) ἔθους γὰρ ὄντος παρὰ τοῖς Πέρσαις τὸν ἄγοντα παλλακὴν τῷ βασιλεῖ κομίζειν ταύτην ἐπὶ ἀπήνης κεκρυμμένης, καὶ τῶν ἀπαντώντων μηδένα πολυπραγμονεῖν μηδὲ κατ' ὄψιν ἀπαντῆσαι τῇ ἀγομένῃ, ἀφορμῇ ταύτῃ συνέβη χρήσασθαι πρὸς τὴν ἐπιβολὴν τὸν Λυσιθείδην. (8) παρασκευασάμενος γὰρ τὴν ἀπήνην πολυτελέσι παραπετάσμασι κεκοσμημένην, εἰς ταύτην ἐνέθηκε τὸν Θεμιστοκλέα, καὶ μετὰ πάσης ἀσφαλείας διασώσας ἐνέτυχε τῷ βασιλεῖ, καὶ πεφυλαγμένως ὁμιλήσας ἔλαβε παρ' αὐτοῦ πίστεις μηδὲν ἀδικήσειν τὸν ἄνδρα. εἰσαγαγὼν δὲ αὐτὸν πρὸς τὸν βασιλέα, κἀκείνου δόντος τῷ Θεμιστοκλεῖ λόγον καὶ μαθόντος ὡς οὐδὲν ἠδίκησεν, ἀπελύθη τῆς τιμωρίας. (57) δόξας δὲ παραδόξως ὑπ' ἐχθροῦ διασεσῶσθαι, πάλιν εἰς μείζονας κινδύνους ἐνέπεσε διὰ τοιαύτας αἰτίας. Μανδάνη Δαρείου μὲν ἦν θυγάτηρ τοῦ φονεύσαντος τοὺς μάγους, ἀδελφὴ δὲ γνησία τοῦ Ξέρξου, μεγίστης δ' ἀποδοχῆς τυγχάνουσα παρὰ τοῖς Πέρσαις. (2) αὕτη τῶν υἱῶν ἐστερημένη καθ' ὃν καιρὸν Θεμιστοκλῆς περὶ Σαλαμῖνα κατεναυμάχησε τὸν στόλον τῶν Περσῶν, χαλεπῶς ἔφερε τὴν ἀναίρεσιν τῶν τέκνων, καὶ διὰ τὸ μέγεθος τῆς συμφορᾶς ἠλεεῖτο παρὰ τοῖς πλήθεσιν. (3) αὕτη πυθομένη τὴν παρουσίαν τοῦ Θεμιστοκλέους, ἦλθεν εἰς τὰ βασίλεια πενθίμην ἐσθῆτα λαβοῦσα, καὶ μετὰ δακρύων ἱκέτευε τὸν ἀδελφὸν ἐπιθεῖναι τιμωρίαν τῷ Θεμιστοκλεῖ. ὡς δ' οὐ προσεῖχεν αὐτῇ, περιῄει τοὺς ἀρίστους τῶν Περσῶν ἀξιοῦσα καὶ καθόλου τὰ πλήθη παροξύνουσα πρὸς τὴν τοῦ Θεμιστοκλέους τιμωρίαν. (4) τοῦ δ' ὄχλου συνδραμόντος ἐπὶ τὰ βασίλεια καὶ μετὰ κραυγῆς ἐξαιτοῦντος ἐπὶ τιμωρίαν τὸν Θεμιστοκλέα, ὁ μὲν βασιλεὺς ἀπεκρίνατο δικαστήριον καταστήσειν ἐκ τῶν ἀρίστων Περσῶν, καὶ τὸ κριθὲν τεύξεσθαι συντελείας· (5) πάντων δὲ συνευδοκησάντων, καὶ δοθέντος ἱκανοῦ χρόνου εἰς τὴν παρασκευὴν τῆς κρίσεως, ὁ μὲν Θεμιστοκλῆς μαθὼν τὴν Περσίδα διάλεκτον, καὶ ταύτῃ χρησάμενος κατὰ τὴν ἀπολογίαν, ἀπελύθη τῶν ἐγκλημάτων. (6) ὁ δὲ βασιλεὺς περιχαρὴς γενόμενος ἐπὶ τῇ σωτηρίᾳ τἀνδρὸς μεγάλαις αὐτὸν δωρεαῖς ἐτίμησε· γυναῖκα γὰρ αὐτῷ πρὸς γάμου κοινωνίαν ἔζευξε Περσίδα, εὐγενείᾳ τε καὶ κάλλει διαφέρουσαν, ἔτι δὲ κατ' ἀρετὴν ἐπαινουμένην, οἰκετῶν τε πλῆθος πρὸς διακονίαν καὶ παντοδαπῶν ἐκπωμάτων καὶ τὴν ἄλλην χορηγίαν πρὸς ἀπόλαυσιν καὶ τρυφὴν ἁρμόζουσαν. (7) ἐδωρήσατο δ' αὐτῷ καὶ πόλεις τρεῖς πρὸς διατροφὴν καὶ ἀπόλαυσιν εὐθέτους, Μαγνησίαν μὲν τὴν ἐπὶ τῷ Μαιάνδρῳ, πλεῖστον τῶν κατὰ τὴν Ἀσίαν πόλεων ἔχουσαν σῖτον, εἰς ἄρτους, Μυοῦντα δὲ εἰς ὄψον, ἔχουσαν θάλατταν εὔιχθυν, Λάμψακον δέ, ἀμπελόφυτον ἔχουσαν χώραν πολλήν, εἰς οἶνον. (58) Θεμιστοκλῆς μὲν οὖν ἀπολυθεὶς τοῦ παρ' Ἕλλησι φόβου, καὶ παραδόξως ὑπὸ μὲν τῶν τὰ μέγιστα εὐεργετηθέντων φυγαδευθείς, ὑπὸ δὲ τῶν τὰ δεινότατα παθόντων εὐεργετηθείς, ἐν ταύταις ταῖς πόλεσι κατεβίωσε πάντων ⟨τῶν⟩ πρὸς ἀπόλαυσιν ἀγαθῶν εὐπορούμενος, καὶ τελευτήσας ἐν τῇ Μαγνησίᾳ ταφῆς ἔτυχεν ἀξιολόγου καὶ μνημείου τοῦ ἔτι νῦν διαμένοντος. (2) ἔνιοι δὲ τῶν συγγραφέων φασὶ τὸν Ξέρξην ἐπιθυμήσαντα πάλιν στρατεύειν ἐπὶ τὴν Ἑλλάδα παρακαλεῖν τὸν Θεμιστοκλέα στρατηγεῖν ἐπὶ τοῦ πολέμου, τὸν δὲ συγχωρήσαντα περὶ τούτων πίστεις λαβεῖν ἐνόρκους μὴ στρατεύσειν ἐπὶ τοὺς Ἕλληνας ἄνευ Θεμιστοκλέους. (3) σφαγιασθέντος δὲ ταύρου καὶ τῶν ὅρκων γενομένων, τὸν Θεμιστοκλέα κύλικα τοῦ αἵματος πληρώσαντα ἐκπιεῖν καὶ παραχρῆμα τελευτῆσαι. καὶ τὸν μὲν Ξέρξην ἀποστῆναι τῆς ἐπιβολῆς ταύτης, τὸν δὲ Θεμιστοκλέα διὰ τῆς ἰδίας τελευτῆς ἀπολογίαν ἀπολιπεῖν καλλίστην ὅτι καλῶς ἐπολιτεύθη τὰ πρὸς τοὺς Ἕλληνας. (4) ἡμεῖς δὲ πάρεσμεν ἐπὶ τὴν τελευτὴν ἀνδρὸς μεγίστου τῶν Ἑλλήνων, περὶ οὗ πολλοὶ διαμφισβητοῦσι, πότερον οὗτος ἀδικήσας τὴν πατρίδα καὶ τοὺς ἄλλους Ἕλληνας ἔφυγεν εἰς Πέρσας, ἢ τοὐναντίον ἥ τε πόλις καὶ πάντες οἱ Ἕλληνες εὐεργετηθέντες μεγάλα τῆς μὲν χάριτος ἐπελάθοντο, τὸν δ' εὐεργέτην ἤγαγον [αὐτῶν] ἀδίκως εἰς τοὺς ἐσχάτους κινδύνους. (5) εἰ δέ τις χωρὶς φθόνου τήν τε φύσιν τἀνδρὸς καὶ τὰς πράξεις ἐξετάζοι μετ' ἀκριβείας, εὑρήσει πάντων ὧν μνημονεύομεν ἀμφοτέροις τοῖς εἰρημένοις πεπρωτευκότα. διὸ καὶ θαυμάσειεν ἄν τις εἰκότως, εἰ στερῆσαι σφᾶς αὐτοὺς ἀνδρὸς τοιούτου τὴν φύσιν ἠθέλησαν. (59) τίς γὰρ ἕτερος, τῆς Σπάρτης πλέον ἰσχυούσης καὶ τοῦ ναυτικοῦ τὴν ἡγεμονίαν ἔχοντος Εὐρυβιάδου τοῦ Σπαρτιάτου, ταῖς ἰδίαις πράξεσιν ἀφείλετο τῆς Σπάρτης ταύτην τὴν δόξαν; τίνα δ' ἄλλον ἱστορήκαμεν μιᾷ πράξει ποιήσαντα διενεγκεῖν αὐτὸν μὲν τῶν ἡγεμόνων, τὴν δὲ πόλιν τῶν Ἑλληνίδων πόλεων, τοὺς δ' Ἕλληνας τῶν βαρβάρων; ἐπὶ τίνος δὲ στρατηγοῦντος ἐλάττονας ἀφορμὰς ἢ μείζονας κινδύνους συνέβη γενέσθαι; (2) τίς δὲ πρὸς ἅπασαν τὴν ἐκ τῆς Ἀσίας δύναμιν ἀναστάτῳ τῇ πόλει παραταχθεὶς ἐνίκησε; τίς δὲ τοῖς ἔργοις ἐν εἰρήνῃ τὴν πατρίδα δυνατὴν κατεσκεύασε τοιούτοις; τίς δὲ πολέμου μεγίστου κατασχόντος αὐτὴν διέσωσε, μιᾷ δ' ἐπινοίᾳ τῇ περὶ τοῦ ζεύγματος γενομένῃ τὴν πεζὴν τῶν πολεμίων δύναμιν ἐξ ἡμίσους μέρους ἐταπείνωσεν, ὥστ' εὐχείρωτον γενέσθαι τοῖς Ἕλλησι; (3) διόπερ ὅταν τὸ μέγεθος τῶν ἔργων αὐτοῦ θεωρήσωμεν, καὶ σκοποῦντες τὰ κατὰ μέρος εὕρωμεν ἐκεῖνον μὲν ὑπὸ τῆς πόλεως ἠτιμασμένον, τὴν δὲ πόλιν διὰ τὰς ἐκείνου πράξεις ἐπαιρομένην, εἰκότως τὴν δοκοῦσαν εἶναι τῶν ἁπασῶν πόλεων σοφωτάτην καὶ ἐπιεικεστάτην χαλεπωτάτην πρὸς ἐκεῖνον εὑρίσκομεν γεγενημένην.

29. Plut. *Them.* 21: Ἦν δὲ καὶ τοῖς συμμάχοις ἐπαχθὴς περιπλέων τε τὰς νήσους καὶ χρηματιζόμενος ἀπ' αὐτῶν· οἷα καὶ πρὸς Ἀνδρίους ἀργύριον αἰτοῦντά φησιν αὐτὸν Ἡρόδοτος εἰπεῖν τε καὶ ἀκοῦσαι. δύο γὰρ ἥκειν ἔφη θεοὺς κομίζων, Πειθὼ καὶ Βίαν· οἱ δ' ἔφασαν εἶναι καὶ παρ' αὐτοῖς θεοὺς μεγάλους δύο, Πενίαν καὶ Ἀπορίαν, ὑφ' ὧν κωλύεσθαι δοῦναι χρήματα ἐκείνῳ. Τιμοκρέων δ' ὁ Ῥόδιος μελοποιὸς ἐν ᾄσματι καθάπτεται πικρότερον τοῦ Θεμιστοκλέους, ὡς ἄλλους μὲν ἐπὶ χρήμασι φυγάδας διαπραξαμένου κατελθεῖν, αὐτὸν δὲ ξένον ὄντα καὶ φίλον προεμένου δι' ἀργύριον. λέγει δ' οὕτως·

Ἀλλ' εἰ τύγε Παυσανίαν ἢ καὶ τύγε Ξάνθιππον αἰνεῖς
ἢ τύγε Λευτυχίδαν, ἐγὼ δ' Ἀριστείδαν ἐπαινέω
ἄνδρ' ἱερᾶν ἀπ' Ἀθανᾶν

ἐλθεῖν ἕνα λῷστον· ἐπεὶ Θεμιστοκλῆ' ἤχθαρε Λατώ,
ψεύσταν, ἄδικον, προδόταν, ὃς Τιμοκρέοντα ξεῖνον ἐόντ'
ἀργυρίοις σκυβαλικτοῖσι πεισθεὶς οὐ κατᾶγεν
εἰς πάτραν Ἰάλυσον,
λαβὼν δὲ τρί' ἀργυρίου τάλαντ' ἔβα πλέων εἰς ὄλεθρον,
τοὺς μὲν κατάγων ἀδίκως, τοὺς δ' ἐκδιώκων, τοὺς δὲ καίνων
ἀργυρίων ὑπόπλεως, Ἰσθμοῖ δ' ἐπανδόκευε γελοίως ψυχρὰ κρέα
παρέχων·
οἱ δ' ἤσθιον κηὔχοντο μὴ ὥραν Θεμιστοκλεῦς γενέσθαι.

πολὺ δ' ἀσελγεστέρᾳ καὶ ἀναπεπταμένῃ μᾶλλον εἰς τὸν Θεμιστοκλέα βλασφημίᾳ κέχρηται μετὰ τὴν φυγὴν αὐτοῦ καὶ τὴν καταδίκην ὁ Τιμοκρέων ᾆσμα ποιήσας, οὗ ἐστιν ἀρχή·

Μοῦσα τοῦδε τοῦ μέλεος
κλέος ἀν' Ἕλλανας τίθει,
ὡς ἐοικὸς καὶ δίκαιον.

λέγεται δ' ὁ Τιμοκρέων ἐπὶ μηδισμῷ φυγεῖν συγκαταψηφισαμένου τοῦ Θεμιστοκλέους. ὡς οὖν ὁ Θεμιστοκλῆς αἰτίαν ἔσχε μηδίζειν, ταῦτ' ἐποίησεν εἰς αὐτόν·

Οὐκ ἄρα Τιμοκρέων μοῦνος Μήδοισιν ὁρκιατομεῖ,
ἀλλ' ἐντὶ κἄλλοι δὴ πονηροί·
οὐκ ἐγὼ μόνα κόλουρις·
ἐντὶ καὶ ἄλλαι ἀλώπεκες.

22. Ἤδη δὲ καὶ τῶν πολιτῶν διὰ τὸ φθονεῖν ἡδέως τὰς διαβολὰς προσιεμένων ἠναγκάζετο λυπηρὸς εἶναι τῶν αὑτοῦ πράξεων πολλάκις ἐν τῷ δήμῳ μνημονεύων· καὶ πρὸς τοὺς δυσχεραίνοντας "Τί κοπιᾶτε" εἶπεν "ὑπὸ τῶν αὐτῶν πολλάκις εὖ πάσχοντες;" ἠνίασε δὲ τοὺς πολλοὺς καὶ τὸ τῆς Ἀρτέμιδος ἱερὸν εἱσάμενος, ἣν Ἀριστοβούλην μὲν προσηγόρευσεν, ὡς ἄριστα τῇ πόλει καὶ τοῖς Ἕλλησι βουλευσάμενος, πλησίον δὲ τῆς οἰκίας κατεσκεύασεν ἐν Μελίτῃ τὸ ἱερόν, οὗ νῦν τὰ σώματα τῶν θανατουμένων οἱ δήμιοι προβάλλουσι καὶ τὰ ἱμάτια καὶ τοὺς βρόχους τῶν ἀπαγχομένων καὶ καθαιρεθέντων ἐκφέρουσιν. ἔκειτο δὲ καὶ τοῦ Θεμιστοκλέους εἰκόνιον ἐν τῷ ναῷ τῆς Ἀριστοβούλης ἔτι καθ' ἡμᾶς· καὶ φαίνεταί τις οὐ τὴν ψυχὴν μόνον, ἀλλὰ καὶ τὴν ὄψιν ἡρωϊκὸς γενόμενος. τὸν μὲν οὖν ἐξοστρακισμὸν ἐποιήσαντο κατ' αὐτοῦ κολούοντες τὸ ἀξίωμα καὶ τὴν ὑπεροχήν, ὥσπερ εἰώθεσαν ἐπὶ πάντων, οὓς ᾤοντο τῇ δυνάμει βαρεῖς καὶ πρὸς ἰσότητα δημοκρατικὴν ἀσυμμέτρους εἶναι. κόλασις γὰρ οὐκ ἦν ὁ ἐξοστρακισμός, ἀλλὰ παραμυθία φθόνου καὶ κουφισμὸς ἡδομένου τῷ ταπεινοῦν τοὺς ὑπερέχοντας καὶ τὴν δυσμένειαν εἰς ταύτην τὴν ἀτιμίαν ἀποπνέοντος.

23. Ἐκπεσόντος δὲ τῆς πόλεως αὐτοῦ καὶ διατρίβοντος ἐν Ἄργει τὰ περὶ Παυσανίαν συμπεσόντα κατ' ἐκείνου παρέσχε τοῖς ἐχθροῖς ἀφορμάς. ὁ δὲ γραψάμενος αὐτὸν προδοσίας Λεωβώτης ἦν ὁ Ἀλκμαίωνος Ἀγραυλῆθεν, ἅμα συνεπαιτιωμένων τῶν Σπαρτιατῶν. ὁ γὰρ Παυσανίας πράττων ἐκεῖνα δὴ τὰ περὶ τὴν προδοσίαν πρότερον μὲν ἀπεκρύπτετο τὸν Θεμιστοκλέα, καίπερ ὄντα φίλον· ὡς δ' εἶδεν ἐκπεπτωκότα τῆς πολιτείας καὶ φέροντα χαλεπῶς ἐθάρσησεν ἐπὶ τὴν κοινωνίαν τῶν πραττομένων παρακαλεῖν, τὰ γράμματα τοῦ βασιλέως ἐπιδεικνύμενος αὐτῷ καὶ παροξύνων ἐπὶ τοὺς Ἕλληνας ὡς πονηροὺς καὶ ἀχαρίστους. ὁ δὲ τὴν μὲν δέησιν ἀπετρίψατο τοῦ Παυσανίου καὶ τὴν κοινωνίαν ὅλως ἀπείπατο, πρὸς οὐδένα δὲ τοὺς λόγους ἐξήνεγκεν οὐδὲ κατεμήνυσε τὴν πρᾶξιν, εἴτε παύσεσθαι προσδοκῶν αὐτόν, εἴτ' ἄλλως καταφανῆ γενήσεσθαι σὺν οὐδενὶ λογισμῷ πραγμάτων ἀτόπων καὶ παραβόλων ὀρεγόμενον. οὕτω δὴ τοῦ Παυσανίου θανατωθέντος ἐπιστολαί τινες ἀνευρεθεῖσαι καὶ γράμματα περὶ τούτων εἰς ὑποψίαν ἐνέβαλον τὸν Θεμιστοκλέα· καὶ κατεβόων μὲν αὐτοῦ Λακεδαιμόνιοι, κατηγόρουν δ' οἱ φθονοῦντες τῶν πολιτῶν, οὐ παρόντος, ἀλλὰ διὰ γραμμάτων ἀπολογουμένου μάλιστα ταῖς προτέραις κατηγορίαις. διαβαλλόμενος γὰρ ὑπὸ τῶν ἐχθρῶν πρὸς τοὺς πολίτας ἔγραφεν, ὡς ἄρχειν μὲν ἀεὶ ζητῶν, ἄρχεσθαι δὲ μὴ πεφυκὼς μηδὲ βουλόμενος, οὐκ ἄν ποτε βαρβάροις καὶ πολεμίοις αὑτὸν ἀποδόσθαι μετὰ τῆς Ἑλλάδος. οὐ μὴν ἀλλὰ συμπεισθεὶς ὑπὸ τῶν κατηγορούντων ὁ δῆμος ἔπεμψεν ἄνδρας, οἷς εἴρητο συλλαμβάνειν καὶ ἄγειν αὐτὸν κριθησόμενον ἐν τοῖς Ἕλλησιν.

24. Προαισθόμενος δ' ἐκεῖνος εἰς Κέρκυραν διεπέρασεν, οὔσης αὐτῷ πρὸς τὴν πόλιν εὐεργεσίας. γενόμενος γὰρ αὐτῶν κριτὴς πρὸς Κορινθίους ἐχόντων διαφοράν, ἔλυσε τὴν ἔχθραν εἴκοσι τάλαντα κρίνας τοὺς Κορινθίους καταβαλεῖν καὶ Λευκάδα κοινῇ νέμειν ἀμφοτέρων ἄποικον. ἐκεῖθεν δ' εἰς Ἤπειρον ἔφυγε· καὶ διωκόμενος ὑπὸ τῶν Ἀθηναίων καὶ τῶν Λακεδαιμονίων ἔρριψεν αὑτὸν εἰς ἐλπίδας χαλεπὰς καὶ ἀπόρους καταφυγὼν πρὸς Ἄδμητον, ὃς βασιλεὺς μὲν ἦν Μολοττῶν, δεηθεὶς δέ τι τῶν Ἀθηναίων καὶ προπηλακισθεὶς ὑπὸ τοῦ Θεμιστοκλέους, ὅτ' ἤκμαζεν ἐν τῇ πολιτείᾳ, δι' ὀργῆς εἶχεν αὐτὸν ἀεὶ καὶ δῆλος ἦν, εἰ λάβοι, τιμωρησόμενος. ἐν δὲ τῇ τότε τύχῃ μᾶλλον ὁ Θεμιστοκλῆς φοβηθεὶς συγγενῆ καὶ πρόσφατον φθόνον ὀργῆς παλαιᾶς καὶ βασιλικῆς, ταύτῃ φέρων ὑπέθηκεν ἑαυτόν, ἱκέτης τοῦ Ἀδμήτου καταστὰς ἴδιόν τινα καὶ παρηλλαγμένον τρόπον. ἔχων γὰρ αὐτοῦ τὸν υἱὸν ὄντα παῖδα πρὸς τὴν ἑστίαν προσέπεσε, ταύτην μεγίστην καὶ μόνην σχεδὸν ἀναντίρρητον ἡγουμένων ἱκεσίαν τῶν

Μολοττῶν. ἔνιοι μὲν οὖν Φθίαν τὴν γυναῖκα τοῦ βασιλέως λέγουσιν ὑποθέσθαι τῷ Θεμιστοκλεῖ τὸ ἱκέτευμα τοῦτο καὶ τὸν υἱὸν ἐπὶ τὴν ἑστίαν καθίσαι μετ' αὐτοῦ· τινὲς δ' αὐτὸν τὸν Ἄδμητον, ὡς ἀφοσιώσαιτο πρὸς τοὺς διώκοντας τὴν ἀνάγκην, δι' ἣν οὐκ ἐκδίδωσι τὸν ἄνδρα, διαθεῖναι καὶ συντραγῳδῆσαι τὴν ἱκεσίαν. ἐκεῖ δ' αὐτῷ τὴν γυναῖκα καὶ τοὺς παῖδας ἐκκλέψας ἐκ τῶν Ἀθηνῶν Ἐπικράτης ὁ Ἀχαρνεὺς ἀπέστειλεν· ὃν ἐπὶ τούτῳ Κίμων ὕστερον κρίνας ἐθανάτωσεν, ὡς ἱστορεῖ Στησίμβροτος. εἶτ' οὐκ οἶδ' ὅπως ἐπιλαθόμενος τούτων ἢ τὸν Θεμιστοκλέα ποιῶν ἐπιλαθόμενον πλεῦσαί φησιν εἰς Σικελίαν καὶ παρ' Ἱέρωνος αἰτεῖν τοῦ τυράννου τὴν θυγατέρα πρὸς γάμον, ὑπισχνούμενον αὐτῷ τοὺς Ἕλληνας ὑπηκόους ποιήσειν· ἀποστρεψαμένου δὲ τοῦ Ἱέρωνος, οὕτως εἰς τὴν Ἀσίαν ἀπᾶραι.

25. Ταῦτα δ' οὐκ εἰκός ἐστιν οὕτω γενέσθαι. Θεόφραστος γὰρ ἐν τοῖς Περὶ βασιλείας ἱστορεῖ τὸν Θεμιστοκλέα πέμψαντος εἰς Ὀλυμπίαν Ἱέρωνος ἵππους ἀγωνιστὰς καὶ σκηνήν τινα κατεσκευασμένην πολυτελῶς στήσαντος, εἰπεῖν ἐν τοῖς Ἕλλησι λόγον, ὡς χρὴ τὴν σκηνὴν διαρπάσαι τοῦ τυράννου καὶ κωλῦσαι τοὺς ἵππους ἀγωνίσασθαι. Θουκυδίδης δέ φησι καὶ πλεῦσαι αὐτὸν ἐπὶ τὴν ἑτέραν καταβάντα θάλασσαν ἀπὸ Πύδνης, οὐδενὸς εἰδότος ὅστις εἴη τῶν πλεόντων, μέχρι οὗ πνεύματι τῆς ὁλκάδος εἰς Νάξον καταφερομένης ὑπὸ Ἀθηναίων πολιορκουμένην τότε φοβηθεὶς ἀναδείξειεν ἑαυτὸν τῷ τε ναυκλήρῳ καὶ τῷ κυβερνήτῃ, καὶ τὰ μὲν δεόμενος, τὰ δ' ἀπειλῶν καὶ λέγων, ὅτι κατηγορήσοι καὶ καταψεύσοιτο πρὸς τοὺς Ἀθηναίους, ὡς οὐκ ἀγνοοῦντες, ἀλλὰ χρήμασι πεισθέντες ἐξ ἀρχῆς, ἀναλάβοιεν αὐτόν, οὕτως ἀναγκάσειε παραπλεῦσαι καὶ λαβέσθαι τῆς Ἀσίας. τῶν δὲ χρημάτων αὐτῷ πολλὰ μὲν ὑπεκκλαπέντα διὰ τῶν φίλων εἰς Ἀσίαν ἔπλει· τῶν δὲ φανερῶν γενομένων καὶ συναχθέντων εἰς τὸ δημόσιον Θεόπομπος μὲν ἑκατὸν τάλαντα, Θεόφραστος δὲ ὀγδοήκοντά φησι γενέσθαι τὸ πλῆθος, οὐδὲ τριῶν ἄξια ταλάντων κεκτημένου τοῦ Θεμιστοκλέους πρὶν ἅπτεσθαι τῆς πολιτείας.

26. Ἐπεὶ δὲ κατέπλευσεν εἰς Κύμην καὶ πολλοὺς ᾔσθετο τῶν ἐπὶ θαλάττῃ παραφυλάττοντας αὐτὸν λαβεῖν, μάλιστα δὲ τοὺς περὶ Ἐργοτέλη καὶ Πυθόδωρον (ἦν γὰρ ἡ θήρα λυσιτελὴς τοῖς τὸ κερδαίνειν ἀπὸ παντὸς ἀγαπῶσι, διακοσίων ἐπικεκηρυγμένων αὐτῷ ταλάντων ὑπὸ τοῦ βασιλέως), ἔφυγεν εἰς Αἰγάς, Αἰολικὸν πολισμάτιον, ὑπὸ πάντων ἀγνοούμενος πλὴν τοῦ ξένου Νικογένους, ὃς Αἰολέων πλείστην οὐσίαν ἐκέκτητο καὶ τοῖς ἄνω δυνατοῖς γνώριμος ὑπῆρχε. παρὰ τούτῳ κρυπτόμενος ἡμέρας ὀλίγας διέτριψεν· εἶτα μετὰ τὸ δεῖπνον

ἐκ θυσίας τινὸς Ὄλβιος ὁ τῶν τέκνων τοῦ Νικογένους παιδαγωγὸς ἔκφρων γενόμενος καὶ θεοφόρητος ἀνεφώνησε μέτρῳ ταυτί

Νυκτὶ φωνήν, νυκτὶ βουλήν, νυκτὶ τὴν νίκην δίδου.

καὶ μετὰ ταῦτα κοιμηθεὶς ὁ Θεμιστοκλῆς ὄναρ ἔδοξεν ἰδεῖν δράκοντα κατὰ τῆς γαστρὸς αὐτοῦ περιελιττόμενον καὶ προσανέρποντα τῷ τραχήλῳ· γενόμενον δ' ἀετόν, ὡς ἥψατο τοῦ προσώπου, περιβαλόντα τὰς πτέρυγας ἐξᾶραι καὶ κομίζειν πολλὴν ὁδόν, εἶτα χρυσοῦ τινὸς κηρυκείου φανέντος, ἐπὶ τούτου στῆσαι βεβαίως αὐτὸν ἀμηχάνου δείματος καὶ ταραχῆς ἀπαλλαγέντα. πέμπεται δ' οὖν ὑπὸ τοῦ Νικογένους μηχανησαμένου τι τοιοῦτον. τοῦ βαρβαρικοῦ γένους τὸ πολὺ καὶ μάλιστα τὸ Περσικὸν εἰς ζηλοτυπίαν τὴν περὶ τὰς γυναῖκας ἄγριον φύσει καὶ χαλεπόν ἐστιν. οὐ γὰρ μόνον τὰς γαμετάς, ἀλλὰ καὶ τὰς ἀργυρωνήτους καὶ παλλακευομένας ἰσχυρῶς παραφυλάττουσιν, ὡς ὑπὸ μηδενὸς ὁρᾶσθαι τῶν ἐκτός, ἀλλ' οἴκοι μὲν διαιτᾶσθαι κατακεκλεισμένας, ἐν δὲ ταῖς ὁδοιπορίαις ὑπὸ σκηνὰς κύκλῳ περιπεφραγμένας ἐπὶ τῶν ἁρμαμαξῶν ὀχεῖσθαι. τοιαύτης τῷ Θεμιστοκλεῖ κατασκευασθείσης ἀπήνης καταδὺς ἐκομίζετο, τῶν περὶ αὐτὸν ἀεὶ τοῖς ἐντυγχάνουσι καὶ πυνθανομένοις λεγόντων, ὅτι γύναιον Ἑλληνικὸν ἄγουσιν ἀπ' Ἰωνίας πρός τινα τῶν ἐπὶ θύραις βασιλέως.

27. Θουκυδίδης μὲν οὖν καὶ Χάρων ὁ Λαμψακηνὸς ἱστοροῦσι τεθνηκότος Ξέρξου πρὸς τὸν υἱὸν αὐτοῦ τῷ Θεμιστοκλεῖ γενέσθαι τὴν ἔντευξιν· Ἔφορος δὲ καὶ Δείνων καὶ Κλείταρχος καὶ Ἡρακλείδης, ἔτι δ' ἄλλοι πλείονες, πρὸς αὐτὸν ἀφικέσθαι τὸν Ξέρξην. τοῖς δὲ χρονικοῖς δοκεῖ μᾶλλον ὁ Θουκυδίδης συμφέρεσθαι, καίπερ οὐδ' αὐτοῖς ἀτρέμα συντατομένοις. ὁ δ' οὖν Θεμιστοκλῆς γενόμενος παρ' αὐτὸ τὸ δεινὸν ἐντυγχάνει πρῶτον Ἀρταβάνῳ τῷ χιλιάρχῳ λέγων, Ἕλλην μὲν εἶναι, βούλεσθαι δ' ἐντυχεῖν βασιλεῖ περὶ μεγίστων πραγμάτων καὶ πρὸς ἃ τυγχάνει μάλιστα σπουδάζων ἐκεῖνος. ὁ δέ φησιν· "Ὦ ξένε, νόμοι διαφέρουσιν ἀνθρώπων· ἄλλα δ' ἄλλοις καλά· καλὸν δὲ πᾶσι τὰ οἰκεῖα κοσμεῖν καὶ σώζειν. ὑμᾶς μὲν οὖν ἐλευθερίαν μάλιστα θαυμάζειν καὶ ἰσότητα λόγος· ἡμῖν δὲ πολλῶν νόμων καὶ καλῶν ὄντων κάλλιστος οὗτός ἐστι, τιμᾶν βασιλέα, καὶ προσκυνεῖν ὡς εἰκόνα θεοῦ τοῦ τὰ πάντα σώζοντος. εἰ μὲν οὖν ἐπαινῶν τὰ ἡμέτερα προσκυνήσεις, ἔστι σοι καὶ θεάσασθαι βασιλέα καὶ προσειπεῖν· εἰ δ' ἄλλο τι φρονεῖς, ἀγγέλοις ἑτέροις χρήσῃ πρὸς αὐτόν. βασιλεῖ γὰρ οὐ πάτριον ἀνδρὸς ἀκροᾶσθαι μὴ προσκυνήσαντος." ταῦτα ὁ Θεμιστοκλῆς ἀκούσας λέγει πρὸς αὐτόν· "Ἀλλ' ἔγωγε τὴν βασιλέως, ὦ Ἀρτάβανε, φήμην καὶ δύναμιν αὐξήσων ἀφῖγμαι, καὶ αὐτός τε πείσομαι τοῖς ὑμετέροις νόμοις, ἐπεὶ θεῷ τῷ μεγαλύνοντι Πέρσας

οὕτω δοκεῖ, καὶ δι' ἐμὲ πλείονες τῶν νῦν βασιλέα προσκυνήσουσιν. ὥστε τοῦτο μηδὲν ἐμποδὼν ἔστω τοῖς λόγοις, οὓς βούλομαι πρὸς ἐκεῖνον εἰπεῖν." "Τίνα δ'" εἶπεν ὁ Ἀρτάβανος "Ἑλλήνων ἀφῖχθαί σε φῶμεν; οὐ γὰρ ἰδιώτῃ τὴν γνώμην ἔοικας." καὶ ὁ Θεμιστοκλῆς· "Τοῦτ' οὐκέτ' ἂν" ἔφη "πύθοιτό τις, Ἀρτάβανε, πρότερος βασιλέως." οὕτω μὲν ὁ Φανίας φησίν. ὁ δ' Ἐρατοσθένης ἐν τοῖς Περὶ πλούτου προσιστόρησε, διὰ γυναικὸς Ἐρετρικῆς, ἣν ὁ χιλίαρχος εἶχε, τῷ Θεμιστοκλεῖ τὴν πρὸς αὐτὸν ἔντευξιν γενέσθαι καὶ σύστασιν.

28. Ἐπεὶ δ' οὖν εἰσήχθη πρὸς βασιλέα καὶ προσκυνήσας ἔστη σιωπῇ, προστάξαντος τῷ ἑρμηνεῖ τοῦ βασιλέως ἐρωτῆσαι, τίς ἐστι, καὶ τοῦ ἑρμηνέως ἐρωτήσαντος, εἶπεν· "Ἥκω σοι, βασιλεῦ, Θεμιστοκλῆς ὁ Ἀθηναῖος ἐγὼ φυγὰς ὑφ' Ἑλλήνων διωχθείς, ᾧ πολλὰ μὲν ὀφείλουσι Πέρσαι κακά, πλείω δὲ ἀγαθὰ κωλύσαντι τὴν δίωξιν, ὅτε τῆς Ἑλλάδος ἐν ἀσφαλεῖ γενομένης παρέσχε τὰ οἴκοι σωζόμενα χαρίσασθαί τι καὶ ὑμῖν. ἐμοὶ μὲν οὖν πάντα πρέποντα ταῖς παρούσαις συμφοραῖς ἐστι, καὶ παρεσκευασμένος ἀφῖγμαι δέξασθαί τε χάριν εὐμενῶς διαλλαττομένου καὶ παραιτεῖσθαι μνησικακοῦντος ὀργήν· σὺ δὲ τοὺς ἐμοὺς ἐχθροὺς μάρτυρας θέμενος ὧν εὐεργέτησα Πέρσας, νῦν ἀπόχρησαι ταῖς ἐμαῖς τύχαις πρὸς ἐπίδειξιν ἀρετῆς μᾶλλον ἢ πρὸς ἀποπλήρωσιν ὀργῆς. σώσεις μὲν γὰρ ἱκέτην σόν, ἀπολεῖς δ' Ἑλλήνων πολέμιον γενόμενον." ταῦτ' εἰπὼν ὁ Θεμιστοκλῆς ἐπεθείασε τῷ λόγῳ προσδιελθὼν τὴν ὄψιν, ἣν εἶδεν ἐν Νικογένους, καὶ τὸ μάντευμα τοῦ Δωδωναίου Διός, ὡς κελευσθεὶς πρὸς τὸν ὁμώνυμον τοῦ θεοῦ βαδίζειν συμφρονήσειε πρὸς ἐκεῖνον ἀναπέμπεσθαι· μεγάλους γὰρ ἀμφοτέρους εἶναί τε καὶ λέγεσθαι βασιλέας. ἀκούσας δ' ὁ Πέρσης, ἐκείνῳ μὲν οὐδὲν ἀπεκρίνατο, καίπερ θαυμάσας τὸ φρόνημα καὶ τὴν τόλμαν αὐτοῦ· μακαρίσας δὲ πρὸς τοὺς φίλους ἑαυτόν, ὡς ἐπ' εὐτυχίᾳ μεγίστῃ, καὶ κατευξάμενος ἀεὶ τοῖς πολεμίοις τοιαύτας φρένας διδόναι τὸν Ἀριμάνιον, ὅπως ἐλαύνωσι τοὺς ἀρίστους ἐξ ἑαυτῶν, θῦσαί τε τοῖς θεοῖς λέγεται καὶ πρὸς πόσιν εὐθὺς τραπέσθαι καὶ νύκτωρ ὑπὸ χαρᾶς διὰ μέσων τῶν ὕπνων βοῆσαι τρίς "Ἔχω Θεμιστοκλέα τὸν Ἀθηναῖον."

29. Ἅμα δ' ἡμέρᾳ συγκαλέσας τοὺς φίλους εἰσῆγεν αὐτὸν μηδὲν ἐλπίζοντα χρηστὸν ἐξ ὧν ἑώρα τοὺς ἐπὶ θύραις, ὡς ἐπύθοντο τοὔνομα παρόντος αὐτοῦ, χαλεπῶς διακειμένους καὶ κακῶς λέγοντας. ἔτι δὲ Ῥωξάνης ὁ χιλίαρχος, ὡς κατ' αὐτὸν ἦν ὁ Θεμιστοκλῆς προσιών, καθημένου βασιλέως καὶ τῶν ἄλλων σιωπώντων, ἀτρέμα στενάξας εἶπεν "Ὄφις Ἕλλην ὁ ποικίλος, ὁ βασιλέως σε δαίμων δεῦρο ἤγαγεν." οὐ μὴν ἀλλ' εἰς ὄψιν ἐλθόντος αὐτοῦ καὶ πάλιν προσκυνή-

σαντος, ἀσπασάμενος καὶ προσειπὼν φιλοφρόνως ὁ βασιλεύς, ἤδη μὲν ἔφησεν αὐτῷ διακόσια τάλαντα ὀφείλειν· κομίσαντα γὰρ αὑτὸν ἀπολήψεσθαι δικαίως τὸ ἐπικηρυχθὲν τῷ ἀγαγόντι· πολλῷ δὲ πλείω τούτων ὑπισχνεῖτο καὶ παρεθάρρυνε καὶ λέγειν ἐδίδου περὶ τῶν Ἑλληνικῶν, ἃ βούλοιτο, παρρησιαζόμενον. ὁ δὲ Θεμιστοκλῆς ἀπεκρίνατο, τὸν λόγον ἐοικέναι τοῦ ἀνθρώπου τοῖς ποικίλοις στρώμασιν· ὡς γὰρ ἐκεῖνα καὶ τοῦτον ἐκτεινόμενον μὲν ἐπιδείκνυσθαι τὰ εἴδη, συστελλόμενον δὲ κρύπτειν καὶ διαφθείρειν· ὅθεν αὐτῷ χρόνου δεῖν. ἐπεὶ δέ, ἡσθέντος τοῦ βασιλέως τῇ εἰκασίᾳ καὶ λαμβάνειν κελεύσαντος, ἐνιαυτὸν αἰτησάμενος καὶ τὴν Περσίδα γλῶτταν ἀποχρώντως ἐκμαθὼν ἐνετύγχανε βασιλεῖ δι' αὑτοῦ, τοῖς μὲν ἐκτὸς δόξαν παρέσχε περὶ τῶν Ἑλληνικῶν πραγμάτων διειλέχθαι, πολλῶν δὲ καινοτομουμένων περὶ τὴν αὐλὴν καὶ τοὺς φίλους ὑπὸ τοῦ βασιλέως ἐν ἐκείνῳ τῷ καιρῷ, φθόνον ἔσχε παρὰ τοῖς δυνατοῖς, ὡς καὶ κατ' ἐκείνων παρρησίᾳ χρήσασθαι πρὸς αὐτὸν ἀποτετολμηκώς. οὐδὲν γὰρ ἦσαν αἱ τιμαὶ ταῖς τῶν ἄλλων ἐοικυῖαι ξένων, ἀλλὰ καὶ κυνηγεσίων βασιλεῖ μετέσχε καὶ τῶν οἴκοι διατριβῶν, ὥστε καὶ μητρὶ τῇ βασιλέως εἰς ὄψιν ἐλθεῖν καὶ γενέσθαι συνήθης, διακοῦσαι δὲ καὶ τῶν μαγικῶν λόγων τοῦ βασιλέως κελεύσαντος. ἐπεὶ δὲ Δημάρατος ὁ Σπαρτιάτης αἰτήσασθαι δωρεὰν κελευσθεὶς ᾐτήσατο τὴν κίταριν, ὥσπερ οἱ βασιλεῖς, ἐπαράμενος εἰσελάσαι διὰ Σάρδεων, Μιθροπαύστης μὲν ἀνεψιὸς ὢν βασιλέως εἶπε τοῦ Δημαράτου τῆς τιάρας ἀψάμενος· "Αὕτη μὲν ἡ κίταρις οὐκ ἔχει ἐγκέφαλον, ὃν ἐπικαλύψει· σὺ δ' οὐκ ἔσῃ Ζεὺς ἂν λάβῃς κεραυνόν·" ἀπωσαμένου δὲ τὸν Δημάρατον ὀργῇ διὰ τὸ αἴτημα τοῦ βασιλέως καὶ δοκοῦντος ἀπαραιτήτως ἔχειν πρὸς αὐτόν, ὁ Θεμιστοκλῆς δεηθεὶς ἔπεισε καὶ διήλλαξε. λέγεται δὲ καὶ τοὺς ὕστερον βασιλεῖς, ἐφ' ὧν μᾶλλον αἱ Περσικαὶ πράξεις ταῖς Ἑλληνικαῖς ἀνεκράθησαν, ὁσάκις δεηθεῖεν ἀνδρὸς Ἕλληνος, ἐπαγγέλλεσθαι καὶ γράφειν ἕκαστον, ὡς μείζων ἔσοιτο παρ' αὐτῷ Θεμιστοκλέους. αὐτὸν δὲ τὸν Θεμιστοκλέα φασὶν ἤδη μέγαν ὄντα καὶ θεραπευόμενον ὑπὸ πολλῶν λαμπρᾶς ποτε τραπέζης παρατεθείσης πρὸς τοὺς παῖδας εἰπεῖν· "Ὦ παῖδες, ἀπωλόμεθα ἄν, εἰ μὴ ἀπωλόμεθα." πόλεις δ' αὐτῷ τρεῖς μὲν οἱ πλεῖστοι δοθῆναι λέγουσιν εἰς ἄρτον καὶ οἶνον καὶ ὄψον, Μαγνησίαν καὶ Λάμψακον καὶ Μυοῦντα· δύο δ' ἄλλας προστίθησιν ὁ Κυζικηνὸς Νεάνθης καὶ Φανίας, Περκώτην καὶ Παλαίσκηψιν εἰς στρωμνὴν καὶ ἀμπεχόνην. . . . .

31. Οὐ γὰρ πλανώμενος περὶ τὴν Ἀσίαν, ὥς φησι Θεόπομπος, ἀλλ' ἐν Μαγνησίᾳ μὲν οἰκῶν, καρπούμενος δὲ δωρεὰς μεγάλας καὶ τιμώμενος ὅμοια Περσῶν τοῖς ἀρίστοις, ἐπὶ πολὺν χρόνον ἀδεῶς

διῆγεν, οὐ πάνυ τι τοῖς Ἑλληνικοῖς πράγμασι βασιλέως προσέχοντος ὑπ' ἀσχολιῶν περὶ τὰς ἄνω πράξεις. ὡς δ' Αἴγυπτός τε ἀφισταμένη βοηθούντων Ἀθηναίων καὶ τριήρεις Ἑλληνικαὶ μέχρι Κύπρου καὶ Κιλικίας ἀναπλέουσαι καὶ Κίμων θαλαττοκρατῶν ἐπέστρεψεν αὐτὸν ἀντεπιχειρεῖν τοῖς Ἕλλησι καὶ κωλύειν αὐξανομένους ἐπ' αὐτόν, ἤδη δὲ καὶ δυνάμεις ἐκινοῦντο καὶ στρατηγοὶ διεπέμποντο καὶ κατέβαινον εἰς Μαγνησίαν ἀγγελίαι πρὸς Θεμιστοκλέα, τῶν Ἑλληνικῶν ἐξάπτεσθαι κελεύοντος βασιλέως καὶ βεβαιοῦν τὰς ὑποσχέσεις, οὔτε δι' ὀργήν τινα παροξυνθεὶς κατὰ τῶν πολιτῶν οὔτε ἐπαρθεὶς τιμῇ τοσαύτῃ καὶ δυνάμει πρὸς τὸν πόλεμον, ἀλλ' ἴσως μὲν οὐκ ἐφικτὸν ἡγούμενος τὸ ἔργον, ἄλλους τε μεγάλους τῆς Ἑλλάδος ἐχούσης στρατηγοὺς τότε καὶ Κίμωνος ὑπερφυῶς εὐημεροῦντος ἐν τοῖς πολεμικοῖς, τὸ δὲ πλεῖστον αἰδοῖ τῆς τε δόξης τῶν πράξεων τῶν ἑαυτοῦ καὶ τῶν τροπαίων ἐκείνων, ἄριστα βουλευσάμενος ἐπιθεῖναι τῷ βίῳ τὴν τελευτὴν πρέπουσαν, ἔθυσε τοῖς θεοῖς, καὶ τοὺς φίλους συναγαγὼν καὶ δεξιωσάμενος, ὡς μὲν ὁ πολὺς λόγος, αἷμα ταύρειον πιών, ὡς δ' ἔνιοι, φάρμακον ἐφήμερον προσενεγκάμενος, ἐν Μαγνησίᾳ κατέστρεψε πέντε πρὸς τοῖς ἑξήκοντα βεβιωκὼς ἔτη καὶ τὰ πλεῖστα τούτων ἐν πολιτείαις καὶ ἡγεμονίαις. τὴν δ' αἰτίαν τοῦ θανάτου καὶ τὸν τρόπον πυθόμενον βασιλέα λέγουσιν ἔτι μᾶλλον θαυμάσαι τὸν ἄνδρα καὶ τοῖς φίλοις αὐτοῦ καὶ οἰκείοις χρώμενον διατελεῖν φιλανθρώπως.

30. Plut. *Them.* 32: Ἀπέλιπε δὲ Θεμιστοκλῆς παῖδας ἐκ μὲν Ἀρχίππης τῆς Λυσάνδρου τοῦ Ἀλωπεκῆθεν Ἀρχέπτολιν καὶ Πολύευκτον καὶ Κλεόφαντον, οὗ καὶ Πλάτων ὁ φιλόσοφος ὡς ἱππέως ἀρίστου, τἆλλα δ' οὐδενὸς ἀξίου γενομένου μνημονεύει. τῶν δὲ πρεσβυτάτων Νεοκλῆς μὲν ἔτι παῖς ὢν ὑφ' ἵππου δηχθεὶς ἀπέθανε, Διοκλέα δὲ Λύσανδρος ὁ πάππος υἱὸν ἐποιήσατο. θυγατέρας δὲ πλείους ἔσχεν, ὧν Μνησιπτολέμαν μὲν ἐκ τῆς ἐπιγαμηθείσης γενομένην Ἀρχέπτολις ὁ ἀδελφὸς οὐκ ὢν ὁμομήτριος ἔγημεν, Ἰταλίαν δὲ Πανθοίδης ὁ Χῖος, Σύβαριν δὲ Νικομήδης ὁ Ἀθηναῖος· Νικομάχην δὲ Φρασικλῆς ὁ ἀδελφιδοῦς Θεμιστοκλέους, ἤδη τετελευτηκότος ἐκείνου, πλεύσας εἰς Μαγνησίαν ἔλαβε παρὰ τῶν ἀδελφῶν, νεωτάτην δὲ πάντων τῶν τέκνων Ἀσίαν ἔθρεψε. καὶ τάφον μὲν αὐτοῦ λαμπρὸν ἐν τῇ ἀγορᾷ Μάγνητες ἔχουσι· περὶ δὲ τῶν λειψάνων οὔτ' Ἀνδοκίδῃ προσέχειν ἄξιον ἐν τῷ Πρὸς τοὺς ἑταίρους λέγοντι, φωράσαντας τὰ λείψανα διαρρῖψαι τοὺς Ἀθηναίους (ψεύδεται γὰρ ἐπὶ τὸν δῆμον παροξύνων τοὺς ὀλιγαρχικούς), ὅ τε Φύλαρχος, ὥσπερ ἐν τραγῳδίᾳ τῇ ἱστορίᾳ μονονοὺ μηχανὴν ἄρας καὶ προαγαγὼν Νεοκλέα τινὰ καὶ Δημόπολιν, υἱοὺς Θεμιστοκλέους, ἀγῶνα βούλεται κινεῖν καὶ πάθος, ὃ οὐδ' ἂν

ὁ τυχὼν ἀγνοήσειεν ὅτι πέπλασται. Διόδωρος δ' ὁ περιηγητὴς ἐν τοῖς Περὶ μνημάτων εἴρηκεν ὡς ὑπονοῶν μᾶλλον ἢ γινώσκων, ὅτι περὶ τὸν μέγαν λιμένα τοῦ Πειραιῶς ἀπὸ τοῦ κατὰ τὸν Ἄλκιμον ἀκρωτηρίου πρόκειταί τις οἷον ἀγκών, καὶ κάμψαντι τοῦτον ἐντός, ᾗ τὸ ὑπεύδιον τῆς θαλάττης, κρηπίς ἐστιν εὐμεγέθης καὶ τὸ περὶ αὐτὴν βωμοειδὲς τάφος τοῦ Θεμιστοκλέους. οἴεται δὲ καὶ Πλάτωνα τὸν κωμικὸν αὐτῷ μαρτυρεῖν ἐν τούτοις·

Ὁ σὸς δὲ τύμβος ἐν καλῷ κεχωσμένος
τοῖς ἐμπόροις πρόσρησις ἔσται πανταχοῦ,
τούς τ' ἐκπλέοντας εἰσπλέοντάς τ' ὄψεται,
χὠπόταν ἅμιλλα τῶν νεῶν θεάσεται.

τοῖς δ' ἀπὸ γένους τοῦ Θεμιστοκλέους καὶ τιμαί τινες ἐν Μαγνησίᾳ φυλαττόμεναι μέχρι τῶν ἡμετέρων χρόνων ἦσαν, ἃς ἐκαρποῦτο Θεμιστοκλῆς Ἀθηναῖος, ἡμέτερος συνήθης καὶ φίλος παρ' Ἀμμωνίῳ τῷ φιλοσόφῳ γενόμενος.

31. Plut. *de Her. mal.* 5 (*Eth.* 855 F): Ὥσπερ ἀμέλει περὶ Θεμιστοκλέους Ἔφορος μὲν εἰπών, ὅτι τὴν Παυσανίου προδοσίαν ἔγνω καὶ τὰ πρασσόμενα πρὸς τοὺς βασιλέως στρατηγούς, "ἀλλ' οὐκ ἐπείσθη," φησίν, "οὐδὲ προσεδέξατο κοινουμένου καὶ παρακαλοῦντος αὐτὸν ἐπὶ τὰς αὐτὰς ἐλπίδας·" Θουκυδίδης δὲ καὶ τὸ παράπαν τὸν λόγον τοῦτον ὡς κατεγνωκὼς παρῆκεν.

32. *Id. de cap. ex inim. util.* 6 (*Eth.* 89 F): Θεμιστοκλεῖ δὲ Παυσανίας μηδὲν ἀδικοῦντι προσετρίψατο τὴν ὑποψίαν τῆς προδοσίας διὰ τὸ χρῆσθαι φίλῳ καὶ γράφειν συνεχῶς καὶ πέμπειν πρὸς αὐτόν.

33. Aristod. vi. (*F. H. G.* v. p. 9): Ὁ δὲ Θεμιστοκλῆς διὰ τὴν ὑπερβάλλουσαν σύνεσιν καὶ ἀρετὴν φθονηθεὶς ἐξεδιώχθη ὑπὸ τῶν Ἀθηναίων, καὶ παρεγένετο εἰς Ἄργος.

Id. x. (p. 12): Λακεδαιμόνιοι δέ, ἐπειδὴ τὰ τοῦ Παυσανίου ἐπονειδίστως ἐκεχωρήκει, τοὺς Ἀθηναίους ἔπειθον λέγοντες ἐν ταῖς Παυσανίου ἐπιστολαῖς κοινωνὸν εὑρηκέναι τῆς προδοσίας Θεμιστοκλέα. ὁ δὲ Θεμιστοκλῆς, δεδοικὼς τοὺς Λακεδαιμονίους, οὐκ ἔμεινεν ἐν τῷ Ἄργει, ἀλλὰ παρεγένετο εἰς Κέρκυραν, κἀκεῖθεν εἰς Μολοσσοὺς πρὸς Ἄδμητον βασιλεύοντα, καίτοι ἐχθρὸν αὐτῷ πρότερον. (2) τῶν δὲ Λακεδαιμονίων παραγενομένων πρὸς τὸν Ἄδμητον καὶ ἐξαιτούντων αὐτόν, ἡ γυνὴ τοῦ Ἀδμήτου ὑπέθετο Θεμιστοκλέα ἁρπάσαι τὸν τοῦ βασιλέως παῖδα καὶ καθεσθῆναι ἐπὶ τῆς ἑστίας ἱκετεύοντα. πράξαντος δὲ τοῦ Θεμιστοκλέους, ὁ Ἄδμητος κατελεήσας αὐτὸν οὐκ ἐξέδωκεν, ἀλλ' ἀπεκρίθη τοῖς Πελοποννησίοις μὴ ὅσιον εἶναι ἐκδοῦναι τὸν ἱκέτην. (3) ὁ δὲ Θεμιστοκλῆς, οὐκ ἔχων ὅπου ὑποστρέψει, ἐπὶ τὴν Περσίδα ἔπλει. ἐκινδύνευσε δὲ καὶ πλέων ἁλῶναι καὶ παραληφθῆναι. Νάξον γὰρ πολιορκούντων τῶν Ἀθηναίων, ἡ ναῦς τοῦ Θεμιστοκλέους, χειμῶνος ἐπιγενομένου, προσήγετο τῇ Νάξῳ. ὁ δὲ Θεμιστοκλῆς, δεδοικὼς μήποτε συλληφθῇ ὑπὸ τῶν Ἀθηναίων, ἠπείλησε τῷ κυβερνήτῃ ἀναιρήσειν αὐτόν, εἰ μὴ ἀντέχοι τοῖς πνεύμασιν. ὁ δὲ κυβερνήτης, δείσας τὴν ἀπειλήν, ὥρμησεν ἐπὶ σάλου νύκτα καὶ ἡμέραν, καὶ ἀντέσχε τοῖς ἀνέμοις. καὶ οὕτω Θεμιστοκλῆς διασωθεὶς παρεγένετο εἰς τὴν Περσίδα. (4) καὶ Ξέρξην μὲν οὐ κατέλαβεν ζῶντα, Ἀρταξέρξην δὲ τὸν υἱὸν αὐτοῦ, ᾧ οὐκ ἐνεφανίσθη· ἀλλὰ διατρίψας ἐνιαυτὸν καὶ μαθὼν τὴν Περσικὴν γλῶσσαν, τότε παρεγένετο πρὸς τὸν Ἀρταξέρξην, καὶ ὑπέμνησεν αὐτὸν τῶν εὐεργεσιῶν ἃς ἐδόκει κατατεθεῖσθαι εἰς τὸν πατέρα αὐτοῦ Ξέρξην, λέγων καὶ τῆς σωτηρίας αὐτῷ γεγενῆσθαι αἴτιος [ἐνδε]ίξα[ς λύσειν τοὺς Ἕλλ]ηνας τὸ ζεῦγμα. ὑπέσχετο δέ, εἰ λάβοι στρατὸν παρ' αὐτοῦ, χειρώσασθαι τοὺς Ἕλληνας. (5) ὁ δὲ Ἀρταξέρξης, προσσχὼν τοῖς εἰρημένοις, ἔδωκεν αὐτῷ στρατὸν καὶ τρεῖς πόλεις εἰς χορηγίαν, Μαγνησίαν μὲν εἰς σῖτον, Λάμψακον δὲ εἰς οἶνον, Μυοῦντα δὲ εἰς ὄψον. λαβὼν δὲ Θεμιστοκλῆς καὶ παραγενόμενος εἰς Μαγνησίαν, ἐγγὺς ἤδη γενόμενος τῆς Ἑλλάδος, μετενόησεν, οὐχ ἡγησάμενος δεῖν πολεμεῖν τοῖς ὁμοφύλοις· θύων δὲ τῇ Λευκοφρύνῃ Ἀρτέμιδι, σφαττομένου ταύρου, ὑποσχὼν φιάλην καὶ πληρώσας αἵματος, ἔπιεν καὶ ἐτελεύτησεν.

34. *Id.* xi. (p. 13): Οἱ δὲ Ἕλληνες, [οὐ] γνόντες ταῦτα, ἐξεδίωκον τὸν στρατὸν τὸν ἅμα τῷ Θεμιστοκλεῖ, (καὶ) παραγενόμενοι δὲ ἔγνωσαν καὶ ἀντεπεστράτευον τῷ Ἀρταξέρξῃ. εὐθέως τε τὰς Ἰωνικὰς καὶ τὰς λοιπὰς πόλεις Ἑλληνίδας ἠλευθέρουν Ἀθηναῖοι.

35. Corn. Nep. *Them.* 8: Tamen non effugit civium suorum invidiam. namque ob eundem timorem, quo damnatus erat Miltiades, testularum suffragiis e civitate eiectus Argos habitatum concessit. (2) hic cum propter multas virtutes magna cum dignitate viveret, Lacedaemonii legatos Athenas miserunt, qui eum absentem accusarent, quod societatem cum rege Perse ad Graeciam opprimendam fecisset. (3) hoc crimine absens damnatus est. id ut audivit, quod non satis tutum se Argis videbat, Corcyram demigravit. ibi cum eius principes *insulae* animadvertisset timere, ne propter se bellum iis Lacedaemonii et Athenienses indicerent, ad Admetum, Molossum regem, cum quo ei hospitium *non* erat, confugit. (4) huc cum venisset et in praesentia rex abesset, quo maiore religione se receptum tueretur, filium eius parvulum arripuit et cum eo se in sacrarium, quod summa colebatur caerimonia, coniecit. inde non prius egressus est, quam rex eum data dextra in fidem reciperet, quam praestitit. (5) nam cum ab Atheniensibus et Lacedaemoniis exposceretur publice, supplicem non prodidit monuitque ut consuleret sibi: difficile enim esse in tam propinquo loco tuto eum versari. itaque Pydnam eum deduci iussit et quod satis esset praesidii dedit. (6) hic in navem omnibus ignotus nautis escendit. quae cum tempestate maxima Naxum ferretur, ubi tum Atheniensium erat exercitus, sensit Themistocles, si eo pervenisset, sibi esse pereundum. hac necessitate coactus domino navis, quis sit, aperit, multa pollicens, si se conservasset. (7) at ille clarissimi viri captus misericordia diem noctemque procul ab insula in salo navem tenuit in ancoris neque quemquam ex ea exire passus est. inde Ephesum pervenit ibique Themistoclem exponit. cui ille pro meritis postea gratiam rettulit.

9. Scio plerosque ita scripsisse, Themistoclem Xerxe regnante in Asiam transisse. sed ego potissimum Thucydidi credo, quod *et* aetate proximus de iis, qui illorum temporum historiam reliquerunt, et eiusdem civitatis fuit. is autem ait ad Artaxerxen eum venisse atque his verbis epistulam misisse: (2) 'Themistocles veni ad te, qui plurima mala omnium Graiorum in domum tuam intuli, quamdiu mihi necesse fuit adversum patrem tuum bellare patriamque meam defendere. (3) idem multo plura bona feci, postquam in tuto ipse et ille in periculo esse coepit. nam cum in Asiam reverti vellet proelio apud Salamina facto, litteris eum certiorem feci id agi ut pons, quem in Hellesponto fecerat, dissolveretur atque ab hostibus circumiretur: quo nuntio ille periculo est liberatus. (4) nunc autem confugi ad te exagitatus a cuncta Graecia, tuam petens amicitiam: quam si ero adeptus, non minus me bonum amicum habebis, quam fortem inimicum ille expertus est. te autem rogo, ut de iis rebus, quas tecum colloqui volo, annuum mihi tempus des eoque transacto ad te venire patiaris.'

10. Huius rex animi magnitudinem admirans cupiensque

talem virum sibi conciliari veniam dedit. ille omne illud tempus litteris sermonique Persarum dedit: quibus adeo eruditus est, ut multo commodius dicatur apud regem verba fecisse, quam ii poterant, qui in Perside erant nati. (2) hic cum multa regi esset pollicitus gratissimumque illud, si suis uti consiliis vellet, illum Graeciam bello oppressurum, magnis muneribus ab Artaxerxe donatus in Asiam rediit domiciliumque Magnesiae sibi constituit. (3) namque hanc urbem ei rex donarat, his quidem verbis, quae ei panem praeberet (ex qua regione quinquagena talenta quotannis redibant), Lampsacum autem, unde vinum sumeret, Myunta, ex qua obsonium haberet.

36. Suidas: Θεμιστοκλῆς Ἀθηναῖος δημαγωγός, Νεοκλέους υἱός, ἄσωτος τὴν πρώτην ἡλικίαν γενόμενος, μετὰ δὲ ταῦτα στρατηγὸς αἱρεθείς, καὶ κτίσας τὸν Πειραιᾶ, καὶ ναυμαχίᾳ νικήσας τοὺς Πέρσας κατὰ Σαλαμῖνα, καὶ φθονηθεὶς φεύγει πρὸς Ἀρταξέρξην τὸν τῶν Περσῶν βασιλέα, καὶ σφόδρα τιμηθεὶς ὑπ' αὐτοῦ ἠναγκάζετο μετὰ ταῦτα τοῖς Ἕλλησι πολεμεῖν. καὶ μὴ βουληθεὶς προδοῦναι τὴν πατρίδα καὶ τὸ ἑαυτοῦ κλέος ταύρειον αἷμα πιὼν ἀπώλετο. ἔγραψεν ἐπιστολὰς φρονήματος γεμούσας.

Θεμιστοκλῆς, στρατηγὸς Ἀθηναίων, ὁ καταναυμαχήσας ἐν τῇ περὶ Σαλαμῖνα ναυμαχίᾳ τοὺς βαρβάρους, εἶθ' ὕστερον φυγαδευθεὶς ὑπὸ τῶν Ἀθηναίων ἐπὶ προδοσίας αἰτίᾳ ψευδεῖ, καταφυγὼν πρὸς Ἀρταξέρξην, τὸν Ξέρξου τοῦ Πέρσου παῖδα, καὶ τιμηθεὶς τὰ μέγιστα παρ' αὐτοῦ, ὡς τρεῖς πόλεις εἰς ὄψον καὶ ἄρτον καὶ ποτὸν λαβεῖν, Μαγνησίαν, Μυοῦντα, Λάμψακον, ἐπηγγείλατο οὖν καταδουλώσασθαι τὴν Ἑλλάδα, δύναμιν εἰ λάβοι. παραγενόμενος δὲ ἅμα τῷ στρατεύματι εἰς Μαγνησίαν, καταγνοὺς ἑαυτοῦ, εἰ δι' αὐτὸν σωθέντες Ἕλληνες δι' αὐτοῦ δουλεύσουσι βαρβάροις, προφάσει χρησάμενος, ὡς θυσίαν ἐπιτελέσαι βούλεται καὶ ἱερουργῆσαι τῇ Λευκοφρυηνῇ Ἀρτέμιδι, τῷ ταύρῳ ὑποθεὶς τὴν φιάλην καὶ ὑποδεξάμενος τὸ αἷμα, χανδὸν πιὼν ἐτελεύτησεν.

Θεμιστοκλέους παῖδες, Νεοκλῆς καὶ Δημόπολις ἀγωνισάμενοι τὸν ἐπιτάφιον ἀγῶνα ἐν Ἀθήναις καὶ νικήσαντες ἐστεφανώθησαν ἀγνοούμενοι. καὶ Νεοκλῆς μὲν δόλιχον ἐνίκησε, Δημόπολις δὲ στάδιον. γνωρισθέντες δὲ μετὰ τὸν ἀγῶνα καταλευσθῆναι ἐκινδύνευσαν ὑπὸ τῶν Θεμιστοκλέους ἐχθρῶν, ὑπομνησάντων τοὺς Ἀθηναίους τοὺς νόμους τοὺς περὶ τῶν φυγάδων.

37. Ael. Aristides ὑπ. τ. τ. 243 J. (ii. p. 318 Dind.): Συμβάντων γὰρ τῶν περὶ τὸν Παυσανίαν, ἅμα μὲν εἰς ἀθυμίαν ἐμπεσόντες καὶ βουλόμενοι συνεπισπᾶσθαι τοὺς Ἀθηναίους, ἵνα δὴ μὴ μόνοι τῆς αἰσχύνης συναπολαύοιεν, ἅμα δὲ εἰ καταλείποιτ' ἐκεῖνος Ἀθήνησι, δεδοικότες μὴ πρὸς ἅπαντ' ἔχοιεν δύσμαχον ἀνταγωνιστήν, καὶ πρὸς τούτοις ὧν περὶ τὸν τειχισμὸν ἐξηπάτηντο μνησικακοῦντες, ἀπόντος κατηγοροῦντες, διώκειν μετὰ σφῶν ἐκέλευον, τεκμηρίῳ τῇ Παυσανίου μοχθηρίᾳ κατ' ἐκείνου χρώμενοι. Θεμιστοκλῆς δὲ τῶν μὲν τὴν ἐπιβουλήν, τῶν δὲ τὴν προπέτειαν ἐφόδιον λαβών, σοφισάμενος ὥσπερ εἰώθει τὸν βασιλέα, τῆς καθόδου μὲν ἀπεστερήθη, αὐτῷ δὲ ἀρκῶν ἔδειξε πρὸς ἅπασαν τύχην.

38. Cicero, *de Amic.* xii. 42: Quis clarior in Graecia Themistocle? quis potentior? qui cum imperator bello Persico servitute Graeciam liberasset, propterque invidiam in exsilium missus esset, ingratae patriae iniuriam non tulit, quam ferre debuit. fecit idem quod viginti annis ante apud nos fecerat Coriolanus.

39. Eusebius (*Chr. pasch.* 303. 8): Θεμιστοκλῆς εἰς Πέρσας ἔφυγεν.

(*Sync.* 483. 13): Θεμιστοκλῆς εἰς Πέρσας φεύγει διὰ τὴν Ἀθηναίων ἄνοιαν, ὃς αἷμα ταύρου πιὼν τελευτᾷ.

Hieron. *Ol.* 77. 1: Themistocles in Persas fugit. *Ol.* 78. 3: Themistocles hausto tauri sanguine moritur.

Vers. Arm. *Ol.* 77. 2: Themêstocles in Persas fugit. *Ol.* 78. 3: Themêstocles poto tauri sanguine obiit.

Circumstances of the Trial.

40. Craterus, *in Lex. Rhetor. ad calc. Photii*, p. 667. 12 (Müller, *F. H. G.* ii. 619 *fr.* 5): Συνομολογεῖ δὲ τοῖς ὑπὸ Θεοφράστου (sc. λεγομένοις), ὅτι Θεμιστοκλέα εἰσήγγειλε κατὰ Κρατερὸν Λεωβότας Ἀλκμαίωνος Ἀγραυλῆθεν.

41. Plut. *Arist.* 25: Μέγαλα δ' αὐτοῦ καὶ τὰ πρὸς Θεμιστοκλέα τῆς ἐπιεικείας σημεῖα. χρησάμενος γὰρ αὐτῷ παρὰ πᾶσαν ὁμοῦ τὴν πολιτείαν ἐχθρῷ καὶ δι' ἐκεῖνον ἐξοστρακισθείς, ἐπεὶ τὴν αὐτὴν λαβὴν παρέσχεν ὁ ἀνὴρ ἐν αἰτίᾳ γενόμενος πρὸς τὴν πόλιν, οὐκ ἐμνησικάκησεν, ἀλλ' Ἀλκμαίωνος καὶ Κίμωνος καὶ πολλῶν ἄλλων ἐλαυνόντων καὶ κατηγορούντων μόνος Ἀριστείδης οὔτ' ἔπραξεν οὔτ' εἶπέ τι φαῦλον, οὐδ' ἀπέλαυσεν ἐχθροῦ δυστυχοῦντος, ὥσπερ οὐδ' εὐημεροῦντι πρότερον ἐφθόνησε.

42. Plut. *Praec. Ger. Leip.* 10 (*Eth.* 805 C): Τὸ μὲν γὰρ ἀνδρὶ χρηστῷ . . . προσμάχεσθαι κατὰ φθόνον, ὡς Περικλεῖ Σιμμίας, Ἀλκμέων δὲ Θεμιστοκλεῖ, . . . οὔτε πρὸς δόξαν καλὸν οὔτ' ἄλλως συμφέρον.

43. *Id. de exil.* 15 (*Eth.* 605 E): Καὶ μὴν Θεμιστοκλῆς οὐ τὴν ἐν τοῖς Ἕλλησι δόξαν φυγὼν ἀπέβαλεν ἀλλὰ τὴν ἐν τοῖς βαρβάροις προσέλαβε· καὶ οὐδείς ἐστιν οὕτως ἀφιλότιμος οὐδ' ἀγεννής, ὃς μᾶλλον ἂν ἐβούλετο Λεωβάτης ὁ γραψάμενος ἢ Θεμιστοκλῆς ὁ φυγαδευθεὶς εἶναι.

His stay in Asia.

44. Schol. ad Ar. *Eq.* 84: Θεμιστοκλῆς (ὁ καταναυμαχήσας ἐν τῇ περὶ Σαλαμῖνα ναυμαχίᾳ τοὺς βαρβάρους, εἶθ' ὕστερον φυγαδευθεὶς ὑπὸ τῶν Ἀθηναίων) ἐπὶ προδοσίας αἰτίᾳ ψευδεῖ, καταφυγὼν πρὸς Ἀρταξέρξην τὸν Ξέρξου παῖδα, καὶ τιμηθεὶς τὰ μέγιστα παρ' αὐτοῦ (ὡς καὶ τρεῖς πόλεις εἰς ὄψον καὶ ἄρτον καὶ πότον λαβεῖν, Μαγνησίαν, Μυοῦντα, Λάμψακον), ἐπηγγείλατο αὐτῷ τὸ καταδουλώσασθαι τὴν Ἑλλάδα, δύναμιν εἰ λάβοι. παραγενόμενος δὲ (ἅμα τῷ στρατεύματι εἰς Μαγνησίαν) καὶ καταγνοὺς ἑαυτοῦ, εἰ δι' αὐτὸν σωθέντες Ἕλληνες δι' αὐτοῦ δουλεύσουσι βαρβάροις, προφάσει χρησάμενος ὡς θυσίαν ἐπιτελέσαι βούλοιτο καὶ ἱερουργῆσαι τῇ Λευκόφρυϊ Ἀρτέμιδι καλουμένῃ, τῷ ταύρῳ ὑποθεὶς τὴν φιάλην καὶ ὑποδεξάμενος τὸ αἷμα καὶ χανδὸν πιὼν ἐτελεύτησεν εὐθέως. οἱ δέ φασιν ὅτι συνειδὼς ὁ Θεμιστοκλῆς ὅτι οὐχ οἷός τε ἦν διαπράξασθαι τῷ βασιλεῖ ἅπερ ἐπηγγείλατο, οὕτως ἐπὶ τὴν τοῦ θανάτου αἵρεσιν παρεγένετο. (. . . Ἄλλως. μετὰ τὴν Ξέρξου φυγὴν Λακεδαιμόνιοι προδοσίας κρίνουσι καὶ φονεύουσι Παυσανίαν τὸν ἴδιον βασιλέα, Κλεομβρότου καὶ Ἀλκαθόας υἱόν. ἐπικότως δὲ διακείμενοι πρὸς Θεμιστοκλέα διὰ τὸν τειχισμὸν τῆς Ἀττικῆς, μεταστέλλονται αὐτὸν εἰς κρίσιν, φάσκοντες Παυσανίαν ὡμολογηκέναι καὶ αὐτὸν κοινωνεῖν ἐν τῇ προδοσίᾳ. Ἀθηναίων δὲ βουλομένων ἀποστέλλειν αὐτόν, φυγὼν ἧκε πρὸς Ἀρταξέρξην, καὶ Μηδικὴν φωνὴν μαθὼν ἐδίδαξεν αὐτὸν πῶς ἔσωσε τὸν πατέρα Ξέρξην μὴ συγχωρήσας τοῖς Ἕλλησι διαλῦσαι τὰ ἐπὶ Σηστοῦ καὶ Ἀβύδου διαζεύγματα. ἐφ' οἷς εὐχαριστήσας ὁ βασιλεὺς δωρεῖται αὐτῷ τρεῖς πόλεις, Μαγνησίαν εἰς σῖτον, Λάμψακον εἰς οἶνον, Μυοῦντα εἰς ὄψα, ὡς δὲ Νεάνθης, καὶ Περκώτην εἰς στρωμνὴν καὶ Παλαίσκηψιν εἰς στολήν. στρατὸν δὲ λαβὼν αὐτοῦ ἐπὶ πορθήσει τῆς Ἑλλάδος, περὶ τὴν Ἰωνίαν ἐν Μαγνησίᾳ γενόμενος, θύων, ὡς εἴρηται ἄνω, τελευτᾷ, καὶ μετὰ θάνατον τὸν μισοβάρβαρον ἐνδεικνύμενος τρόπον. λοιμωξάντων δὲ Ἀθηναίων, ὁ θεὸς εἶπε μετάγειν τὰ ὀστᾶ Θεμιστοκλέους. Μαγνήτων δὲ μὴ συγχωρούντων, ᾐτήσαντο ἐπὶ λ' ἡμέραις ἐναγίσαι τῷ τάφῳ καὶ περισκηνώσαντες τὸ χωρίον λάθρᾳ κομίζουσιν ἀνορύξαντες τὰ ὀστᾶ. Σύμμαχος δέ φησι ψεύδεσθαι περὶ Θεμιστοκλέους. οὔτε γὰρ Ἡρόδοτος οὔτε Θουκυδίδης ἱστορεῖ. ἔστι γοῦν ἀπὸ Σοφοκλέους Ἑλένης

ἐμοὶ δὲ λῷστον αἷμα ταύρειον πιεῖν,
καὶ μή τι πλείους τῶνδ' ἔχειν δυσφημίας.

τινὲς δέ φασιν ὅτι Σοφοκλῆς περὶ Θεμιστοκλέους τοῦτό φησι. ψεύδονται δέ, οὐ γάρ ἐστι πιθανόν.)

45. Plut. *Reg. et Imp. Apophth.* (*Eth.* 185 E) Θεμ. 15: Ἐπεὶ δὲ ἐξέπεσε τῶν Ἀθηνῶν τὸ πρῶτον, εἶτα καὶ τῆς Ἑλλάδος, ἀναβὰς πρὸς βασιλέα . . . (16) ᾐτήσατο δὲ καὶ χρόνον, ὅπως τὴν Περσικὴν διάλεκτον καταμαθὼν δι' ἑαυτοῦ καὶ μὴ δι' ἑτέρου ποιήσαιτο τὴν πρὸς αὐτὸν ἔντευξιν.

46. Athen. i. 29 F (54): Ὅτι Θεμιστοκλῆς ὑπὸ βασιλέως ἔλαβε δωρεὰν τὴν Λάμψακον εἰς οἶνον, Μαγνησίαν δ' εἰς ἄρτον, Μυοῦντα δ' εἰς ὄψον, Περκώτην δὲ καὶ τὴν Παλαίσκηψιν εἰς στρωμνὴν καὶ ἱματισμόν. ἐκέλευσε δὲ τούτῳ στολὴν φορεῖν βαρβαρικήν, ὡς καὶ Δημαράτῳ, δοὺς τὰ πρότερον ὑπάρχοντα, καὶ ⟨εἰς⟩ στολὴν Γάμβρειον προσθεὶς ἐφ' ᾧτε μηκέτι Ἑλληνικὸν ἱμάτιον περιβάληται.

47. *Id.* xii. 533 D: Πόσσις δ' ἐν τρίτῳ Μαγνητικῶν (*F. H. G.* iv. 483 *fr.* 1) τὸν Θεμιστοκλέα φησὶν ἐν Μαγνησίᾳ τὴν στεφανηφόρον ἀρχὴν ἀναλαβόντα θῦσαι Ἀθηνᾷ καὶ τὴν ἑορτὴν Παναθήναια ὀνομάσαι, καὶ Διονύσῳ Χοοπότῃ θυσιάσαντα καὶ τὴν Χοῶν ἑορτὴν αὐτόθι καταδεῖξαι.

48. Libanius xv. (Reiske, i. p. 464): Εἶπον ἄν σοι Ξέρξην, ἀφέντα μὲν τοὺς κατασκόπους τοὺς ἀντὶ τῶν κηρύκων, ἰδόντα δὲ Θεμιστοκλέα τὸν ἔχθιστον ὡς φίλον, καὶ τῷ μὴ λαβεῖν δίκην προσθέντα τὸ καὶ δοῦναι δωρεάς, Λάμψακον, Μυοῦντα, Μαγνησίαν, Μέγαρα τὰς πρεσβ . . . . . ἐκείνας ναυμαχίας . . . . καὶ ταῦτα ἦν μεγαλοψυχίας, ἐμοὶ δοκεῖν, οὐκ ἐλπίδων μισθός, ἃς ὑπετίθετο δουλώσειν αὐτῷ τοὺς Ἕλληνας . . . . εἶπον ἄν σοι μετὰ Ξέρξου καὶ τὸν Μολοττὸν Ἄδμητον, ὃς ἥδιστα τὸν αὐτὸν τοῦτον ἄνθρωπον λαβών, ὥστε ἀποκτεῖναι, λαβὼν καὶ ἔχων, οὔτε τοῖς ἐξαιτοῦσιν ἔδωκε, καὶ ὅπως ἔλθῃ πρὸς οὓς ἐβούλετο, ἔπραξε.

49. Val. Max. viii. 7 *ext.* 15: (Themistocles) per summam iniquitatem patria expulsus et ad Xerxem, quem paulo ante devicerat, confugere coactus, prius quam in conspectum eius veniret, Persico sermone se adsuefecit, &c. Cf. v. 3 *ext.* 3.

50. *Coin of Magnesia.*

Obv. ƎOƎΛ[ꓘO]TƎIMƎΘ· Apollo standing r.; in r. a long branch of olive.

Rev. M A Raven? flying. Square border of dots. Ꞩ (plated) Didrachm. 5·83 grammes. Weight of Paris specimen (Waddington, *Mélanges*, pl. i. 2) is 8·56 grammes.

Head, *Brit. Mus. Cat. of Gk. Coins, Ionia*, p. 158.

His Death.

51. Ar. *Eq.* 83:

ΝΙΚΙΑΣ. βέλτιστον ἡμῖν αἷμα ταύρειον πιεῖν.
ὁ Θεμιστοκλέους γὰρ θάνατος αἱρετώτερος.

52. Plut. *Flam.* 20: Ἔνιοι δὲ (λέγουσι τὸν Ἀννίβαν) μιμησάμενον Θεμιστοκλέα καὶ Μίδαν αἷμα ταύρειον πιεῖν. Cf. Plut. *Cim.* 18. See **III. 152.**

53. Cic. *Brutus*, xi. 42: Ut enim tu nunc de Coriolano, sic Clitarchus, sic Stratocles de Themistocle finxit. (43) nam, quem Thucydides, qui et Atheniensis erat, et summo loco natus summusque vir et paullo aetate posterior, tantum mortuum scripsit et in Attica clam humatum, addidit, fuisse suspicionem, veneno sibi conscivisse mortem: hunc isti aiunt, quum taurum immolavisset, excepisse sanguinem patera, et eo poto, mortuum concidisse.

Cf. Val. Max. v. 6 *ext.* 3.

Memorials.

54. *Bronze coin of Antoninus Pius, struck at Magnesia.*

Obv. [T · ΑΙΛΙΟϹ] ΚΑΙϹΑΡ ΑΝΤΩΝЄΙΝΟϹ. Bust of Antoninus Pius to right.

Rev. ЄΠΙ ΔΙΟϹΚΟΥΡΙΔΟΥ ΓΡΑΤΟΥ ΜΗΤΡ ΜΑΓΝΗΤ Nude figure of Themistokles standing to left; his left hand grasps sword in sheath hanging at his side; his right pours libation from phiale over burning altar, in front of which lies forepart of slaughtered bull. In the field, ΘЄΜ ΙϹΤΟΚΛΗ|Ϲ. Rhousopoulos, *Athenische Mittheilungen*, xxi. (1896) p. 22.

55. Paus. i. 1. 2: Καὶ νεὼς καὶ ἐς ἐμὲ ἦσαν οἶκοι, καὶ πρὸς τῷ μεγίστῳ λιμένι τάφος Θεμιστοκλέους· φασὶ γὰρ μεταμελῆσαι τῶν ἐς Θεμιστοκλέα Ἀθηναίοις, καὶ ὡς οἱ προσήκοντες τὰ ὀστᾶ κομίσαιεν ἐκ Μαγνησίας ἀνελόντες. φαίνονται δὲ οἱ παῖδες οἱ Θεμιστοκλέους καὶ κατελθόντες καὶ γραφὴν ἐς τὸν Παρθενῶνα ἀναθέντες, ἐν ᾗ Θεμιστοκλῆς ἐστι γεγραμμένος.

56. *Ibid.* 26. 4: Τῆς δὲ εἰκόνος πλησίον τῆς Ὀλυμπιοδώρου χαλκοῦν Ἀρτέμιδος ἄγαλμα ἕστηκεν ἐπίκλησιν Λευκοφρυηνῆς, ἀνέθεσαν δὲ οἱ παῖδες οἱ Θεμιστοκλέους· Μάγνητες γάρ, ὧν ἦρχε Θεμιστοκλῆς λαβὼν παρὰ βασιλέως, Λευκοφρυηνὴν Ἄρτεμιν ἄγουσιν ἐν τιμῇ.

57. Arist. *de anim. hist.* vi. 15. 3. 569 b 9: Γίνονται δὲ (αἱ ἀφύαι) ἐν τοῖς ἐπισκίοις καὶ ἑλώδεσι τόποις . . . οἷον περὶ Ἀθήνας ἐν Σαλαμῖνι καὶ πρὸς τῷ Θεμιστοκλείῳ καὶ ἐν Μαραθῶνι.

57 a. *Ath. Mitth.* vi. (1881) p. 104, vs. 12: Proxenia-decree at Lampsakos early in second cent. B. C.: [Ἐν δὲ τῆι ἑορτῆι] | τῆι Θεμιστοκλεῖ [ἀγομένηι δι' ἐνιαυ]|τοῦ εἶναι πάντα α[ὐτῶι τἀγαθὰ κ.τ.λ. Cf. *C. I. G.* i. p. 441 f. M. Rubensohn in *Jahrb. f. Class. Phil.* 1894, pp. 457 ff.

His son Kleophantos.

58. Plat. *Meno* 93 D: Ἢ οὐκ ἀκήκοας, ὅτι Θεμιστοκλῆς Κλεόφαντον τὸν υἱὸν ἱππέα μὲν ἐδιδάξατο ἀγαθόν;

His character.

59. Critias, ap. Ael. *V. H.* x. 17 (Müll. *F. H. G.* ii. 70, *fr.* 8): Λέγει Κριτίας Θεμιστοκλέα τὸν Νεοκλέους, πρὶν ἢ ἄρξασθαι πολιτεύεσθαι, τρία τάλαντα ἔχειν τὴν οὐσίαν τὴν πατρῴαν· ἐπεὶ δὲ τῶν κοινῶν προέστη, εἶτα ἔφυγε καὶ ἐδημεύθη αὐτοῦ ἡ οὐσία, κατεφωράθη ἑκατὸν ταλάντων πλείω οὐσίαν ἔχων.

60. Plut. *Arist.* 4: Τῶν δὲ δημοσίων προσόδων αἱρεθεὶς ἐπιμελητὴς οὐ μόνον τοὺς καθ' αὑτόν, ἀλλὰ καὶ τοὺς πρὸ αὑτοῦ γενομένους ἄρχοντας ἀπεδείκνυε πολλὰ νενοσφισμένους καὶ μάλιστα τὸν Θεμιστοκλέα· "σοφὸς γὰρ ἁνήρ, τῆς δὲ χειρὸς οὐ κρατῶν." διὸ καὶ συναγαγὼν πολλοὺς ἐπὶ τὸν Ἀριστείδην ἐν ταῖς εὐθύναις διώκων κλοπῆς καταδίκῃ περιέβαλεν, ὥς φησιν Ἰδομενεύς. ἀγανακτούντων δὲ τῶν πρώτων ἐν τῇ πόλει, οὐ μόνον ἀφείθη τῆς ζημίας, ἀλλὰ καὶ πάλιν ἄρχων ἐπὶ τὴν αὐτὴν διοίκησιν ἀπεδείχθη.

61. Plut. *Arist. c. Cat. comp.* 1 : Θεμιστοκλεῖ μήτ' ἀπὸ γένους λαμπρῷ καὶ κεκτημένῳ μέτρια (πέντε γὰρ ἢ τριῶν ταλάντων οὐσίαν αὐτῷ γενέσθαι λέγουσιν ὅτε πρῶτον ἥπτετο τῆς πολιτείας) κ.τ.λ.

62. *Id. Them.* 5 : Σύντονον δὲ αὐτὸν γεγονέναι χρηματιστὴν οἱ μέν τινές φασι δι' ἐλευθεριότητα· καὶ γὰρ φιλοθύτην ὄντα καὶ λαμπρὸν ἐν ταῖς περὶ τοὺς ξένους δαπάναις ἀφθόνου δεῖσθαι χορηγίας· οἱ δὲ τοὐναντίον γλισχρότητα πολλὴν καὶ μικρολογίαν κατηγοροῦσι, ὡς καὶ τὰ πεμπόμενα τῶν ἐδωδίμων πωλοῦντος.

Aristeides.

As a democratic reformer.

See V. 61 f.

His death.

63. Plut. *Arist.* 26 : Τελευτῆσαι δὲ Ἀριστείδην οἱ μὲν ἐν Πόντῳ φασὶν ἐκπλεύσαντα πράξεων ἕνεκα δημοσίων, οἱ δ' Ἀθήνησι γήρᾳ, τιμώμενον καὶ θαυμαζόμενον ὑπὸ τῶν πολιτῶν. Κρατερὸς δ' ὁ Μακεδὼν τοιαῦτά τινα περὶ τῆς τελευτῆς τοῦ ἀνδρὸς εἴρηκε. μετὰ γὰρ τὴν Θεμιστοκλέους φυγήν φησιν ὥσπερ ἐξυβρίσαντα τὸν δῆμον ἀναφῦσαι πλῆθος συκοφαντῶν, οἳ τοὺς ἀρίστους καὶ δυνατωτάτους ἄνδρας διώκοντες ὑπέβαλλον τῷ φθόνῳ τῶν πολλῶν ἐπαιρομένων ὑπ' εὐτυχίας καὶ δυνάμεως. ἐν τούτοις καὶ Ἀριστείδην ἁλῶναι δωροδοκίας, Διοφάντου τοῦ Ἀμφιτροπῆθεν κατηγοροῦντος, ὡς, ὅτε τοὺς φόρους ἔταττε, παρὰ τῶν Ἰώνων χρήματα λαβόντος· ἐκτῖσαι δ' οὐκ ἔχοντα τὴν καταδίκην πεντήκοντα μνῶν οὖσαν ἐκπλεῦσαι καὶ περὶ τὴν Ἰωνίαν ἀποθανεῖν. τούτων δὲ οὐδὲν ἔγγραφον ὁ Κρατερὸς τεκμήριον παρέσχηκεν, οὔτε δίκην οὔτε ψήφισμα, καίπερ εἰωθὼς ἐπιεικῶς γράφειν τὰ τοιαῦτα καὶ παρατίθεσθαι τοὺς ἱστοροῦντας. οἱ δ' ἄλλοι πάντες, ὡς ἔπος εἰπεῖν, ὅσοι τὰ πλημμεληθέντα τῷ δήμῳ περὶ τοὺς στρατηγοὺς διεξίασι, τὴν μὲν Θεμιστοκλέους φυγὴν καὶ τὰ Μιλτιάδου δεσμὰ καὶ τὴν Περικλέους ζημίαν καὶ τὸν Πάχητος ἐν τῷ δικαστηρίῳ θάνατον, ἀνελόντος αὐτὸν ἐπὶ τοῦ βήματος ὡς ἡλίσκετο, καὶ πολλὰ τοιαῦτα συνάγουσι καὶ θρυλοῦσιν, Ἀριστείδου δὲ τὸν μὲν ἐξοστρακισμὸν παρατίθενται, καταδίκης δὲ τοιαύτης οὐδαμοῦ μνημονεύουσι. (27) καὶ μέντοι καὶ τάφος ἐστὶν αὐτοῦ Φαληροῖ δεικνύμενος, ὅν φασι κατασκευάσαι τὴν πόλιν αὐτῷ μηδ' ἐντάφια καταλιπόντι. καὶ τὰς μὲν θυγατέρας ἱστοροῦσιν ἐκ τοῦ πρυτανείου τοῖς νυμφίοις ἐκδοθῆναι δημοσίᾳ, τῆς πόλεως τὸν γάμον ἐγγυώσης καὶ προῖκα τρισχιλίας δραχμὰς ἑκατέρᾳ ψηφισαμένης, Λυσιμάχῳ δὲ τῷ υἱῷ μνᾶς μὲν ἑκατὸν ἀργυρίου καὶ γῆς τοσαῦτα πλέθρα πεφυτευμένης ἔδωκεν ὁ δῆμος, ἄλλας δὲ δραχμὰς τέσσαρας εἰς ἡμέραν ἑκάστην ἀπέταξεν, Ἀλκιβιάδου τὸ ψήφισμα γράψαντος.

64. Corn. Nep. *Arist.* 3. 3: Decessit autem fere post annum quartum quam Themistocles Athenis erat expulsus.

His character.

65. Plut. *Arist.* 3: Θαυμαστὴ δέ τις ἐφαίνετο αὐτοῦ παρὰ τὰς ἐν τῇ πολιτείᾳ μεταβολὰς ἡ εὐστάθεια . . . ὁμοίως ἡγουμένου χρῆναι τῇ πατρίδι παρέχειν ἑαυτὸν οὐ χρημάτων μόνον, ἀλλὰ καὶ δόξης προῖκα καὶ ἀμισθὶ πολιτευόμενον. ὅθεν, ὡς ἔοικε, τῶν εἰς Ἀμφιάραον ὑπ' Αἰσχύλου πεποιημένων ἰαμβείων ἐν τῷ θεάτρῳ λεγομένων·

οὐ γὰρ δοκεῖν δίκαιος, ἀλλ' εἶναι θέλει,
βαθεῖαν ἄλοκα διὰ φρενὸς καρπούμενος,
ἀφ' ἧς τὰ κεδνὰ βλαστάνει βουλεύματα,

πάντες ἀπέβλεψαν εἰς Ἀριστείδην, ὡς ἐκείνῳ μάλιστα τῆς ἀρετῆς ταύτης προσηκούσης.

66. *Ibid.* 25: Καθ' ὅλου δ' ὁ Θεόφραστός φησι τὸν ἄνδρα τοῦτον περὶ τὰ οἰκεῖα καὶ τοὺς πολίτας ἄκρως ὄντα δίκαιον ἐν τοῖς κοινοῖς πολλὰ πρᾶξαι πρὸς τὴν ὑπόθεσιν τῆς πατρίδος, ὡς συχνῆς ἀδικίας δεομένης. καὶ γὰρ τὰ χρήματά φησιν ἐκ Δήλου βουλευομένων Ἀθήναζε κομίσαι παρὰ τὰς συνθήκας [καί], Σαμίων εἰσηγουμένων, εἰπεῖν ἐκεῖνον, ὡς οὐ δίκαιον μέν, συμφέρον δὲ τοῦτ' ἐστί. καὶ τέλος εἰς τὸ ἄρχειν ἀνθρώπων τοσούτων καταστήσας τὴν πόλιν αὐτὸς ἐνέμεινε τῇ πενίᾳ καὶ τὴν ἀπὸ τοῦ πένης εἶναι δόξαν οὐδὲν ἧττον ἀγαπῶν τῆς ἀπὸ τῶν τροπαίων διετέλεσε. . . . Πλάτων δὲ τῶν μεγάλων δοκούντων καὶ ὀνομαστῶν Ἀθήνησι μόνον ἄξιον λόγου τοῦτον ἀποφαίνει τὸν ἄνδρα· Θεμιστοκλέα μὲν γὰρ καὶ Κίμωνα καὶ Περικλέα στοῶν καὶ χρημάτων καὶ φλυαρίας πολλῆς ἐμπλῆσαι τὴν πόλιν, Ἀριστείδην δὲ πολιτεύσασθαι πρὸς ἀρετήν.

Plut. *Them.* 21. See above **29**.

67. Corn. Nep. *Arist.* 3. 2: Hic qua fuerit abstinentia, nullum est certius indicium quam quod, cum tantis rebus praefuisset, in tanta paupertate decessit, ut qui efferretur vix reliquerit. (3) quo factum est ut filiae eius publice alerentur et de communi aerario dotibus datis collocarentur.

68. Plato, *Gorg.* 526 B: Εἷς δὲ καὶ πάνυ ἐλλόγιμος γέγονε καὶ εἰς τοὺς ἄλλους Ἕλληνας, Ἀριστείδης ὁ Λυσιμάχου.

69. *Id. Meno* 94 A: ΣΩΚΡΑΤΗΣ. Ἄλλον δὲ δὴ σκεψώμεθα, Ἀριστείδην τὸν Λυσιμάχου· ἢ τοῦτον οὐχ ὁμολογεῖς ἀγαθὸν γεγονέναι; ΑΝΥΤΟΣ. Ἔγωγε, πάντως δήπου. ΣΩ. Οὐκοῦν καὶ οὗτος τὸν υἱὸν τὸν αὑτοῦ Λυσίμαχον, ὅσα μὲν διδασκάλων εἴχετο, κάλλιστα Ἀθηναίων ἐπαίδευσεν, ἄνδρα δὲ βελτίω δοκεῖ σοι ὁτουοῦν πεποιηκέναι; τούτῳ γάρ που καὶ συγγέγονας καὶ ὁρᾷς οἷός ἐστιν.

70. Hdt. viii. 79.

His descendants.

71. Demosth. 20 *in Lept.* 115: Τίνι χρώμενος τεκμηρίῳ; ὅτι Λυσιμάχῳ δωρεάν, ἑνὶ τῶν τότε χρησίμων, ἑκατὸν μὲν ἐν Εὐβοίᾳ πλέθρα γῆς πεφυτευμένης ἔδοσαν, ἑκατὸν δὲ ψιλῆς, ἔτι δ' ἀργυρίου μνᾶς ἑκατόν, καὶ τέτταρας τῆς ἡμέρας δραχμάς. καὶ τούτων ψήφισμα ἔστιν Ἀλκιβιάδου, ἐν ᾧ ταῦτα γέγραπται.

Kimon.

His opposition to democratic changes, and banishment.

See **V. 82 ff.**

Relations with Perikles.

See below **91 ff.**

Popularity and Political Position of Kimon.

72. Plut. *Cim.* 10: Ἤδη δ' εὐπορῶν ὁ Κίμων ἐφόδια τῆς στρατηγίας ἃ καλῶς ἀπὸ τῶν πολεμίων ἔδοξεν ὠφελῆσθαι κάλλιον ἀνήλισκεν εἰς τοὺς πολίτας. τῶν τε γὰρ ἀγρῶν τοὺς φραγμοὺς ἀφεῖλεν, ἵνα καὶ τοῖς ξένοις καὶ τῶν πολιτῶν τοῖς δεομένοις ἀδεῶς ὑπάρχῃ λαμβάνειν τῆς ὀπώρας, καὶ δεῖπνον οἴκοι παρ' αὐτῷ λιτὸν μέν, ἀρκοῦν δὲ πολλοῖς, ἐποιεῖτο καθ' ἡμέραν, ἐφ' ὃ τῶν πενήτων ὁ βουλόμενος εἰσῄει καὶ διατροφὴν εἶχεν ἀπράγμονα, μόνοις τοῖς δημοσίοις σχολάζων. ὡς δ' Ἀριστοτέλης φησίν, οὐχ ἁπάντων Ἀθηναίων, ἀλλὰ τῶν δημοτῶν αὑτοῦ Λακιαδῶν παρεσκευάζετο τῷ βουλομένῳ τὸ δεῖπνον. αὐτῷ δὲ νεανίσκοι παρείποντο συνήθεις ἀμπεχόμενοι καλῶς, ὧν ἕκαστος, εἴ τις συντύχοι τῷ Κίμωνι τῶν ἀστῶν πρεσβύτερος ἠμφιεσμένος ἐνδεῶς, διημείβετο πρὸς αὐτὸν τὰ ἱμάτια· καὶ τὸ γινόμενον ἐφαίνετο σεμνόν. οἱ δ' αὐτοὶ καὶ νόμισμα κομίζοντες ἄφθονον παριστάμενοι τοῖς κομψοῖς τῶν πενήτων ἐν ἀγορᾷ σιωπῇ τῶν κερματίων ἐνέβαλλον εἰς τὰς χεῖρας. ὧν δὴ καὶ Κρατῖνος ὁ κωμικὸς ἐν Ἀρχιλόχοις ἔοικε μεμνῆσθαι διὰ τούτων·

Κἀγὼ γὰρ ηὔχουν Μητρόβιος ὁ γραμματεὺς
σὺν ἀνδρὶ θείῳ καὶ φιλοξενωτάτῳ
καὶ πάντ' ἀρίστῳ τῶν Πανελλήνων πρὸ τοῦ
Κίμωνι λιπαρὸν γῆρας εὐωχούμενος
αἰῶνα πάντα συνδιατρίψειν. ὁ δὲ
λιπὼν βέβηκε πρότερος.

ἔτι τοίνυν Γοργίας μὲν ὁ Λεοντῖνός φησι τὸν Κίμωνα τὰ χρήματα κτᾶσθαι μὲν ὡς χρῷτο, χρῆσθαι δὲ ὡς τιμῷτο, Κριτίας δὲ τῶν τριάκοντα γενόμενος ἐν ταῖς ἐλεγείαις εὔχεται

Πλοῦτον μὲν Σκοπαδῶν, μεγαλοφροσύνην δὲ Κίμωνος,
νίκας δ' Ἀρκεσίλα τοῦ Λακεδαιμονίου.

καίτοι Λίχαν γε τὸν Σπαρτιάτην ἀπ' οὐδενὸς ἄλλου γινώσκομεν ἐν τοῖς Ἕλλησιν ὀνομαστὸν γενόμενον ἢ ὅτι τοὺς ξένους ἐν ταῖς γυμνοπαιδίαις ἐδείπνιζεν· ἡ δὲ Κίμωνος ἀφθονία καὶ τὴν παλαιὰν τῶν Ἀθηναίων φιλοξενίαν καὶ φιλανθρωπίαν ὑπερέβαλεν. οἱ μὲν γάρ, ἐφ' οἷς ἡ πόλις μέγα φρονεῖ δικαίως, τό τε σπέρμα τῆς τροφῆς εἰς τοὺς Ἕλληνας ἐξέδωκαν ὑδάτων τε πηγαίων * * * καὶ πυρὸς ἔναυσιν χρῄζουσιν ἀνθρώποις ἐδίδαξαν, ὁ δὲ τὴν μὲν οἰκίαν τοῖς πολίταις πρυτανεῖον ἀποδείξας κοινόν, ἐν δὲ τῇ χώρᾳ καρπῶν ἑτοίμων ἀπαρχὰς καὶ ὅσα ὧραι καλὰ φέρουσι χρῆσθαι καὶ λαμβάνειν ἅπαντα τοῖς ξένοις παρέχων, τρόπον τινὰ τὴν ἐπὶ Κρόνου μυθολογουμένην κοινωνίαν εἰς τὸν βίον αὖθις κατῆγεν. οἱ δὲ ταῦτα κολακείαν ὄχλου καὶ δημαγωγίαν εἶναι διαβάλλοντες ὑπὸ τῆς ἄλλης ἐξηλέγχοντο τοῦ ἀνδρὸς προαιρέσεως ἀριστοκρατικῆς καὶ Λακωνικῆς οὔσης, ὅς γε καὶ Θεμιστοκλεῖ πέρα τοῦ δέοντος ἐπαίροντι τὴν δημοκρατίαν ἀντέβαινε μετ' Ἀριστείδου, καὶ πρὸς Ἐφιάλτην ὕστερον χάριτι τοῦ δήμου καταλύοντα τὴν ἐξ Ἀρείου πάγου βουλὴν διηνέχθη, λημμάτων δὲ δημοσίων τοὺς ἄλλους πλὴν Ἀριστείδου καὶ Ἐφιάλτου πάντας ἀναπιμπλαμένους ὁρῶν, αὐτὸν ἀδέκαστον καὶ ἄθικτον ἐν τῇ πολιτείᾳ δωροδοκίας καὶ πάντα προῖκα καὶ καθαρῶς πράττοντα καὶ λέγοντα διὰ τέλους παρέσχε. λέγεταί γέ τοι Ῥοισάκην τινὰ βάρβαρον ἀποστάτην βασιλέως ἐλθεῖν μετὰ χρημάτων πολλῶν εἰς Ἀθήνας, καὶ σπαραττόμενον ὑπὸ τῶν *συκοφαντῶν καταφυγεῖν πρὸς Κίμωνα, καὶ θεῖναι παρὰ τὴν αὔλειον αὐτοῦ φιάλας δύο, τὴν μὲν ἀργυρείων ἐμπλησάμενον Δαρεικῶν, τὴν δὲ χρυσῶν· ἰδόντα δὲ τὸν Κίμωνα καὶ μειδιάσαντα πυθέσθαι τοῦ ἀνθρώπου, πότερον αἱρεῖται Κίμωνα μισθωτὸν ἢ φίλον ἔχειν· τοῦ δὲ φήσαντος φίλον· "Οὐκοῦν" φάναι "ταῦτ' ἄπιθι μετὰ σεαυτοῦ κομίζων· χρήσομαι γὰρ αὐτοῖς ὅταν δέωμαι φίλος γενόμενος."*

73. Plut. *Per.* 9: *Ἐν ἀρχῇ μὲν γάρ, ὥσπερ εἴρηται, πρὸς τὴν Κίμωνος δόξαν ἀντιταττόμενος ὑπεποιεῖτο τὸν δῆμον· ἐλαττούμενος δὲ πλούτῳ καὶ χρήμασιν, ἀφ' ὧν ἐκεῖνος ἀνελάμβανε τοὺς πένητας δεῖπνόν τε καθ' ἡμέραν τῷ δεομένῳ παρέχων Ἀθηναίων καὶ τοὺς πρεσβυτέρους ἀμφιεννύων, τῶν τε χωρίων τοὺς φραγμοὺς ἀφαιρῶν, ὅπως ὀπωρίζωσιν οἱ βουλόμενοι, τούτοις ὁ Περικλῆς καταδημαγωγούμενος τρέπεται πρὸς τὴν τῶν δημοσίων διανομήν.*

74. Corn. Nep. *Cim.* 4: Hunc Athenienses non solum in bello, sed etiam in pace diu desideraverunt. fuit enim tanta liberalitate, cum compluribus locis praedia hortosque haberet, ut numquam in eis custodem posuerit fructus servandi gratia, ne quis impediretur, quominus eis rebus quibus quisque vellet frueretur. (2) semper eum pedisequi cum nummis sunt secuti, ut, si quis opis eius indigeret, haberet quod statim daret, ne differendo videretur negare. saepe, cum aliquem offensum fortuna videret minus bene vestitum, suum amiculum dedit. (3) cottidie sic cena ei coquebatur, ut, quos invocatos vidisset in foro, omnes ad se vocaret, quod facere nullo die praetermittebat. nulli fides eius, nulli opera, nulli res familiaris defuit: multos locupletavit, complures pauperes [mortuos], qui unde efferrentur non reliquissent, suo sumptu extulit. (4) sic se gerendo minime est mirandum, si et vita eius fuit secura et mors acerba.

75. Athen. xii. 533 A: *Ἐν τῇ δεκάτῃ τῶν Φιλιππικῶν ὁ Θεόπομπός* (*fr.* 94 *F. H. G.* i. 293) *φησι· "Κίμων ὁ Ἀθηναῖος ἐν τοῖς ἀγροῖς καὶ τοῖς κήποις οὐδένα τοῦ καρποῦ καθίστα φύλακα, ὅπως οἱ βουλόμενοι τῶν πολιτῶν εἰσιόντες ὀπωρίζωνται καὶ λαμβάνωσιν εἴ τινος δέοιντο τῶν ἐν τοῖς χωρίοις. ἔπειτα τὴν οἰκίαν παρεῖχε κοινὴν ἅπασι· καὶ δεῖπνον αἰεὶ εὐτελὲς παρασκευάζεσθαι πολλοῖς ἀνθρώποις καὶ τοὺς ἀπόρους προσιόντας τῶν Ἀθηναίων εἰσιόντας δειπνεῖν. ἐθεράπευεν δὲ καὶ τοὺς καθ' ἑκάστην ἡμέραν αὐτοῦ τι δεομένους, καὶ λέγουσιν ὡς περιήγετο μὲν ἀεὶ νεανίσκους δύ' ἢ τρεῖς* ἔχοντας κέρματα τούτοις τε διδόναι προσέταττεν, ὁπότε τις προσέλθοι αὐτοῦ δεόμενος. καί φασι μὲν αὐτὸν καὶ εἰς ταφὴν εἰσφέρειν. ποιεῖν δὲ καὶ τοῦτο πολλάκις, ὁπότε τῶν πολιτῶν τινὰ ἴδοι κακῶς ἠμφιεσμένον, κελεύειν αὐτῷ μεταμφιέννυσθαι τῶν νεανίσκων τινὰ τῶν συνακολουθούντων αὐτῷ. ἐκ δὴ τούτων ἁπάντων ηὐδοκίμει καὶ πρῶτος ἦν τῶν πολιτῶν."

76. [Arist.] *Resp. Ath.* 26, 27, 28.

77. Schol. Aristid. ὑπ. τ. τ. 118 J. (iii. p. 446 D.): Δύο δὲ ἦσαν Ἀθήνησι πολιτεῖαι· οἱ μὲν γὰρ ἦσαν καλοὶ καὶ ἀγαθοί, οἱ καλούμενοι ὀλιγαρχικοί, οἱ δὲ δημοτικοί· καὶ τούτων μὲν προΐστατο Κίμων, πολλὰ διανέμων καὶ συγχωρῶν ὀπωρίσασθαι τοῖς βουλομένοις, καὶ ἱμάτια διανέμων τοῖς πένησι· τῶν δὲ ὀλιγαρχικῶν προΐστατο Περικλῆς· κατηγορηθεὶς δὲ ὁ Κίμων ὑπὸ Περικλέους ἐπὶ Λανικῇ τῇ ἀδελφῇ καὶ ἐπὶ Σκύρῳ τῇ νήσῳ, ὡς ὑπ' αὐτοῦ προδιδομένου, ἐξεβλήθη. δεδιὼς δὲ ὁ Περικλῆς μὴ ζητηθῇ ὑπὸ τῶν δημοτικῶν, πρὸς αὐτοὺς ἐχώρησεν.

Kimon's recall and later campaigns.

See above **III. 102 ff., 150 ff.**

Ephialtes.

See above **V. 70–74, 85–88.**

Plut. *Cim.* 10. See above **72.**

78. Ael. *V. H.* ii. 43: Πενέστατοι ἐγένοντο οἱ ἄριστοι τῶν Ἑλλήνων, Ἀριστείδης ὁ Λυσιμάχου καὶ . . . Ἐφιάλτης δὲ ὁ Σοφωνίδου.

79. *Ibid.* iii. 17: Τίς δὲ ἀντιφήσει καὶ Περικλέα τὸν Ξανθίππου φιλόσοφον γενέσθαι . . . καὶ Ἀριστείδην τὸν Λυσιμάχου καὶ Ἐφιάλτην τὸν Σοφωνίδου;

80. *Ibid.* xi. 9: Ὅτι Ἐφιάλτης ὁ Σοφωνίδου πενέστατος ἦν· δέκα δὲ τάλαντα διδόντων αὐτῷ τῶν ἑταίρων, ὁ δὲ οὐ προσήκατο, εἰπών, "ταῦτά με ἀναγκάσει αἰδούμενον ὑμᾶς καταχαρίσασθαί τι τῶν δικαίων, μὴ αἰδούμενον δὲ μηδὲ χαριζόμενον ὑμῖν, ἀχάριστον δόξαι."

81. *Ibid.* xiii. 39: Ἐφιάλτης στρατηγοῦ ὀνειδίσαντος αὐτῷ τινος πενίαν "τὸ δὲ ἕτερον," ἔφη, "διὰ τί οὐ λέγεις, ὅτι δίκαιός εἰμι;"

82. Plut. *Per.* 7: Ὧν ἕνα φασὶ γενέσθαι τὸν Ἐφιάλτην, ὃς κατέλυσε τὸ κράτος τῆς ἐξ Ἀρείου πάγου βουλῆς, πολλήν, κατὰ τὸν Πλάτωνα, καὶ ἄκρατον τοῖς πολίταις ἐλευθερίαν οἰνοχοῶν, ὑφ' ἧς, ὥσπερ ἵππον, ἐξυβρίσαντα τὸν δῆμον οἱ κωμῳδοποιοὶ λέγουσι πειθαρχεῖν οὐκέτι τολμᾶν, ἀλλὰ δάκνειν τὴν Εὔβοιαν καὶ ταῖς νήσοις ἐπιπηδᾶν.

83. Plat. *Resp.* viii. 562 C: Ὅταν, οἶμαι, δημοκρατουμένη πόλις ἐλευθερίας διψήσασα κακῶν οἰνοχόων προστατούντων τύχῃ, καὶ πορρωτέρω τοῦ δέοντος ἀκράτου αὐτῆς μεθυσθῇ, τοὺς ἄρχοντας δή, ἂν μὴ πάνυ πρᾶοι ὦσι καὶ πολλὴν παρέχωσι τὴν ἐλευθερίαν, κολάζει αἰτιωμένη ὡς μιαρούς τε καὶ ὀλιγαρχικούς.

84. [Arist.] *Resp. Ath.* 28.

Perikles.

Origin and Personal appearance.

85. *C. I. A.* i. 188 vs. 7: Ἐπὶ τε̃ς Οἰνεΐδος τρίτες πρυταν[ε]|υόσες ⁝ Ἑλλενοταμίαις παρεδόθε ⁝ Περικλεῖ Χολαργεῖ καὶ συνάρχοσιν ⁝ ἵπποις σῖτος ἐδόθε ⁝ ΤΤΡ̅ΗΗΗΗΔΔ....

86. Plut. *Per.* 3: Περικλῆς γὰρ ἦν τῶν μὲν φυλῶν Ἀκαμαντίδης, τῶν δὲ δήμων Χολαργεύς, οἴκου δὲ καὶ γένους τοῦ πρώτου κατ' ἀμφοτέρους. Ξάνθιππος γὰρ ὁ νικήσας ἐν Μυκάλῃ τοὺς βασιλέως στρατηγοὺς ἔγημεν Ἀγαρίστην Κλεισθένους ἔγγονον, ὃς ἐξήλασε Πεισιστρατίδας καὶ κατέλυσε τὴν τυραννίδα γενναίως καὶ νόμους ἔθετο καὶ πολιτείαν ἄριστα κεκραμένην πρὸς ὁμόνοιαν καὶ σωτηρίαν κατέστησεν. αὕτη κατὰ τοὺς ὕπνους ἔδοξε τεκεῖν λέοντα, καὶ μεθ' ἡμέρας ὀλίγας ἔτεκε Περικλέα, τὰ μὲν ἄλλα τὴν ἰδέαν τοῦ σώματος ἄμεμπτον, προμήκη δὲ τὴν κεφαλὴν καὶ ἀσύμμετρον. ὅθεν αἱ μὲν εἰκόνες αὐτοῦ σχεδὸν ἅπασαι κράνεσι περιέχονται, μὴ βουλομένων, ὡς ἔοικε, τῶν τεχνιτῶν ἐξονειδίζειν. οἱ δ' Ἀττικοὶ ποιηταὶ σχινοκέφαλον αὐτὸν ἐκάλουν· τὴν γὰρ σκίλλαν ἔστιν ὅτε καὶ σχῖνον ὀνομάζουσι. τῶν δὲ κωμικῶν ὁ μὲν Κρατῖνος ἐν Χείρωσι· "Στάσις δὲ (φησὶ) καὶ πρεσβυγενὴς Κρόνος ἀλλήλοισι μιγέντε μέγιστον τίκτετον τύραννον, ὃν δὴ κεφαληγερέταν θεοὶ καλέουσι·" καὶ πάλιν ἐν Νεμέσει· "Μόλ', ὦ Ζεῦ ξένιε καὶ καραιέ." Τηλεκλείδης δὲ ποτὲ μὲν ὑπὸ τῶν πραγμάτων ἠπορημένον καθῆσθαί φησιν αὐτὸν ἐν τῇ πόλει "καρηβα-

ροῦντα, ποτὲ δὲ μόνον ἐκ κεφαλῆς ἑνδεκακλίνου θόρυβον πολὺν ἐξανατέλλειν·" ὁ δ' Εὔπολις ἐν τοῖς Δήμοις πυνθανόμενος περὶ ἑκάστου τῶν ἀναβεβηκότων ἐξ ᾅδου δημαγωγῶν, ὡς ὁ Περικλῆς ὠνομάσθη τελευταῖος·

ὅ τι περ κεφάλαιον τῶν κάτωθεν ἤγαγες.

87. Hdt. vi. 131.

88. Ar. *Eq.* 1036:

ΚΛΕΩΝ. Ὦ τᾶν, ἄκουσον, εἶτα διάκρινον τότε.
ἔστι γυνή, τέξει δὲ λέονθ' ἱεραῖς ἐν Ἀθήναις,
ὃς περὶ τοῦ δήμου πολλοῖς κώνωψι μαχεῖται,
ὥστε περὶ σκύμνοισι βεβηκώς· τὸν σὺ φύλασσε,
τεῖχος ποιήσας ξύλινον πύργους τε σιδηροῦς.

89. Plut. *Per.* 7: Ὁ δὲ Περικλῆς νέος μὲν ὢν σφόδρα τὸν δῆμον εὐλαβεῖτο. καὶ γὰρ ἐδόκει Πεισιστράτῳ τῷ τυράννῳ τὸ εἶδος ἐμφερὴς εἶναι, τήν τε φωνὴν ἡδεῖαν οὖσαν αὐτοῦ καὶ τὴν γλῶτταν εὔτροχον ἐν τῷ διαλέγεσθαι καὶ ταχεῖαν οἱ σφόδρα γέροντες ἐξεπλήττοντο πρὸς τὴν ὁμοιότητα. πλούτου δὲ καὶ γένους προσόντος αὐτῷ λαμπροῦ καὶ φίλων, οἳ πλεῖστον ἠδύναντο, φοβούμενος ἐξοστρακισθῆναι, τῶν μὲν πολιτικῶν οὐδὲν ἔπραττεν, ἐν δὲ ταῖς στρατείαις ἀνὴρ ἀγαθὸς ἦν καὶ φιλοκίνδυνος.

90. Val. Max. viii. 9. *ext.* 2: Fertur quidam, quum admodum senex primae contioni Periclis adulescentuli interesset, idemque iuvenis Pisistratum decrepitum iam contionantem audisset, non temperasse sibi quo minus exclamaret caveri illum civem oportere, quod Pisistrati orationi simillima eius esset oratio. nec hominem aut aestimatio eloquii aut morum augurium fefellit. quid enim inter Pisistratum et Periclen interfuit, nisi quod ille armatus, hic sine armis tyrannidem gessit?

Beginning of his career. Attack on Kimon.

91. [Arist.] *Resp. Ath.* 27.

92. Plut. *Per.* 10: Ἦν μὲν γὰρ εἷς τῶν κατηγόρων ὁ Περικλῆς ὑπὸ τοῦ δήμου προβεβλημένος, ἐλθούσης δὲ πρὸς αὐτὸν τῆς Ἐλπινίκης καὶ δεομένης μειδιάσας εἶπεν· "Ὦ Ἐλπινίκη, γραῦς εἶ, γραῦς εἶ, ὡς πράγματα τηλικαῦτα πράσσειν." οὐ μὴν ἀλλὰ καὶ πρὸς τὸν λόγον ἅπαξ ἀνέστη, τὴν προβολὴν ἀφοσιούμενος, καὶ τῶν κατηγόρων ἐλάχιστα τὸν Κίμωνα λυπήσας ἀπεχώρησε.

93. Plut. *Cim.* 14 (see **III. 59**): Ἀπολογούμενος δὲ πρὸς τοὺς δικαστὰς οὐκ Ἰώνων ἔφη προξενεῖν οὐδὲ Θεσσαλῶν, πλουσίων ὄντων, ὥσπερ ἑτέρους, ἵνα θεραπεύωνται καὶ λαμβάνωσιν, ἀλλὰ Λακεδαιμονίων, μιμούμενος καὶ ἀγαπῶν τὴν παρ' αὐτοῖς εὐτέλειαν καὶ σωφροσύνην, ἧς οὐδένα προτιμᾶν πλοῦτον, ἀλλὰ πλουτίζων ἀπὸ τῶν πολεμίων τὴν πόλιν ἀγάλλεσθαι. μνησθεὶς δὲ τῆς κρίσεως ἐκείνης ὁ Στησίμβροτός φησι τὴν Ἐλπινίκην ὑπὲρ τοῦ Κίμωνος δεομένην ἐλθεῖν ἐπὶ τὰς θύρας τοῦ Περικλέους (οὗτος γὰρ ἦν τῶν κατηγόρων ὁ σφοδρότατος), τὸν δὲ μειδιάσαντα "Γραῦς εἶ" φάναι "γραῦς, ὦ Ἐλπινίκη, ὡς τηλικαῦτα διαπράττεσθαι πράγματα·" πλὴν ἔν γε τῇ δίκῃ πρᾳότατον γενέσθαι τῷ Κίμωνι καὶ πρὸς τὴν κατηγορίαν ἅπαξ ἀναστῆναι μόνον, ὥσπερ ἀφοσιούμενον. (15) ἐκείνην μὲν οὖν ἀπέφυγε τὴν δίκην.

94. Demosth. 23 *in Arist.* 205: Κίμωνα, ὅτι τὴν Παρίων μετεκίνησε πολιτείαν ἐφ' ἑαυτοῦ, παρὰ τρεῖς μὲν ἀφεῖσαν ψήφους, τὸ μὴ θανάτῳ ζημιῶσαι, πεντήκοντα δὲ τάλαντα ἐξέπραξαν.

95. Plut. *Per.* 7: Ἐπεὶ δ' Ἀριστείδης μὲν ἀποτεθνήκει καὶ Θεμιστοκλῆς ἐξεπεπτώκει, Κίμωνα δ' αἱ στρατεῖαι τὰ πολλὰ τῆς Ἑλλάδος ἔξω κατεῖχον, οὕτω δὴ φέρων ὁ Περικλῆς τῷ δήμῳ προσένειμεν ἑαυτόν, ἀντὶ τῶν πλουσίων καὶ ὀλίγων τὰ τῶν πολλῶν καὶ πενήτων ἑλόμενος παρὰ τὴν αὑτοῦ φύσιν ἥκιστα δημοτικὴν οὖσαν.

96. Cic. *de Orat.* iii. 34. 138: Itaque hic doctrina, consilio, eloquentia excellens, quadraginta annos praefuit Athenis et urbanis eodem tempore et bellicis rebus.

Plut. *Per.* 16. See below **160**.

Later Opposition to Perikles.

Thukydides son of Melesias and the Organization of the Oligarchical Party.

97. Plut. *Per.* 11: Οἱ δ' ἀριστοκρατικοὶ μέγιστον μὲν ἤδη τὸν Περικλέα καὶ πρόσθεν ὁρῶντες γεγονότα τῶν πολιτῶν, βουλόμενοι δ' ὅμως εἶναί τινα τὸν πρὸς αὐτὸν ἀντιτασσόμενον ἐν τῇ πόλει καὶ τὴν δύναμιν ἀμβλύνοντα, ὥστε μὴ κομιδῇ μοναρχίαν εἶναι, Θουκυδίδην τὸν Ἀλωπεκῆθεν, ἄνδρα σώφρονα καὶ κηδεστὴν Κίμωνος, ἀντέστησαν ἐναντιωσόμενον, ὃς ἧττον μὲν ὢν πολεμικὸς τοῦ Κίμωνος, ἀγοραῖος δὲ καὶ πολιτικὸς μᾶλλον, οἰκουρῶν ἐν ἄστει καὶ περὶ τὸ βῆμα τῷ Περικλεῖ συμπλεκόμενος ταχὺ τὴν πολιτείαν εἰς ἀντίπαλον κατέστησεν. οὐ γὰρ εἴασε τοὺς καλοὺς κἀγαθοὺς καλουμένους ἄνδρας ἐνδιεσπάρθαι καὶ συμμεμῖχθαι πρὸς τὸν δῆμον, ὡς πρότερον, ὑπὸ πλήθους ἠμαυρωμένους τὸ ἀξίωμα, χωρὶς δὲ διακρίνας καὶ συναγαγὼν εἰς ταὐτὸ τὴν πάντων δύναμιν ἐμβριθῆ γενομένην ὥσπερ ἐπὶ ζυγοῦ ῥοπὴν ἐποίησεν. ἦν μὲν γὰρ ἐξ ἀρχῆς διπλόη τις ὕπουλος, ὥσπερ ἐν σιδήρῳ, διαφορὰν ὑποσημαίνουσα δημοτικῆς καὶ ἀριστοκρατικῆς προαιρέσεως, ἡ δ' ἐκείνων ἅμιλλα καὶ φιλοτιμία τῶν ἀνδρῶν βαθυτάτην τομὴν τεμοῦσα τῆς πόλεως τὸ μὲν δῆμον, τὸ δ' ὀλίγους ἐποίησε καλεῖσθαι. Continued above V. 89.

98. Ar. *Vesp.* 946:

> Ἐκεῖνό μοι δοκεῖ πεπονθέναι,
> ὅπερ ποτὲ φεύγων ἔπαθε καὶ Θουκυδίδης·
> ἀπόπληκτος ἐξαίφνης ἐγένετο τὰς γνάθους.

99. Schol. ad v. 947: (Θουκυδίδην λέγει τὸν Μελησίου) [[Ἀλωπεκῆθεν]]. τοῦτον δὲ ἐξωστράκισαν Ἀθηναῖοι τὰ ι' ἔτη κατὰ τὸν νόμον . . . (ὅτι δὲ ὁ Ἀθηναίων δῆμος ἀειφυγίαν αὐτοῦ καταγνοὺς ἐδήμευσε τὴν οὐσίαν, καὶ πρὸς Ἀρταξέρξην ἧκε φεύγων, σαφὲς ποιεῖ Ἰδομενεὺς διὰ τοῦ β' τὸν τρόπον τοῦτον, "οἱ μέντοι Ἀθηναῖοι αὐτοῦ καὶ γένους ἀειφυγίαν κατέγνωσαν, προδιδόντος τὴν Ἑλλάδα, καὶ αὐτοῦ ἡ οὐσία ἐδημεύθη." Ἄλλως. Θουκυδίδης Μελησίου υἱὸς Περικλεῖ ἀντιπολιτευσάμενος. τέσσαρες δέ εἰσι Θουκυδίδαι Ἀθηναῖοι, ὁ ἱστοριογράφος καὶ ὁ Γαργήττιος καὶ ὁ Θετταλὸς καὶ οὗτος ῥήτωρ ἄριστος τυγχάνων, ὃς κατηγορηθεὶς ἐν τῷ δικάζειν οὐκ ἠδυνήθη ἀπολογήσασθαι ὑπὲρ ἑαυτοῦ, ἀλλ' ὥσπερ ἐγκατεχομένην ἔσχε τὴν γλῶτταν, καὶ οὕτω κατεδικάσθη, εἶτα ἐξωστρακίσθη. Ἄλλως. πρὸς τὴν ἱστορίαν. μήποτε ὁ Περικλεῖ ἀντιπολιτευσάμενος. τοῦτο δὲ Φιλόχορος μὲν ἱστορεῖ. ὃς οὐδὲ πάντη γνώριμος ἐγένετο· ἀλλ' οὐδὲ παρὰ τοῖς κωμικοῖς, διὰ τὸ ἐπ' ὀλίγον στρατείας ἀξιωθέντα μετὰ Κλέωνος ἐπὶ Θρᾴκης φυγῇ καταψηφισθῆναι. ἔνιοι δέ, ὧν καὶ Ἀμμώνιος τοῦ Στεφάνου, * * * καὶ τοῦτο δὲ ὑπίδοι τις, ὥσπερ προείρηται. ὁ γενόμενος ὀστρακισμὸς ἐμφαίνει τὸν Μελησίου καὶ τὸν ὀστρακισθέντα.

Θεόπομπος μέντοι ὁ ἱστορικὸς τὸν Πανταίνου φησὶν ἀντιπολιτεύσασθαι Περικλεῖ, ἀλλ' οὐκ 'Ανδροτίων, ἀλλὰ καὶ αὐτὸς τὸν Μελησίου).

100. Plut. *Praec. Ger. Reip.* 5 (*Eth.* 802 C): Διὰ τοῦτ' ἦν ἡ κατὰ Περικλέα πολιτεία "λόγῳ μέν," ὥς φησι Θουκυδίδης, "δημοκρατία, ἔργῳ δ' ὑπὸ τοῦ πρώτου ἀνδρὸς ἀρχὴ" διὰ τὴν τοῦ λόγου δύναμιν. ἐπεὶ καὶ Κίμων ἀγαθὸς ἦν καὶ 'Εφιάλτης καὶ Θουκυδίδης, ἀλλ' ἐρωτηθεὶς οὗτος ὑπ' 'Αρχιδάμου βασιλέως τῶν Σπαρτιατῶν πότερον αὐτὸς ἢ Περικλῆς παλαίει βέλτιον "οὐκ ἂν εἰδείη τις," εἶπεν· "ὅταν γὰρ ἐγὼ καταβάλω παλαίων, ἐκεῖνος λέγων μὴ πεπτωκέναι, νικᾷ καὶ πείθει τοὺς θεωμένους."

101. *Id. Nic.* 2: Ἔνεστιν οὖν περὶ Νικίου πρῶτον εἰπεῖν ὃ γέγραφεν 'Αριστοτέλης, ὅτι τρεῖς ἐγένοντο βέλτιστοι τῶν πολιτῶν καὶ πατρικὴν ἔχοντες εὔνοιαν καὶ φιλίαν πρὸς τὸν δῆμον, Νικίας ὁ Νικηράτου καὶ Θουκυδίδης ὁ Μελησίου καὶ Θηραμένης ὁ Ἅγνωνος, ἧττον δὲ οὗτος ἢ ἐκεῖνοι· καὶ γὰρ εἰς δυσγένειαν ὡς ξένος ἐκ Κέω λελοιδόρηται, καὶ διὰ τὸ μὴ μόνιμον, ἀλλ' ἐπαμφοτερίζον ἀεὶ τῇ προαιρέσει τῆς πολιτείας ἐπεκλήθη Κόθορνος. ἐκείνων δὲ πρεσβύτερος μὲν ὁ Θουκυδίδης ἦν, καὶ πολλὰ καὶ Περικλεῖ δημαγωγοῦντι τῶν καλῶν καὶ ἀγαθῶν προϊστάμενος ἀντεπολιτεύσατο.

102. *Id. Per.* 8: Διαμνημονεύεται δέ τις καὶ Θουκυδίδου τοῦ Μελησίου λόγος εἰς τὴν δεινότητα τοῦ Περικλέους μετὰ παιδιᾶς εἰρημένος. ἦν μὲν γὰρ ὁ Θουκυδίδης τῶν καλῶν καὶ ἀγαθῶν ἀνδρῶν καὶ πλεῖστον ἀντεπολιτεύσατο τῷ Περικλεῖ χρόνον· 'Αρχιδάμου δὲ τοῦ Λακεδαιμονίων βασιλέως πυνθανομένου, πότερον αὐτὸς ἢ Περικλῆς παλαίει βέλτιον· "Ὅταν," εἶπεν, "ἐγὼ καταβάλω παλαίων, ἐκεῖνος ἀντιλέγων, ὡς οὐ πέπτωκε, νικᾷ καὶ μεταπείθει τοὺς ὁρῶντας."

103. Plat. *Meno* 94 D: 'Αλλὰ γὰρ ἴσως ὁ Θουκυδίδης φαῦλος ἦν, καὶ οὐκ ἦσαν αὐτῷ πλεῖστοι φίλοι 'Αθηναίων καὶ τῶν συμμάχων; καίτοι οἰκίας μεγάλης ἦν καὶ ἐδύνατο μέγα ἐν τῇ πόλει καὶ ἐν τοῖς ἄλλοις Ἕλλησιν.

104. Plut. *Per.* 14: Τῶν δὲ περὶ τὸν Θουκυδίδην ῥητόρων καταβοώντων τοῦ Περικλέους ὡς σπαθῶντος τὰ χρήματα καὶ τὰς προσόδους ἀπολλύντος, ἠρώτησεν ἐν ἐκκλησίᾳ τὸν δῆμον, εἰ πολλὰ δοκεῖ δεδαπανῆσθαι· φησάντων δὲ πάμπολλα· "μὴ τοίνυν" εἶπεν "ὑμῖν, ἀλλ' ἐμοὶ δεδαπανήσθω, καὶ τῶν ἀναθημάτων ἰδίαν ἐμαυτοῦ ποιήσομαι τὴν ἐπιγραφήν." εἰπόντος οὖν ταῦτα τοῦ Περικλέους, εἴτε τὴν μεγαλοφροσύνην αὐτοῦ θαυμάσαντες εἴτε πρὸς τὴν δόξαν ἀντιφιλοτιμούμενοι τῶν ἔργων, ἀνέκραγον κελεύοντες ἐκ τῶν δημοσίων ἀναλίσκειν καὶ χορηγεῖν μηδενὸς φειδόμενον. τέλος δὲ πρὸς τὸν Θουκυδίδην εἰς ἀγῶνα περὶ τοῦ ὀστράκου καταστὰς καὶ διακινδυνεύσας ἐκεῖνον μὲν ἐξέβαλε, κατέλυσε δὲ τὴν ἀντιτεταγμένην ἑταιρείαν.

Plut. *Per.* 16. See below **160**.

105. [Arist.] *Resp. Ath.* 28. Cic. *Brut.* vii. 27.

106. Ar. *Eccl.* 296:

ὅπως δὲ τὸ σύμβολον
λαβόντες ἔπειτα πλη-
σίον καθεδούμεθ', ὡς
ἂν χειροτονῶμεν
ἅπανθ' ὁπόσ' ἂν δέῃ
τὰς ἡμετέρας φίλας.
καίτοι τί λέγω; φίλους
γὰρ χρῆν μ' ὀνομάζειν.

Perikles' position strengthened.

107. Thuc. ii. 65. 4.

Plut. *Per.* 15, 16. See below **160**.

Teachers and Friends of Perikles.

Damon.

108. Plut. *Arist.* 1: Τῷ δ' ὀστράκῳ πᾶς ὁ διὰ δόξαν ἢ γένος ἢ λόγου δύναμιν ὑπὲρ τοὺς πολλοὺς νομιζόμενος ὑπέπιπτεν· ὅπου καὶ Δάμων ὁ Περικλέους διδάσκαλος, ὅτι τὸ φρονεῖν ἐδόκει τις εἶναι περιττός, ἐξωστρακίσθη.

109. *Id. Nic.* 6: Ὁρῶν δὲ (Νικίας) τῶν ἐν λόγῳ δυνατῶν ἢ τῷ φρονεῖν διαφερόντων ἀποχρώμενον εἰς ἔνια ταῖς ἐμπειρίαις τὸν δῆμον, ὑφορώμενον δ' ἀεὶ καὶ φυλαττόμενον τὴν δεινότητα καὶ κολούοντα τὸ φρόνημα καὶ τὴν δόξαν, ὡς δῆλον ἦν τῇ Περικλέους καταδίκῃ καὶ τῷ Δάμωνος ἐξοστρακισμῷ κ.τ.λ.

110. Plat. *Lach.* 180 C: ΝΙΚΙΑΣ. Καὶ γὰρ αὐτῷ μοι ἔναγχος ἄνδρα προὐξένησε τῷ υἱεῖ διδάσκαλον μουσικῆς, Ἀγαθοκλέους μαθητὴν Δάμωνα, ἀνδρῶν χαριέστατον οὐ μόνον τὴν μουσικήν, ἀλλὰ καὶ τἆλλα ὁπόσα βούλει ἄξιον συνδιατρίβειν τηλικούτοις νεανίσκοις. Cf. 119 below.

111. Steph. Byz.: Ὄα, δῆμος τῆς Ἀττικῆς, τῆς Πανδιονίδος φυλῆς . . . ὁ . . . δημότης Ὄαθεν λέγεται "Δάμων Δαμωνίδου Ὄαθεν."

112. Isocr. 15 *de Permut.* 235: Περικλῆς δὲ δυοῖν ἐγένετο μαθητής, Ἀναξαγόρου τε τοῦ Κλαζομενίου καὶ Δάμωνος τοῦ κατ' ἐκεῖνον τὸν χρόνον φρονιμωτάτου δόξαντος εἶναι τῶν πολιτῶν.

113. Plut. *Per.* 4: Διδάσκαλον δ' αὐτοῦ τῶν μουσικῶν οἱ πλεῖστοι Δάμωνα γενέσθαι λέγουσιν, οὗ φασι δεῖν τοὔνομα βραχύνοντας τὴν προτέραν συλλαβὴν ἐκφέρειν· Ἀριστοτέλης δὲ παρὰ Πυθοκλείδῃ μουσικὴν διαπονηθῆναι τὸν ἄνδρα φησίν. ὁ δὲ Δάμων ἔοικεν ἄκρος ὢν σοφιστὴς καταδύεσθαι μὲν εἰς τὸ τῆς μουσικῆς ὄνομα πρὸς τοὺς πολλοὺς ἐπικρυπτόμενος τὴν δεινότητα, τῷ δὲ Περικλεῖ συνῆν καθάπερ ἀθλητῇ τῶν πολιτικῶν ἀλείπτης καὶ διδάσκαλος. οὐ μὴν ἔλαθεν ὁ Δάμων τῇ λύρᾳ παρακαλύμματι χρώμενος, ἀλλ' ὡς μεγαλοπράγμων καὶ φιλοτύραννος ἐξωστρακίσθη καὶ παρέσχε τοῖς κωμικοῖς διατριβήν. ὁ γοῦν Πλάτων καὶ πυνθανόμενον αὐτοῦ τινα πεποίηκεν οὕτω·

Πρῶτον μὲν οὖν μοι λέξον, ἀντιβολῶ· σὺ γάρ,
ὥς φασιν, ὁ Χείρων ἐξέθρεψας Περικλέα.

114. Diog. Laert. ii. 5 (19): Ἀκούσας δὲ (Σωκράτης) Ἀναξαγόρου κατά τινας, ἀλλὰ καὶ Δάμωνος, ὡς Ἀλέξανδρος ἐν Διαδοχαῖς, μετὰ τὴν ἐκείνου καταδίκην διήκουσεν Ἀρχελάου τοῦ φυσικοῦ.

115. [Arist.] *Resp. Ath.* 27.

Anaxagoras.

116. Plut. *Per.* 4: Ὁ δὲ πλεῖστα Περικλεῖ συγγενόμενος καὶ μάλιστα περιθεὶς ὄγκον αὐτῷ καὶ φρόνημα δημαγωγίας ἐμβριθέστερον, ὅλως τε μετεωρίσας καὶ συνεξάρας τὸ ἀξίωμα τοῦ ἤθους, Ἀναξαγόρας ἦν ὁ Κλαζομένιος, ὃν οἱ τότ' ἄνθρωποι Νοῦν προσηγόρευον, εἴτε τὴν σύνεσιν αὐτοῦ μεγάλην εἰς φυσιολογίαν καὶ περιττὴν διαφανεῖσαν θαυμάσαντες, εἶθ' ὅτι τοῖς ὅλοις πρῶτος οὐ τύχην οὐδ' ἀνάγκην διακοσμήσεως ἀρχήν, ἀλλὰ νοῦν ἐπέστησε καθαρὸν καὶ ἄκρατον ἐν μεμιγμένοις πᾶσι τοῖς ἄλλοις ἀποκρίνοντα τὰς ὁμοιομερείας. Cf. *ibid.* 16 (160 below); *Them.* 2.

117. Cic. *de Orat.* iii. 34. 138: Quid Pericles? de cuius dicendi copia sic accepimus, ut, quum contra voluntatem Atheniensium loqueretur pro salute patriae severius, tamen id ipsum, quod ille contra populares homines diceret, populare omnibus et iucundum videretur; cuius in labris veteres Comici, etiam quum illi male dicerent (quod tum Athenis fieri licebat), leporem habitasse dixerunt tantamque in eo vim fuisse, ut in eorum mentibus, qui audissent, quasi aculeos quosdam relinqueret. at hunc non clamator aliquis ad clepsydram latrare docuerat, sed, ut accepimus, Clazomenius ille Anaxagoras, vir summus in maximarum rerum scientia. Cf. Val. Max. viii. 9 *ext.* 2.

118. Plat. *Phaedr.* 269 E: ΣΩΚΡΑΤΗΣ. Πᾶσαι, ὅσαι μεγάλαι τῶν τεχνῶν, προσδέονται ἀδολεσχίας καὶ μετεωρολογίας φύσεως (270) πέρι· τὸ γὰρ ὑψηλόνουν τοῦτο καὶ πάντῃ τελεσιουργὸν ἔοικεν ἐντεῦθέν ποθεν εἰσιέναι. ὃ καὶ Περικλῆς πρὸς τῷ εὐφυὴς εἶναι ἐκτήσατο· προσπεσὼν γάρ, οἶμαι, τοιούτῳ ὄντι Ἀναξαγόρᾳ, μετεωρολογίας ἐμπλησθεὶς καὶ ἐπὶ φύσιν νοῦ τε καὶ ἀνοίας ἀφικόμενος, ὧν δὴ πέρι τὸν πολὺν λόγον ἐποιεῖτο Ἀναξαγόρας, ἐντεῦθεν εἵλκυσεν ἐπὶ τὴν τῶν λόγων τέχνην τὸ πρόσφορον αὐτῇ.

119. *Id. Alc.* i. 118 C: ΑΛΚΙΒΙΑΔΗΣ. Λέγεταί γέ τοι, ὦ Σώκρατες, οὐκ ἀπὸ ταὐτομάτου σοφὸς γεγονέναι, ἀλλὰ πολλοῖς καὶ σοφοῖς συγγεγονέναι, καὶ Πυθοκλείδῃ καὶ Ἀναξαγόρᾳ· καὶ νῦν ἔτι τηλικοῦτος ὢν Δάμωνι ξύνεστιν αὐτοῦ τούτου ἕνεκα.

120. Plut. *Per.* 6: Οὐ μόνον δὲ ταῦτα τῆς Ἀναξαγόρου συνουσίας ἀπέλαυσε Περικλῆς, ἀλλὰ καὶ δεισιδαιμονίας δοκεῖ γενέσθαι καθυπέρτερος, ὅσην πρὸς τὰ μετέωρα θάμβος ἐνεργάζεται τοῖς αὐτῶν τε τούτων τὰς αἰτίας ἀγνοοῦσι καὶ περὶ τὰ θεῖα δαιμονῶσι καὶ ταραττομένοις δι' ἀπειρίαν αὐτῶν, ἣν ὁ φυσικὸς λόγος ἀπαλλάττων ἀντὶ τῆς φοβερᾶς καὶ φλεγμαινούσης δεισιδαιμονίας τὴν ἀσφαλῆ μετ' ἐλπίδων ἀγαθῶν εὐσέβειαν ἐργάζεται. λέγεται δέ ποτε κριοῦ μονόκερω κεφαλὴν ἐξ ἀγροῦ τῷ Περικλεῖ κομισθῆναι, καὶ Λάμπωνα μὲν τὸν μάντιν, ὡς εἶδε τὸ κέρας ἰσχυρὸν καὶ στερεὸν ἐκ μέσου τοῦ μετώπου πεφυκός, εἰπεῖν, ὅτι δυεῖν οὐσῶν ἐν τῇ πόλει δυναστειῶν, τῆς Θουκυδίδου καὶ Περικλέους, εἰς ἕνα περιστήσεται τὸ κράτος παρ' ᾧ γένοιτο τὸ σημεῖον· τὸν δ' Ἀναξαγόραν τοῦ κρανίου διακοπέντος ἐπιδεῖξαι τὸν ἐγκέφαλον οὐ πεπληρωκότα τὴν βάσιν, ἀλλ' ὀξὺν ὥσπερ ᾠὸν ἐκ τοῦ παντὸς ἀγγείου συνωλισθηκότα κατὰ τὸν τόπον ἐκεῖνον, ὅθεν ἡ ῥίζα τοῦ κέρατος εἶχε τὴν ἀρχήν. καὶ τότε μὲν θαυμασθῆναι τὸν Ἀναξαγόραν ὑπὸ τῶν παρόντων, ὀλίγῳ δ' ὕστερον τὸν Λάμπωνα, τοῦ μὲν Θουκυδίδου καταλυθέντος, τῶν δὲ τοῦ δήμου πραγμάτων ὁμαλῶς ἁπάντων ὑπὸ τῷ Περικλεῖ γενομένων. ἐκώλυε δ' οὐδέν, οἶμαι, καὶ τὸν φυσικὸν ἐπιτυγχάνειν καὶ τὸν μάντιν, τοῦ μὲν τὴν αἰτίαν, τοῦ δὲ τὸ τέλος καλῶς ἐκλαμβάνοντος· ὑπέκειτο γὰρ τῷ μέν, ἐκ τίνων γέγονε καὶ πῶς πέφυκε, θεωρῆσαι, τῷ δέ, πρὸς τί γέγονε καὶ τί σημαίνει, προειπεῖν. οἱ δὲ τῆς αἰτίας τὴν εὕρεσιν ἀναίρεσιν εἶναι λέγοντες τοῦ σημείου οὐκ ἐπινοοῦσιν ἅμα τοῖς θείοις καὶ τὰ τεχνητὰ τῶν συμβόλων ἀθετοῦντες, ψόφους τε δίσκων καὶ φῶτα πυρσῶν καὶ γνωμόνων ἀποσκιασμούς· ὧν ἕκαστον αἰτίᾳ τινὶ καὶ κατασκευῇ σημεῖον εἶναί τινος πεποίηται. ταῦτα μὲν οὖν ἴσως ἑτέρας ἐστὶ πραγματείας.

121. *Ibid.* 35: Ἤδη δὲ πεπληρωμένων τῶν νεῶν καὶ τοῦ Περικλέους ἀναβεβηκότος ἐπὶ τὴν ἑαυτοῦ τριήρη τὸν μὲν ἥλιον ἐκλιπεῖν συνέβη καὶ γενέσθαι σκότος, ἐκπλαγῆναι δὲ πάντας ὡς πρὸς μέγα σημεῖον. ὁρῶν οὖν ὁ Περικλῆς περίφοβον τὸν κυβερνήτην καὶ διηπορημένον, ἀνέσχε τὴν χλαμύδα πρὸ τῆς ὄψεως αὐτοῦ, καὶ παρακαλύψας ἠρώτησε, μή τι δεινὸν ἢ δεινοῦ τινὸς οἴεται σημεῖον· ὡς δ' οὐκ ἔφη, Τί οὖν, εἶπεν, ἐκεῖνο τούτου διαφέρει, πλὴν ὅτι μεῖζόν τι τῆς χλαμύδος ἐστὶ τὸ πεποιηκὸς τὴν ἐπισκότησιν; ταῦτα μὲν οὖν ἐν ταῖς σχολαῖς λέγεται τῶν φιλοσόφων.

122. Cic. *de re publ.* i. 16. 25: Atque eiusmodi quiddam etiam bello illo maximo, quod Athenienses et Lacedaemonii summa inter se contentione gesserunt, Pericles ille, et auctoritate et eloquentia et consilio princeps civitatis suae, quum obscurato sole tenebrae factae essent repente, Atheniensiumque animos summus timor occupavisset, docuisse civis suos dicitur id, quod ipse ab Anaxagora, cuius auditor fuerat, acceperat, certo illud tempore fieri et necessario, quum tota se luna sub orbem solis subiecisset: etc. Cf. Val. Max. viii. 11 *ext.* 1.

123. Eusebius (*Sync.* 483. 16): Ἡλίου ἔκλειψις. (*Sync.* 483. 17): Ἀναξαγόρας θνήσκει. Hieron. *Ol.* 79. 4: Solis facta defectio. *Ol.* 80. 1: Anaxagoras moritur. Vers. Arm. *Ol.* 79. 3: Sol defecit. Anaxagoras obiit.

Zeno.

124. Plut. *Per.* 4: Διήκουσε δὲ Περικλῆς καὶ Ζήνωνος τοῦ Ἐλεάτου πραγματευομένου περὶ φύσιν, ὡς Παρμενίδης, ἐλεγκτικὴν δέ τινα καὶ δι' ἀντιλογίας κατακλείουσαν εἰς ἀπορίαν ἐξασκήσαντος ἕξιν, ὥσπερ καὶ Τίμων ὁ Φλιάσιος εἴρηκε διὰ τούτων·

Ἀμφοτερογλώσσου τε μέγα σθένος οὐκ ἀλαπαδνὸν
Ζήνωνος, πάντων ἐπιλήπτορος.

125. Plat. *Alc.* i. 119 A: ΣΩΚΡΑΤΗΣ. Ἀλλὰ τῶν ἄλλων Ἀθηναίων ἢ τῶν ξένων δοῦλον ἢ ἐλεύθερον εἰπέ, ὅστις αἰτίαν ἔχει διὰ τὴν Περικλέους συνουσίαν σοφώτερος γεγονέναι, ὥσπερ ἐγὼ ἔχω σοι εἰπεῖν διὰ τὴν Ζήνωνος Πυθόδωρον τὸν Ἰσολόχου καὶ Καλλίαν τὸν Καλλιάδου, ὧν ἑκάτερος Ζήνωνι ἑκατὸν μνᾶς τελέσας σοφός τε καὶ ἐλλόγιμος γέγονεν.

Pheidias.

126. Dio Chrys. xii. 55, p. 402 R. (242 Emp.): Πρὸς δὴ ταῦτα τυχὸν εἴποι ἂν Φειδίας, ἅτε ἀνὴρ οὐκ ἄγλωττος οὐδὲ ἀγλώττου πόλεως, ἔτι δὲ συνήθης καὶ ἑταῖρος Περικλέους κ.τ.λ.

For Pheidias' connexion with the Parthenon, see **IV. 80 ff.**

His Trial.

127. Ar. *Pax* 605:

Πρῶτα μὲν γὰρ ἦρξεν ἄτης Φειδίας πράξας κακῶς·
εἶτα Περικλέης φοβηθεὶς μὴ μετάσχοι τῆς τύχης,
τὰς φύσεις ὑμῶν δεδοικὼς καὶ τὸν αὐτοδὰξ τρόπον,
πρὶν παθεῖν τι δεινὸν αὐτός, ἐξέφλεξε τὴν πόλιν,
ἐμβαλὼν σπινθῆρα μικρὸν Μεγαρικοῦ ψηφίσματος κ.τ.λ.

Schol. λέγουσι δέ τινες ὡς Φειδίου τοῦ ἀγαλματοποιοῦ δόξαντος παραλογίζεσθαι τὴν πόλιν καὶ φυγαδευθέντος, ὁ Περικλῆς κ.τ.λ. . . . (ἄλογος δὲ φαίνεται ἡ κατὰ Περικλέους ὑπόνοια, ἑπτὰ ἔτεσι πρότερον τῆς τοῦ πολέμου ἀρχῆς τῶν περὶ Φειδίαν γενομένων.) See **IV. 81.**

Plut. *Per.* 31. See **IV. 82.**

Diod. xii. 39. See **IV. 93.**

128. Suidas: Φειδίας, ἀγαλματοποιός· ὃς ἐλεφαντίνης Ἀθηνᾶς εἰκόνα ἐποίησε. Περικλῆς δὲ ἐπὶ τοῖς ἀναλώμασι ταχθεὶς ἐνοσφίσατο πεντήκοντα τάλαντα, καὶ ἵνα μὴ δῷ τὰς εὐθύνας, πόλεμον ἐκίνησε.

Family Relations of Perikles.

His Marriage and Divorce, &c.

Plut. *Per.* 24. See below **141.**

His Children.

129. Plat. *Protag.* 314 E: Ἑξῆς δ' αὐτῷ συμπεριεπάτουν ἐκ μὲν τοῦ ἐπὶ θάτερα Καλλίας ὁ Ἱππονίκου καὶ ὁ ἀδελφὸς αὐτοῦ ὁ ὁμομήτριος, Πάραλος (315) ὁ Περικλέους, καὶ Χαρμίδης ὁ Γλαύκωνος, ἐκ δὲ τοῦ ἐπὶ θάτερα ὁ ἕτερος τῶν Περικλέους Ξάνθιππος κ.τ.λ.

130. Plut. *Per.* 36: Ὁ γὰρ πρεσβύτατος αὐτοῦ τῶν γνησίων υἱῶν Ξάνθιππος φύσει τε δαπανηρὸς ὢν καὶ γυναικὶ νέᾳ καὶ πολυτελεῖ συνοικῶν, Τισάνδρου θυγατρὶ τοῦ Ἐπιλύκου κ.τ.λ.

Education of his Children.

131. Plat. *Meno* 94 A: ΣΩΚΡΑΤΗΣ. Εἰ δὲ βούλει, Περικλέα, οὕτω μεγαλοπρεπῶς σοφὸν ἄνδρα, οἶσθ' ὅτι δύο υἱεῖς ἔθρεψε, Πάραλον καὶ Ξάνθιππον; ΑΝΥΤΟΣ. Ἔγωγε. ΣΩ. Τούτους μέντοι, ὡς οἶσθα καὶ σύ, ἱππέας μὲν ἐδίδαξεν οὐδενὸς χείρους Ἀθηναίων, καὶ μουσικὴν καὶ ἀγωνίαν καὶ τἆλλα ἐπαίδευσεν, ὅσα τέχνης ἔχεται, οὐδενὸς χείρους· ἀγαθοὺς δὲ ἄρα ἄνδρας οὐκ ἐβούλετο ποιῆσαι; δοκῶ μέν, ἐβούλετο, ἀλλὰ μὴ οὐκ ᾖ διδακτόν.

His adopted Children. Alkibiades and Kleinias.

132. Plut. *Alc.* 1: Τὸ Ἀλκιβιάδου γένος ἄνωθεν Εὐρυσάκην τὸν Αἴαντος ἀρχηγὸν ἔχειν δοκεῖ, πρὸς δὲ μητρὸς Ἀλκμαιωνίδης ἦν ἐκ Δεινομάχης γεγονὼς τῆς Μεγακλέους. ὁ δὲ πατὴρ αὐτοῦ Κλεινίας ἰδιοστόλῳ τριήρει περὶ Ἀρτεμίσιον ἐνδόξως ἐναυμάχησεν, ὕστερον δὲ Βοιωτοῖς μαχόμενος περὶ Κορώνειαν ἀπέθανε. Τοῦ δὲ Ἀλκιβιάδου Περικλῆς καὶ Ἀρίφρων οἱ Ξανθίππου, προσήκοντες κατὰ γένος, ἐπετρόπευον.

133. Corn. Nep. *Alc.* 2: Educatus est in domo Pericli (privignus enim eius fuisse dicitur), eruditus a Socrate.

socerum habuit Hipponicum, omnium Graeca lingua loquentium ditissimum, ut, si ipse fingere vellet, neque plura bona eminisci neque maiora posset consequi, quam vel natura vel fortuna tribuerat.

134. Diod. xii. 38. 3: Ἀδημονοῦντος δ' αὐτοῦ περὶ τούτων, Ἀλκιβιάδης ὁ ἀδελφιδοῦς, ὀρφανὸς ὤν, τρεφόμενος παρ' αὐτῷ, παῖς ὢν τὴν ἡλικίαν, ἀφορμὴν αὐτῷ παρέσχετο τῆς περὶ τῶν χρημάτων ἀπολογίας.

135. Plat. *Alc.* i. 104 A: Οὐδενὸς φῂς ἀνθρώπων ἐνδεὴς εἶναι εἰς οὐδέν· τὰ γὰρ ὑπάρχοντά σοι μεγάλα εἶναι, ὥστε μηδενὸς δεῖσθαι, ἀπὸ τοῦ σώματος ἀρξάμενα τελευτῶντα εἰς τὴν ψυχήν. οἴει γὰρ δὴ εἶναι πρῶτον μὲν κάλλιστός τε καὶ μέγιστος—καὶ τοῦτο μὲν δὴ παντὶ δῆλον ἰδεῖν ὅτι οὐ ψεύδει—, ἔπειτα νεανικωτάτου γένους ἐν τῇ σεαυτοῦ πόλει, οὔσῃ μεγίστῃ τῶν Ἑλληνίδων, καὶ ἐνταῦθα πρὸς πατρός τέ σοι φίλους καὶ ξυγγενεῖς πλείστους εἶναι καὶ ἀρίστους, οἳ εἴ τι δέοι ὑπηρετοῖεν ἄν σοι, τούτων δὲ τοὺς πρὸς μητρὸς οὐδὲν χείρους οὐδ' ἐλάττους. ξυμπάντων δὲ ὧν εἶπον μείζω οἴει σοι δύναμιν ὑπάρχειν Περικλέα τὸν Ξανθίππου, ὃν ὁ πατὴρ ἐπίτροπον κατέλιπε σοί τε καὶ τῷ ἀδελφῷ.

136. *Ibid.* 118 D: ΣΩΚΡΑΤΗΣ. Τί οὖν; ἔχεις εἰπεῖν, Περικλῆς τίνα ἐποίησε σόφον, ἀπὸ τῶν υἱέων ἀρξάμενος; ΑΛΚΙΒΙΑΔΗΣ. Τί δ', εἰ τὼ Περικλέους υἱέε ἠλιθίω ἐγενέσθην, ὦ Σώκρατες; ΣΩ. Ἀλλὰ Κλεινίαν τὸν σὸν ἀδελφόν. ΑΛ. Τί δ' ἂν αὖ Κλεινίαν λέγοις, μαινόμενον ἄνθρωπον;

137. *Id. Protag.* 320 A: Εἰ δὲ βούλει, Κλεινίαν, τὸν Ἀλκιβιάδου τουτουὶ νεώτερον ἀδελφόν, ἐπιτροπεύων ὁ αὐτὸς οὗτος ἀνὴρ Περικλῆς, δεδιὼς περὶ αὐτοῦ, μὴ διαφθαρῇ δὴ ὑπ' Ἀλκιβιάδου, ἀποσπάσας ἀπὸ τούτου, καταθέμενος ἐν Ἀρίφρονος ἐπαίδευε· καὶ πρὶν ἓξ μῆνας γεγονέναι, ἀπέδωκε τούτῳ οὐκ ἔχων ὅ τι χρήσαιτο αὐτῷ.

His brother Ariphron's son Hippokrates.

C. I. A. i. 273 vs. 3. See **I. 108.**

138. [Demosth.] 59 *in Neaer.* 104: Ψήφισμα περὶ Πλαταιέων. [Ἱπποκράτης εἶπε Πλαταιέας εἶναι Ἀθηναίους ἀπὸ τῆσδε τῆς ἡμέρας, ἐντίμους καθάπερ οἱ ἄλλοι Ἀθηναῖοι κ.τ.λ.]

Cf. Thuc. iv. 66. 3; 67. 1; 101. 2.

Perikles' cousin Euryptolemos.

Plut. *Per.* 7. See above **V. 92.**

Isodike wife of Kimon.

139. Plut. *Cim.* 4: Δῆλος δ' ἐστὶ καὶ πρὸς Ἰσοδίκην τὴν Εὐρυπτολέμου μὲν θυγατέρα τοῦ Μεγακλέους, κατὰ νόμους δ' αὐτῷ συμβιώσασαν, ὁ Κίμων ἐμπαθέστερον διατεθεὶς καὶ δυσφορήσας ἀποθανούσης, εἴ τι δεῖ τεκμαίρεσθαι ταῖς γεγραμμέναις ἐπὶ παρηγορίᾳ τοῦ πένθους ἐλεγείαις πρὸς αὐτόν, ὧν Παναίτιος ὁ φιλόσοφος οἴεται ποιητὴν γεγονέναι τὸν φυσικὸν Ἀρχέλαον, οὐκ ἀπὸ τρόπου τοῖς χρόνοις εἰκάζων.

Ibid. 16. See above **V. 82.**

Euryptolemos the Younger.

140. See Xen. *Hellen.* i. 4. 19; 7. 16.

Aspasia.

141. Plut. *Per.* 24: Ἐπεὶ δ' Ἀσπασίᾳ χαριζόμενος δοκεῖ πρᾶξαι τὰ πρὸς Σαμίους, ἐνταῦθα ἂν εἴη καιρὸς διαπορῆσαι μάλιστα περὶ τῆς ἀνθρώπου, τίνα τέχνην ἢ δύναμιν τοσαύτην ἔχουσα τῶν τε πολιτικῶν τοὺς πρωτεύοντας ἐχειρώσατο καὶ τοῖς φιλοσόφοις οὐ φαῦλον οὐδ' ὀλίγον ὑπὲρ αὐτῆς παρέσχε λόγον. ὅτι μὲν γὰρ ἦν Μιλησία γένος, Ἀξιόχου θυγάτηρ, ὁμολογεῖται· φασὶ δ' αὐτὴν Θαργηλίαν τινὰ τῶν παλαιῶν Ἰάδων ζηλώσασαν ἐπιθέσθαι τοῖς δυνατωτάτοις ἀνδράσι. καὶ γὰρ ἡ Θαργηλία τό τ' εἶδος εὐπρεπὴς γενομένη καὶ χάριν ἔχουσα μετὰ δεινότητος πλείστοις μὲν Ἑλλήνων συνῴκησεν ἀνδράσι, πάντας δὲ προσεποίησε βασιλεῖ τοὺς πλησιάσαντας αὐτῇ, καὶ ταῖς πόλεσι μηδισμοῦ δι' ἐκείνων ὑπέσπειρεν ἀρχὰς δυνατωτάτων ὄντων καὶ μεγίστων. τὴν δ' Ἀσπασίαν οἱ μὲν ὡς σοφήν τινα καὶ πολιτικὴν ὑπὸ τοῦ Περικλέους σπουδασθῆναι λέγουσι· καὶ γὰρ Σωκράτης ἔστιν ὅτε μετὰ τῶν γνωρίμων ἐφοίτα, καὶ τὰς γυναῖκας ἀκροασομένας οἱ συνήθεις ἦγον εἰς αὐτήν, καίπερ οὐ κοσμίου προεστῶσαν ἐργασίας οὐδὲ σεμνῆς, ἀλλὰ παιδίσκας ἑταιρούσας τρέφουσαν· Αἰσχίνης δέ φησι καὶ Λυσικλέα τὸν προβατοκάπηλον ἐξ ἀγεννοῦς καὶ ταπεινοῦ τὴν φύσιν Ἀθηναίων γενέσθαι πρῶτον Ἀσπασίᾳ συνόντα μετὰ τὴν Περικλέους τελευτήν. ἐν δὲ τῷ Μενεξένῳ τῷ Πλάτωνος, εἰ καὶ μετὰ παιδιᾶς τὰ πρῶτα γέγραπται, τοσοῦτόν γ' ἱστορίας ἔνεστιν, ὅτι δόξαν εἶχε τὸ γύναιον ἐπὶ ῥητορικῇ πολλοῖς Ἀθηναίων ὁμιλεῖν. φαίνεται μέντοι μᾶλλον ἐρωτική τις ἡ τοῦ Περικλέους ἀγάπησις γενομένη πρὸς Ἀσπασίαν. ἦν μὲν γὰρ αὐτῷ γυνὴ προσήκουσα μὲν κατὰ γένος, συνῳκηκυῖα δ' Ἱππονίκῳ πρότερον, ἐξ οὗ Καλλίαν ἔτεκε τὸν πλούσιον· ἔτεκε δὲ καὶ παρὰ τῷ Περικλεῖ Ξάνθιππον καὶ Πάραλον. εἶτα τῆς συμβιώσεως οὐκ οὔσης αὐτοῖς ἀρεστῆς, ἐκείνην μὲν ἑτέρῳ βουλομένην συνεξέδωκεν, αὐτὸς δὲ τὴν Ἀσπασίαν λαβὼν ἔστερξε διαφερόντως. καὶ γὰρ ἐξιών, ὥς φασι, καὶ εἰσιὼν ἀπ' ἀγορᾶς ἠσπάζετο καθ' ἡμέραν αὐτὴν μετὰ τοῦ καταφιλεῖν. ἐν δὲ ταῖς κωμῳδίαις Ὀμφάλη τε νέα καὶ Δηϊάνειρα καὶ πάλιν Ἥρα προσαγορεύεται. Κρατῖνος δ' ἄντικρυς παλλακὴν αὐτὴν εἴρηκεν ἐν τούτοις·

Ἥραν τέ οἱ Ἀσπασίαν τίκτει Καταπυγοσύνη
παλλακὴν κυνώπιδα.

δοκεῖ δὲ καὶ τὸν νόθον ἐκ ταύτης τεκνῶσαι, περὶ οὗ πεποίηκεν Εὔπολις ἐν Δήμοις αὐτὸν μὲν οὕτως ἐρωτῶντα·

Ὁ νόθος δέ μοι ζῇ;

τὸν δὲ Μυρωνίδην ἀποκρινόμενον·

Καὶ πάλαι γ' ἂν ἦν ἀνήρ,
εἰ μὴ τὸ τῆς πόρνης ὑπωρρώδει κακόν.

οὕτω δὲ τὴν Ἀσπασίαν ὀνομαστὴν καὶ κλεινὴν γενέσθαι λέγουσιν, ὥστε καὶ Κῦρον τὸν πολεμήσαντα βασιλεῖ περὶ τῆς τῶν Περσῶν ἡγεμονίας τὴν ἀγαπωμένην ὑπ' αὐτοῦ μάλιστα τῶν παλλακίδων Ἀσπασίαν ὀνομάσαι καλουμένην Μιλτὼ πρότερον. ἦν δὲ Φωκαῒς τὸ γένος, Ἑρμοτίμου θυγάτηρ· ἐν δὲ τῇ μάχῃ Κύρου πεσόντος ἀπαχθεῖσα πρὸς βασιλέα πλεῖστον ἴσχυσε. ταῦτα μὲν ἐπελθόντα τῇ μνήμῃ κατὰ τὴν γραφὴν ἀπώσασθαι καὶ παρελθεῖν ἴσως ἀπάνθρωπον ἦν.

Continued above **III. 239.**

142. Plat. *Menex.* 235 E: ΣΩΚΡΑΤΗΣ. Καὶ ἐμοὶ μέν γε, ὦ Μενέξενε, οὐδὲν θαυμαστὸν οἵῳ τ' εἶναι εἰπεῖν, ᾧ τυγχάνει διδάσκαλος οὖσα οὐ πάνυ φαύλη περὶ ῥητορικῆς, ἀλλ' ἥπερ καὶ ἄλλους πολλοὺς καὶ ἀγαθοὺς πεποίηκε ῥήτορας, ἕνα δὲ καὶ διαφέροντα τῶν Ἑλλήνων, Περικλέα τὸν Ξανθίππου. ΜΕΝΕΞΕΝΟΣ. Τίς αὕτη; ἢ δῆλον ὅτι Ἀσπασίαν λέγεις;

Schol. *ad loc.* Ἀσπασίαν] αὕτη Ἀξιόχου, Μιλησία, γυνὴ Περικλέους, παρὰ Σωκράτει πεφιλοσοφηκυῖα, ὡς Διόδωρος ἐν τῷ περὶ Μιλήτου συγγράμματι φησίν. ἐπεγήματο δὲ μετὰ τὸν Περικλέους θάνατον Λυσικλεῖ τῷ προβατοκαπήλῳ, καὶ ἐξ αὐτοῦ ἔσχεν υἱὸν ὀνόματι Ποριστήν, καὶ τὸν Λυσικλέα ῥήτορα δεινότατον κατεσκευάσατο, καθάπερ καὶ Περικλέα δημηγορεῖν παρεσκεύασεν, ὡς Αἰσχίνης ὁ Σωκρατικὸς ἐν διαλόγῳ Καλλίᾳ καὶ Πλάτων ὁμοίως Πεδήταις. [1] Κρατῖνος δὲ Ὀμφάλη τύραννον αὐτὴν καλεῖ, χείρων Εὔπολις Φίλοις [1]· ἐν δὲ Προσπαλτίοις Ἑλένην αὐτὴν καλεῖ· ὁ δὲ Κρατῖνος καὶ Ἥραν, ἴσως ὅτι καὶ Περικλῆς Ὀλύμπιος προσηγορεύετο. ἔσχε δὲ ἐξ αὐτῆς ὁ Περικλῆς νόθον υἱόν, ἐφ' ᾧ καὶ ἐτελεύτα τῶν γνησίων προαποθανόντων, ὡς Εὔπολις Δήμοις.

143. Suidas: Ἀσπασία. πολυθρύλητος γέγονεν αὕτη. ἦν δὲ γένος Μιλησία, δεινὴ δὲ περὶ λόγους. Περικλέους δέ φασιν αὐτὴν διδάσκαλον ἅμα καὶ ἐρωμένην εἶναι. δοκεῖ δὲ δυοῖν πολέμων αἰτία γεγονέναι, τοῦ τε Σαμιακοῦ καὶ τοῦ Πελοποννησιακοῦ. δοκεῖ δὲ καὶ ἐξ αὐτῆς ἐσχηκέναι Περικλῆς τὸν ὁμώνυμον αὐτῷ Περικλέα τὸν νόθον.

Ὅτι Ἀσπασίαι δύο ἑταῖραι. τῇ δὲ μιᾷ τούτων ἐκέχρητο ὁ Περικλῆς· δι' ἣν ὀργισθεὶς ἔγραψε τὸ κατὰ Μεγαρέων ψήφισμα, ἀπαγορεῦον δέχεσθαι αὐτοὺς εἰς τὰς Ἀθήνας. ὅθεν ἐκεῖνοι εἰργόμενοι τῶν Ἀθηναίων προσέφυγον τοῖς Λακεδαιμονίοις. ἡ δὲ Ἀσπασία σοφίστρια ἦν καὶ διδάσκαλος λόγων ῥητορικῶν. ὕστερον δὲ καὶ γαμετὴ αὐτοῦ γέγονεν.

Cf. Schol. in Ar. *Ach.* 527.

144. Athen. xiii. 589 D: Περικλῆς δὲ ὁ Ὀλύμπιος, ὥς φησι Κλέαρχος ἐν πρώτῳ Ἐρωτικῶν (*fr.* 35 *F. H. G.* ii. 314), οὐχ ἕνεκεν Ἀσπασίας—οὐ τῆς νεωτέρας ἀλλὰ τῆς Σωκράτει τῷ σοφῷ συγγενομένης—καίπερ τηλικοῦτον ἀξίωμα συνέσεως καὶ πολιτικῆς δυνάμεως κτησάμενος, οὐ συνετάραξε πᾶσαν τὴν Ἑλλάδα; ἦν δ' οὗτος ⟨ὁ⟩ ἀνὴρ πρὸς ἀφροδίσια πάνυ καταφερής· ὅστις καὶ τῇ τοῦ υἱοῦ γυναικὶ συνῆν, ὡς Στησίμβροτος ὁ Θάσιος ἱστορεῖ, κατὰ τοὺς αὐτοὺς αὐτῷ χρόνους γενόμενος καὶ ἑωρακὼς αὐτόν, ἐν τῷ ἐπιγραφομένῳ περὶ Θεμιστοκλέους καὶ Θουκυδίδου καὶ Περικλέους. (*F. H. G.* ii. 56 *fr.* 10) Ἀντισθένης δ' ὁ Σωκρατικὸς ἐρασθέντα φησὶν αὐτὸν Ἀσπασίας δὶς τῆς ἡμέρας εἰσιόντα καὶ ἐξιόντα ἀπ' αὐτῆς ἀσπάζεσθαι τὴν ἄνθρωπον, καὶ φευγούσης ποτὲ αὐτῆς γραφὴν ἀσεβείας λέγων ὑπὲρ αὐτῆς πλείονα ἐδάκρυσεν ἢ ὅτε ὑπὲρ τοῦ βίου καὶ τῆς οὐσίας ἐκινδύνευε. καὶ Κίμωνος δ' Ἐλπινίκῃ τῇ ἀδελφῇ παρανόμως συνόντος, εἶθ' ὕστερον ἐκδοθείσης Καλλίᾳ, καὶ φυγαδευθέντος μισθὸν ἔλαβε τῆς καθόδου αὐτοῦ ὁ Περικλῆς τὸ τῇ Ἐλπινίκῃ μιχθῆναι.

[1] Meinekius ita emendavit: Κρατῖνος δὲ Ὀμφάλην αὐτὴν καλεῖ Χείρωσιν, τύραννον δὲ Εὔπολις Φίλοις.

Perikles' son by Aspasia.

145. Harpocr.: 'Ἀσπασία . . . μνημονεύουσι δ' αὐτῆς πολλάκις καὶ οἱ ἄλλοι Σωκρατικοί, καὶ Πλάτων ἐν τῷ Μενεξένῳ τὸν Σωκράτην παρ' αὐτῆς φησὶ μαθεῖν τὰ πολιτικά. ἦν δὲ τὸ μὲν γένος Μιλησία, δεινὴ δὲ περὶ λόγους· Περικλέους δέ φασιν αὐτὴν διδάσκαλόν τε ἅμα καὶ ἐρωμένην εἶναι. δοκεῖ δὲ δυοῖν πολέμων αἰτία γεγονέναι, τοῦ τε Σαμιακοῦ καὶ τοῦ Πελοποννησιακοῦ, ὡς ἔστι μαθεῖν παρά τε Δούριδος τοῦ Σαμίου (*fr.* 58 *F. H. G.* ii. 482) καὶ Θεοφράστου ἐκ τοῦ δ' τῶν Πολιτικῶν καὶ ἐκ τῶν 'Αριστοφάνους 'Αχαρνέων. δοκεῖ δὲ καὶ ἐξ αὐτῆς ἐσχηκέναι ὁ Περικλῆς τὸν ὁμώνυμον αὐτῷ Περικλέα τὸν νόθον, ὡς ἐμφαίνει καὶ Εὔπολις ἐν τοῖς Δήμοις. Λυσικλεῖ δὲ τῷ δημαγωγῷ συνοικήσασα Ποριστὴν ἔσχεν, ὡς ὁ Σωκρατικὸς Αἰσχίνης φησίν.

146. Plut. *Per.* 37: Ὑποδεξάμενος αὖθις τὰ πράγματα καὶ στρατηγὸς αἱρεθεὶς ᾐτήσατο λυθῆναι τὸν περὶ τῶν νόθων νόμον, ὃν αὐτὸς εἰσενηνόχει πρότερον, ὡς μὴ παντάπασιν ἐρημίᾳ διαδοχῆς τὸν οἶκον ἐκλίποι τοὔνομα καὶ τὸ γένος. εἶχε δ' οὕτω τὰ περὶ τὸν νόμον (see **V. 124**). ὄντος οὖν δεινοῦ τὸν κατὰ τοσούτων ἰσχύσαντα νόμον ὑπ' αὐτοῦ πάλιν λυθῆναι τοῦ γράψαντος, ἡ παροῦσα δυστυχία τῷ Περικλεῖ περὶ τὸν οἶκον, ὡς δίκην τινὰ δεδωκότι τῆς ὑπεροψίας καὶ τῆς μεγαλαυχίας ἐκείνης, ἐπέκλασε τοὺς 'Αθηναίους, καὶ δόξαντες αὐτὸν νεμεσητά τε παθεῖν ἀνθρωπίνως τε δεῖσθαι συνεχώρησαν ἀπογράψασθαι τὸν νόθον εἰς τοὺς φράτορας ὄνομα θέμενον τὸ αὑτοῦ. καὶ τοῦτον μὲν ὕστερον ἐν 'Αργινούσαις καταναυμαχήσαντα Πελοποννησίους ἀπέκτεινεν ὁ δῆμος μετὰ τῶν συστρατήγων.

Suidas Δημοποίητος. See above **V. 121**.

Harpocr. 'Ἀσπασία. See above **145**.

The Scandal about Aspasia.

147. Plut. *Per.* 36: Πρὸς δὲ τούτοις καὶ τὴν περὶ τῆς γυναικὸς διαβολὴν ὑπὸ τοῦ Ξανθίππου φησὶν ὁ Στησίμβροτος εἰς τοὺς πολλοὺς διασπαρῆναι, καὶ ὅλως ἀνήκεστον ἄχρι τῆς τελευτῆς τῷ νεανίσκῳ πρὸς τὸν πατέρα παραμεῖναι τὴν διαφοράν.

Ibid. 24. See above **141**.

Her alleged political influence.

148. Ar. *Ach.* 526:

Κᾆθ' οἱ Μεγαρῆς ὀδύναις πεφυσιγγωμένοι
ἀντεξέκλεψαν 'Ασπασίας πόρνα δύο·

κἀντεῦθεν ἀρχὴ τοῦ πολέμου κατερράγη
Ἕλλησι πᾶσιν ἐκ τριῶν λαικαστριῶν.

Plut. *Per.* 24, 25. See above **141.**

149. *Ibid.* 30: Μεγαρεῖς δὲ τὸν Ἀνθεμοκρίτου φόνον ἀπαρνούμενοι τὰς αἰτίας εἰς Ἀσπασίαν καὶ Περικλέα τρέπουσι, χρώμενοι τοῖς περιβοήτοις καὶ δημώδεσι τούτοις ἐκ τῶν Ἀχαρνέων στιχιδίοις·

Πόρνην δὲ Σιμαίθαν ἰόντες Μέγαράδε
νεανίαι κλέπτουσι μεθυσοκότταβοι·
κᾆθ' οἱ Μεγαρεῖς ὀδύναις πεφυσιγγωμένοι
ἀντεξέκλεψαν Ἀσπασίας πόρνας δύο.

See also **143–145** above.

Other scandals about Perikles.

Plut. *Per.* 10. See above **92.**

Id. Cim. 14. See above **93.**

Athen. xiii. 589 E. See above **144.**

150. Plut. *Per.* 13: Καὶ τοῦτο τῷ μὲν φθόνον, τῷ δὲ βλασφημίαν ἤνεγκεν, ὡς ἐλευθέρας τῷ Περικλεῖ γυναῖκας εἰς τὰ ἔργα φοιτώσας ὑποδεχομένου τοῦ Φειδίου. Δεξάμενοι δὲ τὸν λόγον οἱ κωμικοὶ πολλὴν ἀσέλγειαν αὐτοῦ κατεσκέδασαν, εἴς τε τὴν Μενίππου γυναῖκα διαβάλλοντες, ἀνδρὸς φίλου καὶ ὑποστρατηγοῦντος, εἴς τε τὰς Πυριλάμπους ὀρνιθοτροφίας, ὃς ἑταῖρος ὢν Περικλέους αἰτίαν εἶχε ταῶνας ὑφιέναι ταῖς γυναιξίν, αἷς ὁ Περικλῆς ἐπλησίαζε. καὶ τί ἄν τις ἀνθρώπους σατυρικοὺς τοῖς βίοις καὶ τὰς κατὰ τῶν κρειττόνων βλασφημίας ὥσπερ δαίμονι κακῷ τῷ φθόνῳ τῶν πολλῶν ἀποθύοντας ἑκάστοτε θαυμάσειεν, ὅπου καὶ Στησίμβροτος ὁ Θάσιος δεινὸν ἀσέβημα καὶ μυθῶδες ἐξενεγκεῖν ἐτόλμησεν εἰς τὴν γυναῖκα τοῦ υἱοῦ κατὰ τοῦ Περικλέους;

Trial of Aspasia.

151. Plut. *Per.* 32: Περὶ δὲ τοῦτον τὸν χρόνον Ἀσπασία δίκην ἔφευγεν ἀσεβείας, Ἑρμίππου τοῦ κωμῳδοποιοῦ διώκοντος καὶ προσκατηγοροῦντος, ὡς Περικλεῖ γυναῖκας ἐλευθέρας εἰς τὸ αὐτὸ φοιτώσας ὑποδέχοιτο. καὶ ψήφισμα Διοπείθης ἔγραψεν εἰσαγγέλλεσθαι τοὺς τὰ θεῖα μὴ νομίζοντας ἢ λόγους περὶ τῶν μεταρσίων διδάσκοντας, ἀπερειδόμενος εἰς Περικλέα δι' Ἀναξαγόρου τὴν ὑπόνοιαν. Δεχομένου δὲ τοῦ δήμου καὶ προσιεμένου τὰς διαβολάς, οὕτως ἤδη ψήφισμα κυροῦται, Δρακοντίδου γράψαντος, ὅπως οἱ λόγοι τῶν χρημάτων ὑπὸ Περικλέους εἰς τοὺς πρυτάνεις ἀποτεθεῖεν, οἱ δὲ δικασταὶ τὴν ψῆφον ἀπὸ τοῦ βωμοῦ φέροντες ἐν τῇ πόλει κρίνοιεν. Ἅγνων δὲ τοῦτο μὲν ἀφεῖλε τοῦ ψηφίσματος, κρίνεσθαι δὲ τὴν δίκην ἔγραψεν ἐν δικασταῖς χιλίοις καὶ πεντακοσίοις, εἴτε κλοπῆς καὶ δώρων εἴτ' ἀδικίου βούλοιτό τις ὀνομάζειν τὴν δίωξιν. Ἀσπασίαν μὲν οὖν ἐξῃτήσατο, πολλὰ πάνυ παρὰ τὴν δίκην, ὡς Αἰσχίνης φησίν, ἀφεὶς ὑπὲρ αὐτῆς δάκρυα καὶ δεηθεὶς τῶν δικαστῶν· Ἀναξαγόραν δὲ φοβηθεὶς ἐξέπεμψε [καὶ προὔπεμψε]ν ἐκ τῆς πόλεως.

Athen. xiii. 589 E. See above **144.**

Cf. Cic. *de Inv.* i. 31. 51.

Perikles' Personal Manner.

152. Plut. *Per.* 5: Τοῦτον (Ἀναξαγόραν) ὑπερφυῶς τὸν ἄνδρα θαυμάσας ὁ Περικλῆς καὶ τῆς λεγομένης μετεωρολογίας καὶ μεταρσιολεσχίας ὑποπιμπλάμενος οὐ μόνον, ὡς ἔοικε, τὸ φρόνημα σοβαρὸν καὶ τὸν λόγον ὑψηλὸν εἶχε καὶ καθαρὸν ὀχλικῆς καὶ πανούργου βωμολοχίας, ἀλλὰ καὶ προσώπου σύστασις ἄθρυπτος εἰς γέλωτα καὶ πραότης πορείας καὶ καταστολὴ περιβολῆς πρὸς οὐδὲν ἐκταραττομένη πάθος ἐν τῷ λέγειν καὶ πλάσμα φωνῆς ἀθόρυβον, καὶ ὅσα τοιαῦτα πάντας θαυμαστῶς ἐξέπληττε. λοιδορούμενος γοῦν ποτε καὶ κακῶς ἀκούων ὑπό τινος τῶν βδελυρῶν καὶ ἀκολάστων ὅλην ἡμέραν ὑπέμεινε σιωπῇ κατ' ἀγοράν, ἅμα τι τῶν ἐπειγόντων καταπραττόμενος· ἑσπέρας δ' ἀπῄει κοσμίως οἴκαδε παρακολουθοῦντος τοῦ ἀνθρώπου καὶ πάσῃ χρωμένου βλασφημίᾳ πρὸς αὐτόν. ὡς δὲ ἔμελλεν εἰσιέναι σκότους ὄντος ἤδη, προσέταξέ τινι τῶν οἰκετῶν φῶς λαβόντι παραπέμψαι καὶ καταστῆσαι πρὸς τὴν οἰκίαν τὸν ἄνθρωπον. ὁ δὲ ποιητὴς Ἴων μοθωνικήν φησι τὴν ὁμιλίαν καὶ ὑπότυφον εἶναι τοῦ Περικλέους, καὶ ταῖς μεγαλαυχίαις αὐτοῦ πολλὴν ὑπεροψίαν ἀναμεμῖχθαι καὶ περιφρόνησιν τῶν ἄλλων· ἐπαινεῖ δὲ τὸ Κίμωνος ἐμμελὲς καὶ ὑγρὸν καὶ μεμουσωμένον ἐν ταῖς περιφοραῖς. ἀλλ' Ἴωνα μέν, ὥσπερ τραγικὴν διδασκαλίαν, ἀξιοῦντα τὴν ἀρετὴν ἔχειν τι πάντως καὶ σατυρικὸν μέρος ἐῶμεν· τοὺς δὲ τοῦ Περικλέους τὴν σεμνότητα δοξοκοπίαν τε καὶ τῦφον ἀποκαλοῦντας ὁ Ζήνων παρεκάλει καὶ αὐτούς τι τοιοῦτο δοξοκοπεῖν, ὡς τῆς προσποιήσεως αὐτῆς τῶν καλῶν ὑποποιούσης τινὰ λεληθότως ζῆλον καὶ συνήθειαν.

153. *Id. Praec. Ger. Reip.* 4 (*Eth.* 800 C): Περικλῆς δὲ καὶ περὶ τὸ σῶμα καὶ τὴν δίαιταν ἐξήλλαξεν αὑτὸν ἠρέμα βαδίζειν καὶ πρᾴως διαλέγεσθαι καὶ τὸ πρόσωπον ἀεὶ συνεστηκὸς ἐπιδείκνυσθαι, καὶ τὴν χεῖρα συνέχειν ἐντὸς τῆς περιβολῆς καὶ μίαν ὁδὸν πορεύεσθαι τὴν ἐπὶ τὸ βῆμα καὶ τὸ βουλευτήριον.

Id. Per. 7. See above **V. 92.**

His Rhetorical Style.

154. Thuc. i. 139. 4.

155. Ar. *Ach.* 530:

Ἐντεῦθεν ὀργῇ Περικλέης οὐλύμπιος
ἤστραπτ', ἐβρόντα, ξυνεκύκα τὴν Ἑλλάδα.

156. Schol. *ad loc.* (Εὔπολις Δήμοις (*fr.* 94 K)·

Κράτιστος οὗτος ἐγένετ' ἀνθρώπων λέγειν.
ὁπότε παρέλθοι δ', ὥσπερ ἀγαθοὶ δρομῆς,
ἐκ δέκα ποδῶν ᾕρει λέγων τοὺς ῥήτορας·
ταχὺς λέγειν μέν, πρὸς δέ γ' αὐτοῦ τῷ τάχει
πειθώ τις ἐπεκάθιζεν ἐπὶ τοῖς χείλεσιν.
οὕτως ἐκήλει, καὶ μόνος τῶν ῥητόρων
τὸ κέντρον ἐγκατέλιπε τοῖς ἀκροωμένοις.)

157. Plut. *Per.* 8: Ἔγγραφον μὲν οὖν οὐδὲν ἀπολέλοιπε πλὴν τῶν ψηφισμάτων· ἀπομνημονεύεται δ' ὀλίγα παντάπασιν· οἷον τὸ τὴν Αἴγιναν ὡς λήμην τοῦ Πειραιῶς ἀφελεῖν κελεῦσαι, καὶ τὸ τὸν πόλεμον ἤδη φάναι καθορᾶν ἀπὸ Πελοποννήσου προσφερόμενον. καί ποτε τοῦ Σοφοκλέους, ὅτε συστρατηγῶν ἐξέπλευσε μετ' αὐτοῦ, παῖδα καλὸν ἐπαινέσαντος, "Οὐ μόνον," ἔφη, "τὰς χεῖρας, ὦ Σοφόκλεις, δεῖ καθαρὰς ἔχειν τὸν στρατηγόν, ἀλλὰ καὶ τὰς ὄψεις." ὁ δὲ Στησίμβροτός φησιν, ὅτι τοὺς ἐν Σάμῳ τεθνηκότας ἐγκωμιάζων ἐπὶ τοῦ βήματος ἀθανάτους ἔλεγε γεγονέναι καθάπερ τοὺς θεούς· οὐ γὰρ ἐκείνους αὐτοὺς ὁρῶμεν, ἀλλὰ ταῖς τιμαῖς, ἃς ἔχουσι, καὶ τοῖς ἀγαθοῖς, ἃ παρέχουσιν, ἀθανάτους εἶναι τεκμαιρόμεθα· ταῦτ' οὖν ὑπάρχειν καὶ τοῖς ὑπὲρ τῆς πατρίδος ἀποθανοῦσιν.

158. See also Arist. *Rhet.* i. 7. 34. 1365 a 31; iii. 4. 3. 1407 a 1; 10. 7. 1411 a 14. Plato, *Gorg.* 503 C. Cic. *de Off.* i. 40. 144; *Brut.* vii. 27; *de Orat.* ii. 22. 93; iii. 34. 138 (see above 117). Quintil. iii. 1. 12. Val. Max. iv. 3 *ext.* 1; viii. 9 *ext.* 2.

His Character.

159. Thuc. ii. 65.

160. Plut. *Per.* 15: Ὡς οὖν παντάπασι λυθείσης τῆς διαφορᾶς καὶ τῆς πόλεως οἷον ὁμαλῆς καὶ μιᾶς γενομένης κομιδῇ, περιήνεγκεν εἰς ἑαυτὸν τὰς Ἀθήνας καὶ τὰ τῶν Ἀθηναίων ἐξηρτημένα πράγματα, φόρους καὶ στρατεύματα καὶ τριήρεις καὶ νήσους καὶ θάλασσαν καὶ πολλὴν μὲν δι' Ἑλλήνων, πολλὴν δὲ καὶ διὰ βαρβάρων ἤκουσαν ἰσχὺν καὶ ἡγεμονίαν ὑπηκόοις ἔθνεσι καὶ φιλίαις βασιλέων καὶ συμμαχίαις πεφραγμένην δυναστῶν, οὐκέθ' ὁ αὐτὸς ἦν οὐδ' ὁμοίως χειροήθης τῷ δήμῳ καὶ ῥᾴδιος ὑπείκειν καὶ συνενδιδόναι ταῖς ἐπιθυμίαις ὥσπερ πνοαῖς τῶν πολλῶν, ἀλλ' ἐκ τῆς ἀνειμένης ἐκείνης καὶ ὑποθρυπτομένης ἔνια δημαγωγίας ὥσπερ ἀνθηρᾶς καὶ μαλακῆς ἁρμονίας ἀριστοκρατικὴν καὶ βασιλικὴν ἐντεινάμενος πολιτείαν, καὶ χρώμενος αὐτῇ πρὸς τὸ βέλτιστον ὀρθῇ καὶ ἀνεγκλίτῳ, τὰ μὲν πολλὰ βουλόμενον ἦγε πείθων καὶ διδάσκων τὸν δῆμον, ἦν δ' ὅτε καὶ μάλα δυσχεραίνοντα κατατείνων καὶ προσβιβάζων ἐχειροῦτο τῷ συμφέροντι, μιμούμενος ἀτεχνῶς ἰατρὸν ποικίλῳ νοσήματι καὶ μακρῷ κατὰ καιρὸν μὲν ἡδονὰς ἀβλαβεῖς, κατὰ καιρὸν δὲ δηγμοὺς καὶ φάρμακα προσφέροντα σωτήρια. παντοδαπῶν γάρ, ὡς εἰκός, παθῶν ἐν ὄχλῳ τοσαύτην τὸ μέγεθος ἀρχὴν ἔχοντι φυομένων, μόνος ἐμμελῶς ἕκαστα διαχειρίσασθαι πεφυκώς, μάλιστα δ' ἐλπίσι καὶ φόβοις ὥσπερ οἴαξι προαναστέλλων τὸ θρασυνόμενον αὐτῶν καὶ τὸ δύσθυμον ἀνιεὶς καὶ παραμυθούμενος, ἔδειξε τὴν ῥητορικὴν κατὰ Πλάτωνα ψυχαγωγίαν οὖσαν καὶ μέγιστον ἔργον αὐτῆς τὴν περὶ τὰ ἤθη καὶ πάθη μέθοδον, ὥσπερ τινὰς τόνους καὶ φθόγγους ψυχῆς μάλ' ἐμμελοῦς ἁφῆς καὶ κρούσεως δεομένους. αἰτία δ' οὐχ ἡ τοῦ λόγου ψιλῶς δύναμις, ἀλλ', ὡς Θουκυδίδης φησίν, ἡ περὶ τὸν βίον δόξα καὶ πίστις τοῦ ἀνδρός, ἀδωροτάτου περιφανῶς γενομένου καὶ χρημάτων κρείττονος· ὃς καὶ τὴν πόλιν ἐκ μεγάλης μεγίστην καὶ πλουσιωτάτην ποιήσας καὶ γενόμενος δυνάμει πολλῶν βασιλέων καὶ τυράννων ὑπέρτερος, ὧν ἔνιοι καὶ ἐπὶ τοῖς υἱέσι διέθεντο, ἐκεῖνος μιᾷ δραχμῇ μείζονα τὴν οὐσίαν οὐκ ἐποίησεν ἧς ὁ πατὴρ αὐτῷ κατέλιπε.

16. Καίτοι τὴν δύναμιν αὐτοῦ σαφῶς μὲν ὁ Θουκυδίδης διηγεῖται, κακοήθως δὲ παρεμφαίνουσιν οἱ κωμικοί, Πεισιστρατίδας μὲν νέους τοὺς περὶ αὐτὸν ἑταίρους καλοῦντες, αὐτὸν δ' ἀπομόσαι μὴ τυραννήσειν κελεύοντες, ὡς ἀσυμμέτρου πρὸς δημοκρατίαν καὶ βαρυτέρας περὶ αὐτὸν οὔσης ὑπεροχῆς. ὁ δὲ Τηλεκλείδης παραδεδωκέναι φησὶν αὐτῷ τοὺς Ἀθηναίους

Πόλεών τε φόρους αὐτάς τε πόλεις, τὰς μὲν δεῖν, τὰς δ' ἀνακλύειν,
λάϊνα τείχη, τὰ μὲν οἰκοδομεῖν τὰ δὲ αὐτὰ πάλιν καταβάλλειν,
σπονδάς, δύναμιν, κράτος, εἰρήνην πλοῦτόν τ' εὐδαιμονίαν τε.

καὶ ταῦτα καιρὸς οὐκ ἦν οὐδ' ἀκμὴ καὶ χάρις ἀνθούσης ἐφ' ὥρᾳ πολιτείας, ἀλλὰ τεσσαράκοντα μὲν ἔτη πρωτεύων ἐν Ἐφιάλταις καὶ Λεωκράταις καὶ Μυρωνίδαις καὶ Κίμωσι καὶ Τολμίδαις καὶ Θουκυδίδαις, μετὰ δὲ τὴν Θουκυδίδου κατάλυσιν καὶ τὸν ὀστρακισμὸν οὐκ ἐλάττω τῶν πεντεκαίδεκα ἐτῶν διηνεκῆ καὶ μίαν οὖσαν ἐν ταῖς ἐνιαυσίοις στρατηγίαις ἀρχὴν καὶ δυναστείαν κτησάμενος, ἐφύλαξεν ἑαυτὸν ἀνάλωτον ὑπὸ χρημάτων, καίπερ οὐ παντάπασιν ἀργῶς ἔχων πρὸς χρηματισμόν, ἀλλὰ τὸν πατρῷον καὶ δίκαιον πλοῦτον, ὡς μήτ' ἀμελούμενος ἐκφύγοι μήτε πολλὰ πράγματα καὶ διατριβὰς ἀσχολουμένῳ παρέχοι, συνέταξεν εἰς οἰκονομίαν, ἣν ᾤετο ῥᾴστην καὶ ἀκριβεστάτην εἶναι. τοὺς γὰρ ἐπετείους καρποὺς ἅπαντας ἀθρόους ἐπίπρασκεν, εἶτα τῶν ἀναγκαίων ἕκαστον ἐξ ἀγορᾶς ὠνούμενος διῴκει τὸν βίον καὶ τὰ περὶ τὴν δίαιταν. ὅθεν οὐχ ἡδὺς ἦν ἐνηλίκοις παισὶν οὐδὲ γυναιξὶ δαψιλὴς χορηγός, ἀλλ' ἐμέμφοντο τὴν ἐφήμερον ταύτην καὶ συνηγμένην εἰς τὸ ἀκριβέστατον δαπάνην, οὐδενός, οἷον ἐν οἰκίᾳ μεγάλῃ καὶ πράγμασιν ἀφθόνοις, περιρρέοντος, ἀλλὰ παντὸς μὲν ἀναλώματος, παντὸς δὲ λήμματος δι' ἀριθμοῦ καὶ μέτρου βαδίζοντος. ὁ δὲ πᾶσαν αὐτοῦ τὴν τοιαύτην συνέχων ἀκρίβειαν εἷς ἦν οἰκέτης, Εὐάγγελος, ὡς ἕτερος οὐδεὶς εὖ πεφυκὼς ἢ κατεσκευασμένος ὑπὸ τοῦ Περικλέους πρὸς οἰκονομίαν. ἀπᾴδοντα μὲν οὖν ταῦτα τῆς Ἀναξαγόρου σοφίας, εἴγε καὶ τὴν οἰκίαν ἐκεῖνος ἐξέλιπε καὶ τὴν χώραν ἀφῆκεν ἀργὴν καὶ μηλόβοτον ὑπ' ἐνθουσιασμοῦ καὶ μεγαλοφροσύνης, οὐ ταὐτὸν δ' ἐστίν, οἶμαι, θεωρητικοῦ φιλοσόφου καὶ πολιτικοῦ βίος, ἀλλ' ὁ μὲν ἀνόργανον καὶ ἀπροσδεῆ τῆς ἐκτὸς ὕλης ἐπὶ τοῖς καλοῖς κινεῖ τὴν διάνοιαν, τῷ δ' εἰς ἀνθρωπείας χρείας ἀναμιγνύντι τὴν ἀρετὴν ἔστιν οὗ γένοιτ' ἂν οὐ τῶν ἀναγκαίων μόνον, ἀλλὰ καὶ τῶν καλῶν ὁ πλοῦτος, ὥσπερ ἦν καὶ Περικλεῖ βοηθοῦντι πολλοῖς τῶν πενήτων. καὶ μέντοι γε τὸν Ἀναξαγόραν αὐτὸν λέγουσιν ἀσχολουμένου Περικλέους ἀμελούμενον κεῖσθαι συγκεκαλυμμένον ἤδη γηραιὸν ἀποκαρτεροῦντα· προσπεσόντος δὲ τῷ Περικλεῖ τοῦ πράγματος ἐκπλαγέντα θεῖν εὐθὺς ἐπὶ τὸν ἄνδρα καὶ δεῖσθαι πᾶσαν δέησιν, ὀλοφυρόμενον οὐκ ἐκεῖνον, ἀλλ' ἑαυτόν, εἰ τοιοῦτον ἀπολεῖ τῆς πολιτείας σύμβουλον. ἐκκαλυψάμενον οὖν τὸν Ἀναξαγόραν εἰπεῖν πρὸς αὐτόν· "ὦ Περίκλεις, καὶ οἱ τοῦ λύχνου χρείαν ἔχοντες ἔλαιον ἐπιχέουσιν."

Plut. *Per.* 7. See above V. 92.

161. Isocr. 8 *de Pac.* 126: Καίτοι Περικλῆς ὁ πρὸ τῶν τοιούτων δημαγωγὸς καταστάς, παραλαβὼν τὴν πόλιν χεῖρον μὲν φρονοῦσαν ἢ πρὶν κατασχεῖν τὴν ἀρχήν, ἔτι δ' ἀνεκτῶς πολιτευομένην, οὐκ ἐπὶ τὸν ἴδιον χρηματισμὸν ὥρμησεν, ἀλλὰ τὸν μὲν οἶκον ἐλάττω τὸν αὑτοῦ κατέλιπεν ἢ παρὰ τοῦ πατρὸς παρέλαβεν, εἰς δὲ τὴν ἀκρόπολιν ἀνήνεγκεν ὀκτακισχίλια τάλαντα χωρὶς τῶν ἱερῶν.

CHAPTER VII.

SPARTA AND PELOPONNESOS.

Sparta resigns her maritime hegemony.

1. Thuc. i. 95. 7. Cf. *ibid.* 77. 6.

2. Diod. xi. 50: Ἐπ᾽ ἄρχοντος δ᾽ Ἀθήνησι Δρομοκλείδου . . . Λακεδαιμόνιοι τὴν τῆς θαλάττης ἡγεμονίαν ἀποβεβληκότες ἀλόγως, βαρέως ἔφερον· διὸ καὶ τοῖς ἀφεστηκόσιν ἀπ᾽ αὐτῶν Ἕλλησι χαλεπῶς ἔχοντες, ἠπείλουν ἐπιθήσειν αὐτοῖς τὴν προσήκουσαν τιμωρίαν. (2) συναχθείσης δὲ τῆς γερουσίας ἐβουλεύοντο περὶ τοῦ πολέμου τοῦ πρὸς τοὺς Ἀθηναίους ὑπὲρ τῆς κατὰ θάλατταν ἡγεμονίας. (3) ὁμοίως δὲ καὶ τῆς κοινῆς ἐκκλησίας συναχθείσης, οἱ μὲν νεώτεροι καὶ τῶν ἄλλων οἱ πολλοὶ φιλοτίμως εἶχον ἀνακτήσασθαι τὴν ἡγεμονίαν, νομίζοντες, ἐὰν αὐτὴν περιποιήσωνται, χρημάτων τε πολλῶν εὐπορήσειν καὶ καθόλου τὴν Σπάρτην μείζονα ποιήσεσθαι καὶ δυνατωτέραν, τούς τε τῶν ἰδιωτῶν οἴκους πολλὴν ἐπίδοσιν λήψεσθαι πρὸς εὐδαιμονίαν. (4) ἀνεμιμνήσκοντο δὲ καὶ τῆς ἀρχαίας μαντείας, ἐν ᾗ προσέταξεν αὐτοῖς ὁ θεὸς σκοπεῖν, ὅπως μὴ χωλὴν ἔχωσι τὴν ἡγεμονίαν, καὶ τὸν χρησμὸν ἔφασαν εἰς οὐδὲν ἕτερον ἢ τὸ παρὸν λέγειν· χωλὴν γὰρ αὐτοῖς ὑπάρξειν τὴν ἀρχήν, ἐὰν οὐσῶν δυεῖν ἡγεμονιῶν τὴν ἑτέραν ἀποβάλωσι. (5) πάντων δὲ σχεδὸν τῶν πολιτῶν πρὸς ταύτην τὴν ὑπόθεσιν ὡρμημένων, καὶ τῆς γερουσίας συνεδρευούσης περὶ τούτων, οὐδεὶς ἤλπισεν οὐδένα τολμήσειν συμβουλεῦσαι ἕτερόν τι. (6) τῶν δὲ ἐκ τῆς γερουσίας τις, ὄνομα μὲν Ἑτοιμαρίδας, τὸ δὲ γένος ἀφ᾽ Ἡρακλέους ὢν καὶ δι᾽ ἀρετὴν ἀποδοχῆς τυγχάνων παρὰ τοῖς πολίταις, ἐπεχείρησε συμβουλεύειν ἐᾶν τοὺς Ἀθηναίους ἐπὶ τῆς ἡγεμονίας· μὴ συμφέρειν γὰρ τῇ Σπάρτῃ τῆς θαλάττης ἀμφισβητεῖν· πρὸς παράδοξον δὲ ὑπόθεσιν εἰπεῖν εὐπορήσας λόγους ἁρμόζοντας, παρὰ τὴν προσδοκίαν ἔπεισε τὴν γερουσίαν καὶ τὸν δῆμον. (7) τέλος δὲ οἱ Λακεδαιμόνιοι κρίναντες τὸν Ἑτοιμαρίδαν συμφέροντα λέγειν ἀπέ-

στησαν τῆς περὶ τὸν πόλεμον πρὸς τοὺς Ἀθηναίους ὁρμῆς. (8) Ἀθηναῖοι δὲ τὸ μὲν πρῶτον προσεδόκων μέγαν πόλεμον ἕξειν πρὸς τοὺς Λακεδαιμονίους περὶ τῆς κατὰ θάλατταν ἡγεμονίας, καὶ διὰ τοῦτο τριήρεις κατεσκεύαζον πλείους καὶ χρημάτων πλῆθος ἐπορίζοντο καὶ τοῖς συμμάχοις ἐπιεικῶς προσεφέροντο· ὡς δὲ τὰ δοχθέντα τοῖς Λακεδαιμονίοις ἐπύθοντο, τοῦ μὲν φόβου τοῦ κατὰ τὸν πόλεμον ἀπελύθησαν, περὶ δὲ τὴν αὔξησιν τῆς ἰδίας πόλεως ἠσχολοῦντο.

3. Xen. *Hellen.* vi. 5. 34: Ἔλεγον δὲ (οἱ Λακεδαιμόνιοι) καὶ ὅσ' ἀγαθὰ εἴη, ὅτε κοινῶς ἀμφότεροι ἔπραττον, ὑπομιμνήσκοντες μὲν ὡς τὸν βάρβαρον κοινῇ ἀπεμαχέσαντο, ἀναμιμνήσκοντες δὲ ὡς Ἀθηναῖοί τε ὑπὸ τῶν Ἑλλήνων ᾑρέθησαν ἡγεμόνες τοῦ ναυτικοῦ καὶ τῶν κοινῶν χρημάτων φύλακες, τῶν Λακεδαιμονίων ταῦτα συμβουλομένων, αὐτοί τε κατὰ γῆν ὁμολογουμένως ὑφ' ἁπάντων τῶν Ἑλλήνων ἡγεμόνες προκριθείησαν, συμβουλομένων αὖ ταῦτα τῶν Ἀθηναίων.

4. Plut. *Arist.* 23: Ἔνθα δὴ καὶ τὸ φρόνημα τῆς Σπάρτης διεφάνη θαυμαστόν. ὡς γὰρ ᾔσθοντο τῷ μεγέθει τῆς ἐξουσίας διαφθειρομένους αὐτῶν τοὺς ἄρχοντας, ἀφῆκαν ἑκουσίως τὴν ἡγεμονίαν καὶ πέμποντες ἐπὶ τὸν πόλεμον ἐπαύσαντο στρατηγούς, μᾶλλον αἱρούμενοι σωφρονοῦντας ἔχειν καὶ τοῖς ἔθεσιν ἐμμένοντας τοὺς πολίτας ἢ τῆς Ἑλλάδος ἄρχειν ἁπάσης.

The Lakedaimonians in Northern Greece.

5. Hdt. vi. 72.

6. Plut. *de Herod. malign.* 21 (*Eth.* 859 D): Τὴν δ' ἐν Θετταλοῖς δυναστείαν ἔπαυσαν, Ἀριστομήδη καὶ Ἄγγελον καταλύσαντες διὰ Λεωτυχίδου τοῦ βασιλέως.

7. Paus. iii. 7. 9: Λεωτυχίδης . . . ἐστράτευσε δὲ ὕστερον τούτων (τῶν πρὸς Μυκάλῃ γενομένων) καὶ ἐπὶ τοὺς Ἀλευάδας ἐς Θεσσαλίαν. καὶ οἱ καταστρέψασθαι Θεσσαλίαν πᾶσαν ἐξὸν ὅτε ἀεὶ νικῶντι ἐν ταῖς μάχαις, δῶρα ἔλαβε παρὰ τῶν Ἀλευαδῶν. (10) ὑπαγόμενος δὲ ἐν Λακεδαίμονι ἐς δίκην ἔφυγεν ἐθελοντὴς ἐς Τεγέαν. καὶ ὁ μὲν αὐτόθι τὴν Ἀθηνᾶν τὴν Ἀλέαν ἱκέτευε, Λεωτυχίδου δὲ ὁ μὲν παῖς Ζευξίδαμος ζῶντος ἔτι Λεωτυχίδου καὶ οὐ πεφευγότος πω τελευτᾷ νόσῳ. Ἀρχίδαμος δὲ ὁ Ζευξιδάμου μετὰ Λεωτυχίδην ἀπελθόντα ἐς Τεγέαν ἔσχε τὴν ἀρχήν.

8. *Ibid.* 5. 6: Ἦν δὲ ἄρα τὸ ἱερὸν τοῦτο (τὸ τῆς Ἀλέας) ἐκ παλαιοῦ Πελοποννησίοις πᾶσιν αἰδέσιμον, καὶ τοῖς αὐτόθι ἱκετεύ-

ουσιν ἀσφάλειαν μάλιστα παρείχετο· ἐδήλωσαν δὲ οἵ τε Λακεδαιμόνιοι τὸν Παυσανίαν καὶ ἔτι πρότερον τούτου Λεωτυχίδην, καὶ Ἀργεῖοι Χρυσίδα, καθεζομένους ἐνταῦθα ἱκέτας, οὐδὲ ἀρχὴν ἐξαιτῆσαι θελήσαντες.

Death of Leotychidas.

9. Diod. xi. 48: Ἐπ' ἄρχοντος δ' Ἀθήνησι Φαίδωνος . . . (2) Λεωτυχίδας ὁ τῶν Λακεδαιμονίων βασιλεὺς ἐτελεύτησεν ἄρξας ἔτη εἴκοσι καὶ δύο, τὴν δὲ ἀρχὴν διαδεξάμενος Ἀρχίδαμος ἐβασίλευσεν ἔτη τετταράκοντα καὶ δύο.

Cf. above **VI. 18–20.**

Themistokles' Plot against the Lakedaimonian Fleet.

10. Plut. *Them.* 20: Θεμιστοκλῆς δὲ καὶ μεῖζόν τι περὶ τῆς ναυτικῆς διενοήθη δυνάμεως. ἐπεὶ γὰρ ὁ τῶν Ἑλλήνων στόλος ἀπηλλαγμένου Ξέρξου κατῆρεν εἰς Παγασὰς καὶ διεχείμαζε, δημηγορῶν ἐν τοῖς Ἀθηναίοις ἔφη τινὰ πρᾶξιν ἔχειν ὠφέλιμον μὲν αὐτοῖς καὶ σωτήριον, ἀπόρρητον δὲ πρὸς τοὺς πολλούς. τῶν δ' Ἀθηναίων Ἀριστείδῃ φράσαι μόνῳ κελευόντων, κἂν ἐκεῖνος δοκιμάσῃ περαίνειν, ὁ μὲν Θεμιστοκλῆς ἔφρασε τῷ Ἀριστείδῃ, τὸ νεώριον ἐμπρῆσαι διανοεῖσθαι τῶν Ἑλλήνων· ὁ δ' Ἀριστείδης εἰς τὸν δῆμον παρελθὼν ἔφη τῆς πράξεως, ἣν διανοεῖται πράττειν ὁ Θεμιστοκλῆς, μηδεμίαν εἶναι μήτε λυσιτελεστέραν μήτ' ἀδικωτέραν. οἱ μὲν οὖν Ἀθηναῖοι διὰ ταῦτα παύσασθαι τῷ Θεμιστοκλεῖ προσέταξαν.

11. *Id. Arist.* 22: Θεμιστοκλέους δὲ πρὸς τὸν δῆμον εἰπόντος, ὡς ἔχει τι βούλευμα καὶ γνώμην ἀπόρρητον, ὠφέλιμον δὲ τῇ πόλει καὶ σωτήριον, ἐκέλευσαν Ἀριστείδην μόνον ἀκοῦσαι καὶ συνδοκιμάσαι. φράσαντος δὲ τῷ Ἀριστείδῃ τοῦ Θεμιστοκλέους, ὡς διανοεῖται τὸν ναύσταθμον ἐμπρῆσαι τῶν Ἑλλήνων, οὕτω γὰρ ἔσεσθαι μεγίστους καὶ κυρίους ἁπάντων τοὺς Ἀθηναίους, παρελθὼν εἰς τὸν δῆμον ὁ Ἀριστείδης ἔφη τῆς πράξεως, ἣν Θεμιστοκλῆς πράττειν διανοεῖται, μήτε λυσιτελεστέραν ἄλλην μήτ' ἀδικωτέραν εἶναι. ταῦτ' ἀκούσαντες οἱ Ἀθηναῖοι παύσασθαι τὸν Θεμιστοκλέα προσέταξαν. οὕτω μὲν ὁ δῆμος ἦν φιλοδίκαιος, οὕτω δὲ τῷ δήμῳ πιστὸς ὁ ἀνὴρ καὶ βέβαιος.

12. Cic. *de Off.* iii. 11. 49: Themistocles post victoriam eius belli, quod cum Persis fuit, dixit in concione, se habere consilium rei publicae salutare; sed id sciri, non opus esse: postulavit, ut aliquem populus daret, quicum communicaret.

datus est Aristides. huic ille, classem Lacedaemoniorum, quae subducta esset ad Gytheum, clam incendi posse; quo facto frangi Lacedaemoniorum opes necesse esset. quod Aristides quum audisset, in concionem magna exspectatione venit, dixitque perutile esse consilium, quod Themistocles adferret, sed minime honestum. itaque Athenienses, quod honestum non esset, id ne utile quidem putaverunt: totamque eam rem, quam ne audierant quidem, auctore Aristide repudiaverunt.

Cf. Val. Max. vi. 5 *ext.* 2.

Lakedaimonian Policy in Amphiktyonic Council.

13. Plut. *Them.* 20: Ἐν δὲ τοῖς Ἀμφικτυονικοῖς συνεδρίοις τῶν Λακεδαιμονίων εἰσηγουμένων, ὅπως ἀπείργωνται τῆς Ἀμφικτυονίας αἱ μὴ συμμαχήσασαι κατὰ τοῦ Μήδου πόλεις, φοβηθεὶς, μὴ Θετταλοὺς καὶ Ἀργείους, ἔτι δὲ Θηβαίους ἐκβαλόντες τοῦ συνεδρίου παντελῶς ἐπικρατήσωσι τῶν ψήφων καὶ γένηται τὸ δοκοῦν ἐκείνοις, συνεῖπε ταῖς πόλεσι καὶ μετέθηκε τὰς γνώμας τῶν πυλαγόρων, διδάξας, ὡς τριάκοντα καὶ μία μόναι πόλεις εἰσὶν αἱ μετασχοῦσαι τοῦ πολέμου, καὶ τούτων αἱ πλείους παντάπασι μικραί· δεινὸν οὖν, εἰ τῆς ἄλλης Ἑλλάδος ἐκσπόνδου γενομένης ἐπὶ ταῖς μεγίσταις δυσὶν ἢ τρισὶ πόλεσιν ἔσται τὸ συνέδριον. ἐκ τούτου μὲν οὖν μάλιστα τοῖς Λακεδαιμονίοις προσέκρουσε· διὸ καὶ τὸν Κίμωνα προῆγον ταῖς τιμαῖς, ἀντίπαλον ἐν τῇ πολιτείᾳ τῷ Θεμιστοκλεῖ καθιστάντες.

Argos.

Themistokles at Argos.

14. Thuc. i. 135. 3. Cf. above **VI. 28–38.**

State of Argos.

15. Hdt. vi. 83.

16. Arist. *Pol.* viii. (v.) ii. (3.) 8. 1303 a 6: Καὶ ἐν Ἄργει τῶν ἐν τῇ ἑβδόμῃ ἀπολομένων ὑπὸ Κλεομένους τοῦ Λάκωνος ἠναγκάσθησαν παραδέξασθαι τῶν περιοίκων τινάς.

17. Paus. viii. 27. 1: Συνῆλθον δὲ ὑπὲρ ἰσχύος ἐς αὐτὴν (sc. τὴν Μεγάλην πόλιν) οἱ Ἀρκάδες, ἅτε καὶ Ἀργείους ἐπιστάμενοι τὰ μὲν ἔτι παλαιότερα μόνον οὐ κατὰ μίαν ἡμέραν ἑκάστην κινδυνεύοντας ὑπὸ Λακεδαιμονίων παραστῆναι τῷ πολέμῳ, ἐπειδὴ δὲ ἀνθρώπων πλήθει τὸ Ἄργος ἐπηύξησαν καταλύσαντες Τίρυνθα καὶ Ὑσιάς τε καὶ Ὀρνεὰς καὶ Μυκήνας καὶ Μίδειαν καὶ εἰ δή τι ἄλλο πόλισμα οὐκ ἀξιόλογον ἐν τῇ Ἀργολίδι ἦν, τά τε ἀπὸ Λακεδαιμονίων ἀδεέστερα τοῖς Ἀργείοις ὑπάρξαντα καὶ ἅμα ἐς τοὺς περιοίκους ἰσχὺν γενομένην αὐτοῖς.

18. Plut. *de Mul. virt.* 4 (*Eth.* 245 F): Ἐπανορθούμενοι δὲ τὴν ὀλιγανδρίαν, οὐχ, ὡς Ἡρόδοτος ἱστορεῖ, τοῖς δούλοις, ἀλλὰ τῶν περιοίκων ποιησάμενοι πολίτας τοὺς ἀρίστους, συνῴκισαν τὰς γυναῖκας.

19. Thuc. v. 27. 2; 28. 1; 31. 6; 44. 1; 47. 9; 59. 5; 72. 4.

20. Aeneas, *Tact.* xi. 8: Εἰπεῖν δὲ ἄλλα τε καὶ ὅτι συμφέρον εἴη ἐν τῇ ἐπιούσῃ νυκτὶ σὺν τοῖς ὅπλοις πάντας ὁμοίως παρεῖναι ἐν τῇ αὐτοῦ φυλῇ ἕνα ἕκαστον.

21. Arist. *Pol.* viii. (v.) ii. (2.) 4. 1302 b 18: Διὸ ἐνιαχοῦ εἰώθασιν ὀστρακίζειν, οἷον ἐν Ἄργει καὶ Ἀθήνησιν.

22. Schol. Ar. *Eq.* 855: Οὐ μόνον δὲ Ἀθηναῖοι ὠστρακοφόρουν, ἀλλὰ καὶ Ἀργεῖοι καὶ Μιλήσιοι καὶ Μεγαρεῖς.

Wars with Mykenai and Tiryns.

23. Diod. xi. 65: Μετὰ δὲ ταῦτα Ἀθήνησι μὲν ἦν ἄρχων Θεαγενείδης, . . . ὀλυμπιὰς δ' ἤχθη ἑβδομηκοστὴ καὶ ὀγδόη, καθ' ἣν ἐνίκα στάδιον Παρμενίδης Ποσειδωνιάτης. ἐπὶ δὲ τούτων Ἀργείοις καὶ Μυκηναίοις ἐνέστη πόλεμος διὰ τοιαύτας αἰτίας. (2) Μυκηναῖοι διὰ τὸ παλαιὸν ἀξίωμα τῆς ἰδίας πατρίδος οὐχ ὑπήκουον τοῖς Ἀργείοις, ὥσπερ αἱ λοιπαὶ πόλεις αἱ κατὰ τὴν Ἀργείαν, ἀλλὰ κατ' ἰδίαν ταττόμενοι τοῖς Ἀργείοις οὐ προσεῖχον· ἠμφισβήτουν δὲ καὶ περὶ τῶν ἱερῶν τῆς Ἥρας, καὶ τὸν ἀγῶνα τῶν Νεμέων ἠξίουν αὐτοὶ διοικεῖν· πρὸς δὲ τούτοις [ὅτι] τῶν Ἀργείων ψηφισαμένων μὴ συμμαχεῖν εἰς Θερμοπύλας τοῖς Λακεδαιμονίοις, ἐὰν μὴ μέρος τῆς ἡγεμονίας αὐτοῖς παραδῶσι, μόνοι τῶν τὴν Ἀργείαν κατοικούντων συνεμάχησαν οἱ Μυκηναῖοι τοῖς Λακεδαιμονίοις. (3) τὸ δὲ σύνολον ὑπώπτευον αὐτούς, μήποτε ἰσχύσαντες ἐπὶ πλέον τῆς ἡγεμονίας ἀμφισβητήσωσι τοῖς Ἀργείοις διὰ τὸ παλαιὸν φρόνημα τῆς πόλεως. διὰ δὴ ταύτας τὰς αἰτίας ἀλλοτρίως διακείμενοι, πάλαι μὲν ἔσπευδον ἆραι τὴν πόλιν, τότε δὲ καιρὸν εὔθετον ἔχειν ἐνόμιζον, ὁρῶντες τοὺς Λακεδαιμονίους τεταπεινωμένους καὶ μὴ δυναμένους τοῖς Μυκηναίοις βοηθεῖν. ἀθροίσαντες οὖν ἀξιόλογον δύναμιν ἔκ τε Ἄργους καὶ ἐκ τῶν συμμαχίδων πόλεων ἐστράτευσαν ἐπ' αὐτούς, νικήσαντες δὲ μάχῃ τοὺς Μυκηναίους καὶ συγκλείσαντες ἐντὸς τειχῶν ἐπολιόρκουν τὴν πόλιν. (4) οἱ δὲ Μυκηναῖοι χρόνον μέν τινα τοὺς πολιορκοῦντας εὐτόνως ἠμύνοντο, μετὰ δὲ ταῦτα λειπόμενοι τῷ πολέμῳ, καὶ τῶν Λακεδαιμονίων μὴ δυναμένων βοηθῆσαι διὰ τοὺς ἰδίους πολέμους καὶ τὴν ἐκ τῶν σεισμῶν γενομένην αὐτοῖς συμφοράν, ἄλλων δ' οὐκ ὄντων συμμάχων, ἐρημίᾳ τῶν ἐπικουρούντων κατὰ κράτος ἥλωσαν. (5) οἱ δὲ Ἀργεῖοι τοὺς Μυκηναίους ἀνδραποδισάμενοι καὶ δεκάτην ἐξ αὐτῶν τῷ θεῷ καθιερώσαντες, τὰς Μυκήνας κατέσκαψαν. αὕτη μὲν οὖν ἡ πόλις, εὐδαίμων ἐν τοῖς ἀρχαίοις χρόνοις γενομένη καὶ μεγάλους ἄνδρας ἔχουσα καὶ πράξεις ἀξιολόγους ἐπιτελεσαμένη, τοιαύτην ἔσχε τὴν καταστροφήν, καὶ διέμεινεν ἀοίκητος μέχρι τῶν καθ' ἡμᾶς χρόνων. ταῦτα μὲν οὖν ἐπράχθη κατὰ τοῦτον τὸν ἐνιαυτόν.

24. Hdt. vi. 83.

25. Paus. vii. 25. 5: Μυκηναίοις γὰρ τὸ μὲν τεῖχος ἁλῶναι κατὰ τὸ ἰσχυρὸν οὐκ ἐδύνατο ὑπὸ Ἀργείων, (6) ἐτετείχιστο γὰρ κατὰ ταὐτὰ τῷ ἐν Τίρυνθι ὑπὸ τῶν Κυκλώπων καλουμένων, κατὰ ἀνάγκην δὲ ἐκλείπουσι Μυκηναῖοι τὴν πόλιν ἐπιλειπόντων σφᾶς τῶν σιτίων, καὶ ἄλλοι μέν τινες ἐς Κλεωνὰς ἀποχωροῦσιν ἐξ αὐτῶν, τοῦ δήμου δὲ πλέον μὲν ἥμισυ ἐς Μακεδονίαν καταφεύγουσι παρὰ Ἀλέξανδρον . . . ὁ δὲ ἄλλος δῆμος ἀφίκοντο ἐς τὴν Κερύνειαν, καὶ δυνατωτέρα τε ἡ Κερύνεια οἰκητόρων πλήθει καὶ ἐς τὸ ἔπειτα ἐγένετο ἐπιφανεστέρα διὰ τὴν συνοίκησιν τῶν Μυκηναίων.

26. *Id.* ii. 17. 5: Παρὰ δὲ αὐτήν ἐστιν ἐπὶ κίονος ἄγαλμα Ἥρας ἀρχαῖον. τὸ δὲ ἀρχαιότατον πεποίηται μὲν ἐξ ἀχράδος, ἀνετέθη δὲ ἐς Τίρυνθα ὑπὸ Πειράσου τοῦ Ἄργου, Τίρυνθα δὲ ἀνελόντες Ἀργεῖοι κομίζουσιν ἐς τὸ Ἡραῖον· ὃ δὴ καὶ αὐτὸς εἶδον, καθήμενον ἄγαλμα οὐ μέγα.

27. *Ibid.* 25. 8: Ἀνέστησαν δὲ καὶ Τιρυνθίους Ἀργεῖοι, συνοίκους προσλαβεῖν καὶ τὸ Ἄργος ἐπαυξῆσαι θελήσαντες.

28. Strab. viii. 6. 19 (377): Μετὰ δὲ τὴν ἐν Σαλαμῖνι ναυμαχίαν Ἀργεῖοι μετὰ Κλεωναίων καὶ Τεγεατῶν ἐπελθόντες ἄρδην τὰς Μυκήνας ἀνεῖλον καὶ τὴν χώραν διενείμαντο . . . ἐνταῦθα δὲ καὶ ἡ Νεμέα μεταξὺ Κλεωνῶν καὶ Φλιοῦντος καὶ τὸ ἄλσος, ἐν ᾧ καὶ τὰ Νέμεα συντελεῖν ἔθος τοῖς Ἀργείοις.

29. *Ibid.* 10 (372): Ὥστε τὰς ἡγεμονευούσας ἐν αὐταῖς δύο πόλεις ἀποδειχθῆναι πλησίον ἀλλήλων ἱδρυμένας ἐν ἐλάττοσιν ἢ πεντήκοντα σταδίοις, τό τε Ἄργος καὶ τὰς Μυκήνας, καὶ τὸ Ἡραῖον εἶναι κοινὸν ἱερὸν τὸ πρὸς ταῖς Μυκήναις ἀμφοῖν . . . χρόνοις δ' ὕστερον κατεσκάφησαν (Μυκῆναι) ὑπ' Ἀργείων ὥστε νῦν μήδ' ἴχνος εὑρίσκεσθαι τῆς Μυκηναίων πόλεως.

30. Strab. viii. 6. 11 (373): Ἠρήμωσαν δὲ τὰς πλείστας οἱ Ἀργεῖοι ἀπειθούσας. οἱ δ' οἰκήτορες οἱ μὲν ἐκ ⟨τῆς⟩ Τίρυνθος ἀπῆλθον εἰς Ἐπίδαυρον, οἱ δὲ ἐ⟨κ τῆς . . . .⟩ εἰς τοὺς Ἁλιεῖς καλουμένους κ.τ.λ.

31. Stephanus Byz.: Ἁλιεῖς, πόλις Ἀργολικῆς παραθαλασσία. τὸ ἐθνικὸν ὁμοίως, ὡς ἀπὸ τοῦ Ἁλιεύς. Ἔφορος (*fr.* 98) ἐν τῷ ἕκτῳ ὅτι Τιρύνθιοί εἰσιν οὗτοι καὶ ἐξαναστάντες ἐβουλεύοντο οἰκεῖν τινα τόπον καὶ ἠρώτων τὸν θεόν. ἔχρησε δὲ οὕτως "ποῖ[1] τυ λαβὼν καὶ ποῖ τυ καθίξω καὶ ποῖ τυ οἴκησιν ἔχων ἁλιέα τε κεκλῆσθαι." ἐλέγοντο δ' οὕτως διὰ τὸ πολλοὺς Ἑρμιονέων ἁλιευομένους κατὰ τοῦτο τὸ μέρος οἰκεῖν τῆς χώρας.

Cf. Hdt. vii. 137.

Kleonai.

32. Thuc. v. 67. 2; 72. 4; 74. 3.

Cf. above **III. 94, 95.**

Elis.

Change of Constitution and Synoikismos.

33. Hdt. ix. 77.

34. Arist. *Pol.* viii. (v.) v. (6.) 8. 1306 a 12: Καταλύονται δὲ καὶ ὅταν ἐν τῇ ὀλιγαρχίᾳ ἑτέραν ὀλιγαρχίαν ἐμποιῶσιν, τοῦτο δ' ἔστιν ὅταν τοῦ παντὸς πολιτεύματος ὀλίγου ὄντος τῶν μεγίστων ἀρχῶν μὴ μετέχωσιν οἱ ὀλίγοι πάντες, ὅπερ ἐν Ἤλιδι συνέβη ποτέ (τῆς πολιτείας γὰρ δι' ὀλίγων οὔσης τῶν γερόντων ὀλίγοι πάμπαν ἐγίνοντο διὰ τὸ ἀιδίους εἶναι ἐνενήκοντα ὄντας, τὴν δ' αἵρεσιν δυναστευτικὴν εἶναι καὶ ὁμοίαν τῇ τῶν ἐν Λακεδαίμονι γερόντων).

35. Diod. xi. 54: Ἐπ' ἄρχοντος δ' Ἀθήνησι Πραξιέργου . . . Ἠλεῖοι μὲν πλείους καὶ μικρὰς πόλεις οἰκοῦντες εἰς μίαν συνῳκίσθησαν τὴν ὀνομαζομένην Ἦλιν.

[1] Perhaps—

δίζῃ ποῖ τυ λαβὼν ἄξω καὶ ποῖ τυ καθίξω

. . . .

ἔνθα τυ τὰν οἴκησιν ἔχειν ἁλιῆ τε (or ἔχων ἁλιῆα) κεκλῆσθαι. (Meineke.)

36. Strab. viii. 3. 2 (336): Ὀψὲ δέ ποτε συνῆλθον εἰς τὴν νῦν πόλιν Ἦλιν μετὰ τὰ Περσικά, ἐκ πολλῶν δήμων.

Constitution of Elis.

37. Thuc. v. 47. 9.

38. Harpocr.: Ἑλλανοδίκαι· Ὑπερείδης ἐν τῷ ὑπὲρ Καλλίππου πρὸς Ἠλείους. Ἀριστοτέλης Ἠλείων πολιτείᾳ τὸ μὲν πρῶτόν φησιν ἕνα καταστῆσαι τοὺς Ἠλείους Ἑλλανοδίκην, χρόνου δὲ διελθόντος β′, τὸ δὲ τελευταῖον θ′. Ἀριστόδημος δ' ὁ Ἠλεῖός φησι τοὺς τελευταίους τιθέντας τὸν ἀγῶνα Ἑλλανοδίκας εἶναι ι′, ἀφ' ἑκάστης φυλῆς ἕνα.

39. Paus. v. 9. 5: Πέμπτῃ δὲ ὀλυμπιάδι καὶ εἰκοστῇ ἐννέα Ἑλλανοδίκας κατέστησαν· τρισὶ μὲν δὴ ἐπετέτραπτο ἐξ αὐτῶν ὁ δρόμος τῶν ἵππων, τοσούτοις δὲ ἑτέροις ἐπόπταις εἶναι τοῦ πεντάθλου, τοῖς δὲ ὑπολειπομένοις τὰ λοιπὰ ἔμελε τῶν ἀγωνισμάτων. δευτέρᾳ δὲ ἀπὸ ταύτης ὀλυμπιάδι προσετέθη καὶ ὁ δέκατος ἀθλοθέτης. ἐπὶ δὲ τῆς τρίτης καὶ ἑκατοστῆς φυλαί τε Ἠλείοις δώδεκα καὶ εἷς ἀπὸ φυλῆς ἑκάστης ἐγένετο Ἑλλανοδίκης. (6) πιεσθέντες δὲ ὑπὸ Ἀρκάδων πολέμῳ μοῖράν τε ἀπέβαλον τῆς γῆς καὶ ὅσοι τῶν δήμων ἦσαν ἐν τῇ ἀποτμηθείσῃ χώρᾳ, καὶ οὕτως ἐς ὀκτώ τε ἀριθμὸν φυλῶν ἐπὶ τῆς τετάρτης συνεστάλησαν ὀλυμπιάδος καὶ ἑκατοστῆς, καὶ Ἑλλανοδίκαι σφίσιν ἴσοι ταῖς φυλαῖς ᾑρέθησαν. ὀγδόῃ δὲ ἐπὶ ταῖς ἑκατὸν ὀλυμπιάδι ἐπανῆλθον αὖθις ἐς ἀνδρῶν δέκα ἀριθμόν, καὶ ἤδη τὸ ἀπὸ τούτου διαμεμένηκεν ἐς ἡμᾶς.

40. *I. G. A.* 112 (Collitz, *Samml. der gr. Dialekt-Inschriften* i. 1152): Αἰ ζὲ μεπιθεῖαν τὰ ζίκαια ὂρ μέγιστον τέλος ἔχοι καὶ τοὶ βασιλᾶες, ζέκα μναῖς κα ἀποτίνοι ϝέκαστος κ.τ.λ.

41. *I. G. A. Add. et Corr.* 113 c (Collitz, *G. D. I.* i. 1156): Τõν δέ κα γραφέον ὅ τι δοκέοι καλιτέρος ἔχεν ποτὸν θ(ε)όν, ἐξαγρέον καὶ ἐ|νποιõν σὺν βολᾶι (π)εντακατίον ἀϝλανέος καὶ δάμοι πλεθύοντι κ.τ.λ.

42. *I. G. A.* 111 (Collitz, *G. D. I.* i. 1157) vs. 3: Τ]õ ζαμιοργ[õ - -]ος ἐ τἰαρõ παρὰ τᾶς πό[λιος? - . . . . . vs. 6. βολὰ ζέ κ' ἔα - - [τõ]ν ζε προστιζίον οὐζέ κα μί' (?) εἴε ἀπὸ τ - - ἄνευς βολὰν καὶ ζᾶμον πλαθύοντα.

43. Schol. Pindar. *Olymp.* iii. 22, p. 95 ed. Boeckh: Περὶ δὲ τοῦ τῶν Ἑλλανοδικῶν ἀριθμοῦ Ἑλλάνικός (*F. H. G.* i. 57

fr. 90) φησι καὶ Ἀριστόδημος, ὅτι τὸ μὲν πρῶτον β', τὸ δὲ τελευταῖον ι'. τοσαῦται γὰρ αἱ τῶν Ἠλείων φυλαί, καὶ ἀφ' ἑκάστης εἷς ἦν Ἑλλανοδίκης.

War with Pisa, &c.

See below **86** ff.

Mantineia.

44. Hdt. ix. 77.

45. Strab. viii. 3. 2 (337): Μαντίνεια μὲν ἐκ πέντε δήμων ὑπ' Ἀργείων συνῳκίσθη.

46. Xen. *Hellen.* v. 2. 7. Paus. viii. 8. 9. Diod. xv. 5. 4; 12. 2. Harpocr. Μαντινέων διοικισμός (= Ephor. *fr.* 138).

Mantineia Democratic and in Sympathy with Argos.

47. Arist. *Pol.* vii. (vi.) ii. (4.) 1. 1318 b 6: Δημοκρατιῶν δ' οὐσῶν τεττάρων βελτίστη μὲν ἡ πρώτη τάξει . . . λέγω δὲ πρώτην ὥσπερ ἄν τις διέλοι τοὺς δήμους. βέλτιστος γὰρ δῆμος ὁ γεωργικός ἐστιν, ὥστε καὶ ποιεῖν ἐνδέχεται ⟨βελτίστην⟩ δημοκρατίαν ὅπου ζῇ τὸ πλῆθος ἀπὸ γεωργίας ἢ νομῆς. διὰ μὲν γὰρ τὸ μὴ πολλὴν οὐσίαν ἔχειν ἄσχολος, ὥστε μὴ πολλάκις ἐκκλησιάζειν· διὰ δὲ τὸ [μὴ] ἔχειν τἀναγκαῖα πρὸς τοῖς ἔργοις διατρίβουσι καὶ τῶν ἀλλοτρίων οὐκ ἐπιθυμοῦσιν, ἀλλ' ἥδιον αὐτοῖς τὸ ἐργάζεσθαι τοῦ πολιτεύεσθαι καὶ ἄρχειν . . . (2. 1318 b 21) ἔτι δὲ τὸ κυρίους εἶναι τοῦ ἑλέσθαι καὶ εὐθύνειν ἀναπληροῖ τὴν ἔνδειαν, εἴ τι φιλοτιμίας ἔχουσιν, ἐπεὶ παρ' ἐνίοις δήμοις, κἂν μὴ μετέχωσι τῆς αἱρέσεως τῶν ἀρχῶν ἀλλά τινες αἱρετοὶ κατὰ μέρος ἐκ πάντων, ὥσπερ ἐν Μαντινείᾳ, τοῦ δὲ βουλεύεσθαι κύριοι ὦσιν, ἱκανῶς ἔχει τοῖς πολλοῖς. καὶ δεῖ νομίζειν καὶ τοῦτ' εἶναι σχῆμά τι δημοκρατίας, ὥσπερ ἐν Μαντινείᾳ ποτ' ἦν.

48. Thuc. v. 29. 1; 47. 1.

49. Xen. *Hellen.* v. 2. 2: Αἰσθάνεσθαι γὰρ ἔφασαν καὶ ὡς σῖτον ἐξέπεμπον (οἱ Μαντινῆς) τοῖς Ἀργείοις σφῶν αὐτοῖς πολεμούντων . . . (6) οἰομένων δὲ ἀποθανεῖσθαι τῶν ἀργολιζόντων καὶ τῶν τοῦ δήμου προστατῶν κ.τ.λ.

The Government.

50. Thuc. v. 47. 9.

51. Collitz, *G. D. I.* i. 1181 (Dittenb. *Syll.* 167), vs. 6: Δαμιοργοὶ οἵδε ἦσαν· . . . vs. 34. Μαντινῆς· Φαῖδρος. Ϝᾶχος. Εὐδαμίδας. Δαΐστρατος. Χαρείδας.

Mantineia helps Sparta in the Helot Revolt.

See below **79**.

Tegea.

52. Hdt. vi. 72; ix. 35.
Paus. iii. 5. 6. See above **8**.

53. Paus. iii. 11. 7: Καί σφισιν ὁ Τισαμενὸς ἀγῶνας πολέμου πέντε ἐνίκησε, πρῶτον μὲν Πλαταιᾶσιν ἐναντία Περσῶν, δεύτερον δὲ ἐν Τεγέᾳ πρὸς Τεγεάτας καὶ Ἀργείους μάχης Λακεδαιμονίοις συνεστώσης, ἐπὶ τούτοις δὲ ἐν Διπαιεῦσιν Ἀρκάδων πάντων πλὴν Μαντινέων ἀντιτεταγμένων· οἱ δὲ Διπαιεῖς ἐν τῇ Μαιναλίᾳ πόλισμα Ἀρκάδων ἦσαν κ.τ.λ.

54. Simon. *Epigr.* 102 (Bergk, *P. L. G.* ed. 4. iii. 459):

Τῶνδε δι' ἀνθρώπων ἀρετὰν οὐχ ἵκετο καπνὸς
  αἰθέρα δαιομένης εὐρυχόρου Τεγέας·
οἳ βούλοντο πόλιν μὲν ἐλευθερίᾳ τεθαλυῖαν
  παισὶ λιπεῖν, αὐτοὶ δ' ἐν προμάχοισι θανεῖν.

Pausanias and the Spartan Constitution.

See above **VI. 15–17**.

End of the Anti-Spartan Movement.

55. Hdt. ix. 35. Cf. above **53**.

56. Isocr. 6 *Archid.* 99: Ἀναμνήσθητε δὲ τῶν ἐν Διπαίᾳ πρὸς Ἀρκάδας ἀγωνισαμένων, οὕς φασιν ἐπὶ μιᾶς ἀσπίδος παραταξαμένους τρόπαιον στῆσαι πολλῶν μυριάδων κ.τ.λ.

57. Polyaen. i. 41. 1: Ἀρχίδαμος ἐν Ἀρκαδίᾳ μέλλων παρατάσσεσθαι τῇ ὑστεραίᾳ ἐπέρρωσε τοὺς Σπαρτιάτας διὰ νυκτὸς βωμὸν ἱδρυσάμενος καὶ κοσμήσας ὅπλοις λαμπροτάτοις καὶ ἵππους δύο περιαγαγών. ἐπεὶ δὲ ἦν ἕως, οἱ λοχαγοὶ καὶ οἱ ταξίαρχοι καινὰ ὅπλα καὶ δυοῖν ἵπποιν ἴχνη καὶ βωμὸν αὐτόματον ἰδόντες διήγγειλαν, ὡς οἱ Διόσκουροι συμμαχήσοντες ἥκοιεν. οἱ στρατιῶται θαρρήσαντες καὶ τὰς γνώμας ἔνθεοι γενόμενοι γενναίως ἠγωνίσαντο καὶ τοὺς Ἀρκάδας ἐνίκησαν.

Reorganization of the Peloponnesian Allies.

Spartan Xenagoi.

58. Thuc. ii. 75. 3. Cf. Schol. *ad loc.*: Οἱ ξεναγοί] οἱ τῶν μισθοφόρων ἄρχοντες· ξένους γὰρ ἐκάλουν τοὺς μισθοφόρους.

59. Xen. *Hellen.* iii. 5. 7; iv. 2. 19; v. 2. 7.

60. *Id. Resp. Lac.* xiii. 4: Πάρεισι δὲ περὶ τὴν θυσίαν πολέμαρχοι, λοχαγοί, πεντηκοντῆρες, ξένων στρατίαρχοι, στρατοῦ σκευοφορικοῦ ἄρχοντες, καὶ τῶν ἀπὸ τῶν πόλεων δὲ στρατηγῶν ὁ βουλόμενος.

The Allies' own Officers.

61. Thuc. ii. 10. 3. Cf. Xen. *Hellen.* i. 3. 15; iii. 1. 18. Xen. *Resp. Lac.* xiii. 4. See above **60**.

Battle of Oinoe.

Paus. i. 15. 1. See above **IV. 63**.

62. Paus. x. 10. 4: Οὗτοι μὲν δὴ Ὑπατοδώρου καὶ Ἀριστογείτονός εἰσιν ἔργα, καὶ ἐποίησαν σφᾶς, ὡς αὐτοὶ Ἀργεῖοι λέγουσιν, ἀπὸ τῆς νίκης, ἥντινα ἐν Οἰνόῃ τῇ Ἀργείᾳ αὐτοί τε καὶ Ἀθηναίων ἐπίκουροι Λακεδαιμονίους ἐνίκησαν. ἀπὸ δὲ τοῦ αὐτοῦ, ἐμοὶ δοκεῖν, ἔργου καὶ τοὺς Ἐπιγόνους ὑπὸ Ἑλλήνων καλουμένους ἀνέθεσαν οἱ Ἀργεῖοι.

63. Loewy, *Inschr. Gr. Bildh.* 101 = *C. I. G.* i. 25: - - αλος ὁ Πολ - - | Βοιότιος ἐχς Ἐρχομ[ενõ] Ὑπατόδορος Ἀρισστο[γείτον] ἐποεσάταν Θεβαίο.

Probably at the time of the Athenian alliance with Argos (above **III. 70 ff.**), before the list of the Erechtheïd slain (above **III. 80**). See Robert in *Hermes*, xxv. (1890), pp. 412 ff.

The Helot Revolt.

General Narratives.

64. Thuc. i. 101–103; 128. 1.

65. Plut. *Cim.* 16: Ἀρχιδάμου τοῦ Ζευξιδάμου τέταρτον ἔτος ἐν Σπάρτῃ βασιλεύοντος ὑπὸ σεισμοῦ μεγίστου δὴ τῶν μνημονευομένων πρότερον ἥ τε χώρα τῶν Λακεδαιμονίων χάσμασιν ἐνώλισθε πολλοῖς καὶ τῶν Ταϋγέτων τιναχθέντων κορυφαί τινες ἀπερράγησαν, αὐτὴ δ' ἡ πόλις ὅλη συνεχύθη πλὴν οἰκιῶν πέντε, τὰς δ' ἄλλας ἤρειψεν ὁ σεισμός. ἐν δὲ μέσῃ τῇ στοᾷ γυμναζομένων ὁμοῦ τῶν ἐφήβων καὶ τῶν νεανίσκων λέγεται μικρὸν πρὸ τοῦ σεισμοῦ λαγὼν παραφανῆναι, καὶ τοὺς μὲν νεανίσκους, ὥσπερ ἦσαν ἀληλιμμένοι, μετὰ παιδιᾶς ἐκδραμεῖν καὶ διώκειν, τοῖς δ' ἐφήβοις ὑπολειφθεῖσιν ἐπιπεσεῖν τὸ γυμνάσιον καὶ πάντας ὁμοῦ τελευτῆσαι. τὸν δὲ τάφον αὐτῶν ἔτι νῦν Σεισματίαν προσαγορεύουσι. ταχὺ δὴ συνιδὼν ἀπὸ τοῦ παρόντος τὸν μέλλοντα κίνδυνον ὁ Ἀρχίδαμος, καὶ τοὺς πολίτας ὁρῶν ἐκ τῶν οἰκιῶν τὰ τιμιώτατα πειρωμένους σώζειν, ἐκέλευσε τῇ σάλπιγγι σημαίνειν, ὡς πολεμίων ἐπιόντων, ὅπως ὅτι τάχιστα μετὰ τῶν ὅπλων ἀθροίζωνται πρὸς αὐτόν. ὃ δὴ καὶ μόνον ἐν τῷ τότε καιρῷ τὴν Σπάρτην διέσωσεν. οἱ γὰρ Εἵλωτες ἐκ τῶν ἀγρῶν συνέδραμον πανταχόθεν ὡς ἀναρπασόμενοι τοὺς σεσωσμένους τῶν Σπαρτιατῶν. ὡπλισμένους δὲ καὶ συντεταγμένους εὑρόντες ἀνεχώρησαν ἐπὶ τὰς πόλεις καὶ φανερῶς ἐπολέμουν, τῶν τε περιοίκων ἀναπείσαντες οὐκ ὀλίγους, καὶ Μεσσηνίων ἅμα τοῖς Σπαρτιάταις συνεπιθεμένων. πέμπουσιν οὖν οἱ Λακεδαιμόνιοι Περικλείδαν εἰς Ἀθήνας δεόμενοι βοηθεῖν, ὅν φησι κωμῳδῶν Ἀριστοφάνης καθεζόμενον ἐπὶ τοῖς βωμοῖς ὠχρὸν ἐν φοινικίδι στρατιὰν ἐπαιτεῖν. Ἐφιάλτου δὲ κωλύοντος καὶ διαμαρτυρομένου μὴ βοηθεῖν μηδ' ἀνιστάναι πόλιν ἀντίπαλον ἐπὶ τὰς Ἀθήνας, ἀλλ' ἐᾶν κεῖσθαι καὶ πατηθῆναι τὸ φρόνημα τῆς Σπάρτης, Κίμωνά φησι Κριτίας τὴν τῆς πατρίδος αὔξησιν ἐν ὑστέρῳ θέμενον τοῦ Λακεδαιμονίων συμφέροντος ἀναπείσαντα τὸν δῆμον ἐξελθεῖν βοηθοῦντα μετὰ πολλῶν ὁπλιτῶν. ὁ δ' Ἴων ἀπομνημονεύει καὶ τὸν λόγον, ᾧ μάλιστα τοὺς Ἀθηναίους ἐκίνησε, παρακαλῶν μήτε τὴν Ἑλλάδα χωλὴν μήτε τὴν πόλιν ἑτερόζυγα περιϊδεῖν γεγενημένην. (17) ἐπεὶ δὲ βοηθήσας τοῖς Λακεδαιμονίοις ἀπῄει διὰ Κορίνθου τὴν στρατιὰν ἄγων, ἐνεκάλει Λάχαρτος αὐτῷ πρὶν ἐντυχεῖν τοῖς πολίταις εἰσαγαγόντι τὸ στράτευμα· καὶ γὰρ θύραν κόψαντας ἀλλοτρίαν οὐκ εἰσιέναι πρότερον ἢ τὸν κύριον κελεῦσαι. καὶ ὁ Κίμων "Ἀλλ' οὐχ ὑμεῖς" εἶπεν "ὦ Λάχαρτε, τὰς Κλεωναίων καὶ Μεγαρέων πύλας κόψαντες, ἀλλὰ κατασχίσαντες εἰσεβιάσασθε μετὰ τῶν ὅπλων ἀξιοῦντες ἀνεῳγέναι πάντα τοῖς μεῖζον δυναμένοις." οὕτω μὲν ἐθρασύνατο πρὸς τὸν Κορίνθιον ἐν δέοντι, καὶ μετὰ τῆς στρατιᾶς διεξῆλθεν. οἱ δὲ Λακεδαιμόνιοι τοὺς Ἀθηναίους αὖθις ἐκάλουν ἐπὶ τοὺς ἐν Ἰθώμῃ Μεσσηνίους καὶ Εἵλωτας, ἐλθόντων δὲ τὴν τόλμαν καὶ τὴν λαμπρότητα δείσαντες ἀπεπέμψαντο μόνους τῶν συμμάχων ὡς νεωτεριστάς. οἱ δὲ πρὸς ὀργὴν ἀπελθόντες ἤδη τοῖς λακωνίζουσι φανερῶς ἐχαλέπαινόν, καὶ τὸν Κίμωνα μικρᾶς ἐπιλαβόμενοι προφάσεως ἐξωστράκισαν εἰς ἔτη δέκα· τοσοῦτον γὰρ ἦν χρόνου τεταγμένον ἅπασι τοῖς ἐξοστρακιζομένοις.

66. Paus. iv. 24. 5: Μεσσηνίων δὲ τοὺς ἐγκαταληφθέντας ἐν τῇ γῇ, συντελοῦντας κατὰ ἀνάγκην ἐς τοὺς Εἵλωτας, ἐπέλαβεν ἀπὸ Λακεδαιμονίων ὕστερον ἀποστῆναι κατὰ τὴν ἐνάτην ὀλυμπιάδα καὶ ἑβδομηκοστήν, ἣν Κορίνθιος ἐνίκα Ξενοφῶν, Ἀρχιμήδους (Ἀρχιδημίδου Palmer., etc.) Ἀθήνησιν ἄρχοντος. ἀπέστησαν δὲ καιρὸν τοιόνδε εὑρόντες. Λακεδαιμονίων ἄνδρες ἀποθανεῖν ἐπὶ ἐγκλήματι ὅτῳ δὴ καταγνωσθέντες ἱκέται καταφεύγουσιν ἐς Ταίναρον· ἐντεῦθεν δὲ ἡ ἀρχὴ τῶν ἐφόρων ἀπὸ τοῦ βωμοῦ σφᾶς ἀποσπάσασα ἀπέκτεινε. (6) Σπαρτιάταις δὲ ἐν οὐδενὶ λόγῳ θεμένοις τοὺς ἱκέτας ἀπήντησεν ἐκ Ποσειδῶνος μήνιμα, καί σφισιν ἐς ἔδαφος τὴν πόλιν πᾶσαν κατέβαλεν ὁ θεός. ἐπὶ δὲ τῇ συμφορᾷ ταύτῃ καὶ τῶν Εἱλώτων ὅσοι Μεσσήνιοι τὸ ἀρχαῖον ἦσαν, ἐς τὸ ὄρος τὴν Ἰθώμην ἀπέστησαν. Λακεδαιμόνιοι δὲ ἄλλα τε μετεπέμποντο συμμαχικὰ ἐπ' αὐτοὺς καὶ Κίμωνα τὸν Μιλτιάδου πρόξενόν σφισιν ὄντα καὶ Ἀθηναίων δύναμιν. ἀφικομένους δὲ τοὺς Ἀθηναίους ὑποπτεῦσαι δοκοῦσιν ὡς τάχα νεωτερίσοντας, καὶ ὑπὸ τῆς ὑποψίας ἀποπέμψασθαι μετ' οὐ πολὺ ἐξ Ἰθώμης. (7) Ἀθηναῖοι δὲ τὴν ἐς αὐτοὺς τῶν Λακεδαιμονίων ὑπόνοιαν συνέντες Ἀργείοις τε φίλοι δι' αὐτὸ ἐγένοντο, καὶ Μεσσηνίων τοῖς ἐν Ἰθώμῃ πολιορκουμένοις ἐκπεσοῦσιν ὑποσπόνδοις ἔδοσαν Ναύπακτον, ἀφελόμενοι Λοκροὺς τοὺς πρὸς Αἰτωλίᾳ καλουμένους Ὀζόλας. τοῖς δὲ Μεσσηνίοις παρέσχεν ἀπελθεῖν ἐξ Ἰθώμης τοῦ τε χωρίου τὸ ἐχυρόν, καὶ ἅμα Λακεδαιμονίοις προεῖπεν ἡ Πυθία ἦ μὴν εἶναί σφισι δίκην ἁμαρτοῦσιν ἐς τοῦ Διὸς τοῦ Ἰθωμάτα τὸν ἱκέτην. ὑπόσπονδοι μὲν ἐκ Πελοποννήσου τούτων ἕνεκα ἀφείθησαν.

67. Diod. xi. 63: Ἐπ' ἄρχοντος δ' Ἀθήνησι Φαίωνος . . . μεγάλη τις καὶ παράδοξος ἐγένετο συμφορὰ τοῖς Λακεδαιμονίοις· ἐν γὰρ τῇ Σπάρτῃ γενομένων σεισμῶν μεγάλων συνέβη πεσεῖν τὰς οἰκίας ἐκ θεμελίων καὶ τῶν Λακεδαιμονίων πλείους τῶν δισμυρίων φθαρῆναι. (2) ἐπὶ πολὺν δὲ χρόνον συνεχῶς τῆς πόλεως καταφερομένης καὶ τῶν οἰκιῶν πιπτουσῶν πολλὰ σώματα τοῖς πτώμασι τῶν τοίχων ἀπολαμβανόμενα διεφθάρη, οὐκ ὀλίγον δὲ τῶν κατὰ τὰς οἰκίας χρημάτων ὁ σεισμὸς ἐλυμήνατο. (3) καὶ τοῦτο μὲν τὸ κακὸν ὥσπερ δαιμονίου τινὸς νεμεσήσαντος αὐτοῖς ἔπαθον, ἄλλους δὲ

κινδύνους ὑπ' ἀνθρώπων αὐτοῖς συνέβη γενέσθαι διὰ τοιαύτας αἰτίας. (4) Εἵλωτες καὶ Μεσσήνιοι πρὸς Λακεδαιμονίους ἀλλοτρίως ἔχοντες τὸ μὲν πρὸ τοῦ ἡσυχίαν εἶχον, φοβούμενοι τὴν τῆς Σπάρτης ὑπεροχήν τε καὶ δύναμιν· ἐπεὶ δὲ διὰ τὸν σεισμὸν ἑώρων τοὺς πλείους αὐτῶν ἀπολωλότας, κατεφρόνησαν τῶν ἀπολελειμμένων, ὀλίγων ὄντων. διόπερ πρὸς ἀλλήλους συνθέμενοι κοινῇ τὸν πόλεμον ἐξήνεγκαν τὸν πρὸς τοὺς Λακεδαιμονίους. (5) ὁ δὲ βασιλεὺς τῶν Λακεδαιμονίων Ἀρχίδαμος διὰ τῆς ἰδίας προνοίας καὶ κατὰ τὸν σεισμὸν ἔσωζε τοὺς πολίτας καὶ κατὰ τὸν πόλεμον γενναίως τοῖς ἐπιτιθεμένοις ἀντετάξατο. (6) τῆς μὲν γὰρ πόλεως συνεχομένης ὑπὸ τῆς τοῦ σεισμοῦ δεινότητος, πρῶτος Σπαρτιατῶν ἐκ τῆς πόλεως ἁρπάσας τὴν πανοπλίαν ἐπὶ τὴν χώραν ἐξεπήδησε, καὶ τοῖς ἄλλοις πολίταις τὸ αὐτὸ πράττειν παρήγγειλεν. (7) ὑπακουσάντων δὲ τῶν Σπαρτιατῶν, τοῦτον τὸν τρόπον οἱ περιλειφθέντες ἐσώθησαν, οὓς συντάξας ὁ βασιλεὺς Ἀρχίδαμος παρεσκευάζετο πολεμεῖν τοῖς ἀφεστηκόσιν. (64) οἱ δὲ Μεσσήνιοι μετὰ τῶν Εἱλώτων συνταχθέντες τὸ μὲν πρῶτον ὥρμησαν ἐπὶ τὴν Σπάρτην, ὑπολαμβάνοντες αὐτὴν αἱρήσειν διὰ τὴν ἐρημίαν τῶν βοηθησόντων· ὡς δ' ἤκουσαν τοὺς ὑπολελειμμένους μετ' Ἀρχιδάμου τοῦ βασιλέως συντεταγμένους ἑτοίμους εἶναι πρὸς τὸν ὑπὲρ τῆς πατρίδος ἀγῶνα, ταύτης μὲν τῆς ἐπιβολῆς ἀπέστησαν, καταλαβόμενοι δὲ τῆς Μεσσηνίας χωρίον ὀχυρόν, ἐκ τούτου τὴν ὁρμὴν ποιούμενοι κατέτρεχον τὴν Λακωνικήν. (2) οἱ δὲ Σπαρτιᾶται καταφυγόντες ἐπὶ τὴν παρὰ τῶν Ἀθηναίων βοήθειαν προσελάβοντο παρ' αὐτῶν δύναμιν· οὐδὲν δ' ἧττον καὶ παρὰ τῶν ἄλλων συμμάχων ἀθροίσαντες δυνάμεις ἀξιόμαχοι τοῖς πολεμίοις ἐγενήθησαν. καὶ τὸ μὲν πρῶτον πολὺ προεῖχον τῶν πολεμίων, ὕστερον δὲ ὑποψίας γενομένης ὡς τῶν Ἀθηναίων μελλόντων ἀποκλίνειν πρὸς τοὺς Μεσσηνίους, ἀπέλυσαν αὐτῶν τὴν συμμαχίαν, φήσαντες ἱκανοὺς ἔχειν πρὸς τὸν ἐφεστῶτα κίνδυνον τοὺς ἄλλους συμμάχους. (3) οἱ δὲ Ἀθηναῖοι δόξαντες ἑαυτοὺς ἠτιμάσθαι, τότε μὲν ἀπηλλάγησαν· μετὰ δὲ ταῦτα ἀλλοτρίως ἔχοντες τὰ πρὸς τοὺς Λακεδαιμονίους ἀεὶ μᾶλλον τὴν ἔχθραν ἐξεπύρσευον. διὸ καὶ ταύτην μὲν ἀρχὴν ἔλαβον τῆς ἀλλοτριότητος, ὕστερον δὲ αἱ πόλεις διηνέχθησαν, καὶ μεγάλους ἐπανελόμεναι πολέμους ἔπλησαν ἅπασαν τὴν Ἑλλάδα μεγάλων ἀτυχημάτων. ἀλλὰ γὰρ περὶ τούτων τὰ κατὰ μέρος ἐν τοῖς οἰκείοις χρόνοις ἀναγράψομεν. (4) τότε δὲ οἱ Λακεδαιμόνιοι στρατεύσαντες ἐπὶ τὴν Ἰθώμην μετὰ τῶν συμμάχων ἐπολιόρκουν αὐτήν. οἱ δ' Εἵλωτες πανδημεὶ τῶν Λακεδαιμονίων ἀφεστῶτες συνεμάχουν τοῖς Μεσσηνίοις, καὶ ποτὲ μὲν ἐνίκων, ποτὲ δὲ ἡττῶντο. ἐπὶ δὲ ἔτη δέκα τοῦ πολέμου μὴ δυναμένου διακριθῆναι, διετέλουν τοῦτον τὸν χρόνον ἀλλήλους κακοποιοῦντες.

The Earthquake.

68. Polyaen. i. 41. 3: Λακεδαιμονίων ἡ πόλις ἐσείσθη, καὶ πέντε μόναι διεσώθησαν οἰκίαι. Ἀρχίδαμος ὁρῶν τοὺς ἀνθρώπους ἐπὶ τὸ σώζειν τὰ ἐν ταῖς οἰκίαις τραπομένους, δείσας μὴ πάντες ἀποληφθέντες ἀπόλοιντο, τῇ σάλπιγγι πολεμίων ἔφοδον ἐσήμηνεν. πιστεύσαντες οἱ Λάκωνες πρὸς αὐτὸν συνέδραμον· αἱ μὲν οἰκίαι συνέπεσον, αὐτοὶ δὲ οὕτως ἐσώθησαν.

69. Ael. *V. H.* vi. 7: Ὅτε οἱ Λακεδαιμόνιοι τοὺς ἐκ Ταινάρου ἱκέτας παρασπονδήσαντες ἀνέστησαν καὶ ἀπέκτειναν (ἦσαν δὲ οἱ ἱκέται τῶν Εἱλώτων), κατὰ μῆνιν τοῦ Ποσειδῶνος σεισμὸς ἐπιπεσὼν τῇ Σπάρτῃ τὴν πόλιν ἀνδρειότατα κατέσεισεν, ὡς πέντε μόνας ἀπολειφθῆναι οἰκίας ἐξ ἁπάσης τῆς πόλεως.

The Appeal to Athens, and Kimon's Mission.

70. Ar. *Lys.* 1137:

ΛΥ. Εἶτ', ὦ Λάκωνες, πρὸς γὰρ ὑμᾶς τρέψομαι,
οὐκ ἴσθ', ὅτ' ἐλθὼν δεῦρο Περικλείδας ποτὲ
ὁ Λάκων Ἀθηναίων ἱκέτης καθέζετο
ἐπὶ τοῖσι βωμοῖς ὠχρὸς ἐν φοινικίδι,
στρατιὰν προσαιτῶν; ἡ δὲ Μεσσήνη τότε
ὑμῖν ἐπέκειτο, χὠ θεὸς σείων ἅμα.
ἐλθὼν δὲ σὺν ὁπλίταισι τετρακισχιλίοις
Κίμων ὅλην ἔσωσε τὴν Λακεδαίμονα.

71. Schol. *ad loc.*: Εἰς σύμβασιν αὐτοὺς καὶ φιλίαν προτρεπομένη ἄρχεται τοῦ αὐτοὺς ὑπομιμνήσκειν ὧν ἦσαν ἐξ ἀλλήλων εὖ πεπονθότες. οἱ μὲν γὰρ Ἀθηναῖοι καταπονουμένους αὐτοὺς ὑπὸ Μεσσηνίων διέσωσαν ... 1138. ταῦτα καὶ οἱ συντεταχότες τὰς Ἀτθίδας ἱστοροῦσιν περὶ τῶν Λακεδαιμονίων· ὁ δὲ Φιλόχορός φησι καὶ τὴν ἡγεμονίαν τοὺς Ἀθηναίους λαβεῖν διὰ τὰς κατασχούσας τὴν Λακεδαίμονα συμφοράς.—ὁ στρατηγὸς Λακεδαιμονίων. 1142. σεισμοὶ γὰρ συχνοὶ ἐγένοντο ὅτε ὁ πόλεμος συνειστήκει. 1144. Κίμων, μετὰ τὴν ἐν Πλαταιαῖς μάχην ιβ' ἔτει ὕστερον. ταῦτα ἦν ἐπὶ Θεαγενίδου. καὶ γὰρ τοῦ Ταϋγέτου τι παρερράγη καὶ τὸ ᾠδεῖον καὶ ἕτερα καὶ οἰκίαι πλεῖσται, καὶ Μεσσήνιοι ἀποστάντες ἐπολέμουν *καὶ οἱ Εἵλωτες ἐπέστησαν, ἕως Κίμων ἐλθὼν διὰ τὴν ἱκετηρίαν ἔσωσεν αὐτούς.*

72. Paus. i. 29. 8: *Λακεδαιμονίοις τὴν πόλιν τοῦ θεοῦ σείσαντος οἱ Εἵλωτες ἐς Ἰθώμην ἀπέστησαν· ἀφεστηκότων δὲ οἱ Λακεδαιμόνιοι βοηθοὺς καὶ ἄλλους καὶ παρὰ Ἀθηναίων μετεπέμποντο· οἱ δέ σφισιν ἐπιλέκτους ἄνδρας ἀποστέλλουσι καὶ στρατηγὸν Κίμωνα τὸν Μιλτιάδου· τούτους ἀποπέμπουσιν οἱ Λακεδαιμόνιοι πρὸς ὑποψίαν.* (9) *Ἀθηναίοις δὲ οὐκ ἀνεκτὰ ἐφαίνετο περιυβρίσθαι, καὶ ὡς ἐκομίζοντο ὀπίσω, συμμαχίαν ἐποιήσαντο Ἀργείοις Λακεδαιμονίων ἐχθροῖς τὸν ἅπαντα οὖσι χρόνον.*

73. Justin. iii. 6: Interiecto tempore tertium quoque bellum Messenii reparavere, in cuius auxilium Lacedaemonii inter reliquos socios etiam Athenienses adhibuere; quorum fidem cum suspectam haberent, supervacaneos simulantes, a bello eosdem dimiserunt.

74. Thuc. iii. 54. 5. Cf. Xen. *Hellen.* vi. 5. 33; [Xen.] *Resp. Ath.* iii. 11 (above **I. 145**).

Kimon's Lakonism.

See above **V. 82 f.**

Perikleidas' son Athenaios.

75. Thuc. iv. 119. 2.

The Battle at Stenykleros.

76. Hdt. ix. 64.

Tisamenos.

77. Paus. iii. 11. 8: *Τέταρτον δὲ (Τισαμενὸς) ἠγωνίσατο πρὸς τοὺς [ἐξ Ἰσθμοῦ] ἐς Ἰθώμην ἀποστάντας τῶν Εἱλώτων. ἀπέστησαν δὲ οὐχ ἅπαντες οἱ Εἵλωτες, ἀλλὰ τὸ Μεσσηνιακὸν ἀπὸ τῶν ἀρχαίων Εἱλώτων ἀποσχισθέντες· καί μοι καὶ τάδε ὁ λόγος αὐτίκα ἐπέξεισι· τότε δὲ οἱ Λακεδαιμόνιοι τοὺς ἀποστάντας ἀπελθεῖν ὑποσπόνδους εἴασαν Τισαμενῷ καὶ τῷ ἐν Δελφοῖς χρηστηρίῳ πειθόμενοι.*

Allies and Opponents of the Spartans.

The Aiginetans.

78. Thuc. ii. 27. 2.

The Mantineians.

79. Xen. *Hellen.* v. 2. 3: Ἀγησίλαος μὲν οὖν ἐδεήθη τῆς πόλεως ἀφεῖναι ἑαυτὸν ταύτης τῆς στρατηγίας, λέγων ὅτι τῷ πατρὶ αὐτοῦ ἡ τῶν Μαντινέων πόλις πολλὰ ὑπηρετήκοι ἐν τοῖς πρὸς Μεσσήνην πολέμοις.

General dislike of Sparta in Peloponnesos.

80. Arist. *Pol.* ii. vi. (9.) 2. 1269 a 36: Ἥ τε γὰρ Θετταλῶν πενεστεία πολλάκις ἐπέθετο τοῖς Θετταλοῖς, ὁμοίως δὲ καὶ τοῖς Λάκωσιν οἱ Εἵλωτες (ὥσπερ γὰρ ἐφεδρεύοντες τοῖς ἀτυχήμασι διατελοῦσιν)· περὶ δὲ τοὺς Κρῆτας οὐδέν πω τοιοῦτον συμβέβηκεν. αἴτιον δ' ἴσως τὸ τὰς γειτνιώσας πόλεις, καίπερ πολεμούσας ἀλλήλαις, μηδεμίαν εἶναι σύμμαχον τοῖς ἀφισταμένοις διὰ τὸ μὴ συμφέρειν καὶ αὐταῖς κεκτημέναις περιοίκους, τοῖς δὲ Λάκωσιν οἱ γειτνιῶντες ἐχθροὶ πάντες ἦσαν, Ἀργεῖοι καὶ Μεσήνιοι καὶ Ἀρκάδες.

The settlement of the Helots at Naupaktos.

81. Diod. xi. 84. 7, 8. See above **III. 115**.

The Relations of Naupaktos with its Neighbours.

82. See *I. G. A.* 321.

Naupaktos, an Athenian base.

83. Thuc. ii. 69. 1.

Spartan Dedication at Olympia.

84. Paus. v. 24. 3: Τοῦ ναοῦ δέ ἐστιν ἐν δεξιᾷ τοῦ μεγάλου Ζεὺς πρὸς ἀνατολὰς ἡλίου, μέγεθος μὲν δυόδεκα ποδῶν, ἀνάθημα δὲ λέγουσιν εἶναι Λακεδαιμονίων, ἡνίκα ἀποστᾶσι Μεσσηνίοις δεύτερα τότε ἐς πόλεμον κατέστησαν. ἔπεστι δὲ καὶ ἐλεγεῖον ἐπ' αὐτῷ,

Δέξο ἄναξ Κρονίδα Ζεῦ Ὀλύμπιε καλὸν ἄγαλμα
ἱλάῳ θυμῷ τοῖς Λακεδαιμονίοις.

85. *I. G. A.* 75, Olympia, *Inschr.* 252: [Δέξ]ο, Ϝάν[αξ] Κρονίδα, [Ζ]εῦ Ὀλύνπιε, καλὸν ἄ[γ]αλμα, ἱλέϜο[ι θυ]μôι [τ]οῖ(λ) Λακεδαιμονίο[ις].

Letters: ΓDⱻB(h)ƘΛM(or M)ΛΓPY

The War between Elis and Pisa and the Temple of Zeus at Olympia.

86. Paus. v. 10. 2: Ἐποιήθη δὲ ὁ ναὸς καὶ τὸ ἄγαλμα τῷ Διὶ ἀπὸ λαφύρων, ἡνίκα Πίσαν οἱ Ἠλεῖοι καὶ ὅσον τῶν περιοίκων ἄλλο συναπέστη Πισαίοις πολέμῳ καθεῖλον.

87. *Ibid.* 6. 4: Ἐπὶ δὲ τοῦ πολέμου τοῦ Πισαίων πρὸς Ἠλείους ἐπίκουροί τε Πισαίων οἱ Σκιλλούντιοι καὶ διάφοροι τοῖς Ἠλείοις ἦσαν ἐκ τοῦ φανεροῦ, καὶ σφᾶς οἱ Ἠλεῖοι τούτων ἕνεκα ἐποίησαν ἀναστάτους.

88. *Id.* vi. 22. 4: Πύρρου δὲ τοῦ Πανταλέοντος μετὰ Δαμοφῶντα τὸν ἀδελφὸν βασιλεύσαντος Πισαῖοι πόλεμον ἑκούσιον ἐπανείλοντο Ἠλείοις. συναπέστησαν δέ σφισιν ἀπὸ Ἠλείων Μακίστιοι καὶ Σκιλλούντιοι, οὗτοι μὲν ἐκ τῆς Τριφυλίας, τῶν δὲ ἄλλων περιοίκων Δυσπόντιοι. . . . Πισαίους μὲν δὴ καὶ ὅσοι τοῦ πολέμου Πισαίοις μετέσχον, ἐπέλαβεν ἀναστάτους ὑπὸ Ἠλείων γενέσθαι.

Hdt. iv. 148.

89. Strab. viii. 2. 30 (355): Χρόνοις δ' ὕστερον μεταπεσούσης πάλιν τῆς Πισάτιδος εἰς τοὺς Ἠλείους μετέπεσεν εἰς αὐτοὺς πάλιν καὶ ἡ ἀγωνοθεσία. συνέπραξαν δὲ καὶ οἱ Λακεδαιμόνιοι μετὰ τὴν ἐσχάτην κατάλυσιν τῶν Μεσσηνίων συμμαχήσασιν αὐτοῖς τἀναντία τῶν Νέστορος ἀπογόνων καὶ τῶν Ἀρκάδων συμπολεμησάντων τοῖς Μεσσηνίοις· καὶ ἐπὶ τοσοῦτόν γε συνέπραξαν ὥστε τὴν χώραν ἅπασαν τὴν μέχρι Μεσσήνης Ἠλείαν ῥηθῆναι καὶ διαμεῖναι μέχρι νῦν, Πισατῶν δὲ καὶ Τριφυλίων καὶ Καυκώνων μηδ' ὄνομα λειφθῆναι. καὶ αὐτὸν δὲ τὸν Πύλον τὸν ἠμαθόεντα εἰς τὸ Λέπρειον συνῴκισαν, χαριζόμενοι τοῖς Λεπρεάταις κρατήσασι πολέμῳ, καὶ ἄλλας πολλὰς τῶν κατοικιῶν κατέσπασαν, ὅσας γ' ἑώρων αὐτοπραγεῖν ἐθελούσας, καὶ φόρους ἐπράξαντο.

The Shield dedicated by the Lakedaimonians.

See above **III. 100, 101.**

The Architect: Libon.

90. Paus. v. 10. 3: Τέκτων δὲ ἐγένετο αὐτοῦ Λίβων ἐπιχώριος.

The Artists Employed on the Temple.

Pheidias.

91. Paus. v. 10. 2: Φειδίαν δὲ τὸν ἐργασάμενον τὸ ἄγαλμα εἶναι καὶ ἐπίγραμμά ἐστιν ἐς μαρτυρίαν ὑπὸ τοῦ Διὸς γεγραμμένον τοῖς ποσί· Φειδίας Χαρμίδου υἱὸς Ἀθηναῖος μ' ἐποίησε. Cf. *ibid.* 11. 1–10; 15. 1.

92. Strab. viii. 2. 30 (353): Μέγιστον δὲ τούτων ὑπῆρξε τὸ τοῦ Διὸς ξόανον, ὃ ἐποίει Φειδίας Χαρμίδου Ἀθηναῖος ἐλεφάντινον κ.τ.λ.

Kolotes.

93. Plin. *N. H.* xxxv. 8. 54: Cum . . . praeterea in confesso sit LXXX tertia fuisse (pictorem) fratrem eius (Phidiae) Panaenum, qui clipeum intus pinxit Elide Minervae quam fecerat Colotes discipulus Phidiae et ei in faciendo Iove Olympio adiutor.

94. *Ibid.* xxxiv. 8. 87: Colotes, qui cum Phidia Iovem Olympium fecerat, philosophos (fecit).

Paionios and Alkamenes.

95. Paus. v. 10. 8: Τὰ μὲν δὴ ἔμπροσθεν ἐν τοῖς ἀετοῖς ἐστὶ Παιωνίου, γένος ἐκ Μένδης τῆς Θρᾳκίας, τὰ δὲ ὄπισθεν αὐτῶν Ἀλκαμένους ἀνδρὸς ἡλικίαν τε κατὰ Φειδίαν καὶ δευτερεῖα ἐνεγκαμένου σοφίας ἐς ποίησιν ἀγαλμάτων.

Panainos.

96. Paus. v. 11. 5: Τούτων τῶν ἐρυμάτων ὅσον μὲν οὖν ἀπαντικρὺ τῶν θυρῶν ἐστιν, ἀλήλιπται κυανῷ μόνον, τὰ δὲ λοιπὰ αὐτῶν παρέχεται Παναίνου γραφάς. . . . (6) Πάναινος μὲν δὴ οὗτος ἀδελφός τε ἦν Φειδίου, καὶ αὐτοῦ καὶ Ἀθήνησιν ἐν Ποικίλῃ τὸ Μαραθῶνι ἔργον ἔστι γεγραμμένον.

97. Strab. viii. 2. 30 (354): Πολλὰ δὲ συνέπραξε τῷ Φειδίᾳ Πάναινος ὁ ζωγράφος, ἀδελφιδοῦς ὢν αὐτοῦ καὶ συνεργολάβος, πρὸς τὴν τοῦ ξοάνου διὰ τῶν χρωμάτων κόσμησιν καὶ μάλιστα τῆς ἐσθῆτος. δείκνυνται δὲ καὶ γραφαὶ πολλαί τε καὶ θαυμασταὶ περὶ τὸ ἱερὸν ἐκείνου ἔργα.

CHAPTER VIII.

THE WESTERN GREEKS.

Chronology.

1. Hdt. vii. 154, 155.

2. Arist. *Pol.* viii. (v.) ix. (12.) 23. 1315 b 34: Τῶν δὲ λοιπῶν (τυραννίδων χρονιωτάτη) ἡ ⟨τῶν⟩ περὶ Ἱέρωνα καὶ Γέλωνα περὶ Συρακούσας. ἔτη δ' οὐδ' αὕτη πολλὰ διέμεινεν, ἀλλὰ τὰ σύμπαντα δυεῖν δέοντα εἴκοσι· Γέλων μὲν γὰρ ἑπτὰ τυραννεύσας τῷ ὀγδόῳ τὸν βίον ἐτελεύτησεν, δέκα δ' Ἱέρων, Θρασύβουλος δὲ τῷ ἑνδεκάτῳ μηνὶ ἐξέπεσεν.

Diod. xi. 38. See below **32.**

Ibid. 66. See below **140.**

3. Marm. Par. 53 (69): Ἀφ' οὗ [Γέ]λων ὁ Δεινομένους [Συρακουσῶν] ἐτυράννευσεν, ἔτη ΗΗΔΓ, ἄρχοντος Ἀθήνησι Τιμοσθέν[ους].

4. Paus. viii. 42. 8: Ἐπεὶ δὲ ἐτελεύτησε Γέλων, ἐς Ἱέρωνα ἀδελφὸν Γέλωνος περιῆλθεν ἡ ἀρχή. Ἱέρωνος δὲ ἀποθανόντος πρότερον πρὶν ἢ τῷ Ὀλυμπίῳ Διὶ ἀναθεῖναι τὰ ἀναθήματα ἃ εὔξατο ἐπὶ τῶν ἵππων ταῖς νίκαις, οὕτω Δεινομένης ὁ Ἱέρωνος ἀπέδωκεν ὑπὲρ τοῦ πατρός.

5. *Id.* vi. 12. 1: Ὑπομνήματα δὲ ἐπὶ νίκαις Ὀλυμπικαῖς ἐστὶν Ἱέρωνος τοῦ Δεινομένους τυραννήσαντος Συρακουσίων μετὰ τὸν ἀδελφὸν Γέλωνα. τὰ δὲ ἀναθήματα οὐχ Ἱέρων ἀπέστειλεν, ἀλλ' ὁ μὲν ἀποδοὺς τῷ θεῷ Δεινομένης ἐστὶν ὁ Ἱέρωνος.

6. Schol. Pind. *Ol.* i. *inscr.* See below **141.**

Gelon still a Geloan in 488/7 B.C.

7. Paus. vi. 9. 4: Τὰ δὲ ἐς τὸ ἅρμα τὸ Γέλωνος οὐ κατὰ ταὐτὰ δοξάζειν ἐμοί τε παρίστατο καὶ τοῖς πρότερον ἢ ἐγὼ τὰ ἐς αὐτὸ εἰρηκόσιν, οἳ Γέλωνος τοῦ ἐν Σικελίᾳ τυραννήσαντός φασιν ἀνάθημα εἶναι τὸ ἅρμα. ἐπίγραμμα μὲν δή ἐστιν αὐτῷ Γέλωνα Δεινομένους ἀναθεῖναι Γελῷον· καὶ ὁ χρόνος τούτῳ τῷ Γέλωνί ἐστι τῆς νίκης τρίτη πρὸς τὰς ἑβδομήκοντα ὀλυμπιάδας. Γέλων δὲ ὁ Σικελίας τυραννήσας Συρακούσας ἔσχεν Ὑβριλίδου μὲν Ἀθήνῃσιν ἄρχοντος, δευτέρῳ δὲ ἔτει τῆς δευτέρας καὶ ἑβδομηκοστῆς ὀλυμπιάδος, ἣν Τισικράτης ἐνίκα Κροτωνιάτης στάδιον. δῆλα οὖν ὡς Συρακούσιον ἤδη καὶ οὐ Γελῷον ἀναγορεύειν αὑτὸν ἔμελλεν.

Death of Thrasyboulos in 466/5 B.C.

Diod. xi. 68. See below **144.**

The Capture of Kamarina.

8. Hdt. viii. 156.

9. Schol. Pind. *Ol.* v. 19: Τὰν νέοικον ἕδραν. νέοικον εἶπεν ἕδραν τὴν Καμαρίναν ὁ Πίνδαρος. σαφηνίζεται Τίμαιος ἐν τῇ δεκάτῃ. εἰσὶ δὲ οὗτοι οἱ Καμαριναῖοι, οἳ ὑπὸ τοῦ Γέλωνος τυράννου ἀνῃρέθησαν, εἶτα ὑπὸ Γέλωνος συνῳκίσθησαν ἐπὶ τῆς . . . ὀλυμπιάδος. ἡ δὲ ἅλωσις ἐγένετο κατὰ τὴν Δαρείου τοῦ Πέρσου διάβασιν. [Pro altero Γέλωνος l. Γελώων. Boeckh]. § Ἱπποκράτης ὑπὸ τοῦ τῶν Γελώων τυράννου ἀνῃρέθη, εἶτα ὑπὸ Γέλωνος [Γελώων Wesseling.] συνῳκίσθη ἡ Καμαρίνα κατὰ τὴν μβʹ ὀλυμπιάδα, ὥς φησι Τίμαιος· . . . ἡ δὲ ἅλωσις αὐτῆς ἐγένετο κατὰ τὴν Δαρείου τοῦ Ὑστάσπου στρατείαν. Φίλιστος δὲ ἐν τῇ τρίτῃ φησίν, ὅτι Γέλων Καμαρίναν κατέστρεψεν, Ἱπποκράτης δὲ πολεμήσας Συρακουσίοις καὶ πολλοὺς αἰχμαλώτους λαβὼν ὑπὲρ τοῦ τούτους ἀποδοῦναι ἔλαβε τὴν Καμαρίναν καὶ συνῴκισεν αὐτήν. ὁ γοῦν Πίνδαρος οἶδε συνῳκισμένην τὴν Καμαρίναν. Vet.

Νέοικον ἕδραν λέγει τὴν Καμαρίναν, ἐπειδὴ ἐν τῇ τεσσαρακοστῇ πέμπτῃ ὀλυμπιάδι καταρχὰς κτισθεῖσα ἐν τῇ πεντηκοστῇ ἑβδόμῃ ὑπὸ Συρακουσίων ἐπικρατησάντων τοὺς αὐτὴν ἔχοντας κατέστραπτο· εἶτα ἐν τῇ ὀγδοηκοστῇ δευτέρᾳ ὀλυμπιάδι μεταξὺ τοῦ χρόνου, καθ' ὃν Ψαῦμι ἐνίκησεν, ἀνεκτίσθη. Rec.

Sicily after the Defeat of Karthage in 480 B.C.

The Karthaginians sue for peace.

10. Diod. xi. 24. 4: Οἱ δὲ Καρχηδόνιοι φοβούμενοι μὴ φθάσῃ διαβὰς εἰς Λιβύην Γέλων, εὐθὺς ἐξέπεμψαν πρὸς αὐτὸν πρεσβευτὰς αὐτοκράτορας τοὺς δυνατωτάτους εἰπεῖν τε καὶ βουλεύσασθαι. . . .

(26. 1) ὁ δὲ πᾶσιν ἐπιεικῶς χρησάμενος συμμαχίαν συνετίθετο, καὶ τὴν εὐτυχίαν ἀνθρωπίνως ἔφερεν οὐκ ἐπὶ τούτων μόνον, ἀλλὰ καὶ ἐπὶ τῶν πολεμιωτάτων Καρχηδονίων. (2) παραγενομένων γὰρ πρὸς αὐτὸν ἐκ τῆς Καρχηδόνος τῶν ἀπεσταλμένων πρέσβεων καὶ μετὰ δακρύων δεομένων ἀνθρωπίνως αὐτοῖς χρήσασθαι, συνεχώρησε τὴν εἰρήνην, ἐπράξατο δὲ παρ' αὐτῶν τὰς εἰς τὸν πόλεμον γεγενημένας δαπάνας, ἀργυρίου δισχίλια τάλαντα, καὶ δύο ναοὺς προσέταξεν οἰκοδομῆσαι, καθ' οὓς ἔδει τὰς συνθήκας ἀνατεθῆναι. (3) οἱ δὲ Καρχηδόνιοι παραδόξως τῆς σωτηρίας τετευχότες ταῦτά τε δώσειν προσεδέξαντο καὶ στέφανον χρυσοῦν τῇ γυναικὶ τοῦ Γέλωνος Δαμαρέτῃ προσωμολόγησαν. αὕτη γὰρ ὑπ' αὐτῶν ἀξιωθεῖσα συνήργησε πλεῖστον εἰς τὴν σύνθεσιν τῆς εἰρήνης, καὶ στεφανωθεῖσα ὑπ' αὐτῶν ἑκατὸν ταλάντοις χρυσίου, νόμισμα ἐξέκοψε τὸ κληθὲν ἀπ' ἐκείνης Δαμαρέτειον· τοῦτο δ' εἶχε μὲν Ἀττικὰς δραχμὰς δέκα, ἐκλήθη δὲ παρὰ τοῖς Σικελιώταις ἀπὸ τοῦ σταθμοῦ πεντηκοντάλιτρον.

11. Schol. Pind. *Ol.* ii. *inscr.*: Ἐκήδευσε δὲ (Θήρων) Γέλωνι τῷ τυράννῳ δοὺς αὐτῷ τὴν θυγατέρα Δημαρέτην, ἀφ' ἧς καὶ τὸ Δημαρέτειον προσωνομάσθη νόμισμα. Cf. Sch. 29 (below **35**).

The Damareteia.

12. *Obv.* Quadriga to right, horses walking, crowned by Nike. In exergue, lion.

Rev. ΣΥΡΑΚΟΣΙΟΝ· Female head to right, laureate, surrounded by dolphins. The whole in incuse circle.

Ꭱ dekadrachm or pentekontalitron. 44·426 grammes.

Head, *Coins of the Ancients*, ii. C 33 (Pl. 17).

See A. J. Evans in *Numism. Chron.* 1894, pp. 189 ff. Pl. vi.

Human Sacrifices of the Karthaginians.

13. Schol. Pind. *Pyth.* ii. 3: Τὸ γοῦν ἀνθρωποθυτεῖν φησιν ὁ Θεόφραστος ἐν τῷ περὶ Τυρσηνῶν παύσασθαι αὐτοὺς Γέλωνος προστάξαντος. ὅτι δὲ καὶ ἐκέλευσεν αὐτοὺς χρήματα εἰσφέρειν, Τίμαιος διὰ τῆς τεσσαρεσκαιδεκάτης ἀναγέγραφεν.

14. Plut. *de sera num. vind.* 6 (*Eth.* 552 A): Γέλων δὲ καὶ προπολεμήσας ἄριστα καὶ κρατήσας μάχῃ μεγάλῃ Καρχηδονίων, οὐ πρότερον εἰρήνην ἐποιήσατο πρὸς αὐτοὺς δεομένους, ἢ καὶ τοῦτο ταῖς συνθήκαις περιλαβεῖν, ὅτι παύσονται τὰ τέκνα τῷ Κρόνῳ καταθύοντες.

15. [Plut.] *Apophth. reg.* Gelon 1 (*Eth.* 175 A): Γέλων ὁ τύραννος, ὅτε Καρχηδονίους πρὸς Ἱμέρᾳ κατεπολέμησεν, εἰρήνην ποιούμενος πρὸς αὐτοὺς ἠνάγκασεν ἐγγράψαι ταῖς ὁμολογίαις ὅτι "καὶ τὰ τέκνα παύσονται τῷ Κρόνῳ καταθύοντες."

Human Sacrifices in use at Karthage later.

16. Diod. xx. 14.

Subsequent relations with Karthage: fear of an invasion.

17. Pind. *Nem.* ix. 28 (67):

Εἰ δυνατόν, Κρονίων, πεῖραν μὲν ἀγάνορα Φοινικοστόλων
ἐγχέων ταύταν θανάτου πέρι καὶ ζωᾶς ἀναβάλλομαι ὡς πόρ-
σιστα, μοῖραν δ' εὔνομον
αἰτέω σε παισὶν δαρὸν Αἰτναίων ὀπάζειν, κ.τ.λ.

18. Schol. *ad loc.*: Φοινικοστόλων ἐγχέων] μεθ' ὧν οἱ Φοίνικες ἐστάλησαν δοράτων, ἤτοι ὑπὸ Φοινίκων ἐσταλμένων, ἐπειδὴ Φοίνικες ᾤκησαν τὴν Λιβύην μετὰ Καρχηδονίων, οἵτινες ἀνιόντες ἐπολέμουν Σικελούς. διὸ νῦν εὔχεται ὁ Πίνδαρος τῷ Διΐ, ὥστε ἐμποδισθῆναι αὐτῶν τὴν ὁρμήν. κ.τ.λ.

Gelon and his Greek rivals.

19. Diod. xi. 25. 5: Γέλων δὲ τοὺς συμμάχους ἀπολύσας τοὺς πολίτας ἀπήγαγεν εἰς τὰς Συρακούσας, καὶ διὰ τὸ μέγεθος τῆς εὐημερίας ἀποδοχῆς ἐτύγχανεν οὐ μόνον παρὰ τοῖς πολίταις, ἀλλὰ καὶ καθ' ὅλην τὴν Σικελίαν· ἐπήγετο γὰρ αἰχμαλώτων τοσοῦτο πλῆθος, ὥστε δοκεῖν ὑπὸ τῆς νήσου γεγονέναι τὴν Λιβύην ὅλην αἰχμάλωτον. (26) εὐθὺς δὲ καὶ τῶν πρότερον ἐναντιουμένων πόλεών τε καὶ δυναστῶν παρεγένοντο πρὸς αὐτὸν πρέσβεις, ἐπὶ μὲν τοῖς ἠγνοημένοις αἰτούμενοι συγγνώμην, εἰς δὲ τὸ λοιπὸν ἐπαγγελλόμενοι πᾶν ποιήσειν τὸ προσταττόμενον. ὁ δὲ πᾶσιν ἐπιεικῶς χρησάμενος συμμαχίαν συνετίθετο, καὶ τὴν εὐτυχίαν ἀνθρωπίνως ἔφερεν.

Ibid. 66. See below **132**.

Hieron marries the daughter of Anaxilaos.

20. Schol. Pind. *Pyth.* i. 112: Δεινομένης δὲ υἱὸς Ἱέρωνος ἐκ τῆς Νικοκλέους τοῦ Συρακουσίου θυγατρὸς κατὰ Φίλιστον καὶ Τίμαιον· ἐκ γὰρ τῆς Ἀναξιλάου θυγατρὸς καὶ τῆς Θήρωνος ἀνεψιᾶς οὐκ ἐπαιδοποίησεν ὁ Ἱέρων προγήμας ταύτην· ὅθεν ἐστὶ καὶ ὁ παῖς ὁμώνυμος τῷ πάππῳ· Δεινομένης γὰρ ὁ πατὴρ Ἱέρωνος.

Gelon's Rewards and Dedications.

21. Diod. xi. 25: Ὁ δὲ Γέλων μετὰ τὴν νίκην τούς τε ἱππεῖς τοὺς ἀνελόντας τὸν Ἀμίλκαν δωρεαῖς ἐτίμησε καὶ τῶν ἄλλων τοὺς ἠνδραγαθηκότας ἀριστείοις ἐκόσμησε. τῶν δὲ λαφύρων τὰ καλλιστεύοντα παρεφύλαξε, βουλόμενος τοὺς ἐν ταῖς Συρακούσαις νεὼς κοσμῆσαι τοῖς σκύλοις· τῶν δ' ἄλλων πολλὰ μὲν ἐν Ἱμέρᾳ προσήλωσε τοῖς ἐπιφανεστάτοις τῶν ἱερῶν, τὰ δὲ λοιπὰ μετὰ τῶν αἰχμαλώτων διεμέρισε τοῖς συμμάχοις, κατὰ τὸν ἀριθμὸν τῶν συστρατευσάντων τὴν ἀναλογίαν ποιησάμενος. (2) αἱ δὲ πόλεις εἰς πέδας κατέστησαν τοὺς διαιρεθέντας αἰχμαλώτους, καὶ τὰ δημόσια τῶν ἔργων διὰ τούτων ἐπεσκεύαζον. . . . (26. 7) ἀπὸ δὲ τούτων γενόμενος ὁ Γέλων ἐκ μὲν τῶν λαφύρων κατεσκεύασε ναοὺς ἀξιολόγους Δήμητρος καὶ Κόρης, χρυσοῦν δὲ τρίποδα ποιήσας ἀπὸ ταλάντων ἑκκαίδεκα ἀνέθηκεν εἰς τὸ τέμενος τὸ ἐν Δελφοῖς Ἀπόλλωνι χαριστήριον. ἐπεβάλετο δὲ ὕστερον καὶ κατὰ τὴν Αἴτνην κατασκευάζειν νεὼν Δήμητρος * ἐνδεοῦς δὲ οὔσης τοῦτον μὲν οὐ συνετέλεσε, μεσολαβηθεὶς τὸν βίον ὑπὸ τῆς πεπρωμένης.

22. Paus. vi. 19. 7: Ἐφεξῆς δὲ τῷ Σικυωνίων ἐστὶν ὁ Καρχηδονίων θησαυρός, Ποθαίου τέχνη καὶ Ἀντιφίλου τε καὶ Μεγακλέους. ἀναθήματα δὲ ἐν αὐτῷ Ζεὺς μεγέθει μέγας καὶ θώρακες λινοῖ τρεῖς ἀριθμόν, Γέλωνος δὲ ἀνάθημα καὶ Συρακοσίων Φοίνικας ἤτοι τριήρεσιν ἢ καὶ πεζῇ μάχῃ κρατησάντων.

23. Athen. vi. 231 F: Ἱστοροῦσι γὰρ οὗτοι (Φαινίας τε ὁ Ἐρέσιος (*fr.* 12 *F. H. G.* ii. 297) καὶ Θεόπομπος (*fr.* 219 *F. H. G.* i. 314)) κοσμηθῆναι τὸ Πυθικὸν ἱερὸν ὑπό τε τοῦ Γύγου καὶ τοῦ μετὰ τοῦτον Κροίσου, μεθ' οὓς ὑπό τε Γέλωνος καὶ Ἱέρωνος τῶν Σικελιωτῶν, τοῦ μὲν τρίποδα καὶ Νίκην χρυσοῦ πεποιημένα ἀναθέντος καθ' οὓς χρόνους Ξέρξης ἐπεστράτευε τῇ Ἑλλάδι, τοῦ δ' Ἱέρωνος τὰ ὅμοια.

24. Schol. Pind. *Pyth.* i. 155: Φασὶ δὲ τὸν Γέλωνα τοὺς ἀδελφοὺς φιλοφρονούμενον ἀναθεῖναι τῷ θεῷ χρυσοῦς τρίποδας ἐπιγράψαντα ταῦτα:

Φημὶ Γέλων', Ἱέρωνα, Πολύζηλον, Θρασύβουλον,
  παῖδας Δεινομένευς, τοὺς τρίποδας θέμεναι,
⟨ἐξ ἑκατὸν λιτρῶν καὶ πεντήκοντα ταλάντων
  Δαμαρέτου χρυσοῦ, τᾶς δεκάτας δεκάταν,⟩
βάρβαρα νικήσαντας ἔθνη, πολλὴν δὲ παρασχεῖν
  σύμμαχον Ἕλλησιν χεῖρ' ἐς ἐλευθερίην.

25. Suidas, Δαρετίου:

Τὸν τρίποδ' ἀνθέμεναι,
ἐξ ἑκατὸν λιτρῶν καὶ πεντήκοντα ταλάντων
Δαρετίου χρυσοῦ, τᾶς δεκάτας δεκάταν.

26. Anthol. Pal. vi. 214:

Τοῦ αὐτοῦ (sc. Σιμωνίδου).
Φημὶ Γέλων', Ἱέρωνα, Πολύζηλον, Θρασύβουλον,
παῖδας Δεινομένευς, τὸν τρίποδ' ἀνθέμεναι,
ἐξ ἑκατὸν λιτρῶν καὶ πεντήκοντα ταλάντων
Δαμαρετίου χρυσοῦ, τᾶς δεκάτας δεκάταν.

v. 4. Δαρετίου cod. Δαρείου Wessel. Δαμαρετίου Bentl. See Th. Reinach in *Rev. Num.* 1895, p. 492.

Gelon's position recognized in Syrakuse.

27. Diod. xi. 26. 4: Ὁ δὲ Γέλων ἐχρῆτο πᾶσιν ἐπιεικῶς, μάλιστα μὲν εἰς τὸν ἴδιον τρόπον, οὐχ ἥκιστα δὲ καὶ σπεύδων ἅπαντας ἔχειν ταῖς εὐνοίαις ἰδίους· παρεσκευάζετο γὰρ πολλῇ δυνάμει πλεῖν ἐπὶ τὴν Ἑλλάδα καὶ συμμαχεῖν τοῖς Ἕλλησι κατὰ τῶν Περσῶν. (5) ἤδη δ' αὐτοῦ μέλλοντος ποιεῖσθαι τὴν ἀναγωγήν, κατέπλευσάν τινες ἐκ Κορίνθου διασαφοῦντες νενικηκέναι τῇ ναυμαχίᾳ τοὺς Ἕλληνας περὶ Σαλαμῖνα, καὶ τὸν Ξέρξην μετὰ μέρους τῆς δυνάμεως ἐκ τῆς Εὐρώπης ἀπηλλάχθαι. διὸ καὶ τῆς ὁρμῆς ἐπισχών, τὴν προθυμίαν τῶν στρατιωτῶν ἀποδεξάμενος, συνήγαγεν ἐκκλησίαν, προστάξας ἅπαντας ἀπαντᾶν μετὰ τῶν ὅπλων· αὐτὸς δὲ οὐ μόνον τῶν ὅπλων γυμνὸς εἰς τὴν ἐκκλησίαν ἦλθεν, ἀλλὰ καὶ ἀχίτων ἐν ἱματίῳ προσελθὼν ἀπελογίσατο μὲν περὶ παντὸς τοῦ βίου καὶ τῶν πεπραγμένων αὐτῷ πρὸς τοὺς Συρακουσίους· (6) ἐφ' ἑκάστῳ δὲ τῶν λεγομένων ἐπισημαινομένων τῶν ὄχλων, καὶ θαυμαζόντων μάλιστα ὅτι γυμνὸν ἑαυτὸν παρεδεδώκει τοῖς βουλομένοις αὐτὸν ἀνελεῖν, τοσοῦτον ἀπεῖχε τοῦ [μὴ] τυχεῖν τιμωρίας ὡς τύραννος, ὥστε μιᾷ φωνῇ πάντας ἀποκαλεῖν εὐεργέτην καὶ σωτῆρα καὶ βασιλέα.

28. Ael. *V. H.* vi. 11: Γέλων ἐν Ἱμέρᾳ νικήσας Καρχηδονίους, πᾶσαν ὑφ' ἑαυτὸν τὴν Σικελίαν ἐποιήσατο. εἶτα ἐλθὼν εἰς τὴν ἀγορὰν γυμνός, ἔφατο ἀποδιδόναι τοῖς πολίταις τὴν ἀρχήν· οἱ δὲ οὐκ ἤθελον, δηλονότι πεπειραμένοι αὐτοῦ δημοτικωτέρου ἢ κατὰ τὴν τῶν μονάρχων ἐξουσίαν. διὰ ταῦτά τοι καὶ ἐν τῷ τῆς Σικελίας Ἥρας νεῷ ἕστηκεν αὐτοῦ εἰκών, γυμνὸν αὐτὸν δεικνῦσα, καὶ ὡμολόγει τὴν πρᾶξιν τοῦ Γέλωνος τὸ γράμμα.

29. *Ibid.* xiii. 37 : Γέλων, ὁ τῶν Συρακοσίων τύραννος, τὴν τῆς ἀρχῆς κατάστασιν πρᾳότατα εἶχε. στασιώδεις δέ τινες ἐπεβούλευον αὐτῷ· ἃ πυθόμενος ὁ Γέλων, εἰς ἐκκλησίαν συγκαλέσας τοὺς Συρακοσίους, εἰσῆλθεν ὡπλισμένος [ὁ Γέλων], καὶ διεξελθὼν ὅσα ἀγαθὰ αὐτοῖς εἰργάσατο, καὶ τὴν ἐπιβουλὴν ἐξεκάλυψε, καὶ ἀπεδύσατο τὴν πανοπλίαν, εἰπὼν πρὸς πάντας· Ἰδοῦ τοίνυν ὑμῖν ἐν χιτωνίσκῳ γυμνὸς τῶν ὅπλων παρέστηκα, καὶ δίδωμι χρῆσθαι ὅ τι βούλεσθε. καὶ ἐθαύμασαν αὐτοῦ τὴν γνώμην οἱ Συρακόσιοι· οἱ δὲ καὶ τοὺς ἐπιβουλεύοντας παρέδοσαν αὐτῷ κολάσαι καὶ τὴν ἀρχὴν ἔδωκαν. ὁ δὲ καὶ τούτους εἴασε τῷ δήμῳ τιμωρήσασθαι. καὶ εἰκόνα αὐτοῦ οἱ Συρακόσιοι ἔστησαν ἐν ἀζώστῳ χιτῶνι· καὶ ἦν τοῦτο τῆς δημαγωγίας αὐτοῦ ὑπόμνημα καὶ τοῖς εἰς τὸν μετὰ ταῦτα αἰῶνα μέλλουσιν ἄρχειν δίδαγμα.

30. Diod. xi. 67. 2 : Γέλων ὁ Δεινομένους ἀρετῇ καὶ στρατηγίᾳ πολὺ τοὺς ἄλλους διενέγκας καὶ Καρχηδονίους καταστρατηγήσας ἐνίκησε παρατάξει μεγάλῃ τοὺς βαρβάρους, καθότι προείρηται· χρησάμενος δὲ ἐπιεικῶς τοῖς καταπολεμηθεῖσι καὶ καθόλου τοῖς πλησιοχώροις πᾶσι προσενεχθεὶς φιλανθρώπως, μεγάλης ἔτυχεν ἀποδοχῆς παρὰ τοῖς Σικελιώταις. (3) οὗτος μὲν οὖν ὑπὸ πάντων ἀγαπώμενος διὰ τὴν πρᾳότητα, διετέλεσε τὸν βίον εἰρηνικῶς μέχρι τῆς τελευτῆς.

31. Plut. *Timol.* 23 : Ἤδη δὲ καὶ τῶν ἐξ Ἰταλίας καὶ Σικελίας πολλοὶ τῷ Τιμολέοντι συνεληλύθεισαν· καὶ γενομένοις αὐτοῖς ἑξακισμυρίοις τὸ πλῆθος, ὡς Ἄθανις εἴρηκε, τὴν μὲν χώραν διένειμε . . . χρημάτων εὐπορίαν τῷ δήμῳ μηχανώμενος οὕτως πενομένῳ καὶ πρὸς τἆλλα καὶ πρὸς τὸν πόλεμον, ὥστε καὶ τοὺς ἀνδριάντας ἀποδόσθαι, ψήφου διαφερομένης ὑπὲρ ἑκάστου καὶ γινομένης κατηγορίας, ὥσπερ ἀνθρώπων εὐθύνας διδόντων· ὅτε δή φασι τὸν Γέλωνος ἀνδριάντα τοῦ παλαιοῦ τυράννου διατηρῆσαι τοὺς Συρακοσίους, καταχειροτονουμένων τῶν ἄλλων, ἀγαμένους καὶ τιμῶντας τὸν ἄνδρα τῆς νίκης, ἣν πρὸς Ἱμέρᾳ Καρχηδονίους ἐνίκησεν.

Death of Gelon.

32. Diod. xi. 38 : Ἐπ' ἄρχοντος δ' Ἀθήνησι Τιμοσθένους . . . κατὰ τὴν Σικελίαν πολλή τις εἰρήνη κατεῖχε τὴν νῆσον, τῶν μὲν Καρχηδονίων εἰς τέλος τεταπεινωμένων, τοῦ δὲ Γέλωνος ἐπιεικῶς προεστηκότος τῶν Σικελιωτῶν καὶ πολλὴν εὐνομίαν τε καὶ πάντων τῶν ἐπιτηδείων εὐπορίαν παρεχομένου ταῖς πόλεσι. (2) τῶν δὲ Συρακοσίων τὰς μὲν πολυτελεῖς ἐκφορὰς νόμῳ καταλελυκότων καὶ τὰς εἰωθυίας δαπάνας εἰς τοὺς τελευτῶντας γίνεσθαι περιῃρηκότων, ἐγγεγραμμένων δὲ ἐν τῷ νόμῳ καὶ τῶν παντελῶς ἐνταφίων ἠμεληκότων, ὁ βασιλεὺς Γέλων βουλόμενος τὴν τοῦ δήμου σπουδὴν ἐν ἅπασι διαφυλάττειν, τὸν περὶ τῆς ταφῆς νόμον ἐφ' ἑαυτοῦ βέβαιον ἐτήρησεν· (3) ὑπὸ γὰρ ἀρρωστίας συνεχόμενος καὶ τὸ ζῆν ἀπελπίσας, τὴν μὲν βασιλείαν παρέδωκεν Ἱέρωνι τῷ πρεσβυτάτῳ τῶν ἀδελφῶν, περὶ δὲ τῆς ἑαυτοῦ ταφῆς ἐνετείλατο διαστελλόμενος ἀκριβῶς τηρῆσαι τὸ νόμιμον. διὸ καὶ τελευτήσαντος αὐτοῦ τὴν ἐκφορὰν κατὰ τὴν ἐπαγγελίαν αὐτοῦ συνετέλεσεν ὁ διαδεξάμενος τὴν βασιλείαν. (4) ἐτάφη δ' αὐτοῦ τὸ σῶμα κατὰ τὸν ἀγρὸν τῆς γυναικὸς ἐν ταῖς καλουμέναις Ἐννέα τύρσεσιν, οὔσαις τῷ βάρει τῶν ἔργων θαυμασταῖς. ὁ δὲ ὄχλος ἐκ τῆς πόλεως ἅπας συνηκολούθησεν, ἀπέχοντος τοῦ τόπου σταδίους διακοσίους. (5) ἐνταῦθα δ' αὐτοῦ ταφέντος, ὁ μὲν δῆμος τάφον ἀξιόλογον ἐπιστήσας ἡρωικαῖς τιμαῖς ἐτίμησε τὸν Γέλωνα, ὕστερον δὲ τὸ μὲν μνῆμα ἀνεῖλον Καρχηδόνιοι στρατεύσαντες ἐπὶ Συρακούσας, τὰς δὲ τύρσεις Ἀγαθοκλῆς κατέβαλε διὰ τὸν φθόνον. ἀλλ' ὅμως οὔτε Καρχηδόνιοι διὰ τὴν ἔχθραν οὔτε Ἀγαθοκλῆς διὰ τὴν ἰδίαν κακίαν οὔτε ἄλλος οὐδὲ εἷς ἠδυνήθη τοῦ Γέλωνος ἀφελέσθαι τὴν δόξαν. . . . (7) Γέλων μὲν οὖν ἑπταετῆ χρόνον ἐβασίλευσεν, Ἱέρων δ' ὁ ἀδελφὸς αὐτοῦ διαδεξάμενος τὴν ἀρχὴν ἐβασίλευσε τῶν Συρακοσίων ἔτη ἕνδεκα καὶ μῆνας ὀκτώ.

33. Schol. Pind. *Pyth.* i. 89: Καμάτων δ' ἐπίλασιν παράσχοι. καμάτων φησὶ τῶν συνεχόντων τὸν Ἱέρωνα ἐκ τοῦ νοσήματος τῆς λιθουρίας. φησὶ γάρ που καὶ Ἀριστοτέλης ἐν τῇ τῶν Γελώων πολιτείᾳ, Γέλωνα τὸν τοῦ Ἱέρωνος ἀδελφὸν ὑδέρῳ νοσήματι τὸν βίον τελευτῆσαι, αὐτὸν δὲ τὸν Ἱέρωνα, ἐν τῇ τῶν Συρακουσίων πολιτείᾳ, δυσουρίᾳ δυστυχῆσαι.

34. Plut. *Pyth. or.* 19 (*Eth.* 403 C): Ἴστε τοίνυν, ὅτι Γέλων μὲν ὑδρωπιῶν, Ἱέρων δὲ λιθιῶν ἐτυράννησεν.

Division of power between Hieron and Polyzelos.

35. Schol. Pind. *Ol.* ii. 29: Ὁ δὲ Δίδυμος τὸ ἀκριβέστερον τῆς ἱστορίας ἐκτίθεται μάρτυρα Τίμαιον τὸν συντάξαντα τὰ περὶ τῆς Σικελίας προφερόμενος. ἡ δὲ ἱστορία οὕτως ἔχει· Θήρων ὁ τῶν Ἀκραγαντίνων βασιλεὺς Γέλωνι τῷ Ἱέρωνος ἀδελφῷ ἐπικηδεύσας γάμῳ συνάπτει τὴν αὐτοῦ θυγατέρα Δημαρέτην, ἀφ' ἧς καὶ τὸ Δημαρέτειον νόμισμα ἐν Σικελίᾳ. τοῦ δὲ Γέλωνος τελευτᾶν τὸν βίον μέλλοντος Πολύζηλος ἀδελφὸς τὴν στρατηγίαν καὶ τὴν γαμετὴν τοῦ ἀδελφοῦ διαδέχεται κατὰ τὰς Γέλωνος τοῦ ἀδελφοῦ προστάξεις, ὥστε τὸ Θήρωνος εἰς Γέλωνα κῆδος εἰς τὸν Πολύζηλον μετατεθεῖσθαι.

36. *Ibid. Nem.* ix. 95: Ὡς δὲ καὶ ὁ Γέλων τῷ Χρομίῳ ἐχρῆτο ἑταίρῳ, δῆλον πάλιν ἐξ ὧν φησὶ Τίμαιος (*fr.* 84 *F. H. G.* i. 212) ἐν τῇ δευτέρᾳ γράφων οὕτως· Ἐπιτρόπους δὲ τοῦ παιδὸς μετ' ἐκεῖνον κατέστησεν Ἀριστόνουν καὶ Χρόμιον τοὺς κηδεστάς· τούτοις γὰρ ὁ Γέλων δέδωκε τὰς ἀδελφάς.

37. Eusebius (*Sync.* 483. 11): Ἱέρων Συρακουσίων ἐτυράννει καὶ ὅλης Σικελίας.

Hieron. *Ol.* 75. 4: Hieron Syracusis regnat. *Ol.* 76. 2: Hieron post Gelonem Syracusis tyrannidem exercet. Vers. Arm. *Ol.* 76. 4: Hieron in Syracusanos tyrannidem exercuit post Gelonem.

The Quarrel with Polyzelos and Alliance with Theron.

38. Schol. Pind. *Ol.* ii. 29: Τῶν δὲ πεπραγμένων] ὁ Θήρων θυγατέρα ἑαυτοῦ ἐξέδωκε πρὸς γάμον Πολυζήλῳ τῷ ἀδελφῷ Ἱέρωνος, ὃς πεμφθεὶς ὑπὸ Ἱέρωνος πολεμῆσαι τοῖς περιοίκοις Σικελιώταις βαρβάροις ἔπαυσε τὸν πόλεμον χωρὶς τῆς τοῦ Ἱέρωνος γνώμης, καὶ διὰ τοῦτο ἐν ὑφοράσει ἦν. Θρασυδαίου δὲ τοῦ Θήρωνος υἱοῦ πείσαντος τὸν Πολύζηλον ἐπιθέσθαι τῷ Ἱέρωνι, ὑπισχνουμένου αὐτοῦ τοῖς πράγμασι συναντιλήψεσθαι, γνοὺς ὁ Ἱέρων ἔκρινεν αἱρήσειν τὴν Ἀκράγαντα καὶ Θήρωνα καὶ Θρασυδαῖον. μελλόντων δὲ τῶν φίλων ἔπεμπε Σιμωνίδης ὁ λυρικὸς πρὸς αὐτὸν συμβουλεύων, ἐκταράξαι μᾶλλον βουλόμενος τῷ μηνύειν τὴν μέλλουσαν αὐτῷ προδοσίαν ἔσεσθαι καὶ τοὺς προδιδόντας. ὁ δὲ εὐλαβηθεὶς ἐξεχώρησε τῶν πραγμάτων τῷ Ἱέρωνι, ὕστερον δὲ ἀπέλαβεν ἀπ' αὐτοῦ τὴν τυραννίδα, καὶ διελύθησαν τῆς ἔχθρας, ὡς καὶ κηδείαν τινὰ πρὸς ἀλλήλους ποιήσασθαι, Ἱέρωνος λαβόντος τὴν Θήρωνος ἀδελφὴν γυναῖκα· ὅθεν ὁ Πίνδαρος παραπέμπεσθαι παραινεῖ τὰ προγεγενημένα. §. Ἄλλως. ζητεῖται δι' ἣν αἰτίαν εὐξάμενος τῷ Θήρωνι τὰ κάλλιστα κατάπαυσιν τῶν πραχθέντων δεινῶν αἰτεῖται τὸν Δία. καὶ ὁ μὲν Ἀρίσταρχός φησι, διὰ τὸ κεκμηκέναι τοὺς τοῦ Θήρωνος πατέρας κατὰ τὴν Ῥόδον, τῶν πραγμάτων στασιαζομένων, καὶ οὕτω τὴν εἰς τὴν Σικελίαν μετοικεσίαν στειλαμένων· ὁ δὲ Δίδυμος . . . (see above 35) . . . λαμπρῷ δὲ αὐτῷ (τῷ Πολυζήλῳ) καὶ περιβλέπτῳ τυγχάνοντι κατὰ τὴν Σικελίαν Ἱέρων φθονήσας ὁ ἀδελφὸς καὶ πρόφασιν σκηψάμενος τὸν πρὸς Συβαρίτας πόλεμον ἀπελαύνει τῆς πατρίδος. ἀλλὰ καὶ τοῦτον κατώρθωσε τὸν πόλεμον ὁ Πολύζηλος. ὁ δὲ μὴ φέρων γυμνότερον αὐτοῦ

κατηγορεῖν ἐπειρᾶτο νεωτερισμοῦ· καὶ οὕτω τὸν Θήρωνα ὑπεραγανακτήσαντα θυγατρὸς ἅμα καὶ γαμβροῦ συρρῆξαι πρὸς Ἱέρωνα πόλεμον παρὰ Γέλλᾳ τῷ Σικελιωτικῷ ποταμῷ, οὗ Καλλίμαχος μέμνηται· Οἱ δὲ Γέλᾳ ποταμῷ ἐπικείμενον ἄστυ (*fr.* 361 Schneider). μή γε μὴν εἰς βλάβην μηδὲ εἰς τέλος προχωρῆσαι τὸν πόλεμον. φασὶ γὰρ τότε Σιμωνίδην τὸν λυρικὸν περιτυχόντα διαλῦσαι τοῖς βασιλεῦσι τὴν ἔχθραν. . . . §. Δεινομένους παῖδες δ' ἐγένοντο, Γέλων, Ἱέρων, Πολύζηλος, Θρασύβουλος. κηδεστὴς δὲ ἐγένετο Θήρων τῷ Πολυζήλῳ καὶ τῷ Γέλωνι. γαμβρῶν οὖν γεγονότων αὐτῶν, Ἱέρων λαμπροῦ τινος τοῦ Πολυζήλου ὑπάρχοντος καὶ σφόδρα παρὰ τοῖς Σικελικοῖς εὐδοκιμοῦντος, ὑπὸ φθόνου τὸ μὲν πρῶτον εἰς ἀνοικισμὸν αὐτὸν Συβάρεως ἐξέπεμψε, τῷ μὲν λόγῳ χρηστὴν αὐτῷ καὶ λαμπρὰν ἐλπίδα τιθείς, τοῖς δὲ ἔργοις μεταστὰς αὐτὸν ἐκ τῆς Σικελίας. Vet. Ἱστορία περὶ τῶν πεπραγμένων Θήρωνος καὶ Ἱέρωνος. Θήρων οὗτος Ἀκραγαντίνων βασιλεύων Γέλωνι τῷ Ἱέρωνος ἀδελφῷ ἐπικηδεύσας γάμῳ συνάπτει τὴν αὐτοῦ θυγατέρα Δημαρέτην. τοῦ δὲ Γέλωνος τελευτήσαντος Πολύζηλος ὁ ἀδελφὸς αὐτοῦ τὴν βασιλείαν καὶ τὴν γαμετὴν αὐτοῦ διαδέχεται. λαμπρῷ δὲ ὄντι αὐτῷ κατὰ τὴν Σικελίαν Ἱέρων ὁ ἀδελφὸς φθονήσας καὶ προφασισάμενος τὸν πρὸς Συβαρίτας πόλεμον, ἐξάγει τοῦτον τῆς νήσου. κατωρθωκότος οὖν καὶ τοῦτον τὸν πόλεμον Πολυζήλου, ὁ Ἱέρων οὐκ ἔχων ὅ τι καὶ γένοιτο, πρὸς αὐτὸν ἐπειρᾶτο νεωτερίζειν. Θήρων οὖν ὑπεραγανακτήσας θυγατρὸς ἅμα καὶ γαμβροῦ συνάξαι πρὸς Ἱέρωνα ἐβούλετο πόλεμον, ὃν Σιμωνίδης ὁ λυρικὸς καταπαύει διαλλάξας, ὡς καὶ κηδείαν πρὸς ἀλλήλους ποιήσασθαι, Ἱέρωνος λαβόντος τὴν τοῦ Θήρωνος ἀδελφήν. Rec.

Diod. xi. 48. 3. See above III. 341.

The Himera Episode.

39. Diod. xi. 48. 6: Μετὰ δὲ ταῦτα Θρασυδαίου τοῦ Θήρωνος ἐπιστατοῦντος τῆς τῶν Ἱμεραίων πόλεως βαρύτερον τοῦ καθήκοντος, συνέβη τοὺς Ἱμεραίους ἀπαλλοτριωθῆναι παντελῶς ἀπ' αὐτοῦ. (7) πρὸς μὲν οὖν τὸν πατέρα πορεύεσθαί τε καὶ κατηγορεῖν ἀπεδοκίμαζον, νομίζοντες οὐχ ἕξειν ἴσον ἀκουστήν· πρὸς δὲ τὸν Ἱέρωνα πρέσβεις ἀπέστειλαν κατηγοροῦντες τοῦ Θρασυδαίου καὶ ἐπαγγελλόμενοι τήν τε πόλιν ἐκείνῳ παραδώσειν καὶ συνεπιθήσεσθαι τοῖς περὶ τὸν Θήρωνα. (8) ὁ δὲ Ἱέρων κρίνας εἰρηνικῶς διαλύσασθαι πρὸς τὸν Θήρωνα, προύδωκε τοὺς Ἱμεραίους καὶ τὰ βεβουλευμένα λαθραίως ἐμήνυσεν. διόπερ Θήρων ἐξετάσας τὰ κατὰ τὴν βουλήν, καὶ τὴν μήνυσιν ἀληθινὴν εὑρίσκων, πρὸς μὲν τὸν Ἱέρωνα διελύσατο καὶ τὸν

Πολύζηλον εἰς τὴν προϋπάρχουσαν εὔνοιαν ἀποκατέστησε, τῶν δὲ Ἱμεραίων τοὺς ἐναντίους πολλοὺς ὄντας συλλαβὼν ἀπέσφαξεν.

Hippokrates and Kapys.

40. Schol. Pind. *Ol.* ii. 8: Θήρων υἱὸς ἦν Αἰνησιδάμου· εἶχε δὲ συγγενῆ Κάπυν καὶ Ἱπποκράτην, οἵτινες ἦσαν ἀδελφοί· περὶ ὧν Ἱππόστρατος ἐν τῷ ζ′ φησίν.

41. *Ibid.* 173: Κάπυς καὶ Ἱπποκράτης Θήρωνος ἦσαν ἀνεψιοί. οὗτοι πολλὰ ὑπ' αὐτοῦ εὐεργετηθέντες, ὡς ἑώρων ηὐξημένην αὐτοῦ τὴν τυραννίδα, φθονοῦντες πόλεμον ἤραντο πρὸς αὐτόν. ὁ δὲ συμβαλὼν αὐτοῖς παρὰ Ἱμέραν ἐνίκησεν. Vet. . . . Κάπυς γὰρ καὶ Ἱπποκράτης, καίτοι (l. καίπερ) πολλὰ ὑπὸ Θήρωνος εὐεργετηθέντες, ὅμως ὡς ἑώρων αὐτοῦ τὴν ἀρχὴν αὐξομένην, φθονήσαντες μετέστησαν πρὸς Ἱέρωνα, καὶ πόλεμον ἐγείραντες κατ' αὐτοῦ ἐπειρῶντο τὴν ἀρχὴν καθαιρεῖν, ἀλλ' οὐδὲν ἠδυνήθησαν ὧν ἐβούλοντο πρᾶξαι. Rec.

42. *Ibid. Pyth.* vi. 4: Ἱππόστρατος δὲ ὁ τὰ περὶ τῆς Σικελίας γενεαλογῶν φησίν, ὅτι Ἐμμενίδης καὶ Ξενόδικος Τηλεμάχου υἱοί, καὶ Ἐμμενίδου μὲν οἱ περὶ Θήρωνα καὶ Ξενοκράτην, Ξενοδίκου δὲ Ἱπποκράτης καὶ Κάπυς, οἳ φυγαδευθέντες ὑπὸ Θήρωνος ὕστερον Κάμικον κατέσχον Σικελιωτικὸν πόλισμα.

Foundation of Aitna, &c.

43. Diod. xi. 49: Ἱέρων δὲ τούς τε Ναξίους καὶ τοὺς Καταναίους ἐκ τῶν πόλεων ἀναστήσας, ἰδίους οἰκήτορας ἀπέστειλεν, ἐκ μὲν Πελοποννήσου πεντακισχιλίους ἀθροίσας, ἐκ δὲ Συρακουσῶν ἄλλους τοσούτους προσθείς· καὶ τὴν μὲν Κατάνην μετωνόμασεν Αἴτνην, τὴν δὲ χώραν οὐ μόνον τὴν Καταναίαν, ἀλλὰ καὶ πολλὴν τῆς ὁμόρου προσθεὶς κατεκληρούχησε, μυρίους πληρώσας οἰκήτορας. (2) τοῦτο δ' ἔπραξε σπεύδων ἅμα μὲν ἔχειν βοήθειαν ἑτοίμην ἀξιόλογον πρὸς τὰς ἐπιούσας χρείας, ἅμα δὲ καὶ ἐκ τῆς γενομένης μυριάνδρου πόλεως τιμὰς ἔχειν ἡρωικάς. τοὺς δὲ Ναξίους καὶ τοὺς Καταναίους ἐκ τῶν πατρίδων ἀνασταθέντας μετῴκισεν εἰς τοὺς Λεοντίνους, καὶ μετὰ τῶν ἐγχωρίων προσέταξε κατοικεῖν τὴν πόλιν. (3) Θήρων δὲ μετὰ τὴν Ἱμεραίων σφαγὴν ὁρῶν τὴν πόλιν οἰκητόρων δεομένην, συνῴκισεν εἰς ταύτην τούς τε Δωριεῖς καὶ τῶν ἄλλων τοὺς βουλομένους ἐπολιτογράφησεν. (4) οὗτοι μὲν οὖν μετ' ἀλλήλων καλῶς πολιτευόμενοι διετέλεσαν ἔτη πεντήκοντα καὶ ὀκτώ· τότε δὲ τῆς πόλεως ὑπὸ

Καρχηδονίων χειρωθείσης καὶ κατασκαφείσης, διέμεινεν ἀοίκητος μέχρι τῶν καθ' ἡμᾶς καιρῶν.

44. Strab. vi. 2. 3 (268): Ἀπέβαλε δὲ τοὺς οἰκήτορας τοὺς ἐξ ἀρχῆς ἡ Κατάνη, κατοικίσαντος ἑτέρους Ἱέρωνος τοῦ Συρακουσσίων τυράννου καὶ προσαγορεύσαντος αὐτὴν Αἴτνην ἀντὶ Κατάνης. ταύτης δὲ καὶ Πίνδαρος κτίστορα λέγει αὐτὸν ὅταν φῇ "ξύνες [ὅ] τοι λέγω, ζαθέων ἱέρων ὁμώνυμε πάτερ, κτίστορ Αἴτνας." (*Fr.* 71 Boeckh.)

Sikel land appropriated.

45. Diod. xi. 76. 3. See below **155**.

Doric Institutions.

46. Pind. *Pyth.* i. 58 (111):

Μοῖσα, καὶ πὰρ Δεινομένει κελαδῆσαι
πίθεό μοι ποινὰν τεθρίππων. χάρμα δ' οὐκ ἀλλότριον νικαφορία πατέρος.
ἄγ' ἔπειτ' Αἴτνας βασιλεῖ φίλιον ἐξεύρωμεν ὕμνον.
τῷ πόλιν κείναν θεοδμάτῳ σὺν ἐλευθερίᾳ
Ὑλλίδος στάθμας Ἱέρων
ἐν νόμοις ἔκτισσ'. ἐθέλοντι δὲ Παμφύλου
καὶ μὰν Ἡρακλειδᾶν ἔκγονοι
ὄχθαις ὕπο Ταϋγέτου ναίοντες αἰ-
εὶ μένειν τεθμοῖσιν ἐν Αἰγιμιοῦ
Δωρίοις.

47. Schol. *Pyth.* i. 118: Τῷ πόλιν κείναν] ᾧτινι Δεινομένει, ὁ Ἱέρων δηλονότι, τὴν Αἴτνην ἔκτισε καὶ διοικεῖν ἔδωκε σὺν θείᾳ ἐλευθερίᾳ, καὶ τοῖς νόμοις τῆς Δωρίου δικαιοσύνης, ἀπὸ κοινοῦ τὸ διοικεῖν ἔδωκεν. § Ἄλλως. ἀνακτίσας τὴν Κατάνην ὁ Ἱέρων καὶ Αἴτνην μετονομάσας διοικεῖν Δεινομένει τῷ υἱῷ ταύτην δέδωκεν. § Ἄλλως. τῷ Δεινομένει Ἱέρων Αἴτναν παραδέδωκεν ἐν νόμοις τῆς Δωρίδος στάθμης. τοῦτο δὲ λέγει, ἐπεὶ στρατηγὸν αὐτῆς κατέστησεν αὐτόν, ἐλευθέρους ἀφεὶς τοὺς Αἰτναίους καὶ τοῖς Λακωνικοῖς τρόποις ἢ νόμοις χρωμένους. 120: Ὁ οὖν Ἱέρων Γελῴους καὶ Μεγαρεῖς καὶ Συρακουσίους ὄντας τῶν Δωριέων ἀποίκους ἐνῴκισε τῇ Αἴτνῃ. καὶ οὕτως ἂν ὁ λόγος ἀκολούθως ἔχοι, ὡς Δωριεῦσιν οὖσιν Αἰτναίοις καὶ Λακωνικοὺς νόμους θέσθαι τὸν Ἱέρωνα.

48. Aeschylus, *Αἰτναῖοι* (third of a trilogy: Ἀλκμήνη, Ἡρακλεῖδαι, Αἰτναῖοι), describing the inauguration at Aitna of the old Dorian institutions and religion. *Vita Aesch.* (p. 468 Weckl.):—see below **78**.

Chromios Governor of Aitna.

49. Schol. Pind. *Nem.* ix. 1: Χρομίῳ Αἰτναίῳ]. Ὁ Χρόμιος οὗτος φίλος ἦν Ἱέρωνος, κατασταθεὶς ὑπ' αὐτοῦ τῆς Αἴτνης ἐπίτροπος· ὅθεν καὶ Αἰτναῖος ἐκηρύχθη.

Hieron calls himself Aitnaian.

50. Pind. *Pyth.* i. 29 (56):

Εἴη, Ζεῦ, τὶν εἴη ϝανδάνειν,
ὃς τοῦτ' ἐφέπεις ὄρος, εὐκάρποιο γαί-
  ας μέτωπον, τοῦ μὲν ἐπωνυμίαν
κλεινὸς οἰκιστὴρ ἐκύδανεν πόλιν
γείτονα, Πυθιάδος δ' ἐν δρόμῳ κᾶρυξ ἀνέειπέ νιν
  ἀγγέλλων Ἱέρωνος ὑπὲρ καλλινίκου
ἅρμασι.

Hieron buried at Aitna.

Strab. vi. 268. See below **156**.

Coin of Katana before foundation of Aitna.

51. *Obv.* Head of Seilenos r.
Rev. KATANE Thunderbolt with two curled wings.
AR Wt. 0·82 grammes.
[*Brit. Mus. Cat.*, *Sicily*, Catana no. 9.]

Coin of Katana under the name of Aitna.

52. *Obv.* AITNAION Head of Seilenos r., crowned with ivy; beneath neck scarabaeus.

Rev. Zeus seated r. on a richly ornamented throne covered with a lion's skin; he wears himation over l. shoulder and arm, and holds in l. hand a winged thunderbolt; the upper right part of his body is naked; the r. arm rests on a natural knotted sceptre. In front of the figure an eagle r. perched on top of a pine-tree.

Hirsch Collection.

AR. Wt. 17·23 grammes.

[See *Num. Chron.* 1883, p. 164, Pl. ix. 1.
Cf. *Brit. Mus. Cat., Sicily*, Catana nos. 12 ff.]

Importance of Aitna as reserve against Syrakuse.

Diod. xi. 67. 7. See below **144**.

Hieron intervenes against Anaxilaos on behalf of Lokroi.

53. Pind. *Pyth.* ii. 17 (32):

Ἄγει δὲ χάρις φίλων ποίνιμος
ἀντὶ Ϝέργων ὀπιζομένα·
σὲ δ', ὦ Δεινομένειε παῖ, Ζεφυρία πρὸ δόμων
Λοκρὶς παρθένος ἀπύει,
πολεμίων καμάτων ἐξ ἀμαχάνων
διὰ τεὰν δύναμιν δρακεῖσ' ἀσφαλές.

54 Schol. *ibid.* 34: Σὲ δ', ὦ Δεινομένειε παῖ] Ἀναξίλα τοῦ Μεσσήνης καὶ Ῥηγίου τυράννου Λοκροῖς πολεμοῦντος Ἱέρων πέμψας Χρόμιον τὸν κηδεστὴν διηπείλησεν αὐτῷ, εἰ μὴ καταλύσαιτο τὸν πρὸς αὐτοὺς πόλεμον, αὐτὸν πρὸς τὸ Ῥήγιον στρατεύειν· οὗπερ δὴ πρὸς τὴν ἀπειλὴν ἐνδόντος ἐν εἰρήνῃ διῆγον οἱ Λοκροί. ἐφ' οἷς οὖν ἔπαθον αἱ Λοκρίδες, ᾖδον καὶ καθύμνουν τὸν Ἱέρωνα . . . § . . . Ἀναξίλας γὰρ καὶ Κλεόφρων ὁ τούτου παῖς Ἰταλίας ὄντες τύραννοι, ὁ μὲν ἐν Μεσσήνῃ τῇ Σικελικῇ, ὁ δὲ ἐν Ῥηγίῳ τῷ περὶ Ἰταλίαν, πόλεμον ἠπείλουν Λοκροῖς· διαπρεσβευσάμενος δὲ πρὸς αὐτοὺς ὁ Ἱέρων ἔπαυσε τοὺς Λοκροὺς τοῦ πολέμου.

55. Pind. *Pyth.* i. 51 (98):

Σὺν δ' ἀνάγκᾳ νιν φίλον
καί τις ἐὼν μεγαλάνωρ ἔσανεν.

56. Schol. *ad loc.*: Αἰνίττεται δὲ τοῦτο εἰς Ἀναξίλαον τὸν τῶν Ῥηγίνων βασιλέα βουληθέντα Λοκροὺς καταπολεμῆσαι τοὺς ἐν Ἰταλίᾳ καὶ ἐμποδισθέντα τῇ τοῦ Ἱέρωνος ἀπειλῇ. ὅτι δὲ Ἀναξίλαος Λοκροὺς ἠθέλησεν ἄρδην ἀπολέσαι καὶ ἐκωλύθη πρὸς Ἱέρωνος, ἱστορεῖ καὶ Ἐπίχαρμος ἐν Νάσοις (p. 19 Kruseman). § ἕτεροι δὲ τὸν Θήρωνα λέγειν ἔφασαν, ὡς τοῦ Θήρωνος μεγάλα μὲν δυναμένου, κολακεύοντος δὲ τὸν Ἱέρωνα.

The War with the Etruscans.

57. Diod. xi. 51: Ἐπ' ἄρχοντος δ' Ἀθήνησιν Ἀκεστορίδου . . . ἐπὶ δὲ τούτων Ἱέρων μὲν ὁ βασιλεὺς τῶν Συρακοσίων, παραγενομένων πρὸς αὐτὸν πρέσβεων ἐκ Κύμης τῆς Ἰταλίας καὶ δεομένων βοηθῆσαι πολεμουμένοις ὑπὸ Τυρρηνῶν θαλαττοκρατούντων, ἐξέπεμψεν αὐτοῖς συμμαχίαν τριήρεις ἱκανάς. (2) οἱ δὲ τῶν νεῶν τούτων ἡγεμόνες ἐπειδὴ κατέπλευσαν εἰς τὴν Κύμην, μετὰ τῶν ἐγχωρίων μὲν ἐναυμάχησαν πρὸς τοὺς Τυρρηνούς, πολλὰς δὲ ναῦς αὐτῶν διαφθείραντες καὶ μεγάλῃ ναυμαχίᾳ νικήσαντες, τοὺς μὲν Τυρρηνοὺς ἐταπείνωσαν, τοὺς δὲ Κυμαίους ἠλευθέρωσαν τῶν φόβων, καὶ ἀπέπλευσαν ἐπὶ Συρακούσας.

58. Pindar, *Pyth.* i. 71 (136):

Λίσσομαι, νεῦσον, Κρονίων, ἅμερον
ὄφρα κατ' οἶκον ὁ Φοῖνιξ ὁ Τυρσανῶν τ' ἀλαλατὸς ἔχῃ, ναυσίστονον ὕβριν ἰδὼν τὰν πρὸ Κύμας·
οἷα Συρακοσίων ἀρχῷ δαμασθέντες πάθον,
ὠκυπόρων ἀπὸ ναῶν ὅς σφιν ἐν πόντῳ βάλεθ' ἁλικίαν,
Ἑλλάδ' ἐξέλκων βαρείας δουλείας.

59. Schol. Pind. *Pyth.* i. 137: Τυρσηνοὶ καὶ Καρχηδόνιοι, οἵ εἰσι Φοινίκων ἄποικοι, διεμάχοντο πρὸς Κυμαίους· μελλόντων οὖν ἄρδην ἀπόλλυσθαι τῶν Κυμαίων, Ἱέρων συμμαχήσας τοὺς μὲν Κυμαίους διέσωσε, τῶν δὲ Τυρσηνῶν τοὺς πλείστους ἀπώλεσε.

Inscription on bronze helmet dedicated by Hieron at Olympia.

60. *I. G. A.* 510; Olympia, *Inschr.* 249: Ἱάρον ὁ Δεινομένεος | καὶ τοὶ Συρακόσιοι | τῷ Δὶ Τυράν' ἀπὸ Κύμας.

Letters: ⊟ΜΝΓRΣV

Attempt of Hieron to occupy Pithekussai.

61. Strab. v. 4. 9 (247): Πιθηκούσσας δ' Ἐρετριεῖς ᾤκισαν καὶ Χαλκιδεῖς, εὐτυχήσαντες (δὲ) δι' εὐκαρπίαν καὶ διὰ τὰ χρυσεῖα ἐξέλιπον τὴν νῆσον κατὰ στάσιν, ὕστερον δὲ καὶ ὑπὸ σεισμῶν ἐξελαθέντες καὶ ἀναφυσημάτων πυρὸς καὶ θαλάττης καὶ θερμῶν ὑδάτων· ἔχει γὰρ τοιαύτας ἀποφορὰς ἡ νῆσος, ὑφ' ὧν καὶ οἱ πεμφθέντες παρὰ Ἱέρωνος τοῦ τυράννου τῶν Συρακοσίων ἐξέλιπον τὸ κατασκευασθὲν ὑφ' ἑαυτῶν τεῖχος καὶ τὴν νῆσον· ἐπελθόντες δὲ Νεαπολῖται κατέσχον.

Rhegion and Messana.

The Death of Anaxilaos. Mikythos Regent of Rhegion.

62. Hdt. vii. 170.

63. Diod. xi. 48. 2: Ἐτελεύτησε δὲ καὶ Ἀναξίλας ὁ Ῥηγίου καὶ Ζάγκλης τύραννος, δυναστεύσας ἔτη δέκα ὀκτώ, τὴν δὲ τυραννίδα διεδέξατο Μίκυθος, πιστευθεὶς ὥστε ἀποδοῦναι τοῖς τέκνοις τοῦ τελευτήσαντος οὖσι νέοις τὴν ἡλικίαν.

Diod. xi. 66. See below 132.

64. Justin. iv. 2: Horum (tyrannorum) ex numero Anaxilaus iustitia cum ceterorum crudelitate certabat, cuius moderationis haud mediocrem fructum tulit; quippe decedens cum filios parvulos reliquisset, tutelamque eorum Micalo, spectatae fidei servo, commisisset, tantus amor memoriae eius apud omnes fuit, ut parere servo, quam deserere regis filios mallent, principesque civitatis obliti dignitatis suae regni maiestatem administrari per servum paterentur.

Mikythos colonizes Pyxus.

65. Diod. xi. 59. 4: Ἅμα δὲ τούτοις πραττομένοις (the last days of Themistokles) κατὰ τὴν Ἰταλίαν Μίκυθος [μὲν] ὁ τὴν δυναστείαν ἔχων Ῥηγίου καὶ Ζάγκλης πόλιν ἔκτισε Πυξοῦντα.

66. Strab. vi. 1. 1 (253): Μετὰ δὲ Παλίνουρον Πυξοῦς ἄκρα καὶ λιμὴν καὶ ποταμός· ἓν γὰρ τῶν τριῶν ὄνομα· ᾤκισε δὲ Μίκυθος ὁ Μεσσήνης ἄρχων τῆς ἐν Σικελίᾳ, πάλιν δ' ἀπῆραν οἱ ἱδρυθέντες πλὴν ὀλίγων.

The War between Taras and the Messapians.

67. Hdt. vii. 170.

68. Diod. xi. 52: Ἐπ' ἄρχοντος δ' Ἀθήνησι Μένωνος . . . κατὰ δὲ τὴν Ἰταλίαν πόλεμος ἐνέστη Ταραντίνοις πρὸς τοὺς Ἰάπυγας· (2) περὶ γὰρ ὁμόρου χώρας ἀμφισβητούντων πρὸς ἀλλήλους, ἐπὶ μέν τινας χρόνους διετέλουν ἀψιμαχοῦντες καὶ λεηλατοῦντες τὰς ἀλλήλων χώρας, ἀεὶ δὲ μᾶλλον τῆς διαφορᾶς συναυξομένης καὶ πολλάκις φόνων γινομένων, τὸ τελευταῖον εἰς ὁλοσχερῆ φιλοτιμίαν

ὥρμησαν. (3) οἱ μὲν οὖν Ἰάπυγες τήν τε παρ' αὐτῶν δύναμιν παρεσκευάζοντο καὶ τὴν παρὰ τῶν ὁμόρων συμμαχίαν συνέλαβον, καὶ τοὺς σύμπαντας ἤθροισαν ὑπὲρ τοὺς δισμυρίους· οἱ δὲ Ταραντῖνοι πυθόμενοι τὸ μέγεθος τῆς ἐπ' αὐτοὺς ἠθροισμένης δυνάμεως, τούς τε πολιτικοὺς στρατιώτας ἤθροισαν καὶ Ῥηγίνων συμμάχων ὄντων πολλοὺς προσελάβοντο. (4) γενομένης δὲ μάχης ἰσχυρᾶς καὶ πολλῶν παρ' ἀμφοτέροις πεσόντων, τὸ τελευταῖον οἱ Ἰάπυγες ἐνίκησαν. τῶν δὲ ἡττηθέντων εἰς δύο μέρη σχισθέντων κατὰ τὴν φυγήν, καὶ τῶν μὲν εἰς Τάραντα τὴν ἀναχώρησιν ποιουμένων, τῶν δὲ εἰς τὸ Ῥήγιον φευγόντων, παραπλησίως τούτοις καὶ οἱ Ἰαπύγες ἐμερίσθησαν. (5) οἱ μὲν οὖν τοὺς Ταραντίνους διώξαντες ὀλίγου διαστήματος ὄντος πολλοὺς τῶν ἐναντίων ἀνεῖλον, οἱ δὲ τοὺς Ῥηγίνους διώκοντες ἐπὶ τοσοῦτον ἐφιλοτιμήθησαν ὥστε συνεισπεσεῖν τοῖς φεύγουσιν εἰς τὸ Ῥήγιον καὶ τῆς πόλεως κυριεῦσαι.

69. Arist. *Pol.* viii. (v.) ii. (3.) 7. 1303 a 3: Συμβαίνει δ' ἐνίοτε τοῦτο (τὸ αὐξάνεσθαί τι τῶν τῆς πόλεως μερῶν) καὶ διὰ τύχας, οἷον ἐν Τάραντι (8) ἡττηθέντων καὶ ἀπολομένων πολλῶν γνωρίμων ὑπὸ τῶν Ἰαπύγων μικρὸν ὕστερον τῶν Μηδικῶν δημοκρατία ἐγένετο ἐκ πολιτείας.

Subsequent Wars of Taras with the Messapians and Peuketians.

70. Paus. x. 10. 6: Ταραντίνων δὲ οἱ ἵπποι οἱ χαλκοῖ καὶ αἰχμάλωτοι γυναῖκες ἀπὸ Μεσσαπίων εἰσίν, ὁμόρων τῇ Ταραντίνων βαρβάρων, Ἀγελάδα δὲ ἔργα τοῦ Ἀργείου.

71. *Ibid.* 13. 10: Ταραντῖνοι δὲ καὶ ἄλλην δεκάτην ἐς Δελφοὺς ἀπὸ βαρβάρων Πευκετίων ἀπέστειλαν· τέχνη μὲν τὰ ἀναθήματα Ὀνάτα τοῦ Αἰγινήτου καὶ Καλύνθου τε εστικωσι εργου εἰκόνες δὲ καὶ πεζῶν καὶ ἱππέων, βασιλεὺς Ἰαπύγων Ὦπις ἥκων τοῖς Πευκετίοις σύμμαχος. οὗτος μὲν δὴ εἴκασται τεθνεῶτι ἐν τῇ μάχῃ, οἱ δὲ αὐτῷ κειμένῳ ἐφεστηκότες ὁ ἥρως Τάρας ἐστὶ καὶ Φάλανθος ὁ ἐκ Λακεδαίμονος, καὶ οὐ πόρρω τοῦ Φαλάνθου δελφίς κ.τ.λ.

The Eruption of Aitna.

72. Pind. *Pyth.* i. 19 (35):

Κίων δ' οὐρανία συνέχει
νιφόεσσ' Αἴτνα, πάνετες χιόνος ὀξείας τιθήνα·

τᾶς ἐρεύγονται μὲν ἀπλάτου πυρὸς ἁγνόταται
ἐκ μυχῶν παγαί· ποταμοὶ
δ' ἁμέραισιν μὲν προχέοντι ῥόον καπνοῦ
αἴθων'· ἀλλ' ἐν ὄρφναισιν πέτρας
φοίνισσα κυλινδομένα φλὸξ ἐς βαθεῖ-
αν φέρει πόντου πλάκα σὺν πατάγῳ.
κεῖνο δ' Ἁφαίστοιο κρουνοὺς ἑρπετὸν
δεινοτάτους ἀναπέμπει· τέρας μὲν θαυμάσιον προσ-
ιδέσθαι, θαῦμα δὲ καὶ παρεόντων ἀκοῦσαι,
οἷον Αἴτνας ἐν μελαμφύλλοις δέδεται κορυφαῖς
καὶ πέδῳ, στρωμνὰ δὲ χαράσ-
σοισ' ἅπαν νῶτον ποτικεκλιμένον κεντεῖ.

73. Aesch. *Pr. V.* 379:

Καὶ νῦν ἀχρεῖον καὶ παράορον δέμας
κεῖται στενωποῦ πλησίον θαλασσίου
ἰπούμενος ῥίζαισιν Αἰτναίαις ὕπο,
κορυφαῖς δ' ἐν ἄκραις ἥμενος μυδροκτυπεῖ
Ἥφαιστος. ἔνθεν ἐκραγήσονταί ποτε
ποταμοὶ πυρὸς δάπτοντες ἀγρίαις γνάθοις
τῆς καλλικάρπου Σικελίας λευροὺς γύας·
τοιόνδε Τυφὼς ἐξαναζέσει χόλον
θερμοῖς ἀπλάτου βέλεσι πυρπνόου ζάλης,
καίπερ κεραυνῷ Ζηνὸς ἠνθρακωμένος.

74. Schol. Med. *ad* Aesch. *Pr. V.* 384: Καὶ κατὰ τοὺς Ἱέρωνος χρόνους κατὰ τὸ μέσον ῥυέντες (ποταμοὶ πυρὸς) πολλὰ διέφθειραν χωρία.

75. *Marm. Par.* 52 (67): Ἀφ' οὗ ἡ ἐν (68) Πλαταιαῖς μάχη ἐγένετο Ἀθηναίοις πρὸς Μαρδόνιον τὸν Ξέρξου στρατηγόν, ἣν ἐνίκων Ἀθηναῖοι, καὶ Μαρδόνιος ἐτελεύτησεν ἐν τῆι μάχηι καὶ τὸ πῦρ ἐρρύη κ[ᾶον (69) ἐν Σικ]ελίαι περὶ τὴν Αἰτνίαν, ἔτη ΗΗΔΠΙ, ἄρχοντος Ἀθήνησι Ξαν(θ)ίππου.

76. Cf. Eusebius (*Sync.* 489. 14): Πῦρ ἐκ τῆς Αἴτνης ἐν τοῖς κατὰ Σικελίαν τόποις ἐρράγη. Hieron. *Ol.* 88. 3: Ex Aetna monte ignis erupit.

77. Thuc. iii. 116.

Aischylos.

78. *Aeschyli Vita* (p. 468 Weckl.): Ἀπῆρεν δὲ ὡς Ἱέρωνα, κατὰ τινὰ μὲν ὑπὸ Ἀθηναίων κατασπουδασθεὶς καὶ ἡσσηθεὶς νέῳ ὄντι Σοφοκλεῖ, κατὰ δὲ ἐνίους ἐν τῷ εἰς τοὺς ἐν Μαραθῶνι τεθνηκότας ἐλεγείῳ ἡσσηθεὶς Σιμωνίδῃ . . . τινὲς δὲ φασὶν ἐν τῇ ἐπιδείξει τῶν Εὐμενίδων σποράδην εἰσαγαγόντα τὸν χορὸν τοσοῦτον ἐκπλῆξαι τὸν δῆμον, ὡς τὰ μὲν νήπια ἐκψῦξαι, τὰ δὲ ἔμβρυα ἐξαμβλωθῆναι. ἐλθὼν τοίνυν εἰς Σικελίαν, Ἱέρωνος τότε τὴν Αἴτνην κτίζοντος, ἐπεδείξατο τὰς Αἰτναίας, οἰωνιζόμενος βίον ἀγαθὸν τοῖς συνοικίζουσι τὴν πόλιν. καὶ σφόδρα τῷ τυράννῳ Ἱέρωνι καὶ τοῖς Γελῴοις τιμηθείς, ἐπιζήσας τρίτον ἔτος γηραιὸς ἐτελεύτα τοῦτον τὸν τρόπον. ἀετὸς γὰρ χελώνην ἁρπάσας, ὡς ἐγκρατὴς γενέσθαι τῆς ἄγρας οὐκ ἴσχυεν, ἀφίησι κατὰ πετρῶν αὐτὴν συνθλάσσων τοῦ δέρματος, ἐνεχθεῖσα δὲ κατὰ τοῦ ποιητοῦ φονεύει αὐτόν. χρηστηριασθεὶς δὲ ἦν· οὐράνιόν σε βέλος κατακτενεῖ. ἀποθανόντα δὲ Γελῷοι πολυτελῶς ἐν τοῖς δημοσίοις μνήμασι θάψαντες ἐτίμησαν μεγαλοπρεπῶς, ἐπιγράψαντες οὕτω·

Αἰσχύλον Εὐφορίωνος Ἀθηναῖον τόδε κεύθει
μνῆμα καταφθίμενον πυροφόροιο Γέλας·
ἀλκὴν δ' εὐδόκιμον Μαραθώνιον ἄλσος ἂν εἴποι
καὶ βαθυχαιτήεις Μῆδος ἐπιστάμενος.

εἰς τὸ μνῆμα δὲ φοιτῶντες ὅσοις ἐν τραγῳδίαις ἦν ὁ βίος ἐνήγιζόν τε καὶ τὰ δράματα ὑπεκρίνοντο. . . . ἐπιγέγραπται τῷ τάφῳ αὐτοῦ·

αἰετοῦ ἐξ ὀνύχων βρέγμα τυπεὶς ἔθανον.

φασὶν ὑπὸ Ἱέρωνος ἀξιωθέντα ἀναδιδάξαι τοὺς Πέρσας ἐν Σικελίᾳ καὶ λίαν εὐδοκιμεῖν.

79. Anthol. Pal. vii. 40: Διοδώρου:

Αἰσχύλον ἥδε λέγει ταφίη λίθος ἐνθάδε κεῖσθαι
τὸν μέγαν, οἰκείης τῆλ' ἀπὸ Κεκροπίης,
λευκὰ Γέλα Σικελοῖο παρ' ὕδατα· τίς φθόνος, αἶ αἴ,
Θησείδας ἀγαθῶν ἔγκοτος αἰὲν ἔχει;

80. *Marm. Par.* 59 (74): Ἀφ' οὗ Αἰσχύλος ὁ ποιητὴς βιώσας ἔτη ΠΔΠΙΙΙΙ ἐτελεύτησεν ἐν [Γέλ]αι τῆς [Σι]κελίας ἔτη ΗΠΔΔΔΙΙΙ ἄρχοντος Ἀθήνησι Καλλ[ί]ου τοῦ προτέρου.

The Persai performed at Syrakuse.

81. Schol. in Ar. *Ran.* 1028: Δοκοῦσι δὲ οὗτοι οἱ Πέρσαι ὑπὸ

τοῦ Αἰσχύλου δεδιδάχθαι ἐν Συρακούσαις, σπουδάσαντος Ἱέρωνος, ὥς φησιν Ἐρατοσθένης ἐν γ′ περὶ κωμῳδιῶν.

‘*Sikelisms*’ *in Aischylos.*

82. Athen. ix. 402 b. Macrob. *Sat.* v. 19. 17.

Pindar.

83. Eustathius, *Vita Pind.* 26: Ἐπέβαλε Πίνδαρος τοῖς χρόνοις Σιμωνίδου ἢ νεώτερος πρεσβυτέρου. τῶν αὐτῶν γοῦν μέμνηνται ἀμφότεροι πράξεων. ἀλλὰ καὶ παρ’ Ἱέρωνι τῷ Συρακουσίων τυράννῳ ἄμφω ἐγένοντο, ἀποδημήσαντες δηλαδὴ καθ’ ἑτέρους καὶ αὐτοὶ σοφοὺς εἰς τὴν Σικελίαν. καὶ μὴν πρὸς τὸ ἱστορηθὲν τοῦτο διαφέρεσθαι δοκεῖ τὸ περιφερόμενον· λέγεται γὰρ ὅτι Πίνδαρος ἐρωτηθείς, διὰ τί Σιμωνίδης μὲν πρὸς τοὺς τυράννους ἀπεδήμησεν εἰς Σικελίαν, αὐτὸς δ’ οὐκ ἐθέλει, ἔφη, διότι βούλομαι ἐμαυτῷ ζῆν, οὐκ ἄλλῳ.

84. *Vita Altera* (p. 98 West.): Ἀλλὰ καὶ ἀμφότεροι (Σιμωνίδης καὶ Πίνδαρος) παρ’ Ἱέρωνι τῷ Συρακουσίων τυράννῳ γεγένηνται.

See also below **87**, **88**, **90** ff.

Simonides.

Schol. Pind. *Ol.* ii. 29. See above **38**.

85. Xen. *Hier.* i. 1: Σιμωνίδης ὁ ποιητὴς ἀφίκετό ποτε πρὸς Ἱέρωνα τὸν τύραννον κ.τ.λ.

86. Ael. *V. H.* xii. 25: Καὶ Ἱέρων δὲ ὁ Δεινομένους Σιμωνίδου τοῦ Κείου ἀπήλαυσε κ.τ.λ.

87. *Ibid.* ix. 1: Τούτῳ (τῷ Ἱέρωνι), φασί, καὶ Σιμωνίδης συνεβίωσε καὶ Πίνδαρος. καὶ οὐκ ὤκνησέ γε Σιμωνίδης, βαρὺς ὢν ὑπὸ γήρως, πρὸς αὐτὸν ἀφικέσθαι. ἦν μὲν γὰρ καὶ φύσει φιλάργυρος ὁ Κεῖος· προὔτρεπε δὲ αὐτὸν καὶ πλέον ἡ τοῦ Ἱέρωνος φιλοδωρία, φασίν.

88. *Ibid.* iv. 15: Ῥωσθεὶς οὖν Ἱέρων συνῆν Σιμωνίδῃ τῷ Κείῳ καὶ Πινδάρῳ τῷ Θηβαίῳ καὶ Βακχυλίδῃ τῷ Ἰουλιήτῃ. ὁ δὲ Γέλων ἄνθρωπος ἄμουσος.

89. Plato, *Epist.* ii. 311. Cic. *N. D.* i. 22. 60.

Pindar's Jealousy of Simonides and Bakchylides.

90. Pind. *Isthm.* ii. 6 (9):

Ἁ Μοῖσα γὰρ οὐ φιλοκερδής πω τότ' ἦν οὐδ' ἐργάτις·
οὐδ' ἐπέρναντο γλυκεῖαι μελιφθόγγου ποτὶ Τερψιχόρας
ἀργυρωθεῖσαι πρόσωπα μαλθακόφωνοι ἀοιδαί.
νῦν δ' ἐφίητι τὸ τὠργείου φυλάξαι
ῥῆμ' ἀλαθείας ὁδῶν ἄγχιστα βαῖνον,
χρήματα χρήματ' ἀνήρ, ὃς φᾶ κτεάνων λειφθεὶς καὶ φίλων.

91. Schol. *ad* v. 9: Νῦν, φησί, μισθοῦ συντάττουσι τοὺς ἐπινικίους, πρῶτου Σιμωνίδου προκαταρξαμένου . . . οὐδ' ἐργάτις, ὅ ἐστιν αἰτοῦσα μισθὸν ἐφ' οἷς ἔπραττεν. ἔνθεν καὶ Καλλίμαχος (*fr.* 77 Schn.)·

Οὐ γὰρ ἐργάτιν τρέφω
τὴν Μοῦσαν ὡς ὁ Κεῖος Ὑλλίχου νέπους.

λέγει δὲ ταῦτα πρὸς Σιμωνίδην, ὡς φιλάργυρον διασύρων τὸν ἄνδρα.

92. Pind. *Ol.* ii. 94 (154):

Σοφὸς ὁ πολλὰ εἰδὼς φυᾷ·
μαθόντες δὲ λάβροι
παγγλωσσίᾳ, κόρακες ὥς, ἄκραντα γαρύετον
Διὸς πρὸς ὄρνιχα θεῖον.

Schol. *ad* v. 154: Κόρακες . . . αἰνίττεται Βακχυλίδην καὶ Σιμωνίδην, ἑαυτὸν λέγων ἀετὸν κ.τ.λ. Vet. . . . λέγει δὲ διὰ τὸν Βακχυλίδην, οὗτος γὰρ ἀντήριζεν αὐτῷ. Rec.

93. Pind. *Pyth.* ii. 52 (96):

Ἐμὲ δὲ χρεὼν
φεύγειν δάκος ἀδινὸν κακαγοριᾶν.

94. Schol. *ad* v. 97: Αἰνίττεται δὲ εἰς Βακχυλίδην· ἀεὶ γὰρ αὐτὸν τῷ Ἱέρωνι διέσυρεν.

95. Cf. Pind. *Pyth.* i. 42–45 (82–86); ii. 72 (131) et Schol. 81–96 (148–175) et Schol. *ad* vv. 161, 166, 171.

Death and burial-place of Simonides.

96. *Marm. Par. Ep.* 57 (72): Ἀφ' οὗ ἐν Αἰγὸς ποταμοῖς ὁ λίθος ἔπεσε, (73) καὶ Σιμωνίδης ὁ ποιητὴς ἐτελεύτησεν βιοὺς ἔτη 𐅄ΔΔΔΔ, ἔτη ΗΗΓ, ἄρχοντος Ἀθήνησι Θεαγενίδου.

97. Suidas: Σιμωνίδης Λεωπρεποῦς Ἰουλιήτης, τῆς ἐν Κέῳ τῇ νήσῳ πόλεως, λυρικός, μετὰ Στησίχορον τοῖς χρόνοις . . . γέγονε δ' ἐπὶ τῆς νϛ' ὀλυμπιάδος (οἱ δ' ἐπὶ τῆς ξβ' γεγράφασιν) καὶ παρέτεινε μέχρι τῆς οη', βιοὺς ἔτη πθ' . . . Ἀκραγαντίνων στρατηγὸς ἦν ὄνομα Φοῖνιξ· Συρακουσίοις δὲ ἐπολέμουν οὗτοι. οὐκοῦν ὅδε ὁ Φοῖνιξ διαλύει τὸν τάφον τοῦ Σιμωνίδου μάλα ἀκηδῶς τε καὶ ἀνοίκτως, καὶ ἐκ τῶν λίθων τῶνδε ἀνίστησι πύργον· καὶ κατὰ τοῦτον ἑάλω ἡ πόλις. ἔοικε δὲ καὶ Καλλίμαχος τούτοις ὁμολογεῖν. οἰκτίζεται γοῦν τὸ ἄθεσμον ἔργον, καὶ λέγοντά γε αὐτὸν ὁ Κυρηναῖος (*fr.* 71 Schn.) πεποίηκε τὸν γλυκὺν ποιητήν·

Οὐδὲ τὸ γράμμα
ἠδέσθη τὸ λέγον μ' υἷα Λεωπρεπέος
κεῖσθαι Κήιον ἄνδρα.

κἆτ' εἰπὼν ἄττα ἐπιλέγει·

Οὐδ' ὑμέας, Πολύδευκες, ὑπέτρεσεν, οἵ με μελάθρου
μέλλοντος πίπτειν ἐκτὸς ἔθεσθέ ποτε
δαιτυμόνων ἄπο μοῦνον, ὅτε Κρανωνίων αἶας
ὤλισθεν μέγας οἶκος ἐπὶ Σκοπάδας.

[Κρανώνιος, αἲ αἴ, ὤλισθεν μεγάλους Bentl.]

98. Lucian, *Macrob.* 26: Σιμωνίδης δὲ ὁ Κεῖος ὑπὲρ τὰ ἐνενήκοντα (ἔτη ἔζησεν).

Bakchylides.

99. Ael. *V. H.* iv. 15. See above **88**.

100. Pind. *Nem.* iii. 80 (140):

Ἔστι δ' αἰετὸς ὠκὺς ἐν ποτανοῖς,
ὃς ἔλαβεν αἶψα, τηλόθε μεταμαιόμενος, δαφοινὸν ἄγραν ποσίν·
κραγέται δὲ κολοιοὶ ταπεινὰ νέμονται.

Schol. *ad* v. 143: Δοκεῖ δὲ ταῦτα τείνειν εἰς Βακχυλίδην· ἦν γὰρ αὐτοῖς καὶ ὑφόρασις πρὸς ἀλλήλους.

See also above **92–95**.

Epicharmos.

101. Diog. Laert. viii. 78: Ἐπίχαρμος Ἡλοθαλοῦς Κῷος. καὶ οὗτος ἤκουσε Πυθαγόρου. τριμηνιαῖος δ' ὑπάρχων ἀπηνέχθη τῆς Σικελίας εἰς Μέγαρα, ἐντεῦθεν δ' εἰς Συρακούσας, ὥς φησι καὶ αὐτὸς ἐν τοῖς συγγράμμασι. καὶ αὐτῷ ἐπὶ τοῦ ἀνδριάντος ἐπιγέγραπται τόδε·

Εἴ τι παραλλάσσει φαέθων μέγας ἅλιος ἄστρων
καὶ πόντος ποταμῶν μείζον' ἔχει δύναμιν,
φαμὶ τοσοῦτον ἐγὼ σοφίᾳ προέχειν Ἐπίχαρμον,
ὃν πατρὶς ἐστεφάνωσ' ἅδε Συρακοσίων.

. . . βιοὺς δ' ἔτη ἐνενήκοντα κατέστρεψεν.

102. Suidas: Ἐπίχαρμος, Τιτύρου ἢ Χειμάρου καὶ Σικίδος, Συρακούσιος, ἢ ἐκ πόλεως Κράστου τῶν Σικανῶν. ὃς εὗρε τὴν κωμῳδίαν ἐν Συρακούσαις ἅμα Φόρμῳ. ἐδίδαξε δὲ δράματα νβ', ὡς δὲ Λύκων φησί, τριακονταπέντε. τινὲς δὲ αὐτὸν Κῷον ἀνέγραψαν, τῶν μετὰ Κάδμου εἰς Σικελίαν μετοικησάντων· ἄλλοι Σάμιον, ἄλλοι Μεγάρων τῶν ἐν Σικελίᾳ. ἦν δὲ πρὸ τῶν Περσικῶν ἔτη ἓξ διδάσκων ἐν Συρακούσαις. ἐν δὲ Ἀθήναις Εὐέτης καὶ Εὐξενίδης καὶ Μύλος ἐπεδείκνυντο.

103. Lucian, *Macrob.* 25: Καὶ Ἐπίχαρμος δὲ ὁ τῆς κωμῳδίας ποιητὴς καὶ αὐτὸς ἐνενήκοντα καὶ ἑπτὰ ἔτη λέγεται βιῶναι.

104. Arist. *Poet.* v. 3. 1449 b 6: Τὸ δὲ μύθους ποιεῖν Ἐπίχαρμος καὶ Φόρμις· τὸ μὲν ἐξ ἀρχῆς ἐκ Σικελίας ἦλθε, τῶν δὲ Ἀθήνησιν Κράτης πρῶτον ἦρξεν ἀφέμενος τῆς ἰαμβικῆς ἰδέας καθόλου ποιεῖν λόγους καὶ μύθους.

Deinolochos.

105. Suidas: Δεινόλοχος, Συρακούσιος, ἢ Ἀκραγαντῖνος, κωμικός. ἦν ἐπὶ τῆς ογ' ὀλυμπιάδος, υἱὸς Ἐπιχάρμου· ὡς δέ τινες, μαθητής. ἐδίδαξε δράματα ιδ' Δωρίδι διαλέκτῳ.

Phormis or Phormos.

106. Suidas: Φόρμος, Συρακούσιος, κωμικός, σύγχρονος Ἐπιχάρμῳ, οἰκεῖος δὲ Γέλωνι τῷ τυράννῳ Σικελίας καὶ τροφεὺς τῶν παίδων αὐτοῦ. ἔγραψε δράματα ζ', ἅ ἐστι ταῦτα· Ἄδμητος, Ἀλκίνους, Ἀλκυόνες, Ἰλίου πόρθησις, Ἵππος, Κηφεὺς ἢ Κεφάλαια, Περσεύς. ἐχρήσατο δὲ πρῶτος ἐνδύματι ποδήρει καὶ σκηνῇ δερμάτων φοινικῶν. μέμνηται δὲ καὶ ἑτέρου δράματος Ἀθηναῖος ἐν τοῖς Δειπνοσοφισταῖς (xiv. 652 A), Ἀταλάντης.

107. Arist. *Poet.* v. 3. See above 104.

108. Paus. v. 27. 1: Ἐν δὲ αὐτοῖς καὶ τὰ ἀνατεθέντα ἐστὶν ὑπὸ τοῦ Μαιναλίου Φόρμιδος, ὃς ἐκ Μαινάλου διαβὰς ἐς Σικελίαν παρὰ Γέλωνα τὸν Δεινομένους, καὶ ἐκείνῳ τε αὐτῷ καὶ Ἱέρωνι ὕστερον ἀδελφῷ τοῦ Γέλωνος ἐς τὰς στρατείας ἀποδεικνύμενος λαμπρὰ ἔργα, ἐς τοσοῦτο προῆλθεν εὐδαιμονίας ὡς ἀναθεῖναι μὲν ταῦτα ἐς Ὀλυμπίαν, ἀναθεῖναι δὲ καὶ τῷ Ἀπόλλωνι ἄλλα ἐς Δελφούς. (2) τὰ δὲ ἐς Ὀλυμπίαν δύο τέ εἰσιν ἵπποι καὶ ἡνίοχοι δύο, ἑκατέρῳ τῶν ἵππων παρεστὼς ἀνὴρ ἡνίοχος. ὁ μὲν δὴ πρότερος τῶν ἵππων καὶ ὁ ἀνὴρ Διονυσίου τοῦ Ἀργείου, τὰ δεύτερα δὲ ἔργα

ἐστὶν Αἰγινήτου Σίμωνος. τῷ προτέρῳ δὲ τῶν ἵππων ἐπίγραμμα ἔπεστιν ἐπὶ τῇ πλευρᾷ, τὰ πρῶτα οὐ σὺν μέτρῳ· λέγει γὰρ δὴ οὕτω·

Φόρμις ἀνέθηκεν
Ἀρκὰς Μαινάλιος, νῦν δὲ Συρακόσιος.

(3) οὗτός ἐστιν ὁ ἵππος ὅτῳ καὶ τὸ ἱππομανὲς λόγῳ τῷ Ἠλείων ἐγκεῖται. δῆλα δὲ καὶ ἄλλα ἐς τιμὴν ἀνδρὸς μάγου σοφίᾳ γενέσθαι συμβαίνοντα τῷ ἵππῳ. μέγεθος μὲν ἢ εἶδος ἵππων ἀποδεῖ πολλῷ, ὅσοι τῆς Ἄλτεως ἐντὸς ἑστήκασι· πρὸς δὲ ἀποκέκοπταί τε τὴν οὐρὰν καὶ ἔστιν ἐπὶ τῷ τοιῷδε ἔτι αἰσχίων κ.τ.λ. . . . (7) ἔστι δὲ ἐν τοῖς ἀναθήμασι τούτοις καὶ αὐτὸς ὁ Φόρμις ἀνδρὶ ἀνθεστηκὼς πολεμίῳ, καὶ ἐφεξῆς ἑτέρῳ καὶ τρίτῳ γε αὖθις μάχεται. γέγραπται δὲ ἐπὶ τούτοις τὸν στρατιώτην μὲν τὸν μαχόμενον Φόρμιν εἶναι τὸν Μαινάλιον, τὸν δὲ ἀναθέντα Συρακόσιον Λυκόρταν· δῆλα δὲ ὡς οὗτος ὁ Λυκόρτας κατὰ φιλίαν ἀναθείη τοῦ Φόρμιδος. τὰ δὲ ἀναθήματα τοῦ Λυκόρτα καλεῖται Φόρμιδος καὶ ταῦτα ὑπὸ Ἑλλήνων.

This passage may refer to another person.

Xenophanes the Eleatic.

109. Clem. *Strom.* i. 353 P., 130 S.: Τῆς δὲ Ἐλεατικῆς ἀγωγῆς Ξενοφάνης ὁ Κολοφώνιος κατάρχει, ὅν φησι Τίμαιος κατὰ Ἱέρωνα τὸν Σικελίας δυνάστην καὶ Ἐπίχαρμον τὸν ποιητὴν γεγονέναι, Ἀπολλόδωρος δὲ κατὰ τὴν τεσσαρακοστὴν ὀλυμπιάδα γενόμενον παρατετακέναι ἄχρι τῶν Δαρείου τε καὶ Κύρου χρόνων.

110. Diog. Laert. ix. 18: Ξενοφάνης Δεξίου ἤ, ὡς Ἀπολλόδωρος, Ὀρθομένους Κολοφώνιος. . . . οὗτος ἐκπεσὼν τῆς πατρίδος ἐν Ζάγκλῃ τῆς Σικελίας διέτριβε καὶ ἐν Κατάνῃ.

111. [Plut.] *Apophth. reg.* Hier. 4 (*Eth.* 175 C): Πρὸς δὲ Ξενοφάνην τὸν Κολοφώνιον εἰπόντα μόλις οἰκέτας δύο τρέφειν "ἀλλ' Ὅμηρος" εἶπεν, "ὃν σὺ διασύρεις, πλείονας ἢ μυρίους τρέφει τεθνηκώς."

Hieron's Dedications at Olympia, &c.

112. Paus. viii. 42. 8 (see above **4**): (9) Ὀνάτα καὶ ταῦτα ποιήματα, καὶ ἐπιγράμματα ἐν Ὀλυμπίᾳ, τὸ μὲν ὑπὲρ τοῦ ἀναθήματός ἐστιν αὐτῶν·

Σόν ποτε νικήσας, Ζεῦ Ὀλύμπιε, σεμνὸν ἀγῶνα
τεθρίππῳ μὲν ἅπαξ, μουνοκέλητι δὲ δίς,
δῶρ' Ἱέρων τάδε σοι ἐχαρίσσατο· παῖς δ' ἀνέθηκε
Δεινομένης πατρὸς μνῆμα Συρακοσίου.

(10) τὸ δὲ ἕτερον λέγει τῶν ἐπιγραμμάτων·

Υἱὸς μέν με Μίκωνος Ὀνάτας ἐξετέλεσσεν
νάσῳ ἐν Αἰγίνῃ δώματα ναιετάων.

113. *Id.* vi. 12. 1: Πλησίον δὲ ἅρμα τέ ἐστι χαλκοῦν καὶ ἀνὴρ ἀναβεβηκὼς ἐπ' αὐτό, κέλητες δὲ ἵπποι παρὰ τὸ ἅρμα εἰς ἑκατέρωθεν ἕστηκε, καὶ ἐπὶ τῶν ἵππων καθέζονται παῖδες. [See above **5.**] . . . ἔργα δέ, τὸ μὲν Ὀνάτα τοῦ Αἰγινήτου τὸ ἅρμα, Καλάμιδος δὲ οἱ ἵπποι τε οἱ ἑκατέρωθεν καὶ ἐπ' αὐτῶν εἰσὶν οἱ παῖδες.

His Dedication at Delphoi.

114. Athen. vi. 231 f: Λέγει δ' οὕτως ὁ Θεόπομπος (*fr.* 219 *F. H. G.* i. 314). . . . (232 a): Ἱέρων δ' ὁ Συρακόσιος βουλόμενος ἀναθεῖναι τῷ θεῷ τὸν τρίποδα καὶ τὴν Νίκην ἐξ ἀπέφθου χρυσοῦ ἐπὶ πολὺν χρόνον ἀπορῶν χρυσίου ἔπεμψε τοὺς ἀναζητήσοντας εἰς τὴν Ἑλλάδα· οἵτινες μόλις ποτ' εἰς Κόρινθον ἀφικόμενοι καὶ ἐξιχνεύσαντες εὗρον παρ' Ἀρχιτέλει τῷ Κορινθίῳ, κ.τ.λ.

See above **23–26.**

Akragas after the Karthaginian War.

115. Diod. xi. 25. 2: Αἱ δὲ πόλεις εἰς πέδας κατέστησαν τοὺς διαιρεθέντας αἰχμαλώτους, καὶ τὰ δημόσια τῶν ἔργων διὰ τούτων ἐπεσκεύαζον. πλείστους δὲ λαβόντες Ἀκραγαντῖνοι τήν τε πόλιν αὑτῶν καὶ τὴν χώραν ἐκόσμησαν· τοσοῦτον γὰρ παρ' αὐτοῖς τῶν ἡλωκότων ἦν τὸ πλῆθος, ὥστε πολλοὺς τῶν ἰδιωτῶν παρ' αὐτοῖς ἔχειν δεσμώτας πεντακοσίους. συνεβάλετο γὰρ αὐτοῖς πρὸς τὸ πλῆθος τῶν αἰχμαλώτων οὐ μόνον ὅτι πολλοὺς στρατιώτας ἀπεσταλκότες ἦσαν ἐπὶ τὴν μάχην, ἀλλὰ καὶ διότι γενομένης τῆς τροπῆς πολλοὶ τῶν φευγόντων εἰς τὴν μεσόγειον ἀνεχώρησαν, μάλιστα δὲ εἰς τὴν Ἀκραγαντίνων, ὧν ἁπάντων ὑπὸ τῶν Ἀκραγαντίνων ζωγρηθέντων ἔγεμεν ἡ πόλις τῶν ἑαλωκότων. (3) πλείστων δὲ εἰς τὸ δημόσιον ἀνενεχθέντων, οὗτοι μὲν τοὺς λίθους ἔτεμνον, ἐξ ὧν οὐ μόνον οἱ μέγιστοι τῶν θεῶν ναοὶ κατεσκευάσθησαν, ἀλλὰ καὶ πρὸς τὰς τῶν ὑδάτων ἐκ τῆς πόλεως ἐκροὰς ὑπόνομοι κατεσκευάσθησαν τηλικοῦτοι τὸ μέγεθος, ὥστε ἀξιοθέατον εἶναι τὸ κατασκεύασμα, καίπερ διὰ τὴν εὐτέλειαν καταφρονούμενον. ἐπιστάτης δὲ γενόμενος τούτων τῶν ἔργων ὁ προσαγορευόμενος Φαίαξ διὰ τὴν δόξαν τοῦ κατασκευάσματος ἐποίησεν ἀφ' ἑαυτοῦ κληθῆναι τοὺς ὑπονόμους φαίακας. (4) κατεσκεύασαν δὲ οἱ Ἀκραγαντῖνοι καὶ κολυμβήθραν πολυτελῆ, τὴν περίμετρον ἔχουσαν σταδίων ἑπτά, τὸ δὲ βάθος πηχῶν εἴκοσι. εἰς δὲ ταύτην ἐπαγομένων ποταμίων καὶ κρηναίων ὑδάτων ἰχθυοτροφεῖον ἐγένετο, πολλοὺς παρεχόμενον ἰχθῦς εἰς τροφὴν καὶ ἀπόλαυσιν· κύκνων τε πλείστων εἰς αὐτὴν καταπταμένων συνέβη τὴν πρόσοψιν αὐτῆς ἐπιτερπῆ γενέσθαι. ἀλλ' αὕτη μὲν ἐν τοῖς ὕστερον χρόνοις ἀμεληθεῖσα συνεχώσθη καὶ διὰ τὸ πλῆθος τοῦ χρόνου κατεφθάρη, (5) τὴν δὲ χώραν ἅπασαν ἀγαθὴν οὖσαν ἀμπελόφυτον ἐποίησαν καὶ δένδρεσι παντοίοις πεπυκνωμένην, ὥστε λαμβάνειν ἐξ αὐτῆς μεγάλας προσόδους.

See also **149** below.

Hieron's Police-system and the Disaffection among his Subjects.

116. Arist. *Pol.* viii. (v.) ix. (11.) 3. 1313 b 11: Καὶ τὸ μὴ λανθάνειν πειρᾶσθαι ὅσα τυγχάνει τις λέγων ἢ πράττων τῶν ἀρχομένων, ἀλλ' εἶναι κατασκόπους, οἷον περὶ Συρακουσίους αἱ ποταγωγίδες καλούμεναι καὶ τοὺς ὠτακουστάς, οὓς ἐξέπεμπεν ὁ Ἱέρων, ὅπου τις εἴη συνουσία καὶ σύλλογος.

117. Plut. *Dion* 28: Οἱ δὲ πολλοὶ τοῖς τυράννου φίλοις ἐπετίθεντο καὶ συνήρπαζον τοὺς καλουμένους προσαγωγίδας, ἀνθρώπους ἀνοσίους καὶ θεοῖς ἐχθρούς, οἳ περιενόστουν ἐν τῇ πόλει καταμεμιγμένοι τοῖς Συρακουσίοις πολυπραγμονοῦντες καὶ διαγγέλλοντες τῷ τυράννῳ τάς τε διανοίας καὶ τὰς φωνὰς ἑκάστων.

118. Plut. *de curiosit.* 16 (*Eth.* 522 F): Καίτοι γε τοὺς τυράννους, οἷς ἀνάγκη πάντα γιγνώσκειν, ἐπαχθεστάτους ποιεῖ τὸ τῶν λεγομένων ὤτων καὶ προσαγωγέων γένος. ὠτακουστὰς μὲν οὖν πρῶτος ἔσχεν ὁ νέος Δαρεῖος . . . τοὺς δὲ προσαγωγίδας οἱ Διονύσιοι τοῖς Συρακοσίοις κατέμιξαν.

119. Diod. xi. 67. 3: Τὴν δὲ βασιλείαν διαδεξάμενος Ἱέρων ὁ πρεσβύτατος τῶν ἀδελφῶν οὐχ ὁμοίως ἦρχε τῶν ὑποτεταγμένων· (4) ἦν γὰρ καὶ φιλάργυρος καὶ βίαιος καὶ καθόλου τῆς ἁπλότητος καὶ καλοκἀγαθίας [τἀδελφοῦ] ἀλλοτριώτατος. διὸ καὶ πλειονές τινες ἀφίστασθαι βουλόμενοι παρακατέσχον τὰς ἰδίας ὁρμὰς διὰ τὴν Γέλωνος δόξαν καὶ τὴν εἰς τοὺς ἅπαντας Σικελιώτας εὔνοιαν.

120. Athen. vi. 236 A (Ἐπίχαρμος ἐν Ἐλπίδι ἢ Πλούτῳ, *fr.* 2 Lor.):

αἴ κα δ' ἐντύχω τοῖς περιπόλοις,
τοῦθ' οἷον ἀγαθὸν ἐπιλέγω τοῖς θεοῖς, ὅτι
οὐ λῶντι πλεῖον, ἀλλὰ μαστιγῶντί με.

121. Walz, *Rhet. Gr.* iv. p. 11 = *Proleg. in Hermog.* 5: Μετὰ θάνατον τοῦ Γέλωνος ἐτυράννησεν Ἱέρων, οἱ δὲ λέγουσιν ὁ ἀδελφὸς αὐτοῦ, ἄλλοι λέγουσιν ὁ υἱὸς αὐτοῦ. παρεδυνάστευσε δὲ τούτῳ Κόραξ τις. οὗτος ὁ Κόραξ, ὅπερ ἂν ἐβούλετο παρὰ τῷ βασιλεῖ, μεγάλως ἠκούετο. μετὰ θάνατον τούτου τοῦ Ἱέρωνος τυραννεῖσθαι οὐκέτι ἤθελον οἱ Συρακούσσιοι. λέγεται γὰρ ὅτι τοσοῦτον ὠμότητι ἐχρήσατο κατ' αὐτῶν, ὥστε προστάξαι τοῖς Συρακουσσίοις μηδὲ φθέγγεσθαι τὸ παράπαν, ἀλλὰ διὰ ποδῶν καὶ χειρῶν καὶ ὀμμάτων σημαίνειν τὰ πρόσφορα. καὶ ὧν ἄν τις ἐν χρείᾳ γένοιτο, ἔνθεν καὶ τὴν ὀρχηστικὴν λαβεῖν τὰς ἀρχάς· τῷ γὰρ ἀποκεκλεῖσθαι λόγου τοὺς Συρακουσσίους ἐμηχανῶντο σχήματι δεικνύειν τὰ πράγματα· δεδιὼς οὖν ὁ τῶν Συρακουσσίων δῆμος μήπως εἰς ὅμοιον ἐμπέσοι τύραννον, οὐκέτι τυράννῳ τὰ πράγματα κατεπίστευσαν. λοιπὸν ἐγίνετο δημοκρατία πάλιν ἐν τοῖς Συρακουσσίοις.

Pindar's Eulogies of Hieron.

122. Pind. *Ol.* i. 10 (16):

Ἐς ἀφνεὰν ἱκομένους
μάκαιραν Ἱέρωνος ἑστίαν,
θεμιστεῖον ὃς ἀμφέπει σκᾶπτον ἐν πολυμάλῳ
Σικελίᾳ, δρέπων μὲν κορυφὰς ἀρετᾶν ἀπὸ πασᾶν,
ἀγλαΐζεται δὲ καὶ
μουσικᾶς ἐν ἀώτῳ κ.τ.λ.

123. *Ibid.* vi. 92 (156):

Εἶπον δὲ μεμνᾶσθαι Συρακοσσᾶν τε καὶ Ὀρτυγίας·
τὰν Ἱέρων καθαρῷ σκάπτῳ διέπων,
ἄρτια μηδόμενος, φοινικόπεζαν
ἀμφέπει Δάματρα κ.τ.λ.

124. *Id. Pyth.* iii. 68 (120):

Καί κεν ἐν ναυσὶν μόλον Ἰονίαν τέμνων θάλασσαν
Ἀρέθουσαν ἐπὶ κράναν παρ' Αἰτναῖον ξένον,
ὃς Συρακόσσαισι νέμει βασιλεὺς
πραῢς ἀστοῖς, οὐ φθονέων ἀγαθοῖς, ξείνοις δὲ θαυμαστὸς πατήρ.

Cf. *ibid.* ii. 58 (109).

Hieron's Disease.

Plut. *Pyth. or.* 19 (*Eth.* 403 C). See above **34**.

125. Pind. *Pyth.* i. 46 (88):

Εἰ γὰρ ὁ πᾶς χρόνος ὄλβον μὲν οὕτω καὶ κτεάνων δόσιν
εὐθύνοι, καμάτων δ' ἐπίλασιν παράσχοι.

Schol. *ad* v. 89. See above **33**.

Compared to Philoktetes.

126. Pind. *Pyth.* i. 50 (96):

Νῦν γε μὰν τὰν Φιλοκτήταο δίκαν ἐφέπων
ἐστρατεύθη· σὺν δ' ἀνάγκᾳ νιν φίλον
καί τις ἐὼν μεγαλάνωρ ἔσανεν· φαντὶ δὲ Λαμνόθεν ἕλκει τειρόμενον μεταναάσσοντας ἐλθεῖν
ἥρωας ἀντιθέους Ποίαντος υἱὸν τοξόταν·
ὃς Πριάμοιο πόλιν πέρσεν, τελεύτασέν τε πόνους Δαναοῖς,
ἀσθενεῖ μὲν χρωτὶ βαίνων, ἀλλὰ μοιρίδιον ἦν.
οὕτω δ' Ἱέρωνι θεὸς ὀρθωτὴρ πέλοι
τὸν προσέρποντα χρόνον, ὧν ἔραται, καιρὸν διδούς.

127. Schol. *ad* v. 96: Ἐπὶ δὲ τοῦ παρόντος τὸν Φιλοκτήτου τρόπον ὁ Ἱέρων μετερχόμενος ἐστρατεύθη καὶ τὴν μάχην ἐνίκησε. φορείῳ δὲ φερόμενος ὁ Ἱέρων διὰ τὴν λιθουρίαν κατηγωνίζετο τοὺς ἐναντίους.

Akragas.

Death of Theron. Succession and fall of Thrasydaios.

128. Diod. xi. 53: Μετὰ δὲ ταῦτα Ἀθήνησι μὲν ἦρχε Χάρης, . . . ἤχθη δὲ παρ' Ἠλείοις ὀλυμπιὰς ἑβδομηκοστὴ καὶ ἑβδόμη, καθ' ἣν ἐνίκα στάδιον Δάνδης Ἀργεῖος. ἐπὶ δὲ τούτων κατὰ μὲν τὴν Σικελίαν Θήρων ὁ Ἀκραγαντίνων δυνάστης ἐτελεύτησεν ἄρξας ἔτη δέκα καὶ ἕξ, τὴν δὲ ἀρχὴν διεδέξατο Θρασυδαῖος ὁ υἱός. (2) ὁ μὲν οὖν Θήρων τὴν ἀρχὴν ἐπιεικῶς διῳκηκώς, καὶ ζῶν μεγάλης ἀποδοχῆς ἐτύγχανε παρὰ τοῖς πολίταις καὶ τελευτήσας ἡρωικῶν ἔτυχε τιμῶν, ὁ δὲ υἱὸς αὐτοῦ καὶ ζῶντος ἔτι τοῦ πατρὸς βίαιος ἦν καὶ φονικὸς καὶ τελευτήσαντος ἦρχε τῆς πατρίδος παρανόμως καὶ τυραννικῶς. (3) διὸ καὶ ταχέως ἀπιστηθεὶς ὑπὸ τῶν ὑποτεταγμένων διετέλεσεν ἐπιβουλευόμενος καὶ βίον ἔχων μισούμενον· ὅθεν ταχέως τῆς ἰδίας παρανομίας οἰκείαν ἔσχε τὴν τοῦ βίου καταστροφήν. μετὰ γὰρ τὴν τοῦ πατρὸς Θήρωνος τελευτὴν πολλοὺς μισθοφόρους ἀθροίσας καὶ τῶν Ἀκραγαντίνων καὶ Ἱμεραίων προσκαταλέξας, τοὺς ἅπαντας ἤθροισεν ὑπὲρ τοὺς δισμυρίους ἱππεῖς καὶ πεζούς. (4) μετὰ δὲ τούτων μέλλοντος αὐτοῦ πολεμεῖν τοῖς Συρακοσίοις, Ἱέρων ὁ βασιλεὺς παρασκευασάμενος δύναμιν ἀξιόλογον ἐστράτευσεν ἐπὶ τὸν Ἀκράγαντα. γενομένης δὲ μάχης ἰσχυρᾶς πλεῖστοι [τῶν] παραταξαμένων Ἑλλήνων πρὸς Ἕλληνας ἔπεσον. (5) τῇ μὲν οὖν μάχῃ ἐπροτέρησαν οἱ Συρακόσιοι, κατεκόπησαν δὲ τῶν μὲν Συρακοσίων εἰς δισχιλίους, τῶν δὲ ἄλλων ὑπὲρ τοὺς τετρακισχιλίους. μετὰ δὲ ταῦτα Θρασυδαῖος μὲν ταπεινωθεὶς ἐξέπεσεν ἐκ τῆς ἀρχῆς, καὶ φυγὼν εἰς Μεγαρεῖς τοὺς Νισαίους καλουμένους, ἐκεῖ θανάτου καταγνωσθεὶς ἐτελεύτησεν· οἱ δ' Ἀκραγαντῖνοι κομισάμενοι τὴν δημοκρατίαν, διαπρεσβευσάμενοι πρὸς Ἱέρωνα τῆς εἰρήνης ἔτυχον.

Thrasydaios' tyranny at Himera.

Diod. xi. 48. 6. See above **39.**

Hieron's part in the struggle with Thrasydaios.

Pind. *Pyth.* i. 50 (96). See above **126.**

The political state of Akragas.

See below **166–169.**

Himera becomes independent.

129. Pind. *Ol.* xii. (not before B.C. 470/69): Ἐργοτέλει Ἱμεραίῳ.

Λίσσομαι, παῖ Ζηνὸς Ἐλευθερίου,
Ἱμέραν εὐρυσθενέ' ἀμφιπόλει, Σώτειρα Τύχα.

Coin of Himera under power of Akragas.

130. *Obv.* HIMERA Cock standing to left.
Rev. Crab in incuse circle.

AR Wt. 8·59 grammes.

[*Brit. Mus. Cat., Sicily*, Himera no. 24.]

Contemporary coin of Akragas.

131. *Obv.* AKRACA ꟾOTVΛ Eagle standing to left with closed wings.
Rev. Crab. Below A+Ǝ. The whole in incuse circle.

AR Wt. 8·83 grammes.

[*Brit. Mus. Cat., Sicily*, Agrigentum no. 25.]

Rhegion.

Hieron interferes on behalf of the children of Anaxilaos.

132. Diod. xi. 66: Ἐπ' ἄρχοντος δ' Ἀθήνησι Λυσιστράτου . . . ἐπὶ δὲ τούτων Ἱέρων ὁ τῶν Συρακοσίων βασιλεὺς τοὺς Ἀναξίλα παῖδας τοῦ γενομένου τυράννου Ζάγκλης εἰς Συρακούσας μεταπεμψάμενος μεγάλαις δωρεαῖς ἀνεμίμνησκε τῆς Γέλωνος γενομένης πρὸς τὸν πατέρα αὐτῶν εὐεργεσίας, καὶ συνεβούλευεν αὐτοῖς ἤδη τὴν ἡλικίαν ἠνδρωμένοις ἀπαιτῆσαι λόγον παρὰ Μικύθου τοῦ ἐπιτροπεύοντος, καὶ τὴν δυναστείαν αὐτοὺς παραλαβεῖν. (2) τούτων δ' ἐπανελθόντων εἰς τὸ Ῥήγιον, καὶ τὸν ἐπίτροπον λόγον ἀπαιτούντων τῶν διῳκημένων, ὁ Μίκυθος, ἀνὴρ ὢν ἀγαθός, συνήγαγε τοὺς πατρικοὺς φίλους τῶν παίδων καὶ τὸν λόγον οὕτω καθαρῶς ἀπέδωκεν, ὥστε ἅπαντας τοὺς παρόντας θαυμάζειν τήν τε δικαιοσύνην καὶ τὴν πίστιν, τοὺς δὲ παῖδας μεταμεληθέντας ἐπὶ τοῖς πραχθεῖσιν ἀξιοῦν τὸν Μίκυθον πάλιν τὴν ἀρχὴν παραλαβεῖν, καὶ πατρὸς ἐξουσίαν ἔχοντα καὶ τάξιν διοικεῖν τὰ κατὰ τὴν δυναστείαν. (3) οὐ μὴν ὁ Μίκυθός γε συνεχώρησεν, ἀλλὰ πάντα παραδοὺς ἀκριβῶς καὶ τὴν ἰδίαν οὐσίαν ἐνθέμενος εἰς πλοῖον ἐξέπλευσεν ἐκ τοῦ Ῥηγίου, προπεμπόμενος ὑπὸ τῆς τῶν ὄχλων εὐνοίας. οὗτος μὲν οὖν εἰς τὴν Ἑλλάδα κατάρας ἐν Τεγέαις τῆς Ἀρκαδίας κατεβίωσεν ἐπαινούμενος.

133. Dion. Hal. xx. 7 (19. 4): Ἀναξίλας δὲ Ῥηγίνων τὴν ἀκρόπολιν κατελάβετο, καὶ πάντα τὸν τοῦ βίου χρόνον κατασχὼν Λεόφρονι τῷ παιδὶ τὴν ἀρχὴν κατέλιπε.

Schol. Pind. *Pyth.* ii. 34. See above **54**.

Dedications of Mikythos.

134. Hdt. vii. 170.

135. Paus. v. 24. 6: Ἔστι δὲ καὶ ἄλλος Ζεὺς οὐκ ἔχων πω γένεια, κεῖται δὲ ἐν τοῖς ἀναθήμασι τοῖς Μικύθου.

136. *Ibid.* 26. 2: Τὰ δὲ ἀναθήματα Μικύθου πολλά τε ἀριθμὸν καὶ οὐκ ἐφεξῆς ὄντα εὕρισκον, ἀλλὰ Ἰφίτου μὲν τοῦ Ἠλείου καὶ Ἐκεχειρίας στεφανούσης τὸν Ἴφιτον, τούτων μὲν τῶν εἰκόνων ἔχεται τοσάδε ἀναθήματα τοῦ Μικύθου, Ἀμφιτρίτη καὶ Ποσειδῶν τε καὶ Ἑστία· Γλαῦκος δὲ ὁ ποιήσας ἐστὶν Ἀργεῖος. παρὰ δὲ τοῦ ναοῦ τοῦ μεγάλου τὴν ἐν ἀριστερᾷ πλευρὰν ἀνέθηκεν ἄλλα, Κόρην τὴν Δήμητρος καὶ Ἀφροδίτην Γανυμήδην τε καὶ Ἄρτεμιν, ποιητῶν δὲ

Ὅμηρον καὶ Ἡσίοδον, καὶ θεοὺς αὖθις Ἀσκληπιὸν καὶ Ὑγίειαν. (3) Ἀγών τε ἐν τοῖς ἀναθήμασίν ἐστι τοῖς Μικύθου φέρων ἁλτῆρας. οἱ δὲ ἁλτῆρες οὗτοι παρέχονται σχῆμα τοιόνδε· κύκλου παραμηκεστέρου καὶ οὐκ ἐς τὸ ἀκριβέστατον περιφεροῦς εἰσὶν ἥμισυ, πεποίηται δὲ ὡς καὶ τοὺς δακτύλους τῶν χειρῶν διιέναι καθάπερ δι' ὀχάνων ἀσπίδος. τούτων μὲν δὴ σχῆμά ἐστι τὸ εἰρημένον· παρὰ δὲ τοῦ Ἀγῶνος τὴν εἰκόνα Διόνυσος καὶ ὁ Θρᾷξ ἐστιν Ὀρφεὺς καὶ ἄγαλμα Διός, οὗ δὴ καὶ ὀλίγῳ πρότερον ἐπεμνήσθην. ταῦτα ἔργα ἐστὶν Ἀργείου Διονυσίου. τεθῆναι δὲ ὑπὸ τοῦ Μικύθου καὶ ἄλλα ὁμοῦ τούτοις λέγουσι, Νέρωνα δὲ ἀφελέσθαι φασὶ καὶ ταῦτα. (4) τοῖς δὲ ἐργασαμένοις αὐτά, γένος οὖσιν Ἀργείοις, Διονυσίῳ τε καὶ Γλαύκῳ, διδάσκαλόν σφισιν οὐδένα ἐπιλέγουσιν· ἡλικίαν δὲ αὐτῶν ὁ τὰ ἔργα ἐς Ὀλυμπίαν ἀναθεὶς ἐπιδείκνυσιν ὁ Μίκυθος. τὸν γὰρ δὴ Μίκυθον τοῦτον Ἡρόδοτος ἔφη ἐν τοῖς λόγοις ὡς Ἀναξίλα τοῦ ἐν Ῥηγίῳ τυραννήσαντος γενόμενος δοῦλος καὶ ταμίας τῶν Ἀναξίλα χρημάτων ὕστερον τούτων ἀπιὼν οἴχοιτο ἐς Τεγέαν τελευτήσαντος Ἀναξίλα. τὰ δὲ ἐπὶ τοῖς ἀναθήμασιν ἐπιγράμματα καὶ πατέρα Μικύθῳ Χοῖρον καὶ Ἑλληνίδας αὐτῷ πόλεις Ῥήγιόν τε πατρίδα καὶ τὴν ἐπὶ τῷ πορθμῷ Μεσσήνην δίδωσιν· οἰκεῖν δὲ τὰ μὲν ἐπιγράμματα ἐν Τεγέᾳ [οὔ] φησιν αὐτόν, τὰ δὲ ἀναθήματα ἀνέθηκεν ἐς Ὀλυμπίαν εὐχήν τινα ἐκτελῶν ἐπὶ σωτηρίᾳ παιδὸς νοσήσαντος νόσον φθινάδα.

137. Olympia, *Inschr.* 267; *I. G. A.* 532: [Μίκυθος ʽο Χοίρο Ρεγῖνος καὶ Μεσσέ]νιος, Fοικέον ἐν Τεγέει, | [τἀγάλματα τάδε θεοῖς ἀνέθεκε πᾶσι]ν καὶ θεαῖς πάσαις· | [παιδὸς δὲ νόσον φθινάδα νοσέοντος κ]αὶ χρεμάτον ʽόσσα Fοι πλεῖστα ἐγέν[ετο δυνατὸν | ἰετροῖς δαπανεθέντον, ἐς Ὀλυμπίεν] ἐλθόν, ἔπειτα εὐξάμεν|[ος - - - ἀνέθεκεν].

Letters C (γ), Ϲ (F), ⊕ (θ) ᒷ Ν + (ξ) R Ƨ ↓ (χ).

138. Cf. Olympia, *Inschr.* 268; *I. G. A.* 533 (similar inscription).

Leophron at Olympia.

139. Athen. i. 3 D: Ἀλκιβιάδης δὲ Ὀλύμπια νικήσας ἅρματι πρῶτος καὶ δεύτερος καὶ τέταρτος . . . θύσας Ὀλυμπίῳ Διὶ τὴν πανήγυριν πᾶσαν εἱστίασε. τὸ αὐτὸ ἐποίησε καὶ Λεώφρων Ὀλυμπίασιν, ἐπινίκιον γράψαντος τοῦ Κείου Σιμωνίδου (cf. Bergk, *P. L. G.*, *fr.* 7).

Death of Hieron. His successor.

140. Diod. xi. 66. 4: (Ἐπ' ἄρχοντος Ἀθήνησι Λυσιστράτου) Ἱέρων δ' ὁ τῶν Συρακοσίων βασιλεὺς ἐτελεύτησεν ἐν τῇ Κατάνῃ, καὶ τιμῶν ἡρωικῶν ἔτυχεν, ὡς ἂν κτίστης γεγονὼς τῆς πόλεως. οὗτος μὲν οὖν ἄρξας ἔτη ἕνδεκα κατέλιπε τὴν βασιλείαν Θρασυβούλῳ τῷ ἀδελφῷ, ὃς ἦρξε Συρακοσίων ἐνιαυτὸν ἕνα.

141. Schol. Pind. *Ol.* i. *inscr.*: Ἱέρωνι Συρακουσίῳ. Ἐπιγέγραπται ὁ ἐπινίκιος Ἱέρωνι τῷ Γέλωνος ἀδελφῷ νικήσαντι ἵππῳ κέλητι τὴν ογ' ὀλυμπιάδα, ἢ ὡς ἔνιοι ἅρματι. ὁ δὲ αὐτὸς καὶ τὴν οζ' νικᾷ κέλητι, τὴν δὲ οη' τεθρίππῳ. συνέβη δὲ αὐτὸν νικήσαντα τεθρίππῳ τὴν οη' ὀλυμπιάδα ἐν ταύτῃ τελευτῆσαι.

Paus. viii. 42. 8. See above **4**.

Id. vi. 12. 1. See above **5**.

Aristonoos and Chromios the legal guardians of Gelon's son.

Schol. Pind. *Nem.* ix. 95. See above **36**.

Hieron buried at Aitna.

Strab. vi. 2. 3 (268). See below **156**.

Fall of Thrasybulos.

142. Arist. *Pol.* viii. (v.) viii. (10.) 18. 1312 b 9: Ἕνα δὲ (τρόπον φθείρεται τυραννὶς) ἐξ αὑτῆς, ὅταν οἱ μετέχοντες στασιάζωσιν, ὥσπερ ἡ τῶν περὶ Γέλωνα καὶ νῦν ἡ τῶν περὶ Διονύσιον. ἡ μὲν Γέλωνος Θρασυβούλου τοῦ Ἱέρωνος ἀδελφοῦ τὸν υἱὸν τοῦ Γέλωνος δημαγωγοῦντος καὶ πρὸς ἡδονὰς ὁρμῶντος, ἵν' αὐτὸς ἄρχῃ, τῶν δὲ οἰκείων συστησάντων, ἵνα μὴ τυραννὶς ὅλως καταλυθῇ ἀλλὰ Θρασύβουλος, οἱ δὲ συστάντες αὐτῶν, ὡς καιρὸν ἔχοντες, ἐξέβαλον ἅπαντας αὐτούς.

143. *Ibid.* ix. (12.) 23. 1315 b 38. See above **2**.

144. Diod. xi. 67: Ἐπ' ἄρχοντος δ' Ἀθήνησι Λυσανίου . . . ἐπὶ δὲ τούτων Θρασύβουλος ὁ τῶν Συρακοσίων βασιλεὺς ἐξέπεσεν ἐκ τῆς ἀρχῆς, περὶ οὗ (τὰ) κατὰ μέρος ἀναγράφοντας ἡμᾶς ἀναγκαῖόν ἐστι βραχὺ τοῖς χρόνοις ἀναδραμόντες ἀπ' ἀρχῆς ἅπαντα καθαρῶς ἐκθεῖναι. (2–4, see above **30, 119.**) (5) μετὰ δὲ τὴν Ἱέρωνος τελευτὴν παραλαβὼν τὴν ἀρχὴν Θρασύβουλος ὁ ἀδελφὸς ὑπερέβαλε τῇ κακίᾳ τὸν πρὸ αὐτοῦ βασιλεύσαντα. βίαιος γὰρ ὢν καὶ φονικὸς πολλοὺς μὲν τῶν πολιτῶν ἀνῄρει παρὰ τὸ δίκαιον, οὐκ ὀλίγους δὲ φυγαδεύων ἐπὶ ψευδέσι διαβολαῖς τὰς οὐσίας εἰς τὸ βασιλικὸν ἀνελάμβανε· καθόλου δὲ μισῶν καὶ μισούμενος ὑπὸ τῶν ἀδικουμένων, μισθοφόρων πλῆθος ἐξενολόγησεν, ἀντίταγμα κατασκευάζων ταῖς πολιτικαῖς δυνάμεσιν. (6) ἀεὶ δὲ μᾶλλον τοῖς πολίταις ἀπεχθόμενος, καὶ πολλοὺς μὲν ὑβρίζων, τοὺς δὲ ἀναιρῶν, ἠνάγκασε τοὺς ἀδικουμένους ἀποστῆναι. διόπερ οἱ Συρακόσιοι προστησάμενοι τοὺς ἡγησομένους ὥρμησαν ἐπὶ τὴν κατάλυσιν τῆς τυραννίδος πανδημεί, καὶ συνταχθέντες ὑπὸ τῶν ἡγεμόνων ἀντείχοντο τῆς ἐλευθερίας. (7) Θρασύβουλος δὲ ὁρῶν τὴν πόλιν ὅλην ἐπ' αὐτὸν στρατευομένην, τὸ μὲν πρῶτον ἐπεχείρει λόγῳ καταπαύειν τὴν στάσιν· ὡς δ' ἑώρα τὴν ὁρμὴν τῶν Συρακοσίων ἀκατάπαυστον οὖσαν, συνήγαγεν ἔκ τε τῆς Κατάνης τοὺς κατοικισθέντας ὑφ' Ἱέρωνος καὶ τοὺς ἄλλους συμμάχους, ἔτι δὲ (καὶ) μισθοφόρων πλῆθος, ὥστε τοὺς ἅπαντας γενέσθαι σχεδὸν περὶ τοὺς μυρίους πεντακισχιλίους. (8) οὗτος μὲν οὖν τῆς πόλεως κατειληφὼς τὴν ὀνομαζομένην Ἀχραδινὴν καὶ τὴν Νῆσον ὀχυρὰν οὖσαν, καὶ ἐκ τούτων ὁρμώμενος, διεπολέμει πρὸς τοὺς ἀφεστῶτας. (68) οἱ δὲ Συρακόσιοι τὸ μὲν πρῶτον μέρος τῆς πόλεως κατελάβοντο τὴν ὀνομαζομένην Τύκην, ἐκ ταύτης δὲ ὁρμώμενοι πρεσβευτὰς ἀπέστειλαν εἰς Γέλαν καὶ Ἀκράγαντα καὶ Σελινοῦντα, πρὸς δὲ τούτοις εἰς Ἱμέραν καὶ πρὸς τὰς τῶν Σικελῶν πόλεις τὰς ἐν τῇ μεσογείῳ κειμένας, ἀξιοῦντες κατὰ τάχος συνελθεῖν καὶ συνελευθερῶσαι τὰς Συρακούσας. (2) πάντων δὲ προθύμως ὑπακουόντων, καὶ συντόμως ἀποστειλάντων τῶν μὲν πεζοὺς καὶ ἱππεῖς στρατιώτας, τῶν δὲ ναῦς μακρὰς κεκοσμημένας εἰς ναυμαχίαν, ταχὺ συνήχθη δύναμις ἀξιόχρεως τοῖς Συρακοσίοις. διὸ καὶ τὰς ναῦς καταρτίσαντες οἱ Συρακόσιοι καὶ τὴν πεζὴν δύναμιν ἐκτάξαντες, ἑτοίμους ἑαυτοὺς ἀπέδειξαν καὶ πεζῇ καὶ κατὰ θάλατταν [βουλομένους] διαγωνίζεσθαι. (3) ὁ δὲ Θρασύβουλος ἐγκαταλειπόμενος ὑπὸ τῶν συμμάχων καὶ τὰς ἐλπίδας ἐν αὐτοῖς ἔχων τοῖς μισθοφόροις, τῆς μὲν Ἀχραδινῆς καὶ τῆς Νήσου κύριος ἦν, τὸ δὲ λοιπὸν μέρος τῆς πόλεως κατεῖχον οἱ Συρακόσιοι. μετὰ δὲ ταῦτα ὁ μὲν Θρασύβουλος ταῖς ναυσὶν ἐπιπλεύσας ἐπὶ τοὺς πολεμίους, καὶ λειφθεὶς τῇ ναυμαχίᾳ, συχνὰς μὲν τριήρεις ἀπέβαλε, ταῖς δ' ἄλλαις κατέφυγεν εἰς τὴν Νῆσον. (4) ὁμοίως δὲ καὶ τὴν πεζὴν δύναμιν προαγαγὼν ἐκ τῆς Ἀχραδινῆς καὶ παραταξάμενος ἐν τοῖς προαστείοις ἡττήθη, καὶ πολλοὺς ἀποβαλὼν ἠναγκάσθη πάλιν εἰς τὴν Ἀχραδινὴν ἀποχωρῆσαι. τέλος δὲ ἀπογνοὺς τὴν τυραννίδα διεπρεσβεύσατο πρὸς τοὺς Συρακοσίους, καὶ συνθέμενος τὰ πρὸς αὐτοὺς ὑπόσπονδος ἀπῆλθεν εἰς Λοκρούς. (5) οἱ δὲ Συρακόσιοι τοῦτον τὸν τρόπον ἐλευθερώσαντες τὴν πατρίδα τοῖς μὲν μισθοφόροις συνεχώρησαν ἀπελθεῖν ἐκ τῶν Συρακουσῶν, τὰς δὲ ἄλλας πόλεις τὰς τυραννουμένας ἢ φρουρὰς ἐχούσας ἐλευθερώσαντες ἀποκατέστησαν ταῖς πόλεσι τὰς δημοκρατίας. (6) ἀπὸ δὲ τούτων τῶν χρόνων εἰρήνην ἔχουσα πολλὴν ἐπίδοσιν ἔλαβε πρὸς εὐδαιμονίαν, καὶ διεφύλαξε τὴν δημοκρατίαν ἔτη σχεδὸν ἑξήκοντα μέχρι τῆς Διονυσίου τυραννίδος. (7) Θρασύβουλος δὲ καλῶς θεμελιωθεῖσαν βασιλείαν παραλαβών, διὰ τὴν ἰδίαν κακίαν αἰσχρῶς ἀπέβαλε τὴν ἀρχήν, καὶ φυγὼν εἰς Λοκροὺς ἐνταῦθα τὸν λοιπὸν χρόνον ἰδιωτεύων κατεβίωσεν.

Connexion of Lokroi with the Syrakusan Tyrants.

Schol. Pind. *Pyth.* ii. 34 and i. 98. See above **54** and **56**.

145. Eusebius (*Sync.* 483. 15): Σικελίας δημοκρατία. Hieron. *Ol.* 79. 3: Sicilia a populo regebatur. Vers. Arm. *Ol.* 79. 2: In Sicilia democratiam habuerunt.

Syrakuse after the expulsion of Thrasybulos.

146. Diod. xi. 72: (Ἐπ' ἄρχοντος Ἀθήνησι Τληπολέμου) κατὰ δὲ τὴν Σικελίαν ἄρτι καταλελυμένης τῆς ἐν ταῖς Συρακούσαις τυραννίδος καὶ πασῶν τῶν κατὰ τὴν νῆσον πόλεων ἠλευθερωμένων, πολλὴν ἐπίδοσιν ἐλάμβανεν ἡ σύμπασα Σικελία πρὸς εὐδαιμονίαν. εἰρήνην γὰρ ἔχοντες οἱ Σικελιῶται καὶ χώραν ἀγαθὴν νεμόμενοι, διὰ τὸ πλῆθος τῶν καρπῶν ταχὺ ταῖς οὐσίαις ἀνέτρεχον καὶ τὴν χώραν ἐπλήρωσαν οἰκετῶν καὶ κτηνῶν καὶ τῆς ἄλλης εὐδαιμονίας, μεγάλας μὲν λαμβάνοντες προσόδους, οὐδὲν δὲ εἰς τοὺς εἰωθότας πολέμους ἀναλίσκοντες. (2) μετὰ δὲ ταῦτα πάλιν εἰς πολέμους καὶ στάσεις ἐνέπεσον διὰ τοιαύτας τινὰς αἰτίας. καταλύσαντες τὴν Θρασυβούλου τυραννίδα συνήγαγον ἐκκλησίαν, καὶ περὶ τῆς ἰδίας δημοκρατίας βουλευσάμενοι πάντες ὁμογνωμόνως ἐψηφίσαντο Διὸς μὲν Ἐλευθερίου κολοττιαῖον ἀνδριάντα κατασκευάσαι, κατ' ἐνιαυτὸν δὲ θύειν ἐλευθέρια καὶ ἀγῶνας ἐπιφανεῖς ποιεῖν κατὰ τὴν αὐτὴν ἡμέραν, ἐν ᾗ τὸν τύραννον καταλύσαντες ἠλευθέρωσαν τὴν πατρίδα· θύειν δ' ἐν τοῖς ἀγῶσι τοῖς θεοῖς ταύρους τετρακοσίους καὶ πεντήκοντα, καὶ τούτους δαπανᾶν εἰς τὴν τῶν πολιτῶν εὐωχίαν· (3) τὰς δὲ ἀρχὰς ἁπάσας τοῖς ἀρχαίοις πολίταις ἀπένεμον· τοὺς δὲ ξένους τοὺς ἐπὶ τοῦ Γέλωνος πολιτευθέντας οὐκ ἠξίουν μετέχειν ταύτης τῆς τιμῆς, εἴτε οὐκ ἀξίους κρίναντες, εἴτε καὶ ἀπιστοῦντες μήποτε συντεθραμμένοι τυραννίδι καὶ μονάρχῳ συνεστρατευμένοι νεωτερίζειν ἐπιχειρήσωσιν· ὅπερ καὶ συνέβη γενέσθαι. τοῦ γὰρ Γέλωνος πλείονας τῶν μυρίων πολιτογραφήσαντος ξένους μισθοφόρους, ἐκ τούτων περιελείποντο πλείους τῶν ἑπτακισχιλίων κατὰ τοὺς ὑποκειμένους καιρούς. (73) οὗτοι τῆς ἐκ τῶν ἀρχαιρεσιῶν τιμῆς ἀπελαυνόμενοι χαλεπῶς ἔφερον, καὶ συμφρονήσαντες ἀπέστησαν τῶν Συρακοσίων καὶ τῆς πόλεως κατελάβοντο τήν τε Ἀχραδινὴν καὶ τὴν Νῆσον, ἀμφοτέρων τῶν τόπων τούτων ἐχόντων ἴδιον τεῖχος καλῶς κατεσκευασμένον. (2) οἱ δὲ Συρακόσιοι πάλιν ἐμπεσόντες εἰς ταραχὴν τὸ λοιπὸν τῆς πόλεως κατεῖχον, καὶ τὸ πρὸς τὰς Ἐπιπολὰς τετραμμένον αὐτῆς ἀπετείχισαν καὶ πολλὴν ἀσφάλειαν ἑαυτοῖς κατεσκεύασαν· εὐθὺς γὰρ τῆς ἐπὶ τὴν χώραν ἐξόδου τοὺς ἀφεστηκότας εὐχερῶς εἶργον καὶ ταχὺ τῶν ἐπιτηδείων ἐποίησαν ἀπορεῖν. (3) οἱ δὲ ξένοι τοῖς μὲν πλήθεσιν ἐλείποντο τῶν Συρακοσίων, ταῖς δὲ ἐμπειρίαις ταῖς κατὰ πόλεμον πολὺ προεῖχον· διὸ καὶ γινομένων κατὰ τὴν πόλιν ἐπιθέσεων καὶ κατὰ μέρος συμπλοκῶν, ταῖς μὲν μάχαις οἱ ξένοι ἐπροτέρουν, εἰργόμενοι δὲ τῆς χώρας ἐλείποντο ταῖς παρασκευαῖς καὶ τροφῆς ἐσπάνιζον. καὶ τὰ μὲν κατὰ τὴν Σικελίαν ἐν τούτοις ἦν.

147. *Ibid.* 76: Κατὰ δὲ τὴν Σικελίαν (ἐπ' ἄρχοντος Ἀθήνησιν Εὐθίππου) Συρακόσιοι μὲν πολεμοῦντες τοῖς ἀφεστηκόσι ξένοις συνεχεῖς προσβολὰς ἐποιοῦντο τῇ τε Ἀχραδινῇ καὶ τῇ Νήσῳ, καὶ ναυμαχίᾳ μὲν ἐνίκησαν τοὺς ἀποστάντας, πεζῇ δ' οὐκ ἴσχυον ἐκβαλεῖν ἐκ τῆς πόλεως διὰ τὴν ὀχυρότητα τῶν τόπων. (2) μετὰ δὲ ταῦτα παρατάξεως γενομένης ἐπὶ τῆς χώρας, καὶ τῶν ἀγωνιζομένων παρ' ἀμφοτέροις ἐκθύμως κινδυνευόντων, πεσεῖν συνέβη οὐκ ὀλίγους παρ' ἀμφοτέροις, νικῆσαι δὲ τοὺς Συρακοσίους. μετὰ δὲ τὴν μάχην οἱ Συρακόσιοι τοὺς μὲν ἐπιλέκτους, ὄντας ἑξακοσίους, αἰτίους γενομένους τῆς νίκης, ἐστεφάνωσαν ἀριστεῖα δόντες ἀργυρίου μνᾶν ἑκάστῳ.

148. Arist. *Pol.* viii. (v.) ii. (3.) 11. 1303 a 38: Καὶ Συρακούσιοι μετὰ τὰ τυραννικὰ τοὺς ξένους καὶ τοὺς μισθοφόρους πολίτας ποιησάμενοι ἐστασίασαν καὶ εἰς μάχην ἦλθον.

Revival of the Prosperity of Sicily.

Diod. xi. 68. 6. See above **144**.
Ibid. 72. 1. See above **146**.

Restoration of Property.

Cic. *Brutus*, xii. 46. See below **204**.

Akragas: *Temple of Zeus and other works.*

149. Diod. xiii. 82: Ἥ τε γὰρ τῶν ἱερῶν κατασκευὴ καὶ μάλιστα ὁ τοῦ Διὸς νεὼς ἐμφαίνει τὴν μεγαλοπρέπειαν τῶν τότε ἀνθρώπων· τῶν μὲν οὖν ἄλλων ἱερῶν τὰ μὲν κατεκαύθη, τὰ δὲ τελείως κατεσκάφη διὰ τὸ πολλάκις ἡλωκέναι τὴν πόλιν, τὸ δ' Ὀλύμπιον μέλλον λαμβάνειν τὴν ὀροφὴν ὁ πόλεμος ἐκώλυσεν· ἐξ οὗ τῆς πόλεως κατασκαφείσης οὐδέποτε ὕστερον ἴσχυσαν Ἀκραγαντῖνοι τέλος ἐπιθεῖναι τοῖς οἰκοδομήμασιν. (2) ἔστι δὲ ὁ νεὼς ἔχων τὸ μὲν μῆκος πόδας τριακοσίους τεσσαράκοντα, τὸ δὲ πλάτος ἑξήκοντα, τὸ δὲ ὕψος ἑκατὸν εἴκοσι χωρὶς τοῦ κρηπιδώματος. μέγιστος δ' ὢν τῶν ἐν Σικελίᾳ καὶ τοῖς ἐκτὸς οὐκ ἀλόγως ἂν συγκρίνοιτο κατὰ τὸ μέγεθος τῆς ὑποστάσεως· καὶ γὰρ εἰ μὴ τέλος λαβεῖν συνέβη τὴν ἐπιβολήν, ἥ γε προαίρεσις ὑπάρχει φανερά. (3) τῶν δ' ἄλλων ἢ μέχρι τοίχων τοὺς νεὼς οἰκοδομούντων ἢ κύκλῳ κίοσι τοὺς σηκοὺς περιλαμβανόντων, οὗτος ἑκατέρας τούτων μετέχει τῶν ὑποστάσεων. συνῳκοδομοῦντο γὰρ τοῖς τοίχοις οἱ κίονες, ἔξωθεν μὲν στρογγύλοι, τὸ δ' ἐντὸς τοῦ νεὼ ἔχοντες τετράγωνον· καὶ τοῦ μὲν ἐκτὸς μέρους ἐστὶν αὐτῶν ἡ περιφέρεια ποδῶν εἴκοσι, καθ' ἣν εἰς τὰ διαξύσματα δύναται ἀνθρώπινον ἐναρμόζεσθαι σῶμα, τὸ δ' ἐντὸς ποδῶν δώδεκα. (4) τῶν δὲ στοῶν τὸ μέγεθος καὶ τὸ ὕψος ἐξαίσιον ἐχουσῶν, ἐν μὲν τῷ πρὸς ἕω μέρει τὴν γιγαντομαχίαν ἐποιήσαντο γλυφαῖς καὶ τῷ μεγέθει καὶ τῷ κάλλει διαφερούσαις, ἐν δὲ τῷ πρὸς δυσμὰς τὴν ἅλωσιν τῆς Τροίας, ἐν ᾗ τῶν ἡρώων ἕκαστον ἰδεῖν ἔστιν οἰκείως τῆς περιστάσεως δεδημιουργημένον. (5) ἦν δὲ καὶ λίμνη κατ' ἐκεῖνον τὸν χρόνον ἐκτὸς τῆς πόλεως χειροποίητος, ἔχουσα τὴν περίμετρον σταδίων ἑπτά, τὸ δὲ βάθος εἴκοσι πηχῶν· εἰς ἣν ἐπαγομένων ὑδάτων ἐφιλοτέχνησαν πλῆθος ἰχθύων ἐν αὐτῇ ποιῆσαι παντοίων εἰς τὰς δημοσίας ἑστιάσεις, μεθ' ὧν συνδιέτριβον κύκνοι καὶ τῶν ἄλλων ὀρνέων πολὺ πλῆθος, ὥστε μεγάλην τέρψιν παρασκευάζειν τοῖς θεωμένοις. (6) δηλοῖ δὲ τὴν τρυφὴν αὐτῶν καὶ ἡ πολυτέλεια τῶν μνημείων, ἃ τινὰ μὲν τοῖς ἀθληταῖς ἵπποις κατεσκεύασαν, τινὰ δὲ τοῖς ὑπὸ τῶν παρθένων καὶ παίδων ἐν οἴκῳ τρεφομένοις ὀρνιθαρίοις, ἃ Τίμαιος ἑωρακέναι φησὶ μέχρι τοῦ καθ' ἑαυτὸν βίου διαμένοντα.

Cf. above **115**.

Selinus: *the Apollonion.*

150. *I. G. A.* 515:

Δι]ὰ τὸς θεὸς τό[σ]δε νικôντι τοὶ Σελινόν[τιοι·
δι]ὰ τὸν Δία νικ[ô]μες καὶ διὰ τὸν Φόβον [καὶ
δ[ιὰ] Ἑρακλέα κ[α]ὶ δι' Ἀπόλλονα καὶ διὰ [Ποτ-
ε[ιδâ]να καὶ δι[ὰ] Τυνδαρίδας καὶ δι' Ἀθ[α-
ν[ά]αν καὶ διὰ Μαλοφόρον καὶ διὰ Πασι[κ-
ρά[τ]ειαν καὶ δι[ὰ τ]ὸς ἄλλος θεός, [δ]ιὰ δ[ὲ] Δία
μά[λ]ιστ[α]. φιλί[ας] δὲ γενομένας ἐνχ[ρ]υσ-
έο[ς] ἐλά[σα]ντα[ς, τὰ δ' ὀν]ύματα ταῦτα κολ-
άψαντ[ας ἐς τὸ Ἀπ]ο[λλ]όνιον καθθέμε-
ν, τὸ Διὸ[ς προ]γρά[ψαν]τες· τὸ δὲ χρυσίον
ἐξ[έκοντα τ]αλάντον [ἔμ]εν.

Vs. 7 ff.: Φιλί[ας] δὲ γενομένας ἐν χ[ρ]υσέο[ι τ]ελα[μô]νι α[ὐτὰ τ]ὀνύματα ταῦτα κολάψαντ[ας ἐς τὸ Ἀπ]ολ[λ]όνιον καθθέμεν, τὸ Διὸ[ς δ' ἐκ]κρῖν[αι. καὶ] ἐς τόδε χρυσίον ἐξ[έκοντα τ]αλάντον [δό]μεν. Blass.

General return of exiles throughout Sicily.

151. Diod. xi. 76. 4: Τούτων δὲ πραχθέντων οἱ κατὰ τὴν Ἱέρωνος δυναστείαν ἐκπεπτωκότες ἐκ τῶν ἰδίων πόλεων ἔχοντες τοὺς συναγωνιζομένους κατῆλθον εἰς τὰς πατρίδας, καὶ τοὺς ἀδίκως τὰς ἀλλοτρίας πόλεις ἀφῃρημένους ἐξέβαλον ἐκ τῶν πόλεων· τούτων δ' ἦσαν Γελῷοι καὶ Ἀκραγαντῖνοι καὶ Ἱμεραῖοι. (5) παραπλησίως δὲ τούτοις καὶ Ῥηγῖνοι μετὰ Ζαγκλαίων τοὺς Ἀναξίλου παῖδας δυναστεύοντας ἐκβαλόντες ἠλευθέρωσαν τὰς πατρίδας. μετὰ δὲ ταῦτα Καμάριναν μὲν Γελῷοι κατοικίσαντες ἐξ ἀρχῆς κατεκληρούχησαν· αἱ δὲ πόλεις σχεδὸν ἅπασαι πρὸς τὴν κατάλυσιν τῶν πολέμων ὁρμήσασαι, καὶ κοινὸν δόγμα ποιησάμεναι, πρὸς τοὺς κατοικοῦντας ξένους διελύθησαν, καὶ τοὺς φυγάδας καταδεξάμεναι τοῖς ἀρχαίοις πολίταις τὰς πόλεις ἀπέδοσαν, τοῖς δὲ ξένοις τοῖς διὰ τὰς δυναστείας ἀλλοτρίας τὰς πόλεις ἔχουσι συνεχώρησαν τὰ ἑαυτῶν ἀποκομίζειν καὶ κατοικεῖν ἅπαντας ἐν τῇ Μεσσηνίᾳ. (6) αἱ μὲν οὖν κατὰ Σικελίαν ἐν ταῖς πόλεσι στάσεις καὶ ταραχαὶ τοῦτον τὸν τρόπον κατελύθησαν, αἱ δὲ πόλεις τὰς ἀπαλλοτρίους πολιτείας ἀποβαλοῦσαι σχεδὸν ἅπασαι τὰς ἰδίας χώρας κατεκληρούχησαν τοῖς πολίταις πᾶσιν.

152. Thuc. vi. 5. 3.

Psaumis of Kamarina at Olympia. *Ol.* 82. 1 = B.C. 452.

Schol. Pind. *Ol.* v. 19. See above 9.

153. Pind. *Ol.* iv *inscr.*: Ψαύμιδι Καμαριναίῳ.

The Megarian territory retained by Syrakuse.

154. Thuc. vi. 94. 1.

Katana attacked by the Sikels under Duketios.

155. Diod. xi. 76. 3: Ἅμα δὲ τούτοις πραττομένοις Δουκέτιος μὲν ὁ τῶν Σικελῶν ἡγεμών, χαλεπῶς ἔχων τοῖς τὴν Κατάνην οἰκοῦσι διὰ τὴν ἀφαίρεσιν τῆς τῶν Σικελῶν χώρας, ἐστράτευσεν ἐπ' αὐτούς. ὁμοίως δὲ καὶ τῶν Συρακοσίων στρατευσάντων ἐπὶ τὴν Κατάνην, οὗτοι μὲν κοινῇ κατεκληρούχησαν τὴν χώραν καὶ (τοὺς) κατοικισθέντας ὑφ' Ἱέρωνος τοῦ δυνάστου ἐπολέμουν· ἀντιταχθέντων δὲ τῶν ἐν τῇ Κατάνῃ καὶ λειφθέντων πλείοσι μάχαις, οὗτοι μὲν ἐξέπεσον ἐκ τῆς Κατάνης, καὶ τὴν νῦν οὖσαν Αἴτνην ἐκτήσαντο, πρὸ τούτου καλουμένην Ἴνησσαν, οἱ δ' ἐξ ἀρχῆς ἐκ τῆς Κατάνης ὄντες ἐκομίσαντο πολλῷ χρόνῳ τὴν πατρίδα.

156. Strab. vi. 2. 3 (268): Μετὰ δὲ τὴν τελευτὴν τοῦ Ἱέρωνος κατελθόντες οἱ Καταναῖοι τούς τε ἐνοίκους ἐξέβαλον καὶ τὸν τάφον ἀνέσκαψαν τοῦ τυράννου· οἱ δὲ Αἰτναῖοι παραχωρήσαντες τὴν Ἴννησαν καλουμένην τῆς Αἴτνης ὀρεινὴν ᾤκησαν καὶ προσηγόρευσαν τὸ χωρίον Αἴτνην διέχον τῆς Κατάνης σταδίους ὀγδοήκοντα, καὶ τὸν Ἱέρωνα οἰκιστὴν ἀπέφηναν. ὑπέρκειται δὲ μάλιστα τῆς Κατάνης ἡ Αἴτνη καὶ τῶν περὶ τοὺς κρατῆρας παθῶν πλεῖστον κοινωνεῖ κ.τ.λ.

Inessa—the name in use later.

157. Thuc. iii. 103. 1; vi. 94. 3.

Diodoros uses the name Aitna.

158. Diod. xiv. 7. 7; 14. 2; 58. 2.

Science and Literature.

Empedokles of Akragas. *His birth and date, and teachers.*

159. Suidas: Ἐμπεδοκλῆς, Μέτωνος· οἱ δὲ Ἀρχινόμου, οἱ δὲ Ξενέτου· καὶ ἀδελφὸν ἔσχε Καλλικρατίδην. ἠκροάσατο δὲ πρῶτον Παρμενίδου, οὗτινος, ὥς φησι Πορφύριος ἐν Φιλοσόφῳ ἱστορίᾳ, ἐγένετο παιδικά. οἱ δὲ ἔφασαν μαθητὴν Τηλαύγους τοῦ Πυθαγόρου υἱοῦ τὸν Ἐμπεδοκλέα γενέσθαι. Ἀκραγαντῖνος δέ, φιλόσοφος φυσικὸς καὶ ἐποποιός.

160. Arist. *Met.* i. 3. 9. 984 a 11: Ἀναξαγόρας δὲ ὁ Κλαζομένιος τῇ μὲν ἡλικίᾳ πρότερος ὢν τούτου (τοῦ Ἐμπεδοκλέους), τοῖς δ' ἔργοις ὕστερος κ.τ.λ.

161. Simpl. *in Phys.* p. 25. 6, v. 19: Οἱ δὲ τέτταρας (λέγουσιν ἀρχάς), ὡς Ἐμπεδοκλῆς ὁ Ἀκραγαντῖνος, οὐ πολὺ κατόπιν τοῦ Ἀναξαγόρου γεγονώς, Παρμενίδου δὲ ζηλωτὴς καὶ πλησιαστὴς καὶ ἔτι μᾶλλον τῶν Πυθαγορείων.

162. Olympiodor. *Proleg. in Schol. ad Plat. Gorgiam* (Sturz, *Empedocles*, p. 34): Ἐπὶ τῶν αὐτῶν χρόνων ἦσαν ὁ μὲν Σωκράτης ἐπὶ τῆς οζ' ὀλυμπιάδος τῷ ιγ' (*leg.* γ') ἔτει· ὁ δὲ Ἐμπεδοκλῆς ὁ Πυθαγόρειος, ὁ διδάσκαλος Γοργίου, ἐφοίτησεν παρ' αὐτῷ. ἀμέλει καὶ γράφει ὁ Γοργίας περὶ φύσεως σύγγραμμα οὐκ ἄκομψον, τῇ πδ' ὀλυμπιάδι. ὥστε κη' ἔτεσιν ἢ ὀλίγῳ πλείοσιν εἶναι πρῶτον (*fort.* πρότερον) τὸν Σωκράτην. ἄλλως τε (*fort.* δὲ) φησὶν ἐν τῷ Θεαιτήτῳ ὁ Πλάτων, ὅτι νέος ὢν κομιδῇ ἐνέτυχον Παρμενίδῃ ὄντι πάνυ πρεσβύτῃ . . . οὗτος δὲ ὁ Παρμενίδης διδάσκαλος ἐγένετο Ἐμπεδοκλέους, τοῦ διδασκάλου Γοργίου.

163. Eusebius (*Sync.* 484. 2): Ἐμπεδοκλῆς καὶ Παρμενίδης φυσικοὶ φιλόσοφοι ἐγνωρίζοντο. Hieron. *Ol.* 81. 1: Empedocles et Parmenides fysici filosofi notissimi habentur. Vers. Arm. *Ol.* 81. 1: Empedocles et Parmenides physici philosophi cognoscebantur.

164. Diog. Laert. viii. 51: Ἐμπεδοκλῆς, ὥς φησιν Ἱππόβοτος, Μέτωνος ἦν υἱὸς τοῦ Ἐμπεδοκλέους, Ἀκραγαντῖνος. τὸ δ' αὐτὸ καὶ Τίμαιος ἐν τῇ πεντεκαιδεκάτῃ τῶν ἱστοριῶν, ἐπίσημον ἄνδρα γεγονέναι τὸν Ἐμπεδοκλέα τὸν πάππον τοῦ ποιητοῦ. ἀλλὰ καὶ Ἕρμιππος τὰ αὐτὰ τούτῳ φησίν. ὁμοίως καὶ Ἡρακλείδης ἐν τῷ περὶ νόσων, ὅτι λαμπρᾶς ἦν οἰκίας ἱπποτροφηκότος τοῦ πάππου. λέγει δὲ καὶ Ἐρατοσθένης ἐν τοῖς Ὀλυμπιονίκαις τὴν πρώτην καὶ ἑβδομηκοστὴν ὀλυμπιάδα νενικηκέναι τὸν τοῦ Μέτωνος πατέρα, μάρτυρι χρώμενος Ἀριστοτέλει. (52) Ἀπολλόδωρος δ' ὁ γραμματικὸς ἐν τοῖς Χρονικοῖς φησὶν ὡς

Ἦν μὲν Μέτωνος υἱός, εἰς δὲ Θουρίους
αὐτὸν νεωστὶ παντελῶς ἐκτισμένους
ὁ Γλαῦκος ἐλθεῖν φησίν.

εἶθ' ὑποβάς·

> Οἱ δ' ἱστοροῦντες ὡς πεφευγὼς οἴκοθεν
> εἰς τὰς Συρακούσας μετ' ἐκείνων ἐπολέμει
> πρὸς τοὺς 'Αθηναίους - - ἀγνοεῖν
> τελέως ἐμοὶ δοκοῦσιν· ἢ γὰρ οὐκέτ' ἦν
> ἢ παντελῶς ὑπεργεγηρακώς, ὅπερ
> οὐ φαίνεται.

'Αριστοτέλης γὰρ αὐτόν, ἔτι δ' 'Ηρακλείδης ἑξήκοντα ἐτῶν φησὶ τετελευτηκέναι. ὁ δὲ τὴν πρώτην καὶ ἑβδομηκοστὴν ὀλυμπιάδα νενικηκὼς κέλητι τούτου πάππος ἦν ὁμώνυμος, ὥσθ' ἅμα καὶ τὸν χρόνον ὑπὸ τοῦ 'Απολλοδώρου σημαίνεσθαι. (53) . . . Τηλαύγης δ' ὁ Πυθαγόρου παῖς ἐν τῇ πρὸς Φιλόλαον ἐπιστολῇ φησὶ τὸν 'Εμπεδοκλέα 'Αρχινόμου εἶναι υἱόν (54) ὅτι δ' ἦν 'Ακραγαντῖνος ἐκ Σικελίας, αὐτὸς ἐναρχόμενος τῶν Καθαρμῶν φησίν·

> Ὦ φίλοι οἳ μέγα ἄστυ κατὰ ξανθοῦ 'Ακράγαντος
> ναίετ' ἀν' ἄκρα πόλευς.

καὶ τὰ μὲν περὶ τοῦ γένους αὐτοῦ τάδε. ἀκοῦσαι δ' αὐτὸν Πυθαγόρου Τίμαιος διὰ τῆς ἐνάτης ἱστορεῖ, λέγων ὅτι καταγνωσθεὶς ἐπὶ λογοκλοπίᾳ τότε, καθὰ καὶ Πλάτων, τῶν λόγων ἐκωλύθη μετέχειν. μεμνῆσθαι δὲ καὶ αὐτὸν Πυθαγόρου λέγοντα·

> Ἦν δέ τις ἐν κείνοισιν ἀνὴρ περιώσια εἰδώς,
> ὃς δὴ μήκιστον πραπίδων ἐκτήσατο πλοῦτον.

οἱ δὲ τοῦτο εἰς Παρμενίδην αὐτὸν λέγειν ἀναφέροντα. (55) φησὶ δὲ Νεάνθης ὅτι μέχρι Φιλολάου καὶ 'Εμπεδοκλέους ἐκοινώνουν οἱ Πυθαγορικοὶ τῶν λόγων. ἐπεὶ δ' αὐτὸς διὰ τῆς ποιήσεως ἐδημοσίωσεν αὐτά, νόμον ἔθεντο μηδενὶ μεταδώσειν ἐποποιῷ . . . τίνος μέντοι γ' αὐτῶν ἤκουσεν ὁ 'Εμπεδοκλῆς, οὐκ εἶπε· τὴν γὰρ περιφερομένην πρὸς Τηλαύγους ἐπιστολὴν ὅτι μετέσχεν 'Ιππάσου καὶ Βροντίνου, μὴ εἶναι ἀξιόπιστον· ὁ δὲ Θεόφραστος Παρμενίδου φησὶ ζηλωτὴν αὐτὸν γενέσθαι καὶ μιμητὴν ἐν τοῖς ποιήμασι· καὶ γὰρ ἐκεῖνον ἐν ἔπεσι τὸν περὶ φύσεως λόγον ἐξενεγκεῖν. (56) Ἕρμιππος δ' οὐ Παρμενίδου, Ξενοφάνους δὲ γεγονέναι ζηλωτήν, ᾧ καὶ συνδιατρῖψαι καὶ μιμήσασθαι τὴν ἐποποιίαν· ὕστερον δὲ τοῖς Πυθαγορικοῖς ἐντυχεῖν. 'Αλκιδάμας δ' ἐν τῷ φυσικῷ φησὶ κατὰ τοὺς αὐτοὺς χρόνους Ζήνωνα καὶ 'Εμπεδοκλέα ἀκοῦσαι Παρμενίδου, εἶθ' ὕστερον ἀποχωρῆσαι, καὶ τὸν μὲν Ζήνωνα κατ' ἰδίαν φιλοσοφῆσαι, τὸν δ' 'Αναξαγόρου διακοῦσαι καὶ Πυθαγόρου· καὶ τοῦ μὲν τὴν σεμνότητα ζηλῶσαι τοῦ τε βίου καὶ τοῦ σχήματος, τοῦ δὲ τὴν φυσιολογίαν.

165. Diog. Laert. viii. 74: Περὶ δὲ τῶν ἐτῶν 'Αριστοτέλης διαφέρεται· φησὶ γὰρ ἐκεῖνος ἑξήκοντ' ἐτῶν αὐτὸν τελευτῆσαι· οἱ δ' ἐννέα καὶ ἑκατόν. ἤκμαζε δὲ κατὰ τὴν τετάρτην καὶ ὀγδοηκοστὴν ὀλυμπιάδα.

See also below **191 ff.**

Empedokles as a democratic leader in Akragas.

166. *Ibid.* 63: . . . Αὐτοὺς δὲ τούτους τοὺς Καθαρμοὺς ἐν Ὀλυμπίᾳ διαρραψῳδῆσαι λέγεται Κλεομένην τὸν ῥαψῳδόν, ὡς καὶ Φαβωρῖνος ἐν ἀπομνημονεύμασι. φησὶ δ' αὐτὸν καὶ Ἀριστοτέλης ἐλεύθερον γεγονέναι καὶ πάσης ἀρχῆς ἀλλότριον, εἴ γε τὴν βασιλείαν αὐτῷ διδομένην παρῃτήσατο, καθάπερ Ξάνθος ἐν τοῖς περὶ αὐτοῦ λέγει, τὴν λιτότητα δηλονότι πλέον ἀγαπήσας. (64) τὰ δ' αὐτὰ καὶ Τίμαιος εἴρηκε, τὴν αἰτίαν ἅμα παρατιθέμενος τοῦ δημοτικὸν εἶναι τὸν ἄνδρα. φησὶ γὰρ ὅτι κληθεὶς ὑπό τινος τῶν ἀρχόντων καὶ προβαίνοντος τοῦ δείπνου ὡς τὸ ποτὸν οὐκ εἰσεφέρετο, τῶν ἄλλων ἡσυχαζόντων, μισοπονήρως διατεθεὶς ἐκέλευσεν εἰσφέρειν· ὁ δὲ κεκληκὼς ἀναμένειν ἔφη τὸν τῆς βουλῆς ὑπηρέτην. ὡς δὲ παρεγένετο, ἐγενήθη συμποσίαρχος, τοῦ κεκληκότος δηλονότι καταστησάντος, ὃς ὑπεγράφετο τυραννίδος ἀρχήν· ἐκέλευσε γὰρ ἢ πίνειν ἢ καταχεῖσθαι τῆς κεφαλῆς. τότε μὲν οὖν ὁ Ἐμπεδοκλῆς ἡσύχασε· τῇ δ' ὑστεραίᾳ εἰσαγαγὼν εἰς δικαστήριον ἀπέκτεινε καταδικάσας ἀμφοτέρους, τόν τε κλήτορα καὶ τὸν συμποσίαρχον. ἀρχὴ μὲν οὖν αὐτῷ τῆς πολιτείας ἥδε. (65) πάλιν δ' Ἄκρωνος τοῦ ἰατροῦ τόπον αἰτοῦντος παρὰ τῆς βουλῆς εἰς κατασκευὴν πατρῴου μνήματος διὰ τὴν ἐν τοῖς ἰατροῖς ἀκρότητα, παρελθὼν ὁ Ἐμπεδοκλῆς ἐκώλυσε, τά τ' ἄλλα περὶ ἰσότητος διαλεχθεὶς καί τι καὶ τοιοῦτον ἐρωτήσας· "Τί δ' ἐπιγράψομεν ἐλεγεῖον; ἢ τοῦτο;

Ἄκρον ἰατρὸν Ἄκρων' Ἀκραγαντῖνον πατρὸς ἄκρου
κρύπτει κρημνὸς ἄκρος πατρίδος ἀκροτάτης."

τινὲς δὲ τὸν δεύτερον στίχον οὕτω προφέρονται,

Ἀκροτάτης κορυφῆς τύμβος ἄκρος κατέχει.

τοῦτό τινες Σιμωνίδου φασὶν εἶναι.

167. Plut. *adv. Colot.* 32 (*Eth.* 1126 B): Ἐμπεδοκλῆς δὲ τούς τε πρώτους τῶν πολιτῶν ὑβρίζοντας καὶ διαφοροῦντας τὰ κοινὰ ἐξέβαλεν ἐξελέγξας.

168. Diog. Laert. viii. 72: Νεάνθης δ' ὁ Κυζικηνὸς ὁ καὶ περὶ τῶν Πυθαγορικῶν εἰπὼν φησι Μέτωνος τελευτήσαντος τυραννίδος ἀρχὴν ὑποφύεσθαι· εἶτα τὸν Ἐμπεδοκλέα πεῖσαι τοὺς Ἀκραγαντίνους παύσασθαι μὲν τῶν στάσεων, ἰσότητα δὲ πολιτικὴν ἀσκεῖν.

He upsets the Government of the Thousand.

169. Diog. Laert. viii. 66: Ὕστερον δ' ὁ Ἐμπεδοκλῆς καὶ τὸ τῶν χιλίων ἄθροισμα κατέλυσε συνεστὼς ἐπὶ ἔτη τρία, ὥστε οὐ μόνον ἦν τῶν πλουσίων, ἀλλὰ καὶ τῶν τὰ δημοτικὰ φρονούντων. ὅ γέ τοι Τίμαιος ἐν τῇ πρώτῃ καὶ δευτέρᾳ, πολλάκις γὰρ αὐτοῦ μνημονεύει, φησὶν ἐναντίαν γνώμην ἐσχηκέναι αὐτὸν τῇ πολιτείᾳ φαίνεσθαι.

He leaves Akragas and goes finally to Peloponnesos, where he dies.

170. Diog. Laert. viii. 66: Καθ' ὃν δὲ χρόνον ἐπεδήμει Ὀλυμπίασιν, ἐπιστροφῆς ἠξιοῦτο πλείονος, ὥστε μηδενὸς ἑτέρου μνείαν γίνεσθαι ἐν ταῖς ὁμιλίαις τοσαύτην ὅσην Ἐμπεδοκλέους. (67) ὕστερον μέντοι τοῦ Ἀκράγαντος οἰκιζομένου, ἀντέστησαν αὐτοῦ τῇ καθόδῳ οἱ τῶν ἐχθρῶν ἀπόγονοι· διόπερ εἰς Πελοπόννησον ἀποχωρήσας ἐτελεύτησεν. οὐ παρῆκε δ' οὐδὲ τοῦτον ὁ Τίμων, ἀλλ' ὧδ' αὐτοῦ καθάπτεται λέγων·

> Καὶ Ἐμπεδοκλῆς ἀγοραίων
> ληκητὴς ἐπέων· ὅσα δ' ἔσθενε τοσσάδε εἷλεν
> ἀρχῶν ὃς διέθηκ' ἀρχὰς ἐπιδευέας ἄλλων.

171. *Ibid.* 71: Τούτοις δ' ἐναντιοῦται Τίμαιος, ῥητῶς λέγων ὡς ἐξεχώρησεν εἰς Πελοπόννησον καὶ τὸ σύνολον οὐκ ἐπανῆλθεν· ὅθεν αὐτοῦ καὶ τὴν τελευτὴν ἄδηλον εἶναι. . . . (72) See below **194**.

Present at Thurioi.

Diog. Laert. viii. 52. See above **164**.

His influence over the masses.

172. Diog. Laert. viii. 73: Ἔτι τε πολλὰς τῶν πολιτίδων ἀπροίκους ὑπαρχούσας αὐτὸν προικίσαι διὰ τὸν παρόντα πλοῦτον· διὸ δὴ πορφύραν τ' ἀναλαβεῖν αὐτὸν καὶ στρόφιον ἐπιθέσθαι χρυσοῦν, ὡς Φαβωρῖνος ἐν ἀπομνημονευμάτων πρώτῳ· ἔτι δ' ἐμβάδας χαλκᾶς καὶ στέμμα Δελφικόν. κόμη τ' ἦν αὐτῷ βαθεῖα καὶ παῖδες ἀκόλουθοι. καὶ αὐτὸς ἀεὶ σκυθρωπὸς ἐφ' ἑνὸς ἦν σχήματος. τοιοῦτος δὴ προῄει, τῶν πολιτῶν ἐντυχόντων καὶ τοῦτ' ἀξιωσάντων οἱονεὶ βασιλείας τινὸς παράσημον.

173. Suidas Ἐμπεδοκλῆς: Οὗτος ὁ Ἐμπεδοκλῆς στέμμα ἔχων ἐπὶ τῆς κεφαλῆς χρυσοῦν, καὶ ἀμύκλας ἐν τοῖς ποσὶ χαλκᾶς, καὶ στέμματα Δελφικὰ ἐν ταῖς χερσίν, ἐπῄει τὰς πόλεις, δόξαν περὶ αὐτοῦ κατασχεῖν ὡς περὶ θεοῦ βουλόμενος.

174. Diog. Laert. viii. 62=Emped. v. 397:

Ὦ φίλοι, οἳ μέγα ἄστυ κατὰ ξανθοῦ Ἀκράγαντος
ναίετ' ἀν' ἄκρα πόλευς, ἀγαθῶν μελεδήμονες ἔργων,
ξείνων αἰδοῖοι λιμένες, κακότητος ἄπειροι.
χαίρετ'· ἐγὼ δ' ὔμμιν θεὸς ἄμβροτος, οὐκέτι θνητὸς
πωλεῦμαι μετὰ πᾶσι τετιμένος, ὥσπερ ἔοικα,
ταινίαις τε περίστεπτος στέφεσίν τε θαλείοις.
τοῖσιν ἅμ' εὖτ' ἂν ἵκωμαι ἐς ἄστεα τηλεθόωντα,
ἀνδράσιν ἠδὲ γυναιξὶ σεβίζομαι· οἱ δ' ἅμ' ἕπονται
μυρίοι, ἐξερέοντες ὅπη πρὸς κέρδος ἀταρπός,
οἱ μὲν μαντοσυνέων κεχρημένοι, οἱ δ' ἐπὶ νούσων
(δηρὸν δὴ χαλεπῇσι πεπαρμένοι ἀμφ' ὀδύνῃσι)
παντοίων ἐπύθοντο κλύειν εὐήκεα βάξιν.

His liberality at Olympia.

175. *Ibid.* 53: Σάτυρος δ' ἐν τοῖς βίοις φησὶν ὅτι Ἐμπεδοκλῆς υἱὸς μὲν ἦν Ἐξαινέτου, κατέλιπε δὲ καὶ αὐτὸς υἱὸν Ἐξαίνετον· ἐπί τε τῆς αὐτῆς ὀλυμπιάδος τὸν μὲν ἵππῳ κέλητι νενικηκέναι, τὸν δ' υἱὸν αὐτοῦ πάλῃ ἤ, ὡς Ἡρακλείδης ἐν τῇ ἐπιτομῇ, δρόμῳ. ἐγὼ δ' εὗρον ἐν τοῖς ὑπομνήμασι Φαβωρίνου ὅτι καὶ βοῦν ἔθυσε τοῖς θεωροῖς ὁ Ἐμπεδοκλῆς ἐκ μέλιτος καὶ ἀλφίτων καὶ ἀδελφὸν ἔσχε Καλλικρατίδην.

176. Suidas: Ἀθηναῖος . . . καὶ Ἐμπεδοκλῆς ὁ Ἀκραγαντῖνος, Πυθαγορικὸς ὢν καὶ ἐμψύχων ἀπεχόμενος, Ὀλύμπια νικήσας, ἐκ λιβανωτοῦ καὶ σμύρνης καὶ τῶν πολυτελῶν ἀρωμάτων βοῦν ἀναπλάσας διένειμε τοῖς εἰς τὴν πανήγυριν ἀπαντήσασι.

His philosophical works.

177. Diog. Laert. viii. 77: Τὰ μὲν οὖν περὶ φύσεως αὐτῷ καὶ οἱ Καθαρμοὶ εἰς ἔπη τείνουσι πεντακισχίλια. ὁ δὲ ἰατρικὸς λόγος εἰς ἔπη ἑξακόσια. περὶ δὲ τῶν τραγῳδιῶν προειρήκαμεν.

Suidas Ἐμπεδοκλῆς. See below 187.

His Medicine and Magic.

178. Diog. Laert. viii. 58: Φησὶ δὲ Σάτυρος ἐν τοῖς βίοις ὅτι καὶ ἰατρὸς ἦν καὶ ῥήτωρ ἄριστος. . . . (59) τοῦτον (τὸν Ἀπολλόδωρόν) φησιν ὁ Σάτυρος λέγειν ὡς αὐτὸς παρείη τῷ Ἐμπεδοκλεῖ γοητεύοντι. ἀλλὰ καὶ αὐτὸν διὰ τῶν ποιημάτων ἐπαγγέλλεσθαι τοῦτό τε καὶ ἄλλα πλείω, δι' ὧν φησί·

Φάρμακα δ' ὅσσα γεγᾶσι κακῶν καὶ γήραος ἄλκαρ.

Ibid. 77. See above **177**. Cf. Plin. *N. H.* xxx. 1. 9. Suidas Ἐμπεδοκλῆς. See below **187**.

His Rhetoric.

179. Diog. Laert. viii. 57: Ἀριστοτέλης δ' ἐν τῷ Σοφιστῇ φησὶ πρῶτον Ἐμπεδοκλέα ῥητορικὴν εὑρεῖν, Ζήνωνα δὲ διαλεκτικήν. ἐν δὲ τῷ περὶ ποιητῶν φησὶν ὅτι καὶ Ὁμηρικὸς ὁ Ἐμπεδοκλῆς καὶ δεινὸς περὶ τὴν φράσιν γέγονε, μεταφορικός τ' ὢν καὶ τοῖς ἄλλοις τοῖς περὶ ποιητικὴν ἐπιτεύγμασι χρώμενος. (58) [See above **178**.] Γοργίαν γοῦν τὸν Λεοντῖνον αὐτοῦ γενέσθαι μαθητήν, ἄνδρα ὑπερέχοντα ἐν ῥητορικῇ καὶ τέχνην ἀπολελοιπότα· ὅν φησιν Ἀπολλόδωρος ἐν Χρονικοῖς ἐννέα πρὸς τοῖς ἑκατὸν ἔτη βιῶναι.

180. Sext. Emp. *adv. Dogm.* i. 6: Ἐμπεδοκλέα μὲν γὰρ ὁ Ἀριστοτέλης φησὶ πρῶτον ῥητορικὴν κεκινηκέναι, ἧς ἀντίστροφον εἶναι τὴν διαλεκτικήν . . . Παρμενίδης δὲ οὐκ ἂν δόξαι τῆς διαλεκτικῆς ἀπείρως ἔχειν, ἐπείπερ πάλιν Ἀριστοτέλης τὸν γνώριμον αὐτοῦ Ζήνωνα διαλεκτικῆς ἀρχηγὸν ὑπείληφεν.

181. Diog. Laert. ix. 25: Φησὶ δ' Ἀριστοτέλης ἐν τῷ Σοφιστῇ εὑρετὴν αὐτὸν (*scil.* τὸν Ζήνωνα) γενέσθαι διαλεκτικῆς, ὥσπερ Ἐμπεδοκλέα ῥητορικῆς.

182. Quintil. *Inst. Or.* iii. 1. 8: Nam primus post eos, quos poetae tradiderunt, movisse aliqua circa rhetoricon Empedocles dicitur.

Other Works.

183. Diog. Laert. viii. 57: Καὶ δὴ (Ἀριστοτέλης φησὶν) ὅτι γράψαντος αὐτοῦ καὶ ἄλλα ποιήματα τήν τε τοῦ Ξέρξου διάβασιν καὶ προοίμιον εἰς Ἀπόλλωνα, ταῦθ' ὕστερον κατέκαυσεν ἀδελφή τις αὐτοῦ ἢ θυγάτηρ, ὥς φησιν Ἱερώνυμος, τὸ μὲν προοίμιον ἄκουσα, τὰ δὲ Περσικὰ βουληθεῖσα διὰ τὸ ἀτελείωτα εἶναι. (58) καθόλου δέ φησι καὶ τραγῳδίας αὐτὸν γράψαι καὶ πολιτικά· Ἡρακλείδης δ' ὁ

τοῦ Σαραπίωνος ἑτέρου φησὶν εἶναι τὰς τραγῳδίας. Ἱερώνυμος δὲ τρισὶ καὶ τετταράκοντά φησιν ἐντετυχηκέναι, Νεάνθης δὲ νέον ὄντα γεγραφέναι τὰς τραγῳδίας καὶ αὐτὸς ἔπειτα αὐταῖς ἐντετυχηκέναι.
Ibid. 77. See above **177**.

Stories of his miracles.

184. Diog. Laert. viii. 60: Φησὶ δὲ καὶ Τίμαιος ἐν τῇ ὀκτωκαιδεκάτῃ κατὰ πολλοὺς τρόπους τεθαυμάσθαι τὸν ἄνδρα. καὶ γὰρ ἐτησίων ποτὲ σφοδρῶς πνευσάντων ὡς τοὺς καρποὺς λυμήνασθαι, κελεύσας ὄνους ἐκδαρῆναι καὶ ἀσκοὺς ποιεῖσθαι περὶ τοὺς λόφους καὶ τὰς ἀκρωρείας διέτεινε πρὸς τὸ συλλαβεῖν τὸ πνεῦμα· λήξαντος δέ, Κωλυσανέμαν κληθῆναι. Ἡρακλείδης δ' ἐν τῷ περὶ νόσων φησὶ καὶ Παυσανίᾳ ὑφηγήσασθαι αὐτὸν τὰ περὶ τὴν ἄπνουν. ἦν δ' ὁ Παυσανίας, ὥς φησιν Ἀρίστιππος καὶ Σάτυρος, ἐρώμενος αὐτοῦ, ᾧ δὴ καὶ τὰ περὶ φύσεως προσπεφώνηκεν. (61) . . . τὴν γοῦν ἄπνουν ὁ Ἡρακλείδης φησὶ τοιοῦτόν τι εἶναι, ὡς τριάκοντα ἡμέρας συντηρεῖν ἄπνουν καὶ ἄσφυκτον τὸ σῶμα· ὅθεν καὶ εἶπεν αὐτὸν καὶ ἰατρὸν καὶ μάντιν, λαμβάνων ἅμα καὶ ἀπὸ τούτων τῶν στίχων. (62) See above **174**.

185. Plut. *adv. Colot.* 32 (*Eth.* 1126 B): Τήν τε χώραν ἀπήλλαξεν ἀκαρπίας καὶ λοιμοῦ, διασφάγας ὄρους ἀποτειχίσας, δι' ὧν ὁ νότος εἰς τὸ πεδίον ὑπερέβαλλε.

186. Plut. *de curios.* 1 (*Eth.* 515 C): Ὁ δὲ φυσικὸς Ἐμπεδοκλῆς ὄρους τινὰ διασφάγα βαρὺν καὶ νοσώδη κατὰ τῶν πεδίων τὸν νότον ἐμπνέουσαν ἐμφράξας, λοιμὸν ἔδοξεν ἐκκλεῖσαι τῆς χώρας.

187. Suidas Ἐμπεδοκλῆς: Ἐπεκλήθη δὲ καὶ Κωλυσανέμας, διὰ τὸ ἀνέμου πολλοῦ ἐπιθεμένου τῇ Ἀκράγαντι ἐξελάσαι αὐτόν, δορὰς ὄνων περιθέντα τῇ πόλει. γέγονε δὲ τούτου μαθητὴς Γοργίας ὁ ῥήτωρ ὁ Λεοντῖνος. καὶ ἔγραψε δι' ἐπῶν περὶ φύσεως τῶν ὄντων βιβλία γ'. καὶ ἔστιν ἔπη ὡς δισχίλια. ἰατρικὰ καταλογάδην, καὶ ἄλλα πολλά.

The raising of the dead woman.

Diog. Laert. viii. 67, 69. See below **191**.

The Sanitation of Selinus.

188. Diog. Laert. viii. 70: Διόδωρος δ' ὁ Ἐφέσιος περὶ Ἀναξιμάνδρου γράφων φησὶν ὅτι τοῦτον ἐζηλώκει, τραγικὸν ἀσκῶν τῦφον καὶ σεμνὴν ἀναλαβὼν ἐσθῆτα. τοῖς δὲ Σελινουντίοις ἐμπεσόντος λοιμοῦ διὰ τὰς ἀπὸ τοῦ παρακειμένου ποταμοῦ δυσωδίας, ὥστε καὶ αὐτοὺς φθείρεσθαι καὶ τὰς γυναῖκας δυστοκεῖν, ἐπινοῆσαι τὸν Ἐμπεδοκλέα καὶ δύο τινὰς ποταμοὺς τῶν σύνεγγυς ἐπαγαγεῖν ἰδίαις δαπάναις· καὶ καταμίξαντα γλυκᾶναι τὰ ῥεύματα. οὕτω δὴ λήξαντος τοῦ λοιμοῦ καὶ τῶν Σελινουντίων εὐωχουμένων ποτὲ παρὰ τῷ ποταμῷ, ἐπιφανῆναι τὸν Ἐμπεδοκλέα· τοὺς δ' ἐξαναστάντας προσκυνεῖν καὶ προσεύχεσθαι καθαπερεὶ θεῷ. ταύτην οὖν θέλοντα διαβεβαιῶσαι τὴν ὑπόληψιν εἰς τὸ πῦρ ἐναλέσθαι.

Coins of Selinus.

189. *Obv.* ΜΟΙΤΜΟΜΙΛΕΣ Apollo and Artemis side by side in slow quadriga to left, the former discharging arrows from his bow.

Rev. ΣΕΛΙΝΟΣ River-god Selinus, with short horns, holding patera and lustral branch, standing to left, sacrificing at an altar of Asklepios. Before the altar, a cock; behind Selinus, on a pedestal, the figure of a bull; above, in the field, selinon leaf.

AR Tetradrachm. Wt. 17·43 grammes.

[*Brit. Mus. Cat.*, *Sicily*, Selinus no. 24.]

190. *Obv.* ΣΕΛΙΝΟΝΤΙΟΝ Herakles to right contending with a bull; with left, he holds its horn, in right he wields his club.

Rev. ΗΥΨΑΣ The river-god Hypsas, with short horns, holding patera and lustral branch, standing to left, sacrificing at an altar, round which a serpent twines. In field a marsh-bird walking away; above, selinon leaf.

AR Didrachm. Wt. 8·5 grammes.

[*Brit. Mus. Cat.*, *Sicily*, Selinus no. 34.]

Stories of his Death.

191. Diog. Laert. viii. 67: Περὶ δὲ τοῦ θανάτου αὐτοῦ διάφορός ἐστιν ὁ λόγος. Ἡρακλείδης μὲν γὰρ τὰ περὶ τῆς ἄπνου διηγησάμενος, ὡς ἐδοξάσθη Ἐμπεδοκλῆς ἀποστείλας τὴν νεκρὰν ἄνθρωπον ζῶσαν, φησὶν ὅτι θυσίαν συνετέλει πρὸς τῷ Πεισιάνακτος ἀγρῷ. συνεκέκλητο δὲ τῶν φίλων τινες, ἐν οἷς καὶ Παυσανίας. (68) εἶτα μετὰ τὴν εὐωχίαν οἱ μὲν ἄλλοι χωρισθέντες ἀνεπαύοντο, οἱ μὲν ὑπὸ τοῖς δένδροις ὡς ἀγροῦ παρακειμένου, οἱ δ' ὅπη βούλοιντο, αὐτὸς δ' ἔμεινεν ἐπὶ τοῦ τόπου ἐφ' οὗπερ κατεκέκλιτο. ὡς δ' ἡμέρας γενηθείσης ἐξανέστησαν, οὐχ εὑρέθη μόνος. ζητουμένου δὲ καὶ τῶν οἰκετῶν ἀνακρινομένων καὶ φασκόντων μὴ εἰδέναι, εἷς τις ἔφη μεσῶν νυκτῶν φωνῆς ὑπερμεγέθους ἀκοῦσαι προσκαλουμένης Ἐμπεδοκλέα, εἶτ' ἐξαναστὰς ἑωρακέναι φῶς οὐράνιον καὶ λαμπάδων φέγγος, ἄλλο δὲ μηδέν· τῶν δ' ἐπὶ τῷ γενομένῳ ἐκπλαγέντων, καταβὰς ὁ Παυσανίας ἔπεμψέ τινας ζητήσοντας. ὕστερον δ' ἐκώλυσε πολυπραγμονεῖν, φάσκων εὐχῆς ἄξια συμβεβηκέναι καὶ θύειν αὐτῷ δεῖν καθαπερεὶ γεγονότι θεῷ. (69) Ἕρμιππος δέ φησι Πάνθειάν τινα Ἀκραγαντίνην ἀπηλπισμένην ὑπὸ τῶν ἰατρῶν θεραπεῦσαι αὐτὸν καὶ διὰ τοῦτο τὴν θυσίαν ἐπιτελεῖν· τοὺς δὲ κληθέντας εἶναι πρὸς τοὺς ὀγδοήκοντα. Ἱππόβοτος δέ φησιν ἐξαναστάντα αὐτὸν ὡδευκέναι ὡς ἐπὶ τὴν Αἴτνην, εἶτα παραγενόμενον ἐπὶ τοὺς κρατῆρας τοῦ πυρὸς ἐναλέσθαι καὶ ἀφανισθῆναι, βουλόμενον τὴν περὶ αὐτοῦ φήμην βεβαιῶσαι ὅτι γεγόνοι θεός, ὕστερον δὲ γνωσθῆναι, ἀναρριπισθείσης αὐτοῦ μιᾶς τῶν κρηπίδων· χαλκᾶς γὰρ εἴθιστο ὑποδεῖσθαι. πρὸς τοῦθ' ὁ Παυσανίας ἀντέλεγε.

192. Suidas Ἐμπεδοκλῆς : ἐπεὶ δὲ γηραιὸς ἐγένετο, νύκτωρ ἔρριψεν ἑαυτὸν εἰς κρατῆρα πυρός, ὥστε μὴ φανῆναι αὐτοῦ τὸ σῶμα. καὶ οὕτως ἀπώλετο, τοῦ σανδαλίου αὐτοῦ ἐκβρασθέντος ὑπὸ τοῦ πυρός.

193. Suidas : Ἀμύκλαι . . . ὃς ἔρριψεν ἑαυτὸν νύκτωρ εἰς τοὺς κρατῆρας τοῦ Αἰτναίου πυρός, ὡς μὴ φανῆναι αὐτοῦ τὸ σῶμα, τοῦ δὲ σανδαλίου αὐτοῦ ἐκβρασθέντος * * *.

194. Diog. Laert. viii. 71 : Πρὸς δὲ τὸν Ἡρακλείδην καὶ ἐξ ὀνόματος ποιεῖται τὴν ἀντίρρησιν ἐν τῇ τετάρτῃ· Συρακόσιόν τε γὰρ εἶναι τὸν Πεισιάνακτα καὶ ἀγρὸν οὐκ ἔχειν ἐν Ἀκράγαντι· Παυσανίαν τε μνημεῖον ἂν πεποιηκέναι τοῦ φίλου, τοιούτου διαδοθέντος λόγου, ἢ ἀγαλμάτιόν τι ἢ σηκὸν οἷα θεοῦ· καὶ γὰρ πλούσιον εἶναι. "Πῶς οὖν, φησίν, εἰς τοὺς κρατῆρας ἥλατο ὧν ὡς σύνεγγυς ὄντων οὐδὲ μνείαν ποτὲ πεποίηται ; (72) τετελεύτηκεν οὖν ἐν Πελοποννήσῳ. οὐδὲν δὲ παράδοξον τάφον αὐτοῦ μὴ φαίνεσθαι· μηδὲ γὰρ ἄλλων πολλῶν." τοιαῦτά τινα εἰπὼν ὁ Τίμαιος ἐπιφέρει· "Ἀλλὰ διὰ παντός ἐστιν Ἡρακλείδης τοιοῦτος παραδοξολόγος, καὶ ἐκ τῆς σελήνης πεπτωκέναι ἄνθρωπον λέγων." Ἱππόβοτος δέ φησιν ὅτι ἀνδριὰς ἐγκεκαλυμμένος Ἐμπεδοκλέους ἔκειτο πρότερον μὲν ἐν Ἀκράγαντι, ὕστερον δὲ πρὸ τοῦ Ῥωμαίων βουλευτηρίου ἀκάλυφος [δηλονότι μεταθέντων αὐτὸν ἐκεῖ Ῥωμαίων]· γραπταὶ μὲν γὰρ εἰκόνες (αὐτοῦ) ἔτι καὶ νῦν περιφέρονται.

195. *Ibid.* 73: Ὕστερον δὲ (φησὶν αὐτὸν Νεάνθης) διά τινα πανήγυριν πορευόμενον ἐπ' ἁμάξης ὡς εἰς Μεσσήνην πεσεῖν καὶ τὸν μηρὸν κλάσαι· νοσήσαντα δ' ἐκ τούτου τελευτῆσαι ἐτῶν ἑπτὰ καὶ ἑβδομήκοντα. εἶναι δ' αὐτοῦ καὶ τάφον ἐν Μεγάροις. (74) Δημήτριος δ' ὁ Τροιζήνιος ἐν τῷ κατὰ σοφιστῶν βιβλίῳ φησὶν αὐτὸν καθ' Ὅμηρον

ἁψάμενον βρόχον αἰπὺν ἀφ' ὑψηλοῖο κρανείης
αὐχέν' ἀποκρεμάσαι, ψυχὴν δ' Ἄϊδόσδε κατελθεῖν.

ἐν δὲ τῷ προειρημένῳ Τηλαύγους ἐπιστολίῳ λέγεται αὐτὸν εἰς θάλατταν ὑπὸ γήρως ὀλισθόντα τελευτῆσαι. καὶ ταῦτα μὲν περὶ τοῦ θανάτου καὶ τοσαῦτα.

Sicilian Rhetoric.

Aptness of the Sicilians for this art.

196. Pind. *Pyth.* i. 42 (81):

Καὶ σοφοὶ καὶ χερσὶ βιαταὶ περίγλωσσοί τ' ἔφυν.

197. Schol. *ad loc.*: Ἄγαν εὔγλωσσοι καὶ δυνατοὶ κατὰ τὸ λέγειν ἐγένοντο.

198. Cf. Plat. *Gorg.* 493 A; Cic. *in Verr.* iii. 8. 20; iv. 43. 95; v. 28. 71; *div. in Caec.* 9. 28: *de Orat.* ii. 54. 217; 69. 278, 280; *Tusc.* i. 8. 15. Quintil. *Inst. Or.* vi. 3. 41.

Empedokles and Sicilian Rhetoric.

See above **179–182**.

Gorgias.

199. Suidas: Γοργίας, Χαρμαντίδου, Λεοντῖνος, ῥήτωρ, μαθητὴς Ἐμπεδοκλέους, διδάσκαλος Πώλου Ἀκραγαντίνου, καὶ Περικλέους, καὶ Ἰσοκράτους, καὶ Ἀλκιδάμαντος τοῦ Ἐλεάτου· ὃς αὐτοῦ καὶ τὴν σχολὴν διεδέξατο· ἀδελφὸς δὲ ἦν τοῦ ἰατροῦ Ἡροδίκου. Πορφύριος δὲ αὐτὸν ἐπὶ τῆς π' ὀλυμπιάδος τίθησιν· ἀλλὰ χρὴ νοεῖν πρεσβύτερον αὐτὸν εἶναι. οὗτος πρῶτος τῷ ῥητορικῷ εἴδει τῆς παιδείας δύναμίν τε φραστικὴν καὶ τέχνην ἔδωκε, τροπαῖς τε καὶ μεταφοραῖς, καὶ ἀλληγορίαις κ.τ.λ. . . . ἔπραττε δὲ τῶν μαθητῶν ἕκαστον μνᾶς ρ'. ἐβίω δὲ ἔτη ρθ', καὶ συνεγράψατο πολλά.

Diog. Laert. viii. 58. See above **179**.

200. Quintil. *Inst. Or.* iii. 1. 8: Artium autem scriptores antiquissimi Corax et Tisias Siculi, quos insecutus est vir eiusdem insulae Gorgias Leontinus, Empedoclis, ut traditur, discipulus. (9) is beneficio longissimae aetatis (nam centum et novem vixit annos) cum multis simul floruit, ideoque et illorum, de quibus supra dixi, fuit aemulus et ultra Socratem usque duravit. . . . (12) horum primi communes locos tractasse dicuntur Protagoras, Gorgias. Cf. Cic. Brut. 12. 47.

201. Paus. vi. 17. 8: Οὗτος ὁ Γοργίας πατρὸς ἦν Καρμαντίδου, λέγεται δὲ ἀνασώσασθαι μελέτην λόγων πρῶτος ἠμελημένην τε ἐς ἅπαν καὶ ἐς λήθην ὀλίγου δεῖν ἥκουσαν ἀνθρώποις. εὐδοκιμῆσαι δὲ Γοργίαν λόγων ἕνεκα ἔν τε πανηγύρει τῇ Ὀλυμπικῇ φασὶ καὶ ἀφικόμενον κατὰ πρεσβείαν ὁμοῦ Τισίᾳ παρ' Ἀθηναίους. καίτοι ἄλλα τε Τισίας ἐς λόγους ἐσηνέγκατο, καὶ πιθανώτατα τῶν καθ' αὑτὸν γυναικὶ Συρακουσίᾳ χρημάτων ἔγραψεν ἀμφισβήτησιν· (9) ἀλλά γε ἐκείνου τε ἐς πλέον τιμῆς ἀφίκετο ὁ Γοργίας παρὰ Ἀθηναίοις . . . βιῶναι δὲ ἔτη Γοργίαν πέντε φασὶν ἐπὶ τοῖς ἑκατόν.

202. Philostr. *Vit. Soph.* i. 9. 1 (p. 208): Σικελία Γοργίαν ἐν Λεοντίνοις ἤνεγκεν, ἐς ὃν ἀναφέρειν ἡγώμεθα τὴν τῶν σοφιστῶν τέχνην, ὥσπερ ἐς πατέρα . . . ὁρμῆς τε γὰρ τοῖς σοφισταῖς ἦρξε καὶ παραδοξολογίας καὶ πνεύματος καὶ τοῦ τὰ μεγάλα μεγάλως ἑρμηνεύειν, ἀποστάσεών τε καὶ προσβολῶν, ὑφ' ὧν ὁ λόγος ἡδίων ἑαυτοῦ γίγνεται καὶ σοβαρώτερος, περιεβάλλετο δὲ καὶ ποιητικὰ ὀνόματα ὑπὲρ κόσμου καὶ σεμνότητος. ὡς μὲν οὖν καὶ ῥᾷστα ἀπεσχεδίαζεν, εἴρηταί μοι κατὰ ἀρχὰς τοῦ λόγου, διαλεχθεὶς δὲ Ἀθήνησιν ἤδη γηράσκων εἰ μὲν ὑπὸ τῶν πολλῶν ἐθαυμάσθη, οὔπω θαῦμα, ὁ δέ, οἶμαι, καὶ τοὺς ἐλλογιμωτάτους ἀνηρτήσατο, Κριτίαν μὲν καὶ Ἀλκιβιάδην νέω ὄντε, Θουκυδίδην δὲ καὶ Περικλέα ἤδη γηράσκοντε. καὶ Ἀγάθων δὲ ὁ τῆς τραγῳδίας ποιητής . . . πολλαχοῦ τῶν ἰάμβων γοργιάζει . . . (3, p. 209) λέγεται δὲ ὁ Γοργίας ἐς ὀκτὼ καὶ ἑκατὸν ἐλάσας ἔτη μὴ καταλυθῆναι τὸ σῶμα ὑπὸ τοῦ γήρως, ἀλλ' ἄρτιος καταβιῶναι καὶ τὰς αἰσθήσεις ἡβῶν.

203. Cf. Arist. *Rhet.* iii. 1. 9. 1404 a 25; Cic. *Orat.* 52. 175; Dion. Hal. *de Thuc.* 24. 4 = *de iis qu. Th. propr. sunt* 2. 5.

Korax and Tisias.

204. Cicero *Brutus* 12. 46: Itaque ait Aristoteles, quum, sublatis in Sicilia tyrannis, res privatae longo intervallo iudiciis repeterentur, tum primum, quod esset acuta illa gens et controversa natura, artem et praecepta Siculos Coracem et Tisian conscripsisse.

Quintil. *Inst. Or.* iii. i. 8. See above **200.**

205. *Ibid.* ii. 17. 7: Doctores artis sero iam et circa Tisian et Coraca primum repertos.

206. Cf. Plat. *Phaedr.* 273 A; Ar. *Rhet.* ii. 24. 11. 1402 a 17; *Soph. El.* 33. 15. 183 b 31; [Ar.] *Rhet. ad Alex.* Intr. 1421 b 2; *Isocr.* 13 *contr. Soph.* 19 (ια′); Paus. vi. 17. 8 (above **201**); Cic. *de Inv.* ii. 2. 6.

Stories of Korax' subtilty.

207. Sext. Emp. *Math.* ii. 96. *Proleg. in Herm.* 5. 6 (Walz, *Rhet. Gr.* iv. p. 11).

ADDENDA

Chap. iii. **304.** *Astakos.*

303 *a*. Diod. xii. 34. 5 (ἄρχοντος Ἀντιοχίδου)· Ἅμα δὲ τούτοις πραττομένοις ἔκτισαν οἱ Ἀθηναῖοι πόλιν ἐν τῇ Προποντίδι τὴν ὀνομαζομένην Λέτανον (Δρέπανον Cobet, Ἀστακόν Niese).

303 *b*. Memnon, *Fr.* 20 (*F.H.G.* iii. p. 536): Τὴν Ἀστακὸν δὲ Μεγαρέων ᾤκησαν ἄποικοι, ὀλυμπιάδος ἱσταμένης ιζ'· ... αὕτη πολλὰς ἐπιθέσεις παρά τε τῶν ὁμορούντων ὑποστᾶσα καὶ πολέμοις πολλάκις ἐντρυχωθεῖσα, Ἀθηναίων αὐτὴν μετὰ Μεγαρέας ἐπῳκηκότων, ἔληξέ τε τῶν συμφορῶν καὶ ἐπὶ μέγα δόξης καὶ ἰσχύος ἐγένετο, Δοιδαλσοῦ τηνικαῦτα τὴν Βιθυνῶν ἀρχὴν ἔχοντος· οὗ τελευτήσαντος ἄρχει Βοτείρας, ζήσας ϛ' καὶ ο' ἔτη.

See Toepffer in *Hermes*, 1896, p. 124 ff.

LIST OF ATHENIAN ARCHONS

Ol.	B. C.		
74. 4	481/80	Hypsichides	[Ar.] *Resp. Ath.* 22. 8.
75. 1	480/79	Kalliades	Hdt. 8. 51. Dion. Hal. ix. 1. Diog. La. ii. 7. Marm. Par. 51. Diod. xi. 1.
2	479/78	Xanthippos	Diod. xi. 27. Marm. Par. 52. Ξανθιππίδης Plut. *Ar.* 5.
3	478/77	Timosthenes	Marm. Par. 53. Diod. xi. 38.
4	477/76	Adeimantos	Marm. Par. 54. Diod. xi. 41. Plut. *Them.* 5.
76. 1	476/75	Phaidon	Diod. xi. 48. Dion. Hal. ix. 18. Plut. *Thes.* 36. Schol. Aeschin. 2. 34.
2	475/74	Dromokleides	Diod. xi. 50.
3	474/73	Akestorides	Diod. xi. 51.
4	473/72	Menon	Diod. xi. 52. Argum. Aesch. *Pers.*
77. 1	472/71	Chares	Marm. Par. 55. Diod. xi. 53.
2	471/70	Praxiergos	Diod. xi. 54.
3	470/69	Demotion	Diod. xi. 60.
4	469/68	Apsephion	Marm. Par. 56. Diog. La. ii. 44. Ἀφεψίων Plut. *Cim.* 8. Φαίων Diod. xi. 63.
78. 1	468/67	Theagenides	Marm. Par. 57. Diod. xi. 65. Dion. Hal. ix. 56.
2	467/66	Lysistratos	Diod. xi. 66. Λυσ**μυλος Diog. La. ii. 11.
3	466/65	Lysanias	Diod. xi. 67.
4	465/64	Lysitheos	Diod. xi. 69.
79. 1	464/63	Archedemides	Diod. xi. 70. Dion. Hal. ix. 61. Ἀρχιμήδης Paus. iv. 24. 5.
2	463/62	Tlepolemos	Diod. xi. 71.
3	462/61	Konon	Diod. xi. 74.
4	461/60	Euthippos	Marm. Par. 58. Diod. xi. 75 (v. l. Εὔιππος).
80. 1	460/59	Phrasikleides	Diod. xi. 77. Φρασικλῆς Plut. X Or. *Lys.* 835 C.
2	459/58	Philokles	Diod. xi. 78. Plut. X Or. *Lys.* 835 C.
3	458/57	Habron	Ἐφ. Ἀρχ. 1886. 267. Ἀβίων Thom. Mag. *Vit. Pind.* Βίων Diod. xi. 79.
4	457/56	Mnesitheides	Diod. xi. 81. Μνησίθεος Schol. Ar. *Ach.* 10.
81. 1	456/55	Kallias	Marm. Par. 59. Diod. xi. 84. Dion. Hal. x. 26. Schol. Aeschin. 2. 78. Schol. Ar. *Ach.* 10.
2	455/54	Sosistratos	Diod. xi. 85.
3	454/53	Ariston	Diod. xi. 86.

Ol.	B. C.		
81. 4	453/52	Lysikrates	Diod. xi. 88. Schol. Aeschin. 2. 34.
82. 1	452/51	Chairephanes	Dion. Hal. x. 53.
2	451/50	Antidotos	Diod. xi. 91.
3	450/49	Euthynos	C I. A. iv. 22 a. Εὐθύδημος Diod. xii. 3.
4	449/48	Pedieus	Diod. xii. 4.
83. 1	448/47	Philiskos	Diod. xii. 5. Dion. Hal. x. 61, xi. 1.
2	447/46	Timarchides	Diod. xii. 6.
3	446/45	Kallimachos	Diod. xii. 7.
4	445/44	Lysimachides	Diod. xii. 22.
84. 1	444/43	Praxiteles	Diod. xii. 23. Plut. X Or. *Lys.* 835 D.
2	443/42	Lysanias	Diod. xii. 24.
3	442/41	Diphilos	Marm. Par. 60. Diod. xii. 26. Dion. Hal. xi. 62.
4	441/40	Timokles	Diod. xii. 27.
85. 1	440/39	Morychides	Schol. Ar. *Ach.* 67. Μυριχίδης Diod. xii. 29.
2	439/38	Glaukinos	Schol. Ar. *Ach.* 67. Γλαυκίδης Diod. xii. 30.
3	438/37	Theodoros	Diod. xii. 31. Schol. Ar. *Ach.* 67. Πυθόδωρος Schol. Ar. *Pac.* 605.
4	437/36	Euthymenes	C. I. A. i. 314. Ar. *Ach.* 67 et Schol. Diod. xii. 32. Schol. Aeschin. 2. 34. Harpocr. προπύλαια. Suidas.
86. 1	436/35	Lysimachos	Dion. Hal. *Isocr.* 1. Plut. X Or. *Isocr.* 836 F. Diog. La. iii. 3. Ναυσίμαχος Diod. xii. 33.
2	435/34	Antiochides	Diod. xii. 34.
3	434/33	Krates	C. I. A. i. 283. 301. Χάρης Diod. xii. 35.
4	433/32	Apseudes	C. I. A. i. 33. 179. 283. Diod. xii. 36.
87. 1	432/31	Pythodoros	C. I. A. iv. 179 a. Thuc. ii. 2. Diod. xii. 37.
2	431/30	Euthydemos	Diod. xii. 38. Athen. v. 217 A.
3	430/29	Apollodoros	Diod. xii. 43.
4	429/28	Epameinon	C. I. A. i. 195. Athen. v. 217 E. Ἀμείνων Argum. Eur. *Hipp.* Ἐπαμινώνδας Diod. xii. 46. Ἀμεινίας Diog. La. iii. 3.
88. 1	428/27	Diotimos	Diod. xii. 49.
2	427/26	Eukles	C. I. A. iv. 179 a. Arist. *Meteor.* i. 6. Phot. et Suid. Σαμίων ὁ δῆμος. Schol. Ar. *Vesp.* 240. Εὐκλείδης Diod. xii. 53. Schol. Ar. *Eq.* 237.
3	426/25	Euthynos	C. I. A. i. 273. Εὐθύδημος Diod. xii. 58. Athen. v. 218 B. Εὐθυμένης Arg. Ar. *Ach.*
4	425/24	Stratokles	C. I. A. i. 273. Diod. xii. 60. Schol. Ar. *Nub.* 584. Strab. viii. 359. Argum. Ar. *Eq.* 2.
89. 1	424/23	Isarchos	C. I. A. i. 273; iv. 179 a. Diod. xii. 65. Athen. v. 218 D.
2	423/22	Amynias	C. I. A. i. 273. Ἀμεινίας Diod. xii. 72. Athen. v. 218 D.
3	422/21	Alkaios	Thuc. v. 19. 25. Diod. xii. 73. Schol. Aeschin. 2. 34. Athen. v. 218 D.
4	421/20	Aristion	C. I. A. i. 45. 46. 260. 318. Athen. v. 216 D, F. 218 D. Ἀρίστων Diod. xii. 75. Schol. Aeschin. 2. 175.
90. 1	420/19	Astyphilos	C. I. A. i. 318. Marm. Par. 61. Diod. xii. 77. Athen. v. 218 D.
2	419/18	Archias	Diod. xii. 78.
3	418/17	Antiphon	C. I. A. i. 318. Diod. xii. 80.
4	417/16	Euphemos	Diod. xii. 81. Athen. v. 216 F. 217 B.

Ol.	B. C.		
91. 1	416/15	Arimnestos	Isae. vi. 41. Ἀριστόμνηστος Diod. xii. 82.
2	415/14	Chabrias	Diod. xiii. 2. Arg. Ar. *Av.* 1 et 2.
3	414/13	Tisandros	Pher. ap. Marcell. *Vit. Thuc.* 2. Πείσανδρος Diod. xiii. 7.
4	413/12	Kleokritos	Diod. xiii. 9. Plut. X Or. *Lys.* 835 E. Arg. Ar. *Lys.*
92. 1	412/11	Kallias	Diod. xiii. 34. Dion. Hal. *Lys.* 1. Plut. X Or. *Lys.* 835 E. Arg. Ar. *Lys.*
2	411/10	Mnasilochos (δίμηνον)	C. I. A. iv. 179 (p. 162). [Ar.] *Resp. Ath.* 33. 1.
		Theopompos	[Ar.] *Resp. Ath.* 33. 1. Diod. xiii. 38. Lys. xxi. 1.
3	410/09	Glaukippos	C. I. A. i. 58. 59. 188. Diod. xiii. 43. Lys. xxi. 1. Dion. Hal. *Lys.* 21. Schol. Ar. *Plut.* 972.
4	409/08	Diokles	C. I. A. i. 61. 322. Diod. xiii. 54. Lys. xxi. 2. Plut. X Or. *decr.* 851 E.

INDEX AUCTORUM

[NOTE.—In the case of the minor authorities, this list may be supplemented by the General Index.]

Diodorus Siculus (*continued*):

Diodorus Siculus (*continued*):

DIOGENES LAERTIUS

(ed. Cobet).

PHAENIAS ERESIUS

(Müller, *Fragm. Hist. Gr.*).

PHILOCHORUS

(Müller, *Fragm. Hist. Gr.*).

PHILOSTRATUS

(ed. Kayser).

PHOTIUS

(ed. Naber).

PINDARUS

(ed. Christ).

SCHOLIA IN PINDARUM

(ed. Boeckh).

POLLUX

(ed. Bekker).

POLYAENUS

(ed. Woelfflin-Melber).

POLYBIUS

POMPONIUS

de origine iuris (ed. Osannus).

POSSIS

(Müller, *Fragm. Hist. Gr.*).

INDEX NOMINUM

*** References are to Chapters and Sections. In the case of tributary states the quota of Athena (in drachms and obols) is given in brackets in italic numerals. Thus the quota of Abydos in Chap. II, no. 10, col. ii, line 3, is noted as 405 drachms 1½ obols.

NAMES MUTILATED AT THE BEGINNING

(*Arranged according to terminals*).

PERSONS.

I. 72: ἐγραμμάτευε τῇ βουλῇ	- - - ων
V. 186: Ἐρχιεύς, treasurer of Athena	- - - ης
I. 105: Κεφαλῆθεν, Hellenotamias	- - - α]ρχίδης
II. 4 *praescr.*: Ἁλιμούσιος, secretary to Hellenotamiai	- - - λῆς
I. 129: ἐγραμμάτευε τῇ βουλῇ	- - - λῆς
III. 124: εἶπε	- - - νῆς
V. 186: Κοιλεύς, strategos	- - - ένης
II. 21. 3: Μυρρινούσιος, secretary to Hellenotamiai	- - - μοχάρης
I. 104: Hellenotamias . .	- - - ιος
II. 18. 1: Ἐπιχάρους ἐκ Κεραμέων, secretary to Hellenotamiai . . .	- - - κος
VII. 63: ὁ Πολ - - -, Βοιώτιος ἐξ Ἐρχομενοῦ	- - - αλος
III. 260: Πειραιεύς . .	- - - ῖρος
V. 116: Ἰκαριεύς	- - - ρος
I. 72 (p. 16): ἐπεστάτει τῇ βουλῇ	- - - δωρος
I. 73: εἶπε	- - - κριτος
II. 18. 2: Χαρίδημου Ξυπεταιών	- - - μαχος
III. 118: ὃς ἐμαντεύετο Τολμίδῃ	εντος

STATES.

II. 4 (i.) 2 b	- - - ιαι
II. 5 (iv.) 2	- - - χῖται
II. 3 (ii.) 4	- - - νει or νῃ
II. 3 (iv.) 17	- - - νειοι
II. 11 (ii.) 2, 13, 10 c . .	- - - ιανοί
II. 7 (i.) 3 b	. τολι . ον
II. 11 (ii.) 3	- - - ινῆς
II. 4 fr. 20. 7	. . βλισῆς
II. 1 (i.) 8 b	- - - ις
II. 4 (iii.) 29	- - ο . λ -[-
II. 9 (ii.) 2	. . εγ - -
II. 4 fr. 20. 4	. σσυρ - -
II. 3 (i.) 6 b	. . . . υ . . οι
II. 8 (i.) 17 c Ἀβδηριτῶν .	ἐς . ιονα
II. 20. 13 παρὰ Μυσίαν . .	- - υσ -

OXFORD
PRINTED AT THE CLARENDON PRESS
BY HORACE HART, M.A.
PRINTER TO THE UNIVERSITY

SELECT PUBLICATIONS

OF THE

CLARENDON PRESS.

FARNELL. The Cults of the Greek States. By L. R. FARNELL, M.A. 8vo. Vols. I and II, with Sixty-one Plates and over 100 Illustrations, cloth, £1 12*s*. net. [Vol. III, completing the work, *in preparation*.]

GARDNER. Catalogue of the Greek Vases in the Ashmolean Museum. By PERCY GARDNER, M.A., Litt.D. Small folio, linen, with Twenty-six Plates. Price £3 3*s*. net.

Three hundred and fifty copies only printed, all of which are numbered.

HAIGH. The Attic Theatre. A Description of the Stage and Theatre of the Athenians, and of the Dramatic Performances at Athens. By A. E. HAIGH, M.A. 8vo, 12*s*. 6*d*.

HAIGH. The Tragic Drama of the Greeks. With Illustrations. By A. E. HAIGH, M.A. 8vo, 12*s*. 6*d*.

HEAD. Historia Numorum: A Manual of Greek Numismatics. By BARCLAY V. HEAD, D.C L. Royal 8vo, half-bound, £2 2*s*.

HICKS. A Manual of Greek Historical Inscriptions. By E. L. HICKS, M.A. 8vo, 10*s*. 6*d*.

MONRO. Modes of Ancient Greek Music. By D. B. MONRO, M.A., Provost of Oriel College. 8vo, 8*s*. 6*d*. net.

PATON and HICKS. The Inscriptions of Cos. By W. R. PATON and E. L. HICKS. Royal 8vo, linen, with Map, 28*s*.

RAMSAY (W. M.). The Cities and Bishoprics of Phrygia. By W. M. RAMSAY, D.C.L., LL.D. Royal 8vo.

Vol. I. Part I. The Lycos Valley and South-Western Phrygia. 18*s*. net.

Vol. I. Part II. West and West Central Africa. 21*s*. net.

RUSHFORTH. Latin Historical Inscriptions, illustrating the History of the Early Empire. By G. McN. RUSHFORTH, M.A. 8vo, 10*s*. net.

SMYTH. The Sounds and Inflections of the Greek Dialects (Ionic). By HERBERT WEIR SMYTH, Ph.D. 8vo, 24*s*.

THOMPSON. A Glossary of Greek Birds. By D'ARCY W. THOMPSON, M.A. 8vo, buckram, 10*s*. net.

Oxford

AT THE CLARENDON PRESS

LONDON: HENRY FROWDE

OXFORD UNIVERSITY PRESS WAREHOUSE, AMEN CORNER, E.C.

Clarendon Press, Oxford.

SELECT LIST OF STANDARD WORKS.

1. STANDARD LATIN WORKS.

Avianus. *The Fables.* Edited, with Prolegomena, Critical Apparatus, Commentary, &c., by Robinson Ellis, M.A., LL.D. 8vo. 8*s.* 6*d.*

Catulli Veronensis *Liber.* Iterum recognovit, Apparatum Criticum Prolegomena Appendices addidit, R. Ellis, A.M. 8vo. 16*s.*

Catullus, *a Commentary on.* By Robinson Ellis, M.A. *Second Edition.* 8vo. 18*s.*

Cicero. *De Oratore Libri Tres.* With Introduction and Notes. By A. S. Wilkins, Litt.D. 8vo. 18*s.*

Also, separately,

Book I. 7*s.* 6*d.* Book II. 5*s.* Book III. 6*s.*

—— *Philippic Orations.* With Notes. By J. R. King, M.A. *Second Edition.* 8vo. 10*s.* 6*d.*

—— *Pro Milone.* Edited by A. C. Clark, M.A. 8vo. 8*s.* 6*d.*

Cicero. *Select Letters.* With English Introductions, Notes, and Appendices. By Albert Watson, M.A. *Fourth Edition.* 8vo. 18*s.*

Horace. With a Commentary. By E. C. Wickham, D.D. *Two Vols.*

Vol. I. The Odes, Carmen Seculare, and Epodes. *Third Edition.* 8vo. 12*s.*

Vol. II. The Satires, Epistles, and De Arte Poetica. 8vo. 12*s.*

Juvenal. *Thirteen Satires.* Edited, with Introduction and Notes, by C. H. Pearson, M.A., and Herbert A. Strong, M.A., LL.D. *Second Edition.* Crown 8vo. 9*s.*

Manilius. *Noctes Manilianae; sive Dissertationes in Astronomica Manilii. Accedunt Coniecturae in Germanici Aratea.* Scripsit R. Ellis. Crown 8vo. 6*s.*

Merry. *Selected Fragments of Roman Poetry.* Edited, with Introduction and Notes, by W. W. Merry, D.D. Crown 8vo. 6*s.* 6*d.*

Ovid. *P. Ovidii Nasonis Ibis.* Ex Novis Codicibus edidit, Scholia Vetera Commentarium cum Prolegomenis Appendice Indice addidit, R. Ellis, A.M. 8vo. 10s. 6d.

—— *P. Ovidi Nasonis Tristium Libri V.* Recensuit S. G. Owen, A.M. 8vo. 16s.

Persius. *The Satires.* With a Translation and Commentary. By John Conington, M.A. Edited by Henry Nettleship, M.A. *Third Edition.* 8vo. 8s. 6d.

Plautus. *Rudens.* Edited, with Critical and Explanatory Notes, by E. A. Sonnenschein, M.A. 8vo. 8s. 6d.

Quintilian. *Institutionis Oratoriae Liber Decimus.* A Revised Text, with Introductory Essays, Critical Notes, &c. By W. Peterson, M.A., LL.D. 8vo. 12s. 6d.

Rushforth. *Latin Historical Inscriptions, illustrating the History of the Early Empire.* By G. McN. Rushforth, M.A. 8vo. 10s. *net.*

Tacitus. *The Annals.* Edited, with Introduction and Notes, by H. Furneaux, M.A. 2 Vols. 8vo.
Vol. I, Books I–VI. 18s.
Vol. II, Books XI–XVI. 20s.

—— *De Germania.* By the same Editor. 8vo. 6s. 6d.

—— *Dialogus de Oratoribus.* A Revised Text, with Introductory Essays, and Critical and Explanatory Notes. By W. Peterson, M.A., LL.D. 8vo. 10s. 6d.

Virgil. *With an Introduction and Notes.* By T. L. Papillon, M.A., and A. E. Haigh, M.A. 2 vols. Crown 8vo. Cloth, 6s. each; *stiff covers* 3s. 6d. each.

Also sold in parts, as follows—
Bucolics and *Georgics*, 2s. 6d.
Aeneid, in 4 parts, 2s. each.

King and **Cookson.** *The Principles of Sound and Inflexion, as illustrated in the Greek and Latin Languages.* By J. E. King, M.A., and Christopher Cookson, M.A. 8vo. 18s.

—— *An Introduction to the Comparative Grammar of Greek and Latin.* Crown 8vo. 5s. 6d.

Lindsay. *The Latin Language.* An Historical Account of Latin Sounds, Stems and Flexions. By W. M. Lindsay, M.A. Demy 8vo. 21s.

Nettleship. *Lectures and Essays on Subjects connected with Latin Scholarship and Literature.* By Henry Nettleship, M.A. Crown 8vo. 7s. 6d.

—— *Second Series,* edited by F. J. Haverfield, with Memoir by Mrs. Nettleship. Crown 8vo. 7s. 6d.

Nettleship. *Ancient Lives of Vergil.* 8vo, sewed, 2s.

—— *Contributions to Latin Lexicography.* 8vo. 21s.

Sellar. *Roman Poets of the Augustan Age.* By W. Y. Sellar, M.A.; viz.

I. Virgil. *New Edition.* Crown 8vo. 9s.

II. Horace and the Elegiac Poets. With a Memoir of the Author by Andrew Lang, M.A., and a Portrait. 8vo. 14s.

—— *Roman Poets of the Republic. Third Edition.* Crown 8vo. 10s.

Wordsworth. *Fragments and Specimens of Early Latin.* With Introductions and Notes. By J. Wordsworth, D.D. 8vo. 18s.

2. STANDARD GREEK WORKS.

Chandler. *A Practical Introduction to Greek Accentuation*, by H. W. Chandler, M.A. *Second Edition.* 10s. 6d.

Farnell. *The Cults of the Greek States. With Plates.* By L. R. Farnell, M.A.

Vols. I and II. 8vo. 32s. *net.*
Volume III *in Preparation.*

Haigh. *The Attic Theatre.* A Description of the Stage and Theatre of the Athenians, and of the Dramatic Performances at Athens. By A. E. Haigh, M.A. 8vo. 12s. 6d.

Head. *Historia Numorum:* A Manual of Greek Numismatics. By Barclay V. Head. Royal 8vo, half-bound, 2l. 2s.

Hicks. *A Manual of Greek Historical Inscriptions.* By E. L. Hicks, M.A. 8vo. 10s. 6d.

King and Cookson. *The Principles of Sound and Inflexion, as illustrated in the Greek and Latin Languages.* By J. E. King, M.A., and Christopher Cookson, M.A. 8vo. 18s.

Liddell and Scott. *A Greek-English Lexicon*, by H. G. Liddell, D.D., and Robert Scott, D.D. *Seventh Edition, Revised and Augmented throughout.* 4to. 1l. 16s.

Monro. *Modes of Ancient Greek Music.* By D. B. Monro, M.A. 8vo. 8s. 6d. *net.*

Paton and Hicks. *The Inscriptions of Cos.* By W. R. Paton and E. L. Hicks. Royal 8vo, linen, with Map, 28s.

Smyth. *The Sounds and Inflections of the Greek Dialects* (Ionic). By H. Weir Smyth, Ph.D. 8vo. 24s.

Thompson. *A Glossary of Greek Birds.* By D'Arcy W. Thompson. 8vo, buckram, 10s. *net.*

Veitch. *Greek Verbs, Irregular and Defective.* By W. Veitch, LL.D. *Fourth Edition.* Crown 8vo. 10s. 6d.

Wright. *Golden Treasury of Ancient Greek Poetry.* By R. S. Wright, M.A. *Second Edition.* Revised by Evelyn Abbott, M.A., LL.D. Extra fcap. 8vo. 10s. 6d.

Aeschinem et Isocratem, *Scholia Graeca in.* Edidit G. Dindorfius. 8vo. 4s.

Aeschylus. *In Single Plays.* With Introduction and Notes, by Arthur Sidgwick, M.A. *Third Edition.* Extra fcap. 8vo. 3s. each.

I. Agamemnon.
II. Choephoroi.
III. Eumenides.
IV. Prometheus Bound. With Introduction and Notes, by A. O. Prickard, M.A. *Third Edition.* 2s.

Aeschyli *quae supersunt in Codice Laurentiano quoad effici potuit et ad cognitionem necesse est visum typis descripta edidit* R. Merkel. Small folio. 1l. 1s.

Aeschylus: *Tragoediae et Fragmenta*, ex recensione Guil. Dindorfii. *Second Edition.* 8vo. 5s. 6d.

—— *Annotationes* Guil. Dindorfii. Partes II. 8vo. 10s.

Apsinis et Longini *Rhetorica.* E Codicibus mss. recensuit Joh. Bakius. 8vo. 3s.

Aristophanes. *A Complete Concordance to the Comedies and Fragments.* By H. Dunbar, M.D. 4to. 1*l.* 1*s.*

—— *Comoediae et Fragmenta,* ex recensione Guil. Dindorfii. Tomi II. 8vo. 11*s.*

—— *Annotationes* Guil. Dindorfii. Partes II. 8vo. 11*s.*

—— *Scholia Graeca* ex Codicibus aucta et emendata a Guil. Dindorfio. Partes III. 8vo. 1*l.*

—— *In Single Plays.* Edited, with English Notes, Introductions, &c., by W. W. Merry, D.D. Extra fcap. 8vo.

The Acharnians. *Third Edition*, 3*s.*
The Birds. 3*s.* 6*d.*
The Clouds. *Third Edition*, 3*s.*
The Frogs. *Second Edition*, 3*s.*
The Knights. *Second Edition*, 3*s.*
The Wasps. 3*s.* 6*d.*

Aristotle. Ex recensione Im. Bekkeri. Accedunt Indices Sylburgiani. Tomi XI. 8vo. 2*l.* 10*s.*

The volumes (except Vols. I and IX) may be had separately, price 5*s.* 6*d.* each.

—— *Ethica Nicomachea,* recognovit brevique Adnotatione critica instruxit I. Bywater. 8vo. 6*s.*

Also in crown 8vo, paper cover, 3*s.* 6*d.*

—— Contributions to the Textual Criticism of the Nicomachean Ethics. By I. Bywater. 2*s.* 6*d.*

—— Notes on the Nicomachean Ethics. By J. A. Stewart, M.A. 2 vols. 8vo. 32*s.*

—— *The Politics,* with Introductions, Notes, &c., by W. L. Newman, M.A. Vols. I and II. Medium 8vo. 28*s.*

—— *The Politics,* translated into English, with Introduction, Marginal Analysis, Notes, and Indices, by B. Jowett, M.A. Medium 8vo. 2 vols. 21*s.*

Aristotle. *Aristotelian Studies.* I. On the Structure of the Seventh Book of the Nicomachean Ethics. By J. C. Wilson, M.A. 8vo, stiff covers, 5*s.*

—— *The English Manuscripts of the Nicomachean Ethics, described in relation to Bekker's Manuscripts and other Sources.* By J. A. Stewart, M.A. (Anecdota Oxon.) Small 4to. 3*s.* 6*d.*

—— *On the History of the process by which the Aristotelian Writings arrived at their present form.* By R. Shute, M.A. 8vo. 7*s.* 6*d.*

—— *Physics.* Book VII. Collation of various MSS.; with Introduction by R. Shute, M.A. (Anecdota Oxon.) Small 4to. 2*s.*

Choerobosci *Dictata in Theodosii Canones, necnon Epimerismi in Psalmos.* E Codicibus mss. edidit Thomas Gaisford, S.T.P. Tomi III. 8vo. 15*s.*

Demosthenes. Ex recensione G. Dindorfii. Tomi IX. 8vo. 2*l.* 6*s.*

Separately—
Text, 1*l.* 1*s.* Annotations, 15*s.*
Scholia, 10*s.*

Demosthenes and Aeschines. The Orations of Demosthenes and Aeschines on the Crown. With Introductory Essays and Notes. By G. A. Simcox, M.A., and W. H. Simcox, M.A. 8vo. 12*s.*

Demosthenes. *Orations against Philip.* With Introduction and Notes, by Evelyn Abbott, M.A., and P. E. Matheson, M.A.

Vol. I. Philippic I. Olynthiacs I–III. Extra fcap. 8vo. 3*s.*
Vol. II. De Pace, Philippic II. De Chersoneso, Philippic III. Extra fcap. 8vo. 4*s.* 6*d.*

Euripides. *Tragoediae et Fragmenta,* ex recensione Guil. Dindorfii. Tomi II. 8vo. 10*s.*

Euripides. *Annotationes* Guil. Dindorfii. Partes II. 8vo. 10*s*.

—— *Scholia Graeca*, ex Codicibus aucta et emendata a Guil. Dindorfio. Tomi IV. 8vo. 1*l*. 16*s*.

Hephaestionis *Enchiridion*, *Terentianus Maurus, Proclus, &c.* Edidit T. Gaisford, S.T.P. Tomi II. 10*s*.

Heracliti *Ephesii Reliquiae.* Recensuit I. Bywater, M.A. Appendicis loco additae sunt Diogenis Laertii Vita Heracliti, Particulae Hippocratei De Diaeta Lib. I., Epistolae Heracliteae. 8vo. 6*s*.

Herodotus. *Books V and VI*, Terpsichore and Erato. Edited, with Notes and Appendices, by Evelyn Abbott, M.A., LL.D. 8vo, with two Maps, 10*s*. 6*d*.

Homer. *A Complete Concordance to the Odyssey and Hymns of Homer;* to which is added a Concordance to the Parallel Passages in the Iliad, Odyssey, and Hymns. By Henry Dunbar, M.D. 4to. 1*l*. 1*s*.

—— *A Grammar of the Homeric Dialect.* By D. B. Monro, M.A. 8vo. *Second Edition.* 14*s*.

—— *Ilias*, ex rec. Guil. Dindorfii. 8vo. 5*s*. 6*d*.

—— *Scholia Graeca in Iliadem.* Edited by W. Dindorf, after a new collation of the Venetian mss. by D. B. Monro, M.A. 4 vols. 8vo. 2*l*. 10*s*.

—— *Scholia Graeca in Iliadem Townleyana.* Recensuit Ernestus Maass. 2 vols. 8vo. 1*l*. 16*s*.

Homer. *Odyssea*, ex rec. G. Dindorfii. 8vo. 5*s*. 6*d*.

—— *Scholia Graeca in Odysseam.* Edidit Guil. Dindorfius. Tomi II. 8vo. 15*s*. 6*d*.

—— *Odyssey.* Books I–XII. Edited with English Notes, Appendices, &c. By W. W. Merry, D.D., and James Riddell, M.A. *Second Edition.* 8vo. 16*s*.

—— *Hymni Homerici.* Codicibus denuo collatis recensuit Alfredus Goodwin. Small folio. With four Plates. 21*s*. *net*.

Oratores Attici, ex recensione Bekkeri:

I. Antiphon, Andocides, et Lysias. 8vo. 7*s*.

II. Isocrates. 8vo. 7*s*.

III. Isaeus, Aeschines, Lycurgus, Dinarchus, &c. 8vo. 7*s*.

Paroemiographi Graeci, *quorum pars nunc primum ex Codd. mss. vulgatur.* Edidit T. Gaisford, S.T.P. 1836. 8vo. 5*s*. 6*d*.

Plato. *Apology*, with a revised Text and English Notes, and a Digest of Platonic Idioms, by James Riddell, M.A. 8vo. 8*s*. 6*d*.

—— *Philebus*, with a revised Text and English Notes, by Edward Poste, M.A. 8vo. 7*s*. 6*d*.

—— *Republic.* The Greek Text. Edited, with Notes and Essays, by the late B. Jowett, M.A. and Lewis Campbell, M.A. In three vols. Medium 8vo. 2*l*. 2*s*.

—— *Sophistes* and *Politicus*, with a revised Text and English Notes, by L. Campbell, M.A. 8vo. 10*s*. 6*d*.

Plato. *Theaetetus*, with a revised Text and English Notes, by L. Campbell, M.A. *Second Edition.* 8vo. 10s. 6d.

—— *The Dialogues*, translated into English, with Analyses and Introductions, by B. Jowett, M.A. *Third Edition.* 5 vols. medium 8vo. Cloth, 4l. 4s.; half-morocco, 5l.

—— *The Republic*, translated into English, with Analysis and Introduction, by B. Jowett, M.A. Medium 8vo. 12s. 6d.; half-roan, 14s.

—— *With Introduction and Notes.* By St. George Stock, M.A. Extra fcap. 8vo.

I. The Apology, 2s. 6d.

II. Crito, 2s. III. Meno, 2s. 6d.

—— *Selections. With Introductions and Notes.* By John Purves, M.A., and Preface by B. Jowett, M.A. *Second Edition.* Extra fcap. 8vo. 5s.

—— *A Selection of Passages from Plato for English Readers;* from the Translation by B. Jowett, M.A. Edited, with Introductions, by M. J. Knight. 2 vols. Crown 8vo, gilt top. 12s.

Plotinus. Edidit F. Creuzer. Tomi III. 4to. 1l. 8s.

Polybius. *Selections.* Edited by J. L. Strachan-Davidson, M.A. With Maps. Medium 8vo. 21s.

Plutarchi Moralia, *id est, Opera, exceptis Vitis, reliqua.* Edidit Daniel Wyttenbach. Accedit Index Graecitatis. Tomi VIII. Partes XV. 1795–1830. 8vo, cloth, 3l. 10s.

Sophocles. *The Plays and Fragments.* With English Notes and Introductions, by Lewis Campbell, M.A. 2 vols. 8vo, 16s. *each.*

Vol. I. Oedipus Tyrannus. Oedipus Coloneus. Antigone.

Vol. II. Ajax. Electra. Trachiniae. Philoctetes. Fragments.

Sophocles. *Tragoediae et Fragmenta,* ex recensione et cum commentariis Guil. Dindorfii. *Third Edition.* 2 vols. Fcap. 8vo. 1l. 1s. Each Play separately, limp, 2s. 6d.

—— *Tragoediae et Fragmenta* cum Annotationibus Guil. Dindorfii. Tomi II. 8vo. 10s.

The Text, Vol. I. 5s. 6d.

The Notes, Vol. II. 4s. 6d.

Stobaei *Florilegium.* Ad mss. fidem emendavit et supplevit T. Gaisford, S.T.P. Tomi IV. 8vo. 1l.

—— *Eclogarum Physicarum et Ethicarum libri duo.* Accedit Hieroclis Commentarius in aurea carmina Pythagoreorum. Ad mss. Codd. recensuit T. Gaisford, S.T.P. Tomi II. 8vo. 11s.

Strabo. *Selections,* with an Introduction on Strabo's Life and Works. By H. F. Tozer, M.A., F.R.G.S. 8vo. With Maps and Plans. 12s.

Theodoreti *Graecarum Affectionum Curatio.* Ad Codices mss. recensuit T. Gaisford, S.T.P. 8vo. 7s. 6d.

Thucydides. Translated into English, with Introduction, Marginal Analysis, Notes, and Indices. By B. Jowett, M.A. 2 vols. Medium 8vo. 1l. 12s.

Xenophon. Ex recensione et cum annotationibus L. Dindorfii.

Historia Graeca. Second Edition. 8vo. 10s. 6d.

Expeditio Cyri. Second Edition. 8vo. 10s. 6d.

Institutio Cyri. 8vo. 10s. 6d.

Memorabilia Socratis. 8vo. 7s. 6d.

Opuscula Politica Equestria et Venatica cum Arriani Libello de Venatione. 8vo. 10s. 6d.

3. MISCELLANEOUS STANDARD WORKS.

Arbuthnot. *The Life and Works of John Arbuthnot.* By George A. Aitken. 8vo, cloth extra, with Portrait, 16s.

Bacon. *The Essays.* Edited with Introduction and Illustrative Notes, by S. H. Reynolds, M.A. 8vo, half-bound, 12s. 6d.

Casaubon (Isaac), 1559–1614. By Mark Pattison, late Rector of Lincoln College. *Second Edition.* 8vo. 16s.

Finlay. *A History of Greece from its Conquest by the Romans to the present time,* B.C. 146 to A.D. 1864. By George Finlay, LL.D. A new Edition, revised throughout, and in part re-written, with considerable additions, by the Author, and edited by H. F. Tozer, M.A. 7 vols. 8vo. 3l. 10s.

Gaii *Institutionum Juris Civilis Commentarii Quattuor;* or, Elements of Roman Law by Gaius. With a Translation and Commentary by Edward Poste, M.A. *Third Edition.* 8vo. 18s.

Hodgkin. *Italy and her Invaders.* With Plates and Maps. By Thomas Hodgkin, D.C.L. A.D. 376–744. 8vo. Vols. I and II, *Second Edition,* 2l. 2s. Vols. III and IV, *Second Edition,* 1l. 16s. Vols. V and VI, 1l. 16s.

Justinian. *Imperatoris Iustiniani Institutionum Libri Quattuor;* with Introductions, Commentary, Excursus and Translation. By J. B. Moyle, D.C.L. *Second Edition.* 2 vols. 8vo. 22s.

Machiavelli. *Il Principe.* Edited by L. Arthur Burd. With an Introduction by Lord Acton. 8vo. 14s.

Pattison. *Essays by the late Mark Pattison,* sometime Rector of Lincoln College. Collected and Arranged by Henry Nettleship, M.A. 2 vols. 8vo. 24s.

Ralegh. *Sir Walter Ralegh.* A Biography. By W. Stebbing, M.A. 8vo. 10s. 6d.

Ramsay. *The Cities and Bishoprics of Phrygia;* being an Essay of the Local History of Phrygia, from the Earliest Times to the Turkish Conquest. By W. M. Ramsay, D.C.L., LL.D. Vol. I. Part I. *The Lycos Valley and South-Western Phrygia.* Royal 8vo, linen, 18s. *net.* Vol. I. Part II. *West and West-Central Phrygia.* Royal 8vo, linen, 21s. *net.*

Selden. *The Table Talk of John Selden.* Edited, with an Introduction and Notes, by Samuel Harvey Reynolds, M.A. 8vo, half-roan, 8s. 6d.

Stokes. *The Anglo-Indian Codes.* By Whitley Stokes, LL.D.
Vol. I. Substantive Law. 8vo. 30s.
Vol. II. Adjective Law. 8vo. 35s.

Strachey. *Hastings and The Rohilla War.* By Sir John Strachey, G.C.S.I. 8vo, cloth, 10s. 6d.

Thomson. *Notes on Recent Researches in Electricity and Magnetism,* intended as a sequel to Professor Clerk Maxwell's 'Treatise on Electricity and Magnetism.' By J. J. Thomson, M.A., F.R.S., Professor of Experimental Physics in the University of Cambridge. 8vo. 18s. 6d.

4. STANDARD THEOLOGICAL WORKS.

St. Basil: *The Book of St. Basil on the Holy Spirit.* A Revised Text, with Notes and Introduction by C. F. H. Johnston, M.A. Crown 8vo. 7s. 6d.

Bigg. *The Christian Platonists of Alexandria;* being the Bampton Lectures for 1886. By Charles Bigg, D.D. 8vo. 10s. 6d.

Bright. *Chapters of Early English Church History.* By W. Bright, D.D. *Second Edition.* 8vo. 12s.

Canons of the First Four General Councils *of Nicaea, Constantinople, Ephesus, and Chalcedon.* With Notes, by W. Bright, D.D. *Second Edition.* Crown 8vo. 7s. 6d.

The Book of Enoch. *Translated from Dillmann's Ethiopic Text* (emended and revised), and Edited by R. H. Charles, M.A. 8vo. 16s.

Hatch and Redpath. *A Concordance to the Greek Versions and Apocryphal Books of the Old Testament.* By the late Edwin Hatch, M.A., and H. A. Redpath, M.A.
Parts I–VI. A–'ΩΧΡΊΑΣΙΣ.
Imperial 4to. 21s. each.

Studia Biblica et Ecclesiastica. *Essays in Biblical and Patristic Criticism, and kindred subjects.* By Members of the University of Oxford. 8vo.
Vol. I. 10s. 6d. Vol. II. 12s. 6d.
Vol. III. 16s. Vol. IV. 12s. 6d.

---

5. A NEW ENGLISH DICTIONARY on Historical Principles, founded mainly on the materials collected by the Philological Society. Imperial 4to.

PRESENT STATE OF THE WORK.

Vol.	Letter	Editor	Part / Binding	£	s.	d.
Vol. I.	A, B	Edited by Dr. Murray	Half-morocco	2	12	6
Vol. II.	C	Edited by Dr. Murray	Half-morocco	2	12	6
Vol. III.	D	Edited by Dr. Murray	D—Depravation	0	8	6
			Depravative—Distrustful	0	12	6
			Disobst.—Distrustful	0	2	6
		(The remainder of the Letter D *is far advanced.)*				
	E	Edited by Mr. Henry Bradley	E—Every	0	12	6
			Everybody—Ezod	0	5	0
Vol. IV.	F	Edited by Mr. Henry Bradley	F—Field	0	7	6
			Field—Fish	0	2	6
			Fish—Flexuose	0	2	6
		(The remainder of the Letter F *is far advanced.)*				
	G	To be edited by Mr. Henry Bradley.	*In Preparation.*			
	H	To be edited by Dr. Murray.	*In Preparation.*			

Oxford
AT THE CLARENDON PRESS
LONDON: HENRY FROWDE
OXFORD UNIVERSITY PRESS WAREHOUSE, AMEN CORNER, E.C.